ACCOUNTING POSITIONS
PRACTICAL OPERATIONS
Accountant Cashier Taxes Earnings Computerization

会计岗位
实操大全

会计+出纳+纳税+电算化+
财报编制与解读

陈金翠 编著

中国铁道出版社有限公司
CHINA RAILWAY PUBLISHING HOUSE CO., LTD.

内 容 简 介

会计是企业管理的基础工作，也是企业管理的重中之重，企业所有者和会计必须全面了解会计的工作和内容，这也是本书的目的和知识点。

本书以会计流程为主向，系统地介绍会计实务与实账、出纳实务与实账、纳税实操全过程、会计电算化的具体操作、财务报表的详细解读。这些会计实操流程立足于培养大家从事会计工作所必需的基本知识、操作方法和操作技能。本书内容丰富，语言简洁易懂，案例详尽，图表丰富，具有较高的实用性和可操作性。

本书适合完全不懂会计的会计入门者、有一定工作基础的会计工作者阅读，也适合其他财务相关人士作为日常工作的参考读物。

图书在版编目（CIP）数据

会计岗位实操大全：会计+出纳+纳税+电算化+财报编制
与解读/陈金翠编著. —北京：中国铁道出版社，2016.5（2019.12重印）
ISBN 978-7-113-21441-8

Ⅰ.①会⋯ Ⅱ.①陈⋯ Ⅲ.①会计学－岗位培训－教材
Ⅳ.①F230

中国版本图书馆 CIP 数据核字（2016）第 023755 号

书　　名：会计岗位实操大全（会计+出纳+纳税+电算化+财报编制与解读）
作　　者：陈金翠　编著

策　　划：武文斌　　　　　　　　　读者热线电话：010-63560056
责任编辑：苏　茜
责任印制：赵星辰　　　　　　　　　封面设计：MXK DESIGN STUDIO

出版发行：中国铁道出版社有限公司（北京市西城区右安门西街 8 号 邮政编码：100054）
印　　刷：三河市宏盛印务有限公司
版　　次：2016 年 5 月第 1 版　　　　2019 年 12 月第 8 次印刷
开　　本：787mm×1 092mm　1/16　印张：36.25　字数：918 千
书　　号：ISBN 978-7-113-21441-8
定　　价：88.00 元

前　言

会计工作烦琐而复杂，其实把这些任务分解开我们就会发现，它们都是很简单的，如填制凭证、制作会计报表等。本书的优点在于全面详尽而细致，我们就是把会计工作分解成一个一个的技术点，并辅以图例，然后一点一滴地去学习会计工作。

学习本书，没做过会计工作也没有关系，没有填制过凭证也没有关系，本书的每一个步骤都有清楚的图例指引，并配合相应的文字说明；没去银行办过业务也别慌张，本书把去银行要干什么都指清楚，甚至还把相应单据的样子都用图显示出来，让我们大家尽可能轻松地上手会计工作。

本书将会计工作从性质上分成几大块，分别如下：

- 会计实务及做账实操；
- 出纳实务及实例详解；
- 纳税实操及案例详解；
- 会计电算化实操演练；
- 财务报表案例详解。

相信大家在对本书学习完毕之后，可以对会计知识了解得更加全面，能够更好地胜任会计工作，做好企业的财务管家。

本书内容

会计工作涉及的内容很庞杂，本书根据实际流程，分 7 大篇 38 章，讲解了会计工作最主要的内容，各篇的内容分配如下。

第一篇　新手快速入门与本书导读。包括全书逻辑关系概述、知识结构图及疑难指导、新手问题解答。

第二篇　会计实务与实账案例详解。包括会计必知概念、凭证填制、账簿管理、对账结账。

第三篇　做账：会计的 148 个业务实操。包括货币资金实操演练、应收及预付款项实操演练、存货实操演练、固定资产和无形资产实操演练、对外投资实操演练、流动负债和长期负债实操演练、所有者权益实操演练、收入/费用和利润实操演练、外币业务实操演练。

第四篇　出纳实务与实账案例详解。包括新手入门须知，管理现金、账簿、账户、银行结算票据。

第五篇　纳税实操与案例详解。包括纳税基础知识、各个税种的纳税申报。

第六篇　会计电算化篇。包括入门知识了解，总账的账务处理，学会查询账簿、编制财务报表，学会现金管理，学会各项辅助核算。

第七篇　财务报表篇。包括会看财务报表、解读三大报表、了解其他财务报表资料，并能够透过财务报表分析企业的风险。

本书的特点

1. 以图说操作

本书在讲解时，特别区别以往类似书的讲解脉络，以具体操作为主线，将操作拆分后，再将一些常识概念穿插进去，并附有很多温馨小提示，帮助读者更快更轻松地了解学习，并能够在以后的工作中熟练应用。

2. 贴近出纳实战

本书以会计工作的实际需要为第一要务，对会计常见业务介绍格外详尽、全面，比如做账实操，就专门用一篇的内容来详细讲述如何填写分录，从接收到入账的全过程，每个步骤每项操作都有详细的图片说明。

3. 更全面更接地气

会计要涉及的技术点很多，大部分图书都没有讲全，本书尽可能地涉及所有的会计工作，甚至包括新单位的税务登记，内容既全面，又贴近我们的会计生活。

4. 赠送资源

本书免费赠送 800 分钟用友和金蝶 K3 教学视频，读者可通过扫描二维码或者输入网址 http://www.crphdm.com/2016/0815/12457.shtml，下载学习。

获得教程

适合的读者

- 无财务基础的普通读者
- 有一定财务基础的会计工作者
- 在职的会计人员
- 企业的经营管理人员
- 企业的财务相关人员
- 社会培训学生

关于作者

陈金翠，经济学硕士，曾在国有大中型企业平顶山煤业集团（平煤集团）从事财务管理工作，任职财务总监。现在河南城建学院任教，管理学副教授职称，主讲《基础会计》《财务会计》《财务管理》《税法》及《审计》等课程。兼职平顶山天安煤业股份有限公司（平煤股份）财务顾问。长期从事财务实务技能和会计职称考试培训，具有丰富的会计实战经验。

目　　录

第三篇 做账：会计的148个业务实操

第一篇
新手快速入门与
本书导读

第 1 章

会计、出纳、纳税与财务报表

会计新手分为两种：一种是完全新手，什么也不懂；另一种是有一定的会计知识却不会做会计的人。完全新手当然要从会计理论和概念学起，而有一定基础的人则已经可以入职做会计工作了，但是看到凭证却不会填、拿起账簿也不知道登录在哪里。

一般的新手要了解会计，通常都是从会计凭证开始。各种各样的原始凭证，哪些是可以入账的，哪些不能入账，不同的经济业务，应当填写哪种会计凭证，在什么时候填写，这些都有严格的规定。

新手对会计建账、对账、结账、会计报表、报税等都应当有所了解，最好能够有相应的概念，这样一旦有需要，就能够较为快速地上手。

要想让自己从新手变成高手，就跟着本书一起来系统地学习吧！

1.1　新手，你知道什么是会计吗

首先，作为新手的我们，要知道会计是一个专业性很强的职业。

一般人会认为，做会计就是整天和钱打交道。这样表述是片面的，因为会计不仅仅是管理货币的职业，货币也只是会计工作的表象。

其次，我们要了解会计核算，也称会计反映职能。

会计核算是指运用价值量对经济活动过程和结果进行连续、系统、综合的记录、计算、加工、整理、汇总并提供财务会计信息的过程。通俗地讲就是从事记账、核算、报账的工作，它是会计工作的基本环节。

- 记账就是会计人员运用会计方法把企业发生的经济业务记录下来。
- 核算账就是在记账的基础上应用一定的方法计算出企业的收入、成本、费用、利润等会计指标。
- 报账就是通过编制会计报表方式报告企业的财务状况和经营成果。

1.2　新手，你知道什么是出纳吗

很多人都认为出纳只是收发现金和银行存款。对于新手来说，一定要了解出纳的职责远不止这些。出纳的工作内容主要有以下三大类。

1. 货币资金的核算

货币资金的核算包括现金的收付，银行款项的收付结算，支票的使用和保管，登记现金日记账，保证账面和实际现金数相符，保管库存现金和有价证券。办理销售等核算，保管印章，制作原始凭证交给会计做账等。另外还有银行账户的管理工作，包括银行账户的开立、变更和年检等。

2. 往来款项结算工作

往来款项的结算业务。出纳需要定期清算结算业务，防止坏账损失。

3. 工资的核算发放工作

核算工资发放的单据，发放工资和奖金，监督工资的使用等。

因此，出纳并不是简单的收发工作，它也是经济管理活动的重要组成部分，为此，本书专设一篇，详细地介绍了出纳的具体内容。

1.3　会计和出纳的区别与关系

前面两节，分别介绍了会计和出纳。那么会计和出纳究竟有什么区别呢？它们之间是否存在联系？

会计人员分为总账会计、明细账会计和出纳，三者是分工协作的关系。总账会计负责经济业务的总括核算；明细账会计负责企业的明细账；出纳则负责企业票据、货币资金以及有价证券等的收付、保管、核算工作。

- 一般企业都会实行钱账分管，出纳人员不得负责账目的登记工作。总账会计和明细账会计则不得负责货币资金的相关工作。
- 互相依赖。出纳与会计核算的依据是相同的，都是会计凭证。这些会计凭证必须在出纳与会计之间按照一定的顺序传递；相互利用对方的核算资料，共同完成会计工作。
- 同时，它们又互相牵制。出纳的现金日记账和银行存款日记账、明细账会计的明细分类账与总账会计的总分类账，有着金额上的等量关系。出纳、明细账会计、总账会计三者之间就构成了相互牵制与控制的关系，三者之间必须相互核对保持一致。
- 出纳与明细账会计的区别是相对的，出纳核算是一种特殊的明细核算。要分别按照现金和银行存款设置日记账，银行存款还要按照不同的账户分别设置日记账，逐笔序时地进行明细登记。"现金日记账"要每天结出余额，并与库存现金数进行核对；"银行存款日记账"也要在月内多次结出余额，与开户银行的对账单进行核对。
- 出纳是一个账实兼管的岗位。主要是现金、银行存款和各种有价证券的收支与结存核算以及管理工作。现金和有价证券放在出纳的保险柜中保管，银行存款，必须由出纳本人直接办理收支结算手续，和其他会计工作有着显著的区别。除了出纳，其他财务人员都是管账不管钱、管账不管物。

1.4　纳税归谁管

企业只要正常营业，无论其是否盈利，都必须纳税。那么，纳税又是谁负责？

我国的主要税种有六大类：流转税类，所得税类，资源税类，财产税类，行为税类，附加税费类。

六大类税种中，一部分属于国税，一部分属于地税，还有一部分属于中央与地方共享税。随着国地税的合并，申报纳税工作也轻松了不少。但是在税务上，仍然需要区分国地税，申报也应该分别申报，相应的税款也应该分别缴纳。

在我国，纳税申报是一般企业财务工作流程的重要组成部分。因此，了解纳税申报的流程时，应当与企业财务工作的流程相结合来说明。

通常情况下，企业的财务工作由会计在当月的月初，完成上一个月的结账工作。企业通常在完成了结账工作后，就知道当月应当缴纳多少税收了，以及应当申报多少税收了。所以，在完成结账工作后，即可进行纳税申报，纳税申报成功后，企业就需要缴纳税款。

具体内容，参见本书第五篇。

1.5　财务报表"做"与"看"

财务报表是财务工作的最终成果，是填制记账凭证、登记账簿、对账、结账等程序的最终结果，采用货币进行计量，可以全面、系统地反映企业的整体财务状况、经营成果和现金流量状况。财务会计报告由会计报表、会计报表附注和财务情况说明书三部分组成。会计报表是财务会计报告的主干部分。财务报表通常由会计完成。

那么，要怎么才能看懂财务报表呢？我们至少要看得懂三张表：资产负债表，利润表，现金流量表。

从这三种表中应着重分析以下四项主要内容：

（1）公司的获利能力。

（2）公司的偿还能力。

（3）公司扩展经营的能力。

（4）公司的经营效率。

看财务报表，主要看公司的盈利能力如何，看公司的经营是否安全，还要看公司的可持续经营能力如何。

1.6　你真的了解会计电算化吗

　　会计电算化也称计算机会计，是指以电子计算机为主体的信息技术在会计工作中的应用，会计电算化是以电子计算机为主的当代电子技术和信息技术应用到会计实务中的简称，是一个应用电子计算机实现的会计信息系统。它实现了数据处理的自动化，使传统的手工会计信息系统发展演变为电算化会计信息系统。会计电算化是会计发展史上的一次重大革命，它不仅是会计发展的需要，而且是经济和科技对会计工作提出的要求。

　　1. 会计电算化的作用

　　（1）提高会计数据处理的实效性和准确性、提高会计核算的水平和质量、减轻会计人员的劳动强度。

　　（2）提高经营管理水平。使财务会计管理由事后管理向事中控制、事先预测转变，为管理信息化打下基础。

　　（3）推动会计技术、方法、理论创新和观念更新，促进会计工作的进一步发展。

　　2. 会计电算化的工作任务

　　（1）指定会计电算化发展规划并组织实施。

　　（2）指定会计电算化法规制度，对会计核算软件及生成的会计资料符合国家统一的会计制度情况实施监督。

　　（3）促进各单位逐步实现会计电算化，提高会计工作水平，组织开展会计电算化人才培训。

　　（4）会计电算化也促进了会计职能的变化。

第 2 章

图解本书知识结构与疑点难点指导

本书的内容几乎包括会计的全部工作，对初学者来说，可能会有些迷茫和不知所措，本章首先对全书的内容做一个概览，作为本书知识结构的学习导读，希望读者能对会计工作有个全方位的认识。

2.1 图解会计流程与疑难点指导

会计工作的具体流程如图 2-1 所示。

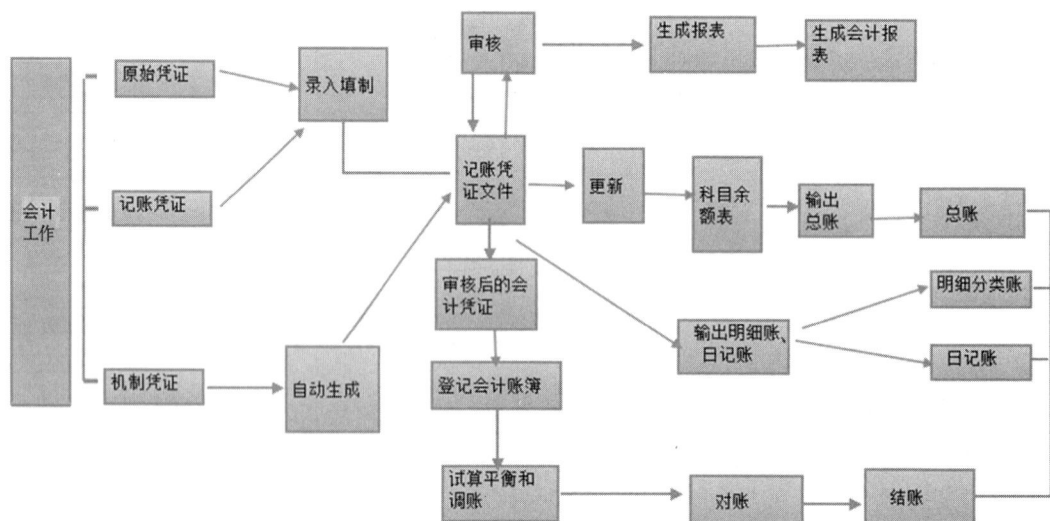

图 2-1 会计工作流程图

如何概括会计的基本职能？

答：会计的职能是指会计在经济管理活动中，所具有的内在的功能；而会计的作用则是在会计运行过程中会计职能的内在表现。《中华人民共和国会计法》对会计的基本职能表达为：会计核算与会计监督。

填制会计凭证时要注意什么？

答："有借必有贷，借贷必相等"，一定要保持借贷方会计分录金额一致才是一张完整的会计凭证。

如何区分登记账户与登记账簿，它们之间有什么样的关系？

答：账户是根据会计科目设置的，具有一定格式和结构，用于分类反映会计要素增减变动情况及其结果的载体，是连续、系统、全面地记录所发生经济业务增减变化及其结果的工具。账簿是以会计凭证为依据，全面、系统、连续、科学地反映和记录各项经济业务的簿记。根据会计核算的需要，在一本账簿中可以只开设一个账户，也可以开设几个账户。经济业务发生后登记有关账户的过程实际上也是登记账簿的过程，从这个角度看，登记账户和登记账簿应当是一码事。

如何编制期末结转会计分录？

答：会计的期末结转主要有：成本结转、收入结转、费用结转等内容。

成本类结转分录为：

借：本年利润

　　贷：主营业务成本，其他业务成本等

费用类结转分录为：

借：本年利润

　　贷：管理费用，财务费用，营业费用，主营业务税金及附加，营业外支出，其他业务支出等

收入类分录为：

借：主营业务收入，其他业务收入，营业外收入，利息收入等

　　贷：本年利润

贷方本年利润减借方就是当月损益。

2.2　图解出纳流程与疑难点指导

关于出纳的具体操作流程如图 2-2 所示。

有收款及付款应该填制哪种凭证？

答：收入现金和银行存款填收款凭证；付出现金和银行存款填制付款凭证；不涉及现金收付的填制转账凭证；只涉及现金与银行存款之间相互收付的，为避免重复记账，只填制付款凭证。

涉及现金与银行存款之间的经济业务时，应编制哪种记账凭证？

答：付款凭证。

出纳的核算方法是什么？

答：出纳核算方法是完成出纳任务的手段，与整个会计核算方法基本相同。主要包括设置账户、复式记账、审核和填制凭证、登记账簿、财产清查、编制报表，以及对出纳核算资料进行分析和利用等方法。

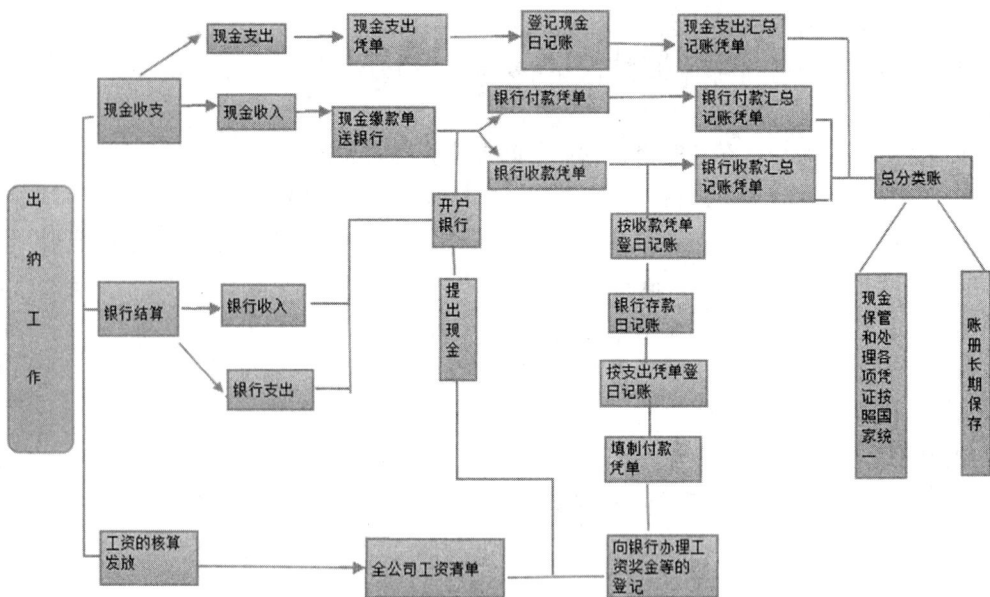

图 2-2　出纳工作流程表图

银行结算的种类有哪些？

答：银行结算的种类主要有支票、汇兑、银行汇票、银行本票、商业汇票、信用卡、委托收款、托收承付、信用证等。

支票遗失、被盗后该怎么办？

答：首先应当出具公函或有关证明，证明已经丢失，同时填写两联挂失申请书，加盖预留银行印鉴，向开户银行申请挂失止付。开户银行在查明该支票确未支付，经收取一定的挂失手续费后受理挂失，在挂失人账户中用红笔注明支票号码及挂失的日期。这样，丢失的支票就没有办法得到银行的付款，可以避免企业的资金损失。

2.3　图解纳税流程与疑难点指导

图 2-3 所示为纳税申报流程图。

我国的主要税种有哪些？

答：按照大类，主要分为流转税、所得税、资源税、财产税、行为税、附加税、其他等。这几项大类又各自分为：

1．流转税：增值税、消费税、营业税（营改增以前存在）、关税、车辆购置税等；

2．所得税：企业所得税、外商投资企业和外国企业所得税、个人所得税等；

3．资源税：资源税、城镇土地使用税、土地增值税等；

4．财产税：房产税、城市房地产税等；

5．行为税：印花税、车船税、城市维护建设税等；

6．附加税：城建税、教育费附加，另外还有其他地方规定的附加（各地规定的不同）。

7. 其他税：农林特产税、耕地占用税、契税等。

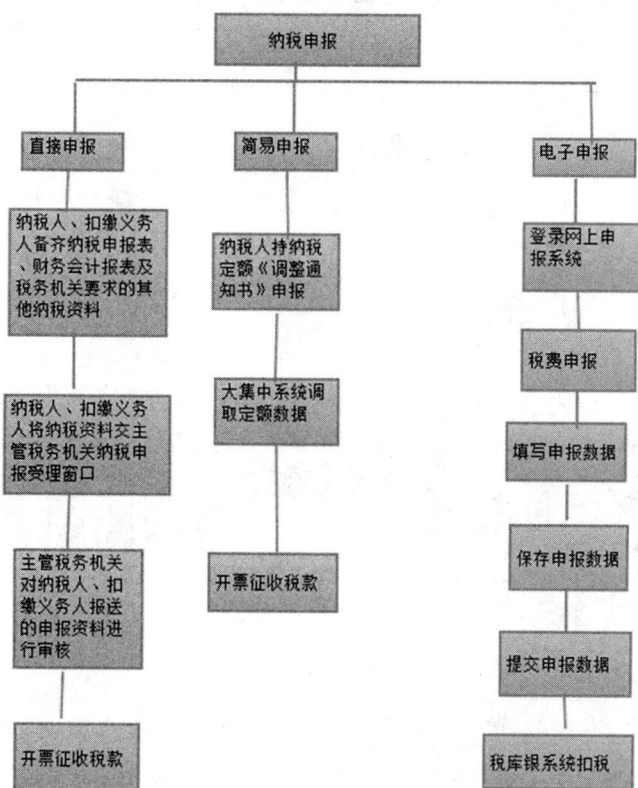

图 2-3　纳税申报流程图

什么是纳税申报？

答：所谓纳税申报，就是企业在纳税申报期内，将所属期间的收入资料，向其所属的税务主管机关进行申报，从而确定其所属经营期需要缴纳多少税收，并且将所需要的税收缴纳给国库的行为。

什么是纳税申报表？

答：纳税申报表，是企业进行纳税申报所使用的表格的总称。根据不同的税种，所使用的申报表也是不一样的。

什么是增值税专用发票？

答：增值税专用发票是相对于普通发票而言的，只有增值税一般纳税人才能够使用增值税专用发票。它是增值税一般纳税人销售货物或者提供应税劳务开具的发票，是购买方支付增值税额并可按照增值税有关规定据以抵扣增值税进项税额的凭证。

什么是企业所得税的应纳税所得额？

答：企业所得税的应纳税所得额，就是计算企业所得税的计算依据。企业所得税的应纳税所得额不是企业的账面利润，而是根据我国税收法律法规的相关规定，对企业的账面利润进行调整后的税收利润。

2.4 图解电算化流程与疑难点指导

电算化流程如图 2-4 所示。

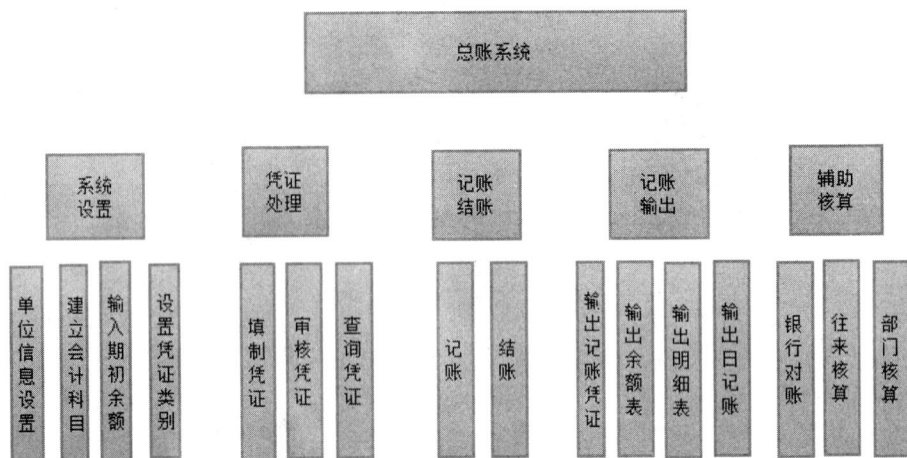

```
┌─────────────────────────────────────────────┐
│                  总账系统                      │
└─────────────────────────────────────────────┘

  ┌──────┐   ┌──────┐   ┌──────┐   ┌──────┐   ┌──────┐
  │ 系统 │   │ 凭证 │   │ 记账 │   │ 记账 │   │ 辅助 │
  │ 设置 │   │ 处理 │   │ 结账 │   │ 输出 │   │ 核算 │
  └──────┘   └──────┘   └──────┘   └──────┘   └──────┘
```

图 2-4　电算化流程图

如何新建账套？

答：打开"系统管理"→单击"注册"→在用户名下选择"admin"→确定→单击"账套"→单击"建立"→"输入企业新的账套号码"→输入企业基本信息（单位名称必须填写，其他可不填）→下一步→根据实际情况选择有无外币核算等，建议全部选中→选择编码级次，注意根据情况输入编码，此选项以后可以更改→创建账套完成。

如何增加新的会计科目？

答：打开"基础设置"选项卡下的"财务"→"会计科目"→双击要修改的会计科目→弹出"增加会计科目"→"修改"→输入要增加的会计科目（其他所有选项均保持默认设置）。→单击"确定"按钮完成增加。

如何进行期末损益结转？

在总账选项下，依次单击"期末"→"转账生成"，录入科目号、对方科目（本年利润），单击"确定"按钮。期末处理→自定义转账→期末损益结转→选定，生成。

如何进行反记账和反结账？

（1）反记账的操作：单击选择要取消记账的月份，然后同时按下【Ctrl】和【H】两个键（通常以【Ctrl+H】来表示同时按下）。

（2）反结账的操作：期末处理→结账→选择反结账的月份（反结账只能从最近的月份开始）→按【Ctrl+Shift+F6】组合键→单击"确定"按钮。

2.5 图解财务报表与疑难点指导

財务报表包含最关键的 3 部分，这 3 部分的简图分别如图 2-5～图 2-7 所示。

资产负债表

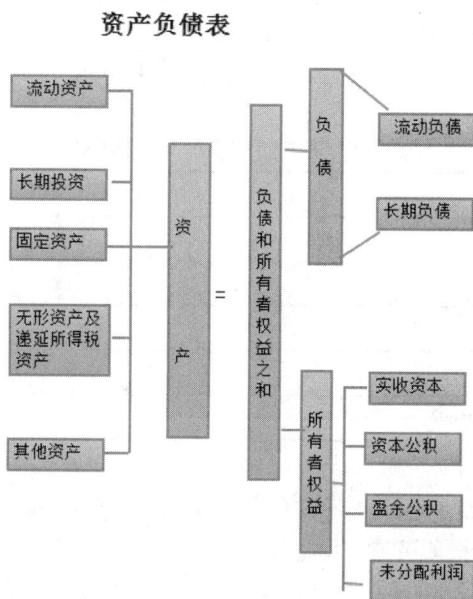

图 2-5 资产负债表简图

利润表

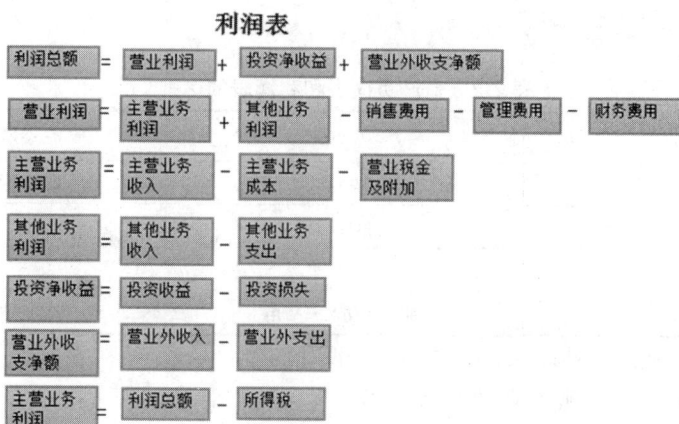

图 2-6 利润表简图

现金流量表

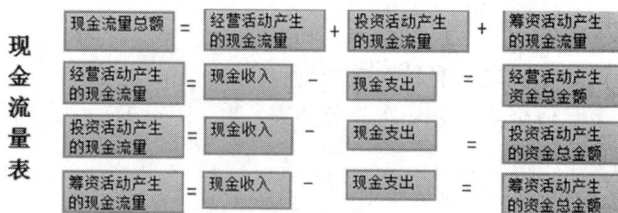

图 2-7 现金流量表简图

什么是财务报表？财务报表包括哪些？

答：财务报表是财务工作的最终成果，是填制记账凭证、登记账簿、对账、结账等程序的最终结果，采用货币进行计量，可以全面、系统地反映企业的整体财务状况、经营成果和现金流量状况。财务会计报告由会计报表、会计报表附注和财务情况说明书三部分组成。会计报表是财务会计报告的主干部分。

资产负债表主要包括什么？

答：资产负债表主要分为三大块：资产、负债、所有者权益。简易结构如表 2-1 所示。

表 2-1　资产负债表的简易结构

资　产	负债及所有者权益
流动资产	流动负债
长期投资	长期负债
固定资产	
在建工程	实收资本／股本
无形资产和其他资产	未分配利润

表 2-1 中可分解为等式：

资产分解：流动资产+长期投资+固定资产+在建工程+无形资产和其他资产=资产

负债分解：流动负债+长期负债=负债

权益分解：实收资本/股本+未分配利润=所有者权益（股东权益）

资产=负债+所有者权益

资产负债表与利润表有什么区别和联系？

答：两者区别如表 2-2 所示。

表 2-2　资产负债表和利润表的区别

具体项目	利润表	资产负债表
报表性质	动态报表	静态报表
反映金额	累计数	余额数
报表内容	经营成果	财务状况
编报基础	利润＝收入－费用	资产＝负债＋所有者权益

两者存在着内在的必然联系，主要体现在两个方面。

第一，资产负债表反映企业的经济实力，表中的资源是利润表中所有经营活动开展的基础。

第二，利润表反映企业的盈利水平，表中的经营成果是资产负债表中所列示的资产的使用效益的综合反映。

现金流量表与其他几张表之间有什么关系？

答：可用图 2-8 表示现金流量表和资产负债表、利润表、所有者权益变动表之间的关系（时间以 2015 年为例）。

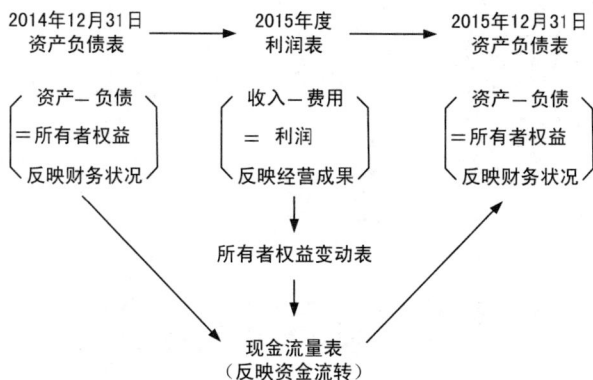

图 2-8　资产负债表、利润表、所有者权益变动表及现金流量表四大表关系图

除了三大报表之外还有哪些财务报告?

答：三大报表之外的财务报告，包括：

● 利润分配表；

● 财务状况变动表；

● 财务报表的附表；

● 财务报表附注；

● 财务状况说明书等。

为什么要对财务分析进行预警管理?

答：我国企业预警管理的必要性主要有以下四个方面：

1. 随着国际经济一体化步伐的加快，日益加剧的市场竞争要求企业必须树立和加强危机意识。

2. 企业内部管理系统风险因素增多，客观上要求企业设立各种监控体系，变事后管理为事前管理。

3. 信息量的扩大和知识更新速度的加快，要求企业必须在最短时间内做出决策和反应，建立预警管理体系可提升企业的反应能力。

4. 传统企业管理理论在研究方法和应用实务中有缺失。

第 3 章
新手具体问题提前答

学了会计还有些迷茫，或者不知道会计具体怎么学怎么用？本章希望作为读者在会计学习过程中的一座灯塔，把前人碰到的问题来做个汇总，为那些在会计学习的边缘徘徊的人，指出一个好的学习步骤或学习态度。

3.1　刚考到会计证应该怎么提升自己

会计政策每年都有新的变化，会计知识也在不断更新。作为会计新手，更应该要不断学习，提升自己。那么，我们该如何提升呢？

我们应该巩固所学的会计知识，让自己更快地上手会计工作。

本书第二篇详细介绍了会计的必知概念，我们应该按照第二篇的顺序熟知会计知识，更好地提升自己，包括快速掌握会计的必知概念和经济意义。

- 熟练地填制会计凭证；
- 能够轻松管理会计账簿；
- 快速掌握对账和结账。

3.2　现在会计如何找工作

如何找到会计工作,什么样的会计工作才是适合自己的？相信很多人都会有这样的担忧。要想让自己比较快速地找到合适的工作，我们要先把财务当成是自己的一项职业生涯，它是我们职业生涯中非常重要的一门学问。

之所以这么说，是因为掌握了会计这方面的知识，可以使你在遇到财务方面的问题时得心应手，自然的，找工作就不是什么困难的事情了。

一个企业要赚钱基本上就两个方法：

一是赚取更多利润，二是控制成本。

会计可以使你更好地控制成本。

因此，如果将会计知识学精学透，可以更好地服务于企业，根本不用担心如何去找工作。

本书第三篇大多以实操演练的形式，重点介绍了如何做账。大家可以多花一些时间将第三篇内容吃透，相信一定会有一个很好的效果。

3.3　酒店出纳应该做什么

从本书第 1.2 节中，我们已经大概知道了出纳的工作内容。那么酒店出纳和普通出纳工作一样吗，他们又会做什么呢？

酒店由于现金流比较多，因此它比一般的出纳工作要更加复杂一些。主要工作内容如下：

（1）核对现金数额与现金账上记录金额是否一致。现金与现金收入交收记录簿上记录金额是否一致。

（2）编制每日现金收入记录表。

（3）差额核对：目的是为了防止收银员的缴款凭证（报表）漏交出纳或审计。

（4）"三证合一，一照一码"实施后的办税流程。

（5）现金支出报销。

（6）登记现金日记账。

（7）抽查备用金。

详细内容可参考本书出纳篇第 3 章。

3.4　有一定的出纳经验，想转岗做会计，请问要学些什么

相信很多人在做了一段时间的出纳之后，都希望自己可以转岗做会计。那么，出纳转岗为会计，又需要具备哪些知识呢？

首先，最基础的，就是要熟知自己平时做的各种出纳报表，结合会计的记账凭证，知道原始单据是如何入账的。

其次，要先巩固好自己关于会计的基础知识。结合之前会计做的账，熟悉凭证的填制，知道相关业务发生时需要用的会计科目有哪些，知道如何运用会计借贷平衡原理，进行会计账务的试算平衡等。

再次，要看会计每个月度、季度、年度的资产负债表、利润表，知道它们的出处和关系。

最后，要学会根据资产负债表、利润表等，进行纳税申报。

关于转行做会计的知识，可以重点看本书第二篇对初入门会计的介绍。

3.5　新成立公司会计新手做账步骤

新公司成立之后，我们应该如何做账？步骤具体如下：

1. 考虑建立健全各项财务规章制度；然后，考虑新公司采用的会计制度、核算方法和涉及的税种；最后，开始建账。

2. 制作记账凭证及各种财务报表。

3. 计算各种国税、地税，个别月份还应该考虑所得税，根据税务机关要求按季度或半年缴纳印花税、房产税、土地使用税等。

4. "三证合一，一照一码"实施后的办税流程

5. 向银行申请设立基本户。

6. 各种税务的纳税申报。

具体详情，可参考本书纳税篇的相关内容。

3.6　发放工资会计分录怎么做

大家都知道，工资一般都是先经过计提的账务处理再发放。具体会计分录如下：

1. 工资计提时，应发工资和单位缴纳部分五险一金及费用：

借：成本或相关费用——工资
　　贷：应付职工薪酬——工资
　　　　　　　　——单位部分五险一金

2. 工资发放时，从应发工资里面扣除个人缴纳的部分三险一金及个税：

借：应付职工薪酬——工资
　　贷：应付职工薪酬——个人部分三险一金
　　　　应交税费——个人所得税
　　　　银行存款

3. 缴纳社保时：

借：　应付职工薪酬——单位部分五险一金
　　　应付职工薪酬——个人部分三险一金
　　　　贷：银行存款

4. 报税缴纳钱款时：

借：应交税费——个人所得税
　　贷：银行存款

详细内容，大家可参考本书13.5节关于应付职工薪酬的具体讲解。

3.7　有报销时出纳都需要做什么呢

报销是每个企业当中都会经常发生的业务。发生了报销，出纳都应该做什么呢？报销的具体流程又包括哪些？

1. 由经办人填制付款单证，注明付款金额和用途，并对付款事项的真实性和准确性负责。

2. 有关证明人的签章。经办人的付款用途中，涉及实物的，应当由仓库保管员或实物负责人签收；涉及差旅费、招待费等，应当有证明人或知情人加以证明。

3. 有关领导的签字。收款人持证明手续完备的付款单据，报有关领导审阅并签字，同意支付。

4. 办理付款。付款是资金支出中最关键的一环，出纳员应当特别谨慎，要认真仔细对待，因为款一旦付出，发生差错是很难追回的，且差错是由出纳员负责。所以，出纳员必须严格核实付款金额、用途和有关审批手续。

（1）现金付款。双方应当面点清，在清点的过程中发现短缺、假钞等情况由出纳员负责。

（2）银行付款。开具支票时，出纳员应认真填写各项内容，保证要素完整、印鉴清晰、书写正确，如为现金支票，应注明领票人的姓名、身份证号码及发证单位名称。办理转账或汇款时，出纳员书写要准确、清晰、完整，保证收款人能按时收到款项。应注意，办理完汇款或转账后，出纳员应及时将有关银行单据传真给收款人确认。

（3）付款金额双方确认后，由收款人签字并加盖"付讫"或"现金付讫"或"银行付讫"章。如为转账或汇款的，银行单据直接作为已付款证明。

（4）如确认签字后，再发现现金短缺或其他情况，应由收款经办人负责。

关于报销的详细内容，可参考本书出纳篇相关章节的内容。

3.8　小工厂新手会计账务不平怎么办

作为一名新手会计可能会经常遇到账务不平的情况，遇到这种情况应该怎么办呢？

我们都知道，会计恒等式有三种形式，如表3-1所示。

表3-1　会计恒等式的三种类型

类型	等式内涵
资产负债表	资产=负债+所有者权益
利润表	利润=收入-费用
企业整体	资产+费用=负债+所有者权益+收入

我们可以根据这三个恒等式，并按照"有借必有贷，借贷必相等"的记账规则，采用借贷记账法进行试算平衡。按照记账规则将所有账户的借方总和与贷方总和相对比，全都相等，就说明账目的试算是平衡的，一般可以认为账目没有差错。

通过此方法，可以及时地找出差额，保持账务的平衡。

关于试算平衡的详细内容，大家可以参考本书第二篇4.8节和4.9节的相关内容。

3.9 会计做账流程及必备知识

会计做账也就是我们所说的会计实务。具体做账流程如下：

1. 根据出纳转过来的各种原始凭证进行审核，审核无误后，编制记账凭证。

2. 根据记账凭证登记各种明细分类账。

3. 月末作计提、摊销、结转记账凭证，对所有记账凭证进行汇总，编制记账凭证汇总表，根据记账凭证汇总表登记总账。

4. 结账、对账。做到账证相符、账账相符、账实相符。

5. 编制会计报表，做到数量准确，内容完整，并进行分析说明。

6. 将记账凭证装订成册，妥善保管。

会计的必备知识内容比较多，此处不再罗列。

关于会计做账及其必备知识，大家可以参考本书第三篇有关会计实操的详细介绍。

第二篇

会计实务与实账

案例详解

第 4 章

新手快速掌握会计必知概念

会计作为一项独立的经营管理活动，有着悠久的历史。我国西周时期，便设有"司会"之职，接受朝廷和地方官员的会计文书并进行考核。提到会计职业，很多人会想到古时候"账房先生"的形象，很多人都会以为，"会计就是负责记账的"，"就是负责管钱的"，"就是负责发工资的"等，甚至包括很多直接从事会计工作的人都并不了解会计的真正含义。

4.1　轻松理解会计的概念

会计是一个专业性很强的职业。一般人会认为，做会计就是整天和钱打交道。这样表述是片面的，因为会计不是仅仅的管理货币的职业，货币只是会计工作的表象。

4.1.1　会计的概念与经济意义

会计这一词语，包含几方面的含义：

（1）会计是一门经济学科，是研究会计方法、会计理论的经济学科。

（2）会计是一份职业，是以货币为主要的计量单位，通过专门的手段对经济活动进行监督和管理的工作。

（3）会计也是从事会计工作的人员的称谓。

小提示：对管理者而言，会计是经济管理的重要组成部分。它是通过收集、加工和利用，以一定的货币单位作为计量标准，来表现经济信息，对经济活动进行组织、控制、调节和指导，促使人们比较得失、权衡利弊、讲求经济效益的一种管理活动。

会计作为一项经济管理活动，是了解和掌握经济主要的信息来源，具有非常重要的经济意义：

（1）提供会计信息，有助于政府部门、投资者、债权人等财务信息的使用者了解和掌握企业的财务状况、经营成果和现金流量信息，并据此做出一定的投资和管理决策。

（2）为政府的宏观经济管理和决策提供依据和信息基础。

（3）为企业的内部经营管理发挥重要作用。

4.1.2　会计的职能——核算与监督

会计的职能是指会计在经济管理活动中，所具有的内在的功能；而会计的作用则是在会计运行过程中会计职能的内在表现。

会计核算，也称会计反映职能。它是指运用价值量对经济活动过程和结果进行连续、系统、综合地记录，计算、加工、整理、汇总并提供财务会计信息的过程。通俗地讲就是从事记账、核算、报账的工作，它是会计工作的基本环节。记账就是会计人员运用会计方法把企业发生的经济业务记录下来；算账就是在记账的基础上应用一定的方法计算出企业的收入、成本、费用、利润等会计指标；报账就是通过编制会计报表的方式报告企业的财务状况和经营成果。

监督，顾名思义，是取"监察""督促"之意。所谓会计监督就是利用所取得的会计核算的信息，对经济业务的合理性与合法性进行审核，并针对监督过程中发现的问题，进行必要的干预，以达到预期目的。会计监督是会计工作的重要组成部分，贯穿于企业经济活动的全过程。会计监督有以下特点：

（1）会计监督主要是利用核算职能提供的各种指标进行货币监督。

（2）会计监督是与会计核算各项经济活动同时进行的，包括事前、事中和事后监督。

4.1.3　会计工作的特点

会计工作，不同于其他类型的工作，有一套特殊的工作方式和工作手段。比如，会计将"借""贷"符号作为工作的标志，并且依据一套完整的会计准则体系和相关的实施指南进行操作；又如，现代化的财务工作依赖于专业化的财务软件和系统开展工作等，这些都属于会计工作的特点，具体而言，有以下三种特点。

（1）计算方法的特点

会计采用一套专门的技术方法，是人们在长期的社会生产实践过程中，根据经济活动的内容及规律，结合管理的要求，不断创造、发展和完善起来的。随着现代科技的发展进步，会计记账与核算的工具日趋先进，用友、金蝶等财务软件的相继问世，很多单位出现了"无纸化"办公，大大简化了会计人员的日常工作内容和工作强度。

（2）计算度量的特点

会计主要以货币作为计量单位，把各种不同的财产、物资、商品以及各种消耗、收入和成果；以统一的价值形式加以汇总。纳入会计核算对象的内容，统统都只能用货币计量。

小提示： 以货币作为计量的属性，是以币值不变作为假设的。即使随着商品经济的发展，货币的购买力会随之变动，但这种变动不属于会计核算的范畴和考虑的因素。

（3）具体事务处理的特点

会计工作要按照一定的原则与规范进行操作，按照国家有关方针政策及财政、财务制度来管理本单位的经济活动。会计工作要按照一定的会计质量标准进行，即应该满足可靠性、相关性、可理解性、可比性、实质重于形式、重要性、谨慎性、及时性八项原则。只有按照上述质量要求进行会计信息的处理，才能保证所提供的会计信息是有用。

4.1.4 会计职业的前景

会计职业的发展路径是很广泛的，既可以是某个企业的会计人员，也可能是某个会计师事务所、某个会计服务公司等中介咨询机构的人员。

（1）会计服务。随着企业规模的扩大和专业化分工的明确，会计核算工作也出现了外包的趋势和发展方向。会计人员可以创办会计事务所、会计公司，为客户提供会计服务和审计服务，如代客户交税、代理记账、代理编制财务报表等。因此，随着经济的深入和快速发展，会计服务也便有了广阔的发展空间。

（2）会计培训。随着财务准则和制度的不断趋于国际化和统一化，这要求会计人员不断地更新知识，不断接受后续教育，只有这样才能更好地适应时代经济发展的要求。

小提示：我国目前的会计人员的知识结构还比较单一，会计培训刚刚起步，大有蓬勃发展的势头，因此，在未来，会计培训市场将是一个很广阔的市场空间。

（3）会计咨询。近年来，中介咨询业务呈现很快的发展势头，会计人员也可以创办咨询公司，解答有关会计方面的各种疑难杂症。企业的会计人员碰到头疼的难题时，会向咨询公司求助；企业的老总对投资项目举棋不定时，会征询咨询公司的意见；税务机关与企业发生税务争议时，会找咨询公司帮助查证。目前，我国会计咨询行业不太规范，也意味着存在很多的发展机遇。

4.1.5 会计工作的法律法规

会计工作是关系到企业经济安全和整体利益的工作，为了规范会计工作，我国相继出台了一系列的法律法规，对企业、事业单位的会计工作进行严格全面的规范。当前，会计工作涉及的法律法规主要包括：《中华人民共和国会计法》和《企业会计准则》。

1.《中华人民共和国会计法》

为了规范会计行为，发挥会计职能的作用，1985年1月21日第六届全国人民代表大会常务委员会第九次会议通过《中华人民共和国会计法》简称《会计法》，并于1985年5月1日起施行。该法共六章三十一条，是中国第一部会计法律，标志着我国会计工作进入了社会主义法制化的新时期。《会计法》是会计法律制度中层次最高的法律规范，是制定其他会计行政法规、会计规章的依据，也是指导会计工作的最高准则。

随着我国市场经济的深入和稳步发展，满足会计实践的需要，1993年12月29日第八届全国人民代表大会常务委员会第五次会议通过《关于修改〈中华人民共和国会计法〉的决定》，自公布之日起施行。1999年10月31日，第九届全国人民代表大会常务委员会第十二次会议对会计法进行了进一步的修订。修订后的会计法共七章五十二条。

2. 企业会计准则

会计核算要顺利进行，就需要有具体操作的行为规范，这就是会计准则。会计准则是做好会计工作必须遵守的共同准则，也是会计事项处理和报表编制的依据。对于会计报表使用者而言，使用者的目的虽然不一致，但都需要对会计报表有正确的理解和普遍的信赖，因此要求各企业有一套共同遵守的原则，来客观、真实地反映企业的财务状况和经营成果。另外，对企业本身而言，企业需要有共同信守的基本准则作为编制会计报表的依据，以便企业之间、企业内部各个时期都能对经营情况进行分析、比较和评价。

1993 年我国颁布了《企业会计准则——基本准则》，至 2001 年底，财政部先后发布了 16 项具体会计准则，这些准则，绝大部分面向上市公司，少量适用于所有公司。此外，2000 年年底，财政部发布了《企业会计制度》，2001 年 11 月发布了《金融企业会计制度》，2004 年 4 月发布了《小企业会计制度》。

随着我国市场经济的不断完善和改革的进一步深化，以及国际资本市场的全球化进程和知识经济的飞速发展，财政部在与国际会计准则委员会充分协调后，于 2006 年 2 月 15 日正式发布了一套既与中国国情相适应，同时又充分与国际财务报告准则趋同的、涵盖各类企业各项经济业务、独立实施的会计准则体系。这标志着我国的会计改革迈上了新的台阶。

这套新会计准则体系的具体架构有 1 项基本准则、38 项具体准则和应用指南组成，分为三个层次：第一层次为基本准则，第二层次为具体会计准则，第三层次为具体会计准则的应用指南。新颁布的《企业会计准则（2006）》框架体系如图 4-1 所示。2014 年，财政部相继对《企业会计准则——基本准则》《企业会计准则第 2 号——长期股权投资》《企业会计准则第 9 号——职工薪酬》《企业会计准则第 30 号——财务报表列报》《企业会计准则第 33 号——合并财务报表》和《企业会计准则第 37 号——金融工具列报》进行了修订，并发布了《企业会计准则第 39 号——公允价值计量》《企业会计准则第 40 号——合营安排》和《企业会计准则第 41 号——在其他主体中权益的披露》。2017 年，财政部又补充更新印发了《企业会计准则第 42 号——持有待售的非流动资产、处置组和终止经营》。

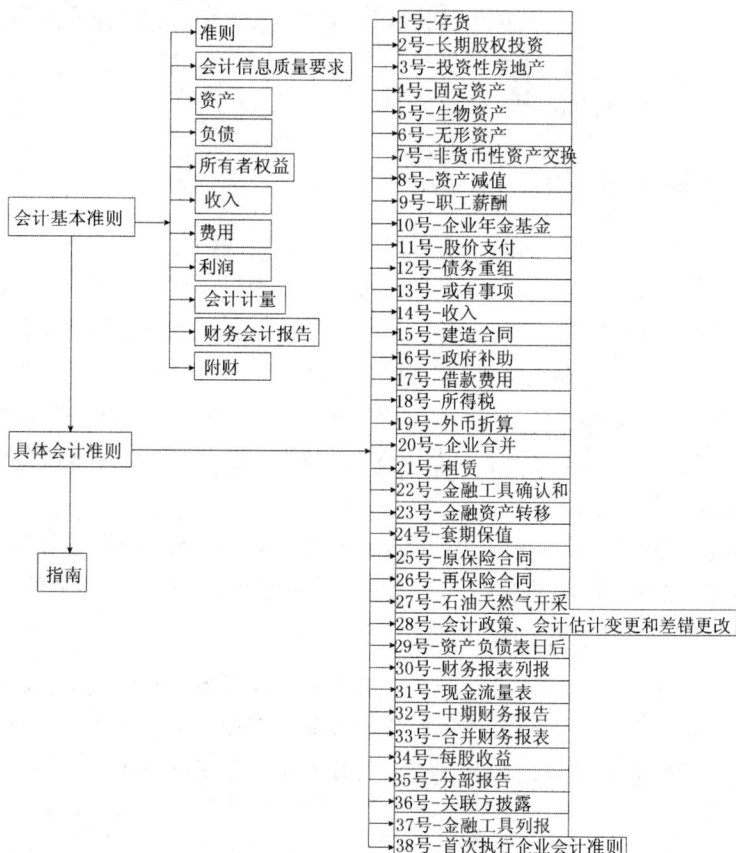

图 4-1 企业会计准则体系框架

小提示：基本准则在整个准则体系中起统驭作用，主要规范会计目标、会计基本假定、会计基本原则、会计要素的确认和计量等。具体会计准则又分为一般业务准则、特殊行业的特定业务准则和报告准则三类。而具体会计准则的应用指南主要对会计科目的设置、会计分录的编制和报表的填报等操作层面的内容予以示范性指导。

在开始建账、登记账簿之前，首先应该对会计的基本概念有深入的了解和认识，才能保证成为一名合格的会计。本章所涉及的基本概念包括：会计基本假设、会计核算的原则、六大会计要素和基本会计科目，将在后续章节具体介绍。

会计假设是会计核算的基本前提，是组织会计核算工作应具备的前提条件，也是会计准则中规定的各种程序和方法适用的前提条件。会计假设包括：会计主体、持续经营假设、会计分期和货币计量假设。

会计假设为会计核算设定了一个理想的、便于核算的外部和内部环境。现实环境是每时每刻都在变化的，而且是多种多样的，在会计假设中，营造了一个相对稳定的环境。同时，在会计核算时，还常常需要将时间静止在某个时间点上，以方便核算。

4.2 轻松理解会计组织机构

对于业务较少的小型企业，公司可以设置专职出纳人员和专职或兼职的会计人员，主要从事每月平衡企业账表、报税、缴税等工作；对于业务较多、收支较大的企业，公司需要单独设置会计机构，配置专职的出纳和会计人员。

4.2.1 会计机构的设置原则

按照相关会计法律法规的要求，是否单独设置会计机构由各单位根据自身会计业务的需要自主决定。一般而言，一个单位是否单独设置会计机构，往往取决于下列各因素：

（1）经济业务活动的频繁程度与工作量大小。经济业务频繁发生并且工作量大的单位，应该单独设置会计机构，专门从事财务会计核算工作，以保证会计核算信息的真实与可靠。

（2）经济管理活动的需要。会计工作的目的之一是为经济管理活动提供可供使用的信息，如果管理层需要及时、准确的会计信息以用于决策，那么单位就应该单独设置会计机构，以有效率、及时地为管理决策提供会计信息。

（3）单位的整体规模。前面我们提到的经济业务活动的频繁程度与工作量大小，在一定程度上与单位的整体规模有关，规模较大的企业和事业单位，一般会有较多的经济业务活动，也就有必要单独设置会计机构进行会计核算。

小提示：按照上述三个因素进行分析，有的单位没必要单独设置会计机构。对于不单独设置会计机构的单位，也应该进行会计核算，因此，应该由单位内部与财务工作接近的机构发挥会计职能作用，如计划、统计和经营管理部门等。

4.2.2 会计机构的组织形式

会计机构组织形式是指会计机构的设置层次与会计核算资料的整理和提供的方式与分工。会计机构的组织形式一般分为集中核算和非集中核算。

（1）集中核算。顾名思义，集中核算的组织形式是指将企业所有的会计工作集中于财务部门内部，其他非财务部门只负责填制原始凭证，根据需要将原始凭证送交给财务部门，由财务部门予以审核，并填制记账凭证，登记总分类账和明细账，期末编制财务报表。

（2）非集中核算。相对于集中核算而言，非集中核算则是指单位内部非财务部门在填制原始凭证的同时，还会填制记账凭证，并登记总分类账和明细分类账，编制财务报表。

小提示：采用非集中核算形式，各个部门可以根据每月进行的记账工作，对本部门的经营管理状况有比较深入的了解，及时地分析并解决所出现的问题。

采用非集中核算模式，由于每个部门同时进行会计核算和记录工作，势必会造成重复劳动，并且无法反映企业的整体经济状况。两种核算模式的优缺点比较如表 4-1 所示。

表 4-1　会计机构组织形式的优缺点

	集中核算	非集中核算
优点	会计部门可以集中掌握有关资料 便于了解企业的全面经济活动情况，减少核算层次	随时了解本部门和单位的经济活动情况 及时分析问题和解决问题
缺点	各部门领导不能随时利用核算资料检查和控制本部门的工作	不便于采用最合理的凭证管理办法 会计人员合理分工会受到一定的限制 核算的工作总量有所增加，核算人员的编制加大

企业单位在确定应采用的会计机构组织形式时，既要考虑能正确、及时地反映企业单位的经济活动情况，又要注意简化核算手续，提高工作效率，具体地说，应当考虑以下几个因素：

- 本单位的规模大小、业务繁简以及相关核算条件的要求。
- 企业单位会计人员的数量和业务适应能力等素质。
- 各部门之间的相互配合程度。

4.2.3 会计机构的岗位设置

企业应根据自身规模大小、业务量多少等具体情况设置会计岗位，一般大中型企业应设置总会计师、会计主管，出纳，固定资产核算，材料物资核算，工资核算，成本核算，收入、利润核算，资金核算，总账报表和稽核等会计岗位。小型企业因业务量较少，应适当合并减少岗位设置，例如，可设置出纳、总账报表和明细分类核算等会计岗位。

1. 总会计师

总会计师是在单位主要领导人领导下，主管经济核算和财务会计工作的负责人。其应承担的岗位职责如下：

（1）编制和执行预算、财务收支计划、信贷计划，拟定资金筹措和使用方案，开辟财源，有效地使用资金。

（2）进行成本费用预测、计划、控制、预算、分析和考核，督促本单位有关部门降低消耗、节约费用，提高经济效益。

（3）建立、健全经济核算制度，利用财务会计资料进行经济活动分析。

（4）承办单位主要行政领导人交办的其他工作。

（5）负责对本单位财会机构的设置和会计人员的配备、会计专业职务的设置和聘任提出方案；组织会计人员的业务培训和考核；支持会计人员依法行使职权。

（6）协助单位主要行政领导人对企业的生产经营、行政事业单位的义务发展以及基本建设投资等问题做出决策。

（7）参与新产品、技术改造、科技研究、商品（劳务）、价格和工资奖金等方案的制订；参与重大经济协议的研究审查。

2. 会计主管

会计主管负责具体组织和领导本单位的会计工作，其应承担的岗位职责如下：

（1）参与经营管理的预测与决策；

（2）负责制定本单位会计制度，编制财务和成本计划，检查计划执行情况以及编制会计报表；

（3）负责所属会计人员的业务素质的提高和思想政治工作，确保会计机构正常运行。

3. 出纳

出纳负责企业的现金、银行存款和其他货币资金的收付、保管和日记账核算工作，确保企业货币资金的安全与完整。具体的岗位职责一般包括：

（1）办理现金收付和结算业务；

（2）登记现金和银行存款日记账；

（3）保管库存现金和各种有价证券；

（4）保管有关印章、空白收据和空白支票。

4. 固定资产核算岗位

固定资产核算岗位负责核算固定资产的购建、验收、折旧、报废等工作，其岗位的职责一般包括：

（1）会同有关部门拟定固定资产的核算与管理办法；

（2）参与编制固定资产更新改造和大修理计划；

（3）负责固定资产的明细核算和有关报表的编制；

（4）计算提取固定资产折旧和大修理资金；

（5）参与固定资产的清查盘点。

5. 材料物资核算岗位

材料物资核算岗位负责单位各类存货的收入、发出、盘点等事项的核算，具体岗位职责一般包括：

（1）会同有关部门拟定材料物资的核算与管理办法；

（2）审查汇编材料物资的采购资金计划；

（3）负责材料物资的明细核算；

（4）会同有关部门编制材料物资计划成本目录；

（5）配合有关部门制定材料物资消耗定额；

（6）参与材料物资的清查盘点。

6. 工资核算岗位

工资核算岗位负责单位各类人员的工资核算等工作，具体的岗位职责包括：

（1）监督工资基金的使用；

（2）审核发放工资、奖金；

（3）负责工资的明细核算；

（4）负责工资分配的核算；

（5）计提应付福利费和工会经费等费用。

7. 成本核算岗位

成本核算岗位负责单位发生的各项费用归集与分配，控制不必要的费用发生，具体的岗位职责包括：

（1）拟定成本核算办法；

（2）制订成本费用计划；

（3）负责成本管理基础工作；

（4）核算产品成本和期间费用；

（5）编制成本费用报表并进行分析；

（6）协助管理产品和自制半成品。

8. 收入、利润及利润分配核算岗位

收入、利润及利润分配核算岗位具体的岗位职责包括：

（1）负责编制收入、利润计划；

（2）办理销售款项结算业务；

（3）负责收入和利润的明细核算；

（4）负责利润分配的明细核算；

（5）编制收入和利润报表；

（6）协助有关部门对产成品进行清查盘点。

9. 资金核算岗位

资金核算岗位具体的岗位职责包括：

（1）拟定资金管理和核算办法；

（2）编制资金收支计划；

（3）负责资金调度；

（4）负责资金筹集的明细分类核算；

（5）负责企业各项投资的明细分类核算。

10. 往来结算岗位

往来结算岗位具体的岗位职责包括：

（1）建立往来款项结算手续制度；

（2）办理往来款项的结算业务；

（3）负责往来款项结算的明细核算。

11. **总账报表岗位**

总账报表岗位具体的岗位职责包括：

（1）负责登记总账；

（2）负责编制资产负债表、利润表、现金流量表等有关财务会计报表；

（3）负责管理会计凭证和财务会计报表。

12. **稽核岗位**

稽核岗位具体的岗位职责包括：

（1）审查财务成本计划；

（2）审查各项财务收支；

（3）复核会计凭证和财务会计报表。

4.3　会计人员的基本要求及责任

会计是一个专业性很强的职业，对于专业素质和职业道德方面有很高的要求，他们的素质、水平和能力将直接影响会计职能的发挥和会计工作的质量。

4.3.1　会计人员的基本要求

（1）专业技能

会计人员所需要具备的专业知识和专业技能，包括会计的相关理论和实际操作技能。会计理论主要是指对不同的经济业务应当如何计算和处理，如何编制会计分录；专业技能包括使用财务软件、点钞技术等相关技能。

> **小提示**：想成为一名合格的会计，还需要具有会计从业资格证（会计证）。有了会计证，才能成为一名合法的会计。一些规定只能由会计人员来完成的工作，必须由具备会计证的人员进行操作。

（2）职业道德

会计人员的工作，是直接关系到企业信用的。因此，会计人员应该具有一定的职业道德：忠于职守，明确服务的会计主体，行为要符合会计主体要求，一切要从主体利益出发；行事严谨，会计是一门"细活"，不能有半点的马虎和大意；保守秘密，会计人员掌握着企业核心的商业秘密，应该绝对保证企业的秘密不对外泄露。

（3）职业判断力

会计工作既是一项科学，也是一门艺术，很多时候需要会计人员的主观判断进行决策，因此，做一名合格的会计人员在处理业务时，有自己的思维习惯和动作，能够应对自如。在遇到个别突发事件时，有主见并坚持正确观点，分寸恰当。

4.3.2　会计人员的证书

会计工作是一项专业性很强的工作，除了具备会计方面的基础知识外，还需要取得相关

的资格认证证书来证明专业知识和技能的水平。在以前，会计证是考取其他职称的必要证书。随着 17 年 11 月 4 日会计法的修改，会计证正式取消。当然，已经持有会计证的人，还是要接受继续教育的。新从事会计工作的人，起步就需要考取初级职称。

（1）会计专业技术资格证，即会计职称，如助理会计师、中级会计师等。

会计专业技术资格是为了科学、客观、公正地评价会计专业人员的学识水平和业务能力，取得会计专业技术资格证，是对会计人员业务能力的认可。通过全国统一考试，取得会计专业技术资格的会计人员，表明其已具备担任相应级别会计专业技术职务的任职资格。用人单位可根据工作需要和德才兼备的原则，从获得会计专业技术资格的会计人员中择优聘任。

小提示：会计专业职务是区别会计人员业务技能的技术等级。会计专业职务分为高级会计师、会计师、助理会计师、会计员。高级会计师为高级职务，会计师为中级职务，助理会计师与会计员为初级职务。

初级、中级会计资格的取得试行全国统一考试制度；高级会计师资格试行考试与评比相结合制度。报考初级会计资格考试的人员必须具备会计从业资格证书以及教育部认可的高中以上学历。报考中级会计资格考试的人员除具备上述条件外，还必须具备下列条件：

① 取得大专学历的，从事会计工作满 5 年。

② 取得大学本科学历的，从事会计工作满 4 年。

③ 取得双学士学位或研究班毕业的，从事会计工作满 2 年。

④ 取得硕士学位的，从事会计工作满 1 年。

⑤ 取得博士学位。

会计工作年限是指取得相应学历前、从事会计工作时间的总和。

小提示：不同地区对于职称考试，还会有具体的考试要求，届时需要大家结合当地政策提前了解，以免耽误时间。

（2）注册会计师证。

注册会计师，是指取得注册会计师证书并在会计师事务所执业的人员，英文全称是 Certified Public Accountant，简称为 CPA，是指从事社会审计、中介审计、独立审计的专业人士。CPA 既是一种称号，也是一种资格。取得注册会计师执业资格后，可以成为会计师事务所的合伙人，也可以为大型企业，尤其是上市公司出具有法律效力的相关会计文件。注册会计师考试分为两个阶段：专业阶段和综合阶段。考试科目如表 4-2 所示。

表 4-2 注册会计师考试科目

考试阶段	考试科目
专业阶段考试	经济法
	审计
	税法
	财务成本管理
	公司战略与风险管理
	会计
综合阶段考试	职业能力综合测试

考生取得全科合格证书后，有两种从业去向：一是进入会计师事务所，有两年审计工作经验后可申报转为注册会计师；二是不进入事务所，可先加入会计师协会，成为非执业会员，

非执业会员入会后要参加继续教育，才能使资格永久保留。否则，证书5年后作废。

小提示：执业证书取得后可以进行注册会计师的本行行业，一般去会计师事务所，可进行鉴证。非执业证书以后只可以进入企业单位从事财务经理或总管，但不能进行签证审计。简言之，执业后可以签审计报告，非执业则不行。非执业证书没有执业证书那么全面的权利。

4.3.3 会计人员的法律责任

会计人员责任重大，在从事会计工作时，应时时警惕，了解相关的法律知识，特别是和自身利益有密切关系的法律，如《会计法》等，只有这样，才能真正了解自己的法律责任，切实维护自己的合法权益。新修订的会计法对会计人员应承担的法律责任有明确的规定。《会计法》主要规定了两种责任形式：一是行政责任；二是刑事责任。

有下列行为之一的，由县级以上人民政府财政部门责令限期改正，可以对单位并处三千元以上五万元以下的罚款；对其直接负责的主管人员和其他直接责任人员，可以处二千元以上二万元以下的罚款；属于国家工作人员的，还应当由其所在单位或者有关单位依法给予行政处分，构成犯罪的，依法追究刑事责任：

- 不依法设置会计账簿的；
- 私设会计账簿的；
- 未按照规定填制、取得原始凭证或者填制、取得的原始凭证不符合规定的；
- 以未经审核的会计凭证为依据登记会计账簿或者登记会计账簿不符合规定的；
- 随意变更会计处理方法的；
- 向不同的会计资料使用者提供的财务会计报告编制依据不一致的；
- 未按照规定使用会计记录文字或者记账本位币的；
- 未按照规定保管会计资料，致使会计资料毁损、灭失的；
- 未按照规定建立并实施单位内部会计监督制度或者拒绝依法实施的监督或者不如实提供有关会计资料及有关情况的；

伪造、变造会计凭证、会计账簿，编制虚假财务会计报告，构成犯罪的，依法追究刑事责任。有以上行为，尚不构成犯罪的，由县级以上人民政府财政部门予以通报，可以对单位并处五千元以上十万元以下的罚款；对其直接负责的主管人员和其他直接责任人员，可以处三千元以上五万元以下的罚款；属于国家工作人员的，还应当由其所在单位或者有关单位依法给予撤职直至开除的行政处分；对其中的会计人员，并由县级以上人民政府财政部门吊销会计从业资格证书。

隐匿或者故意销毁依法应当保存的会计凭证、会计账簿、财务会计报告，构成犯罪的，依法追究刑事责任。有上述行为，尚不构成犯罪的，由县级以上人民政府财政部门予以通报，可以对单位并处五千元以上十万元以下的罚款；对其直接负责的主管人员和其他直接责任人员，可以处三千元以上五万元以下的罚款；属于国家工作人员的，还应当由其所在单位或者有关单位依法给予撤职直至开除的行政处分；对其中的会计人员，并由县级以上人民政府财政部门吊销会计从业资格证书。

4.4 轻松理解会计的四大基本假设

会计假设是会计核算的基本前提，是指组织会计核算工作应具备的前提条件，也是会计准则中规定的各种程序和方法适用的前提条件。会计假设包括：会计主体、持续经营、会计分期和货币计量假设。

会计假设为会计核算设定了一个理想的、便于核算的外部和内部环境。现实环境是每时每刻都在变化的，而且是多种多样的，在会计假设中，营造了一个相对稳定的环境。同时，在会计核算时，还常常需要将时间静止在某个时间点上，以方便核算。

4.4.1 会计主体

会计主体是会计核算与监督的对象，也是指所提供的会计信息是哪个单位的信息。与会计主体相关的一个概念是法律主体，二者互有不同。法律主体一般都是会计主体，然而有的会计主体并不具有法律上的独立身份与地位，如企业内部独立核算的部门就属于会计主体，而不属于法律主体。

确认是否属于会计主体时，需要判断是否具备以下三个条件：

- 具有一定数量的经济资源。
- 能够进行独立的生产经营活动或其他活动。
- 能够实行独立核算，提供反映本主体经济情况的会计报表。

4.4.2 持续经营

所谓持续经营假设，是指在进行会计活动时，假定企业是可以维持正常经营的。试想一下，如果企业不能维持正常经营，那么进行会计核算工作的意义也就不存在了。根据企业会计准则的规定，如果企业确实不能满足正常经营的条件，面临着破产清算的风险时，就不能采用一般的会计核算方法，而应该进行特殊的会计处理。

小提示：持续经营假设为会计核算确定了时间范围，在确定会计主体后，只有假定生产和经营活动是持续的、稳定的，才能建立起会计确认和计量的原则，如历史成本原则、权责发生制原则等，也才使企业在信息的收集和处理上所采用的会计方法保持稳定。

4.4.3 会计分期

会计分期是指企业持续发展的过程中，人为地划分一个个间距相等、首尾相接的会计期间，以便确定每一个会计期间的收入、费用和盈亏，确定该期间期初、期末的资产、负债和所有者权益的数量，并据以结算账目和编制会计报表。

小提示：大多数国家的会计制度将会计期间定为一年，但起讫时间不同，在我国，是将公历1月1日起至12月31日止的一个年度作为会计期间，然后再以自然月度和季度划分较短的会计期间。

4.4.4 货币计量

我们知道，会计是一门专业性较强的经济管理活动，采用较为专门的方法反映经济业务事项。反映在财务报表和账簿中的数字，均是实实在在的货币的反映。经济活动是复杂多样的，计量的尺度也是多样的，如货币、实物等，但只有货币计量尺度才具有广泛的可比性和统一性。

小提示： 货币计量隐含币值稳定假设，即使有所变动，应不足以影响会计计量和会计信息的正确性。在恶性通货膨胀环境下，货币价值的波动给会计计量带来很大的困难，按常规方法编制的会计报表会严重失实，引起报表使用者的误解，在这种情况下，就需要采用通货膨胀会计来解决。

总之，会计的四项基本假设具有相互依存、相互补充的关系，会计主体假设确定了会计核算的空间范围，持续经营假设与会计分期假设确定了会计核算的时间范围，货币计量假设为会计核算提供了必要手段。

4.5 轻松理解六大会计要素

会计要素是对会计对象的具体内容进行的分类，通俗地讲，会计要素就是会计要核算的内容，分为：资产、负债、所有者权益、收入、费用和利润。

4.5.1 资产

"兵马未动，粮草先行"。企业经营也是一样，在开展经济活动前，必须拥有和控制一定数量的资源。如公司开业前，要先有钱投入。

资产具有以下三个特点：

- 资产能给企业带来经济利益。
- 资产为企业所拥有，即使不为企业所拥有，但也能被企业所控制。
- 资产是企业在过去发生的交易或事项中形成的。

按照流动性划分，资产可以分为流动资产和非流动资产。典型的流动资产主要有货币资金、银行存款、存货、应收账款等项目，这些资产的周转周期一般都在一年或一个营业周期内变现，流动性比较强；典型的非流动资产主要有固定资产、无形资产、长期投资等，这些项目的经营周期比较长，流动性比较差。

按照有无实物形态划分，资产可以分为有形资产和无形资产。有形的资产如存货、固定资产、在建工程等；无形的资产主要有无形资产、货币资金等，不具备实物形态。表 4-3 反映了资产的构成情况。

表 4-3　资产项目划分

划分标准		资产项目
按流动性划分	流动资产	库存现金、银行存款
		短期投资

划分标准		资产项目
		应收及预付款项
		存货等
	非流动资产	固定资产
		无形资产
		长期投资、递延资产
按有无实物形态划分	有形资产	固定资产
		存货
	无形资产	长期投资
		应收及预付款项
		库存现金、银行存款

4.5.2 负债

负债是指企业的债务，是过去的交易、事项形成的现时义务，履行该义务预期会导致经济利益流出企业，需在未来某一特定时间予以清偿。企业的负债不是越多越好，也不是越少越好。负债越多，经营面临极大的风险，可能面临破产清盘；负债过少，企业完全使用自有资金进行经营活动，企业很难做大，可能会遏制企业的发展。

负债具有以下三个特点：

● 负债是企业当前所承担的义务，预期在将来出现的债务不能作为负债；

● 负债需要企业在未来进行偿还；

● 负债需要转移资产进行偿还，如用现金或实物资产清偿，也有可能将债务转为所有者权益。

小提示：按偿还期限划分，负债可划分为流动负债和非流动负债。流动负债是预期在1年以内到期清偿的债务，如应付账款等。预期在一个经营周期以上到期清偿的债务，属于非流动负债，如长期借款、长期应付款等。

4.5.3 所有者权益

所有者权益是所有者在企业资产中享有的经济利益，其金额为资产减去负债后的金额，因此又称为净资产。包括企业投资人对企业的投入资本，以及形成的资本公积金、盈余公积和未分配利润。所有者权益体现的是股东对企业资产的"剩余索偿权"，也即只能在总资产扣除债务后仍有富余才能有效。表4-4反映了负债和所有者权益的构成情况。

表4-4 负债和所有者权益的构成

负债	流动负债	短期借款
		应付票据、应付账款
		应付工资、应交税费
		应付股利
	非流动负债	长期借款
		应付债券
		长期应付款、专项应付款、递延收益等
所有者权益		实收资本
		资本公积
		盈余公积、未分配利润

4.5.4 收入

收入是指企业销售产品或提供劳务后取得的报酬，是经济利益的流入，收入具有以下几个特点：

所有者权益与负债都属于企业资产的取得来源，相对于负债，所有者权益具有以下特点：

● 所有者权益不需要偿还，除非发生减资、清算，否则企业不需要偿还给所有者；

● 企业清算时，负债具有优先清偿权，所有者权益只有在清偿所有负债后才能返还给所有者；

● 所有者权益能够分享利润，而负债不能参与利润的分配。

（1）收入是日常活动产生的，如销售商品、提供劳务等。有些经营活动虽然可以导致经济利益的流入，但不是日常活动产生的，不能作为收入确认，如固定资产转让所取得的收益不能作为收入确认，而应该作为利得，在"营业外收入"科目确认。

（2）收入既可能表现为资产的增加，也可能是负债的减少，会导致所有者权益的增加。

4.5.5 费用

费用是为取得收入而发生的各种耗费。费用按照与收入的关系，可以分为营业成本和期间费用两部分。营业成本是所销售商品和提供劳务的成本，包括主营业务成本和其他业务成本。

期间费用包括管理费用、财务费用和营业费用。管理费用是企业行政管理部门为组织和管理生产经营活动而发生的各种费用，如办公楼的折旧费用；财务费用是企业为筹集生产经营所需要资金而发生的费用；营业费用是企业在销售商品、提供劳务等活动中发生的各项费用，以及专设销售机构的各项经费。表4-5列示了收入和费用的构成情况。

表 4-5　收入和费用的构成

收入	主营业务收入	销售产成品
		销售自制品
		提供劳务
	其他业务收入	材料销售
		无形资产转让
		包装物出租、固定资产出租
费用	营业成本	主营业务成本
		其他业务成本
	期间费用	管理费用
		财务费用
		营业费用

4.5.6 利润

利润是企业在一定期间内的经营成果，是企业在生产经营过程中各种收入扣除各种费用后的盈余。利润为营业利润、投资净收益和营业外收支净额等3个项目的总额减去所得税费用之后的余额。利润按其构成不同，又可以划分为营业利润、利润总额和净利润。

营业利润是企业在销售商品、提供劳务等日常活动中所产生的利润，为主营业务利润和其他业务利润减去有关期间费用后的余额。投资净收益是投资收益与投资损失的差额。营业外收支净额是营业外收入减去营业外支出的余额。营业外收入主要包括捐赠收入、固定资产转让收益、罚款收入等；营业外支出主要包括固定资产盘亏、处置固定资产净损失、罚款支出。

4.6 轻松理解会计核算的原则

会计核算的原则，是在进行会计核算活动中，财务人员所应该坚持的工作标准。为了规范会计核算行为，保证会计信息质量，《企业会计准则（2006）》对会计信息质量进行了明确的要求，提出了八项会计核算的原则：

- 可靠性原则；
- 相关性原则；
- 可理解性原则；
- 可比性原则；
- 实质重于形式原则；
- 重要性原则；
- 谨慎性原则；
- 及时性原则。

4.6.1 可靠性原则

可靠性原则是会计核算的基本原则，要求会计处理活动所提供的会计信息是真实可靠、内容完整的，能够如实反映各项交易和事项的相关信息。企业应当以实际发生的交易或者事项为基础进行确认、计量，不得根据虚构的、没有发生的或者尚未发生的交易或者事项进行确认、计量和报告。

4.6.2 相关性原则

相关性原则，是为了保证所提供的会计信息有助于信息使用者做出决策，必须与决策需要相关。只有相关的会计信息，才能实现会计的职能和目标，相关性是以可靠性为基础的，两者之间并不矛盾，不应将两者对立起来。

小提示：相关性与可靠性的对立统一关系，要求会计信息在可靠性前提下，尽可能做到相关性，以满足投资者等财务报告使用者的决策需要。

4.6.3 可理解性原则

可理解性原则的要求比较明显，是指在进行会计处理时，所填制的凭证、登记的账簿、编制的报表都应该清晰明了，便于财务报告使用者理解与使用。比如，应该以清晰的楷体字填制账簿，不允许出现连笔字，不应当随意涂抹，摘要要简单易读等，都是为了保证会计信息的可理解性。

4.6.4　可比性原则

可比性要求企业提供的会计信息应当相互可比。主要包括两层含义：

（1）同一企业不同时期可比

同一企业不同时期的可比性要求在对同一企业不同时期的相同交易或事项进行会计处理时，必须采用相同的会计政策，不能够随意变更，以满足会计信息的可比性。

（2）不同企业相同会计期间可比

会计信息质量的可比性要求不同企业同一会计期间发生的相同或者相似的交易或者事项，应当采用规定的会计政策，确保会计信息口径一致、相互可比，以使不同企业按照一致的确认、计量和报告要求提供有关会计信息。

4.6.5　实质重于形式原则

所谓实质重于形式是指在进行会计处理时，不能仅仅以交易的形式来判断进行怎样的处理，而应该以其经济实质作为会计计量和确认的依据。比如企业融资租入的固定资产，按照形式分析，该项资产属于出租方的资产，承租方只享有使用权，不能将该项目确认为资产；但通过分析该项业务的经济实质可以看出，出租方虽然占有该项资产的所有权，但承租方基本可以控制融资租入的固定资产的收益权，已经符合资产的确认条件，应该予以列报。

4.6.6　重要性原则

重要性要求是指在进行会计处理时，财务人员要进行适当的职业判断，所编制的财务报表要能够反映所有的对企业有重要性的交易或事项。在会计实务中，一般以项目的性质和涉及金额的大小两个方面判断其重要性程度。

4.6.7　谨慎性原则

所谓谨慎性是指在进行会计处理时，对所处理的事项保持必需的谨慎，不能高估资产或者取得的收入，也不能低估负债或发生的支出和费用。

在市场经济环境下，企业的生产经营活动面临着许多风险和不确定性，如应收款项的可收回性、固定资产的使用寿命、无形资产的使用寿命、售出存货可能发生的退货或者返修等。会计信息质量的谨慎性要求，需要企业在面临不确定性因素的情况下做出职业判断时，应当保持应有的谨慎，充分估计到各种风险和损失，既不高估资产或者收益，也不低估负债或者费用。

小提示： 要求企业对可能发生的资产减值损失计提资产减值准备、对售出商品可能发生的保修义务等确认预计负债等，就体现了会计信息质量的谨慎性要求。

4.6.8　及时性原则

及时性原则，顾名思义，是指应该及时地进行会计处理活动，将所发生的事项及时填制凭证、登记账簿，按照要求及时编制财务报表，不能提前或者延后。信息的价值在于及时性，如果不能及时地提供有效的会计信息，滞后的信息也就没有意义。

下面对会计假设和会计核算原则做一总结，如表4-6所示。

表 4-6　会计假设与会计核算原则

会计假设	会计核算原则	
会计主体假设	可靠性原则	实质重于形式原则
会计分期假设	可比性原则	重要性原则
持续经营假设	可理解性原则	谨慎性原则
货币计量假设	相关性原则	及时性原则

4.7　轻松理解基本会计科目

会计科目是对会计要素的进一步分类说明，是按照经济内容对资产、负债、所有者权益、收入、费用和利润这六大会计要素进一步细分后得到的科目名称。每一个科目都要明确反映一定的经济内容，科目之间在内容上不能相互交叉。表 4-7 反映了新会计准则规定的标准会计科目。

小提示：为了便于开展会计业务，保证会计工作的正常进行，新会计准则对会计科目进行了统一的规定，总分类科目由财政部统一制定，明细分类科目除会计制度规定设置的以外，各单位可以根据企业实际情况和需要自行设置。

表 4-7　会计科目表

顺序号	编号	会计科目名称	顺序号	编号	会计科目名称
		一、资产类			
1	1001	库存现金	88	2221	应交税费
2	1002	银行存款	89	2261	应付分保账款
3	1003	存放中央银行款项	90	2176	其他应交款
4	1011	存放同业	91	2311	代理买卖证券款
5	1012	其他货币资金	92	2312	代理承销证券款
6	1101	短期投资	93	2313	代理兑付证券款
7	1021	结算备付金	94	2314	代理业务负债
8	1031	存出保证金	95	2231	应付利息
9	1101	交易性金融资产	96	2232	应付股利
10	1111	买入返售金融资产	97	2401	递延收益
11	1121	应收票据	98	2241	其他应付款
12	1122	应收账款	99	2251	应付保单红利
13	1123	预付账款	100	2261	应付分保账款
14	1131	应收股利	101	2311	代理买卖证券款
15	1132	应收利息	102	2312	代理承销证券款

16	1161	应收补贴款	103	2313	代理兑付证券款
17	1201	应收代位追偿款	104	2314	代理业务负债
18	1211	应收分保账款	105	2401	递延收益
19	1212	应收分保合同准备金	106	2501	长期借款
20	1221	其他应收款	107	2502	应付债券
21	1231	坏账准备	108	2601	未到期责任准备金
22	1261	委托代销商品	109	2602	保险责任准备金
23	1301	贴现资产	110		
24	1302	拆出资金	111	2611	保户储金
25	1303	贷款	112	2621	独立账户负债
26	1304	贷款损失准备	113	2701	长期应付款
27	1311	代理兑付证券	114	2702	未确认融资费用
28	1321	代理业务资产	115	2711	专项应付款
29	1401	材料采购	116	2801	预计负债
30	1402	在途物资	117	2901	递延所得税负债
31	1403	原材料	三、共同类		
32	1404	材料成本差异	118	3001	清算资金往来
33	1405	库存商品	119	3002	货币兑换
34	1406	发出商品	120	3101	衍生工具
35	1407	商品进销差价	121	3201	套期工具
36	1408	委托加工物资	122	3202	被套期项目
37	1411	周转材料	四、所有者权益类		
38	1412	包装物及低值易耗品	123	4001	实收资本
39	1421	消耗性生物资产			
40	1431	贵金属	124	4002	资本公积
41	1441	抵债资产	125	4101	盈余公积
42	1451	损余物资	126	4102	一般风险准备
43	1461	融资租赁资产	127	4103	本年利润
44	1471	存货跌价准备	128	4104	利润分配
45	1501	持有至到期投资	129	4201	库存股
46	1502	持有至到期投资减值准备	五、成本类		
47	1503	可供出售金融资产	130	5001	生产成本

48	1511	长期股权投资	131	5101	制造费用
49	1512	长期股权投资减值准备	132	5201	劳务成本
50	1521	投资性房地产	133	5301	研发支出
51	1531	长期应收款	134	5401	工程施工
52	1532	未实现融资收益	135	5402	工程结算
53	1541	存出资本保证金	136	5403	机械作业
54	1601	固定资产	六、损益类		
55	1602	累计折旧	137	6001	主营业务收入
56	1603	固定资产减值准备	138	6011	利息收入
57	1604	在建工程	139	6021	手续费及佣金收入
58	1605	工程物资	140	6031	保费收入
59	1606	固定资产清理	141	6041	租赁收入
60	1611	未担保余值	142	6051	其他业务收入
61	1621	生产性生物资产	143	6061	汇兑损益
62	1622	生产性生物资产累计折旧	144	6101	公允价值变动损益
63	1623	公益性生物资产	145	6111	投资收益
64	1631	油气资产	146	6201	摊回保险责任准备金
65	1632	累计折耗	147	6202	摊回赔付支出
66	1701	无形资产	148	6203	摊回分保费用
67	1702	累计摊销	149	6301	营业外收入
68	1703	无形资产减值准备	150	6401	主营业务成本
69	1711	商誉	151	6402	其他业务成本
70	1801	长期待摊费用	152	6403	营业税金及附加
71	1811	递延所得税资产	153	6411	利息支出
72	1815	未确认融资费用	154	6421	手续费及佣金支出
73	1821	独立账户资产	155	6501	提取未到期责任准备金
74	1901	待处理财产损溢	156	6502	提取保险责任准备金
二、负债类			157	6511	赔付支出
75	2001	短期借款	158	6521	保户红利支出
76	2002	存入保证金	159	6531	退保金
77	2003	拆入资金	160	6541	分出保费
78	2004	向中央银行借款	161	6542	分保费用

79	2012	同业存放	162	6601	销售费用
80	2021	贴现负债	163	6602	管理费用
81	2101	交易性金融负债	164	6603	财务费用
82	2111	卖出回购金融资产款	165	6604	勘探费用
83	2201	应付票据	166	6701	资产减值损失
84	2202	应付账款	167	6711	营业外支出
85	2203	预收账款	168	6801	所得税费用
86	2211	应付职工薪酬	169	6901	以前年度损益调整
87	2153	应付福利费			

4.8 轻松理解复式记账法

会计有很悠久的历史,直到公元 1494 年,意大利的数学家卢卡•帕乔利出版了《算数、几何、比与比例概要》一书,在该书中系统地阐述了复式记账法,最终促进了现代会计的迅速发展。复式记账法在会计发展史上具有划时代的意义,甚至有人说:"如果没有复式记账,资本主义恐怕是建立不起来的。"

复式记账法是相对于单式记账法而言的,所谓"复式"是指采用该种方法登记账簿时会涉及两个或两个以上的账户。即对每一笔经济业务,以相同的金额在涉及的账户中进行登记。采用复式记账法记账,可以综合反映经济业务活动的来龙去脉,并且可以用来检查记录的正确性。复式记账法有三种类型:

● 借贷记账法;

● 增减记账法;

● 收付记账法。

小提示:我国法律要求采用的复式记账法是借贷记账法,即使用"借"和"贷"作为记账符号,并满足"有借必有贷、借贷必相等"的原则进行会计记录。

4.8.1 借贷记账法的特点

借贷记账法是复式记账法中比较典型、应用较为广泛的记账方法,相对于"增减记账法"和"收付记账法",借贷记账法有自己的特点:

● 以"借""贷"作为记账符号。

● 记账规则为"有借必有贷,借贷必相等"。

● 采用借贷记账法可以进行试算平衡。按照记账规则将所有账户的借方总和与贷方总和相对比,全都相等,就说明账目的试算是平衡的,一般可以认为账目没有差错。

4.8.2 "借"与"贷"的含义

"借""贷"作为记账符号，并不含有本身的字义，但是它们表示增加或减少的意思。对于资产类科目或成本费用类科目，"借"表示增加，"贷"表示减少，期末余额在"借"方。

对于负债类、所有者权益类科目和收入类科目，"借"表示减少，"贷"表示增加，期末余额在"贷"方。

小提示： 对于会计入门者而言，借贷两字的含义非常容易混淆，必须认真分清。只有分清借贷两字的含义，才能保证记账凭证编制和登记工作不出差错。

4.9 轻松理解会计等式

会计等式，也称为会计方程式，是在会计规则中，各个会计要素之间的相互关系，是对会计要素内在关系的概括表达。

4.9.1 会计等式的形式

会计要素有资产、负债、所有者权益、收入、费用和利润等六大要素，从资产负债表的角度而言，资产等于负债与所有者权益的加总，反映了企业的财务状况；从利润表的角度而言，利润等于收入减去费用，反映了企业的财务成果情况。从企业的整体而言，利润最终也要进入到所有者权益，资产等于负债、所有者权益和利润的加总，反映了企业的整体表现。因此，会计等式有以下三种形式，如表4-8所示。

表 4-8 会计等式的形式

类型	等式内涵
资产负债表	资产=负债+所有者权益
利润表	利润=收入-费用
企业整体	资产+费用=负债+所有者权益+收入

4.9.2 会计等式的意义

企业所发生的业务种类千变万化，但无论如何都可以按照会计恒等式进行衡量和确认，可以归纳为以下几种类型：

（1）资产和所有者权益同时变化，同增或同减。

【例4-1】 投资者李某投入现金500 000元创办光明公司，此时光明公司的会计等式为：

　　　资产=　　　负债　+　　所有者权益

　　银行存款+500 000　　　　　实收资本+500 000

银行存款属于资产类账户，接受投资计入"银行存款"科目借方；实收资本属于所有者权益类账户，接受投资计入"实收资本"科目贷方。反而言之，若有股东减资，则应该减记"银行存款"和"实收资本"，贷记"银行存款"，借记"实收资本"。

（2）资产和负债同时变化，同增或同减。

【例4-2】光明公司赊购原材料，价值50 000元，此时光明公司的会计等式为：

资产　　＝　　　　　负债　　＋　　所有者权益

原材料+50 000　　　应付账款+50 000

（3）资产内部、负债内部和所有者权益内部项目增减变化，总额不变。

【例4-3】光明公司用银行存款200 000元购买办公用小汽车一辆，此时光明公司的会计等式为：

资产=　　　　　　负债　　　＋　　所有者权益

银行存款－200 000

固定资产+200 000

该项业务使光明公司资产类账户"固定资产"增加200 000元，"银行存款"账户减少200 000元，即借记"固定资产"，贷记"银行存款"，资产内部项目增减变动，资产总额不变。

【例4-4】光明公司向银行借款100 000元偿还欠B公司的材料款，此时光明公司的会计等式为：

资产=　　　　　　负债　　　＋　　所有者权益

短期借款+100 000

应付账款－100 000

该项业务使光明公司负债类账户"短期借款"增加100 000元，"应付账款"账户减少100 000元，即贷记"短期借款"，借记"应付账款"，负债内部项目增减变动，负债总额不变。

【例4-5】光明公司股东大会决定用资本公积250 000元转增股本，此时光明公司的会计等式为：

资产=　　　　　　负债　　　＋　　所有者权益

资本公积－250 000

实收资本+250 000

该项业务使光明公司所有者权益类账户"实收资本"增加250 000元，"资本公积"账户减少250 000元，即贷记"实收资本"，借记"资本公积"，所有者权益内部项目增减变动，权益总额不变。

（4）所有者权益增加，负债减少。

【例4-6】光明公司欠C公司500 000元货款，无力偿还，经协商一致决定进行债转股处理，将欠款转为对光明公司的股权处理，此时光明公司的会计等式为：

资产=　　　　　　负债　　　＋　　所有者权益

应付账款－500 000　　　实收资本+500 000

该项业务使光明公司的负债类账户"应付账款"减少500 000元，所有者权益类账户"实收资本"增加500 000元，即借记"应付账款"科目，贷记"实收资本"科目。负债减少，所有者权益增加，二者相互抵消，企业资产整体规模并无变化。

（5）所有者权益减少，负债增加。

【例 4-7】若光明公司的股东王某认为公司效益不好，决定退出经营，收回投资款 100 000 元，其他股东同意其退股，但不同意立刻用现金支付，要等到年底退款。此时，光明公司的会计等式为：

资产＝　　　　　负债　　　＋　　　所有者权益
　　　　　其他应付款+100 000　　　实收资本 − 100 000

此项业务使光明公司负债类账户"其他应付款"增加 100 000 元，所有者权益类账户"实收资本"减少 100 000 元，因此应借记"实收资本"科目，贷记"其他应付款"科目。负债增加，所有者权益减少，二者相互抵消，企业资产整体规模并无变化。

（6）资产增加，收入增加。

【例 4-8】若 8 月份光明公司生产的产品取得销售收入 60 000 元，已经取得货款并存入银行，则此时光明公司的会计等式为：

资产　＋　　费用＝负债　＋　所有者权益　　　＋　　收入
银行存款+60 000　　　　　　　　　　　主营业务收入+60 000

此项业务使光明公司资产类账户"银行存款"增加 60 000 元，收入类账户"主营业务收入"增加 60 000 元，应借记"银行存款"科目，贷记"主营业务收入"科目。

（7）资产减少，费用增加。

【例 4-9】光明公司 8 月份为了扩大销售渠道，投放广告费用花掉 400 000 元，已经用银行存款支付，此时光明公司的会计等式为：

资产　　　＋　　　　费用　　　　＝负债+所有者权益+收入
银行存款 − 400 000　　　销售费用 + 400 000

此项业务使光明公司资产类账户"银行存款"减少 400 000 元，费用类账户"销售费用"增加 400 000 元，应贷记"银行存款"科目，借记"销售费用"科目。

（8）负债减少，收入增加。

【例 4-10】光明公司欠合作伙伴货款 80 000 元，但无力偿还，只能以所生产商品进行抵债，所用来抵债的商品也应该确认销售收入，此时光明公司的会计等式为：

资产+费用＝　　　负债+　　　所有者权益+　　　收入
　　　　　应付账款 − 80 000　　　　　　主营业务收入 + 80 000

此项业务使光明公司负债类账户"应付账款"减少 80 000 元，收入类账户"主营业务收入"增加 80 000 元，应借记"应付账款"科目，贷记"主营业务收入"科目。

以上用例子的形式说明了会计等式的几种变化形式，归纳起来如表 4-9 所示。

表 4-9　会计恒等式规则说明

经济业务类型	各类账户					计入金额
	资产	负债	所有者权益	收入	费用	
资产、所有者权益同时增加	借		贷			等量增加
资产、所有者权益同时减少	贷		借			等量减少
资产、负债同时增加	借	贷				等量增加

经济业务类型	各类账户					计入金额
	资产	负债	所有者权益	收入	费用	
资产、负债同时减少	贷	借				等量减少
资产内部增减变动	借，贷					一增一减
负债内部增减变动		借，贷				一增一减
所有者权益内部增减变动			借，贷			一增一减
所有者权益增加、负债减少		借	贷			一增一减
所有者权益减少、负债增加		贷	借			一增一减
资产增加、收入增加	借			贷		等量增加
资产减少、费用增加	贷				借	一增一减
负债减少、收入增加		借		贷		一增一减

第 5 章

一步一步填制会计凭证

会计凭证，简称凭证，是记录经济活动、明确经济责任的书面证明，是登记账簿、进行会计监督的重要依据。可以说，填制会计凭证是会计规范化的第一步，也是非常重要的一步。任何企业、事业和行政单位在从事任何一项经济活动时，都必须办理会计凭证，对整个经济活动做出书面记录，作为登记各种账簿的凭据。填制好的会计凭证，是具有法律意义和经济意义的，因此，要认真做好会计凭证的填制和登记工作，做到"白纸黑字要清楚"。

企业的经济业务类型是多种多样的，会计凭证也是多种多样的，按照用途和填制程序进行分类，可以划分为原始凭证和记账凭证。

5.1 分清原始凭证的分类

原始凭证是企业登记账簿的最原始的依据，是经济业务发生时所取得的原始证据，比如采购材料、支付货款时取得的发票，销售货物时取得的销售单据等都属于原始凭证。原始凭证的种类很多，按照不同的标准有不同的分类，如表 5-1 所示。

表 5-1　原始凭证分类表

分类标准	原始凭证类型
按照来源分类	自制原始凭证
	外来原始凭证
按照填制方法分类	一次凭证
	累计凭证
	汇总凭证

5.1.1 按照来源分类

按照来源分类，原始凭证可分为外来原始凭证和自制原始凭证：

（1）外来原始凭证，是从企业外部取得的凭证。比如购货时取得的发票，付款时取得的收据等，如图 5-1 所示的服务费发票。

图 5-1　外来原始凭证示例

（2）自制原始凭证，是本单位根据经济业务的发生情况和内容自行填制的凭证，如商品验收入库时的收货单和验收单、从仓库领取材料时编制的领料单等。

5.1.2　按照填制方法分类

按照填制方法不同，原始凭证又分为一次凭证、累计凭证和汇总凭证：

（1）一次凭证，按照字面意思，就是填制的程序比较简单，一次性就可以填制完成的凭证，实务中使用的收货单、发货单等都属于一次凭证；

（2）累计凭证，是在一定时期内连续记录同类经济业务，期末将累计的数额作为记账的依据。显然，这种类型的凭证适用于连续重复发生的业务，实务中使用的限额领料单便属于该种类型的原始凭证。

（3）汇总凭证，是指对某些原始凭证进行汇总、整理后编制的自制凭证。实务中使用的收发汇总表便属于此种类型。将汇总凭证作为记账依据，可以简化核算工作。

表 5-2～表 5-4 分别列示了三种原始凭证的类型。

表 5-2　收货单（一次凭证）

供货单位：　　　　　　　　　　　　　　　　　　　　　　　　　　　　　年　　　月　　　日

货号	名称及规格	单位	数量	单价	金额	备注
合计						

制单：　　　　　　　　　　　　　　　　　　　　　　　　　　　　　　　　经手人：

表 5-3 限额领料单（累计凭证）

使用单位：　　　　　　　　　　　　　　　　　　　　　　　　　　　　　年　月　日

材料名称	规格编号	单位	数量		结超记录		备注
			定额用量	领用数量	结余	超支	

核算员：　　　　　　　　　　　　　　　　　　　　　　　保管员：

表 5-4 原材料发料凭证汇总表（汇总凭证）

　　　　　　　　　　　　　　　　　　　　　　　　　　　　　年　　月　　日

		原材料		计划成本合计	差异额	实际成本
		原料及主要材料	辅助材料			
基本生产车间	甲产品					
	一般消耗					
机修车间						
管理部门						
销售机构						
合 计						

5.2 分清记账凭证的分类

　　记账凭证是登记会计账簿的直接依据，在填制记账凭证时，需要将原始凭证附在记账凭证后面，作为填制记账凭证的依据。记账凭证的分类情况如表 5-5 所示。

表 5-5 记账凭证分类表

分类标准	记账凭证类型
按适用的经济业务	专用记账凭证
	通用记账凭证
按包括的会计科目是否单一	复式记账凭证
	单式记账凭证

5.2.1 按适用的经济业务分类

　　记账凭证按其适用的经济业务，分为专用记账凭证和通用记账凭证：

　　（1）专用记账凭证：顾名思义，是指专门记录某种特殊业务的记账凭证，又分为收款凭证、付款凭证和转账凭证三种：

- 收款凭证：用来记录现金和银行存款的收入业务。
- 付款凭证：用来记录现金和银行存款的支出业务。收款凭证和付款凭证是登记现金日记账、银行存款日记账以及有关明细账和总账等账簿的依据，也是出纳人员付讫款项的依据。
- 转账凭证：用于记录不涉及库存现金和银行存款业务的会计凭证。它是根据有关转账业务的原始凭证填制的。转账凭证是登记总分类账及有关明细分类账的依据。

（2）通用记账凭证：不同于专用记账凭证，通用记账凭证可以用来记录各种经济业务，主要适用于经济业务比较简单的单位。表5-6～表5-8分别列示了收款凭证、付款凭证和转账凭证的样式。

表 5-6　收款凭证

借方科目：　　　　　　　　　年　月　日　　　　　　　字第　号

摘要	贷方科目		金额	记账
	一级科目	明细科目		
合计				

会计主管　　　记账　　　出纳　　　审核　　　填制

附件　张

表 5-7　付款凭证

贷方科目：　　　　　　　　　年　月　日　　　　　　　字第　号

摘要	借方科目		金额	记账
	一级科目	明细科目		
合计				

会计主管　　　记账　　　出纳　　　审核　　　填制

附件　张

表 5-8　转账凭证

年　月　日　　　　　　　字第　号

摘要	会计科目		金额		记账
	一级科目	明细科目	借方	贷方	
合计					

会计主管　　　记账　　　出纳　　　审核　　　填制

附件　张

5.2.2　按包括的会计科目是否单一分类

记账凭证按其包括的会计科目是否单一，分为复式记账凭证和单式记账凭证：

（1）复式凭证：是指在一张记账凭证中同时包含所有的借方科目、贷方科目以及发生额。前文提及的收款凭证、付款凭证都属于复式凭证。采用复式凭证可以集中反映经济业务的对应关系，便于了解经济业务的全貌。但是，不利于汇总计算每一个科目的发生额。

（2）单式凭证：是指在一张记账凭证中只反映借方科目或贷方科目，涉及几个科目，就要编制几张凭证。采用单式凭证便于汇总计算每一科目金额，但是不能反映经济业务关系的全貌。单式记账凭证的样式如表5-9所示。

表5-9　单式记账凭证（借项记账凭证）

年　月　日　　　　凭证编号：

摘要	总账科目	明细科目	账页	金额

会计主管　　　　记账　　　　出纳　　　　审核　　　　填制

5.3　实战原始凭证的填制与审核

填制和审核原始凭证是会计工作的起点，凭证的真实性和完备性是实现会计反映监督职能的重要保证，因此，原始凭证的填制与审核都要遵循一定的要求和程序。

原始凭证种类繁多，来源广泛，作为记账依据的原始凭证必须具备以下基本要素：

- 凭证的名称；
- 填制凭证的日期；
- 填制凭证单位的名称或填制人的姓名；
- 经办人员的签名或签章；
- 接收凭证单位的名称；
- 经济业务事项的内容；
- 经济业务事项的数量、单价和金额。

5.3.1　原始凭证的填制

原始凭证是具有一定法律效力的证明文件，是进行会计核算的原始资料和重要依据。因此，为了保证整个会计核算资料的真实、正确和及时，在填制原始凭证时，应该做到以下几点：

（1）记录要真实。原始凭证所填列的经济业务内容和数字，必须真实可靠，符合有关经济业务的实际情况，不得弄虚作假。

（2）内容要完整。原始凭证上的项目必须全部填写齐全，不得遗漏或省略，并且各业务经办人员和部门都要加盖签章或印鉴。

（3）书写要清楚、规范。原始凭证上所填列的数字或汉字都要清楚、易于辨认。大小写金额必须相符且填写规范，小写金额用阿拉伯数字逐个书写，不得写连笔字，在金额前要填写人民币符号"¥"，人民币符号"¥"与阿拉伯数字之间不得留有空白，金额数字一律填写到角分，无角分的写"00"或符号"－"，有角无分的，分位写"0"，不得用符号"－"。

> 小提示：大写金额用汉字壹、贰、叁、肆、伍、陆、柒、捌、玖、拾、佰、仟、万、亿、元、角、分、零、整等，一律用正楷或行书字书写，大写金额前未印有"人民币"字样的，应加写"人民币"三个字，"人民币"字样和大写金额之间不得留有空白，大写金额到元或角为止的，后面要写"整"或"正"字，有分的，不写"整"或"正"字。如小写金额为¥1 008.00，大写金额应写成"壹仟零捌元整"。

（4）编号要连续。原始凭证是需要连续编号的，如果预先编号的原始凭证作废，不应直接撕毁，而应加盖"作废"戳记。

（5）不得涂改、刮擦、挖补。原始凭证发生错误，应该根据错误的种类选择不同的处理方法。由出具单位重开或者进行更正，原始凭证金额有错误的，应当由出具单位重开，不得在原始凭证上更正。

（6）填制要及时。会计人员应该根据经济业务的发生或完成情况及时填制，各种原始凭证一定要及时填写，并按规定的程序及时送交会计机构、会计人员进行审核。

5.3.2　原始凭证的审核

原始凭证填制完成后，在成为填制记账凭证、登记账簿的依据之前，还需要经过层层的审核程序。只有经过审核的原始凭证，才真正的具有法律效力和经济意义。会计人员审核原始凭证应当按照国家统一会计制度的规定进行。审核的主要内容如下：

（1）审核原始凭证的真实性与合法性。原始凭证上所记载的业务是否符合国家规定，所列示的经济业务是否真实，是否存在弄虚作假的现象。对于企业实务中出现的篡改或对收入、费用等弄虚作假的情况，需要按照法律法规进行处理，不允许作为记账的依据。

（2）审核原始凭证的完整性。审核原始凭证是否具备基本内容，有否存在应填未填或填写不清楚的现象。如经审核原始凭证后确定有未填写接受凭证单位名称，无填证单位或制证人员签章，业务内容与附件不符等情况，不能作为内容完整的原始凭证。

（3）审核原始凭证的正确性。审核原始凭证在计算方面是否存在失误，如收货单上所注明的数量和金额是否一致，摘要是否准确等。对于计算错误或合计错误的原始凭证，应该按照相应规定进行处理，并重新编制原始凭证，将其作为编制记账凭证的依据。

5.4　实战记账凭证的填制与审核

记账凭证是会计人员根据审核无误的原始凭证或原始凭证汇总表填制，用以确定会计分录并作为记账依据的会计凭证。它的作用主要是便于登记账簿，减少差错、保证账簿记录的质量。

因此，记账凭证的填制与审核要遵循一定的程序和要求。记账凭证一般应包括的要素有：

- 记账凭证的名称；
- 填制记账凭证的日期；
- 记账凭证的编号；
- 经济业务事项的内容摘要；
- 经济业务事项所涉及的会计科目及其记账方向；
- 经济业务事项的金额；
- 记账标记；
- 所附原始凭证张数；
- 会计主管、记账、审核、出纳、制单等有关人员的签章。

5.4.1　记账凭证的填制

记账凭证可以根据每一张原始凭证单独编制，也可以根据汇总后的原始凭证编制，并将原始凭证粘贴在记账凭证后，作为填写记账凭证的依据。各种记账凭证的具体内容的填制，应注意以下要求内容：

（1）粘贴附件。除转账凭证和更正错误的凭证外，绝大部分记账凭证都需要在其后粘贴原始凭证，并注明所附原始凭证的张数。

（2）记账凭证要连续编号。编号的方法有多种，可以按现金收付、银行存款收付和转账业务三类分别编号，也可以按现金收入、现金支出、银行存款收入、银行存款支出和转账业务五类进行编号，或者将转账业务按照具体内容再分成几类编号。无论采用哪一种编号方法，都应该按月顺序编号，即每月都从1号编起，顺序编至月末。

小提示：一笔经济业务需要填制两张或者两张以上记账凭证的，可以采用分数编号法编号，如1号会计事项分录需要填制三张记账凭证，就可以编成1（1/3）、1（2/3）、1（3/3）号。

（3）发生错误的记账凭证应重新填制。已经登记入账的记账凭证在当年内发现错误的，可以用红字注销法进行更正。在会计科目应用上没有错误，只是金额错误的情况下，也可以按正确数字与错误数字之间的差额，另编一张调整记账凭证。

（4）保证记账凭证的借贷平衡。根据会计恒等式的原理，每一项经济业务都要坚持"有借必有贷，借贷必相等"的原则，会计人员应当正确使用会计科目，并做到借、贷方的金额相等。

（5）简练填写凭证中的摘要项目。记账凭证中的摘要是经济业务的精练反映，应保证审查凭证的人可以根据摘要判断业务的内容。

（6）只涉及现金和银行存款之间收入或付出的经济业务，应以付款业务为主，只填制付款凭证，不填制收款凭证，以免重复。

5.4.2　记账凭证填制举例

【例5-1】4月5日接到银行收款通知单，收到A商场前欠货款50 000元，B商场前欠货款30 000元。应填制的收款凭证如表5-10所示。

表5-10　收款凭证

借方科目：银行存款	20××年4月5日		编号：银收1号	
摘要	贷方科目		金　额	记账√
	一级科目	明细科目		
收到A商场前欠货款	应收账款	A商场	50 000	
收到B商场前欠货款	应收账款	B商场	30 000	
合　计			¥80 000	

会计主管：章晓　　记账：　　　出纳：张涛　　　审核：章晓　　　填制：王天

【例5-2】4月20日，以现金支付办公费1 000元。所填制付款凭证如表5-11所示。

表5-11　付款凭证

贷方科目：现金	20××年4月20日		编号：现付1号	
摘要	贷方科目		金　额	记账√
	一级科目	明细科目		
支付办公费用	管理费用	办公费	1 000	
合　计			¥1 000	

会计主管：章晓　　记账：　　　出纳：张涛　　　审核：章晓　　　填制：王天

【例5-3】4月25日，提取该月办公使用的小汽车折旧费用5 000元。所填制转账凭证如表5-12所示。

表5-12　转账凭证

	20××年4月25日			编号：转字1号	
摘要	贷方科目		借方金额	贷方金额	记账√
	一级科目	明细科目			
提取本月固定资产折旧	管理费用	折旧费	5 000		
	累计折旧	小汽车		5 000	
合　计			¥5 000	¥5 000	

会计主管：章晓　　记账：　　　出纳：张涛　　　审核：章晓　　　填制：王天

5.4.3　记账凭证的审核

为了保证账簿记录的正确，在记账前还应对记账凭证进行审核，以确保记账凭证的真实性与完整性，审核的主要内容有：

（1）审核所附原始凭证内容是否真实。审核人员应当关注记账凭证所附的原始凭证的内容是否与记账凭证反映的内容一致，金额是否相等。

（2）审核会计科目与金额是否正确。记账凭证应做到借贷方金额相等，明细金额与总账金额一致，同时应保证所使用的会计科目的正确性。

（3）审核记账凭证的完整性。记账凭证上所填写的内容是否完整，包括日期、编号、附件、摘要、有关人员签章等。如若内容不完整，应查明后予以纠正。只有完整的记账凭证才能作为登记账簿的依据。

第 6 章

轻松管理会计账簿

按照会计核算的程序和流程，取得并填制会计凭证后，应该登记会计账簿。无论是原始凭证还是记账凭证，都是分散地记录每一笔经济业务。通过会计账簿可以连续、系统、全面地监督单位在一定时期内所有经济业务的情况，汇总所发生的业务，很好地反映监督企业的经济业务。

6.1 了解会计账簿的基本内容

会计账簿是以会计凭证为依据，全面、系统、连续、科学地反映和记录各项经济业务的簿记。它是由一定格式和一定形式的、连接在一起的账页组成的。设置和登记账簿是会计核算的一种专门方法。会计账簿的基本结构都是相同的，包含以下基本内容：

（1）封皮，账簿的封皮主要用于说明账簿的名称；

（2）扉页，又称为使用登记表，明确记载账簿的使用情况和每次交接的时间、交接人以及交接主管等信息，如表 6-1 所示。

表 6-1 账簿启用与交接情况

单位名称	加公章							贴印花处		
账簿名称	账簿第　　册									
账簿编号	第　　号									
启用日期	年　　月　　日									
账簿页数	本账簿共　　页									
经管人员	会计主管			记账人员						
	姓名		盖章	姓名		盖章				
交接记录	日　期			监　交	移　交			接　管		
	年	月	日	职务	姓名	职务	姓名	盖章	职务	姓名	盖章
备注										

（3）总分类账的账户目录。多个总分类账会在同一本账簿中进行登记，因此，都会事先预留页码，为了便于查找账簿内容，需要在账本的前面设置总分类账的账户目录。

（4）账页。账页是账簿的主体，既包括总账账页，也包括明细账账页。

小提示：会计账簿是账户的表现形式，两者既有区别又有联系。账户存在于账簿之中，账簿中的每一账页都是账户的存在形式和信息载体。没有账户就没有所谓的账簿；如果没有账簿，账户也就变成一种抽象的东西，无法存在。但是，账簿只是一种外在形式，账户才是真实的内容。因此，账簿与账户的关系，是形式和内容的关系。

6.2 分清会计账簿的分类

会计账簿的种类很多，按其性质和用途，可分为日记账、分类账和备查账三种；按其外表形式，可分为订本账、活页账和卡片账三种；按照格式可以分为两栏式、三栏式、多栏式和数量金额式四种。会计账簿的分类情况，如表6-2所示。

表6-2 会计账簿分类表

分 类 标 准	账 簿 类 型
按照账簿性质和用途分类	日记账
	分类账
	备查账
按照账簿外表形式分类	订本账
	活页账
	卡片账
按照账簿格式分类	两栏式
	三栏式
	多栏式
	数量金额式

6.2.1 按照账簿性质和用途分类

按照性质和用途分类，账簿可以分为日记账、分类账和备查账三类。

（1）日记账，就是每日进行逐笔登记经济业务的账簿。由于日记账是按照发生的顺序进行登记的，也称为序时账。

日记账按其记录内容的不同，又分为普通日记账和特种日记账两种。特种日记账包括现金日记账和银行存款日记账，专门用于记录现金和银行存款的每日变动和余额情况。普通日记账是除现金日记账和银行存款日记账之外的日记账。

（2）分类账，不同于日记账的序时登记，分类账是按照会计要素的类别而设置并进行登记的账簿，按其反映内容的详细程度，又分为总分类账和明细分类账。

小提示：总分类账，是根据总分类科目开设账户，用来登记全部经济业务，进行总分类核算，提供总括核算资料的分类账簿。明细分类账，是根据明细分类科目开设账户，用来登记某一类经济业务，进行明细分类核算，提供明细核算资料的分类账簿。

表 6-3 与表 6-4 分别列示了明细分类账与总分类账的样式。

表 6-3　明细分类账（三栏式）

20××年		凭　证		摘　要	对方科目	借方金额	贷方金额
月	日	字	号				

表 6-4　总分类账

20××年		凭　证		摘　要	借方金额	贷方金额	借或贷	余额
月	日	字	号					

（3）备查账，是对日记账和分类账起补充作用的账簿。主要用于登记那些在日记账和分类账未能登记和反映的经济业务事项。比如企业租入的固定资产，并不在分类账中进行反映，但为了加强对该项资产的管理，需要将其在备查账中进行反映和记录。

6.2.2　按照账簿外形特征分类

按照外形特征分类，账簿可以分为订本账、活页账和卡片账三种类型。

（1）订本账，是指所有的账页都按照一定的页码顺序装订成册，这种账簿按照分类科目开设账户，然后登记账簿，采用该种类型的账簿可以避免账页散失，防止账页被抽换，比较安全。

小提示：订本账在同一时间只能由一个人登记账簿，不利于分工同时记账。根据我国会计法律制度规定，特种日记账，如库存现金日记账和银行存款日记账，以及总分类账必须采用订本账形式。

（2）活页账，是指所有的账页置于活页夹内，然后根据经济管理活动的需要自行将账页组合，形成账簿。因此，这种类型的账簿是先进行登记，然后再编号装订成册。采用该种类型的账簿可以由多人分工记账，但是容易造成账页散失或被抽换。各种明细分类账可采用活页账形式。

（3）卡片账，是指将卡片样式的账页存放于卡片箱中，作为对所记录项目的管理。卡片账一般适用低值易耗品、固定资产等的明细核算。在我国一般只对固定资产明细账采用卡片账形式。

6.2.3 按照账簿格式分类

按照格式分类，账簿可以分为两栏式账簿、三栏式账簿、多栏式账簿和数量金额式账簿四种类型。

（1）两栏式账簿，是只有借方和贷方两个基本金额的账簿。各种收入、费用类账户都可以采用两栏式账簿。

（2）三栏式账簿，是设有借方、贷方和余额三个基本栏目的账簿，如日记账、总分类账、资本、债权、债务明细账。表 6-5 列示了三栏式账簿的样式。

表 6-5 三栏式（总分类账）

20××年		凭证		摘要	对方科目	借方	贷方	借或贷	余额
月	日	字	号						

（3）多栏式账簿：是在账簿的两个基本栏目借方和贷方按需要分设若干专栏的账簿，如收入、费用明细账，表 6-6 列示了多栏式生产成本明细账的样式。

表 6-6 生产成本明细账（多栏式）

科目：生产成本——甲产品

20××年		凭证		摘要	借方	贷方	余额	直接材料	直接人工	其他直接支出	制造费用
月	日	字	号								
5	1			月初余额			115 556	52 056	23 820	21 680	18 000
	16	记	30	领用包装箱	30 000			30 000			
	31	记	50	生产工人工资	100 000				100 000		
	31	记	51-1	生产工人福利费	14 000				14 000		
	31	记	51-2	生产工人工会经费	2 000				2 000		
	31	记	51-3	生产工人职工教育经费	1 500				1 500		
	31	记	54	生产领料	918 300			918 300			
	31	记	55	制造费用转入	86 100						86 100
	31	记	59	产品入库		1 162 000		917 326.45	129 590.44	19 880.56	77 202.55
	31			本月合计及余额	1 151 900	1 162 000	15 556	83 029.55	11 729.56	1 799.44	8 897.45

（4）数量金额式账簿：借方、贷方和金额三个栏目内都分设数量、单价和金额三小栏，借以反映财产物资的实物数量和价值量，原材料、库存商品、产成品等明细账通常采用数量金额式账簿，表 6-7 说明了数量金额式明细账的样式。

表 6-7　　××材料明细账（数量金额式）

科目：原材料——A

20××年		凭证编号	摘要	收入			发出			结余		
月	日			数量	单价	金额	数量	单价	金额	数量	单价	金额
8	1		期初余额							10	100	1 000
	3	1	原材料采购	20	100	2 000				30	100	3 000
	10	2	领用材料				15	100	1 500	15	100	1 500
	….											
	31		累计									

6.3　实战会计账簿的登记

各单位每天发生的各种经济业务，都要记账，记账的依据是会计凭证。明细分类账要根据原始凭证、原始凭证汇总表和记账凭证每天进行登记，也可以定期进行登记。总分类账要根据企业的财务制度的规定定期进行登记。

6.3.1　日记账的登记

日记账包括现金日记账、银行存款日记账和转账日记账三种主要形式。有些单位设置有转账日记账，由记账员根据转账凭证逐日、逐笔登记。

现金日记账是由出纳员根据现金的收、付款凭证序时地逐笔登记。现金日记账的格式如表 6-8，表中收入金额应根据现金收款凭证登记，支出金额应根据现金付款凭证登记，每日终了结出全日的现金收入、现金支出和现金余额，并将此余额与现金实际库存数进行核对，做到日清。日余额的计算公式为：余额=上日余额+本日收入－本日支出。

表 6-8　现金日记账（三栏式）

20××年		凭证		摘要	对方科目	收入	支出	结余
月	日	种类	编号					
4	1			上期结余				1 000
	10	现付	1	支付工资	应付职工薪酬		500	
	12	现收	2	收回应收账款	应收账款	600		

银行存款日记账是由出纳员根据银行存款的收、付款凭证序时地逐笔登记，格式如表 6-9 所示，每日终了结出各账户全日的银行存款收入、支出合计数和余额，并定期与银行对账单对账，编制出银行存款余额调节表。

小提示： 登记银行存款日记账时，根据银行收款凭证登记收入金额，根据银行付款凭证登记支出金额。余额的计算公式为：余额=上期余额+收入－支出。

表6-9　银行存款日记账（三栏式）

20××年		凭证		摘要	对方科目	收入	支出	结余
月	日	种类	编号					
4	1			上期结余				500 000
	10	银付	1	支付购货款项	原材料		50 000	
	12	银收	2	收回销售款项	主营业务收入	60 000		

6.3.2　总分类账和明细账的登记

总账是记账员根据收付转凭证直接逐笔登记的，也可以根据汇总记账凭证登记，还可以根据科目汇总表登记。各单位应根据所采用的会计核算形式，正确选择登记总账的方法。明细账是根据收付转记账凭证以及所附原始凭证逐笔登记的。

小提示： 根据企业的会计核算形式、经济业务量大小以及管理上的要求，明细账可以由会计人员负责登记，也可以由其他人员负责登记。

总分类账的登记举例如表6-10所示。

表6-10　总分类账

会计科目：应收账款　　　　单位：元

年		凭证		摘要	对应科目	借方金额	贷方金额	借或贷	余额
月	日	字	号						
7	1			期初结转				借	56 000
	8	转	1	B公司欠货款	主营业务收入	10 000		借	66 000
	10	银收	1	收到C公司前欠货款	银行存款		35 000	借	31 000
	31			本月合计		10 000	35 000	借	31 000

根据会计凭证登记总账和明细账时，应当采用平行登记的原则进行。同时记账，即总账和明细账均以会计分录为依据，一方面登记总账，另一方面登记明细账。方向一致，即同一会计分录，过入总账的方向与过入所属明细账的方向一致，总账计入借方，明细账也要计入借方，总账计入贷方，明细账也要计入贷方。金额相等，即同一会计分录过入总账的金额与过入明细账的金额应该相等。

按照平行登记的原则，总账与明细账之间存在以下的对应关系，利用这种对应相等关系，可以检查记账工作是否正确，保证记账工作自始至终正确，并能够及时发现登记账簿中的错误：

总分类账户本期借（贷）方发生额=所属明细账本期借（贷）方发生额之和

总分类账户期初（期末）余额=所属明细账期初（期末）余额之和

6.4 实例1：银行存款日记账的设置和登记

现金日记账与银行存款日记账是所有单位都必须设置的会计账簿。银行存款日记账用于记录企业银行存款的收入、支出与结存情况，必须在业务完成后马上记录，并在当天结出余额，以便与实际数字进行核对。

小提示：银行存款日记账由记账人员根据复核无误的银行存款收、付款记账凭证登记，必须连续登记，不得跳行、隔页，不得随便更换账页和撕扯账页。需要注意的是，当涉及银行存款与现金之间互转的情况时，只登记付款凭证。

【例6-1】假如5月3日企业购入生产用设备交付使用，以银行存款支付1万元。其会计分录如下，根据该笔业务填制凭证（该凭证编号：付字6号）。经审核无误后，登记银行存款日记账，如表6-11所示。

借：固定资产 10 000
　　贷：银行存款 10 000

表6-11 银行存款日记账

20××年		凭证		摘要	对方科目	收入	支出	结余
月	日	种类	编号					
5	1			上期结余				500 000
	3	银付	6	支付固定资产款项	固定资产		50 000	
	3			本日合计			50 000	450 000

6.5 实例2：管理费用多栏式明细分类账的设置和登记

多栏式明细分类账是由会计人员根据审核无误的记账凭证或原始凭证逐笔登记的。对于借方多栏式明细账，只在借方设置多栏，平时在借方登记发生的费用、成本，贷方登记月末将借方发生额一次转出的数额。

【例6-2】假如光明公司4月份发生的管理费用如下，计提办公大楼折旧费用50 000元，管理人员工资及福利费用60 000元，差旅费20 000元，办公费用5 000元，其他费用1 000元。除折旧费用外，差旅费、办公费和其他费用均以银行存款支付。其会计分录如下所示，并填制会计凭证（编号为银付2号），经审核后登记管理费用明细账簿，如表6-12所示。

借：管理费用——折旧费用 50 000
　　　　　　　——工资及福利费 60 000
　　　　　　　——差旅费 20 000
　　　　　　　——办公费用 5 000
　　　　　　　——其他 1 000
　　贷：应付职工薪酬 60 000

累计折旧　　　　　　　　　　　　50 000
银行存款　　　　　　　　　　　　26 000

表 6-12　管理费用明细账

20××年		凭证字号	摘　要	借　方					贷方	余额
月	日			办公费	折旧费用	工资及福利费	差旅费	其他费用		
4		银付2号	管理费用	5 000	50 000	60 000	20 000	1 000		

第 7 章

快速看懂对账和结账

在上一章，我们了解了会计账簿的基本情况以及登记方法，在实务中，企业在月末已经把日常发生的经济事项全部记入有关的会计账簿，但是，这并不代表会计循环的结束。为了能够正确计算和考核本期的财务成果，会计人员必须在期末对账簿进行一些技术处理，这包括：期末账项结转、对账和结账。

7.1 期末账项结转一学就会

期末账项结转是计算和确定本期经营成果，确定本期利润和亏损的依据和必要程序。期末结转的内容有：成本结转、收入结转、费用结转等内容。

7.1.1 成本结转

成本结转是在归集产品生产费用的基础上计算确定本期完工产品的生产成本和产品销售成本的财务处理程序，因此成本结转的内容和程序包括：

（1）分配结转制造费用；

借：生产成本——××产品

　　贷：制造费用

（2）计算和结转完工产品的生产成本；

借：库存产品——××产品

　　贷：生产成本——××产品

（3）计算和结转已销售产品的销售成本。

借：主营业务成本——××产品

　　贷：库存产品——××产品

7.1.2 收入与费用结转

收入与费用账户是在一定期间内归集各项收入和费用的过渡性账户，是编制损益表的资料。期末，为了确定本期损益，应将过渡性账户的余额结转至"本年利润"账户，从而结清各损益类账户。收入和费用账户结转的程序为：

（1）将利润增加因素从有关收入账户借方，结转至"本年利润"账户的贷方；

借：主营业务收入

　　贷：本年利润

（2）将利润减少因素从有关费用账户贷方，结转至"本年利润"账户的借方；

借：本年利润

　　贷：主营业务成本

【例 7-1】2018 年 8 月光明公司发生收入项目为：销售收入 150 000 元，营业外收入 60 000 元。根据账簿记录的费用、支出项目为：主营业务成本 70 000 元，销售费用 6 000 元，财务费用 3 000 元，管理费用 5 000 元，营业外支出 40 000 元。针对上述业务，8 月底应进行的会计处理为：

（1）结转收入类科目：

借：主营业务收入　　150 000

　　营业外收入　　　 60 000

　　　贷：本年利润　　　　210 000

（2）结转成本、费用类科目：

借：本年利润　　124 000

　　贷：主营业务成本　　70 000

　　　销售费用　　　　 6 000

　　　财务费用　　　　 3 000

　　　管理费用　　　　 5 000

　　　营业外支出　　　40 000

7.2　对账一学就会

在进行账簿登记后，会计人员应当定期对账簿记录的数字与库存实物，如库存现金、存货、固定资产等进行相互核对，加以比较，确认其存在性和完整性，这就是对账。进行对账的目的在于保证账簿记录的正确可靠，对账工作每年至少进行一次。对账的内容包括账证核对、账账核对、账实核对。

7.2.1　账证核对

账证核对，顾名思义，就是将各种账簿记录与记账所依据的凭证记录进行核对，核对的内容包括记账凭证上的全部内容，这包括记账凭证的时间、金额、记账方向、记账凭证编号等。如若发现差错，应逐步查对到最初的凭证，直到查出差错的原因为止。

小提示：由于原始凭证和记账凭证的数量巨大，因此账证的核对工作量很大，在日常编制凭证和记账过程中应通过不断地复核，必要时也可采用抽查核对和有目标的核对方法进行，核对时应重点核对凭证所记载的业务内容、数量、金额和分录是否与账簿中的记录一致。

7.2.2 账实核对

账实核对，是指各种财产物资的账面余额与实存数额相互核对。核对会计账簿记录与财产等实有数额是否相符。账实核对的主要内容包括：现金日记账的账面余额与实际持有的库存现金的核对；存货明细账与库存存货的实有数的核对；应收账款账面余额与实有应收账款数额的核对等。针对不同的会计科目，有不同的核对方法：

（1）现金日记账与库存现金实有数应该核对一致。在核对中，应该对库存现金进行盘点，对于盘点中出现的现金长短款等事项，应该查明出现差异的原因，并进行相应的处理，保证实有现金数与库存现金日记账账面余额的一致。需要注意的是，在进行库存现金对账时，不允许以借条、收据充抵现金。盘点时，出纳人员应该在场，对于出现的现金盈余或短缺的情况，要认真查明。

（2）银行存款日记账的账面余额与开户银行对账单核对。对于银行存款的核对工作，会计人员应该取得银行对账单，作为银行存款实有数的依据，根据银行对账单与银行存款日记账余额出现的差异应该查明原因，并编制银行存款余额调节表，保证银行存款实有数与账面数保持一致。

小提示：库存商品、原材料等存货明细账的账面余额与库存实有数核对一致。企业应定期对存货进行盘点，并在年终对其进行一次全面的清查，以保证账实记录的一致。

（3）应收项目明细账与实有应收债权的核对一致。会计人员应该以书面形式与债务单位进行联系与核对，保证应收项目账实记录的一致。

7.2.3 账账核对

账账核对，顾名思义，是指对各种账簿之间的有关数字进行核对。核对不同会计账簿记录是否相符，包括：对总账记录的核对、总账与日记账的核对、总账与明细账的核对、会计账簿与业务账簿的核对。

（1）对总账记录的核对，是指将企业的总账账簿进行核对，包括资产类、负债类和所有者权益类总账账户。根据会计等式的平衡原理，资产=负债+所有者权益，在总账记录中，资产类科目的账户余额等于负债类与所有者权益类账户余额的加总。

小提示：根据借贷平衡的原理，所有账户的借方发生额汇总等于所有账户的贷方发生额的汇总，对总账记录的核对可以通过编制试算平衡表进行。

（2）总账与日记账的核对。在会计核算与登记中，有的会计科目是在同时登记总账与日记账的，比如现金与银行存款。因此，在对账的过程中，要核对现金和银行存款的日记账余额与总账余额，保证二者的一致。

（3）总账与明细账的核对。总账与各明细账采用平行登记法进行登记，因此，各总账账户的本期发生额、期末余额应与其所包括的明细账的本期发生额、期末余额之和相等。通过总账账户与明细账的核对，可以保证总账与明细账相符。

（4）会计账簿与业务账簿的核对。企业的会计核算不仅发生在财务部门内部，在业务部门内部也存在相关事项的记录，比如仓库会对企业所掌握的库存商品、原材料有详细的记录，会计人员应定期将保存在财务部门内部的账簿记录与业务部门的记录加以核对比较，确认账簿记录的真实性与完整性。

7.3 错账更正不能手软

在登记会计账簿时，难免会出现这样那样的错误，对于登记中出现的错误，会计人员不得任意撕毁凭证和账页，也不得采用刮擦、挖补、涂抹等办法更改字迹，而应该根据错误记录的具体情况，按规定逐步更正。错账更正的方法主要有：划线更正法、红字更正法和补充登记法。三种方法适用的情形如表 7-1 所示。

表 7-1　错账更正方法的比较

更正方法	适用情形
划线更正法	1. 记账前发现记账凭证有错误 2. 在结账前发现账簿记录有错误，而记账凭证无错误
红字更正法	1. 在记账以后，如果在当年内发现记账凭证所记的科目有错误 2. 记账凭证所记的金额大于正确金额
补充登记法	1. 如果记账后发现记账凭证所填金额小于正确金额

7.3.1 划线更正法

在记账前发现记账凭证有错误，或是在结账前发现账簿记录有错误，而记账凭证无错误，可采用划线更正法予以更正。划线更正法的做法是：先在错误的文字或数字上划一条红线，表示予以注销，然后将正确的文字或数字用蓝笔写在被注销的文字或数字的上方，并由更正人员在更正处盖章。

小提示：采用划线更正法更正错账时，对于数字差错，在更正时应将错误的数额全部划销，而不能只划销、更正其中的个别数字；划线注销的文字或数字应保持其原有字迹仍可辨认以备复查。

7.3.2 红字更正法

在账簿登记以后，如果发现记账凭证上所登记的会计科目出现错误，应当采用红字更正法进行更正。红字更正法，是指用红字填写一张与原错误凭证完全相同的记账凭证，并用红字登记账簿，以冲销原有的错误记录。然后用蓝字填写一张正确的记账凭证，重新登记入账，并且在摘要中说明更正的是哪一号凭证。

红字更正法适用的情况是，记账凭证填错，并已经登记入账而形成的错账。无论是在结账前或结账后发现，无论是分录所用科目还是金额错误，都可用。如果所记金额大于应记的正确金额，则可以采用红字更正法，将多记的金额用红字填制一张与原记账凭证所列会计科目相同的记账凭证，用以冲销多记的金额。

【例 7-2】假若光明公司王小虎因公出差，预借差旅费 3 000 元，开出现金支票支付。记账时本应贷记"银行存款"科目，而却误记"库存现金"科目，并已登记入账。其更正方法如下：

（1）用红字金额填制一张与原错误分录相同的记账凭证，分录如下：

借：其他应收款——王小虎　3 000
　　贷：库存现金　3 000

（2）然后使用蓝笔填制一张正确记账凭证，其分录如下：

借：其他应收款——王小虎　3 000

贷：银行存款　3 000

【例7-3】假若光明公司支付办公费用10 000元，填写凭证时，写成：

借：管理费用　　　　100 000

　　贷：银行存款　　　　100 000

且已经将该凭证分录过入账簿，这时只需要将多记金额用红字按相同的分录编制一张记账凭证入账，以冲销原来多记的金额即可，编制相应凭证如图7-1所示。即：

借：管理费用　　90 000

　　贷：银行存款　　90 000

记　账　凭　证

年　月　日　　　　　　　　凭证转字　　号

摘要	借方		贷方		金额										备注	
	一级科目	二级科目	一级科目	二级科目	亿	千	百	十	万	千	百	十	元	角	分	
更正××号凭证	管理费用						9	0	0	0	0	0	0	0		附件
			银行存款				9	0	0	0	0	0	0	0		
																张
主管		记账		复核		出纳			制单							

图7-1　红字更正凭证

小提示：图中金额数字为红色，由于印刷原因，显示为黑色。

7.3.3　补充登记法

如果记账后发现记账凭证所填金额小于正确金额，可以采用补充登记法予以更正。即将少记的金额填制一张记账凭证，在"摘要"栏中注明"补记×字第×号凭证少计数"，并据以登记入账，以补充原来登记时少记的金额。

【例7-4】假若光明公司以50 000元采购原材料，材料已经入库，并以银行存款支付货款，所登记的会计凭证为：

借：原材料　　5 000

　　贷：银行存款　　5 000

此时所记金额小于应记金额，因此应采用补充登记法，再填写一张凭证，将少的金额45 000元补上，编制的相应凭证如图7-2所示。

记　账　凭　证

年　月　日　　　　　　　　银付字　　号

摘要	借方		贷方		金额										备注	
	一级科目	二级科目	一级科目	二级科目	亿	千	百	十	万	千	百	十	元	角	分	
补记x字第x号凭证少计数	原材料							4	5	0	0	0	0	0		附件
			银行存款					4	5	0	0	0	0	0		
																张
主管		记账		复核		出纳			制单							

图7-2　错账更正补充登记凭证

会计分录为：

借：原材料　　45 000

　　贷：银行存款　　45 000

小提示：随着会计电算化的发展，现在已经基本没有单位使用手工凭证了，本小节的主要目的就是想让大家熟知会计分录及处理，用原始方法学出来的知识，能够更加扎实的记在脑子中，也方便大家后期再实操中能够更快的适应工作。

7.4　结账一学就会

结账是指在会计核算中，于期末对各账簿记录所进行的结算工作。为了总结本期的账簿记录，提供编制会计报表的资料，期末应在全部经济业务登记入账的基础上，结出各账户的本期发生额和余额。账户的结计是使用划线法结出各分类账户和明细分类账户的本期发生额与余额，包括月结和年结。

7.4.1　月结

月结，顾名思义，即为每月月末进行的结计工作。办理月结时，应在各账户的本月份账户记录的最末一行下面划一条红线，在红线下的摘要栏内注明"本月发生额与余额"字样，并加计本月借方和贷方发生额合计数，并计算出各类账户的期末余额，计入到余额栏内。

小提示：如果期末无余额，则在"余额"栏内写"平"或"0"符号。然后在下面再画一条通栏红线，以示本账簿记录的结束。

7.4.2　年结

年结，即为年度终了进行的结计工作。年度结账时，要将各个账户结平，并将各账户的余额结转到下年度新开设的账户中。办理年结时，先在12月份月结数字下，计算填列全年12个月月结数字的合计数，并在摘要栏内注明"年度发生额及余额"或"本年合计"字样，然后在下一行"摘要"栏内注明"结转下年"字样，并以与期末余额相反的方向，以同一数额记入"借方"或"贷方"金额栏内。最后在这一行的下面画两条平行红线，以示本年度账簿记录的结束。

在新的会计年度开始时，应建立新账，即将有关账户的余额，从旧账直接转至新账，无须另编制记账凭证，只是在新开设的同一账户的第一行写日期1月1日，在"摘要"栏注明"上年结转"字样，余额栏按上年结转的余额填写。结账示例如表7-2所示。

表7-2　总账

科目：原材料

20××年		凭证	摘要	借方	贷方	借或贷	余额
月	日						
1	1		上年结转			借	40 000
	8		购入	30 000			
	31		领用		35 000		
			本月发生额及余额	30 000	35 000	借	35 000
2	6		购入	50 000			
	28		领用		40 000		
			本月发生额及余额	50 000	40 000	借	45 000
3	10		购入	20 000			
	31		领用		35 000		
			本月发生额及余额	20 000	35 000	借	30 000
			……	……	……	……	……
			本年合计	480 000	500 000	借	20 000
12	31		结转下年		20 000		
		总计		520 000	520 000	平	

第三篇

做账：会计的 148

个业务实操

第 8 章

货币资金实操演练

库存现金是指单位为了满足经营过程中零星支付需要而保留的现金，对库存现金进行监督盘点，可以确定库存现金的真实存在性和库存现金管理的有效性，对于评价企业的内控制度将起到积极作用。

8.1 库存现金的账务处理

企业应该设置"库存现金"科目对现金进行核算，相关的业务都要经过该科目。同时，为加强对现金的管理，随时掌握现金的收付动态和库存余额，企业必须设置"现金日记账"，按照现金业务发生的先后顺序序时登记。企业每次办理完收付款业务应及时结出账面余额，每日终了时将账面余额与库存现金数核对，月末与现金总账核对，做到账款相符、账账相符。

8.1.1 现金收入的账务处理

企业发生的现金收入业务，应根据审核后的原始凭证编制记账凭证，收到现金时，借记现金科目，贷记销售收入、其他业务收入等科目，并编制现金收款凭证。

小提示：对于从银行提取现金的行为，不编制现金收款凭证，而是直接编制银行存款付款凭证。

【例 8-1】19 年 4 月 10 日，光明公司发生的现金收入业务为：销售产品货款 300 元，增值税款 48 元，共计收入现金 348 元。当日从银行提取现金 35 000 元，准备发放工资。以上两项业务应该进行的会计分录如下。上述两项业务分别应编制现金收款凭证和银行存款付款凭证。

借：库存现金　　　　　　　　　　　　　　348
　　贷：主营业务收入　　　　　　　　　　　　　　300
　　　　应交税款——应交增值税（销项税额）　　　48
借：库存现金　　35 000
　　贷：银行存款　　35 000

8.1.2　现金支出的账务处理

企业发生的现金支出业务，应根据审核后的原始凭证编制记账凭证，支出现金时，借记管理费用、应付工资等科目，贷记库存现金科目，并编制现金付款凭证。对于将现金存入银行的行为，不编制银行存款收款凭证，而是编制现金付款凭证。

【例8-2】接【例8-1】，光明公司发生的现金支出业务有：销售部门业务员丁某出差，预借差旅费2 000元；总经理办公室小王报销办公费用100元，用现金支付职工工资30 000元，用现金支付本月电话费500元。以上业务应该进行的会计分录如下，并应编制现金付款凭证。

借：其他应收款——丁某　　2 000
　　贷：库存现金　　2 000
借：管理费用——总经理办公室　　100
　　贷：库存现金　　100
借：应付职工薪酬　　30 000
　　贷：库存现金　　　　　　　　30 000
借：管理费用　　500
　　贷：库存现金　　500

【例8-1】、【例8-2】中的业务进行记账凭证登记之后，应登录企业现金日记账，登录账页的情况如表8-1所示。

表8-1　现金日记账

20××年		凭证	摘要	对方科目	借方	贷方	余额
月	日						
			承前页				500
4	10		销售商品	主营业务收入	348		
	10		提取现金	银行存款	35 000		
	10		预借差旅费	其他应收款		2 000	
	10		报销办公费	管理费用		100	
	10		支付工资	应付职工薪酬		30 000	
	10		支付电话费	管理费用		500	3 248

8.2　银行存款的会计处理

企业应该设置银行存款总分类账户，核算银行存款的收付业务。为了加强对银行存款的管理，及时掌握银行存款收付的动态和结存的金额，企业必须设置"银行存款"日记账，序时登记每笔银行存款收付业务。

小提示：企业每日终了时应计算银行存款收入、银行存款支出及结余数，定期与银行转来的对账单核对相符，至少每月核对一次。

8.2.1　收到销售产品的货款

【例8-3】2019年5月2日，光明公司销售一批产品，收到的增值税发票上注明的销售金额为50 000元，增值税销项税额为8 000元，款项已经收到并存入银行，针对此项业务应进行的分录为：

借：银行存款　　　　　　　　58 000

　　贷：主营业务收入　　　　　　　　　　　50 000

　　　　应交税费——应交增值税（销项税额）　8 000

8.2.2　收到股东投入的款项

【例8-4】2019年5月3日，甲股东入股光明公司，投入股本20万元，占公司1.2%的比例，在收到该项款项时，应该进行的分录为：

借：银行存款　200 000

　　贷：实收资本　200 000

编制相应的凭证，如图8-1所示。

记　账　凭　证

摘要	借方		贷方		金额											备注
	一级科目	二级科目	一级科目	二级科目	亿	千	百	十	万	千	百	十	元	角	分	
收到股东甲投入资本	银行存款						2	0	0	0	0	0	0	0		附件
			实收资本				2	0	0	0	0	0	0	0		
																张

年 5 月 3 日　　　　　　　　　银收字　　号

主管　　　　　记账　　　　复核　　出纳　　　制单

图8-1　银收凭证

8.2.3　收到原材料的款项

【例8-5】2019年5月4日，光明公司采购部门王某到外地进行采购，支付的材料价款为20 000元，增值税3 200元，款项已经支付，针对该项业务，公司应进行的会计分录为：

借：原材料　　　　　　　　　　　　　20 000

　　应交税费——应交增值税（进项税额）　3 200

　　贷：银行存款　　　　　　　　　　　　　23 200

编制相应的凭证，如图8-2所示。

摘要	借方		贷方		金额											备注
	一级科目	二级科目	一级科目	二级科目	亿	千	百	十	万	千	百	十	元	角	分	
材料采购款项	原材料							2	0	0	0	0	0			附件
	应交税费	应交增值税（进项）							3	2	0	0	0	0		
			银行存款					2	3	2	0	0	0	0		张

年 5 月 4 日　　　　　　　　　银付字　　号

记账　　　　　复核　　　出纳　　　制单

图8-2　银付凭证

8.2.4 收到现金与银行存款互转的处理

【例 8-6】2019 年 5 月 5 日，光明公司出纳小李将库存现金 5 000 元，存入公司的对公银行账户中，应进行的会计分录为：

借：银行存款　　5 000
　　贷：库存现金　　5 000

【例 8-7】接【例 8-6】，19 年 5 月 10 日，出纳小王从银行提取现金 1 000 元备用，应进行的会计分录为：

借：库存现金　　1 000
　　贷：银行存款　　1 000

8.2.5 支付银行利息的处理

【例 8-8】2019 年 5 月 12 日，光明公司财务部接到银行寄来的对账单，需要支付上个月的贷款利息 500 元，已由银行自动扣款成功，应进行的会计分录为：

借：财务费用　　500
　　贷：银行存款　　500

【例 8-3】至【例 8-8】应逐一进行登记银行存款日记账，上述业务应登记的银行存款日记账如表 8-2。

表 8-2　银行存款日记账

20××年		凭证	摘要	对方科目	借方	贷方	余额
月	日						
			承前页				500 000
5	2		销售商品	主营业务收入	58 000		558 000
	3		接受投资	实收资本	200 000		758 000
	4		材料采购	原材料		23 200	734 100
	5		存入现金	库存现金	5 000		739 800
	10		提取现金	库存现金		1 000	738 800
	12		支付利息	财务费用		500	738 300

8.3　其他货币资金的处理

企业、单位和个人在经济社会活动中都可以使用支付结算，支付结算包括银行汇票、商业汇票、银行本票、支票等票据，信用卡以及汇兑、托收承付、委托收款等结算方式。企业在进行结算、编制银行存款收付款凭证时，应当对不同的情况分别进行会计处理。

8.3.1 银行汇票的账务处理

银行汇票是汇款人将款项交存当地出票银行，由出票银行签发的，由其在见票时，按照实际结算金额无条件支付给收款人或持票人的票据。银行汇票有使用灵活、票随人到、兑现性强等特点，适用于先收款后发货或钱货两清的商品交易。

小提示： 凡是要求使用银行汇票办理结算业务的单位，财务部门均应按规定向签发银行提交"银行汇票委托书"，在"银行汇票委托书"上逐项写明汇款人名称和账号、收款人名称和账号、兑付地点、汇款金额、汇款用途等内容，并在"汇款委托书"上加盖汇款人预留银行的印鉴，由银行审查后签发银行汇票。

如汇款人未在银行开立存款账户，则可以交存现金办理汇票。使用银行汇票时应注意下列事项：

- 银行汇票的付款期为 1 个月，逾期的汇票，兑付银行将不予办理；
- 收款人受理申请人交付的银行汇票时，应在出票金额以内，根据实际需要的款项办理结算；
- 收款人将汇票背书转让时，不能超过出票金额，未填写实际结算金额的汇票不得背书转让；
- 收受银行汇票的企业，应特别注意审查票据的有效性。

银行汇票结算的账务处理为：

付款单位应在收到银行签发的银行汇票后，根据"银行汇票申请书"联编制付款凭证

借：其他货币资金——银行汇票

  贷：银行存款

报销时

借：材料采购（原材料，库存商品等）

  贷：其他货币资金——银行汇票

8.3.2 银行本票的账务处理

银行本票的使用程序为：首先，申请人将款项存入银行，然后银行签发一张票据即为本票，申请人将本票作为支付手段支付给收款人，最后由收款人向银行申请收款，签发票据的银行应无条件支付票面金额给收款人或者持票人。银行本票按照其金额是否固定可分为不定额和定额两种。银行本票样式如图 8-3、图 8-4 所示。

小提示： 不定额银行本票是指凭证上金额栏是空白的，签发时根据实际需要填写金额（起点金额为 5 000 元），并用压数机压印金额；定额银行本票是指凭证上预先印有固定面额的银行本票，面额为 1 000 元、5 000 元、10 000 元和 50 000 元，其提示付款期限自出票日起最长不得超过 2 个月。

企业采用银行本票结算方式，将款项送交银行，收到银行签发的银行本票时

借：其他货币资金——银行本票

  贷：银行存款

用银行本票支付货款以后，根据发票账单等有关凭证

借：材料采购

  贷：其他货币资金——银行本票

中国工商银行 上海市分行

| 付款期 一个月 | **本　票** | 本票号码 第　号 |

签发日期
（大写）　年　月　日

收款人		
凭票即付（人民币大写）		
转账	现金	

此联签发行结清本票时作付出传票

科目（付）_____
对方科目（付）_____
兑付日期　年　月　日
出纳　　复核　　经办

图 8-3　银行本票（正面）

注 意 事 项

一、本票在指定的城市范围内使用
二、本票经背书可以转让

被背书人	被背书人	被背书人
背书	背书	背书
日期　年　月　日	日期　年　月　日	日期　年　月　日

图 8-4　银行本票（背面）

8.3.3　信用卡的账务处理

信用卡是商业银行向个人和单位发行的，凭以向特约单位购物、消费和向银行存取现金，具有消费信用的特制载体卡片，其形式是一张正面印有发卡银行名称、有效期、号码、持卡人姓名等内容，背面有磁条、签名条的卡片。

单位申请信用卡，应按发卡银行规定，向发卡银行填写申请表，连同支票和进账单一并送交发卡银行，根据银行盖章退回的进账单第一联，编制付款凭证。

借：其他货币资金——信用卡
　　贷：银行存款

使用信用卡时，收款单位对于当日受理的信用卡签购单，填写汇总计算表和进账单，连同签购单一并送交收单银行办理进账，在收到银行收款通知时，据以编制银行收款凭证。

借：银行存款
　　贷：商品销售收入

第 9 章

应收及预付款项实操演练

应收款项是指一般企业的销售商品或提供劳务形成的各项债权，主要包括应收票据、应收账款、其他应收款、长期应收款等。预付款项是指企业按照购货合同规定预先支付给供货方的款项。

9.1 实战应收票据

按照我国《票据法》的规定，票据包括汇票、本票和支票。支票、银行本票和银行汇票均为见票即付的票据，无须将其列为应收票据予以处理。因此，应收票据在会计实务中，仅指企业因销售商品、提供劳务等而收到的商业汇票。

9.1.1 不带息应收票据的账务处理

【例 9-1】2019 年 6 月 3 日若光明公司销售一批产品给胜利公司，货已经发出，货款 10 000元，增值税额为 1 600 元，按照合同约定 3 个月以后付款，胜利公司开出一张 3 个月到期的商业承兑汇票，票面金额为 11 600 元，其账务处理方法如下：

（1）光明公司收到该票据时

借：应收票据   11 600

  贷：主营业务收入   10 000

    应交税费——应交增值税（销项税额） 1 600

（2）3 个月后，该项票据到期，光明公司收回款项 11 600 元，存入银行，进行的会计分录为：

借：银行存款   11 600

  贷：应收票据   11 600

（3）如果该项票据到期，胜利公司无力偿还票款，光明公司应将到期票据的票面金额转入"应收账款"科目，进行的会计分录为：

借：应收账款   11 600

  贷：应收票据   11 600

9.1.2 带息应收票据的账务处理

带息应收票据的账务处理程序为:

(1)企业应当在会计期末对带息商业汇票进行确认,计提利息,将产生的利息收入作为对财务费用的递减处理,即

借:应收票据

　　贷:财务费用

(2)在应收票据到期,收回债权时

借:银行存款

　　贷:应收票据

二者如果有差额,则冲减"财务费用"。

(3)对于到期不能收回的带息应收票据,应将其转入"应收账款"科目进行核算,并且不再计提利息,其所包含的利息,在有关备查簿中进行登记,待实际收到时再冲减收到当期的财务费用。

借:应收账款

　　贷:应收票据

【例9-2】光明公司于2019年3月31日销售一批商品,货款103 448.27元,增值税额16 551.73元,当日收到商业承兑汇票面值120 000元,利率6%,期限5个月。为简化核算,假设光明公司于上半年末和年度终了计提应收票据利息。根据上述资料,做会计分录如下:

(1)3月31日收到票据时

借:应收票据　　120 000

　　贷:主营业务收入　　　　　　　　　　103 448.27

　　　　应交税金——应交增值税(销项税额)　　16 551.73

(2)6月30日计提利息时

应计利息=120 000×6%×3÷12=1 800

借:应收票据　　　　　　1 800

　　贷:财务费用　　　　　1 800

(3)8月31日到期收到票款时,应编制的凭证如图9-1所示。

到期价值=120 000×(1+6%×5/12)=123 000,到期利息=123 000−120 000=3 000元

借:银行存款　　　　　　123 000

　　贷:应收票据　　　　　121 800

　　　　财务费用　　　　　1 200

记账凭证															
				年 8月31日					银收字　号						
摘要	借方		贷方		金额										备注
	一级科目	二级科目	一级科目	二级科目	亿	千	百	十	万	千	百	十	元	角	分	附件
收到到期票据款项	银行存款						1	2	3	0	0	0	0	0		附
			应收票据				1	2	1	8	0	0	0	0		
			财务费用						1	2	0	0	0	0		张
主管		记账		复核		出纳			制单							

图9-1　收到到期票据款项登记凭证

（4）如果商业承兑汇票到期日，如果付款人无力支付票款，企业收到银行退回的商业承兑汇票、委托收款凭证、未付票款通知书等，按应收票据的账面价值，借记"应收账款"科目，贷记"应收票据"科目，以后不再计提利息。应进行的会计分录为：

借：应收账款　121 800

　　贷：应收票据　121 800

9.1.3 应收票据背书转让的账务处理

应收票据作为企业的债权，在无约束的情况下，企业可以自主决定将其背书转让。比如，在采购业务中，企业将应收票据背书转让给卖家作为购买货物的对价，此时的账务处理与普通采购类似，只不过将原先支付的"银行存款"科目以"应收票据"科目替代。

小提示： 将应收票据背书转让时，如果应收票据的面值小于货物的价格，则以银行存款支付差额，贷"银行存款"科目。

【例 9-3】光明公司将持有的尚未到期的银行承兑汇票背书转让给某木材厂，用于购买一批木材，取得的增值税专用发票上注明的价款为 62 534.48 元，增值税额为 10 005.52 元，并签发转账支票一张，弥补货款与票据面值之间的差额 2 340 元，材料已经收到并验收入库。应进行的会计分录为：

借：材料采购　　　　　　　　　　　　　62 534.48

　　应交税费——应交增值税（进项税额）　10 005.52

　　贷：应收票据　70 200

　　　　银行存款　2 340

9.1.4 应收票据贴现的账务处理

当企业出现现金短缺时，可以将其持有的、未到期的应收票据向银行办理贴现。

小提示： 在贴现中，企业付给银行的利息称为贴现利息，银行计算贴现利息的利率称为贴现率，企业从银行获得的票据到期值扣除贴现利息后的货币收入，称为贴现所得。

贴现利息和贴现所得的计算公式为：

贴现所得=票据到期值 – 贴现利息

票据到期值=票据面值+到期利息=票据面值×（1+利率×期限）

【例 9-4】光明公司 2019 年 3 月 1 日向胜利公司销售商品一批，价款 60 517.24 元，增值税率 16%，产品已经发出，收到对方一张价值 70 200 元的已承兑带息商业承兑汇票，期限 6 个月，票面年利率 8%，光明公司于 2014 年 7 月 20 日将票据向银行贴现，贴现率 9%。票据到期后，胜利公司无力支付，光明公司接银行通知将该贴现票款转逾期贷款处理。

（1）贴现时的会计处理为：

计算本利和：70 200 ×（1+8%×6/12）=73 008（元）

计算贴现息：73 008 ×9%×144/360=2628（元）

贴现利得：73 008-2 628=70 380（元）

借：银行存款　70 380

　　财务费用　766.58
　　　贷：应收票据　73 008
　（2）转逾期贷款时：
　借：应收账款——胜利公司　73 008
　　　贷：短期借款　73 008

9.2　实战应收账款

　　应收账款是由于销售商品、提供劳务等影响买家而收取的款项以及代垫运杂费和承兑到期而未能收到款的商业承兑汇票。因此，应收账款的确认与收入的确认密切相关，是伴随企业的销售行为发生而形成的一项债权。通常在确认收入的同时，确认应收账款。应收账款应该按照债务人的名称设置明细账户进行明细核算。

9.2.1　普通应收账款的处理

　　【例9-5】光明公司采用托收承付结算方式向胜利公司销售商品一批，货款300 000元，增值税额48 000元，以银行存款代垫运杂费6 000元，已办理托收手续。
　（1）办好收托手续后，编制会计分录如下：
　借：应收账款　　　　　　　354 000
　　　贷：主营业务收入　　　　　　　　　300 000
　　　　　应交税费——应交增值税（销项税额）　48 000
　　　　　银行存款　　　　　　　　　　　6 000
　（2）光明公司实际收到款项时，编制会计分录如下：
　借：银行存款　354 000
　　　贷：应收账款　354 000

9.2.2　商业折扣下应收账款的处理

　　随着市场竞争的加剧，商业折扣成为企业促销的手段之一。所谓商业折扣是指，企业在销售商品时，会根据销售的规模给予买家不同程度的价格上的优惠，比如生产洗衣机的企业，单价为1 500元，如果批发商一次性采购100台洗衣机，光明公司决定给予10%的价格优惠，因此，买家只需支付1 500×100×（1−10%）=135 000元即可。

　　小提示：商业折扣的发生对企业的会计处理并无影响，仍应该按照普通销售方式的情况进行分类即可，只是入账的金额为扣除折扣后的销售金额。

　　【例9-6】光明公司赊销商品一批，按价目表的价格计算，货款金额总计100 000元，给买方的商业折扣为10%，适用增值税税率为16%。代垫运杂费5 000元。
　（1）在销售时有商业折扣的情况下，应收账款和销售收入按扣除商业折扣后的金额入账。应做如下会计分录：

借：应收账款　　　　109 400

　　贷：主营业务收入　　　　　　　　　　　　90 000

　　　　应交税费——应交增值税（销项税额）　14 400

　　　　银行存款　　　　　　　　　　　　　　5 000

编制相应的记账凭证，如图 9-2 所示。

记　账　凭　证

年　月　日　　　　银付字　　号

摘要	借方		贷方		金额											备注	
	一级科目	二级科目	一级科目	二级科目	亿	千	百	十	万	千	百	十	元	角	分		附
赊销商品并代垫运杂费	应收账款							1	1	0	3	0	0	0	0		件
			主营业务收入						9	0	0	0	0	0	0		
			应交税费	应交增值税（销项）					1	5	3	0	0	0	0		张
			银行存款							5	0	0	0	0	0		

主管　　记账　　复核　　出纳　　制单

图 9-2　发生应收账款登记凭证

（2）收到货款时：

借：银行存款　　　　109 400

　　贷：应收账款　　　　　109 400

9.2.3　现金折扣下应收账款的处理

现金折扣，又称销售折扣，是为敦促顾客尽早付清货款而提供的一种价格优惠。现金折扣的表示方式为：2/10，1/20，n/30。例如，A 公司向 B 公司出售商品 30 000 元，付款条件为 2/10，n/60，如果 B 公司在 10 日内付款，只需付 29 400 元，如果在 60 天内付款，则须付全额 30 000。

由于现金折扣直接影响企业的现金流量，所以，必须在会计中反映。核算现金折扣的方法有 3 种：总价法、净价法和备抵法。我国新企业会计准则要求采用总价法入账，不允许采用净价法。

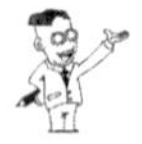

小提示：总价法是指销售商品时以发票价格同时记录应收账款和销售收入，不考虑现金折扣，如购货企业享受现金折扣，则以“销售折扣”账户反映现金折扣。销售折扣作为销售收入的减项列入损益表。

【例 9-7】某企业销售产品一批，售价（不含税）10 000 元，规定的现金折扣条件为 2/10、n/30，增值税率为 16%，产品已发出并办妥托收手续。

（1）按总价法的会计分录为：

借：应收账款　　　　11 600

　　贷：主营业务收入　　　　　　　　　　　10 000

　　　　应交税金—应交增值税（销项税额）　　1 600

（2）如果上述货款在 10 天内收到，其会计分录为：

借：银行存款　　　　11 368

　　财务费用　　　　232

　　贷：应收账款　　　11 600

（3）如果超过了现金折扣的最后期限，其会计分录为：

借：银行存款　　　11 600

　　贷：应收账款　　　11 600

9.3　实战预付账款

　　预付账款是企业为了采购货物，而预先将货款支付给卖方的行为，如预付的材料、商品采购货款等。预付款项虽然已经划付给卖家，但相关的经济业务并未发生，该笔款项仍属于采购方的资产。因此，必须在会计核算中予以反映。

　　小提示：企业一般应单独设置"预付账款"进行核算，对于预付账款不多的企业也可以将预付的货款记入"应付账款"科目的借方，但在编制会计报表时，仍然要将"预付账款"和"应付账款"的金额分开列示。

　　【例9-8】光明公司预付给供货方的材料款共计20 000元，应编制会计分录如下：

借：预付账款 20 000

　　贷：银行存款 20 000

收到材料和专用发票时，全部货款为20 000元，税金为3 200元，应补付3 200元。应编制会计分录如下：

借：材料采购　　　　　　　　　　　　20 000

　　应交税金——应交增值税（进项税额）3 200

　　　贷：预付账款　　　23 200

借：预付账款　　　3 200

　　贷：银行存款　　　3 200

9.4　实战其他应收款

　　其他应收款是指企业除应收票据、应收账款、预付账款等以外的其他各种应收及暂付款项。其他应收款主要包括：

- 各种赔款、罚款等，如遭受意外损失而向保险公司收取的赔款；
- 出租包装物的租金；
- 向职工收取的各种垫付款项，如替职工垫付的水电费、医药费、房租费等；
- 存出保证金，如租入包装物的押金；
- 备用金；
- 预付账款转入；
- 购买股票后包含在股票价格中的已宣告发放的股利；

● 其他应收、暂付款项。

为了核算和监督其他应收款的增减变动及其结存情况，企业应当设置"其他应收款"科目，按其他应收款的项目分类，并按不同的债务人设置明细账，借方登记其他应收款的增加额，贷方登记其他应收款的减少额，期末余额一般在借方，反映企业尚未收回的其他应收款。

9.4.1 备用金的核算

备用金是企业预付给职工和企业内部有关单位作差旅费、零星采购、零星开支等用途的款项。

1. 定额备用金

定额备用金是最常见的备用金形式，适用于经常使用备用金的单位和个人。定额备用金报销时由财会部门对各项原始凭证进行审核，根据核定的报销数付给现金，补足备用金定额。除收回备用金或备用金定额变动外，账面上的备用金将经常保持核定的备用金定额。

【例9-9】宏春股份有限公司电脑生产车间核定的备用金定额为5 000元，以库存现金拨付。

借：其他应收款——备用金——电脑车间　5 000
　　贷：库存现金　　　　　　　　　　　　5 000

电脑生产车间5月报销日常管理支出3 800元。

借：制造费用　　　　　　　3 800
　　贷：其他应收款——备用金——电脑车间　3 800

2. 非定额备用金

非定额备用金，又称一次性备用金，是为了满足临时性需要暂付给有关部门和个人的现金，使用后实报实销。

【例9-10】宏春股份有限公司行政管理部门李明出差预借差旅费3 000元，以库存现金付讫。

借：其他应收款——备用金——李明　3 000
　　贷：库存现金　　　　　　　　　　　3 000

李明出差归来，报销2 980元，剩余库存现金20元交回。

借：管理费用　　　　　　　2 980
　　库存现金　　　　　　　　 20
　　贷：其他应收款——备用金——李明　3 000

9.4.2 除备用金之外的账务处理

企业发生其他各种应收款项时，借记"其他应收款"科目，贷记有关科目；收回各种款项时，借记有关科目，贷记"其他应收款"科目。

【例9-11】宏春股份有限公司在采购过程中发生材料毁损，按保险合同规定，应由保险公司赔偿损失100 000元。

借：其他应收款——保险公司　　100 000

　　　　贷：材料采购　　　　　　　　　　100 000

收到赔偿款时：

借：银行存款　　　　　　100 000

　　贷：其他应收款——保险公司　　　100 000

【例 9-12】宏春股份有限公司租入包装物一批，以银行存款向出租方支付押金 20 000 元。

借：其他应收款——存出保证金　　20 000

　　贷：银行存款　　　　　　　　　　20 000

租入包装物按期如数退回，收到出租方退还的押金 20 000 元，已存入银行。

借：银行存款　　　20 000

　　贷：其他应收款——存出保证金　　20 000

9.4.3　其他应收款的坏账处理

　　企业定期或者年度终了时应该对企业持有的其他应收款进行检查，预计其可能发生的坏账损失，并计提坏账准备。企业对于不能收回的其他应收款应当查明原因，追究责任。对确实无法收回的，按照企业的管理权限，经股东大会或董事会，或经理（厂长）会议或类似机构批准作为坏账损失，冲销提取的坏账准备。

　　其他应收款的坏账经批准，借记"坏账准备"科目，贷记"其他应收款"科目；已确认并转销的坏账损失，以后再收回，按实际收回的金额，借记"其他应收款"科目，贷记"坏账准备"科目；同时借记"银行存款"科目，贷记"其他应收款"科目。

　　【例 9-13】宏春股份有限公司 2009 年底审计发现员工张菲有 2 000 元出差借款一直未归还，经查该员工已经离职，确实无法收回该笔款项，做坏账处理。

借：坏账准备　　　　2 000

　　贷：其他应收款——员工　2 000

第 10 章

存货实操演练

俗语云："家有隔夜粮，心里不发慌。"存货，顾名思义，是指储存在公司里的货物。此处所指货物的含义是广泛的，对于不同性质的企业而言，具体内容有很大差异。对工业生产企业来说，存货包括原材料、包装物、产成品、半成品等；对于商品流通企业而言，存货代表企业存放的产品。对于一些提供劳务的公司，可能的存货就是一些办公用品。

10.1 看清楚什么是存货

按照会计准则的定义，存货是企业在生产经营活动中持有的、准备出售或正在生产或在生产中将消耗的材料、物料等，包括以下三种形态：

- 仓库中存储的物资，如方便面生产企业仓库中的面粉材料、待售的方便面等。
- 处于加工过程中的产成品、半成品。
- 在运输途中，但归属于企业的物资。

10.1.1 存货的特点

存货与其他资产同属于企业的资产，那么它们有什么区别呢？存货在性质上属于非流动资产，特点主要有：

- 与无形资产比，具有实物形态，如仓库里的面粉是实实在在、可触摸的。
- 与固定资产比，有较强的流动性。如储存的方便面是随时可以变卖的，而机器设备、厂房等很难出售。
- 与货币资产比，有发生损失的可能性。如仓库中的方便面产品，随时可能因为市场等的变化，无法销售，发生损失。

10.1.2 存货的实物形态

存货是具有实物形态的资产，一般存放在企业的仓库或其他地方，其实物形态一般有：

- 材料，包括原材料，如为生产方便面而采购的面粉。
- 商品，各种采购来待售的商品和完工入库、准备出售的产成品。

- 在产品，正处于生产过程中的产品，如生产线上的方便面。
- 包装物，如纸箱、包装盒、酒瓶等。
- 低值易耗品，如办公文具、工具等。

10.1.3 存货确认的原则

存货是企业资产的一种，在确认存货时，首先应确定其在性质上属于存货，还应确定这些存货是哪家的存货。这就意味着，虽然有些物资满足存货的条件，但可能不属于当前会计主体，也就不能纳入会计核算的范围。在确认存货是否属于当前会计主体的存货时，应关注其所有权是否归属于当前会计主体。

小提示：存货确认的原则为：只要所有权归属企业，那么不管是否收到或持有，均应该作为本企业的存货。如果没有取得所有权，即使存放在企业，也不能作为本企业的存货确认。

10.2 存货的初始计价方法

企业所具有的存货形态多样，计价方式也有很多种。一般采用实际成本进行计量和确认。

【例 10-1】甲企业为生产机器设备的增值税一般纳税人，适用税率为 16%。该企业 2019 年 12 月发生两笔业务：

（1）外购材料一批，货款为 50 000 元，增值税为 8 000 元，运输费用 5 000 元。材料已经入库，已用银行存款支付货款和税费。

（2）甲企业自制材料一批，耗用直接材料 10 000，直接人工 5 000 元，分配的制造费用为 2000 元，已经办理入库。

上述两项业务应该进行的业务处理为：

（1）借：原材料　55 000
　　　　应交税费——应交增值税（进项税额）　8 000
　　　贷：银行存款　63 000

（2）借：原材料　17 000
　　　贷：生产成本　17 000

以上两个分录，包含了两种类型存货的初始计价方法：外购材料和自制材料。外购材料在入库确认时，其价值应该包括购买成本、运输费用等，即 50 000+5 000。自制材料在确认时，应该包括可归属于该项材料的所有成本：直接材料、直接人工和分配的制造费用等，即 10 000+5 000+2 000。表 10-1 说明了各种来源存货的实际成本构成情况。

表 10-1　存货实际成本构成表

名称		实际成本
外购的存货	购买过程	买价、包装费
	运输过程	运输费、装卸费
		保险费、运输中合理损耗
	库存过程	入库挑选费用

名称		实际成本
自制的存货	制造过程中耗用的	直接材料
		直接人工
		分配的制造费用等
委托外单位加工的存货	实际耗用的	原材料、半成品
		加工费、运输费、装卸费
		保险费、相关的税金等
接受捐赠的存货		实际成本
投资者投入的存货		投资合同或协议约定价值，不公允的除外

10.3 发出存货的计价方法

企业存货的种类多种多样，而且入库时间、费用、数量不同，造成同一种存货的每批成本往往不同，这样就产生了按什么单价记账的问题。不同的成本计价方法，对会计信息有不同的影响。按照会计准则的规定，发出存货的计价方法有：先进先出法、加权平均法和个别计价法。

10.3.1 先进先出法

顾名思义，先进先出法意味着"先入库的存货先发出"，每次发出存货的单价按先入库存货的实际单价作为发出存货的实际单价。如果企业领用的存货数量小于第一批入库的存货数量，那么其计价成本以第一批入库成本计量；如果领用数量超过第一批入库数量，超出部分则按第二批入库的成本计量，以此类推。

10.3.2 加权平均法

不同于先进先出法的计价方式，加权平均法是在计算存货的单价时，以期初存货数量和本期各批收入存货的数量作为权数的计价方法。

小提示：加权平均法下，平时收入时按数量、单价、金额登记，但每次不确定其结存单价，而是在期末时一次计算其本期的加权平均单价。本期耗用或出售的存货，平时只登记数量，不登记单价和金额，到期末时，再按此加权平均单价确定其金额。

我们以表 10-2 资料为例，说明加权平均法的核算过程。

本期耗用或出售金额=本期耗用或出售数量×加权平均单价

本期结存金额=本期结存数量×加权平均单价

表 10-2　甲材料明细账

计量单位：公斤　　　　　　　　　　　　　　　　　　　　　　　　　　　　　　金额单位：元

2019年		摘要	收入			发出			结存		
月	日		数量	单价	金额	数量	单价	金额	数量	单价	金额
10	1	期初余额							4 000	2	8 000
10	5	购入	6 000	2.1	12 600				10 000		
10	10	领用				8 000			2 000		
10	18	购入	4 000	2.15	8 600				6 000		
10	23	领用				4 000			2 000		
10	28	购入	2 000	2.2	4 400				4 000		
10	31	本期发出额及期末余额	12 000		25 600	12 000	2.1	25200	4 000	2.1	8 400

按照加权平均法的方法，甲材料的平均单价=（8 000+25 600）÷（4 000+12 000）=2.10（元）

发出材料的金额=12 000×2.10=25 200（元）

期末结存材料金额=4 000×2.10=8 400（元）

10.3.3　个别计价法

个别计价法，顾名思义，是指按照存货的不同批别，分别按照每一批别存货的采购价格进行确认的方法。也就意味着，采用个别计价法对存货进行确认时，各批次的存货的价格互不影响，各自独立。

小提示：采用个别计价法可以准确地计算出发出和结存的存货的成本，但是需要对发出和结存的存货的批次进行具体认定，以辨别其所属的收入和批次，因此会需要很大的工作量，具有一定的困难程度。因此，个别计价法只适用于品种不多、单价较高的存货的计价，比如房地产存货、船舶、重型机械设备等。

10.4　存货清查的会计核算

存货的重要性不言而喻，因此要定期对"家底"进行盘点和清查。为了对家底有清楚和详细的掌握，我们既可以在会计期末对存货进行实地盘点，确定每种存货类型的结存数量，也可以通过账簿记录每一笔发出的存货，结出库存数量。在会计上，前一种方法称为实地盘存制，后一种方法称为永续盘存制，两种方法各具优缺点，表 10-3 对各自的优缺点进行了比较。进行存货清查，应该编制"存货盘点报告单"，作为存货盘点的原始凭证和结果。

表 10-3　存货盘存方法比较

	优点	缺点
实地盘存制	简化存货的日常核算工作	不能动态反应存货的收发存状态 不能随时结转成本，只能期末结转
永续盘存制	有利于加强存货管理 动态反映存货的收发存状态	存货的明细记录工作量过大

10.4.1　存货盘盈的核算

存货盘盈，意味着该部分存货没有账面记录，所以对于盘盈的存货应该进行账面补记，按照存货的计划成本或估计价值，登记有关存货科目。存货盘盈一般由于收发计量或核算上的差错造成的，所以应该冲减管理费用。

【例10-2】盘点时发现仓库中出现2袋未在账面上反映的面粉，价值200元，则应将其作为对管理费用的冲减，分录为：

借：待处理财产损益　200

　　贷：管理费用　200

根据该盘点结果，编制清查明细表，如图10-1所示。

存货（库存材料、材料、产成品）清查明细表

填报单位：　　　　　　　　　　　　　　　　　　　　　　　　　　　　　　　　　　金额单位：元

序号	名称	规格及型号	计量单位	账面数		盘点数		盘盈数		盘亏数		报损数		变动原因	存放地点	备注
				数量	金额	数量	金额	数量	金额	数量	金额	数量	金额			
1	面粉		袋	15	1 500	17	1 700	2	200						库房1	
	合　计															

单位负责人：　　　　　　　　会计机构负责人：　　　　　　　　盘点人：王某　　　　　　保管人：

图10-1　存货清查明细表

10.4.2　存货盘亏和毁损的核算

出现的盘亏和毁损内容，应先按账面成本，计入"待处理财产损益"，贷记相关存货科目。经审批后，按发生的原因和相应的处理决定，分别进行转销。

【例10-3】如果盘点中出现2吨面粉的缺失，价值20 000元，如果有保险公司和过失人承担，则计入"其他应收款"科目，对于扣除保险公司、过失人赔偿后的一般性损失金额，计入"管理费用"，属于非常损失的部分，计入"营业外支出"。

（1）确认盘亏价值的会计分录为：

借：待处理财产损益　20 000

　　贷：原材料　200 000

（2）按照不同原因，进行转销的分录为：

借：其他应收款　　　10 000

　　管理费用　　　　5 000

　　营业外支出　　　5 000

　　贷：待处理财产损益　　　20 000

小提示：企业的待处理财产损益，应在期末结账前处理完毕，"待处理财产损益"科目应无余额。如在期末结账前尚未经批准，应在对外提供财务会计报告时，先按相应规定进行处理，并在会计报表附注中做出说明；如果其后年度批准处理的金额与已处理的金额不一致，应按其差额调整会计报表相关项目的年初数。

10.5　存货期末计价的会计核算

会计人员作为单位的管理人员，需要关注企业所掌握资源的价值变动情况。如果仓库中方便面的价值为 1 000 000 万元，而市场中方便面的价值已经下降到 98 000 万元，而仍按照 1 000 000 万元计量的话，所反映的信息已经不真实，不符合会计的职能定位和要求。因此，会计准则规定，期末存货按照成本与可变现净值孰低法进行计价。

10.5.1　成本与可变现净值孰低法

"成本与可变现净值孰低法"，说法可能略显拗口，实际意思是指在确定存货期末计价时，将成本与可变现净值进行比较，如果成本低于可变现净值，则按照成本对存货计价；如果可变现净值低于成本，则按照可变现净值对存货计价，该种方式，如表 10-4 所示。前文，我们提到方便面的价值由 1 000 000 万元下降到 980 000 万元，其可变现净值低于成本，因此会计期末应该按照 980 000 万元进行计量。

表 10-4　存货期末计价方式

期末存货计价标准	选择条件
成本	成本<可变现净值
可变现净值	成本>可变现净值

存货的可变现净值低于成本时，所出现的差额要通过"存货跌价准备"科目进行核算，上例中差额的会计分录应为：

借：资产减值损失　20 000

　　贷：存货跌价准备　20 000

此时，资产负债表上所列示的存货价值为 980 000 元（1 000 000 - 20 000）。

【知识链接】根据新企业会计准则的规定，存货跌价准备计提的条件如下：

● 市价持续下跌，并且在可预见的未来无回升的希望；

● 企业使用该项原材料生产的产品的成本大于产品的销售价格；

● 企业因产品更新换代，原有库存原材料已不适应新产品的需要，而该原材料的市场价格又低于其账面成本；

● 因企业所提供的商品或劳务过时或消费者偏好改变而使市场的需求发生变化，导致市场价格逐渐下跌；

● 其他足以证明该项存货实质上已经发生减值的情形。

存在下列情形之一的表明存货的可变现净值为零：

● 已霉烂变质的存货；

● 已过期且无转让价值的存货；

● 生产中不再需要，并且已无使用价值和转让价值的存货；

● 其他足以证明已无使用价值和转让价值的存货。

10.5.2 存货跌价准备的确认和结转

按照成本与可变现净值孰低法的规定，企业在期末应该对存货的成本与可变现净值进行比较，如果可变现净值小于成本，则应该计提存货跌价准备，二者的差额便属于当期应计提的跌价准备金额。同时，应将本期应计提跌价准备与已经计提的跌价准备进行比较，若应提数大于已提数，则应予补提，计入"资产减值损失"科目。

计提的存货跌价准备在满足一定条件时可以转回，转回的条件为：

● 只能在本项目内转回；

● 转回的金额不能超过原已计提的存货跌价准备金额，转回的金额计入当期损益。

小提示： 存货跌价准备是存货账户的备抵项目，如同累计折旧与固定资产之间的关系。在将存货结转的同时，还需要将备抵的存货跌价准备予以结转。比如，企业销售一部分存货，在结转销售成本时，应同时结转对其已计提的存货跌价准备。

【例 10-4】某公司采用"成本与可变现净值孰低法"进行存货核算。2019 年 8 月 31 日某项存货的账面成本为 500 000 元，预计可变现净值为 490 000 元，应计提的存货跌价准备为 10 000 元，会计处理为：

    借：资产减值损失——存货跌价准备   10 000
        贷：存货跌价准备   10 000

2019 年 10 月 31 日，存货的可变现净值恢复为 495 000 元，则应冲减计提的存货跌价准备 5 000 元，会计处理为：

    借：存货跌价准备   5 000
        贷：资产减值损失——存货跌价准备   5 000

10.6 低值易耗品的账务处理

在企业中，有一类存货非常特殊，如工具、管理用具、玻璃器皿等，这些材料可以周转进行重复使用，又无法作为固定资产进行核算。会计准则要求，将这类材料作为存货确认，并有比较特殊的核算办法。

10.6.1 低值易耗品的购入

【例 10-5】企业购入一批工具，价值 5 000 元，运费 500 元，增值税率为 16%。入库的确认价值为 5 500（5 000+500）元，账务处理为：

    借：低值易耗品——在库低值易耗品   5 500
        应交税费——应交增值税（进项税额）   800
        贷：银行存款   6 300

10.6.2　领用与摊销

在领用低值易耗品时，需要将其从在库状态转为在用，即由"在库低值易耗品"科目转为"在用低值易耗品"明细科目。

小提示：在低值易耗品的使用过程中，会不断地出现损耗，而这种损耗需要列为企业的费用，即摊销。低值易耗品的摊销一般分为两种方法：一次摊销，是指在领用时，一次性将全价计入当期费用中；五五摊销，是指分两次摊销，领用时摊销一半，报废时再摊销另外一半。

【例10-6】接上例：生产车间领用所购买工具，采用五五摊销法进行处理。

借：低值易耗品——在用低值易耗品　5 500

　　贷：低值易耗品——在库低值易耗品　　5 500

采用五五摊销，领用时摊销一半的费用

借：制造费用——低值易耗品摊销　　2 750

　　贷：低值易耗品——低值易耗品摊销　　2 750

10.6.3　低值易耗品的报废

低值易耗品在使用一定时间后，就要报废处理。报废后的残值冲减相关成本费用，采用五五摊销法的还要摊销掉未摊销的一半价值。

【例10-7】接上例：车间领用的工具到了报废阶段，回收残值500元，进行的账务处理为：

借：原材料　500

　　贷：制造费用低值易耗品摊销　　500

借：制造费用低值易耗品摊销　2 750

　　贷：低值易耗品——低值易耗品摊销　2 750

应编制相应的记账凭证，如图10-2所示。

记 账 凭 证

年　　月　　日　　　　　　　　凭证转字　　号

摘要	借方		贷方		金额										备注
	一级科目	二级科目	一级科目	二级科目	亿	千	百	十	万	千	百	十	元	角	分	附件
低值易耗品摊销	制造费用	低值易耗品摊销								2	7	5	0	0	0	
			低值易耗品	低值易耗品摊销						2	7	5	0	0	0	张
主管		记账		复核			出纳			制单						

图10-2　低值易耗品报废登记凭证

10.7　包装物的账务处理

包装物，是在生产过程中，为了包装本企业产品而储备的各种包装容器，如桶、缸、坛、瓶等。而常见的包装材料，如纸、绳、铁丝等，并不属于包装物。

包装物的种类繁多，按其用途可以分为：

● 产品的包装，如产品的外包装盒。
● 用于储存和保管的包装，如盛啤酒的大木桶。
● 中转包装，生产、销售、运输等生产经营过程中周转使用的包装物，如装自行车的木质条箱。

10.7.1　包装物的购入

企业购入、自制、委托加工完成验收入库的包装物、债务重组取得的包装物等，应按照存货的实际成本进行确认。收到时，借记"包装物"科目。

【例 10-8】企业购入用于产品包装的纸箱 50 个，单价 60 元，此项业务的账务处理为：

借：包装物　　3 000
　　贷：银行存款　　3 000

10.7.2　生产领用包装物

生产过程中领用的包装物，用于包装产品，属于产品的组成部分，其价值应该计入产品成本，构成产品制造成本的一部分。

【例 10-9】接上例，企业基本生产车间领用纸箱 30 个，其价值进入产品成本，应该进行的财务处理为：

借：生产成本　　1 800
　　贷：包装物　　1 800

10.7.3　随同产品出售的包装物

随同产品出售的包装物，有的单独计价，有的不单独计价，核算方法也不尽相同。不单独计价的包装物应该作为企业销售费用的一部分，计入期间费用。

小提示：单独计价的包装物，应作为对外销售处理，作为"其他业务收入"核算，同时应该结转包装物成本，计入"其他业务成本"。

【例 10-10】企业为销售某产品，在销售过程中领用单独计价的包装物，增值税发票上注明的价款为 6 000 元，销项税额为 960 元，款项已经存入银行。包装物按实际成本核算，其账面成本为 5 000 元，应进行的会计分录为：

借：银行存款　　6 960
　　贷：其他业务收入　　6 000
　　　　应交税费——应交增值税（销项税额）　　960

借：其他业务成本　　5 000
　　　贷：包装物　　5 000

10.7.4　包装物的摊销与报废

包装物在周转使用过程中，会不断地发生磨损和消耗，因此需要进行摊销处理。摊销方法与低值易耗品摊销类似，包括一次摊销法和五五摊销法。

【例10-11】企业购入价值1 500元的包装用木箱，采用五五摊销法进行摊销，其使用后的残值为100元，从购买到报废的处理过程为：

（1）购入时，初次摊销一半的价值

借：销售费用　　750
　　　贷：包装物及低值易耗品——包装物摊销　　750

（2）包装物经过一段时间使用后，处理得到残值100元，会计处理为：

借：现金　　100
　　包装物及低值易耗品——包装物摊销　　750
　　其他业务成本　　650
　　　贷：包装物及低值易耗品——包装物　　1 500

第 11 章
固定资产和无形资产实操演练

固定资产是企业资产的重要组成部分，其应用的范围也非常广泛，不管生产所需要的厂房、设备，还是管理所使用的办公大楼、小汽车等，都属于固定资产范畴，而固定资产的价值一般都很高，而且摊销期限长，因此，做好固定资产的管理工作，对企业是至关重要的。

无形资产是企业的一项很重要的资产类型，企业所拥有的专利技术或商标权对企业的经营管理活动以及生存发展至关重要。例如，肯德基公司所拥有的肯德基商标以及烤翅的独家配方，极大地促进了其在快餐行业的高速发展，而肯德基商标也估值几十亿美元。因此，企业应该加强对无形资产的管理与核算，保证其经济效益的发挥。

11.1　固定资产的概念及分类

固定资产是企业的核心资产，关系到企业的生产经营活动的正常开展。企业在对固定资产进行核算之前，首先应该明确哪些资产属于固定资产，哪些资产不属于固定资产。只有满足固定资产定义的资产项目，才有可能纳入"固定资产"科目进行核算。此外，企业的固定资产类型是多样的，为了加强对固定资产的管理，必须明确企业固定资产的分类。

11.1.1　固定资产的定义

固定资产，是指同时具有下列特征的有形资产：
- 为生产商品、提供劳务、出租或经营管理而持有的；
- 使用寿命超过一个会计年度。

11.1.2　固定资产的分类

根据不同的管理需要和核算要求以及不同的分类标准，可以对固定资产进行不同角度的分类，分类情况如表 11-1 所示。

表 11-1　固定资产分类表

分类标准	固定资产类型
按照固定资产的经济用途分类	生产经营用固定资产
	非生产经营用固定资产
按照固定资产使用情况分类	使用中固定资产
	未使用的固定资产
	不需用的固定资产
	租出的固定资产
按照固定资产所有权分类	自有固定资产
	租入固定资产

11.2　固定资产折旧的处理

固定资产的使用寿命都在一年以上，随着固定资产的使用，会逐步地出现磨损和消耗。折旧是指在固定资产的使用寿命内，按照确定的方法对应计折旧额进行的系统分摊。

11.2.1　固定资产折旧的影响因素

影响固定资产折旧的因素主要有以下几个方面：
- 固定资产原价，如机器设备的采购成本，是影响折旧的最主要因素；
- 固定资产的使用寿命，是指某项固定资产的预计使用期间，如新增的机器设备 10 年后就需要报废，则其预计寿命是 10 年；
- 预计净残值，指固定资产在预计寿命结束时可能存在的处置净残值，如预计机器设备使用 10 年后，将通过处置得到 5 000 元的净收入，则预计净残值为 5 000 元；
- 固定资产减值准备，指固定资产在使用期间，由于发生减值，而计提的减值准备金额，如机器设备由于技术进步等原因，计提减值准备 10 000 元，则在计提折旧时，需要将该 10 000 元予以扣除后，再作为计提折旧的基数。

11.2.2　固定资产折旧的范围

按照规定，凡是属于企业的固定资产均需要计提折旧，但是不包括已经提足折旧的固定资产以及单独计价入账的土地。

固定资产折旧应每月度计提一次折旧。当月增加的固定资产，当月不计提折旧，从下月起计提折旧；当月减少的固定资产，当月仍计提折旧，从下月起不计提折旧。

小提示：对于在建工程中的固定资产，如果已达到预定可使用状态但是还没有竣工结算，也应该计提折旧，折旧的计提基础为暂估的固定资产价值。待办理竣工结算后，再按照实际价值计提折旧，并且不需要调整实际价值与暂估价值的差额。

11.2.3　固定资产折旧的方法

企业应当慎重选择固定资产的折旧方法，要综合考虑固定资产有关的经济利益的实现方式。根据《企业会计准则》的规定，可以选用的折旧方法有：直线法、工作量法、双倍余额递减法和年数总和法。企业固定资产折旧的方法属于企业的会计估计，折旧方法一经确定，不得随意变更。如果确切需要变更，应根据会计估计变更的相关规定进行处理。固定资产折旧方法的分类如表 11-2 所示。

表 11-2　固定资产折旧方法

直线法	年限平均法
	工作量法
加速折旧法	双倍余额递减法
	年数总和法

11.2.4　直线法

所谓直线法，是指每个月平均分摊应计折旧额的方法。每个月应提折旧的计算公式为：

年折旧率=（1－预计净残值率）÷预计使用寿命×100%

月折旧率=年折旧÷12

月折旧额=固定资产原价×月折旧率

小提示：采用直线法计提折旧，简便易懂，易于理解。但平均分摊应计折旧额的方法，没有将固定资产的利益实现方式与收回方式结合起来，不利于反映固定资产的特征。

11.2.5　工作量法

工作量法计提折旧的依据是实际的工作量。其计算的方法为：

单位工作量折旧额=固定资产原价×（1－预计净残值率）/预计总工作量

某项固定资产月折旧额=该项固定资产当月工作量×单位工作量折旧额

【例 11-1】光明公司的一台机器设备原价为 400 000 元，预计生产产品产量为 2 000 000 个，预计净残值率为 5%，本月生产产品 20 000 个；假设光明公司没有对该机器设备计提减值准备。则该台机器设备的本月折旧额计算如下：

单个产品折旧额=400 000×（1－5%）/2 000 000=0.19（元／个）

本月折旧额=20 000×0.19=3 800（元）

光明公司应进行的账务处理为：

借：制造费用　　　3 800

　　贷：累计折旧　　　3 800

11.2.6　双倍余额递减法

双倍余额递减法下，使用的折旧率为双倍的直线折旧法折旧率。在计算每期应计提的折旧金额时，不考虑固定资产的预计净残值，而是直接按照固定资产净值与折旧率相乘的数额作为折旧费用的金额。因此，采用双倍余额递减法计提折旧，折旧率是不变的，变化的是折旧基数。其计算公式如下：

年折旧率=2÷预计使用寿命（年）×100%

月折旧率=年折旧率÷12

月折旧额=固定资产净值×月折旧率

小提示： 采用双倍余额递减法计提折旧，需要注意不能使固定资产的净值降低到其预计净残值以下，因此，通常在其折旧年限到期前两年内，将固定资产净值扣除预计净残值后的余额平均摊销，即改按直线法计提折旧。

【例 11-2】 光明公司某项设备原价为 240 万元，预计使用寿命为 5 年，预计净残值率为 4%；假设光明公司没有对该机器设备计提减值准备。

光明公司按双倍余额递减法计提折旧，每年折旧额计算如下：

年折旧率=2／5×100%=40%

第一年应提的折旧额=240×40%=96（万元）

第二年应提的折旧额=（240－96）×40%=57.6（万元）

第三年应提的折旧额=（240－96－57.6）×40%=34.56（万元）

从第四年起改按直线法计提折旧：=（240－96－57.6－34.56－240×4%）÷2=21.12（万元）

11.2.7 年数总和法

年数总和法下，采用的固定资产折旧率为尚可使用寿命与预计使用寿命的年数总和的比率。计提折旧的基数为固定资产的原价扣除预计净残值后的金额。因此，采用年数总和法计提折旧，折旧率是不断变化的，而计提折旧的基数是不变的。该方法下，每期折旧费用的计算公式如下所示：

年折旧率=尚可使用寿命/预计使用寿命的年数总和×100%

月折旧率=年折旧率÷12

月折旧额=（固定资产原价-预计净残值）×月折旧率

【例 11-3】 沿用【例 11-2】的资料，采用年数总和法计算的各年折旧额如表 11-3 所示。

表 11-3 固定资产折旧计算表

单位：元

年份	尚可使用寿命	原价－预计净残值	年折旧率	每年折旧额	累计折旧
第1年	5	2 304 000	5／15	768 000	768 000
第2年	4	2 304 000	4／15	614 400	1 382 400
第3年	3	2 304 000	3／15	460 800	1 843 200
第4年	2	2 304 000	2／15	307 200	2 150 400
第5年	1	2 304 000	1／15	153 600	2 304 000

11.2.8 固定资产折旧的账务处理

固定资产计提的折旧，应当计入所设置的备抵账户"累计折旧"中，并且要根据固定资产的用途，计入相关的成本或损益科目。

● 基本生产车间使用的固定资产，累计折旧计入"制造费用"；

- 管理部门所使用的固定资产，累计折旧计入"管理费用"；
- 销售部门所使用的固定资产，累计折旧应计入"销售费用"；
- 自行建造固定资产过程中使用的固定资产，累计折旧应计入"在建工程"成本；
- 经营租出的固定资产，累计折旧应计入"其他业务成本"；
- 未使用的固定资产，累计折旧应计入"管理费用"。

【例 11-4】光明公司 2019 年 1 月份固定资产计提折旧情况如下：生产车间厂房计提折旧 9 万元，机器设备计提折旧 10 万元。管理部门房屋建筑物计提折旧 12 万元，运输工具计提折旧 5 万元。销售部门房屋建筑物计提折旧 6 万元，运输工具计提折旧 4 万元。此外，本月生产车间新购置一台设备，原价为 122 万元，预计使用寿命 10 年，预计净残值 1 万元，按年限平均法计提折旧。

新购置的设备从取得月份的下一个月份开始计提折旧，本例中的新购置的设备从 2 月份开始折旧。因此，光明公司 2019 年 1 月份应进行的折旧处理为：

借：制造费用——生产车间　　　190 000

　　管理费用　　　　　　　　　170 000

　　销售费用　　　　　　　　　100 000

　　　贷：累计折旧　　　　　　　　　　　　　460 000

相应编制凭证，如图 11-1 所示。

记　账　凭　证

2019 年 1 月 31 日　　　　　　　凭证转字　　号

摘要	借方		贷方		金额											备注
	一级科目	二级科目	一级科目	二级科目	亿	千	百	十	万	千	百	十	元	角	分	附件
计提固定资产折旧	制造费用	生产车间						1	9	0	0	0	0	0	0	
	管理费用							1	7	0	0	0	0	0	0	
	销售费用							1	0	0	0	0	0	0	0	张
			累计折旧					4	6	0	0	0	0	0	0	

主管　　　　　　记账　　　　　　复核　　　　出纳　　　　制单

图 11-1　计提折旧登记凭证

11.3　固定资产处置与清理的处理

企业在生产经营过程中，由于各种原因，可能会出现对固定资产的处置和清理。例如，企业将不需用的固定资产对外出售，或将因技术进步而不适用的固定资产进行报废，或对毁损的固定资产进行清理等。

企业将固定资产进行处置和清理，一般应遵循以下步骤，如图 11-2 所示。

```
┌─────────────────────────┐
│    将固定资产转入清理       │
└─────────────────────────┘
            ↓
┌─────────────────────────┐
│    计算发生的清理费用       │
└─────────────────────────┘
            ↓
┌─────────────────────────┐
│   计算清理过程中的收入事项    │
└─────────────────────────┘
            ↓
┌─────────────────────────┐
│    计算应缴纳的增值税       │
└─────────────────────────┘
            ↓
┌─────────────────────────┐
│     结转清理的净损益        │
└─────────────────────────┘
```

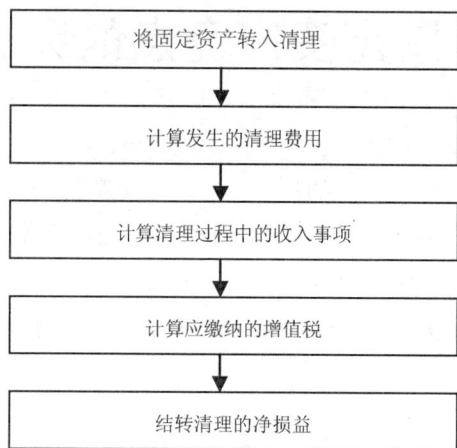

图 11-2　固定资产处置与清理的程序

【例 11-5】光明公司将一台不需要的机器设备对外出售，共取得价款 60 000 元，款项已经收到并存入银行。该设备原价 200 000 元，已计提折旧 150 000 元，在该项资产的处理过程中，发生清理费用 1 000 元，企业已经用银行存款支付，增值税率为 3%。企业应进行的会计分录为：

（1）将固定资产转入清理

借：固定资产清理　　50 000

　　累计折旧　　　　150 000

　　贷：固定资产　　　　　　200 000

（2）计算发生的清理费用

借：固定资产清理　　1 000

　　贷：银行存款　　　　　1 000

（3）计算清理过程中的收入事项

借：银行存款　　　　60 000

　　贷：固定资产清理　　　　60 000

（4）计算应交纳的增值税

借：固定资产清理　　1 800

　　贷：应交税金——应交增值税　　1 800

（5）结转清理的净损益

借：固定资产清理　　6 000

　　贷：资产处置损益　　　　6 000

小提示：通常，正常出售转让所产生的利得或损失，都通过资产处置损益科目结转。属于已丧失使用功能报废所产生的利得或者损失，以及自然灾害等非正常原因造成的损失，则通过营业外支出科目结转。

11.4 固定资产盘点的会计处理

固定资产是企业重要的生产资料，为了保证固定资产的安全、完整，加强对固定资产的监督管理，企业应定期进行固定资产的盘点清查。一般来说，企业应于平时根据需要对固定资产进行局部清查，于每年年末会计结算前对固定资产进行全面清查。

小提示：对于在清查中发现的盘盈、盘亏的固定资产，企业应及时查明原因，及时做出处理。固定资产清查中，企业应编制固定资产盘盈、盘亏表，作为账务处理的依据。

11.4.1 固定资产盘盈

按照《企业会计准则——固定资产》的规定，固定资产盘盈应作为前期差错记入"以前年度损益调整"科目。

【例 11-6】某企业于 2019 年 6 月 8 日对企业全部的固定资产进行盘查，盘盈一台机器设备，该设备同类产品市场价格为 10 万元，企业所得税率为 25%。

该企业的有关会计处理为：

（1）首先调整固定资产账面价值，会计分录如下：

借：固定资产　　　100 000

　　贷：以前年度损益调整　　　100 000

（2）调整所得税：

借：以前年度损益调整　　　25 000

　　贷：应交税费——应交所得税　　　25 000

小提示："以前年度损益调整"是调整增加的"营业外收入"的金额，增加了企业的净利润，税法上也将资产盘盈作为应税收入，会计与税法规定一致，要交纳所得税。

（3）结转以前年度损益调整：

借：以前年度损益调整　　　75 000

　　贷：利润分配——未分配利润　　　75 000

11.4.2 固定资产盘亏

类似于前面讲过的存货盘亏的情况，在对固定资产进行清查时，如果发现其实有数小于账面数时，即出现固定资产盘亏。对于发现的固定资产盘亏，必须填制"固定资产盘亏报告单"，列明相关的固定资产的资料和信息，以作为上报审批的依据和材料。

盘亏固定资产的账务处理程序为：

（1）将固定资产由"固定资产""累计折旧"科目结转至过渡账户"待处理财产损溢——待处理固定资产损溢"中，应进行的分录为：

借：待处理财产损溢——待处理固定资产损溢

　　累计折旧

　　贷：固定资产

（2）在上报审批后，将该盘亏损失结转入损益类科目"营业外支出——固定资产盘亏"，应编制的会计分录为：

借：营业外支出——固定资产盘亏

贷：待处理财产损溢——待处理固定资产损溢

（3）对于出现的固定资产盘亏，如果有责任人赔偿的，应将赔偿款部分计入"其他应收款"科目的借方。同时将"固定资产卡片"注销，将它连同"固定资产盘亏报告单"一并归档保管（表11-4）。

表 11-4　固定资产盘亏报告单

卡片号	固定资产编号	固定资产名称	计量单位	盘亏或毁损					理由书编号	附　注
				数量	固定资产入账价值	已提折旧	已提减值	账面价值		

【例11-7】光明公司年末组织人员对固定资产进行清查时，发现丢失一台电机，该设备原价100 000元，已计提折旧30 000元，并已计提减值准备20 000元。经查，设备丢失的原因在于设备管理员看守不当。经董事会批准，由设备管理员赔偿15 000元。针对该项盘亏应该进行的账务处理为：

（1）盘点发现电机设备丢失时：

借：待处理财产损溢　　50 000

累计折旧　　　　　　30 000

固定资产减值准备 20 000

贷：固定资产　　　　　100 000

（2）经董事会报经批准后，应该进行的会计分录为：

借：其他应收款　　　　　　15 000

营业外支出——盘亏损失 35 000

贷：待处理财产损溢　　　　50 000

（3）收到设备管理员赔款，应进行的会计分录为：

借：库存现金　 15 000

贷：其他应收款　 15 000

11.5　无形资产概述

无形资产，顾名思义，是没有实物形态的资产，但又是可辨认的。常见的无形资产主要包括专利权、商标权、土地使用权、非专利技术等。

11.5.1　无形资产的分类

无形资产按照不同的标准有不同的分类方式，如表11-5所示。

表 11-5 无形资产分类表

分 类 标 准	无形资产类型	具体含义
按照取得方式分类	外部取得的无形资产	如外部购买、接受捐赠取得的商标权等
	内部自创的无形资产	如自行开发某项专利使用权等
按照有无期限进行分类	使用寿命有限的无形资产	有法律或合同规定的有效期限的无形资产
	使用寿命不确定的无形资产	指法律或合同等没有规定也不能确定其有效期限的无形资产

11.5.2 无形资产的内容

无形资产主要包括专利权、非专利技术、商标权、土地使用权、著作权、特许权等。

（1）专利权：是指国家专利主管机关依法授予发明创造专利申请人对其发明创造在法定期限内所享有的专有权利，包括发明专利权、实用新型专利权和外观设计专利权。

（2）非专利技术：也称专有技术，是指不为外界所知，在生产经营活动中已采用了的，不享有法律保护的，可以带来经济效益的各种技术和诀窍，包括工业专有技术和管理专有技术两类。

（3）商标权：是指专门在某类指定的商品或产品上使用特定的名称或图案的权利。

（4）著作权：制作者对其创作的文学、科学和艺术作品依法享有的某些特殊权利。

（5）特许权：又称经营特许权、专营权，指企业在某一地区经营或销售某种特定商品的权利或是一家企业接受另一家企业使用其商标、商号、技术秘密等的权利。

（6）土地使用权：指国家准许某企业在一定期间内对国有土地享有开发、利用和经营的权利。取得土地使用权必须以拥有国有土地使用权证作为入账依据。

【知识链接】无形资产相对于其他类型资产，所具有的特征如下：

● 无形资产没有实物形态；

● 无形资产属于非货币性长期资产；

● 无形资产是为企业使用而非出售的资产；

● 无形资产具有可辨认性。

11.6 自行研究开发无形资产的核算

企业内部研究和开发无形资产，其在研究阶段的支出全部费用化，计入当期损益（管理费用）。开发阶段发生的支出，应根据是否符合资本化条件区别处理，对于符合资本化条件的支出，应计入无形资产成本，不符合资本化条件的计入当期损益（管理费用），如图 11-3 所示。

小提示：对于自行研发无形资产，如果确实无法区分研究阶段的支出和开发阶段的支出，应将其所发生的研发支出全部费用化，计入当期损益。

企业自行开发无形资产发生的研发支出，不满足资本化条件的

借：研发支出——费用化支出，

   贷：原材料等科目

满足资本化条件的

借：研发支出——资本化支出

　　贷：原材料等科目

当研发项目达到预定用途转为无形资产时，应该按照所归集的金额，进行以下会计处理：

借：无形资产

　　贷：研发支出——资本化支出

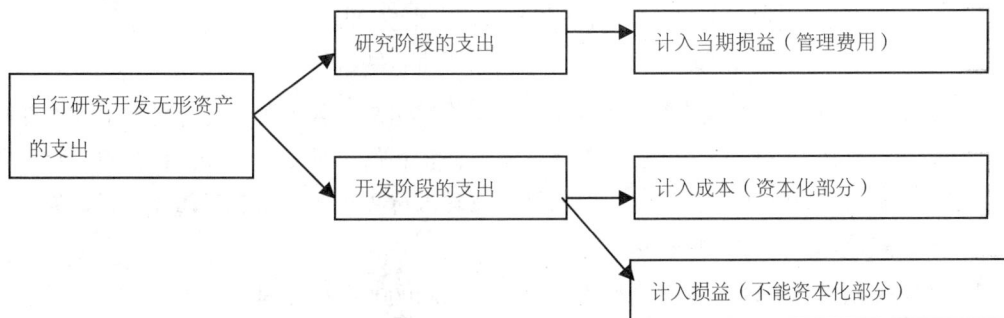

图11-3　自行研究开发无形资产的支出处理

【例11-8】2019年1月1日，光明公司经董事会批准研发某项新产品专利技术，该公司董事会认为，研发该项目具有可靠的技术和财务等资源的支持，并且一旦研发成功将降低该公司生产产品的生产成本。该公司在研究开发过程中发生材料费50 000 000元、人工工资1 000 000元，以及其他费用40 000 000元，总计10 000 000元，其中，符合资本化条件的支出为60 000 000元。2019年12月31日，该专利技术已经达到预定用途。

光明公司的账务处理如下：

（1）发生研发支出：

借：研发支出——费用化支出　　　　40 000 000

　　　　　　　——资本化支出　　　　60 000 000

　　贷：原材料　　　　　　　　　　　50 000 000

　　　　应付职工薪酬　　　　　　　　10 000 000

　　　　银行存款　　　　　　　　　　40 000 000

（2）2019年12月31日，该专利技术已经达到预定用途：

借：管理费用　　　　　　　　　　　40 000 000

　　无形资产　　　　　　　　　　　60 000 000

　　贷：研发支出——费用化支出　　　　40 000 000

　　　　　　　　——资本化支出　　　　60 000 000

11.7　无形资产摊销的核算

企业应当于取得无形资产时分析判断其使用寿命，对于使用寿命有限的无形资产应该进行摊销，使用寿命不确定的无形资产不应进行摊销。

与固定资产类似，无形资产应予以计提摊销的金额为扣除预计残值后的金额，如果对无形资产已经计提减值准备，则还应扣除减值准备的金额。使用寿命有限的无形资产，除下列特殊情况外，其残值应当视为零：

- 有第三方承诺在无形资产使用寿命结束时购买该无形资产；
- 可以根据活跃市场得到预计残值信息，并且该市场在无形资产使用寿命结束时很可能存在。

在对无形资产进行摊销时，应根据该资产的经济利益实现方式，慎重选择摊销的方法，如直线法和生产总量法，如果无特殊要求，一般采用直线法进行摊销。

小提示：企业应根据无形资产的使用用途，将摊销额计入不同的会计科目，如企业自用的无形资产，其摊销金额应计入管理费用；出租的无形资产，其摊销金额应计入其他业务成本；某项无形资产包含的经济利益通过所生产的产品或其他资产实现的，其摊销金额应当列入相关资产成本。

【例 11-9】光明公司购买一项特许权，成本为 3 600 000 元，合同规定受益年限为 10 年，光明公司每月应摊销金额为 30 000 元（3 600 000 ÷（10×12））。光明公司应编制的分录为：

（1）购入无形资产时

借：无形资产——特许权　　3 600 000
　　贷：银行存款　　3 600 000

（2）每个月进行摊销时

借：管理费用　　30 000
　　贷：累计摊销　　30 000

【例 11-10】光明公司于 2019 年 1 月 1 日将一项专利权出租给胜利公司使用，期限为 5 年。合同规定，每年初支付租金 30 000 元，该专利权每年摊销额为 22 000 元。假定增值税税率为 3%。2019 年的租金已经收到，若光明公司 2019 年的收入一次性结转。光明公司应编制的会计分录为：

（1）收到租金时

借：银行存款　　30 000
　　贷：其他业务收入　　30 000

（2）专利权进行摊销时

借：其他业务成本　　22 000
　　贷：累计摊销　　22 000

借：营业税金及附加　　900
　　贷：应交税费——应交增值税　　900

【知识链接】企业为了对无形资产进行摊销，需要确定无形资产的使用寿命，确定使用寿命时应该考虑的因素有：

- 运用该资产生产的产品通常的寿命周期、可获得的类似资产使用寿命的信息；
- 技术、工艺等方面的现阶段情况及对未来发展趋势的估计；
- 以该资产生产的产品或提供的服务的市场需求情况；
- 现在或潜在的竞争者预期将采取的行动；

- 为维持该资产带来经济利益能力的预期维护支出，以及企业预计支付有关支出的能力；
- 对该资产控制期限的相关法律规定或类似限制，如特许使用期、租赁期等；
- 与企业持有的其他资产使用寿命的关联性等。

11.8 无形资产减值的核算

在资产负债表日，如果无形资产的可收回金额低于账面价值，则应该计提无形资产减值准备，按应减记的金额

借：资产减值损失——计提的无形资产减值准备

贷：无形资产减值准备

小提示：按照《企业会计准则》的规定，无形资产减值损失一经确认，在以后会计期间不得转回。

【例 11-11】2019 年 12 月 31 日，市场上某项技术生产的产品销售势头较好，已对光明公司产品的销售产生重大不利影响。光明公司外购的类似专利技术的账面价值为 500 000 元，剩余摊销年限为 5 年，经减值测试，该专利技术的可收回金额为 450 000 元。

由于该专利权在资产负债表日的账面价值为 500 000 元，可收回金额为 450 000 元，可收回金额低于账面价值，应按其差额 50 000 元（500 000 - 450 000）计提减值准备。光明公司应编制的会计分录为：

借：资产减值损失——计提的无形资产减值准备　　50 000

贷：无形资产减值准备　　50 000

11.9 无形资产处置的核算

企业正常处置无形资产，应按照持有待售非流动资产、处置组的相关规定进行会计处理。如果无形资产预期不能够为企业带来经济利益，则不符合无形资产的定义，应将其报废并予以转销，此种情况下产生的差额，则进入营业外支出科目。

借：银行存款

　　累计摊销

　　无形资产减值准备

　　贷：银行存款

　　　　无形资产

　　　　资产处置损益——处置非流动资产利得

【例 11-12】光明公司将其购买的一项专利权转让给胜利公司，该专利权的成本为 900 000 元，已经摊销 300 000 元，实际取得的转让价款为 640 000 元，应交税费 32 000 元，款项已经存入银

行，光明公司应编制的会计分录为：

借：银行存款　　640 000

累计摊销　　300 000

　　贷：无形资产——专利权　　　　　　　　　　　　　　　　　900 000

　　　　应交税费——应交营业税　　　　　　　　　　　　　　　32 000

　　　　资产处置损益——处置非流动资产利得　　　　　　　　　20 000

编制相应凭证，如图11-4所示。

记 账 凭 证

摘要	借方		贷方		金额										备注
	一级科目	二级科目	一级科目	二级科目	亿	千	百	十	万	千	百	十	元	角	分
转让专利权	银行存款						6	4	0	0	0	0	0	0	附件
	累计摊销		银行存款				3	0	0	0	0	0	0	0	
			无形资产	专利权			9	0	0	0	0	0	0	0	张
			应交税费	应交营业税				3	2	0	0	0	0	0	
			营业外收入	处置非流动资产利得				2	0	0	0	0	0		
主管		记账		复核		出纳			制单						

年　月　日　　　　　　　　　　　　银收字　　号

图11-4　处置无形资产登记凭证

【例11-13】光明公司2016年12月31日购入一项专利技术，支付的价款为60 000元，合同规定的受益年限为10年，2019年1月3日，光明公司决定将该项专利技术对外转让，实际取得转让收入50 000元。适用的增值税率为3%。

光明公司该项无形资产，由取得到处置应该进行的账务处理为：

（1）购入无形资产时

借：无形资产——专利技术　　60 000

　　贷：银行存款　　60 000

（2）摊销无形资产时

借：管理费用　　6 000

　　贷：累计摊销　　6 000

（3）转让无形资产

借：银行存款　　50 000

　　贷：其他业务收入　　50 000

（4）无形资产未摊销价值的结转

借：其他业务成本　　48 000

　　贷：无形资产　　　　48 000

未摊销价值=60 000－2×6 000=48 000元

（5）计算应缴纳的增值税

借：其他业务成本　　2 500

　　贷：应交税金——应交增值税　　2 500

转让该项无形资产所获得的净收益=50 000－48 000－2 500=－500元，即转让该项无形资产，光明公司净损失500元。

11.10　无形资产核算综合举例

光明公司于 2016 年 1 月内部研发一项非专利技术，入账价值 600 万元，当初无法预计该项技术为企业带来经济利益的期限。2016 年、2017 年末该项无形资产预计可收回金额分别为 640 万元、580 万元。2018 年初，预计该非专利技术可继续使用 4 年，年末估计可收回金额为 520 万元。光明公司对无形资产的摊销全部采用直线法。针对该项无形资产的取得、减值测试、摊销的处理，光明公司应进行的会计处理为：

（1）由于当初无法预计该项技术为企业带来经济利益的期限，应按使用寿命不确定的无形资产核算。寿命不确定的无形资产核算不计提累计摊销，但在每个会计期间应进行减值测试，发生减值，要计提资产减值准备。

（2）针对企业内部研发形成的非专利技术资产，入账价值 600 万元，应进行的会计处理为：

借：无形资产——非专利技术　　6 000 000
　　贷：研发支出　　6 000 000

（3）2016 年无形资产预计可收回金额为 640 万元，高于无形资产初始入账价值，不需要进行会计处理。

（4）2017 年无形资产预计可收回金额为 580 万元，发生减值 20 万元，应该计提无形资产减值准备，光明公司应进行的会计处理为：

借：资产减值损失　　200 000
　　贷：无形资产减值准备——非专利技术　　200 000

（5）2018 年初，预计该非专利技术可继续使用 4 年。原使用寿命不确定的无形资产，后有证据表明其使用寿命是有限的，则应视为会计估计变更，会计估计变更，应采用未来适用法对无形资产进行累计摊销后续计量。

2018 年应计提累计摊销：580/4=145（万元）

借：制造费用——非专利技术　　1 450 000
　　贷：累计摊销　　1 450 000

2018 年末该项无形资产的账面价值=600－20－145=435（万元），该项资产的账面价值＜其可收回金额 520 万元，因此，不需要计提减值准备。

（6）2019 年光明公司应计提的累计摊销为：

借：制造费用——非专利技术　　1 450 000
　　贷：累计摊销　　1 450 000

第 12 章

对外投资实操演练

企业的对外投资是相对于企业的对内投资而言的。企业的对外投资是指企业在本身经营的主要业务以外，以现金、实物、无形资产方式，或者以购买股票、债券等有价证券方式向境内外的其他单位进行投资，以期在未来获得投资收益的经济行为。企业的对外投资收益是企业整体收益的重要组成部分，在市场经济的大环境下，企业的对外投资已经成为企业财务活动的重要内容之一。

企业对外投资分为交易性金融资产、可供出售金融资产、持有至到期投资和长期股权投资四类。

12.1 分清交易性金融资产

交易性金融资产是指企业为了近期内出售而持有的金融资产，例如以赚取差价为目的从二级市场购入的股票、债券和基金等。

12.1.1 交易性金融资产的取得

企业取得交易性金融资产，应当按照该金融资产取得时的公允价值，借记"交易性金融资产——成本"科目，取得交易性金融资产所发生的相关交易费用，借记"投资收益"科目，按已到付息期但尚未领取的利息或已宣告但尚未发放的现金股利，借记"应收利息"或"应收股利"科目，按实际支付的金额，贷记"银行存款""存放中央银行款项""结算备付金"等科目。

【例 12-1】宏春股份有限公司有关交易性金融资产交易情况如下：2018 年 1 月 5 日购入股票 1 000 000 元，发生相关手续费、税金 2 000 元，将其作为交易性金融资产。

借：交易性金融资产——成本　　　　1 000 000
　　投资收益　　　　　　　　　　　 2 000
　　贷：银行存款　　　　　　　　　　　 1 002 000

12.1.2 交易性金融资产的现金股利和利息

交易性金融资产持有期间被投资单位宣告发放的现金股利，借记"应收股利"或"应收利息"科目，贷记"投资收益"科目。

【例12-2】宏春股份有限公司2018年1月1日购买春苗公司债券，面值为2 500万元，票面利率4%，宏春公司支付价款2 600万元（含已宣告为发放的债券利息50万元），支付相关手续费用30万元。2018年2月5日收到该笔债券利息50万元，2019年2月5日，宏春公司收到债券利息100万元。

（1）2018年1月1日购入时：

借：交易性金融资产——成本 25 500 000

　　应收利息 　　　　　　　　500 000

　　投资收益 　　　　　　　　300 000

　　贷：银行存款 　　　　　　　　26 300 000

（2）2018年2月5日收到利息时：

借：银行存款 500 000

　　贷：应收利息 500 000

（3）2018年12月31日确认债券利息时：

借：应收利息 1 000 000

　　贷：投资收益 1 000 000

（4）2019年2月5日收到利息时：

借：银行存款 1 000 000

　　贷：应收利息 1 000 000

12.1.3 交易性金融资产的期末计量

资产负债表日，交易性金融资产应当按照公允价值计量，公允价值与账面余额之间的差额计入当期损益。交易性金融资产的公允价值高于其账面余额的差额，借记"交易性金融资产——公允价值变动"科目，贷记"公允价值变动损益"科目；公允价值低于其账面余额的差额做相反的会计分录。

【例12-3】接【例12-1】，2018年末宏春股份有限公司持有的该股票收盘价为1 080 000元。

借：交易性金融资产——公允价值变动 　80 000

　　贷：公允价值变动损益 　　　　　　　　80 000

12.1.4 交易性金融资产的出售

出售交易性金融资产时，按实际收到的金额，借记"银行存款""存放中央银行款项"等科目，按交易性金融资产的成本，贷记"交易性金融资产——成本"科目，交易性金融资产的公允价值变动，贷记或借记"交易性金融资产——公允价值变动"科目，按其差额，贷记或借记"投资收益"科目。

【例12-4】接【例12-1】，2019年1月15日宏春股份有限公司出售所持有的股票，收到款项1 200 000元。

借：银行存款　　　　　　1 200 000

　　公允价值变动损益　　80 000

　　　贷：交易性金融资产——成本　　　　　1 000 000

　　　　　交易性金融资产——公允价值变动　　80 000

　　　　　投资收益　　　　　　　　　　　　200 000

【例12-5】2017年1月1日，宏春股份有限公司从二级市场支付价款1 020 000元（含已到付息期但尚未领取的利息20 000元）购入某公司发行的债券，另发生交易费用20 000元。该债券面值1 000 000元，剩余期限为2年，票面年利率为4%，每半年付息一次，宏春公司将其划分为交易性金融资产。其他资料如下：2017年1月5日，收到该债券2013年下半年利息20 000元；2017年6月30日，该债券的公允价值为1 150 000元（不含利息）；2017年7月5日，收到该债券半年利息；2017年12月31日，该债券的公允价值为1 100 000元（不含利息）；2018年1月5日，收到该债券2017年下半年利息；2018年3月31日，甲企业将该债券出售，取得价款1 180 000元（含1季度利息10 000元）。假定不考虑其他因素。

（1）2017年1月1日，购入债券

借：交易性金融资产——成本1 000 000

　　应收利息　　　　　　20 000

　　投资收益　　　　　　20 000

　　　贷：银行存款　　　　　1 040 000

（2）2017年1月5日，收到该债券2006年下半年利息

借：银行存款20 000

　　　贷：应收利息20 000

（3）2017年6月30日，确认债券公允价值变动和投资收益（上半年利息收入）

借：交易性金融资产——公允价值变动150 000

　　　贷：公允价值变动损益　　　　　150 000

借：应收利息20 000

　　　贷：投资收益（100万×4%÷2）20 000

（4）2017年7月5日，收到该债券半年利息

借：银行存款20 000

　　　贷：应收利息20 000

（5）2017年12月31日，确认债券公允价值变动和投资收益（下半年利息收入）

借：公允价值变动损益（115万－110万）50 000

　　　贷：交易性金融资产——公允价值变动50 000

借：应收利息20 000

　　　贷：投资收益20 000

（6）2018年1月5日，收到该债券2007年下半年利息

借：银行存款20 000

　　　贷：应收利息20 000

（7）2018年3月31日，将该债券予以出售

借：应收利息 10 000

    贷：投资收益（100万×4%÷4）10 000

借：银行存款 10 000

    贷：应收利息 10 000

借：银行存款（118万－1万）1 170 000

    公允价值变动损益 100 000

    贷：交易性金融资产——成本 1 000 000

        交易性金融资产——公允价值变动 100 000

        投资收益 170 000

12.2 看得懂可供出售金融资产

可供出售金融资产是指企业购买时被指定为可供出售的非衍生金融资产，如持有至到期投资、贷款和应收款项的金融资产。比如，企业购入的股票、债券和基金等。可供出售金融资产的持有意图不明确，即不能确认持有期限是长期的还是短期的。按照金融资产有无到期日，将可供出售金融资产进一步划分为有固定到期日的可供出售金融资产以及没有到期日的可供出售金融资产。前者主要指企业的债券投资，后者主要指企业的股票投资。

为了核算可供出售金融资产的取得、处置等业务，企业应当设置"可供出售金融资产"、"其他综合收益"等科目。"可供出售金融资产"核算企业持有的可供出售金融资产的公允价值，包括划分为可供出售的股票投资、债券投资等金融资产。按可供出售金融资产的类别和品种，本科目可以设置"成本"、"利息调整"、"应计利息"、"公允价值变动"等明细科目进行核算。可供出售金融资产发生减值的，还需单独设置"可供出售金融资产减值准备"科目。可供出售金融资产应当以公允价值计量，且公允价值变动计入其他综合收益。

12.2.1 可供出售金融资产的购入

企业取得可供出售的金融资产为股票投资的，应按股票的公允价值和交易费用之和，借记"可供出售金融资产——成本"科目，按支付的价款中包含的已宣告但尚未发放的现金股利，借记"应收股利"科目，按实际支付的金额，贷记"银行存款""存放中央银行款项""结算备付金"等科目。

【例12-6】宏春股份有限公司于2018年7月1日从二级市场购入股票1 000 000股，每股市价15元，手续费30 000元；初始确认时，将该股票划分为可供出售金融资产。

借：可供出售金融资产——成本 15 030 000

    贷：银行存款 15 030 000

企业取得的可供出售金融资产为债券投资的，应按债券的面值，借记"可供出售金融资产——成本"科目，按支付的价款中包含的已到付息期但尚未领取的利息，借记"应收利息"

科目，按实际支付的金额，贷记"银行存款""存放中央银行款项""结算备付金"等科目，按差额，借记或贷记"可供出售金融资产——利息调整"科目。

【例 12-7】2018 年 1 月 1 日宏春股份有限公司支付价款 1028.24 元购入春风公司发行的 3 年期公司债券，该公司债券的票面总金额为 1 000 元，票面利率 4%，实际利率为 3%，利息每年末支付，本金到期支付。宏春股价有限公司将该公司债券划分为可供出售金融资产。

借：可供出售金融资产——成本   1 000

  可供出售金融资产——利息调整   28.24

  贷：银行存款   1 028.24

对于可供出售金融资产，企业还有一种取得渠道，即持有至到期投资重分类为可供出售金融资产。对于持有至到期投资，企业原有的意图是一定要持有到期的，后因改变了将该投资持有至到期的意图，将持有至到期投资重分类为可供出售金融资产。此种情况下，应在重分类日按该项持有至到期投资的公允价值，借记"可供出售金融资产"，已计提减值准备的，借记"持有至到期投资减值准备"科目，按其账面余额，贷记"持有至到期投资"，两者差额借方余额记"公允价值变动损益"，贷方差额记"其他综合收益"科目。

因交易性金融资产是为了短期获利，持有期限短，到出售时，对于每笔交易金融资产中的交易费用也容易查证，则为核算简便不将交易费用直接计入成本；可供出售金融资产由于持有期限不明确，意图也不明确，将其交易费用计入成本，购买股票直接计入成本，购买债券，计入"可供出售金融资产——利息调整"。对于持有至到期投资进行重分类，只能将它转入可供出售金融资产，而不能将其计入交易性金融资产。

12.2.2 可供出售金融资产的收息收利

在持有可供出售金融资产期间收到被投资单位宣告发放的现金股利，借记"银行存款"科目，贷记"投资收益"科目。

企业取得可供出售的金融资产为债权投资的，可供出售债券为一次还本分期付息债券投资时，按票面利率计算得出的应收未收利息，借记"应收利息"科目，按可供出售债券的摊余成本和实际利率计算得出的利息收入，贷记"投资收益"科目，按其差额，借记或贷记"可供出售金融资产——利息调整"。

可供出售债券为分期付息债券投资时，按票面利率计算得出的应收未收利息，借记"可供出售金融资产——应计利息"科目，按可供出售债券的摊余成本和实际利率计算得出的利息收入，贷记"投资收益"科目，按其差额，借记或贷记"可供出售金融资产——利息调整"科目。

【例 12-8】接【例 12-7】2018 年 12 月 31 日，该债券的市场价格为 1 000.09 元。假定无交易费用和其他因素的影响。

实际利息=1 028.24 × 3%=30.8472 ≈ 30.85（元）

借：应收利息   40（1 000 × 4%）

  贷：投资收益   30.85

    可供出售金融资产——利息调整   9.15

12.2.3　可供出售金融资产的期末计量

资产负债表日，企业取得可供出售的金融资产为股票投资的，按照可供出售金融资产的公允价值高于账面余额的差额，借记"可供出售金融资产——公允价值变动"科目，贷记"其他综合收益"科目；公允价值低于其账面余额的差额，则贷方记"可供出售金融资产——公允价值变动"，借方记入"公允价值变动损益"。

【例12-9】按【例12-6】宏春公司至2018年12月31日仍持有该股票，该股票的市价为16元。

　　借：可供出售金融资产——公允价值变动　　　　970 000
　　　　贷：其他综合收益　　　　　　　　970 000

12.2.4　可供出售金融资产的减值

可供出售金融资产发生减值的，按照减记的金额，借记"资产减值损失"科目，贷记"可供出售金融资产——公允价值变动"科目。原记入"其他综合收益"的因公允价值下降形成的损失，应当予以转出，记入当期损益。

已确认减值损失的可供出售的债务工具在之后的会计期间公允价值下降的，应在原已计提的减值准备金额内，按恢复增加的金额，借记"可供出售金融资产——公允价值变动"科目，贷记"资产减值损失"科目。

【例12-10】宏春股份有限公司2018年4月10日通过拍卖方式取得上市公司的法人股100万股作为可供出售金融资产，每股3元，另支付相关费用20 000元。6月30日每股公允价值为2.8元，9月30日每股公允价值为2.6元，12月31日由于该上市公司发生严重财务困难，每股公允价值为1元，宏春公司应对该上市公司的法人股计提减值准备。

（1）2018年4月10日
　　借：可供出售金融资产——成本　　3 020 000（3×1 000 000+20 000）
　　　　贷：银行存款　　3 020 000
（2）2018年6月30日
　　借：公允价值变动损益　　　220 000（3 020 000 - 1 000 000×2.8）
　　　　贷：可供出售金融资产——公允价值变动　　220 000
（3）2018年9月30日
　　借：公允价值变动损益　　　200 000（2.8×1 000 000 - 2.6×1 000 000）
　　　　贷：可供出售金融资产——公允价值变动　　200 000
（4）2018年12月31日
　　借：资产减值损失　　　2 020 000
　　　　贷：公允价值变动损益　　420 000（余额）
　　　　　可供出售金融资产——公允价值变动　1 600 000（2.6×1 000 000 - 1×1 000 000）

12.2.5　可供出售金融资产的出售

出售可供出售的金融资产，按实际收到的金额，借记"银行存款"、"存放中央银行款项"等科目，按其账面余额，贷记"可供出售金融资产——成本、公允价值变动、利息调整、应计利息"等科目，按应从所有者权益中转出的公允价值累计变动额，借记"公允价值变动损益"按其差额，贷记或借记"投资收益"科目。如果在贷方，则将原记入"其他综合收益"科目的全部转入"投资收益"科目。

【例 12-11】接【例 12-9】2019 年 2 月 1 日，宏春公司将该股票售出，售价为每股 13 元，另支付交易费用 50 000 元。

借：银行存款   12 950 000

公允价值变动损益   970 000

投资收益   2 080 000

贷：可供出售金融资产——成本   15 030 000

可供出售金融资产——公允价值变动   970 000

汇总"可供出售金融资产"会计处理，如表 12-1 所示。

表 12-1   可供出售金融资产会计处理

发生业务的时间	可供出售金融资产	
	股票	债券
1.购入时	借：可供出售金融资产——成本 应收股利 贷：银行存款	借：可供出售金融资产——成本 应收利息 可供出售金融资产——利息调整（借或贷） 贷：银行存款
2.收息收利时	非持有期间取得的现金股利 借：银行存款 贷：应收股利 持有期间取得的现金股利 借：银行存款 贷：投资收益	非持有期间取得的债券利息 借：银行存款 贷：应收利息 持有期间取得的债券利息 借：应收利息 贷：投资收益 可供出售金融资产——利息调整 （借或贷）
3.资产负债表日时	若公允价值＞账面价值 借：可供出售金融资产——公允价值变动 贷：综合收益 若公允价值＜账面价值 借：公允价值变动损益 可供出售金融资产——公允价值变动	若公允价值＞账面价值 借：可供出售金融资产——公允价值变动 贷：其他综合收益 若公允价值＜账面价值 借：公允价值变动损益 可供出售金融资产——公允价值变动
4.减值时	借：资产减值损失 贷：公允价值变动损益（转出原累计损失） 可供出售金融资产——公允价值变动（应减计金额）	借：资产减值损失 贷：公允价值变动损益（转出原累计损失） 可供出售金融资产——公允价值变动（应减计金额）
5.出售时	借：银行存款 公允价值变动损益/其他综合收益 贷：可供出售金融资产——成本 ——公允价值变动 投资收益（借或贷）	借：银行存款 公允价值变动损益/其他综合收益 贷：可供出售金融资产——成本 ——公允价值变动 投资收益（借或贷）

【例 12-12】宏春股份有限公司 2018 年 3 月 10 日购入春雨公司股票 100 000 股，价格 5 元，另支付税费 2 500 元。宏春公司将购入的股票指定为可供出售金融资产。3 月 12 日春雨公司宣布发放现金股利每股 0.2 元，3 月 15 日，宏春公司收到股利。3 月 31 日，春雨公司股票价格为 5.5 元。4 月 30 日，春雨公司股票价格为 4.5 元。5 月 30 日，春雨公司经营陷入困境，股票价格跌至 3 元。宏春公司认为投资发生减值。6 月 30 日，春雨公司生产恢复正常，

公司股价回升至 3.5 元。假设 7 月 2 日，春雨公司股票暂停上市交易，公允价值不能获取。7 月 5 日，宏春公司将股票全部出售，获得现金 400 000 元，存入银行。

企业取得可供出售的金融资产，应按其公允价值和交易费用之和，确认投资成本，如有支付的价款中包含的已宣告但尚未发放的现金股利，应单独确认为应收股利。

（1）3 月 10 日购入时：

借：可供出售金融资产——成本 502 500

　　贷：银行存款　　　　　　　502 500

（2）3 月 12 日，购入后被投资方宣告发放现金股利，投资方应将现金股利确认为投资收益。

借：应收股利 20 000

　　贷：投资收益 20 000

（3）3 月 15 日，收到股利：

借：银行存款 20 000

　　贷：应收股利 20 000

（4）3 月 31 日，资产负债表日根据金融资产的公允价值调整其账面价值，差额部分计入权益。

借：可供出售金融资产——公允价值变（550 000－502 500）47 500

　　贷：综合收益　　　　　　　　　　　　47 500

（5）4 月 30 日，可供出售金融资产发生减值时，原直接计入所有者权益的因公允价值下降形成的累计损失，应当予以转出，计入当期损益。该转出的累计损失，为可供出售金融资产的初始取得成本扣除已收回本金和已摊销金额、当前公允价值和原已计入损益的减值损失后的余额。

借：公允价值变动损益（550 000－450 000）100 000

　　贷：可供出售金融资产——公允价值变动　　100 000

（6）5 月 30 日：

借：资产减值损失（502 500－300 000）202 500

　　贷：公允价值变动损益（100 000－47500）52 500

　　　　可供出售金融资产——公允价值变动　　150 000

（7）6 月 30 日，对于已确认减值损失的可供出售金融资产，在之后的会计期间内公允价值已上升且客观上与确认原减值损失事项有关的，如果资产为权益性资产，转回的减值损失计入权益。

借：可供出售金融资产——公允价值变动（350 000－300 000）50 000

　　贷：综合收益　　　　　　　　　　　　50 000

（8）7 月 2 日，当金融资产公允价值不再能够可靠计量，企业可以将该金融资产改按成本计量，新确认成本为重分类日该金融资产的公允价值。

借：长期股权投资 350 000

　　可供出售金融资产——公允价值变动 152 500

　　贷：可供出售金融资产——成本　　　502 500

原先计入"其他综合收益"账户的 50 000 元，仍应保留在所有者权益中，在该金融资产被处置时转出，计入当期损益。该金融资产在随后的会计期间发生减值的，原直接计入所有者权益的相关利得或损失，应当转出计入当期损益。

（9）7 月 5 日，出售股票：

借：银行存款 400 000

　　可供出售金融资产——公允价值变动（202 500 - 50 000）152 500

　　其他综合收益　　　　　　　　　　　　50 000

　　贷：可供出售金融资产——成本　　　　　　　　　502 500

　　　　投资收益　　　　　　　　　　　　　　　　　100 000

如果存在与可供出售金融资产相关的利得或损失，应当在该金融资产的剩余期限内，采用实际利率法进行摊销并计入当期损益。可供出售金融资产在以后的会计期间发生减值的，之前的利得或损失应当转出计入当期损益。

12.3　拿得住持有至到期投资

持有至到期投资是指到期日固定、回收金额固定或可确定，且企业有明确意图和能力持有至到期的金融资产，主要是债权投资，比如从二级市场上购入的固定利率国债等。股权投资因其没有固定的到期日，不能将其划分为持有至到期投资。持有至到期投资通常具有长期性质，但期限较短（1 年以内）的债券投资，符合持有至到期投资条件的，也可将其划分为持有至到期投资。

12.3.1　持有至到期投资的取得

企业取得的持有至到期投资，按该投资的面值，借记"持有至到期投资——成本"科目，按支付的价款中包含的已到付息期但尚未领取的利息，借记"应收利息"科目，按实际支付的金额，贷记"银行存款""存放中央银行款项""结算备付金"等科目，按其差额，借记或贷记"持有至到期投资——利息调整"科目。

【例 12-13】2014 年 1 月 3 日，宏春股份有限公司购入春天公司 2014 年 1 月 1 日发行的 5 年期债券，票面利率为 12%，债券面值 1 000 元，企业按 1 050 元的价格购入 80 张，没有发生其他费用。该债券每年付息一次，最后一年还本金并付最后一次利息。

借：持有至到期投资——成本　　　　80 000

　　　　　　　　　　——利息调整　　 4 000

　　贷：银行存款　　　　　　　　　　　　84 000

12.3.2　持有至到期投资的收息

资产负债表日，持有至到期投资为分期付息、一次还本债券投资的，应按票面利率计算得出的应收未收利息，借记"应收利息"科目，按持有至到期投资摊余成本和实际利率计算得出的利息收入，贷记"投资收益"科目，按其差额，借记或贷记"持有至到期投资——利息调整"科目。

在实际利率法下，债券投资的每期应计利息收入等于债券的每期期初账面价值乘以实际利率。由于债券的账面价值随着债券溢折价的分摊而减少或增加，因此，所计算的应计利息收入随之逐渐减少或增加。每期利息收入和按票面利率计算的应计利息收入的差额，即为每期溢折价的摊销数。

采用实际利率法在计算实际利率时，如为分期付息债券，应当根据"债券面值＋债券溢价（或减债券折价）＝债券到期应收本金的贴现值＋各期收取的债券利息的贴现值"，并采用"插入法"计算得出。

【例12-14】接【例12-13】，根据上述公式，计算出春天公司债券的实际利率为10.66%。

（1）2014年12月末，宏春公司计算应收未收利息：

借：应收利息　　　9 600

　　贷：投资收益　　（84 000×10.66%）　8 954.4

　　　　持有至到期投资——利息调整　　　645.6

收到利息时：

借：银行存款　　　9 600

　　贷：应收利息　　　9 600

（2）2015年12月末，宏春公司计算应收未收利息：

借：应收利息　　　9 600

　　贷：投资收益　　［（84 000－645.6）×10.66%］8 885.6

　　　　持有至到期投资——利息调整　　　　　714.4

收到利息时：

借：银行存款　　　9 600

　　贷：应收利息　　　9 600

（3）2016年12月末，宏春公司计算应收未收利息：

借：应收利息　　　9 600

　　贷：投资收益　　［（84 000－645.6－714.4）×10.66%］8 809.4

　　　　持有至到期投资——利息调整　　　　　　　790.6

收到利息时：

借：银行存款　　　9 600

　　贷：应收利息　　　9 600

（4）2017年12月末，宏春公司计算应收未收利息：

借：应收利息　　　9 600

　　贷：投资收益　　［（84 000－645.6－714.4－790.6）×10.66%］8 725

　　　　持有至到期投资——利息调整　　　　　　　　　　875

收到利息时：

借：银行存款　　　9 600

　　贷：应收利息　　　9 600

（5）2018年12月末，宏春公司计算应收未收利息：

借：应收利息　　　9 600

　　　　　　　贷：投资收益　　　　　　　　　　　　　8 625.6

　　　　　　　　持有至到期投资——利息调整　　974.4

　　持有至到期收到利息和本金时：

　　　借：银行存款　　　89 600

　　　　　贷：应收利息　　　　　　　　　　　　9 600

　　　　　　　持有至到期投资——成本　　　80 000

　　注意，2018年末按照〔（84 000－645.6－714.4－790.6－875）×10.66%〕计算投资收益的金额应为8 631.9元，差额为6.3元（8 631.9－8 625.6），这是由于计算时采用四舍五入的计算方法造成的。在最后一年，投资收益根据持有至到期投资（利息调整）的余额和应收利息倒计而得。

　　持有至到期投资为一次还本付息债券投资的，应于资产负债表日按票面利率计算确定的应收未收利息，借记"持有至到期投资——应计利息"科目，按持有至到期投资摊余成本和实际利率计算确定的利息收入，贷记"投资收益"科目，按其差额，借记或贷记"持有至到期投资——利息调整"科目。

　　【例12-15】沿用【例12-13】的数据，如果宏春公司购买春天公司债券为到期一次还本付息债券，实际利率仍为10.66%。

　　（1）2014年12月末，宏春公司计算应收未收利息：

　　　借：持有至到期投资——应计利息　　　9 600

　　　　　贷：投资收益　　（84 000×10.66%）8 954.4

　　　　　　　持有至到期投资——利息调整　　645.6

　　（2）2015年12月末，宏春公司计算应收未收利息：

　　　借：持有至到期投资——应计利息　　　9 600

　　　　　贷：投资收益　　〔（84 000－645.6）×10.66%〕8 885.6

　　　　　　　持有至到期投资——利息调整　　　　　714.4

　　（3）2016年12月末，宏春公司计算应收未收利息：

　　　借：持有至到期投资——应计利息　　　9 600

　　　　　贷：投资收益　　〔（84 000－645.6－714.4）×10.66%〕8 809.4

　　　　　　　持有至到期投资——利息调整　　　　　　　790.6

　　（4）2017年12月末，宏春公司计算应收未收利息：

　　　借：持有至到期投资——应计利息　　　9 600

　　　　　贷：投资收益　〔（84 000－645.6－714.4－790.6）×10.66%〕8 725

　　　　　　　持有至到期投资——利息调整　　875

　　（5）2018年12月末，宏春公司计算应收未收利息：

　　　借：持有至到期投资——应计利息　　　9 600

　　　　　贷：投资收益　　　　　　　　　　　　8 625.6

　　　　　　　持有至到期投资——利息调整　　974.4

　　持有至到期收到利息和本金时：

　　　借：银行存款　　　128 000

　　　　　贷：持有至到期投资——应计利息　　48 000

　　——成本　　　　80 000

12.3.3　持有至到期投资的重分类

　　将持有至到期投资重分类为可供出售金融资产的,应在重分类日按其公允价值,借记"可供出售金融资产"科目,按其账面余额,贷记"持有至到期投资"(成本、利息调整、应计利息),按其差额,贷记"其他综合收益"借记"公允价值变动损益"科目。已计提减值准备的,还应同时结转减值准备。

　　在该可供出售金融资产出售时,按照实际收取的价款,借记"银行存款",按照可供出售金融资产的账面价值贷记"可供出售金融资产",按照"其他综合收益"或"公允价值变动损益"的账面余额转出记入投资收益。

　　【例12-16】2014年7月1日,宏春公司从二级市场平价(不考虑交易费用)购入一批债券,面值1 000万元,剩余期限3年,划分为持有至到期投资。2015年7月1日,由于资金短缺,宏春公司决定将该批债券之10%出售。当日,该批债券整体之公允价值和摊余成本分别为1 100万元和1 000万元。 假定出售债券时不考虑交易费用及其他相关因素。

　　(1)2017年7月1日,出售债券

　　借:银行存款　　　　　　1 100 000(11 000 000×10%)

　　　　贷:持有至到期投资　　1 000 000(10 000 000×10%)

　　　　　　投资收益　　　　　　100 000

　　(2)2018年7月1日,将剩余部分重分类

　　借:可供出售金融资产——成本9 000 000(10 000 000×90%)

　　　　　　　　　　　　——公允价值变动900 000(11 000 000×90% – 9 000 000)

　　　　贷:持有至到期投资　　　　9 000 000

　　　　　　其他综合收益　　　　　　900 000

12.3.4　持有至到期投资的减值准备

　　企业持有至到期投资的减值准备,通过"持有至到期投资减值准备"科目核算。本科目可按持有至到期投资类别和品种进行明细核算。本科目期末贷方余额,反映企业已计提但尚未转销的持有至到期投资减值准备。

　　资产负债表日,持有至到期投资发生减值的,按应减记的金额,借记"资产减值损失"科目,贷记"持有至到期投资减值准备"科目。

　　已计提减值准备的持有至到期投资价值以后又得以恢复,应在原已计提的减值准备金额内,按恢复增加的金额,借记"持有至到期投资减值准备"科目,贷记"资产减值损失"科目。

　　【例12-17】2017年5月1日,宏春公司购入春城公司2017年5月1日发行的3年期债券,票面利率为10%,债券面值1 000元,企业按1 010元的价格购入100张,其他费用忽略不计。该债券到期一次还本付息。2017年6月末,由于春城公司的经营状况恶化,该债券发生减值。可变现净值为每张990元。

（1）购买债券时：

借：持有至到期投资——成本　　　　　100 000

　　　　　　——利息调整　　　　　1 000

　　贷：银行存款　　　　　　　　　　　　101 000

（2）计提减值准备时：

借：资产减值损失　　　　1 000

　　贷：持有至到期投资减值准备　　1 000

（3）如果到2017年12月末，由于春城公司经济状况好转，该债券升值，可变现净值升为每张1 020元，宏春公司所有的债券总共升值2 000元［（1 020－1 000）×100］。因为在6月份计提了1 000元的减值准备，所以，应当转回的减值准备为1 000元，而不是2 000元。

借：持有至到期投资减值准备　　　1 000

　　贷：资产减值损失　　　　　1 000

12.3.5　持有至到期投资的出售

出售持有至到期投资，应按实际收到的金额，借记"银行存款""存放中央银行款项""结算备付金"等科目，按其账面余额，贷记"持有至到期投资"（成本、利息调整、应计利息），按其差额，贷记或借记"投资收益"科目。已计提减值准备的，还应同时结转减值准备。

【例12-18】接【例12-13】，如果宏春公司在2015年年末将持有的春天公司的债券出售，出售价为120 000元，已经入银行存款账户。

借：银行存款　　　120 000

　　贷：投资收益　　　　　　　　　　18 160

　　持有至到期投资——成本　　　　80 000

　　　　　　——利息调整　　2 640（4 000－645.6－714.4）

　　　　　　——应计利息　　19 200（9 600×2）

汇总持有至到期投资会计处理，如表12-2所示。

表12-2　持有至到期投资会计处理

业务发生的时间	持有至到期投资
1.取得时	借:持有至到期投资——成本<面值> 　　应收利息<已到付息期但尚未领取的利息> 　　持有至到期投资——利息调整 <也可能在贷方> 贷:银行存款
2.计算利息时	借:应收利息<分期付息的债券,按票面利率计算的利息> 　　持有至到期投资——应计利息<到期一次还本付息债券按票面利率计算的利息> 贷:投资收益 <投资的摊余成本和实际利率计算确定的利息收入> 　　持有至到期投资——利息调整 <有可能在借方>
3.重分类时	借:可供出售金融资产<重分类日的公允价值> 贷:持有至到期投资<账面价值> 　　资本公积——其他资本公积<有可能在借方>
4.减值时	借:资产减值损失<应减记的金额> 贷:持有至到期投资减值准备
5.出售时	借:银行存款<实际收到的金额> 贷:持有至到期投资<账面余额> 　　投资收益<有可能在借方>

12.4 会计算长期股权投资

长期股权投资是指通过投资取得被投资单位的股份。企业的股权投资，通常是长期持有的行为，目的是通过股权投资达到控制被投资单位、对被投资单位施加重大影响或为了与被投资单位建立密切关系以分散经营风险。股权投资一般具有投资大、投资期限长、风险大以及能为企业带来较大的利益等特点。

12.4.1 长期股权投资成本法

投资企业对被投资单位持有的，能够实施控制的，应采用成本法进行核算。采用成本法时，除了追加或收回投资外，长期股权投资的账面价值一般保持不变。被投资单位宣告分派的利润或现金股利，企业应确认为当期的投资收益。投资企业确认投资收益，仅限于所获得的被投资单位在接受投资后产生的累积净利润的分配额，超过部分，作为初始投资成本的收回，冲减投资的账面价值。

投资企业按投资比例确认当期投资收益时，分为以下两种情况：

1. 投资当年

投资企业投资年度应确认的投资收益 = 投资当年被投资单位实现的净损益×投资企业的持股比例×（当年投资持有月份÷全年月份）

应冲减初始投资成本的金额 = 被投资单位分配的股利×投资企业的持股比例 - 投资企业投资当年应确认的投资收益

2. 投资的以后年度

应冲减初始投资成本的金额 = （投资后至本年末止被投资单位累积分配的股利 - 投资后至上年末止被投资单位累积实现的净损益）×投资企业的持股比例 - 投资企业已冲减的初始投资成本

应确认的投资收益 = 投资单位当年获得的股利 - 应冲减初始投资成本的金额

在成本法下，投资方所确认的投资收益不能大于投资后累积分得的股利，所转回长期股权投资的金额不能大于原冲减的初始投资成本的金额。

【例12-19】宏春股份有限公司2018年4月1日购入春城公司股份40 000股，每股价格7元，另支付相关税费2 500元，宏春公司购入春城公司股份占春城公司有表决权资本的6%，并准备长期持有，款项已用银行存款支付。春城公司于2015年5月10日宣告分派2017年度的现金股利，每股0.25元。

（1）4月1日购入时：

借：长期股权投资——春城公司　　282 500

　　贷：银行存款　　　　　　　　　　　　282 500

（2）投资当年分得的利润或现金股利一般不作为当期的投资收益，应作为清算性股利，冲减长期股权投资成本。

借：应收股利　　10 000（40 000×0.25）

　　贷：长期股权投资——春城公司　　　　10 000

投资企业确认的投资收益，仅限于所获得的被投资企业在接受投资后产生的累积净利润的分配额，所获得的被投资企业宣告分派的利润或现金股利超过被投资企业在接受投资后产生的累积净利润的部分，作为清算股利，冲减投资的账面价值。

【例12-20】接【例12-19】，若春城公司于2018年4月27日宣告分派2017年度的现金股利，每股0.35元。春城公司2017年度每股收益（EPS）0.40元。

2018年度宏春公司应享有的每股收益（EPS）=2014年度每股收益×当年投资持有月份÷全年月份=0.4×9÷12=0.3（元）

投资收益=0.3×40 000=12 000（元）

应冲减投资成本数额=（0.35−0.3）×40 000=2 000（元）

借：应收股利——春城公司　　　　14 000

　　贷：长期股权投资——春城公司　　　　2 000

　　　　投资收益　　　　　　　　　　12 000

【例12-21】接【例12-20】2018年5月，宏春公司收到上述股利后，将上述投资出售，收回价款280 000元。

借：银行存款　280 000

　　贷：长期股权投资——春城公司　270 500

　　投资收益　　　　　　　　9 500

【例12-22】宏春股份有限公司2015年1月1日，以200万元购入春潮公司20%的股权，并准备长期持有。

表12-3　各年利润及分配情况表

单位：万元

	2015年	2016年	2017年	2018年
被投资单位实现净利润	400	500	−100	
分配股利	100	300	400	150
股利宣告日	2012.03.01	2013.03.01	2014.03.01	2015.03.01

（1）2015年1月1日购入时：

借：长期股权投资——春潮公司　2 000 000

　　贷：银行存款　　　　　　　　2 000 000

（2）2015年3月1日宣告发放股利：

借：应收股利　200 000

　　贷：长期股权投资——春潮公司　200 000

（3）2016年3月1日宣告发放股利：

应冲减的投资成本＝[（100+300）−400]×20%−20=−20万元

应确认的投资收益＝300×20%−（−20）=80万元

借：应收股利　600 000

　　长期股权投资——春潮公司　200 000

　　贷：投资收益　　　　　　　　800 000

（4）2017年3月1日宣告发放股利：

应冲减的投资成本 =［（100+300+400）-（400+500）］×20%-（20-20）=-20万元

因已冲减的投资成本为0，故应转回的长期股权投资也为0

应确认的投资收益 = 400×20%-0=80万元

借：应收股利 800 000

　　贷：投资收益 800 000

（5）2018年3月1日宣告发放股利：

应冲减的投资成本 =［（100+300+400+150）-（400+500-100）］×20%-0=30万元

应确认的投资收益 =150×20%-30=0

借：应收股利 300 000

　　贷：长期股权投资——春潮公司 300 000

本例题可以用表12-4来表示。

表 12-4　各年利润及分配情况表

单位：万元

	2015年	2016年	2017年	2018年
被投资单位实现净利润	400	500	-100	
分配股利	100	300	400	150
投资单位收取红利	20	60	80	30
长期股权投资初始金额	200			
长期股权投资变动金额	-20	20	0	-30
长期股权投资账面金额	180	200	200	170
投资收益		80	80	

成本法下，"长期股权投资"账户能够真实地反映企业长期股权投资的实际成本，账务处理比较清楚，投资收益的确认也相对保守，符合稳健性原则。不足之处是"长期股权投资"账户本身无法直接反映投资方在被投资企业所有者权益中所享有的权益份额。

12.4.2　长期股权投资权益法

投资企业对被投资单位具有控制、共同控制或重大影响，即对合营企业投资及联营企业投资，长期股权投资应采用权益法核算。

长期股权投资采用权益法核算的，应当分别以"投资成本"、"损益调整"、"其他权益变动""其他综合收益"进行明细核算。

长期股权投资的初始投资成本大于投资时应享有被投资单位可辨认净资产公允价值份额的，不调整已确认的初始投资成本。按初始投资成本金额借记"长期股权投资——投资成本"，贷记"银行存款"等科目。

【例12-23】宏春股份有限公司投资春风公司，有关投资的情况如下：2016年1月1日宏春公司支付现金1 000万元给春城公司，受让春城公司持有的春风公司20%的股权（具有重大影响），采用权益法核算。假设未发生直接相关费用和税金。假设受让股权时春风公司的可辨认净资产公允价值为4 000万元。

借：长期股权投资——投资成本——春风公司 10 000 000

　　贷：银行存款　　　　　　　　　　　　 10 000 000

121

应享有被投资单位可辨认净资产公允价值份额＝4 000×20%=800（万元），因初始投资成本 1 000 万元＞应享有被投资单位可辨认净资产公允价值份额 800 万元，不调整长期股权投资的初始投资成本。

长期股权投资的初始投资成本小于投资时应享有被投资单位可辨认净资产公允价值份额的，该部分差额，借记"长期股权投资—投资成本"科目，贷记"营业外收入"科目。

【例 12-24】接【例 12-23】假设受让股权时春风公司的可辨认净资产公允价值为 6 000 万元。

借：长期股权投资——投资成本——春风公司　12 000 000

　　贷：银行存款　　　　　　　　　　　10 000 000

　　　　营业外收入　　　　　　　　　　 2 000 000

应享有被投资单位可辨认净资产公允价值份额 6 000×20%=1 200（万元），因初始投资成本 1 000 万元＜应享有被投资单位可辨认净资产公允价值份额 1 200 万元，将差额确认为营业外收入。

采用权益法时，投资企业应在取得股权投资后，按应享有或应分担的被投资单位当年实现的净利润或发生的净亏损的份额（法规或公司章程规定不属于投资企业的净利润除外），借记"长期股权投资——损益调整"科目，贷记"投资收益"科目。被投资单位所有者权益发生变化的，投资单位应该按照持股比例计算应该享有的份额确认对长期股权投资的调整，借记"长期股权投资——其他权益变动"科目，贷记"资本公积——其他资本公积"科目。被投资单位其他综合收益发生变动时，投资企业应相应的调整长期股权投资的账面价值，同时增加或减少其他综合收益。

【例 12-25】接【例 12-23】2016 年 12 月 31 日，春风公司 2016 年实现的净利润为 600 万元；本年度因某经济事项使资本公积增加 150 万元，因公允价值大于账面价值增加其他综合收益 100 万。假设不考虑对净利润的调整。

借：长期股权投资——损益调整——春风公司　（600×20%）　1 200 000

　　贷：投资收益　　　　　　　　　　　　　　　　　　　　1 200 000

借：长期股权投资——其他权益变动——春风公司（150×20%）　300 000

　　贷：资本公积——其他资本公积　　　　　　　　　　　　　300 000

借：长期期股权投资——其他综合收益——春风公司（100×20%）　200 000

　　贷：其他综合收益　　　　　　　　　　　　　　　　　　　200 000

投资企业按被投资单位宣告分派的利润或现金股利计算应分得的部分，相应减少投资的账面价值，借记"应收股利"，贷记"长期股权投资——损益调整"科目。

【例 12-26】接【例 12-25】2017 年 3 月 12 日，春风公司宣告分配现金股利 200 万元；宏春公司于 4 月 15 日收到。

借：应收股利（200×20%）　　　400 000

　　贷：长期股权投资——损益调整——春风公司　　　400 000

借：银行存款　　400 000

　　贷：应收股利　　　400 000

被投资单位发生亏损，可以参照净利润的确认和调整方法，借记"投资收益"科目，贷记"长期股权投资——损益调整"科目。长期股权投资确认减值的，以账面价值减至零为限。如果是超额亏损的，将长期股权投资账面价值减到零后，贷记"长期应收款"科目；如果是按照投资协议规定需要额外承担的义务，确认为预计负债，贷记"预计负债"科目。被投资单位以后期间实现盈利的，扣除未确认的亏损分担额后，按照相反的顺序处理，减记已确认预计负债的账面余额、恢复长期股权投资的账面价值，同时确认投资收益。

【例12-27】接【例12-25】2017年春风公司发生亏损2 000万元，假设不考虑对净利润的调整。

借：投资收益 （2 000×20%） 4 000 000元

　　贷：长期股权投资——损益调整——春风公司 4 000 000元

因春风公司发生巨额亏损，宏春公司持有的春风公司股权出现减值的迹象，经测试，2014年末宏春公司对春风公司的投资可收回金额为700万元。

计提减值准备前长期股权投资的账面余额=投资成本 1 000+损益调整（-320）（120-40-400）+其他权益变动30+其他综合收益20=730（万元），可收回金额为700万元，需计提30万元减值准备：

借：资产减值损失 300 0000

　　贷：长期股权投资减值准备 300 000

【例12-28】宏春公司2008年初投资春文公司1 000万元，取得30%股权，对春文公司产生重大影响，当年发生净亏损3 000万元，长期股权投资已经计提减值200万元，对春文公司长期应收款500万元。

亏损份额=3 000×30%=900万元，长期股权投资账面价值=1 000-200=800万元，因此冲减投资800万元，剩余的100万元冲减长期应收款：

借：投资收益 8 000 0000

　　贷：长期股权投资－损益调整 8 000 000

借：投资收益 1 000 000

　　贷：长期应收款 1 000 000

出售长期股权投资，其账面价值与实际取得价款的差额，应当计入当期损益。同时因被投资单位除净损益以外所有者权益的其他变动以及其他综合收益而计入所有者权益的，处置该项投资时应当将原计入所有者权益的部分按相应比例转入当期损益。借记"银行存款"、"长期股权投资减值准备"、"资本公积——其他资本公积"、"其他综合收益"等科目，贷记"长期股权投资"（成本、损益调整、其他权益变动、其他综合收益），差额计入"投资收益"科目。

【例12-29】接【例12-27】2018年11月20日，宏春公司经协商，将持有的春风公司的全部股权转让给春天企业，收到股权转让款800万元。

借：银行存款 8 000 000

长期股权投资减值准备　　　　　　300 000

资本公积——其他资本公积　　　　300 000

其他综合收益　　　　　　　　　　200 000

　　贷：长期股权投资—— 投资成本——春风公司 10 000 000

　　　　　　　　　—— 损益调整——春风公司 -3 200 000

　　　　　　　　——其他权益变动——春风公司 300 000

　　　　　　　　—— 其他综合收益——春风公司 200 000

投资收益　　　　　　　　　　　　　　1 500 000

12.4.3　长期股权投资的减值

企业应当定期对长期股权投资的账面价值进行检查，至少于每年年末检查一次。如果由于市价持续下跌或被投资单位经营状况变化等原因导致其可收回金额低于投资的账面价值，应将可收回金额小于长期股权投资账面价值的差额，确认为当期投资损失。

可收回金额是指企业资产的出售净价与预期从该资产的持有和投资到期处置中形成的预计未来现金流量的现值两者之中的较高者。其中，出售净价是指资产的出售价格减去所发生的资产处置费用后的余额。

对有市价的长期股权投资可以根据以下迹象判断是否应当计提减值准备：

● 市价持续 2 年低于账面价值；

● 该项投资暂停交易 1 年或 1 年以上；

● 被投资单位当年发生严重亏损；

● 被投资单位持续 2 年发生亏损；

● 被投资单位进行清理整顿、清算或出现其他不能持续经营的迹象。

对无市价的长期股权投资可以根据以下迹象判断是否应当计提减值准备：

● 影响被投资单位经营的政治或法律环境的变化，如税收等法规的颁布或修订，可能导致被投资单位出现巨额亏损；

● 被投资单位所供应的商品或提供的劳务因产品过时或消费者偏好改变而使市场的需求发生变化，从而导致被投资单位财务状况发生严重恶化；

● 被投资单位所在行业的生产技术等发生重大变化，被投资单位失去竞争能力，导致财务状况发生严重恶化，如进行清理整顿、清算等；

● 有证据表明该项投资实质上已经不能再给企业带来经济利益的其他情形。

企业应当设置"长期股权投资减值准备"科目用于核算企业长期股权投资发生减值时计提的减值准备。长期投资的减值准备应按照个别投资项目计提确定。资产负债表日，企业根据长期股权投资的预计可收回金额低于其账面价值的差额，按应减记的金额，借记"资产减值损失——计提的长期股权投资减值准备"科目，贷记"长期投资减值准备"账户。本科目期末一般为贷方余额，表示企业已计提但尚未转销的长期股权投资减值准备。处置长期股权投资时，应同时结转已计提的长期股权投资减值准备。如果已计提减值准备的长期股权投资的价值又得以恢复，应在已计提的减值准备的范围内转回，借记"长期股权投资减值准备"账户，贷记"资产减值损失——计提的长期投资减值准备"账户。

【例 12-30】宏春股份有限公司 2017 年 1 月 1 日对春雨公司的长期股权投资（该项长期股权投资系以银行存款购入）的账面价值为 600 000 元，持有春雨公司的股份为 95 000 股，并按照权益法核算。同年 7 月 5 日，由于春雨公司所在的地区发生洪水，企业被冲毁，大部分资产已经损失，并难有恢复的可能，使其股票下跌为每股 2 元。

应提取的减值准备=600 000 − 2 × 95 000=410 000

借：资产减值损失——计提的长期股权投资减值准备　　410 000

　　贷：长期股权投资减值准备　　　　　　　　　　410 000

如果此后两年内春雨公司股票市价回升至每股 3 元，应将已经恢复的金额在原计提减值准备的范围内冲回。

应冲回的减值准备金额=410 000－（600 000－3×95 000）=95 000

借：长期股权投资减值准备　　　　　　　　95 000

　　贷：资产减值损失——计提的长期股权投资减值准备　　　95 000

2018 年 10 月 1 日宏春公司处置该项长期投资，当日该项投资对应的减值准备为 315 000 元，处置价款总计 350 000 元已通过银行收讫。

借：长期投资减值准备　　　　　　315 000
　　银行存款　　　　　　　　　350 000
　　贷：长期股权投资——春雨公司　　　　　　600 000
　　　　投资收益　　　　　　　　　　　65 000

第 13 章

流动负债和长期负债实操演练

短期借款是借款的一种，与之相对的是长期借款。企业借入的短期借款无论用于哪一方面，只要借入了这笔资金，就构成一项负债。

13.1　轻松理解短期借款

短期借款主要包括三个方面的内容：第一，取得借款的核算；第二，借款利息的核算；第三，归还借款的核算。图 13-1 反映了短期借款的核算程序与内容。

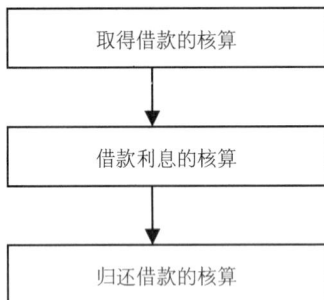

```
┌─────────────────────┐
│    取得借款的核算     │
└─────────────────────┘
           ↓
┌─────────────────────┐
│    借款利息的核算     │
└─────────────────────┘
           ↓
┌─────────────────────┐
│    归还借款的核算     │
└─────────────────────┘
```

图 13-1　短期借款的核算内容

13.1.1　短期借款的取得

企业所发生的短期借款业务，应设置"短期借款"科目。

（1）取得借款时：

借：银行存款

　　贷：短期借款（贷方表示取得借款本金）

（2）偿还借款时：

借：短期借款（借方表示借款本金的偿还）

　　贷：银行存款

小提示：短期借款科目期末贷方余额表示期末尚未偿还的借款本金，列示在资产负债表负债方的流动负债项下。

【例 13-1】光明公司于 2019 年 6 月 1 日向银行借为期 6 个月的短期借款 1 000 000 元。取得借款时，应该进行的会计处理为：

借：银行存款　　 1 000 000
　　贷：短期借款　　 1 000 000

13.1.2　短期借款的利息

如果企业的短期银行借款利息是按月支付的，或者短期银行借款的利息数额不大时，根据会计上的重要性原则，可以实际支付时，或者收到银行的计息通知时做如下账务处理。

借：财务费用
　　贷：银行存款

小提示：如果短期银行借款利息是按季支付的，或者是在借款到期时连本金一起归还，并且利息数额较大的，为了正确计算各期盈亏，应按照预提的方法，按月预提，计入损益。

（1）按月计提利息时：
借：财务费用
　　贷：应付利息
（2）季末偿还利息时：
借：应付利息
　　贷：银行存款

【例 13-2】接【例 13-1】，该项借款年利率为 9%。该笔借款每季结息一次，公司采用预提费用的方法进行账务处理。账务处理应该为：

（1）公司于 6 月末计提应负担的利息费用
借：财务费用　　 7 500
　　贷：应付利息　　 7 500
（2）公司于 7 月末计提应负担的利息费用
借：财务费用　　 7 500
　　贷：应付利息　　 7 500
（3）公司于 8 月末计提应负担的利息费用
借：财务费用　　 7 500
　　贷：应付利息　　 7 500
借：应付利息　　 22 500
　　贷：银行存款　　 22 500
编制偿还利息的凭证，如图 13-2 所示。

记 账 凭 证

年　月　日　　　　　　　　　　银付字　号

摘要	借方		贷方		金额											备注
	一级科目	二级科目	一级科目	二级科目	亿	千	百	十	万	千	百	十	元	角	分	附件
支付借款利息	应付利息							2	2	5	0	0	0	0	0	
			银行存款					2	2	5	0	0	0	0	0	张

主管　　　　　记账　　　　　复核　　　　　出纳　　　　　制单

图 13-2　偿还短期借款编制凭证

13.1.3　短期借款的偿还

【例 13-3】接【例 13-2】、【例 13-1】，光明公司于 11 月 30 日偿还该项短期借款，应进行的账务处理为：

　　借：短期借款　　　1 000 000
　　　　贷：银行存款　　　1 000 000

13.2　轻松理解应付票据

应付票据是企业在正常生产经营过程中采用商业汇票结算方式进行购销业务等活动，由出票人出票，委托付款人在指定日期无条件支付确定的金额给持票人或付款人。

13.2.1　应付票据的签发

企业因购买材料、商品等开出商业承兑汇票时，不论是否带息，均借记"原材料"或"物资采购""应交税费——应交增值税（进项税额）"等科目，按汇票面值，贷记"应付票据"科目；企业是以开出商业承兑汇票抵付原欠货款时，借记"应付账款"科目，贷记"应付票据"科目；对支付银行承兑汇票的手续费，借记"财务费用"科目，贷记"银行存款"科目。

【例 13-4】宏春股份有限公司为增值税一般纳税人，于 2019 年 2 月 10 日开出一张面值为 232 000 元、期限 5 个月的银行承兑汇票，用于向春城公司采购材料。增值税专用发票上注明的材料价款为 200 000 元，增值税额为 32 000 元。支付承兑手续费 232 元。

开出银行承兑汇票时：

　　借：材料采购　200 000
　　　　应交税费——应交增值税（进项税额）32 000
　　　　贷：应付票据——春城公司　　　　　　　　　232 000
支付银行手续费时：

　　借：财务费用　232
　　　　贷：银行存款　232

13.2.2 应付票据的利息

应付票据利息的账务处理是针对带息商业、银行汇票而言的。企业承兑的商业汇票，如为带息票据，应于期末计算应付利息，借记"财务费用"科目，贷记"应付票据"科目；票据到期支付本息时，按票据账面余额（含面值及已入账的应计利息），借记"应付票据"科目，按未计的利息，借记"财务费用"科目，按实际支付的金额，贷记"银行存款"科目。

【例13-5】宏春股份有限公司2018年11月1日从春桃公司购入原材料一批，其价款为50 000元，增值税款为8 000元，公司开具了一张期限为3个月的带息票据，年利率为9%。

（1）2018年11月1日购入材料时：

借：原材料   50 000

  应交税费——应交增值税（进项税额） 8 000

   贷：应付票据——春桃公司   58 000

（2）2018年11月30日计提利息

利息=面值×利率×票据期限=58 000×9%×1÷12=435元

借：财务费用——利息支出   435

   贷：应付票据——春桃公司   435

（12月末预提当月利息的处理相同）

（3）2019年1月31日到期付款：

借：应付票据——春桃公司   58 870

  财务费用——利息支出   435

   贷：银行存款   59 305

13.2.3 应付票据的归还

收到银行支付到期商业汇票的付款通知时，借记"应付票据"科目，贷记"银行存款"科目。

【例13-6】接【例13-4】2019年7月10日，宏春股份有限公司于2019年2月10日开出的商业汇票到期。

借：应付票据——春城公司 232 000

  贷：银行存款   232 000

商业承兑汇票到期时，企业如果无力支付票据金额，不带息的商业承兑汇票，应按应付票据的面值，借记"应付票据"科目，贷记"应付账款"科目；带息的商业承兑汇票，应按应付票据的账面余额，借记"应付票据"科目，按未计的利息，借记"财务费用"科目，按汇票本身，贷记"应付账款"科目，待协商后再行处理。到期不能支付的带息应付票据，转入"应付账款"科目核算后，期末不再计提利息。

银行承兑汇票到期时，企业存款余额不足支付票款的，承兑银行先代企业付款，再向企业执行扣款，将尚未扣回的承兑金额转为企业的短期借款。银行对企业的罚款作为"营业外支出"处理。对不带息的银行承兑汇票，按其面值，借记"应付票据"科目，贷记"短期借款"科目；对带息的银行承兑汇票，则应按应付票据的账面余额，借记"应付票据"科目，按未计的利息，借记"财务费用"科目，按已以存款余额支付部分款项，贷记"银行存款"科目，对银行代为支付的款项，则贷记"短期借款"科目。

【例 13-7】宏春股份有限公司于 2015 年 1 月 1 日向春梅公司购入一批价格为 300 000 元的商品，注明增值税额 48 000 元；开出不带息商业汇票。

（1）1 月 1 日购入商品时：

借：原材料　　　　　　　　　　　　　　300 000
　　应交税费——应交增值税（进项税额）　48 000
　　　贷：应付票据——春梅公司　　　　　　　　　　348 000

（2）6 月 1 日到期付款时：

借：应付票据——春梅公司　　　　　　　348 000
　　　贷：银行存款　　　　　　　　　　　348 000

6 月 1 日到期无力付款时：

如为商业承兑汇票：

借：应付票据——春梅公司　　　　　　　348 000
　　　贷：应付账款——春梅公司　　　　　348 000

（3）如为银行承兑汇票时，且银行按票据面值处以罚款 1 000 元。

借：应付票据——春梅公司　　　　　　　348 000
　　　贷：短期借款　　　　　　　　　　　348 000

借：营业外支出　　　　　　　　　　　　1 000
　　　贷：银行存款　　　　　　　　　　　1 000

13.3　轻松理解应付账款

应付账款是企业购买商品或接受劳务等应付给供货单位的款项。由于买卖双方在购销业务中取得物资与支付货款在时间上会不一致，从而产生的负债。

13.3.1　应付账款的发生

企业材料采购涉及的应付账款有两种情况，应分别根据不同情形给予不同的会计处理。

1. 购的材料已到，发票账单已到，货款尚未支付

根据发票账单等，借记"材料采购"等科目，按可抵扣的增值税税额借记"应交税费——应交增值税（进项税额）"科目，按应付的价款，贷记"应付账款"科目。

2. 购的材料已到，发票账单未到，货款尚未支付

月终，按暂估价借记"材料采购"等科目，贷记"应付账款——暂估应付账款"科目，下月初用红字予以冲销，待发票单据到达后再根据发票金额，借记"材料采购"和"应交税费——应交增值税（进项税额）"等科目，贷记"应付账款"科目。

接受供应单位提供劳务而发生的应付未付款项，根据供应单位的发票账单，借记"生产成本"、"管理费用"等科目，贷记"应付账款"科目。上述交易涉及增值税进项税额的，还应进行相应的处理。

【例 13-8】宏春股份有限公司于 2019 年 2 月 1 日向春草公司购入材料一批，价款 10 000 元，增值税税率 16%，付款条件为 2 / 10，n / 30。材料已验收入库，货款暂欠。

2 月 1 日确认应付账款：

借：原材料　　　　　　　　　　10 000
　　应交税费——应交增值税（进项税额）　　1 600
　　贷：应付账款——春草公司　　　　　　　11 600

13.3.2　应付账款的偿还

如果是以现金和银行存款偿还，按实际支付额借记"应付账款"科目，贷记"银行存款"等科目。如果是以开出商业承兑汇票抵付应付账款时，按票面金额借记"应付账款"科目，贷记"应付票据"科目。

【例 13-9】接【例 13-8】宏春公司于 2019 年 2 月 5 日付款。

借：应付账款——春草公司　　　　11 600
　　贷：银行存款　　　　　　　　　11 368
　　　　财务费用　　　　　　　　　232（11 600 × 2%）

13.3.3　应付账款的转销

无法支付的应付账款，作为"营业外收入"处理。

【例 13-10】2019 年 3 月，宏春股份有限公司确定应付春微公司货款 5 000 元，因春微公司倒闭，为无法支付的款项，应予以转销。

借：应付账款——春微公司　　5 000
　　贷：营业外收入　　　　　5 000

13.4　轻松理解预收账款

预收账款是买卖双方按照协议规定，由购货方预先支付一部分货款给供货方而发生的一项负债。一般的企业预收账款主要是预收的货款或者定金。施工企业的预收账款主要是预收工程款或备料款等。

【例 13-11】宏春股份有限公司接受水文公司的订货，按合同规定，货款金额总计为 500 000 元（不包括增值税），预计 6 个月完成。水文公司预付货款 40%，另 60%待产品完工发出后再支付。增值税税率为 16%。

（1）收到预付款：

借：银行存款　　　　　　　　200 000
　　贷：预收账款——水文公司　200 000

（2）产品完工并按合同发给了水文公司：

借：预收账款——水文公司　　　580 000
　　贷：主营业务收入　　　　　　　　　500 000

　　应交税费——应交增值税（销项税额）　80 000

　　（3）收到水文公司补付的货税款：

借：银行存款　　　　　　　　380 000

　　贷：预收账款——水文公司　380 000

　　如果企业预收账款不经常发生，可以不单独设置"预收账款"科目，合并在"应收账款"科目中进行核算。企业按合同规定预收款项时，借记"银行存款"科目，贷记"应收账款"科目；销售商品或提供劳务时，按应收的款项，借记"应收账款"科目，按实现的营业收入及专用发票上注明的增值税税额，贷记"主营业务收入"、"应交税费——应交增值税（销项税额）"等科目。企业收到购货单位补付的货款时，借记"银行存款"科目，贷记"应收账款"科目；退回购货单位多付的货款时，则做相反的会计分录。

13.5　轻松理解应付职工薪酬

　　应付职工薪酬是企业按规定应付给职工的各种薪酬，其中不仅包括企业支付给职工的劳动报酬，还包括按照工资的一定比例应计入成本费用的其他相关支出。职工薪酬主要包括以下几个方面：

- 职工工资、奖金、津贴和补贴；
- 职工福利费（包括货币性福利和非货币性福利）；
- 五险一金；
- 工会经费和教育经费，指有工会组织的企业按规定应提取的工会经费以及职工接受教育应由企业负担的各种培训费用；
- 因解除与职工的劳动关系给予的补偿；
- 其他与获得职工提供的服务相关的支出。

　　企业应设置"应付职工薪酬"账户，核算应付职工薪酬的提取、结算、使用等情况。该科目贷方登记本月实际发生的应付职工薪酬总额，即应付职工薪酬的分配数，借方登记本月实际支付的各种应付职工薪酬，期末贷方余额反映企业尚未支付的应付职工薪酬。该科目应当按照"工资"、"职工福利"、"社会保险费"、"住房公积金"、"工会经费"、"职工教育经费"、"非货币性福利"等应付职工薪酬项目设置明细科目，进行明细核算。外商投资企业按规定从净利润中提取的职工奖励及福利基金，也在本科目核算。

13.5.1　货币性职工薪酬

　　货币性职工薪酬主要指的是企业以现金或银行存款等形式发给职工的货币薪酬。

1. 确认货币性应付职工薪酬

　　企业应当根据职工为其提供服务的期间以及受益的对象，对发生的职工薪酬进行分配，将应确认的职工薪酬计入相关的成本费用或者资产价值，同时确认负债。具体应分别以下情况进行处理：

- 生产部门人员的职工薪酬，借记"生产成本""制造费用""劳务成本"等科目，贷记"应付职工薪酬"科目。
- 管理部门、福利部门人员、离退休人员的职工薪酬，借记"管理费用"科目，贷记"应付职工薪酬"科目。
- 因解除与职工的劳动关系给予的补偿，借记"管理费用"科目，贷记"应付职工薪酬"科目。
- 销售人员的职工薪酬，借记"销售费用"科目，贷记"应付职工薪酬"科目。
- 应由在建工程、研发支出负担的职工薪酬，借记"在建工程""研发支出"科目，贷记"应付职工薪酬"科目。

【例 13-12】宏春股份有限公司 2019 年 1 月应付职工薪酬：车间生产工人工资 150 000 元，车间管理人员工资 20 000 元，厂部行政管理人员工资 15 000 元，福利人员工资 5 000 元，辞退职工 1 名补偿 5 000 元，销售人员工资 50 000 元，从事专项工程人员工资 30 000 元。

借：生产成本　　　150 000
　　制造费用　　　　20 000
　　管理费用　　　　25 000
　　销售费用　　　　　50 000
　　在建工程　　　　30 000
　　　贷：应付职工薪酬——工资　　　275 000

计量应付职工薪酬时，国家规定了计提基础和计提比例的，应当按照国家规定的标准计提。比如，应向社会保险经办机构等缴纳的医疗保险费、养老保险费（包括根据企业年金计划向企业年金基金相关管理人缴纳的补充养老保险费）、失业保险费、工伤保险费、生育保险费等社会保险费，应向住房公积金管理机构缴存的住房公积金，以及工会经费和职工教育经费等。没有规定计提基础和计提比例的，企业应当根据历史经验数据和实际情况，合理预计当期应付职工薪酬。当期实际发生金额大于预计金额的，应当补提应付职工薪酬；当期实际发生金额小于预计金额的，应当冲回多提的应付职工薪酬。

【例 13-13】宏春股份有限公司 2019 年 1 月按照应付工资的 14% 计提职工福利费，2% 计提工会经费，1.5% 计提职工教育经费。应付工资数为 50 000 元，其中生产工人工资 30 000 元，车间管理人员工资 10 000 元，在建工程人员工资 7 700 元，工会人员工资 2 300 元。

（1）计提职工福利费：
借：生产成本 4 200（30 000×14%）
　　管理费用 1 722（12 300×14%）
　　在建工程 1 078（7 700×14%）
　　　贷：应付职工薪酬——职工福利 7 000

（2）计提工会经费：
借：生产成本 600（30 000×2%）
　　管理费用 246（12 300×2%）
　　在建工程 154（7 700×2%）
　　　贷：应付职工薪酬——工会经费 1 000

（3）计提职工教育经费：

借：生产成本 450（30 000×1.5%）

管理费用 184.50（12 300×1.5%）

在建工程 115.50（7 700×1.5%）

贷：应付职工薪酬——职工教育经费 750

2. 发放货币性职工薪酬

- 企业按照有关规定向职工支付工资、奖金、津贴等，借记"应付职工薪酬"科目，贷记"银行存款"、"现金"等科目。
- 企业从应付职工薪酬中扣还的各种款项（如代垫的家属药费、个人所得税等），借记"应付职工薪酬"科目，贷记"其他应收款"、"应交税费——应交个人所得税"等科目。
- 企业向职工支付职工福利费，借记"应付职工薪酬"科目，贷记"银行存款"、"现金"等科目。
- 企业支付工会经费和职工教育经费用于工会运作和职工培训，借记"应付职工薪酬"科目，贷记"银行存款"等科目。
- 企业按照国家有关规定缴纳社会保险费和住房公积金，借记"应付职工薪酬"科目，贷记"银行存款"科目。
- 企业因解除与职工的劳动关系向职工支付补偿，借记"应付职工薪酬"科目，贷记"银行存款"、"现金"等科目。

【例 13-14】宏春股份有限公司 2019 年 1 月发放职工工资。应付工资 50 000 元，其中，替职工代垫的医药费 3 000 元，代扣个人所得税 2 000 元。

借：应付职工薪酬——工资　　　　5 000

　　贷：其他应收款——代垫医药费　3 000

　　　　应交税费——应交个人所得税　　2 000

借：应付职工薪酬——工资　　45 000

　　贷：银行存款　　45 000

13.5.2 非货币性职工薪酬

非货币性职工薪酬主要指的是企业以非货币性资产等形式发给职工的薪酬，包括企业以自产产品作为福利发放给职工、以外购商品作为福利发放给职工、将企业拥有的资产无偿提供给职工使用等。

1. 自产产品作为福利发放给职工

企业以自行生产的产品作为非货币性福利发放给职工时，应根据受益的对象和产品的公允价值，将应确认的职工薪酬计入相关的成本费用或者资产价值，同时确认负债，借记"生产成本"、"制造费用"、"管理费用"等科目，贷记"应付职工薪酬——非货币性福利"科目。

企业以其自产产品作为非货币性福利发放给职工时，应视同销售，确认主营业务收入。借记"应付职工薪酬——非货币性福利"科目，贷记"主营业务收入"和"应交税费——应交增值税（销项税额）"等科目，同时相应的结转成本，借记"主营业务成本"科目，贷记"库存商品"科目。

【例 13-15】宏春股份有限公司 2019 年 6 月以其生产的每台成本为 1 000 元的空调作为福利发放给公司职工。该型号的空调每台售价为 1 400 元，适用增值税税率为 16%。公司职工中 170 名为直接参加生产的人员，30 名为总部管理人员。

应确认的应付职工薪酬：200×1 400×（1+16%）=324 800（元）

应计入"生产成本"账户的金额：170×1 400×（1+16%）=276 080（元）

应计入"管理费用"账户的金额：30 ×1 400×（1+16%）=48 720（元）

（1）公司决定发放非货币性福利：

借：生产成本　　　276 080
　　管理费用　　　　48 720
　　　贷：应付职工薪酬——非货币性福利　　　324 800

（2）实际发放非货币性福利：

借：应付职工薪酬——非货币性福利　　　324 800
　　　贷：主营业务收入　　　　　　　　280 000
　　　　　应交税费——应交增值税（销项税额）44 800

借：主营业务成本　　　200 000
　　　贷：库存商品　　　200 000

2. 以外购商品作为福利发放给职工

企业以外购的商品作为非货币性福利发放给职工的，应根据商品的公允价值和相关税费计入相关的成本费用或者资产价值，同时确认负债，借记"生产成本""制造费用""管理费用"等科目，贷记"应付职工薪酬——非货币性福利"科目；实际购买时冲销应付职工薪酬。

【例 13-16】宏春股份有限公司 2019 年 9 月以外购的每盒不含税价格为 80 元的食品礼盒作为中秋节福利发放给全体职工，2019 年 9 月企业共有职工 238 人，其中直接参加生产的职工 200 人，总部管理人员 38 人。

食品礼盒的售价总额=80×238=19 040（元）

食品礼盒的增值税进项税额=80×238×16%=3 046.4（元）

应付职工薪酬总额=19 040+3 046.4=22 086.4（元）

（1）公司决定发放非货币性福利时：

借：生产成本　18 560.0
　　管理费用　 3 526.4
　　　贷：应付职工薪酬——非货币性福利 22 086.4

（2）实际购买时：

借：应付职工薪酬——非货币性福利　　22 086.4
　　　贷：银行存款　　　　　　　　　　22 086.4

3. 将自有或租赁的住房等资产无偿提供给职工使用

企业将拥有的房屋等资产无偿提供给职工使用的，应根据受益的对象，将每期应计提的折旧额计入相关的成本费用或者资产价值，同时确认负债，借记"生产成本"、"制造费用"、"管理费用"等科目，贷记"应付职工薪酬——非货币性福利"科目，同时借记"应付职工薪酬——非货币性福利"科目，贷记"累积折旧"科目。

企业租赁住房等资产无偿提供给职工使用的，应根据受益的对象，将每期应付的租金计入相关的成本费用或者资产价值，同时确认负债，借记"生产成本"、"制造费用"、"管理费用"等科目，贷记"应付职工薪酬——非货币性福利"科目。支付所发生的租金时，借记"应付职工薪酬——非货币性福利"科目，贷记"银行存款"等科目。难以认定受益对象的非货币性福利，直接计入当期损益和应付职工薪酬。

【例 13-17】宏春股份有限公司为部门经理级别以上的 12 名职工免费提供自有的汽车以供使用，每辆汽车每月计提折旧 800 元，同时公司对于普通的车间工人共 200 名提供集体宿舍居住，该住房为公司租赁而来，每月租金共计 24 000 元，租金每月支付一次。

（1）决定发放非货币性福利：

借：生产成本　　24 000

　　管理费用　　 9 600

　　　贷：应付职工薪酬——非货币性福利 33 600

（2）计提折旧、交纳租金：

借：应付职工薪酬——非货币性福利 33 600

　　　贷：累计折旧　　　　　　　 9 600

　　　　银行存款　　　　　　　 24 000

4. 将企业已支付补贴的商品或服务提供给职工

有的企业会以低于取得资产或服务成本的价格向职工提供资产或服务，例如以低于成本的价格向职工出售住房或以低于企业支付的价格向职工提供医疗保健服务等。应注意的是，企业以补贴后价格向职工提供非货币性福利，与企业直接向职工发放房屋补贴或购车补贴不同，后者属于货币性福利。以提供包含补贴的住房为例，企业在出售住房等资产时，应将企业补贴的金额分情况处理：如果合同或协议中规定职工在取得住房后至少应当提供服务的年限，企业应当将补贴金额作为长期待摊费用处理，并在服务年限内平均摊销，根据受益的对象计入相关的成本费用同时确认负债，如果合同或协议中未规定职工在取得住房后的服务年限，企业应将补贴金额直接计入出售住房的当期损益。

【例 13-18】宏春股份有限公司购入住房 160 套向职工出售。该公司有资格买房的职工共 160 名，其中管理人员 20 名，销售人员 10 名，生产一线职工 130 名。宏春公司拟向三种职工出售的住房买价分别为 60 万元、50 万元、40 万元；拟出售价格分别为 48 万元、40 万元、32 万元。

（1）假定售房协议中规定，职工在取得住房后至少在企业继续服务 10 年，那么应将补贴金额作为长期待摊费用处理。

公司出售住房：

借：银行存款　　　　　　 55 200 000

　　长期待摊费用　　　　 13 800 000

　　　贷：固定资产　　　　　　　 69 000 000

出售住房后的每年，公司应按照直线法在 10 年内摊销长期待摊费用：

借：生产成本　　　1 040 000

　　管理费用　　　 240 000

销售费用　　100 000

　　贷：应付职工薪酬——非货币性福利 1 380 000

借：应付职工薪酬——非货币性福利 1 380 000

　　贷：长期待摊费用 1 380 000

（2）假定售房协议中没有规定职工在购得住房后必须服务的年限，那么企业应将补贴金额直接计入出售住房当期损益。

借：银行存款　　55 200 000

　　管理费用　　13 800 000

　　贷：固定资产　　69 000 000

13.6　轻松理解应交税费

应交税费是指企业根据在一定时期内取得的营业收入、实现的利润等，按照现行税法规定，采用一定的计税方法计提的应交纳的各种税费。企业必须按照国家规定履行纳税义务，对其经营所得依法缴纳各种税费。这些应缴税费应按照权责发生制原则进行确认、计提，在尚未缴纳之前暂时留在企业，形成一项负债。

应交税费包括企业依法交纳的增值税、消费税、营改增前的营业税、资源税、城市维护建设税、所得税、土地增值税、房产税、土地使用税、车船税、教育费附加以及由企业代扣代缴的个人所得税等。

企业应当设置"应交税费"科目，用来核算企业各种税费的发生和交纳情况，并按照应交税费的税种进行明细核算。该科目的贷方登记企业应交纳的各种税费，借方登记企业已交纳的各种税费，期末余额一般为贷方余额，反映企业尚未交纳的税费；如期末余额为借方余额，则反映企业多交或尚未抵扣的税费。印花税、耕地占用税等不需要预计应交的税金，不通过"应交税费"科目，直接在"管理费用"中核算。

应交税费具体内容本书纳税篇有详细介绍，此处不再罗列说明。

13.7　轻松理解应付利息

所谓应付利息，是指企业取得借款时，应该按照合同约定支付的各类借款利息，比如分期付息到期还本的长期借款、企业债券等应付的利息。

为了核算企业应支付的借款利息，应该设置"应付利息"科目，并按债权人进行明细核算。该科目期末贷方余额反映企业按照合同约定应支付但尚未支付的利息。企业确认的应付利息，应按合同约定的名义利率计算确定的应付利息的金额，并根据借款的使用目的，计入相关成本或费用科目，如"在建工程"、"制造费用"、"财务费用"等科目。

【例 13-19】光明公司 4 月 1 日从银行借入短期借款 10 000 元，年利率为 6%，借款期为 3 个月，借款利息每月末计提一次，并随本金在到期日一次性偿还。

（1）4月1日，光明公司取得借款的核算

借：银行存款　　10 000

　　贷：短期借款　　10 000

（2）4月30日，计提应支付的利息

借：财务费用　　50

　　贷：应付利息　　50

5月31日，计提利息的分录同上；

（3）6月30号，偿还短期借款本金，并支付利息

借：短期借款　　10 000

　　贷：银行存款　　10 000

借：财务费用　　50

　　应付利息　　100

　　贷：银行存款　　150

13.8　轻松理解应付股利

　　应付股利，是指企业经股东大会或类似权力机构审议批准分配的现金股利或利润。企业股东大会或类似权力机构审议批准的利润分配方案、宣告分派的现金股利或利润，在实际支付前，形成企业的负债，即应付股利。

13.8.1　股利支付的方式

　　股利支付的方式有很多种，常见的有以下几种：

　　（1）现金股利，是指公司以现金支付股利。采用该种支付方式，会加大公司支付现金的压力，但是可以满足投资者得到现金的投资要求，不影响公司的股权结构。

　　（2）股票股利，是指公司以发放的股票作为股利的支付方式。

　　（3）财产股利，是指以现金以外的资产支付的股利。如以公司的物资、产品或不动产支付股利，还可以公司持有的有价证券作为股利发放。

　　（4）负债股利，是指公司以负债支付的股利。财产股利和负债股利在公司实务中很少使用，但并非法律所禁止。

13.8.2　现金股利的核算

　　在向股东派发现金股利时，有三个时间点需要特别注意：

●　宣告日，董事会宣告分派股利之日；

●　股权登记日，又称除息日，是公司宣告股利后确定的截止过户登记的日期；

●　付息日，实际支付股利的日期。

	宣告日	股权登记日	付息日

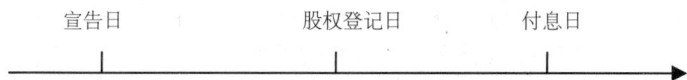

"应付股利"科目按投资者进行明细核算，期末贷方余额反映企业尚未支付的现金股利或利润。在进行会计处理时，按应支付的现金股利或利润，借记"利润分配"科目，贷记"应付股利"科目。实际支付现金股利或利润时，借记本科目，贷记"银行存款"、"库存现金"等科目。

【例 13-20】光明公司为股份有限公司，股本为 100 000 000，每股面值为 1 元，2018 年初未分配利润贷方为 80 000 000 元，2010 年实现净利润为 50 000 000 元。经股东大会讨论决定，光明公司决定向股东按每股 0.2 元派发现金股利。2019 年 3 月 1 日，公司以银行存款支付了全部的现金股利。

（1）股东大会批准股利分配方案时

100 000 000 × 0.2=20 000 000

 借：利润分配——应付现金股利 20 000 000

   贷：应付股利 20 000 000

（2）2019 年 3 月 1 日，实际支付现金股利时

 借：应付股利 20 000 000

   贷：银行存款 20 000 000

13.8.3 股票股利的核算

公司向股东进行利润分配的方式除现金股利外，还有可能发放股票股利。所谓股票股利是指向原股东派发股票，类似配股，只不过股票股利不需要股东支付任何报酬。比如向原股东按照每 10 股送 3 股的比例派发股票股利。

小提示：股票股利并不直接增加股东的财富，不会导致公司资产的流出或负债的增加，同时也不会增加公司的财产，仅仅是公司所有者权益内部的结转。

如上例中，股东大会决定按 10 股送 3 股的比例派发股票，则应该进行的会计处理为：

100 000 000 × 1 × 3/10=30 000 000

 借：利润分配——转作股本的股利 30 000 000

   贷：股本 30 000 000

13.9 轻松理解长期借款

长期借款是指企业向银行等金融机构或其他单位借入的，期限在一年以上的各种借款。根据偿还方式的不同，可分为定期一次偿还借款、分期偿还借款等。长期借款一般用于企业的固定资产购建、改扩建工程及大修理工程等。

企业应设置"长期借款"科目，用来核算长期借款的借入、归还等情况。该科目贷方登

记借入长期借款的本金及其利息；借方登记偿还的长期借款本息；余额在贷方，表示尚未偿还的长期借款本息。该账户应按贷款单位设置明细账。

企业借入长期借款，应按实际收到的现金净额，借记"银行存款"科目，贷记"长期借款——本金"科目，如存在差额，借记"长期借款——利息调整"科目。

资产负债表日，应按摊余成本和实际利率计算确定长期借款的利息费用。长期借款计算确定的实际利息费用，借记"在建工程"、"财务费用"等科目，按合同约定的名义利率计算确定的应付利息金额，贷记"长期借款——应付利息"科目，按其差额，贷记"长期借款——利息调整"科目。

归还长期借款时，借记"长期借款——本金"和"长期借款——应付利息"科目，贷记"银行存款"科目。

【例 13-21】宏春股份有限公司为建造新厂房，于 2017 年 1 月 1 日向银行借款 2 000 000 元，一次性还本付息，期限 4 年，年利率 6%，新厂房于 2019 年 1 月 31 日竣工并交付使用。

（1）2017 年 1 月 1 日取得长期借款：

借：银行存款　　　　　　2 000 000

　　贷：长期借款——本金　　2 000 000

（2）2017 年 1 月至 2013 年 1 月每月预提利息（资本化）：

借：在建工程——厂房　　　10 000

　　贷：长期借款——应付利息　　10 000

（3）2019 年 2 月至 2015 年 12 月每月预提利息（费用化）：

借：财务费用——利息费用　　10 000

　　贷：长期借款——应付利息　　10 000

（4）到期还本付息：

借：长期借款——本金　　2 000 000

　　　　——应付利息　　　480 000

　　贷：银行存款　　　　　　2 480 000

13.10　轻松理解应付债券

应付债券是企业依照法定程序发行，约定在一定期限内还本付息的一种有价证券。

企业应设置"应付债券"科目，用来核算应付债券的借入、归还等情况。该科目贷方登记应付债券的本金和利息，借方登记已偿还的债券本息，余额在贷方，表示尚未偿还的债券本息。实务中，还设置"债券面值"、"债券溢价"、"债券折价"和"应计利息"等四个明细账户对应付债券进行明细核算。

企业发行债券，应按实际收到的现金净额，借记"银行存款"、"库存现金"等科目，按债券票面金额，贷记"应付债券——面值"科目；按其差额，借记或贷记"应付债券——利息调整"科目。

资产负债表日，应按摊余成本和实际利率计算确定应付债券的利息费用。按应付债券计算确定的实际利息费用，借记"在建工程"、"财务费用"等科目，按合同约定的名义利率计算确定的应付利息金额，贷记"应付债券——应计利息"科目，按其差额，贷记"应付债券——利息调整"科目。

债券到期时，借记"应付债券——面值"和"应付债券——应计利息"科目，贷记"银行存款"科目。

企业发行的可转换公司债券，应按实际收到的金额，借记"银行存款"等科目，按可转换公司债券未来现金流量折现金额，贷记"应付债券——可转换公司债券"科目，按其差额，贷记"其他权益工具"科目。当可转换公司债券转换为股票时，按可转换公司债券的余额，借记"应付债券——可转换公司债券"科目和"其他权益工具"科目，按转换的股数计算的股票面值，贷记"股本"科目，实际用现金支付的部分，贷记"现金"等科目，按其差额，贷记"资本公积——股本溢价"科目。

【例13-22】宏春股份有限公司于2018年1月1发行5年期20万元可转换公司债券，债券票面年利率为5%，按年计息，债券发行一年后可转换为股份，每100元转普通股4股，股票面值1元，可转换公司债券的账面价值为21万元，债券持有者将全部债券转为股份。

（1）2018年1月1日发行债券时：

借：银行存款 200 000

　　贷：应付债券——可转换公司债券（面值） 200 000

（2）2019年1月1日计提利息时：

借：财务费用 10 000

　　贷：应付债券——可转换公司债券（应计利息） 10 000

（3）2019年1月1日转换为股份时：

转换为股份份数=200 000÷100×4=8 000（股）

借：应付债券——可转换公司债券（面值） 200 000

　　　　　　　　——可转换公司债券（应计利息） 10 000

　　贷：股本 　　　　　　　　　　　　　　　　 8 000

　　　　资本公积——股本溢价 　　　　　　　　 202 000

13.11　轻松理解长期应付款

长期应付款是指企业发生的除了长期借款和应付债券以外的其他各种长期负债，包括采用补偿贸易方式引进国外设备价款、应付融资租入固定资产的租赁费等。

企业应设置"长期应付款"科目，用来核算长期应付款的借入、归还等情况。该科目贷方登记发生的长期应付款，借方登记长期应付款的归还数，期末余额为贷方，表示尚未支付的各种长期应付款。

企业按照补偿贸易方式引进设备时，借记"固定资产"等科目，贷记"长期应付款——应付引进设备款"科目。归还引进设备款项时，借记"长期应付款——应付补偿贸易引进设备款"科目，贷记"银行存款"、"应收账款"等科目。

　　融资租入的固定资产，在租赁开始日，承租人按租赁开始日租入资产的原账面价值与最低租赁付款额的现值进行比较，取两者中较低者作为租入资产的入账价值，借记"固定资产"等科目，按最低租赁付款额，贷记"长期应付款——应付融资租赁款"科目，按其差额，借记"未确认融资费用"科目。按期支付融资租赁费时，借记"长期应付款——应付融资租赁款"科目，贷记"银行存款"等科目。租赁期满后，将固定资产从"融资租入固定资产"明细科目转入有关明细账户。

　　【例 13-23】宏春股份有限公司 2019 年 4 月 1 日从国外引进设备价款折合人民币 50 万元，2019 年 6 月 30 日企业用生产的产品归还设备款，第一批生产产品 200 件，每件销售价格 1 000 元、销售成本 500 元。

　　（1）2019 年 4 月 1 日取得设备时：

　　借：固定资产　　　500 000
　　　　贷：长期应付款——应付引进设备款　　　500 000

　　（2）2019 年 6 月生产产品，视同销售：

　　借：应收账款　　　200 000
　　　　贷：主营业务收入　　　200 000
　　借：主营业务成本　　100 000
　　　　贷：产成品　　　100 000

　　（3）2019 年 6 月用产品归还设备款：

　　借：长期应付款——应付补偿贸易引进设备款　　　200 000
　　　　贷：应收账款　　　200 000

第 14 章

所有者权益实操演练

公司对股东的回报，即应付股利。之所以要对股东给予回报，是因为在企业成立最初或经营过程中，股东对企业进行了投资，包括现金投资、实物投资、无形资产投资等。实务中，股东对企业的投资，即为实收资本（或股本）。

14.1 看懂实收资本

实收资本是投资者作为资本投入到企业中的各种资产的价值，可以是货币资金，也可以是非货币的实物、知识产权、土地使用权等。根据《公司法》的规定，所有者投入到企业的资本，在法律允许之外的情况下，一般不允许抽回。

小提示：实收资本的增加有多种途径，有投资者投入资本、资本公积转增资本、盈余公积转增资本、股票股利增加股本、债务转为股本等。

14.1.1 投入资本

所有者新投入的资本，借记"现金"、"银行存款"、"固定资产"等科目，贷记"实收资本"等科目。

【例 14-1】光明公司接纳胜利公司投资，接受的投资为银行存款 100 万元，投入的机器设备公允价值 50 万元。光明公司应该进行的账务处理为：

借：银行存款　　1 000 000
　　固定资产　　　500 000
　　贷：实收资本——胜利公司　　1 500 000

14.1.2 公积金转增资本

资本公积和盈余公积转增资本时，不会改变所有者权益的总额，只是所有者权益内部不同项目的结转。增加后的实收资本，按照股东的持股比例增加各股东的股权。

按照《公司法》的规定，"法定公积金转为资本时，所留存的该项公积金不得少于转增前公司注册资本的 25%"。

【例 14-2】光明公司经公司高层管理机构批准，决定使用 500 万元的资本公积转增资本，已经办理了登记变更手续。

　　借：资本公积　　5 000 000

　　　　贷：实收资本　　5 000 000

14.1.3　股票股利增加资本

公司决定分配股利时，除可分派现金股利外，还可以向股东派发股票股利。分配的股票股利，分配方案经股东大会批准后，应在办理增资手续后，借记"利润分配"科目，贷记"股本"科目。

【例 14-3】光明公司经股东大会讨论决议，拟于当年分配股票股利，分配方式为每 10 股派发 2 股股票股利，本年发行在外股份共 5 000 万股。应进行的账务处理为：

　　借：利润分配——转作股本的股利　　10 000 000

　　　　贷：股本　　10 000 000

编制凭证，如图 14-1 所示。

记　账　凭　证

摘要	借方		贷方		金额											备注
	一级科目	二级科目	一级科目	二级科目	亿	千	百	十	万	千	百	十	元	角	分	
股票股利转增资本	利润分配	转作股本的股利			1	0	0	0	0	0	0	0	0	0	0	附件
			股本		1	0	0	0	0	0	0	0	0	0	0	
																张
主管		记账		复核		出纳			制单							

年　月　日　　　　　　转字　　　号

图 14-1　股票股利转增股本编制凭证

14.1.4　债务转为资本

企业在经营活动中，会出现各种各样的中间债务。如果企业无力偿还债务，经与债权人协商一致，可以进行债务重组。对于债务转为资本的账务处理，企业应该冲销掉"应付账款"科目的金额，同时按照享有企业股份的面值总额贷记"实收资本"科目。如果股份的公允价值大于面值，则应该将其差额确认为"资本公积"；如果应付账款的账面价值与股份的公允价值存在差额，则应该将其差额确认为"营业外收入——债务重组利得"。

【例 14-4】光明公司与胜利公司有大量贸易往来，并欠胜利公司货款 1 000 000 元，光明公司因为财务困难提出与胜利公司就该项债务进行债务重组。经双方协商一致同意，100 万元债务转为光明公司 10 万股股份，光明公司股份的当前市价为每股 8 元。光明公司应就此进行的账务处理为：

　　借：应付账款　　　　　　　　　　　　1 000 000

　　　　贷：实收资本　　　　　　　　　　100 000

　　　　　　资本公积——资本溢价　　　　700 000

　　　　　　营业外收入——债务重组利得　200 000

14.1.5 实收资本的减少

按照规定，公司成立后，股东不得抽逃出资。符合下列条件的，可以减少注册资本。公司减资后的注册资本不得低于法定的最低限额。

- 公司发生重大亏损；
- 资本过剩；
- 回购股份用于奖励职工；
- 中外合作企业按照协议归还股东投资。

【例14-5】光明公司以1 500万元回购发行在外的1 000万股股票，经公司管理层和相关主管部门批准注销减资。假定公司已有股东溢价为800万元，应进行的账务处理为：

借：库存股   15 000 000
 贷：银行存款   15 000 000
借：股本   10 000 000
 资本公积——股本溢价 5 000 000
  贷：库存股   15 000 000

小提示：库存股反映公司收回发行在外，但尚未注销的本公司股票。企业回购股票而取得的库存股票并不属于企业的资产，只是用于减少资本的过渡账户。

下列内容不属于"库存股"科目的反映内容：

- 公司持有的其他公司的股票；
- 本公司尚未发行的股票；
- 本公司收回并加以注销的本公司股票。

14.2 读懂资本公积

股东向企业投入资本，其所享有的股东权益比例是由投资者之间协议规定的，该比例所占份额可能小于其实际投入的资本的金额，这二者之间的差额，便属于"资本公积——资本溢价"的范畴。此外，资本公积项目还反映不属于任何项目，而直接计入所有者权益的利得和损失。因此，资本公积按照明细核算有"资本（股本）溢价"和"其他资本公积"两种，前者反映企业收到投资者出资超出其在注册资本或股本中所占的份额，后者反映直接计入所有者权益的利得和损失。

小提示："直接计入所有者权益的利得和损失"，是指不应计入当期损益、会导致所有者权益发生增减变化的、与所有者投入资本或者向投资者分配利润无关的利得和损失。

【例14-6】光明公司委托某证券公司代理发行公司股票1 000 000股，每股面值1元，发行价格为1.3元。支付给证券公司的手续费收入按照发行收入总额的5%计算，从发行费用中扣除。发行收入已经存入银行。

公司收到证券公司的发行款=1 000 000×1.3×（1-5%）=1 235 000（元）
计入资本公积的金额－实际收入－面值－1 235 000－1 000 000=235 000（元）

借：银行存款　　　1 235 000

　　贷：股本　　　　　　　　　　　　　1 000 000

　　　　资本公积——股本溢价　　235 000

该例中，企业发行权益性债券直接相关的手续费、佣金等交易费用，应该在股本溢价中扣除。

【例 14-7】光明公司持有胜利公司 25%的股份，能够产生重大影响，对其采用权益法核算。胜利公司由于接受前进公司一笔捐赠，价值 50 万元，光明公司按照权益法应进行的账务处理为：

借：长期股权投资——所有者权益变动　　125 000

　　贷：资本公积——其他资本公积　　　　125 000

编制相应的凭证，如图 14-2 所示。

图 14-2　确认被投资单位权益变动编制凭证

14.3　看懂盈余公积

盈余公积是企业从所取得的利润中提取形成的。按照我国《公司法》的规定，企业分配当年税后利润时，应首先提取法定公积金、任意公积金，然后向投资者进行利润分配，如图 14-3 所示。

小提示：此处所提及的法定公积金、任意公积金均属于盈余公积的范畴。法定公积金是公司法规定的按照税后利润的 10%提取的，任意盈余公积则是由企业自行按照标准提取的。

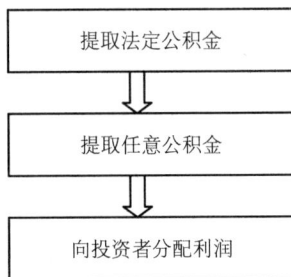

图 14-3　利润分配程序

14.3.1 提取盈余公积

盈余公积的提取，实际是公司利润分配的一个部分，因此，应通过"利润分配"科目对盈余公积的计提进行处理和反映。

【例 14-8】光明公司本期计提的法定盈余公积和任意盈余公积分别为 100 万元和 50 万元。应进行的账务处理为：

借：利润分配——提取法定盈余公积　　1 000 000

　　　　　　——提取任意盈余公积　　500 000

　　贷：盈余公积——提取法定盈余公积　　　　1 000 000

　　　　　　　——提取任意盈余公积　　　　　500 000

14.3.2 盈余公积弥补亏损

纳税人发生亏损时，可以采用下一纳税年度的所得进行弥补，下一纳税年度的所得不足弥补的，可以逐年延续弥补，但不得超过 5 年。当税前利润不足以弥补亏损时，企业可以用以前年度的盈余公积进行弥补。以前年度盈余公积仍不足弥补亏损的，可以用提取盈余公积前的税后利润补亏。

小提示：《公司法》规定："公司的法定公积金不足以弥补以前年度亏损的，在依照前款规定提取法定公积金之前，应当先用当年利润弥补亏损。"

【例 14-9】光明公司本年度发生亏损 100 万元，经过股东大会表决通过，决定以盈余公积 100 万元弥补亏损，其中包括法定盈余公积 60 万元，任意盈余公积 40 万元，光明公司应进行的账务处理为：

借：盈余公积——法定盈余公积　　600 000

　　　　　　——任意盈余公积　　400 000

　　贷：利润分配——盈余公积补亏　　　　1 000 000

在年度终了，进行会计结转处理时

借：利润分配——盈余公积补亏　　1 000 000

　　贷：利润分配——未分配利润　　　　1 000 000

14.3.3 盈余公积转增资本

企业提取盈余公积的主要目的是为扩大再生产提供后备资金支持，因此，为了支持企业规模的扩大，《公司法》允许企业用盈余公积金转增资本。同时设置了一定的限制条件，即法定公积金转为资本后，所留存的该项公积金不得少于转增前公司注册资本的 25%。

【例 14-10】光明公司经过股东大会讨论决定，在本期间用 200 万元法定盈余公积转增企业资本。应就此业务进行的会计处理为：

借：盈余公积——法定盈余公积　　2 000 000

　　贷：实收资本　　2 000 000

14.4 理解未分配利润

未分配利润，是企业利润分配后积存的余额。在资产负债表中反映的未分配利润，是截至本年度的累计额，而不是当期发生额。因此，从定义看，未分配利润是企业当期利润经各种分配程序后剩余的金额，确定未分配利润的过程实际上即是利润分配的过程。

未分配利润是"利润分配"科目的一个明细科目，在会计年度的资产负债表日，企业将所实现的净利润，自"本年利润"科目转入"利润分配——未分配利润"科目；同时，将"利润分配"科目所属的其他明细科目的余额转入"利润分配——未分配利润"明细科目，结转以后，"利润分配"科目仅未分配利润明细下存在余额，即为企业当期实现的未分配利润。

【例 14-11】光明公司当年实现的净利润为 500 万元，经股东大会批准的利润分配方案为：提取法定盈余公积 50 万元，分配现金股利 150 万元，分配股票股利 100 万元（共 100 万股，每股面值 1 元）。上述所有分配方案均以实施。

```
借：利润分配——提取法定盈余公积      500 000
           ——应付股利             1 500 000
           ——转作股本的股利       1 000 000
    贷：盈余公积——法定盈余公积                500 000
        应付股利                            1 500 000
        股本                                1 000 000
```

将净利润转入"利润分配——未分配利润"明细科目中

```
借：本年利润     5 000 000
    贷：利润分配——未分配利润     5 000 000
```

将上述利润分配科目，转入"未分配利润"科目中

```
借：利润分配——未分配利润        3 000 000
    贷：利润分配——提取法定盈余公积     500 000
               ——应付股利           1 500 000
               ——转作股本的股利     1 000 000
```

以银行存款支付应付股利

```
借：应付股利     1 500 000
    贷：银行存款     1 500 000
```

经过上述利润分配处理后，"利润分配——未分配利润"科目的余额为 200 万元（500万元 - 300 万元），即为光明公司本期实现的经过分配后剩余的未分配利润。

第 15 章

收入、费用和利润实操演练

在会计核算中会涉及两个会计恒等式：

资产＝负债＋所有者权益，反映的是企业资金运动的静态状况，是编制资产负债表的基础。

收入－费用＝利润（或亏损），反映的是企业资金运动的动态状况，是编制损益表的基础。

本章我们重点来看看收入、费用、成本、利润的核算。

15.1 分清主营业务收入

主营业务收入是指企业为完成其经营目标而从事的经常性活动实现的收入。不同行业企业的主营业务收入会有所不同，例如工业企业，其主营业务收入包括销售商品和提供工业性劳务等实现的收入；商业企业，其主营业务收入包括销售商品实现的收入；咨询公司，其主营业务收入包括提供咨询服务实现的收入；安装公司，其主营业务收入包括提供安装服务实现的收入。

企业应设置"主营业务收入"科目，用于核算企业在销售商品、提供劳务及让渡资产使用权等日常活动中所产生的收入。本科目应当按照主营业务的种类进行明细核算。该账户贷方登记企业销售商品、提供劳务或让渡资产使用权所实现的收入；借方登记发生的销售退回和转入"本年利润"科目的收入，期末结转后，该账户应无余额。

销售商品收入确认的原则：

销售商品的收入只有同时符合以下条件，才能加以确认：

（1）企业已将商品所有权上的主要风险和报酬转移给购货方；

企业已将商品所有权上的主要风险和报酬转移给购货方，是指与商品所有权有关的主要风险和报酬同时转移。

判断企业是否已将商品所有权上的主要风险和报酬转移给购货方，要关注交易的实质，并结合所有权凭证的转移进行判断。如果与商品所有权有关的任何损失均不需要销货方承担，与商品所有权有关的任何利益也不归销货方所有，这就意味着商品所有权上的主要风险和报酬已经转移给了购货方。

通常情况下，企业将商品所有权上的主要风险和报酬转移给购货方后，企业对售出商品不再保留与商品所有权相关的继续管理权，也不再对售出商品实施有效控制，如果企业对售出商品保留了与商品所有权相关的继续管理权，或者对售出商品实施有效控制，则商品所有权上的主要风险和报酬并没有转移，企业的销售行为不成立，不能确认收入。

（2）与交易相关的经济利益很可能流入企业。

与交易相关的经济利益主要表现为销售商品的价款；企业在确定销售商品的价款收回的可能性时，应当结合以前和买方交往的经验、政府相关政策等因素进行分析，如企业售出的商品符合合同或协议规定的要求，并已将发票账单交付买方，买方也承诺付款，即表明销售商品的价款能够收回；如企业判断价款不能收回，应提供可靠的证据。

（3）相关的收入和成本能够可靠地计量。

收入的金额能够可靠地计量，是指收入的金额能够合理地估计。收入金额能否合理地估计是确认收入的基本前提，如果收入的金额不能够合理估计就无法确认收入。

相关的已发生或将发生的成本能够可靠地计量，是指与销售商品有关的已发生或将发生的成本能够合理地估计。根据收入和费用配比原则，与同一项销售有关的收入和费用应在同一会计期间予以确认，即企业应在确认收入的同时或同一会计期间结转相关的成本。因此，如果成本不能可靠计量，相关的收入就不能确认。

15.1.1 一般销售的核算

通常情况下，企业商品销售收入的金额应根据企业与购货方签订的合同或协议金额确定，无合同、协议的，应按购销双方都认可的价格确定，但不包括代第三方或客户收取的款项。

企业销售商品或提供劳务实现的销售收入，应按照实际收到或应收的价款，借记"银行存款""应收账款""预收账款"等科目，按销售收入的金额，贷记"主营业务收入"科目，按专用发票上注明的增值税额，贷记"应交税费——应交增值税（销项税额）"科目。

企业应根据本月销售各种商品、提供的各种劳务等实际成本，计算应结转的主营业务成本，借记"主营业务成本"科目，贷记"库存商品""劳务成本"等科目。

【例 15-1】宏春股份有限公司 2019 年 1 月销售商品 80 件，每件售价 500 元，单位成本 400 元，增值税率为 16%。

（1）销售商品，确认收入时：

借：应收账款　　　　　　　　　　　　58 000
　　贷：主营业务收入　　　　　　　　　　50 000
　　　　应交税费—应交增值税（销项税额）　　　8 000

（2）销售商品，结转成本时：

借：主营业务成本　　　　　　40 000
　　贷：库存商品　　　　　　　40 000

15.1.2 现金折扣、商业折扣、销售折让的核算

企业确定的商品销售收入金额是扣除了预计可能发生的现金折扣和销售折让后的金额。现金折扣在实际发生时计入当期的财务费用；商业折扣在实际发生时按扣除折扣后的金额入

账；销售折让在实际发生时冲减当期销售收入。

【例 15-2】宏春股份有限公司 2019 年 1 月销售一批商品 1 000 件，增值税专用发票上注明售价 20 000 元，增值税 3 200 元。根据销售合同，购买方享有现金折扣，条件是 2/8，1/20，n/30，假定计算现金折扣时不考虑增值税。购货方选择了 8 天付款。

（1）销售商品，确认收入时：

借：应收账款　　　　　　　　　23 200
　　贷：主营业务收入　　　　　　　　20 000
　　　　应交税费——应交增值税（销项税额）　3 200

（2）购货方 8 天内付款：

借：银行存款　　　　　　　　　22 736
　　财务费用　　　　　　　　　464（23 200 × 2%）
　　贷：应收账款　　　　　　　　　23 200

【例 15-3】宏春股份有限公司 2019 年 1 月销售商品 2 000 件，增值税专用发票上注明售价为 60 000 元，增值税额 9 600 元。买方发现商品质量不合格，要求价格上给予 5% 的折让。

（1）销售商品，确认收入时：

借：应收账款　　　　　　　　　69 600
　　贷：主营业务收入　　　　　　　　9 600
　　　　应交税费——应交增值税（销项税额）　10 200

（2）确认销售折让时：

借：主营业务收入　3 000
　　应交税费——应交增值税（销项税额）　480
　　贷：应收账款　　　　　　　　　3 480

15.1.3　销售退回的核算

对于未确认收入的售出商品发生的销售退回，借记"库存商品"科目，贷记"发出商品"科目；若发出商品增值税纳税义务已发生，借记"应交税费——应交增值税（销项税额）"科目，贷记"应收账款"科目。

对于已确认收入的售出商品发生的销售退回，应当在发生时冲减当期销售商品收入、销售成本等。

【例 15-4】宏春股份有限公司 2019 年 1 月销售一批商品，开出的增值税专用发票上注明的销售价款为 30 000 元，增值税额为 4 800 元。该批商品成本为 20 000 元。当月收到购货方货款。次月，该批商品因质量问题被退回，宏春公司退回货款。

销售商品，确认收入时：

借：应收账款　34 800
　　贷：主营业务收入　30 000
　　　　应交税费——应交增值税（销项税额）　4 800

结转成本时：

借：主营业务成本　20 000

　　　　　贷：库存商品　　　20 000

　　购货方付款时：

　　借：银行存款　34 800

　　　　　贷：应收账款　34 800

　　发生销售退回时：

　　借：主营业务收入　30 000

　　　　　应交税费——应交增值税（销项税额）　4 800

　　　　　贷：银行存款　34 800

　　借：库存商品　20 000

　　　　　贷：主营业务成本　20 000

15.1.4　分期收款的核算

　　分期收款销售是指商品已经交付，货款分期收回的一种销售方式。企业分期收款销售商品，实质上具有融资性质的，应当按照应收合同或协议价款的公允价值确定收入金额，应收的合同或协议价款与其公允价值之间的差额(即未实现融资收益)，应当在合同或协议期间内，按照应收款项的摊余成本和实际利率计算确定的金额进行摊销，冲减财务费用。

　　根据应收合同或协议价款，借记"长期应付款"科目，按照应收价款的公允价值，贷记"主营业务收入"和"应交税费——应交增值税（销项税额）"科目，差额贷记"未实现融资收益"科目；分期收款时，借记"银行存款"科目，贷记"长期应收款"科目，根据计算的摊销金额，借记"未实现融资收益"科目，贷记"财务费用"科目。

　　未实现融资收益每一期的摊销额＝（每一期长期应收款的期初余额－未实现融资收益的期初余额）×实际利率

　　【例 15-5】宏春股份有限公司 2015 年 1 月 1 日采用分期收款方式向春苗公司销售一套大型设备，合同约定的销售价格为 2 000 万元，分 5 次于每年 12 月 31 日等额收取。该大型设备成本为 1 200 万元。在现销方式下，该大型设备的销售价格为 1 600 万元。假定宏春公司发出商品时开出增值税专用发票，注明的增值税额为 340 万元，并于当天收到增值税额 340万元。

　　宏春公司应当确认的销售商品收入金额为 1 600 万元。

　　未来 5 年收款额的现值＝400×（P/A，r，5）+340=1 600+340=1 940（万元）

　　当 r=7%时，400×4.802+340=2 260.08>1 940 万元

　　当 r=8%时，400×3.9927+340=1 937.08<1 940 万元

　　计算得出，r=7.93%

　　计算 5 年的财务费用和已收本金计算表，如表 15-1 所示。

表 15-1　财务费用和已收本金计算表

单位：万元

年　份（t）	未收本金$A_t = A_{t-1} - D_{t-1}$	财务费用$B = A × 7.93\%$	收现总额C	已收本金$D = C - B$
2015年　1月1日	1 600			

年 份（t）	未收本金$A_t = A_{t-1} - D_{t-1}$	财务费用 $B = A \times 7.93\%$	收现总额C	已收本金$D = C - B$
2015年12月31日	1 326.88	126.88	400	273.12
2016年12月31日	1 032.1	105.22	400	294.78
2017年12月31日	713.95	81.85	400	318.15
2018年12月31日	370.57	56.62	400	343.38
2019年12月31日		29.43*	400	370.57
总 额		400	2 000	1 600

（1）2015 年 1 月 1 日销售实现时：

借：长期应收款　　　　　　　　　　20 000 000

　　银行存款　　　　　　　　　　　3 400 000

　　　贷：主营业务收入　　　　　　　　　16 000 000

　　　　　应交税费——应交增值税（销项税额）　3 400 000

　　　　　未实现融资收益　　　　　　　　4 000 000

借：主营业务成本 12 000 000

　　　贷：库存商品 12 000 000

（2）2015 年 12 月 31 日收取货款时：

　借：银行存款 4 000 000

　　　贷：长期应收款 4 000 000

　借：未实现融资收益 1 268 800

　　　贷：财务费用　　　1 268 800

（3）2016 年 12 月 31 日收取货款时：

　借：银行存款 4 000 000

　　　贷：长期应收款 4 000 000

　借：未实现融资收益 1 052 200

　　　贷：财务费用　　　1 052 200

（4）2017 年 12 月 31 日收取货款时：

　借：银行存款 4 000 000

　　　贷：长期应收款 4 000 000

　借：未实现融资收益　818 500

　　　贷：财务费用　　　818 500

（5）2018 年 12 月 31 日收取货款时：

　借：银行存款 4 000 000

　　　贷：长期应收款 4 000 000

　借：未实现融资收益　566 200

　　　贷：财务费用　　　566 200

（6）2019 年 12 月 31 日收取货款时：

借：银行存款 4 000 000

　　贷：长期应收款 4 000 000

借：未实现融资收益 294 300

　　贷：财务费用 294 300

15.1.5 代销商品的核算

受托代销是指企业接受其他企业或单位的委托，代其销售商品的一种销售方式。代销商品分为两种方式，一种是视同买断的代销方式，一种是收取手续费的代销方式。

视同买断方式是由委托方和受托方签订协议，委托方按协议价收取代销的货款，实际售价由受托方自行确定，实际售价与协议价之间的差额归受托方所有。账务处理时，受托方作为购进商品处理，委托方在交付商品时确认收入和结转成本，受托方将商品销售后，应按实际售价确认为销售收入并结转成本，并向委托方开具代销清单。

企业应该设置"受托代销商品"和"受托代销商品款"科目，用来核算企业代销商品的业务。"受托代销商品"科目属资产类，用来核算企业接受其他单位委托代销或寄销的商品；"受托代销商品款"科目属负债类，用来核算企业接受代销、寄销的商品的价款。

在收到受托代销的商品时，受托方根据受托代销商品的协议价，借记"受托代销商品"科目，贷记"受托代销商品款"科目；代销商品销售时，借记"银行存款"等科目，按照实际销售的价格，贷记"主营业务收入""应交税费——应交增值税（销项税额）"等科目，同时结转成本，借记"主营业务成本"等科目，贷记"受托代销商品"科目；支付代销商品款时，借记"受托代销商品款"科目，贷记"银行存款"科目。

委托方发出代销商品时，借记"委托代销商品"，贷记"库存商品"科目；收到受托方提供的代销清单时，确认收入，借记"应收账款"科目，贷记"主营业务收入""应交税费——应交增值税（销项税额）"科目，并结转成本，借记"主营业务成本"，贷记"委托代销商品"科目。

【例15-6】宏春股份有限公司2019年2月1日受春雷公司委托代销一批商品，代销价款100 000元，该批商品的实际成本为50 000元，增值税率16%。2019年3月宏春公司将该批商品以150 000元的价格（不含税）销售出去，宏春公司给春雷公司开具了代销清单、增值税发票并付款。

（1）受托方账务处理

宏春公司收到代销商品时：

借：受托代销商品 100 000

　　贷：受托代销商品款 100 000

宏春公司实际销售时：

借：银行存款 174 000

　　贷：主营业务收入 150 000

　　　　应交税金——应交增值税（销项税额） 24 000

借：主营业务成本 100 000

　　贷：受托代销商品 100 000

借：受托代销商品款　　　　　　　　　　　100 000

　　应交税费——应交增值税（进项税额）　　16 000

　　贷：应付账款—春雷公司　　　　　　　　116 000

宏春公司支付代销款时：

借：应付账款——春雷公司　　　　　　　　116 000

　　贷：银行存款　　　　　　　　　　　　116 000

（2）委托方账务处理

春雷公司发出商品时：

借：委托代销商品　　　　　　　　　　　　50 000

　　贷：库存商品　　　　　　　　　　　　50 000

春雷公司收到代销清单时：

借：应收账款——宏春公司　　　　　　　　116 000

　　贷：主营业务收入　　　　　　　　　　100 000

　　　　应交税费——应交增值税（销项税额）16 000

借：主营业务成本　　　　　　　　　　　　50 000

　　贷：委托代销商品　　　　　　　　　　50 000

春雷收到货款时：

借：银行存款　　　　　　　　　　　　　　116 000

　　贷：应收账款——宏春公司　　　　　　116 000

收取手续费方式是由受托方根据代销的商品数量向委托方收取手续费，通常情况下，受托方无权自行定价，应按照委托方规定的价格销售。代销商品的所有权不属于受托方，属于委托方。账务处理时，委托方在受托方将商品销售后并向委托方开具代销清单时确认收入；受托方在商品销售后，按应收取的手续费确认收入。

在收到受托代销的商品时，受托方借记"受托代销商品"科目，贷记"受托代销商品款"科目；代销商品销售时，借记"银行存款"等科目，贷记"应付账款""应交税费——应交增值税（销项税额）"等科目，收到增值税专用发票时，借记"应交税费——应交增值税（进项税额）"等科目，贷记"应付账款"科目，同时借记"受托代销商品款"科目，贷记"受托代销商品"科目，支付货款并计算代销手续费时，借记"应付账款"科目，贷记"银行存款"和"主营业务收入"等科目。

委托方发出代销商品时，借记"委托代销商品"，贷记"库存商品"科目；收到受托方提供的代销清单时，确认收入，借记"应收账款"科目，贷记"主营业务收入""应交税费——应交增值税（销项税额）"科目，并结转成本，借记"主营业务成本"，贷记"委托代销商品"科目，并根据要支付给委托方的手续费金额，借记"营业费用"科目，贷记"应收账款"科目。

【例15-7】接【例15-6】，代销合同规定，宏春公司应按100 000元价格将上述商品出售，春雷公司按售价的8%支付宏春公司手续费。

（1）受托方账务处理

收到代销商品时：

借：受托代销商品　　　　　　　　　　　　100 000

```
    贷：受托代销商品款              100 000
实际销售商品时：
  借：银行存款                116 000
    贷：应付账款——春雷公司            100 000
      应交税费——应交增值税（销项税额）    16 000
  借：应交税费——应交增值税（进项税额）  16 000
    贷：应付账款——春雷公司            16 000
  借：受托代销商品款            100 000
    贷：委托代销商品              100 000
归还货款并计算代销手续费时：
  借：应付账款——春雷公司        118 000
    贷：银行存款                108 000
      主营业务收入                8 000
```

（2）委托方账务处理

交付代销商品时：

```
借：委托代销商品            50 000
  贷：库存商品                50 000
```

收到代销清单时：

```
借：应收账款——宏春公司        116 000
  贷：主营业务收入              100 000
    应交税费——应交增值税（销项税额）  16 000
借：销售费用——代销手续费          8 000
  贷：应收账款——宏春公司            8 000
借：主营业务成本            50 000
  贷：委托代销商品              50 000
```

收到货款时：

```
  借：银行存款                108 000
    贷：应收账款——宏春公司            108 000
```

15.1.6 预收款销售商品

采用预收款方式销售商品的，应在发出商品时确认收入。借记"预收账款"科目，贷记"主营业务收入""应交税费应交增值税（销项税额）"等科目。

【例 15-8】宏春股份有限公司接受春雨公司的一批订货合同，按合同规定，货款金额总计为 400 000 元（不包括增值税），预计 6 个月完成。春雨公司预付了 50%的货款，剩余 50%待产品完工发出后再支付。增值税税率为 16%。

（1）收到预付货款时：

```
借：银行存款          200 000
  贷：预收账款——春雨公司    200 000
```

（2）产品完工并按合同发货时：

借：预收账款——春雨公司　　　　　464 000

　　贷：主营业务收入　　　　　　　400 000

　　　　应交税费——应交增值税（销项税额）64 000

（3）收到春雨公司补付货款时：

借：银行存款　　　　　　　　　264 000

　　贷：预收账款——春雨公司　264 000

15.1.7　其他特殊交易

● 需要安装和检验的商品销售

企业出售的商品如果需要安装和检验的，在购货方接受交货、安装和检验完毕之前，企业不应确认收入。如果安装程序比较简单或检验是为了最终确定合同价格而必须进行的程序，企业也可以在发出商品时确认收入。

● 附有销售退回条件的商品销售

如果企业能够按照以往的经验对退货的可能性做出合理估计，企业可以在发出商品时，将预计不会发生退货的部分确认收入，预计可能发生退货的部分不确认收入；如果企业不能合理地预估退货的可能性，则应该在售出商品的退货期满后确认收入。

● 售后租回的商品销售

售后租回如果是融资租赁的，企业应该将售价与资产的账面价值之间的差额作为递延收益在租赁期资产的折旧年限内进行摊销，调整该资产的折旧费用。售后租回如果是经营租赁的，企业应该将售价与资产的账面价值之间的差额作为递延收益在租赁期内按照租金支付比例进行摊销。

● 售后回购的商品销售

售后回购是企业在销售商品的同时允诺日后重新买回所销售的商品。在这种情况下，所售商品的所有权上的主要风险和报酬并没有从销售方转移到购货方，企业不能确认收入。

● 以旧换新的商品销售

采用以旧换新方式销售商品的，企业销售的商品按照一般的商品销售予以确认收入，企业回收的商品作为购进商品进行账务处理。

15.2　分清劳务收入

劳务收入是指企业通过提供劳务实现的收入。以提供劳务的方式取得收入的行业很多，如建筑安装业、娱乐服务业、广告业等。

提供劳务确认收入的时间应根据劳务完成的时间以及对交易结果的合理估计而定。

在同一会计年度内开始并完成的劳务，应当在完成劳务时确认收入，确认的金额为合同或协议总金额；劳务的开始和完成分属不同的会计年度，为准确地反映每一个会计年度的收入、费用和利润情况，企业应在资产负债表日按劳务的完成程度确认收入和费用。

根据会计制度，提供劳务的交易结果能否可靠估计，依据以下条件进行判断；如同时满足以下条件，则交易的结果能够可靠地估计。

（1）劳务总收入和总成本能够可靠地计量。劳务总收入一般根据双方签订的合同或协议注明的交易总金额确定。劳务总成本包括至资产负债表日止已经发生的成本和完成劳务将要发生的成本。

（2）与交易相关的经济利益能够流入企业。企业可以从接受劳务方的信誉、以往的经验以及双方应结算和期限达成的协议等方面进行判断。

（3）劳务的完成程度能够可靠地确定。

1. 在同一会计年度内开始并完成的劳务收入的确认

在同一报告期间内开始并完成的劳务收入的确认，应在劳务完成时确认收入，确认的金额为合同或协议总金额。确认方法参照商品销售收入的确认原则。

确认劳务收入时，应按确定的收入金额，借记"应收账款""银行存款"等科目，贷记"主营业务收入"科目。

【例15-9】宏春股份有限公司（一般纳税人）2019年3月给春天公司提供了咨询服务，取得合同款530 000元。

借：银行存款　530 000

　　贷：主营业务收入　500 000

　　　　应交税费——应交增值税（销项税额）　30 000

2. 在不同会计年度内开始并完成的劳务收入的确认

（1）提供劳务交易的结果能够可靠估计

劳务的开始和完成分属不同的会计年度，如在资产负债表日能对该项交易的结果做出可靠估计，应按完工百分比法确认收入；

提供劳务的交易结果能否可靠估计，依据以下条件进行判断。如同时满足下列条件，则表明提供劳务交易的结果能够可靠地估计：

● 收入的金额能够可靠地计量；

● 相关的经济利益很可能流入企业；

● 交易的完工进度能够可靠地确定。

完工百分比法，是指按照提供劳务交易的完工进度确认收入与费用的方法。

企业确定提供劳务交易的完成进度，通常可以选用下列方法：已完工作的测量、已经提供的劳务占应提供的劳务总量的比例，以及已经发生的成本占估计总成本的比例。

本年确认的收入=劳务总收入×本年末止劳务的完成程度——以前年度已确认的收入

【例15-10】宏春股份有限公司2019年1月受春雷公司委托开发一套应用软件，合同额为1 000 000元，增值税销项税额为60 000，3月底已实际发生成本400 000元，均为开发人员的薪酬，预计还会发生80 000元。

实际发生的成本占估计总成本的比例=400 000÷（400 000+80 000）=83%

2019年3月31日确认的劳务收入=1 000 000×83%-0=830 000（元）

2019年3月31日确认的劳务成本=400 000（元）

① 实际发生劳务成本时：

借：劳务成本 400 000

　　贷：应付职工薪酬 400 000

② 确认劳务收入并结转劳务成本时：

借：应收账款——春雷公司 879 800

　　贷：主营业务收入　　　　　　　　830 000

　　　应交税费——应交增值税（销项税额）　　49 800

借：主营业务成本 400 000

　　贷：劳务成本　　400 000

（2）提供劳务交易的结果不能可靠估计

如在资产负债表日不能对交易的结果作出可靠估计，应分别按照下面三种情况确认与计量：

● 如果已经发生的劳务成本预计能得到补偿，应按已发生的劳务成本确认收入，并按相同金额确认成本；

● 如果已经发生的劳务成本预计不能得到全部补偿，应按能够补偿的劳务成本金额确认收入，并按已经发生的劳务成本结转成本。确认的收入金额小于已经发生的劳务成本的差额，确认为损失；

● 已经发生的劳务成本预计全部不能得到补偿的，不应确认收入，但应将发生的劳务成本确认为当期费用。

【例 15-11】宏春股份有限公司 2018 年 12 月接受明天公司委托，为其开发应用软件一套，合同款约定为 500 000 元，分两次等额支付，2018 年 12 月 15 日，明天公司预付第一次开发费。至 2019 年 1 月 31 日，宏春公司累计发生开发成本 200 000 元。2019 年 2 月 15 日，宏春公司得知明天公司经营发生困难，第二笔款项能否收回难以确定，此时已经累计发生开发成本 28 000 元。

（1）2018 年 12 月 15 日收到预付款时：

借：银行存款 250 000

　　贷：预收账款 250 000

（2）2019 年 1 月 31 日实际发生开发支出时：

借：劳务成本 200 000

　　贷：应付职工薪酬 200 000

（3）2019 年 1 月 31 日确认劳务收入并结转劳务成本时：

借：预收账款 250 000

　　贷：主营业务收入 250 000

借：主营业务成本 200 000

　　贷：劳务成本　　200 000

（4）2019 年 2 月 15 日确认劳务收入并结转劳务成本时：

符合上述第一条规定，应再确认成本 8 000 元

借：主营业务成本 8 000

　　贷：劳务成本　　8 000

3. 混合销售

混合销售，是指一项销售行为既涉及货物又涉及应税劳务的情形。应税劳务，是指在全面营改增前，应缴营业税的交通运输业、建筑业、金融保险业、邮电通信业、文化体育业、娱乐业、服务业税目征收范围的劳务（一般规定：从事货物的生产、批发或者零售的企业、企业性单位和个体工商户的混合销售行为，视为销售货物，应当缴纳增值税。

【例 15-12】宏春股份有限公司与天相公司签订合同，向天相公司销售一部电梯并负责安装。宏春公司开出的增值税专用发票上注明的价款合计为 1 000 000 元，其中电梯销售价格为 980 000 元，安装费为 20 000 元，增值税额为 160 000 元。电梯的成本为 700 000 元；电梯安装过程中发生安装费 15 000 元，均为安装人员薪酬。假定电梯已经安装完成并经验收合格，款项尚未收到；安装工作是销售合同的重要组成部分。

（1）结转成本时：

借：发出商品 700 000

　　贷：库存商品 700 000

（2）实际发生安装费用时：

借：劳务成本 15 000

　　贷：应付职工薪酬 15 000

（3）确认销售收入时

借：应收账款 1 160 000

　　贷：主营业务收入 980 000

　　　　应交税费——应交增值税（销项税额） 160 000

借：主营业务成本 700 000

　　贷：发出商品　　700 000

【例 15-13】接【例 15-12】，假定电梯销售价格和安装费用无法区分。

（1）结转成本时：

借：发出商品 700 000

　　贷：库存商品 700 000

（2）实际发生安装费用时：

借：劳务成本 15 000

　　贷：应付职工薪酬 15 000

（3）确认销售收入时（混合销售）：

借：应收账款 1 170 000

　　贷：主营业务收入 1 000 000

　　　　应交税费——应交增值税（销项税额） 170 000

借：主营业务成本 715 000

　　贷：发出商品　　700 000

　　　　劳务成本　　 15 000

4. 特殊劳务收入

下列提供劳务满足收入确认条件的，应按规定确认收入：

（1）安装费，在资产负债表日根据安装的完工进度确认收入。安装工作是商品销售附带条件的，安装费在确认商品销售实现时确认收入。

（2）宣传媒介的收费，在相关的广告或商业行为开始出现于公众面前时确认收入。广告的制作费，在资产负债表日根据制作广告的完工进度确认收入。

（3）为特定客户开发软件的收费，在资产负债表日根据开发的完工进度确认收入。

（4）包括在商品售价内可区分的服务费，在提供服务的期间内分期确认收入。

（5）艺术表演、招待宴会和其他特殊活动的收费，在相关活动发生时确认收入。收费涉及几项活动的，预收的款项应合理分配给每项活动，分别确认收入。

（6）申请入会费和会员费只允许取得会籍，所有其他服务或商品都要另行收费的，在款项收回不存在重大不确定性时确认收入。申请入会费和会员费能使会员在会员期内得到各种服务或商品，或者以低于非会员的价格销售商品或提供服务的，在整个受益期内分期确认收入。

（7）属于提供设备和其他有形资产的特许权费，在交付资产或转移资产所有权时确认收入；属于提供初始及后续服务的特许权费，在提供服务时确认收入。

（8）长期为客户提供重复的劳务收取的劳务费，在相关劳务活动发生时确认收入。

15.3　核清楚让渡资产使用权

让渡资产使用权是指资产的所有者将资产的使用权暂时转移给他人，以取得相关收益，但不转移资产所有权的行为。

让渡资产使用权主要包括：

● 因他人使用本企业现金而收取的利息收入。这主要是指金融企业存、贷款形成的利息收入及同业之间发生往来形成的利息收入等。

● 因他人使用本企业的无形资产等而形成的使用费收入。他人使用本企业的资产取得的收入还应包括他人使用本企业的固定资产取得的租金收入；因债权投资取得的利息收入及进行股权投资取得的股利收入等。

让渡资产使用权收入同时满足下列条件的，才能予以确认：

● 相关的经济利益很可能流入企业。即让渡资产使用权收入金额收回的可能性大于不能收回的可能性。企业在确定让渡资产使用权收入金额能否收回时，应当根据对方企业的信誉和生产经营情况、双方就结算方式和期限等达成的合同或协议条款等因素，综合进行判断。如果企业估计让渡资产使用权收入金额收回的可能性不大，就不应确认收入。

● 收入的金额能够可靠地计量。是指让渡资产使用权收入的金额能够合理地估计。如果让渡资产使用权收入的金额不能够合理地估计，则不应确认收入。

15.3.1　利息收入

利息收入应在每个会计期末，按未收回的存款或贷款的本金、存续期间和适当的利率计算并确认利息收入。

企业应设置"利息收入"科目，并按业务类别进行明细核算。资产负债表日，企业应按合同利率计算确定的应收未收利息，借记"应收利息"科目，按摊余成本和实际利率计算确定的利息收入，贷记"利息收入"科目，按其差额，借记或贷记"贷款——利息调整"等科目。实际利率与合同利率差异较小的，也可以采用合同利率计算确定利息收入。 期末，应将本科目余额转入"本年利润"科目，结转后本科目无余额。

【例 15-14】宏春股份有限公司 2019 年 4 月 1 日向下属公司发放贷款 1 000 000 元，贷款期 3 个月，年利率为 6%。

6 月 30 日应确认利息收入＝1 000 000×6%/12×3＝15 000（元）

借：应收利息 15 000

　　贷：利息收入 15 000

15.3.2　使用费收入

使用费收入应按有关合同协议规定的收费时间和方法确认。不同的使用费收入，其收费时间和收费方法各不相同：如果合同、协议规定使用费一次支付，且不提供后期服务的，应视同该项资产的销售一次确认收入；如提供后期服务的，应在合同、协议规定的有效期内分期确认收入；如合同规定分期支付使用费的，应按合同规定的收款时间和金额或合同规定的收费方法计算的金额分期确认收入。

企业可设置"使用费收入"科目，确认使用费收入时，借记"银行存款"、"应收账款"科目，贷记"使用费收入"科目；期末，应将本科目余额转入"本年利润"科目，结转后本科目无余额。

【例 15-15】宏春股份有限公司 2018 年开始向春鸣公司转让其商标使用权，合同规定每年末按春鸣公司的年销售收入的 10% 支付使用费，使用期 8 年。2014 年春鸣公司的年销售收入 200 000 元，2019 年年销售收入 500 000 元，春鸣公司已按期付清使用费。

（1）2018 年确认的使用费收入＝200 000×10%＝20 000 元

借：银行存款 20 000

　　贷：使用费收入 20 000

（2）2019 年确认的使用费收入 ＝500 000×10%＝50 000 元

借：银行存款 50 000

　　贷：使用费收入 50 000

15.4　其他业务收入

其他业务收入是指企业确认的除主营业务活动以外的其他经营活动实现的收入，包括出租固定资产、出租无形资产、出租包装物和商品、销售材料等，具有不经常发生、每笔业务金额一般较小、占收入的比重较低等特点。

企业应设置"其他业务收入"科目，用来核算企业其他经营活动实现的收入，并按其业务收入种类进行明细核算。

企业确认的其他业务收入，借记"银行存款""其他应收款"等科目，贷记"其他业务收入"科目；期末将其结转入"本年利润"科目，借记"其他业务收入"科目，贷记"本年利润"科目，结转后本科目无余额。

【例 15-16】宏春股份有限公司 2018 年 1 月 15 日将一批生产用的原材料出售给春天公司，专用发票列明材料价款 10 000 元，增值税额 1 600 元，尚未收到货款。

借：应收账款——春天公司　　　　　　　　　　11 600
　　贷：其他业务收入——材料销售　　　　　　　　10 000
　　　　应交税费——应交增值税（销项税额）　　　　1 600

【例 15-17】2019 年期末，宏春股份有限公司的"其他业务收入"科目的账面余额为 80 000 元，将其转入"本年利润"科目。

借：其他业务收入　　　　　　　80 000
　　贷：本年利润　　　　　　　　　　80 000

15.5　轻松看穿费用

费用是指企业在日常活动中发生的会导致所有者权益减少的、与向所有者分配利润无关的经济利益的总流出。

费用的特征包括：

- 费用是在企业日常的活动中所产生的，而不是在偶发的交易或事项中产生的；
- 费用可能表现为企业负债的增加，或企业资产的减少，或者二者兼而有之；
- 费用最终会减少企业的所有者权益。

企业的费用支出多种多样，一般而言与费用相关的经济利益很可能流出企业从而导致企业资产的减少或者负债的增加；经济利益的流出额能够可靠计量时才能予以确认。费用按照经济用途不同，分为营业成本和期间费用。

- 营业成本是与营业收入直接相关的，已经确定了归属期和归属对象的各种直接费用。营业成本主要包括主营业务成本、劳务成本、其他业务成本。
- 期间费用是指虽与本期收入的取得密切相关，但不能直接归属于某个特定对象的各种费用，主要包括销售费用、管理费用和财务费用。

15.5.1　主营业务成本

主营业务成本是指企业销售商品、提供劳务等经常性活动所发生的成本。企业应设置"主营业务成本"科目，用来核算企业因销售商品、提供劳务或让渡资产使用权等日常活动而发生的实际成本。本科目应当按照主营业务的种类进行明细核算。该账户借方登记已售商品、提供的各种劳务等的实际成本；贷方登记当月发生销售退回的商品成本和期末转入"本年利润"科目的当期销售成本，期末结转后，该账户应无余额。

【例 15-18】 宏春公司向春天公司销售一批商品，开出的增值税专用发票上注明售价为 100 000 元，增值税税额为 16 000 元；宏春公司已收到货款 116 000 元，并将提货单送交春天公司；该批商品成本为 60 000 元。

借：银行存款　　116 000

　　贷：主营业务收入　　　100 000

　　　　应交税费——应交增值税（销项税额）　　16 000

借：主营业务成本　　60 000

　　贷：库存商品　　　60 000

15.5.2　其他业务支出

其他业务支出是企业除主营业务以外的其他经营活动所产生的支出，通常情况下主要包括销售材料的成本、出租固定资产的累计折旧、出租无形资产的累计摊销、出租包装物的成本等。

企业发生的其他业务支出，借记"其他业务支出"科目，贷记"原材料"、"累计折旧"、"银行存款"等科目。

【例 15-19】宏春公司向春天公司销售一批材料，开出的增值税专用发票上注明售价为 100 000 元，增值税税额为 16 000 元；宏春公司已收到货款 117 000 元，并将提货单送交春天公司；该批材料成本为 70 000 元。

借：银行存款　　116 000

　　贷：其他业务收入　　　100 000

　　　　应交税费——应交增值税（销项税额）　　16 000

借：其他业务支出　　70 000

　　贷：原材料　　　70 000

15.5.3　营业税金及附加

税金及附加是指企业经营主要业务应负担的营业税（营改增前的应缴纳的营业税）、消费税、城市维护建设税、资源税和教育费附加等相关税费。

企业按规定计算确定的与经营活动相关的税费，借记"税金及附加"科目，贷记"应交税费（应交消费税等）"等科目；企业收到的消费税等，按实际收到的金额，借记"银行存款"科目，贷记"税金及附加"科目。

【例 15-20】宏春公司 2019 年 3 月计算应交的增值税为 80 000 元，消费税为 8 000 元计算宏春公司 3 月份应交的营业税金及附加。

计算城建税=（80 000+8 000）×7%=6 160

计算教育费附加=（80 000+8 000）×3%=2 640

借：税金及附加　　718 000

　　贷：应交税费

　　　　——应交消费税　　8 000

　　　　——应交城市维护建设税　　　6 160

　　　　——应交消费税教育费附加　　　2 640

15.5.4 销售费用

销售费用是指企业在销售商品和材料、提供劳务过程中发生的各项费用，包括销售人员的工资、福利费、工会经费、职工教育经费、失业保险费、差旅费、业务招待费、会议费、办公费、保险费、仓储费、驻外销售机构费用以及其他销售费用等。

企业应设置"销售费用"科目，用来核算企业销售商品等过程中发生的各种费用，并应当按照费用项目进行明细核算。

企业在销售商品过程中发生的差旅费、业务招待费、会议费、办公费、包装费、保险费、展览费、广告费、运输费、装卸费等费用，借记"销售费用"科目，贷记"库存现金""银行存款"等科目；销售人员的工资、福利等费用，借记"销售费用"科目，贷记"应付职工薪酬"等科目，销售人员或销售机构的固定资产折旧，借记"销售费用"科目，贷记"累计折旧"等科目。

【例15-21】宏春公司为宣传新产品发生广告宣传费20 000元，用银行存款支付。

借：销售费用 20 000
　　贷：银行存款 20 000

【例15-22】宏春公司销售部2019年3月共发生费用150 000元，其中销售人员薪酬80 000元，办公设备折旧费30 000元，差旅费10 000元，业务招待费30 000元。

借：销售费用 150 000
　　贷：应付职工薪酬 80 000
　　　　累计折旧 　　30 000
　　　　银行存款 　　40 000

15.5.5 管理费用

管理费用是指企业行政管理部门为组织和管理生产经营活动而发生的各项费用，包括工资福利费、折旧费、工会费、职工教育经费、业务招待费、房产税、车船使用税、土地使用税、印花税、技术转让费、无形资产摊销、咨询费、诉讼费、坏账损失、公司经费、劳动保险费、董事会会费等，常用的管理费用明细说明如下：

- 工资：管理人员的工资、奖金、加班工资、双薪等；
- 职工福利费：计提的管理人员的福利费用；
- 业务招待费：招待用途的支出；
- 折旧费：非生产、非销售的各类固定资产计提的折旧费用；
- 电话费：公司固定电话、移动电话、网络费用、信件及快递费用等；
- 差旅费：管理人员发生的出差费用；
- 交通费：管理人员发生的市内交通费用；
- 董事会费：董事会成员津贴、会务费、为开会产生的差旅费；
- 办公费：购置小额办公用品费、打印费、复印费、书报费等；
- 汽车费：管理人员发生的用车费用；
- 低值易耗品摊销、无形资产摊销、开办费、递延资产摊销：用于归集管理部门的低值易耗品、无形资产摊销、开办费、递延资产摊销等；

- 运杂费：为管理部门服务的运输费等费用；
- 坏账损失：计提坏账准备时计入损益的费用；
- 存货跌价准备：根据存货成本与可变现值计提的准备数；
- 技术开发费：公司发生的用于新产品等研究开发发生的费用；
- 咨询费：公司发生的审计、项目评审等费用。

企业应设置"管理费用"科目，用来核算企业日常经营管理等过程中发生的各种费用，并应当按照费用项目进行明细核算。

企业在日常管理过程中发生的电话费、差旅费、交通费、董事会费、汽车费、办公费、咨询费等费用，借记"管理费用"科目，贷记"库存现金""银行存款"等科目；管理人员的工资、福利等费用，借记"管理费用"科目，贷记"应付职工薪酬"等科目；非生产销售等使用的固定资产折旧，借记"管理费用"科目，贷记"累计折旧"等科目；

【例 15-23】宏春公司筹建期间发生差旅费、交通费等开办费 50 000 元，用银行存款支付。

借：管理费用 50 000
　　贷：银行存款 50 000

【例 15-24】宏春公司总裁办 2008 年 3 月份共发生费用 120 000 元，其中：薪酬 80 000 元，专用办公设备折旧费 20 000 元，报销差旅费 15 000 元，其他办公、电话费 5 000 元，均用银行存款支付。

借：管理费用 120 000
　　贷：应付职工薪酬　80 000
　　　　累计折旧　　　20 000
　　　　银行存款　　　20 000

15.5.6　财务费用

财务费用是企业为筹集生产经营所需资金而发生的费用，通常包括利息支出（减利息收入）、汇兑损失（减汇兑收益）和现金折扣等。

其中利息支出是企业各项利息支出（除资本化的利息外）减去银行存款产生的利息收入后的净额。汇兑损失是企业向银行结售或购入外汇产生的银行买入、卖出价与记账汇率之间的差额，以及各种外币账户的期末余额按照规定汇率折合的人民币金额与原账面金额之间的差额等。手续费是发行债券支付的手续费或者银行手续费等，但不包括发行股票所支付的手续费等。现金折扣是企业为鼓励债务人在规定的期限内付款而向债务人提供的债务扣除。

企业应设置"财务费用"科目并按费用项目进行明细核算，用于核算企业为筹集生产经营所需资金等而发生的筹资费用。

企业发生的财务费用，借记"财务费用"科目，贷记"银行存款"等科目，企业发生的应冲减财务费用的利息收入、汇兑损益、现金折扣，借记"银行存款""应付账款"等科目，贷记"财务费用"科目。

【例 15-25】宏春公司 2019 年 1 月 1 日向银行借入短期借款 200 000 元，期限 6 个月，年利率为 6%，银行要求按月支付利息。

（1）借入款项时：

借：银行存款 200 000

　　贷：短期借款 200 000

（2）1月末支付利息时：

借：财务费用 1 000

　　贷：银行存款 1 000

2、3、4、5月份支付利息同1月末。

（3）6月份还本并支付当月应分摊的利息费用时：

借：短期借款 200 000

　　财务费用　　1 000

　　　　贷：银行存款 201 000

【例15-26】宏春公司向春天公司签发一张银行承兑汇票1 000 000元，银行按万分之五收取手续费。

借：财务费用——手续费 500

　　贷：银行存款　　　　　500

15.6 用犀利的目光透视利润

利润是指企业在一定会计期间的经营成果。利润是企业在一定时期内的全部收入抵减全部支出后的差额，通常情况下，如果企业实现了利润，表明企业的所有者权益将增加，业绩得到了提升；反之，如果企业发生了亏损（即利润为负数），表明企业的所有者权益将减少，业绩下滑了。因此，利润往往是评价企业管理层业绩的一项重要指标，也是投资者等财务报告使用者进行决策时的重要参考，它反映了企业经营管理的综合成果，是企业经济效益的最终体现。

利润的计算公式如下：

营业利润＝营业收入－营业成本－税金及附加－营业费用－管理费用－财务费用－资产减值损失+公允价值变动收益（或减变动损失）+投资收益（或减投资损失）

其中营业收入包括"主营业务收入"和"其他业务收入"；营业成本包括"主营业务成本"和"其他业务支出"；资产减值损失是指企业计提各项资产减值准备所形成的损失；公允价值变动收益（或损失）是指企业交易性金融资产等公允价值变动形成的应计入当期损益的利得（或损失）；投资收益（或损失）是指企业以各种方式对外投资所取得的收益（或发生的损失）。

利润总额＝营业利润+营业外收入－营业外支出

企业的利润总额，既包括通过生产经营活动而实现的营业利润，也包括通过投资活动实现的投资收益，还包括与生产经营活动无直接关系的营业外收支差额。营业外收入是指企业发生的与其日常活动无直接关系的各项利得。营业外支出是指企业发生的与其日常活动无直接关系的各项损失。

净利润＝利润总额－所得税费用

其中，所得税费用是指企业确认的应从当期利润总额中扣除的所得税费用。

15.6.1　资产减值损失

资产减值损失是指企业在资产负债表日，经过对资产的测试，判断资产的可收回金额低于其账面价值而计提资产减值损失准备所确认的相应损失。企业所有的资产在发生减值时，原则上都应当对所发生的减值损失及时加以确认和计量，因此，资产减值包括所有资产的减值。但是由于资产的性质不同，所适用的具体准则也不尽相同。新会计准则规定资产减值范围主要是固定资产、无形资产以及除特别规定外的其他资产减值的处理。

资产减值损失的确定：

可收回金额的计量结果表明，资产的可收回金额低于其账面价值的，应当将资产的账面价值减记至可收回金额，减记的金额确认为资产减值损失，计入当期损益，同时计提相应的资产减值准备。

资产减值损失确认后，减值资产的折旧或者摊销费用应当在未来期间作相应调整，以使该资产在剩余使用寿命内，系统地分摊调整后的资产账面价值（扣除预计净残值）。

资产减值损失一经确认，在以后会计期间不得转回。

企业应设置"资产减值损失"科目并按具体项目进行明细核算，用于核算企业计提各项资产减值准备所形成的损失。

企业根据资产减值等准则确定资产发生的减值的，按应减记的金额，借记"资产减值损失"科目，贷记"坏账准备"、"存货跌价准备"、"长期股权投资减值准备"、"持有至到期投资减值准备"、"固定资产减值准备"、"在建工程——减值准备"、"无形资产减值准备"、"商誉——减值准备"、"贷款损失准备"等科目。

企业计提坏账准备、存货跌价准备、持有至到期投资减值准备、贷款损失准备等后，相关资产的价值又得恢复，应在原已计提的减值准备金额内，按恢复增加的金额，借记"坏账准备"、"存货跌价准备"、"持有至到期投资减值准备"、"贷款损失准备"等科目，贷记"资产减值损失"科目。

【例 15-27】2019 年 3 月 31 日，宏春公司的材料 A 账面成本为 200 000 元，由于材料 A 的市场价格持续走跌，3 月 31 日公司确定材料 A 的可变现净值为 190 000 元。

应计提的存货跌价准备=200 000 - 190 000=10 000 元

借：资产减值损失——计提的存货跌价准备　　　10 000

　　贷：存货跌价准备　　　　　　　　　　　　　　　10 000

【例 15-28】宏春公司 2019 年 1 月 1 日对春鸣公司长期股权投资的账面价值为 900 000 元，持有股份为 300 000 股，并按权益法核算该项长期股权投资。2015 年 8 月 5 日，由于春鸣公司所在地区发生自然灾害，企业资产损失严重，并难有恢复的可能，股票市价下跌至每股 2 元。

应提减值准备=900 000 - 2×300 000=300 000 元

借：资产减值损失——计提的长期股权投资减值准备　　　300 000

　　贷：长期股权投资减值准备　　　　　　　　　　　　　　　300 000

15.6.2　公允价值变动损益

公允价值变动损益是后续采用公允价值计量的资产期末账面价值与其公允价值之间的差额。我国规定对交易性金融资产、交易性金融负债和采用公允价值计量的投资性房地产等要计算利得和损失并计入当期损益。

企业应设置"公允价值变动损益"科目，用来核算企业在初始确认时划分为以公允价值计量且其变动计入当期损益的交易性金融资产或金融负债，以及采用公允价值模式计量的投资性房地产、衍生工具、套期业务中公允价值变动形成的应计入当期损益的利得或损失。

以交易性金融资产为例，在资产负债表日，企业应按交易性金融资产的公允价值高于其账面余额的差额，借记"交易性金融资产——公允价值变动"科目，贷记"公允价值变动损益"科目；公允价值低于其账面余额的差额作相反的会计分录。

出售交易性金融资产时，应按实际收到的金额，借记"银行存款"等科目，按该金融资产的账面余额，贷记"交易性金融资产"科目，按其差额，借记或贷记"投资收益"科目；同时，将原计入该金融资产的公允价值变动转出，借记或贷记"公允价值变动损益"科目，贷记或借记"投资收益"科目。

【例15-29】宏春公司2018年7月1日从二级市场购入股票，公允价值为450万元，另支付手续费2万元，已宣告发放现金股利1万元，款项从银行支付。宏春公司将其划分为可供出售的金融资产。2018年8月1日收到现金股利1万元；2015年8月31日，该股票的公允价值为446万元，2019年2月1日将其出售，价款460万元，另支付交易费1.38万元。

（1）购入股票时：

借：可供出售金融资产——成本　　4 520 000
　　应收股利　　　　　　　　　　10 000
　　　贷：银行存款　　　　　　　　　　4 530 000

（2）收到现金股利时：

借：银行存款　　10 000
　　　贷：应收股利　　10 000

（3）确认股票价格变动时：

借：资本公积——其他资本公积　　40 000
　　　贷：可供出售金融资产——公允价值变动　　40 000

（4）出售股票时：

借：银行存款　　4 586 200
　　可供出售金融资产——公允价值变动　　40 000
　　　贷：可供出售金融资产——成本　　4 520 000
　　　　　资本公积——其他资本公积　　40 000
　　　　　投资收益　　66 200

15.6.3　投资收益

投资收益是企业进行投资所获得的经济利益。企业的投资收益主要包括对外投资所分得的股利和收到的债券利息，以及投资收回或转让所得超过账面价值的差额部分。投资活动也可能遭受损失，如投资收回或转让所得低于账面价值的差额部分，即为投资损失。投资收益减去投资损失为企业的投资净收益。

企业应设置"投资收益"科目，并按投资项目进行明细核算，用来核算企业的投资收益或者投资损失。

长期股权投资采用成本法进行核算的，按被投资单位宣告发放的现金股利时，借记"应收股利"科目，贷记"投资收益"科目；被投资单位在取得本企业投资前实现的净利润，作为投资成本的收回，借记"应收股利"等科目，贷记"长期股权投资"科目。

长期股权投资采用权益法核算的，应按被投资单位实现的净利润或经调整的净利润计算应享有的份额，借记"长期股权投资——损益调整"科目，贷记"投资收益"科目。被投资单位发生净亏损的，比照"长期股权投资"科目的相关规定进行处理。

处置长期股权投资时，应按实际收到的金额，借记"银行存款"等科目，按其账面余额，贷记"长期股权投资"科目，按尚未领取的现金股利或利润，贷记"应收股利"科目，按其差额，贷记或借记"投资收益"科目。已计提减值准备的，还应同时结转减值准备。

处置采用权益法核算的长期股权投资，除上述规定外，还应结转原记入资本公积的相关金额，借记或贷记"资本公积——其他资本公积"科目，贷记或借记"投资收益"科目。

企业持有交易性金融资产、持有至到期投资、可供出售金融资产期间取得的投资收益以及处置交易性金融资产、交易性金融负债、指定为以公允价值计量且其变动计入当期损益的金融资产或金融负债、持有至到期投资、可供出售金融资产实现的损益，比照"交易性金融资产"、"持有至到期投资"、"可供出售金融资产"、"交易性金融负债"等科目的相关规定进行处理。

15.6.4 营业外收入

营业外收入是企业发生的与日常经营活动无直接关系的各项利得，主要包括货币性资产交换利得、债务重组利得、政府补助、盘盈利得、捐赠利得、确实无法支付而按规定程序经批准后转作营业外收入的应付款项等。

企业应设置"营业外收入"科目，核算营业外收入的取得及结转情况。企业确认营业外收入时，借记"固定资产清理"、"银行存款"、"库存现金"、"应付账款"等科目，贷记"营业外收入"科目。期末，应将"营业外收入"科目余额转入"本年利润"科目，借记"营业外收入"科目，贷记"本年利润"科目。

【例15-30】宏春公司因公司高层领导决策失误而予以处罚，罚款所得收入100 000元。

借：银行存款　　　　　　　　　100 000
　　贷：营业外收入——出售无形资产收益　　　　22 000

15.6.5 营业外支出

营业外支出是企业发生的与生产经营活动无关的各项支出，包括固定资产的盘亏、处置固定资产净损失、出售无形资产损失、债务重组损失、计提的固定资产减值准备、计提的无形资产减值准备、计提的在建工程减值准备、罚款支出、捐赠支出、非常损失等。

企业应设置"营业外支出"科目，核算营业外支出的发生及结转情况。企业发生营业外支出时，借记"营业外支出"科目，贷记"固定资产清理"、"待处理财产损溢"、"库存现金"、"银行存款"等科目。

【例15-31】宏春公司报废一台已经停用的固定资产，原价100 000元，已提折旧80 000元，售价10 000元，用银行存款支付拆卸和运输费用5 000元。

（1）出售固定资产转入清理时：

借：固定资产清理   20 000

  累计折旧   80 000

   贷：固定资产   100 000

（2）支付清理费用时：

借：固定资产清理   5 000

   贷：银行存款   5 000

（3）收到出售设备价款时：

借：银行存款   10 000

   贷：固定资产清理   10 000

结转出售设备净损失：

借：营业外成本 15 000

   贷：固定资产清理   15 000

15.6.6 所得税费用

所得税费用是企业根据所得税准则确认的应从当期利润总额中扣除的所得税费用，企业应设置"所得税费用"科目，并按照"当期所得税费用""递延所得税费用"进行明细核算，用于核算企业所得税费用计提及结转等情况。

资产负债表日，企业按照税法计算确定的当期应交所得税金额，借记"所得税费用——当期所得税费用"科目，贷记"应交税费——应交所得税"科目。

资产负债表日，根据所得税准则应予确认的递延所得税资产大于"递延所得税资产"科目余额的差额，借记"递延所得税资产"科目，贷记"所得税费用——递延所得税费用""资本公积——其他资本公积"等科目；应予确认的递延所得税资产小于"递延所得税资产"科目余额的差额，做相反的会计分录。

所得税费用＝当期所得税＋递延所得税费用

【例15-32】宏春公司2019年度的税前会计利润为1 000 000元，所得税税率为25%。当年按税法核定的全年计税工资为200 000元，全年实发工资为180 000元。全年无其他纳税调整因素。递延所得税负债年初数为40 000元，年末数为50 000元，递延所得税资产年初数为25 000元，年末数为20 000元。

递延所得税费用＝（50 000－40 000）＋（25000－20000）=15 000（元）

所得税费用＝当期所得税＋递延所得税费用=250 000＋15 000=265 000（元）

借：所得税费用 265 000

   贷：应交税费——应交所得税 250 000

     递延所得税负债   10 000

     递延所得税资产   5 000

期末将所得税费用结转入"本年利润"科目：

借：本年利润 265 000

   贷：所得税费用 265 000

15.6.7 本年利润

利润是指企业在一定会计期间的经营成果，它是企业在一定会计期间内实现的收入减去费用后的余额。

会计制度规定各种费用的结转在期末进行，期末结转费用的方法有两种，一是表结法，二是账结法。表结法，1—11 月份间，各损益类科目的余额，在账务处理上暂不结转至"本年利润"科目，损益类科目月末保留余额，在损益表中按收入、支出结出净利润，然后将净利润在负债表中的"未分配利润"中列示，到 12 月份年终结算时，再将各损益类科目的余额结转至"本年利润"科目，结转后各损益类科目的余额为 0。账结法，每个会计期末将损益类科目净发生额结转到"本年利润"科目中，损益类科目月末不留余额，账结法的优点是各月均可通过"本年利润"科目提供其当期利润额，记账业务程序完整，但增加了编制结转损益分录的工作量。

企业应设置"本年利润"科目，本科目核算企业当期实现的净利润（或发生的净亏损）。期末结转利润时，应将各损益类科目的金额转入"本年利润"科目，结平各损益类科目。结转后本科目的贷方余额为当期实现的净利润；借方余额为当期发生的净亏损。 年度终了，应将本年收入和支出相抵后结出的本年实现的净利润，转入"利润分配"科目，借记"本年利润"科目，贷记"利润分配——未分配利润"科目；如为净亏损做相反的会计分录。

【例 15-33】宏春公司采用表结法年末一次结转损益类科目。2019 年损益类科目的年末余额如下：

科目名称	结账前余额
主营业务收入	5 000 000 元（贷）
其他业务收入	500 000 元（贷）
投资收益	100 000 元（贷）
营业外收入	20 000 元（贷）
主营业务成本	4 000 000 元（借）
其他业务成本	400 000 元（借）
税金及附加	100 000 元（借）
销售费用	100 000 元（借）
管理费用	250 000 元（借）
财务费用	20 000 元（借）
营业外支出	25 000 元（借）

（1）将各损益类科目年末余额结转入"本年利润"科目：

借：主营业务收入   5 000 000
　　其他业务收入   500 000
　　投资收益   100 000
　　营业外收入   20 000
　　　贷：本年利润   5 620 000
借：本年利润   4 875 000
　　　贷：主营业务成本   4 000 000
　　　　其他业务成本   400 000
　　　　税金及附加   100 000

销售费用	100 000
管理费用	250 000
财务费用	20 000
营业外支出	25 000

（2）将"本年利润"科目转入"利润分配——未分配利润"科目：

借：本年利润　　745 000

　　贷：利润分配——未分配利润　　　745 000

第 16 章

外币业务实操演练

外币业务，是指以记账本位币以外的货币进行的款项收付、往来结算等业务。在会计上，外币业务是指不以记账本位币作为计量单位的会计业务。我国境内企业一般以人民币为记账本位币，以其他货币进行收付、结算的均属企业的外币业务。

企业在核算外币业务时，应当设置相应的外币账户。外币账户包括外币现金、外币银行存款、以外币结算的债权（如应收票据、应收账款、预付账款等）和债务（如短期借款、应付票据、应付账款、预收账款、应付工资、长期借款等），应当与非外币的各该相同账户分别设置，并分别核算。此外，企业还可以设立"汇兑损益"科目，用来核算企业发生的外币交易因汇率变动而产生的汇兑损益，业务量不多的企业，可以直接用"财务费用"科目予以归集。

16.1　实战外币交易业务

企业发生外币业务时，应当将有关外币金额折合为记账本位币金额记账。除另有规定外，所有与外币业务有关的账户，应当采用业务发生时的汇率，也可以采用业务发生当期期初的汇率折合。

16.1.1　外币兑换业务

外币兑换业务是指企业从银行等金融机构购入外币或向银行等金融机构售出外币。企业卖出外币时，按实际收取的外币买入价折算的记账本位币金额登记入账，借"银行存款——本位币"科目，按卖出的外币实际收到的记账本位币金额，贷记"银行存款——外币户"科目，按当日市场汇率或当期期初市场汇率折算为记账本位币之间的差额，借记或贷记"财务费用"科目。企业买入外币时，做相反的分录。

【例 16-1】宏春股份有限公司外币业务采用业务发生时的市场汇率折算。2019 年 6 月将 50 000 美元到银行兑换为人民币，银行当日的美元买入价为 1 美元=6.72 元人民币，当日市场汇率为 1 美元=6.73 元人民币。

借：银行存款——人民币户　　　　　（50 000×6.72）336 000

财务费用　　　　　　　　　　　　　　500

　　贷：银行存款——美元户　　　　　　　　　（50 000 × 6.73）336 500

16.1.2　外币购销业务

　　企业从国外或境外购进原材料、商品或引进设备，按照当日的市场汇率将支付的外币或应支付的外币折算为人民币记账，借记"固定资产"、"原材料"等科目，按照外币的金额贷记"银行存款——外币户"、"应付账款——外币户"等科目。

　　【例16-2】宏春股份有限公司外币业务采用业务发生时的市场汇率折算。2019年4月从境外购入不需要安装的设备一台，设备价款为200 000美元，购入该设备时市场汇率为1美元=6.83元人民币，款项尚未支付。2019年7月支付该笔款项，市场汇率为1美元=6.78元人民币。

　　（1）购进时：

借：固定资产——机器设备　　（200 000 × 6.83）　　1 366 000

　　贷：应付账款——美元户　（200 000美元）　　　　　1 366 000

　　（2）付款时：

借：应付账款——美元户　（200 000美元）　1 366 000

　　贷：银行存款——人民币户　　　　　　　　　1 356 000

　　　　财务费用　　　　　　　　　　　　　　10 000

16.1.3　外币借款业务

　　企业借入外币时，按照借入外币时的市场汇率折算为记账本位币入账，借记"银行存款"科目，按照借入外币的金额贷记"短期借款"等相关的外币账户。由于折算汇率变动而形成的汇兑损益，一般通过月末调整加以确认，在筹建期间发生的汇兑损益，可计入"长期待摊费用"账户；在生产经营期间发生的汇兑损益，应作为当期理财费用计入"财务费用"账户；与购建固定资产有关的汇兑损益，在资产尚未交付使用或者已交付使用但尚未办理竣工决算以前，应予以资本化计入"在建工程"账户。

　　【例16-3】宏春股份有限公司从银行借入港元500 000元，用于购买设备一台。市场汇率为1港元=0.88元人民币。

借：银行存款——港元户（HK$500 000）　440 000

　　贷：短期借款——港元户（HK$500 000）　　　　440 000

16.1.4　资本投入业务

　　外商投资企业接受外币投资时，采用收到外币款项时的市场汇率将外币折算为记账本位币入账，借记"银行存款"、"固定资产"、"无形资产"等科目，贷记"实收资本"、"股本"等科目。对于实收资本账户如何登记入账，按照企业会计制度的规定，应当分别投资合同是否有约定汇率进行处理：

● 在投资合同中对外币资本有约定汇率的情况下，应当按照合同中约定的汇率进行折算，以折算金额作为实收资本的金额入账。

- 外币资本按约定汇率折算的金额与按收到时的市场汇率折算的金额之间的差额，作为资本公积处理。
- 在投资合同中对外币资本投资没有约定汇率的情况下，按收到外币款项时的市场汇率进行折算。

【例 16-4】宏春股份有限公司与外商签订的投资合同中规定外商分两次投资外币资本，在投资合同中没有约定折算汇率。第一次收到外商投入资本 300 000 美元，当时的市场汇率为 1 美元 = 6.81 元人民币，第二次收到外商投入资本 300 000 美元，当时的市场汇率是 1 美元 = 6.77 元人民币。

第一次收到外币资本时：

借：银行存款——美元户　　　　　（300 000 × 6.81）2 043 000
　　贷：股本　　　　　　　　　　　　　　　　　　　2 043 000

第二次收到外币资本时：

借：银行存款——美元户　　　　　（300 000 × 6.77）2 031 000
　　贷：股本　　　　　　　　　　　　　　　　　　　2 031 000

16.2　实战外币报表折算

外币报表折算是指将以外币计量的会计报表换算为某一特定货币计量的会计报表。为了全面反映跨国公司的整体财务状况和经营成果，每一会计期末母公司需要将以外币表示和国外子公司的会计报表折算为以母公司记账本位币表示的报表，然后再进行合并。

根据报表各项目的内容及所选汇率的不同，外币报表的折算方法主要有两种：单一汇率法和多种汇率法，其中单一汇率法主要为现行汇率法一种折算方法；多种汇率法主要包括流动与非流动项目法、货币与非货币项目法和时态法三种折算方法。

16.2.1　境外经营财务报表的折算

企业对境外经营的财务报表进行折算时，应当遵循下列规定：

- 资产负债表中的资产和负债项目，采用资产负债表日的即期汇率折算，所有者权益项目除"未分配利润"项目外，其他项目采用发生时的即期汇率折算。
- 利润表中的收入和费用项目，采用交易发生日的即期汇率折算；也可以采用按照系统合理的方法确定的、与交易发生日即期汇率近似的汇率折算。
- 折算产生的外币财务报表折算差额，在资产负债表中所有者权益项目下单独列示。

【例 16-5】宏春公司的记账本位币为人民币，在境外有一子公司春英公司，春英公司确定的记账本位币为美元。根据合同约定，宏春公司拥有春英公司 70% 的股权，并能够对春英公司的财务和经营政策施加重大影响。宏春公司采用当期平均汇率折算春英公司利润表项目。春英公司的有关资料如下：2019 年 12 月 31 日的汇率为 1 美元 = 6.83 元人民币，平均汇率为 1 美元 = 6.82 元人民币，实收资本、资本公积发生日的即期汇率为 1 美元 = 7 元人民币，股本为 500 万美元，折合人民币为 3 500 万元；累计盈余公积为 50 万美元，折算为人民币为 360

万元，累计未分配利润为 120 万美元，折算为人民币为 850 万元，春英公司提取的盈余公积为 70 万美元。

外币折算的利润表如表 16-1 所示。

表 16-1 外币折算利润表

编制单位：春英公司　　　　　2019 年 12 月　　　　　　　　　　　　　　　单位：万元

项目	期末数（美元）	折算汇率	折算为人民币金额
一、营业收入	2 000	6.82	13 640
减：营业成本	1 500	6.82	10 230
营业税金及附加	40	6.82	272.80
管理费用	100	6.82	682
财务费用	10	6.82	68.20
加：投资收益	30	6.82	204.60
二、营业利润	380		2 591.60
加：营业外收入	40	6.82	272.80
减：营业外支出	20	6.82	136.40
三、利润总额	400		2 728
减：所得税费用	120	6.82	818.40
四、净利润	280		1 909.60
五、每股收益			3.819 2

外币折算的所有者权益变动表如表 16-2 所示。当期计提的盈余公积采用当期平均汇率折算，期初盈余公积为以前年度计提的盈余公积按相应年度平均汇率折算后金额的累计，期初未分配利润记账本位币金额为以前年度未分配利润记账本位币金额的累计。

表 16-2 所有者权益变动表

编制单位：春英公司　　　　　2019 年 12 月　　　　　　　　　　　　　　　单位：万元

	实收资本			盈余公积			未分配利润		外币报表折算差额	股东权益合计
	美元	折算汇率	人民币	美元	折算汇率	人民币	美元	人民币		人民币
一、本年年初余额	500	7	3 500	50		360	120	850		4 710
二、本年增减变动金额										
（一）净利润							280	1 909.6		1 909.6
（二）直接计入所有者权益的利得和损失										-131.10
其中：外币报表折算差额									-131.1	-131.10
（三）利润分配										
提取盈余公积				70	6.82	477.4	-70	-477.4		0
三、本年年末余额	500	7	3 500	120		837.4	330	2 282.2	-131.10	6 488.50

外币折算的资产负债表如表 16-3 所示。资产负债表中的资产和负债项目，采用资产负债表日的即期汇率折算，所有者权益项目除"未分配利润"项目外，其他项目采用发生时的即

期汇率折算；利润表中的收入和费用项目，采用交易发生日的即期汇率折算；也可以采用按照系统合理的方法确定的、与交易发生日即期汇率近似的汇率折算。

表 16-3 资产负债表

编制单位：春英公司　　　　　　2019 年 12 月 31 日　　　　　　　　　　　　　　单位：万元

资　产	期末数（美元）	折算汇率	期末数（人民币）	负债和股东权益	期末数（美元）	折算汇率	期末数（人民币）
流动资产：				流动负债：			
货币资金	190	6.83	1 297.70	短期借款	45	6.83	307.35
应收账款	190	6.83	1 297.70	应付账款	285	6.83	1 946.55
存货	240	6.83	1 639.20	其他流动负债	110	6.83	751.30
其他流动资产	200	6.83	1 366.00	流动负债合计	440		3 005.20
流动资产合计	820		5 600.60	非流动负债			
				长期借款	140	6.83	956.20
非流动资产：				应付债券	80	6.83	546.40
长期应收款	120	6.83	819.60	其他非流动负债	90	6.83	614.70
固定资产	550	6.83	3 756.50	非流动负债合计	310		2 117.30
在建工程	80	6.83	546.40	负债合计	750		5 122.50
无形资产	100	6.83	683.00	所有者权益：			
其他非流动资产	30	6.83	204.90	股本	500	7	3 500.00
非流动资产合计	880		6 010.40	盈余公积	120		837.40
				未分配利润	330		2 282.20
				外币报表折算差额			-131.10
				所有者权益合计			6 488.50
资产合计			11 611.00	负债及所有者权益合计			11 611.00

16.2.2 特殊项目的处理

少数股东应分担的外币财务报表折算差额，应并入少数股东权益。企业编制合并财务报表涉及境外经营的，如有实质上构成对境外经营净投资的外币货币性项目，因汇率变动而产生的汇兑差额，也应列入所有者权益"外币报表折算差额"项目；处置境外经营时，计入处置当期损益。

全部处置境外经营时，企业应当将资产负债表中所有者权益项目下与该境外经营有关的外币财务报表折算差额，从所有者权益项目转入当期损益；部分处置境外经营时，企业应当按处置的比例计算处置部分的外币财务报表折算差额，从所有者权益项目转入当期损益。

第四篇

出纳实务与实账

案例详解

第 17 章

出纳新手入门须知

要从事出纳工作，先要搞清楚出纳工作是一份什么样的工作？这份工作有什么内容，它的职权是什么，有什么样的特点，出纳工作和会计工作有什么不同，以及从事出纳工作需要具备什么样的职业道德。下面一起来了解。

17.1　出纳人员的职权

按照国家有关现金管理和银行结算制度的规定，办理现金收付和银行结算业务；审核有关原始凭证，据以编制收付款凭证，然后根据收付款凭证逐笔顺序登记现金日记账和银行存款日记账，并结出余额；随时查询银行存款余额。

出纳人员需要保证库存现金和各种有价证券的安全与完整；不签发空头支票，不出租、出借银行账户；出纳人员只负责现金日记账和银行存款日记账的登记工作，不得兼管稽核和会计档案保管，不得负责收入、费用、债权债务等账目的登记工作。

17.2　出纳基本功修炼

出纳人员每天都离不开书写，出纳人员的字，无论是阿拉伯数字还是文字，都有一定的规范化要求。下面来了解一下文字和数字书写的规则。

17.2.1　文字和数字书写规则

财务上要求阿拉伯数字的书写必须采用规范的手写体书写，数字规范、清晰，才能符合财务工作的要求。

（1）首先，在书写阿拉伯数字的时候，都要大小匀称，笔画流畅，每个数字独立有形，一目了然。

（2）每个数字最好紧贴底线书写，但上端不可顶格，要保留高度占全格的 1/2~2/3 的位置，这是为更正错误数字留有余地。如果后来发现数字有写错的情况，可以用笔把错误的数字用横杠一笔划掉，然后重新在该数字上方书写。如果第一次写数字的时候没有留有余地，就没有办法更正错误了。除数字 6 、 7 、 9 外，其他数字高低大体要一致，不能忽高忽低，书写数字"6"时，上端比其他数字高出 1/4 ，书写数字"7"和"9"时，下端比其他数字伸出 1/4 。"6"、"8"、"9"、"0"数字中的圆必须封口，以防混淆，而且防止他人涂改。

（3）每个数字排列有序，并且数字不是和底线成 90º 直角，而是有一定倾斜度。各数字的倾斜度要大体一致，按照书写的习惯，一般数字的上端一律向右顺斜 45º 到 60º ，形成一个优美的夹角。整体保持一定的倾斜度，这样写出来的数字才能整齐好看。

（4）数字要按从左到右，笔画自上而下的书写，每个数字大小一致，数字排列的空隙距离一致，如果是在印有数位线的凭证、账簿、收据、报表上，每一格严格的只能写一个数字，不得几个字写在一个格里。

（5）数字书写时，需要注意的是，不能随便添加笔画。阿拉伯数字，除"4"和"5"以外的数字，必须一笔写成，如果一笔没有写完，不能人为地增加数字的笔画。如果在账簿上要添改，必须用划线更正法等在该行上方更正。如果在票据上不允许添改，只能把整张作废，然后重新书写。

（6）在写阿拉伯数字的整数部分时，可以从小数点向左按照"三位一节"用分位点"，"分开或加 1/4 空分开，如 1,110,210.00 。

（7）书写时，应采用人民币符号"￥"。"￥"是汉语拼音文字元（ yuan ）第一个字母缩写变形，它代表人民币。大家在实际书写的时候注意它的笔画数只有两横，千万不要写成成"￥"–所以，小写金额前填写人民币符号"￥"以后，数字后面可不写"元"字。在填写时，数字必须要按数位填入，金额要采用"0"占位到"分"为止不能采用划线等方法代替。

下面再来看看怎么书写中文大写数字：

出纳工作对文字书写的基本要求是：字迹清晰、排列整齐、简明扼要、字体规范、书写流利并且字迹美观。

我们着重来看一下金额数字大写的方法：

（1）首先，要知道中文分为数字（壹、贰、叁、肆、伍、陆、柒、捌、玖）和数位 [拾、佰、仟、万、亿、元、角、分、零、整（正）]。我们在书写中文大写数字时，不能用 O （另）、一、二、三、四、五、六、七、八、九、十简化字或者毛等别字来代替大写金额数字。

（2）中文大写数字必须是完整的文字书写，不能用中文小写数字代替，更不能与中文小写数字混合使用。

（3）在平时写的大写金额前要有"人民币"字样。"人民币"与大写金额的首位数字之间不得留有空格，数字之间更不能留存空格，写数字与读数字顺序要一致。

（4）人民币以元为单位时，只要人民币元后分位没有金额，应在大写金额后加上整或正字结尾；如果分位有金额，在"分"后不必写"整"字。例如，40.52 元，写成人民币肆拾元伍角贰分，因为其分位有金额，所以在"分"后不必写"整"字。如果是，40.50 元，写成：人民币肆拾元伍角整。因为其分位没有金额，所以应在大写金额后加上"整"字。注意，除了整字和正字，别的字都不能作为结尾。填写中文大写数字在开支票等重要票据时特别重要，也是容易出错的部分，所以在书写的时候一定要养成良好的习惯。

（5）表示数字为拾几、拾几万时，大写文字前必须有数字"壹"字，因为"拾"字代表位数，而不是数字。例如 10 元，应写为：壹拾元整。

（6）如果中文大写数字写错或发现漏记，不能涂改，也不能用"划线更正法"，必须重新填写。所以在填写大写金额的时候一定要慎重，避免给自己增加工作量。

17.2.2　残币的处理

出纳经常和现金打交道，平时一定会遇到一部分残缺不全的人民币，这个时候应该怎么办呢？

首先，应该尽量避免收到残币，也就是说在他人和我们有现金往来时要仔细清点，对于一些破损残缺太严重的人民币当场拒收。

其次，如果已经收到一部分残币，应该怎么处理呢？其实根据残币的残缺情况，有三种情况：

（1）可以全额兑换的。凡残缺人民币属于下列情况之一的，根据中国人民银行颁布的规定，可持币向银行营业部门全额兑换：

- 票面残缺部分不超过五分之一，其余部分的图案、文字能照原样连接者。
- 票面污损、熏焦、水湿、油浸、变色，但能辨别为真币，票面完整或残缺不超过五分之一，票面其余部分的图案、文字能照原样连接者。
- 票面残缺部分不超过五分之一，其余部分的图案、文字能照原样连接者。

（2）对于残缺人民币属于下列情况者，只能半额兑换：如果票面残缺五分之一以上至二分之一，其余部分的图案、文字能照原样连接者，应持币向银行照原面额的半数兑换。

（3）凡残缺人民币属于下列情况之一者，不能予以兑换，不予兑换的残缺人民币由中国人民银行收回销毁，不得流通使用。

- 票面残缺二分之一以上；
- 票面污损、熏焦、水湿、变色不能辨别真假；
- 故意挖补、涂改、剪贴、拼凑、揭去一面。

如果在工作中遇到不宜流通的残缺人民币，不要再次使用或对外找付，应挑拣、粘补整理好，送银行兑换。

17.2.3　点钞技术

准确而又快速地清点钞票是出纳人员的一项基本功。现在就来了解一下，点钞的方法技术。

首先，要有一个正确的点钞姿势。

正确的点钞姿势是：上身坐直，眼睛和钞票保持 20~25 厘米的距离，不要太远或者太近。点钞的时候因为要靠手、腕、肘、臂配合，所以应把手放在桌子上，借助桌子来减轻腕、肘、臂部的劳动强度。特别是点超量比较大时，一定要借助桌子来省力。

点钞有很多种方法，这里介绍最常用的一种。

手持式单指单张点钞法。基本操作要领如下：先用左手拿着钞票，这时用左手手心向下，拇指按住钞票正面的左端中央，食指、中指与拇指一起捏住钞票；左手无名指卷曲，捏起钞票后小拇指伸向钞票正面压住钞票左下方；左手中指稍用力，与无名指、小拇指一起紧卡钞票；左手食指伸直，拇指向上移动，按住钞票的侧面，将钞票压出一个弧度；左手将钞票从桌面上擦过，钞票翻转，拇指将钞票撑成微开的扇面并斜对自己面前；右手的指头可以沾点水，用拇指尖向下捻动钞票右下角，食指在钞票背面配合拇指捻动；用右手无名指将捻起的钞票往怀里弹，然后一边点一边计数。点钞计数的时候最好使用单数分组计法，即计数的时候按1、2、3、4、5、6、7、8、9、1（10）、1、2、3、4、5、6、7、8、9、2（20）……1、2、3、4、5、6、7、8、9、10（100）的循环来分组计数。在开始的时候点钞可能比较慢，很多人就喜欢按照生活习惯从1到100的计（双数计法），但随着在工作中练习次数的增多，点钞速度的加快，会明显地感觉到单数分组计法要比双数计法快很多。在做出纳工作的时候一定不能随意，要在最开始的时候就养成良好的习惯。

按规定，点完数之后，每100张扎成一捆：把钞票墩齐横放，左手拇指在钞票前面，其他手指在后面，捏住钞票1/3处，把钞票用左手拇指压成弓形，将纸条一端用左手食指压在钞票背面，纸条绕钞票绕一圈半，纸条另一端留在票面正面弓形的凹陷处向内折成一个等边直角三角形，把弓形钞票平展，一捆钞票就捆好了。

如果在开始的时候点钞比较慢，也不要着急，一定要准确。熟能生巧，在工作中练习的次数多了，渐渐的就可以掌握这个技术。

17.2.4　发票真伪的鉴定和有效期

因为出纳人员除了接触现金比较多以外，也和各种票据，尤其是发票接触较多，对于不符合规定的发票，不得作为财务报销凭证，任何单位和个人有权拒收。下面来了解关于发票识别的一些简单方法：

目前最快捷的办法就是扫描查询，渠道也很多，支付宝、微信、国税官网，都能很快的查询出发票的真伪。

另外，还需要注意以下事项。

（1）平时应该到正规厂家购买物品或消费。因为凡是办理了营业执照、税务登记证（未换发新版统一代码营业执照）的合法经营商户，都从税务部门领取发票。也就是说，这些单位有正规的发票来源，一般不会开出假发票。

（2）在开具发票时，票面各项指标要看清楚，尤其发票上的印章一定要完整，而且要和商户的名字相符。这里说一下发票专用章的问题：

发票上必须加盖有效的发票专用章或者财务专用章才有效，否则是无效发票。而且财务专用章或者发票专用章的名字应该与开具给我们发票的单位名称必须完全一致，这是审查发票时必须注意的一点，如图17-1所示。

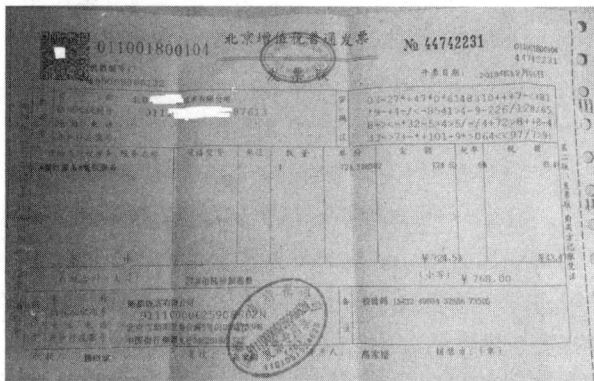

图17-1　发票的真伪辨别

17.2.5　印章的管理

印章的管理主要是看公司的规定。保管的印章一般都包括法人章以及刻着我们自己名字的名章。

这里需要注意的是，为什么一些印章需要由不同的人员来保管，比如财务专用章和法人名章，因为填列支票上面需要加盖的一般都是财务专用章和法人章。

提示：这两个章必须同时加盖支票才有效力，否则无效。

这里特别说明一下应该由谁来管理这些印章的问题。

1.　票据的开具

开具票据需要财务专用章、法人章以及票据。因此，财务专用章和法人章应该由不同的人员持有，而且持有这些印章的人是关键管理人员，票据由出纳人员管理。这是为了避免有不法分子利用印章管理上的漏洞，开出虚假的支票，给公司造成巨大的损失。

2.　合同的生效

合同要生效需要合同专用章与法人章。企业公章也和合同章有同等的效力，所以在保管这些印章的时候应该分开由不同的人员管理，合同章和企业公章都必须交于法人章以外的另外一名管理人员持有。

在一家公司，印章的使用是非常重要的，应慎重考虑是否加盖印章，一定要考虑是否盖上印章后会导致公司的财物流失。如果是不知情的情况，一定要问明情况，获得相关上级部门的批准。

盖章千万要慎重，要以高度的责任心来工作，防止公司的损失，把风险降到最低。

17.2.6　保险柜的管理

我们每个公司为了保护财产的安全，都应配备专用保险柜，专门用于库存现金、各种有价证券、银行票据、印章及其他出纳票据等的保管。保险柜的使用办法，要求财务人员严格执行。

现今市场上比较主流的保险柜种类有两种：一种是机械密码锁，另一种是电子密码锁。在这里简单介绍两种密码锁的区别、操作。

电子密码锁保险柜如图 17-2 所示。它主要采用静态数字密码与保险柜钥匙相结合的开启方式，开启的流程为先插入钥匙，然后输入密码，再按确认键（各种产家密码锁设定可能不同，具体参照说明书），扭动手柄即可打开。

机械密码锁保险柜如图 17-3 所示。打开方式较电子密码锁复杂。需要先插入钥匙，顺时针旋转表盘直至听到两声金属撞击声音（一般为 3~4 圈），再额外向右转一周直至密码一数字对准指针，然后逆时针旋转一周后继续转到密码二数字处，最后顺时针旋转到密码三数字处后保持表盘不动，扭动钥匙后扭动手柄即可打开。密码在购买保险柜的时候在开启的情况下在保险柜的门背面设定。具体参照不同保险柜的说明书。

图 17-2　电子密码锁保险柜　　　　　图 17-3　机械密码锁保险柜

保险柜的使用应注意如下几点。

1. 保险柜的使用者

保险柜由总会计师或财务处长授权，由出纳员负责管理使用。也就是说，保险柜只能由出纳员开启使用，非出纳员不得开启保险柜。如果单位总会计师或财务处长检查库存现金限额、核对实际库存现金数，需要开启保险柜的，应按规定的程序由总会计师或财务处长开启，在一般情况下不得任意开启由出纳员使用的保险柜。

2. 保险柜钥匙和密码

保险柜应该配有两把钥匙，一把由出纳员保管，供出纳员日常使用。另一把由保卫部门封存，或由单位总会计师或财务处长负责保管，以备特殊情况下使用。出纳员不能将保险柜钥匙交由他人代为保管。出纳员应将自己保管使用的保险柜密码严格保密，不得向他人泄露，出纳员如果调动岗位，新出纳员应更换使用新的密码。

3. 财物的保管

出纳员应将其使用的空白支票、现金、印章等放入保险柜内。保险柜内存放的现金应该登记现金日记账并且与现金日记账相符，其他有价证券、存折、票据等应按种类登记，有金属等贵重物品应按种类设置备查簿登记其质量、重量、金额等，所有财物应与账簿记录核对相符。保险柜内不得存放私人财物或者一些不相关的物品。

4. 保险柜的维护

保险相应放置在隐蔽、干燥之处，注意通风、防湿、防潮、防虫和防鼠；保险柜外面要经常擦抹干净，保险柜内财物应保持整洁卫生、存放整齐。一旦保险柜发生故障，应到指定的维修点进行修理，以防泄密或被盗窃。

5. 保险柜被盗的处理

出纳员一旦发现保险柜被盗后应保护好现场，迅速报告公安机关，待公安机关勘查现场时才能清理财物被盗情况。一定要及时报告，防止更大的损失。

第 18 章

快速上手管理账簿

在上面的章节中了解了出纳的基本功和怎么管理凭证，接下来了解出纳最重要的工作之一，怎样管理账簿。

18.1 看明白日记账

公司为了加强现金和银行存款的管理和核算，通常都会设置现金日记账和银行存款日记账，这是为了每天核算和监督现金与银行存款的收入、付出和结存情况。它们都被称为出纳日记账，由出纳每天按现金和银行业务发生的顺序进行登记。

所以，出纳日记账是账簿明细账里特殊的一种，它是一种序时账。

提示：序时账是按照收到凭证的先后顺序也就是按照记账凭证编号的先后顺序逐日进行登记的，所以序时账簿也被称为日记账。现金日记账和银行日记账都是日记账的一种。

现金日记账和银行存款日记账的账页一般采用三栏式，即借方、贷方和余额三栏，分别反映现金或银行存款和收入、付出与结存情况。

如果收、付款凭证数量较多，为了简化记账手续，也可以不采用三栏式而采用多栏式。如果会计科目较多，不方便登记，还可以分设现金收入日记账、现金支出日记账以及银行收入日记账、银行支出日记账。下面在下面的章节详细地讲述怎么填列最常用的三栏式日记账。

例如，库存现金日记账，也就是最常用的三栏式明细账如表 18-1 所示。

表 18-1 三栏式明细账（库存现金）

三栏明细账

科目：101 库存现金　　　　月份：01-12　　　　币别：人民币

2018 年		凭证号	摘要	借方发生额	贷方发生额	方向	余额
月	日						
			上年结转	0	0	借	1 583.6
1	11	记-1	*提取备用金	15 000	0	借	16 583.6

2018 年		凭证号	摘要	借方发生额	贷方发生额	方向	余额
月	日						
1	11	记-3	*支付工资奖金	0	13 644.7	借	2 938.9
1	21	记-2	*提取备用金	2 000	0	借	4 938.9
1	21	记-4	*刘某返挂支	70	0	借	5 008.9
1	21	记-5	*殷报销职工活动费	0	1 980	借	3 028.9
1	21	记-6	*刘报销职工活动费	0	2 929	借	99.9
1			本月合计	17 070	18 553.7		0
			本年累计	17 070	18 553.7		0
2	14	记-1	*提取备用金	1 000	0	借	1 099.9
2	23	记-2	*提取备用金	2 500	0	借	3599.9
2	24	记-3	*提取备用金	2 000	0	借	5 599.9
2	24	记-4	*刘挂支备用金	0	2 000	借	3 599.9
2	24	记-5	*陈挂支备用金	0	2 000	借	1 599.9
2	24	记-6	*陈报销招待费	0	635.7	借	964.2
2	24	记-7	*刘挂支备用金	0	500	借	464.2
2			本月合计	5 500	5 135.7		0
			本年累计	22 570	23 689.4		0
3	7	记-2	*提取备用金	3 000	0	借	3 464.2
3	10	记-4	*陈报销招待费	0	400	借	3 064.2
3	24	记-5	*提取备用金	6 000	0	借	9 064.2
3	24	记-6	*刘挂支办公费	0	5 000	借	4 064.2
3	28	记-7	*提取备用金	2 000	0	借	6 064.2
3	28	记-8	*刘挂支办公费	0	1 000	借	5 064.2
3	31	记-11	*刘返回挂支	216	0	借	5 280.2
3			本月合计	11 216	6 400		0
			本年累计	33 786	30 089.4		0

银行存款日记账（全年），也是三栏式明细账如表 18-2 所示。

表 18-2 三栏式明细账（银行存款）

三栏明细账

科目：102 银行存款   月份：01-12   币别：人民币

2018 年 月	日	凭证号	摘要	借方发生额	贷方发生额	方向	余额
			上年结转	0	0	借	51 284.76
1	11	记-1	*提取备用金	0	15 000	借	36 284.76
1	21	记-2	*提取备用金	0	2 000	借	34 284.76
1			本月合计	0	17 000		0
			本年累计	0	17 000		0
2	14	记-1	*提取备用金	0	1 000	借	33 284.76
2	23	记-2	*提取备用金	0	2 500	借	30 784.76
2	24	记-3	*提取备用金	0	2 000	借	28 784.76
2			本月合计	0	5 500		0
			本年累计	0	22 500		0
3	7	记-1	*付购买支票费用	0	20	借	28 764.76
3	7	记-2	*提取备用金	0	3 000	借	25 764.76
3	24	记-5	*提取备用金	0	6 000	借	19 764.76
3	28	记-7	*提取备用金	0	2 000	借	17 764.76
3	28	记-9	*收一季度银行利息	29.42	0	借	17 794.18
3			本月合计	29.42	11 020		0
			本年累计	29.42	33 520		0
4	1	记-1	*收上级部门模范奖金	2 000	0	借	19 794.18
4	12	记-3	*收财务决算奖	1 800	0	借	21 594.18
4	15	记-4	*提取备用金	0	1 800	借	19 794.18
4	15	记-5	*付银行回单柜年费	0	240	借	19 554.18
4	25	记-6	*付手续费	0	20	借	19 534.18
4			本月合计	3 800	2 060		0
			本年累计	3 829.42	35 580		0
6	8	记-1	*提取备用金	0	3 000	借	16 534.18
6	17	记-3	*提取备用金	0	1 000	借	15 534.18
6	28	记-6	*提取备用金	0	9 100	借	6 434.18
6	30	记-11	*计提银行2季度利息	23.79	0	借	6 457.97
6			本月合计	23.79	13 100		0
			本年累计	3 853.21	48 680		0
7	28	记-3	*提取备用金	0	2 000	借	4 457.97
7			本月合计	0	2 000		0
			本年累计	3 853.21	50 680		0
8	22	记-1	*提取备用金	0	1 000	借	3 457.97
8			本月合计	0	1 000		0
			本年累计	3 853.21	51 680		0

按照规定，现金日记账和银行存款日记账必须采用订本式账簿，不能用活页式账簿，银行对账单等其他方法代替日记账。

18.2　轻松理解日记账的内容和填制

下面来具体看看日记账有哪些基本格式及怎么填制日记账。

账簿虽然有很多种格式，但是它们的构成内容是一样的，这里以现金日记账为例。银行存款日记账的形式和现金日记账是完全相同的，分为三个部分。

18.2.1　封面

账簿的封面上写着会计账簿的名称，如总分类账、现金日记账、银行存款日记账等。下面以现金日记账为例，现金日记账及银行日记账封面如图 18-1 和图 18-2 所示。

图 18-1　现金日记账封面　　　　　图 18-2　银行存款日记账封面

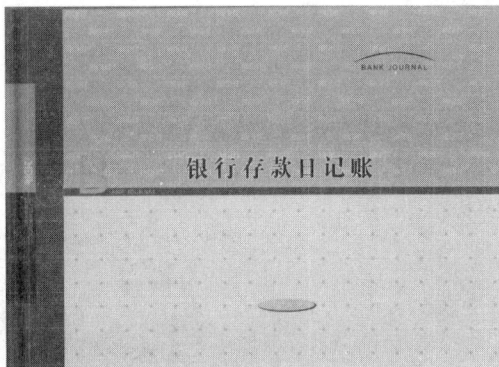

18.2.2　扉页

账簿的扉页就像账簿的目录，主要用来填列账簿使用方面的信息，包括科目、账簿启用的时间和启用的单位名称和经管人员，以及经管人员的交接顺序。

以现金日记账为例，现金日记账的扉页如表 18-3 所示。

表 18-3　账簿启用及接交表

单 位 名 称					印		鉴			
账 簿 名 称										
账 簿 编 号										
账 簿 页 数										
启 用 日 期										
经管人员	会计科（处）长		会计主管		稽　　查			记　　账		
	姓　名	盖章	姓　名	盖章	姓　名		盖章	姓　名		盖章
接交记录	经 管 人 员			接　　管			交　　出			
	专 业 职 务	姓　名	年	月	日	盖章	年	月	日	盖章

从图 18-3 可以看出，我们在填写一本新的账簿的时候，先要填写好扉页上面的信息，首先是单位的全称和账簿名称，账簿的编号和册数，账簿的总页数，启用日期，经管人员的名称和职务，包括会计科长、会计主管、稽核、记账，如果经管人员有更换的情况还要填写下面的交接记录，填写不同时期经管人员的职务、姓名和期间。这里，经管人员的姓名都要求亲笔签字并且盖上自己的名章。在右上角需要加盖启用单位的单位印鉴。如果我们的财务科长和会计主管或者和稽核人员是一个人，那么可以填写同一个人的名字。但是记账人员和稽核人员，不能由同一个人担任，这点我们要特别注意。

18.2.3　账页

填写好账簿的扉页之后就是主要的工作，填写账页。以银行存款日记账为例，账页如图 18-3 所示。

银　行　存　款　日　记　账

深圳市蜜蜂源计算机软件有限公司专用账簿

科目编号：10202
总账科目：银行存款
明细科目：工商银行<税户>

会计期间：2015 年 1-5 月份

2015年度 月	日	凭证 字	号	支票号码	摘要	对应科目	借方	贷方	借或贷	余额
					上年结转				借	1071309
1	8	记	70		收利息<2004.9.21-12.20>	413其他收入	4312		借	1075621
1	8	记	72	4402	收预储税金	102银行存款	4000000		借	5075621
					本日小计		4004312		借	5075621
					本月合计		4004312		借	5075621
					累计		4004312		借	5075621
2	22	记	55	5283	付2004年12月份税金<收入>	207其他应付款　504事业支出		439560	借	4636061
2	22	记	55	5282	付2004年12月份税金<所得税>	207其他应付款　504事业支出		308340	借	4327721
2	22	记	55	5281	付2004年12月份税金<个人收入调节税>	207其他应付款　504事业支出		667122	借	3660599
					本日小计			1415022	借	3660599
2	25	记	77	0797	付1月份职工收入税金	207其他应付款		3608188	借	52411
					本日小计			3608188	借	52411
2	28	记	88	4479	收预储税户	102银行存款	6000000		借	6052411
					本日小计		6000000		借	6052411
					本月合计		6000000	5023210	借	6052411
					累计		10004312	5023210	借	6052411
3	18	记	77	4142	付2月份个人收入调节税	207其他应付款		5834915	借	217496
					本日小计			5834915	借	217496
					本月合计			5834915	借	217496
					累计		10004312	10858125	借	217496

第 1 页　(共 1 页)

图 18-3　银行存款日记账账页

从图 18-3 中可以看到，每一张账页需要填写的内容是：

- 会计科目（对方科目和借方、贷方、结余）；
- 登记账簿的日期（年、月、日）；
- 记账凭证的种类和号数（记账凭证、收款、付款）；
- 摘要（记账的事由说明）；
- 金额；
- 页次栏和过次页栏。

应当先填写好前一章讲过的填制的原始凭证和记账凭证，并且审核无误，再根据审核无误的会计凭证登记会计账簿。可以根据自己的实际情况，业务量，自身的工作量等具体决定每隔几天记账，但是根据要求，现金日记账和银行存款日记账，应当根据已经办理完毕的收付款凭证，逐笔进行登记，并且要尽量随时登记，最少每天要登记一次。

如果在登记完一张账页后，应该在新的一张账页的第一行的摘要栏写上"承前页"字样，然后在金额栏里写上上一张账页的结余数，然后开始继续登记发生的收付业务，登记到最后一栏的时候，不要再登记发生的业务，而是在最后一栏写上"过次页"的字样，金额栏写上这一页的结余额。

18.3 必须了解账簿登记的要求

登记账簿是我们的主要工作之一，账簿是重要的会计档案资料和信息的储存工具，必须按规定的方法，进行账簿登记，账簿的登记应满足以下要求。

1. 账簿的登记需要正确和及时

在登记账簿时，首先要按照业务发生的顺序，将日期、编号、业务内容的摘要、金额和其他有关资料记入账内，不能随意改换顺序。

因为填制账簿的基础是会计记账凭证，所以首先就要保证会计记账凭证的正确，一定要用已经审核过的记账凭证进行账簿的登记。在登记后，一定要在已经记账过的会计凭证上签名或者盖章，并用笔画上（"√"标记），表示已经记账，防止重复记账或者漏掉，在登记账簿时一定要一边记账一边标记，不可以省略，这是一个非常重要的记账习惯。

账簿的登记一定要及时。在经济业务办理完毕并且取得相应的票据以后，及时填制原始凭证，经过审核后及时记账，及时核对现金和银行的余额，不能等到月末再来记账，现金和银行存款日记账要求"日清月结"，并且把账目的余额和实际的现金余额及银行存款余额核对。

2. 账簿的登记要字迹清晰整齐

首先，账簿中书写的文字和数字上面要有适当空间，不要写满格，一般应只占格长的二分之一到三分之一。登记账簿要用黑色签字笔或者黑色钢笔书写，不得使用圆珠笔或铅笔，字迹要工整清晰，阿拉伯数字不能连写，中文文字不能写草书，只有在更正错账中才按规定可以用红色墨水笔记账。在账簿中禁止不按规定涂改、刮擦、挖补，或用"消字灵"或者胶带等更改字迹，金额更不可改动。

3. 账簿的登记要有连贯性

在登记账簿的时候应该按页次顺序连续登记，在页次栏写上账页在正本账簿的页码，并且不得跳行、隔页。如果发生跳行、隔页，应将空行、空页划线注销（用笔画斜线）或注明"此行空白"或"此页空白"字样，并由记账人员签名或盖章。

在每一账页登记完毕结转下页时，要在本页的摘要栏内注明"过次页"字样，在次页的摘要栏内注明"承前页"。

18.4 轻松理解会计账簿的装订和归档

会计账簿在年度结账后，账簿应按时整理装订，进行归档。如果像现金日记账等本来就是订本式的账簿，那么就不用装订，但是要进行逐页逐本的检查，然后予以归档。我们来看看装订和归档的基本要求：

（1）账簿的检查

首先我们翻开账簿的扉页，按账簿启用表的使用页数核对，账页数是否齐全，序号排列是否连续，是否有断号，漏号的情况，如果需要装订，我们要在检查无误后按账簿封面、账簿启用表、账户目录、该账簿按页数顺序排列的账页、账簿封底的顺序装订。

（2）账簿装订要求

考虑到实际工作中会遇到账簿装订的问题，所以下面予以介绍。因为虽然有的企业用的是订本式账簿，直接手工记账，这样不用装订账簿，也有很多企业用的是电子记账的方式，所以打印出来的账簿需要进行装订。

首先，整理已登记的账页，账页数填写齐全，用牛皮纸做封面、封底，装订成册。当然账簿的装订也可以采用外包的方式到专门广告制作公司或者大型的复印店进行装订。

装订出来的账簿应该牢固而且不能有毁损折角，订错，漏掉页码等情况。账簿的封口处也要加盖有关的公司印章。

然后应该按照年为单位，对账簿的册数进行编号，并且写在封面上。

账簿封面以银行存款日记账为例如图 18-4 所示。

_____有 限 公 司

_____有限公司 _____分公司

银 行 日 记 账

年　　　度	2018年	全 宗 号	_____	类　别	银行日记账
保管期限	25 年	会计处理号	_____	卷　号	_____

共　　　　册　　　　第　　　　册　　　　本册共　　　张

图 18-4　银行存款日记账账簿封面

注意：多栏式账、三栏式账等不同类型的账不能混装，应按同类的业务、同类的账页装订在一起。

在账簿的封面上填写好账目的种类，编好卷号，在账簿里会计主管人员必须签章。

装订好的账簿，以明细账为例，如图 18-5 所示。

（2）账簿的保管期限

不同种类的账簿有不同的保存年限，大部分的账簿保管期限是 15 年，但是现金日记账和银行存款日记账的保管期限是 25 年。账簿在保管期限满以后，可以根据程序进行账簿的销毁。

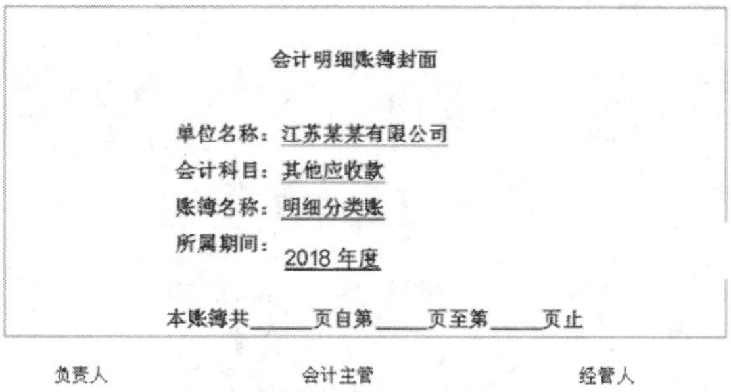

图 18-5　会计明细账簿

18.5　一个年度开始的时候怎么启用新账

为了完整清楚地反映各个会计年度的财务状况和经营成果，在每个年度开始的时候，都要启用新的账簿，并把上年度的会计账簿归档保管。

需要每年启用更换新账的账簿种类中包括现金日记账、银行存款日记账，像固定资产明细账或固定资产卡片这些可以跨年使用，所以不必每年更换新账。

那么怎样启用新账呢？

首先，在一个年度年终结账时，把有期末余额的账户的余额结转到下年度新账簿的相应账户中去。注意，账户必须对应。不能出现错误，也就是将有余额的账户的余额直接记入新账簿中相对应的账户中的余额栏内，这里不需要编制记账凭证。

然后在下年度新开账户的第一行，填写日期 1 月 1 日，"摘要"栏注明"上年结转"字样，这里就不是像后面的账页上是"承前页"的字样。这里需要特别注意的是，上年结转余额记入"余额"栏的数字，需要注意余额方向，如果上年度该账户为借方余额，那么转至本年度新账内仍为借方余额，如果上年度该账户为贷方余额，转至本年度新账内仍是贷方余额。我们在一个年度启用新账以后，应该对期初数进行检查。

18.6　登记账簿的时候写错怎么办

在长时间的工作中，手写出错很正常，那么在不允许随意涂改的账簿上，把金额或者摘要写错的时候怎么办呢？

这时应该把红色的墨水笔拿出来，把写错的原始数字打一个横杠划掉，然后在划掉的数字上方，用红色的墨水笔写上正确的数字。

这里需要注意的是，虽然用红笔划掉了原始数字，但是绝对不是乱画，不能来回的打横杠甚至把写错的数字遮盖，要保证改正错误后的账簿看起来依然整洁，数字依然清晰可见。要达到这一要求，出纳的基本功很重要，平时如果写数字时只占空格的二分之一，那么改错起来就会很方便，否则就会没有地方写更正后的数字，如图 18-6 所示。

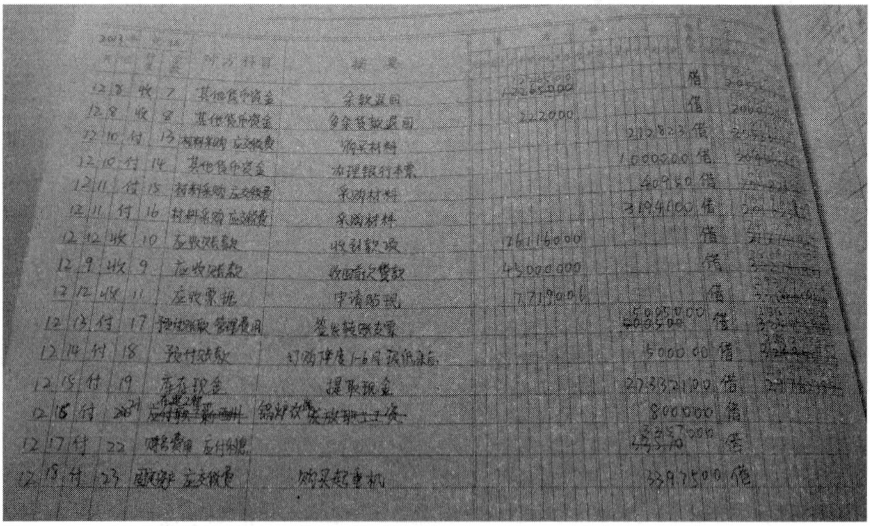

图 18-6　日记账错误改正范例

第 19 章

快速上手管理现金

现金管理是出纳工作中的重中之重，也是出纳工作中最为复杂繁重的工作。本章来学习如何管理现金。

19.1 现金管理概述

现金是企业资产中流动性最强的资产，所以企业持有一定数量的现金是为了开展正常生产活动，保证企业一些零星的支出，这些都是现金的优点，但是现金的缺点在于它是获利能力最弱的一项资产，不像银行存款那样还有利息，所以如果企业过多地持有现金，会降低企业的获利能力，而且大量地持有现金也不安全。

现金的管理要与其持有现金的动机联系起来考虑，企业持有现金的动机有以下三种。

1. 交易性动机

公司持有现金是为了满足日常生产经营的需要，如在经营过程中需要购买零星的原材料、支付费用等，为了满足这种要求，企业必须持有一定数量的现金。

2. 预防性动机

这是因为在公司生产经营的情况中也许会出现意外情况，这个时候现金作为预防性的措施，必不可少。

3. 投机性动机

如果公司有一部分的有价证券投资，那么持有一定数量的现金也是为了有多余的现金可以购买有价证券，需要现金时将有价证券变现成现金。这样公司就会持有一定量的现金，满足其投机性动机需求。

所以从上面可以看出，现金管理需要同时兼顾上面的几项需求动机，既要提高资产的获利能力，不要持有过多的现金，又要满足上面三种动机的需要，保证生产经营的正常进行。所以在进行现金管理时应该尽量做到以下两点：

- 在满足需要动机的基础上尽量减少现金的持有量。
- 在满足现金需要的情况下加快现金的周转，把现金用"活"用好。

19.2　严格遵守现金管理的原则

现金管理有三项大的制度，作为出纳来说，这三项制度都非常重要，缺一不可，这三项制度如果在工作中哪怕只有一项理解和执行得不到位，都很容易给自己的工作带来相当负面的影响，希望大家一定要在工作中培养自己现金管理的意识，掌握工作的原则和尺寸。

1. 钱账要分开

这项制度是出于内部控制的目的，它包括了很多措施，最基本的体现就是，出纳不得兼任稽核人员、会计档案保管人员和收入、费用、债权、债务账目的登记工作。另外，公司还可以让出纳登记一些和库存现金、银行存款不产生对应关系的账簿。简而言之，出纳管"钱"，就不允许再管"账"，不能出纳一个人既经手现金和银行的收付，又经手全部账务的处理工作和档案的保管工作。

管"钱"的出纳和管"账"的会计应该是互相监督的关系，不是谁高于或者低于谁的关系。

2. 现金审批制度

这项制度大部分公司都很看重，因为它关系到企业的切身利益，包括：

（1）规定企业库存现金的开支范围；也就是哪些费用以及多少金额以下可以用现金支付，而哪些情况不能。

（2）规定报销的流程，规定库存现金支付业务的报销手续；现金的支付一般都很严格，有严格的报销流程。

（3）规定现金支出的审批权限，也就是哪些职位、哪些特定人员才有审批现金支出的权限。

3. 日清月结制度

这项制度是出纳的基本制度，可以说是对出纳工作考核的一个准绳，它要求我们每天的库存现金和现金日记账的余额相符，每月的月末银行存款日记账的余额和银行账户的余额核对无误。

（1）随时登记和清理现金日记账。

（2）清理现金收付款凭证，避免遗漏和重复，对于付过款的原始凭证及时打上标记。

（3）每天进行现金盘点，有不相符的情况马上查明原因，每月取得银行的对账单，与银行日记账核对。

19.3　掌握现金开支范围

对于现金开支的范围，根据国务院《现金管理暂行条例》的规定，只可以在下面规定的范围内使用现金：

（1）发给职工的薪酬和奖励，包括发放的职工工资和津贴，个人劳务方面的报酬，根据规定发给个人的各种奖金，如科学技术、文化艺术、体育，以及各种劳动保护，福利费用及对个人的其他支出。

（2）向个人收购农副产品或者其他物资，需要用现金支付的价款。

（3）职工需要出差时随身携带的差旅费。

（4）在结算起点以下发生的零星支出，也就是说如果高于结算金额，而款项性质又不在前面所列的范围内，那么不能通过现金来支付。

从上面的规定可以看出，现金支出的范围主要用于支付日常的借款也就是职工备用金。工资，以及小额费用的报销。在原则上我们应该知道现金支出的情况，只有上面的范围，其他的付款则以银行直接转账、或者开出支票来支付。

19.4　现金收支的原则

按照现金管理的原则，我们一定要重视现金收支手续，出纳与会计要分清责任，严格执行账钱分管的原则，相互制约，加强现金收付业务的手续。

（1）公司应按规定编制现金收付计划，并按计划组织现金收支活动，超过计划的计划外支出要打出报告说明，并且尽量避免计划外支出。

（2）公司的出纳工作和会计工作必须分工，做到相互制约，其中现金的收付和保管应由出纳人员专门负责办理，非出纳人员不得经管现金。

（3）现金收入必须当天入账，超过库存限额的当天送存银行，当日送银行实在有困难的，应取得开户银行同意后，按双方协商的时间送存。我们在取得现金收入的时候都应开具收款收据；收入现金签发收据与经手收款，按要求也应当分开，由两个经办人分工办理，如销货收入应由销售人员负责填制发票单据，出纳人员出具收款收据，以防止舞弊。

（4）执行现金清查盘点制度，这样可以保证现金安全完整。出纳人员必须每天盘点现金数，与现金日记账的账面余额核对，保证账实相符。公司的会计部门必须定期或不定期地进行清查盘点，及时发现或防止差错以及现金被挪用、贪污、盗窃等。如果出现与账面不符的长短款情况，必须及时查找原因并且追究相关责任人的责任。

（5）不能利用银行存款账户代其他单位、个人存入或支取现金。公私一定要分明，不能把自己的现金和公司的现金混在一起，不能代替别的公司或者个人保管现金，这些都是很严重的违纪现象，一定要高度重视，予以杜绝。

（6）现金支出都要有原始凭证，上面必须有经办人和批准人员的签名，经过主管领导和有关人员的依次审核后，在最后出纳人员根据合法的票据才能付款，在付款后，应立即加盖"现金付讫"的戳记，妥善保管。

现金的支出按不同的情况应该有不同的单据，应该按照不同的款项性质做不同的记录：

现金报销单上应该有报销人、财务部长、总会计师、总经理的签字审批（如果报销人有其他的直属领导也应该有该位主管领导的签字）和报销的日期，还有票据的张数（张数需要用中文大写），票据的金额（中文大写和阿拉伯数字），这张报销单上面还应该有列支的科目和该笔报销款的具体用途。在付款后加盖付款当天"现金付讫"章。

现金报销单如表 19-1 所示。

表 19-1　费用报销审批单

费 用 报 销 审 批 单

_____公司

部门：（公章）				20　　年　　月　　日		
报销人			部门负责人		分管领导	
财务部长			总会计师		总 经 理	
单据张数		金额	（大写）		￥	
列支科目						
事由						

稽核：　　　　　　　　　　　20　　年　　月　　日

在这种情况下，支付现金应该做会计分录如下：

借：管理费用——办公费用/差旅费用（按照费用的事由性质划分）

　　贷：库存现金

现金借款单（挂支单）如表 19-2 所示。

表 19-2　现金借款单

借款单

资金性质			
借款单位：			
借款事由：			
借款金额：	人民币　　　　（大写）		￥
部门领导：		借款人签章：	
会计：		总经理签字：	
付款记录：	年　　月　　日以第　　号支票或者现金支出凭单付给		

从上面的现金借款单（挂支单）可以看到，有借款人的部门名称、借款事由、借款金额（中文大写和阿拉伯数字）、领款人、主管领导、财务部长、会计师、总经理的亲笔审批。并且加盖借出现金当天的"现金付讫"章。

在这种情况下，应该支付现金并且做如下会计分录：

借：其他应收款——备用金（借款人姓名）

  贷：库存现金

下面来看一个例子：

【例19-1】小李是光华公司的出纳，今天一上班，职工小吴拿着单据来报销。小李先看单据上面有按照报销规定的签字，然后看单据上的发票无误后，按照单据金额支付给小吴880元的现金。因为小吴的单据是购买办公用品的发票，事由上写着购买新员工办公用品，所以小李在自己的现金账上做如下记录：

摘要：付小吴报销办公费

借：管理费用——办公费用   880

  贷：库存现金   880

然后职工小黄拿着已经签完字的现金借款单来找小李，挂支差旅费用（备用金）1 000元，小李在看了借款单上的签字以后，按单据支付给小黄1 000元现金。然后根据借款单做如下记录：

摘要：付小黄挂支备用金

借：其他应收款——备用金——小黄   1 000

  贷：库存现金   1 000

下午，司机小石拿着已签完字的加油费以及停车费用来找小李报销，其中加油费600元，停车费37元，小李先是确认了发票真实、金额正确，随后确认了各个签名无误后支付了司机小石637元现金。由于把两笔款项直接归集记为637不方便查账管理，所以小李把付司机小石的报销做成两笔分录：

摘要：付司机小石报销加油费

借：管理费用——加油费   600

  贷：库存现金   600

摘要：付司机小石报销停车费

借：管理费用——停车费   37

  贷：库存现金   37

19.5 理解现金的收入

看过现金支出的情况以后，再来看看现金的收入。对于现金的支出，一定要严格地按支付流程办事，一定要谨慎，支付的金额一定要当时就做记录，不能堆积在一起，这样容易出现错误。而现金的收入，需要分清楚钞票的真伪，以及搞清楚收入的来源。

库存现金收入的来源有三种：银行存款的提取、销货或者劳务等营业收入、应收账款其他应收款的收回。

（1）现金收入必须是经过规定的程序并附上被认定的收入票据以及凭证。

（2）现金收入票据的时间与凭证文件的日期，与出纳者的记账无异或无错误。

（3）所收入的现金，要在当天或第二天存入银行。

（4）如果是在公司的项目部、各营业所、工厂等分支机构的营业收入等，应毫不迟疑地立刻送回总公司。

现金的收入业务，除了银行转账之外，是一项重要但是同时也最具危险性的业务。收款经办者应该有专人，特别是收款业务较多的单位，收款人员应只负责处理收款业务，避免其他的业务，否则容易出现问题。特别是收款人员兼任付款业务甚至销售业务、购买业务，就会造成内部控制上的漏洞，应该极力杜绝。

对于收到的现金，根据收到款项的性质不同，如销售收入、押金，内部人员预借的差旅费等报账时的退款，应该在清点现金完毕后，开出收据。

收据本可以在一般的文具店购买，开出的收据如图 19-1 所示。

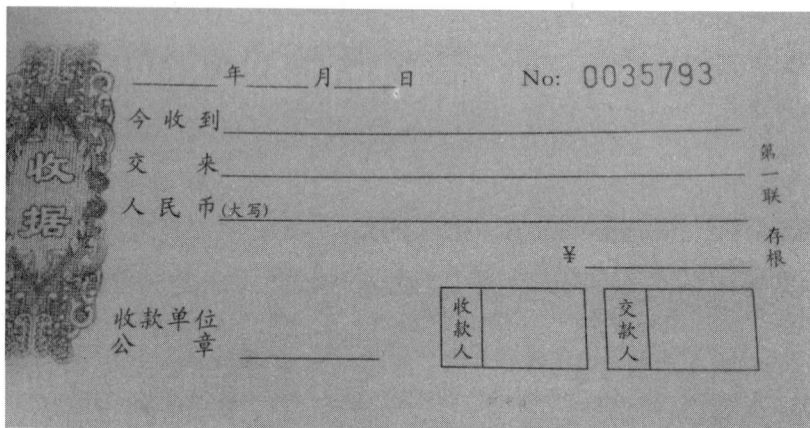

图 19-1　现金收据

从图 19-1 可以看到，我们开出的现金收据上应该有收据开出的日期（和收到现金的日期应相同），收到现金的事由，其中要写明缴款人的姓名，填列中文大写金额和阿拉伯小写数字金额，需要注意的是，如果大写数字后几位有零，应该依次写"零"，不能直接划掉或者不填来代替，在收据的下方应该有会计、出纳、经手人的亲笔签字，加盖收款单位的印鉴，并且一式三联，其中一联留底，另外两联撕下来，一联做账，一联给予缴款人作为收款凭据。

现金的收入有不同的情况，如在收到他人备用金返还的时候，应该在将现金清点无误后，开出上述收据，并且做如下会计分录：

借：库存现金

　　贷：其他应收款——备用金（借款人姓名）

下面来看一个实例：

【例 19-2】光华公司的出纳小李上班后，收到职工小黄出差归来，来返还差旅费用。小黄向小李提供了差旅费报销的票据共 700 元，小黄一共挂支 1 000 元，这次缴回现金 300元。在清点现金无误以后，小李做如下记录：

摘要：收小黄返备用金

借：库存现金　　　　300

　　贷：其他应收款——备用金——小黄　　　　300

另外，我们收到小黄报销差旅费用的单据还应该做一笔转账凭证将小黄的借款冲销，分录如下：

摘要：小黄报销差旅费

借：管理费用——差旅费　　　700

　　贷：其他应收款——备用金——小黄　　　700

19.6　学会现金的核算

对于现金，应该怎么核算呢？首先，我们要知道，现金是序时核算的。所谓序时核算，是指我们要根据现金的收到和付出，按照业务顺序发生的先后，逐日逐笔地记录现金的增减及结存情况。我们按照这种方式登记现金日记账来记录现金的收到和付出，以及结存情况。

现金日记账一般采用借方、贷方及余额三栏式格式。

现金日记账有三栏。其中，现金日记账的收入和付出，是由出纳每天根据现金的收付款凭证登记的。需要注意的是，出纳需要根据手续完备、签字完全的原始凭证和记账凭证入账。为了简化现金日记账的登记手续，对于同一天发生的相同经济业务，也可以汇总一笔登记。每日终了时，出纳人员应做好以下各项工作：

（1）在每天工作结束的时候，应该根据当天的发生额，结出"本日收入"合计，"本日付出"合计，然后计算出本日现金余额，然后将现金余额记入"结余"栏。

（2）接下来需要将得出的现金余额与库存现金的实际余额相核对，正常情况下二者应该完全一致。如果出现不一致，应及时查明原因，如果是差错应及时更正，使账实相符。

（3）出纳应该将现金结存量保持在一个固定的数量内，如果现金的余额超过库存现金的限额，应该根据规定及时送存银行。如果库存现金存量太少，那么应该及时到银行提取现金，以备不时之需。在每月终了时，还应在现金日记账上结出月末余额，并同现金总账科目的月末余额核对相符。

现金日记账的格式也可以采用多栏式现金日记账。在此种格式下，每月月末，要结出与现金科目相对应各科目的发生额合计数，并据以登记有关各总账科目。如果是有外币现金的企业，应分别按人民币现金、各种外币现金设置"现金日记账"进行序时核算，不能混同。

19.7　实战现金的提取

在需要现金的时候，应该怎么提取呢？我们来看看现金的提取程序，它包括：

（1）签发现金支票。有关现金支票的格式、使用范围、填写要求等参见本书第21章的有关内容。

出纳提取现金应该填写专门的提款单，经过财务主管（或者规定的审核人）签字以后，才能领取现金支票，在填写完现金支票后，应该把现金支票的回单联粘贴在提款单上，作为原始凭证据以入账。

现金提款单如表 19-3 所示。

表 19-3　现金提款单

备　用　金　提　款　单

单位：　　　　　　　　　　　　　20　年　　　　　　　月　　日

提　款　用　途	备用金
提款金额（大写）	
提款金额（小写）	¥

审　核：　　　　　　　　　　　提　款　人：

（2）取款。出纳拿着签发的现金支票到银行取款时，应该先把现金支票交给银行对公部门有关人员进行审核，在审核无误后会领取到号牌，然后根据自己所领取的现金号牌等待取款，银行的出纳人员对支票进行审核，核对印鉴和密码，办理规定的付款手续，手续齐备后送到对公取款柜台。对公取款柜台的人员会呼叫领取单位或者相应的号牌，取款人应立即回答，并回答银行经办人员所要取款的数量，核对无误后银行柜台人员直接付款。

在领取现金的时候，一定要在银行柜台当面点清金额，不能离柜。因为如果钱数出现了错误，很难说清。回单位后进一步清点。清点现金时，一般应先检查封签、类别和把数是否相符，然后再具体点钞。一般点钞都是先看钞票的捆数是否正确，比如提取 20 万元现金，一般银行都是一捆钞票用皮筋或者纸条封装，一捆一万元，要先看钞票是不是有 20 捆。在捆数正确的情况下，再开始具体核对每捆钞票里面的具体金额。

清点的时候应当注意以下几点：

● 如果有条件的话，清点现金不要一个人进行，应该由两位及两位以上的财务人员清点。出纳在清点钞票的时候应该将每捆钞票分清楚，把每捆清点清楚，清点过的捆数应该做好记号放到一边，不要混淆。不要急着把捆钞的封装纸或者皮筋丢掉。要等清点完毕，把钞票入库以后，再扔。

● 在清点中发现有残缺、损伤的票币以及假钞应立即向银行要求调换。

● 所有现金应清点无误后才能发放使用，切忌一边清点一边发放，否则一旦发生差错将无法查清。

● 在清点过程中，特别是回单位清点过程中，如果发现确有差错，比如银行付款与实际取款额有误，应将所取款项保持原状，通知银行人员，妥善进行处理。

（3）记账。各单位用现金支票或者单位结算卡提取现金，应根据支票存根或者取款凭证编制银行存款付款凭证，其会计分录为：

借：库存现金
　　贷：银行存款

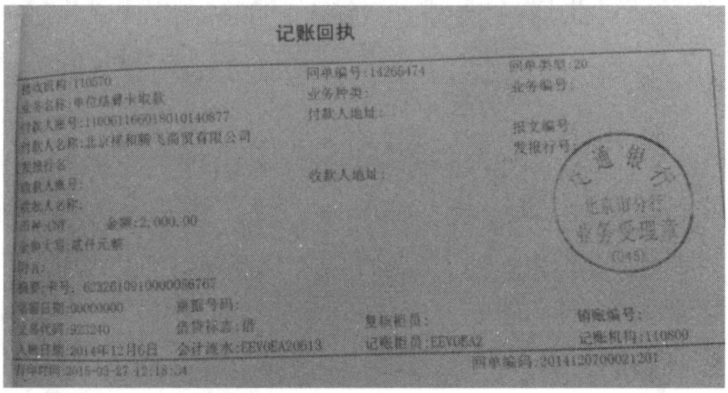
记账回执

业务名称:单位结算卡取款

付款人名称:北京祥和腾飞商贸有限公司

金额:2,000.00

借贷标志:借

入账日期:2014年12月6日　会计流水:EEV0EA20613　记账柜员:EEV0EA2　记账机构:110800

图 19-2　银行取款凭证

下面来看一个例子：

【例 19-3】光华公司的出纳小李根据今天现金支出的需要，到银行提取备用金 10 000 元。在开出 10 000 元的现金支票后小李做如下记录：

摘要：提取备用金

借：库存现金　　10 000

　　贷：银行存款——（银行开户行名称）　　10 000

19.8　实战现金的送存

在了解如何提取现金以后，还需要懂得现金的送存。为什么要把取来的现金又送存回我们的银行账户呢？那是因为库存现金有一个库存限额。库存限额是为了保证我们的日常支付按规定允许留存的现金的最高额。

库存限额不是企业自己规定的，是由其基本户开户行按照 3~5 天日常零星开支所需现金确定要求核定的。如果远离银行机构或交通不便，银行可以依据实际情况适当提高库存限额，但根据银行规定，库存限额的用量最高不得超过 15 天。

如果有一些临时性的机构，如营业网点，分公司，项目部等，因为是独立核算而且需要保留一定量的现金，所以也要核定库存现金限额。如果没有单独开立账户，这部分的库存现金限额可以包含在银行统一核定的库存现金限额里。如果企业有零售门市部，也需要保留备用金找零使用，这部分的限额可根据业务经营需要核定，就不包括在银行给我们核定的库存现金限额之内。

库存现金限额的计算方式如下：

库存现金 = 前一个月的平均每天支付的数额（不含每月平均工资数额）×限定天数

办理库存现金限额的一般程序为：首先填制现金库存限额申请批准书；然后，报送开户银行签署审查批准意见和核定数额。

库存现金限额一旦确定以后，应严格遵守。每日现金的结存数不能超过核定的限额，超过的及时送存银行。如果企业因生产和业务发展、变化需要增加或减少库存限额时，可以向开户银行提出申请，经批准后，方可进行调整，不能擅自超出核定限额增加库存现金。

19.9　实战现金的保管

在现金的保管方面有以下的要求：

（1）如果有超过库存限额以外的现金，应在下班前送存银行。

（2）为加强对现金的管理，除工作时间需要的小量备用金可放在出纳人员的抽屉内外，其余则应放入出纳专用的保险柜内，不得随意存放。

（3）限额内的库存现金当日核对清楚后，一律放在保险柜内，不得放在办公桌内过夜。

（4）库存现金的纸币和铸币，应实行分类保管。出纳人员应对库存票币分别按照纸币的票面金额和铸币的币面金额，以及整数（大数）和零数（小数）分类保管。

19.10　实战现金的清查

如果出现库存现金余额和账上金额对不上的情况，我们应该怎么办呢？这时不要着急，我们先看看是不是以下的情况：

- 接连收到几笔款项，然后缴款者登记错的情况。
- 收款清点后，发生加错金额、看错金额、看错小数点，点错尾数等差错。
- 用机器点完一把钞票，拿起来捆扎时，没有看清接钞台上是否仍留有人民币，或者在捆人民币的时候，产生一把多，一把少的现象。
- 逐笔核对付出的现金情况，看是否真的存在付出有差错的问题，如果发现了立刻纠正。

现金盘点表如表 19-4 所示。

表 19-4　库存现金盘点表

库存现金盘点表

单位：		
截止日期： 年　月　日		
盘点日期： 年　月　日		
实有现金盘点记录		
面值	张（枚）数	金额（元）
100元		
50元		

20元		
10元		
5元		
2元		
1元		
5角		
2角		
1角		
5分		
2分		
1分		
合　计		

会计主管：　　　　　　　监盘人员：　　　　　出纳员：

在每月月末还有不定期进行抽查的时候，盘点现金后填列一张库存现金盘点表，参考表 19-4，可以看到库存现金盘点表上应该有盘点的时间，与实际金额核对的现金账面的时间，盘点单位的名称，钞票的张数和各自的金额，会计主管，监盘人员，出纳员的确认签字，还有加盖的财务印鉴。这样才表示现金余额与账面金额已经一致，现金盘点表应该在每月月末进行盘点现金时放在现金支付凭证的最后一页。在不定期盘点现金时，也应该放入此表。

19.11　内部员工借款未还怎么办（备用金管理）

我们的现金业务经常遇到内部员工的借款，这是现金管理中的难点和重点。

因为各种原因，有的职工会拖欠归还备用金。如果挂支的备用金金额较大，那么会给我们带来较大的风险。所以在这个挂支的过程中有以下的注意事项：

（1）如果是外部单位的人员借款，或者虽然是内部人员但是非公务，是一律不准申请借款的。

（2）内部人员借款时，我们要看这个借款的员工是否有这个权限借现金。这需要遵守公司的管理规定。对于没有权限借款的人，不能予以借款。如果是有权借款的内部人员，也需要填写借款单，并且得到领导的批准，借款单如表 19-2 所示。

（3）在用报销票据报销时，一定要先结清借款，财务上有个原则叫"前不清、后不借"，也就是说，一个人要先还清以前的借款，才能继续报销或者借支。这是为了杜绝有的人借款后不及时归还，甚至出现别的严重问题。

（4）借款要及时清查，催促其尽快还款或者报销，并且把情况随时向领导汇报，尤其是金额重大的。

（5）如果是试用期或者临时员工的借款，应该由部门经理负责审核并签署视同担保的意见，总经理批准后才能借支。

（6）如果有员工离职，也必须先结清借款后才能结算离职工资。

同时，在借出去资金以后，及时地清理备用金，是我们的重点工作。

在月末、季末，出纳都需要清理备用金，查清企业借出的备用金的款项、性质，并且催促借款人及时归还或者按财务手续予以报销，如果确实不能的，需要写明具体的原因。下面以一个总公司财务部下达的清理备用金通知以及相关表格为例，如表 19-5 所示。

表 19-5　清理备用金的通知

签发：	部门核稿：			
	办公室核稿：			
编　号	2018－090	拟稿人	杨	电　话	
主　送：管内各单位				
标　题：	关于清理备用金的通知			

为进一步规范备用金管理，提高资金使用效率，有效控制非生产性资金占用额度，满足审计署的审计要求，经研究决定在 2018 年 9 月份备用金清理工作基础上，在全局范围内再次组织清理备用金挂账工作。具体要求通知如下：

一、加强领导

各单位领导要高度重视清理备用金挂账工作，加强组织领导，由总会计师（财务负责人）牵头，财务部门负责，指定专人协调相关部门进行全面清理，并对每名挂支人员提出具体清理意见。

二、清理范围

凡是 2019 年 2 月 28 日挂列在备用金账下或虽未显示在备用金账下，但实质是备用金性质的挂支，均在这次备用金清理范围之内。

三、相关要求

1. 本次清理要求在 2019 年 2 月 28 日之前全部完成。

2. 做到"前账不清，后账不挂"，避免备用金滞留在个人名下时间过长，影响当期经营结果。自 3 月份起，没有合理的原因，备用金挂账金额从挂款人工资中扣款，直至清理结束为止。

3. 施行"问责制"。以"谁挂支，谁负责，谁清理"为原则，将清账落实到人，避免推诿。

4. 各单位要填报备用金清理情况统计表；对清理未完原因进行专题分析并形成分析报告，于3月5日前将电子版资料报局机关财务科，联系人：＿＿＿联系电话：＿＿＿。

5. 局财务部将在各单位清理完毕后进行抽检，并对清理不彻底或前账未清、后账继续挂支的单位予以通报批评。

6. 2018年9月份起全局备用金清理工作完成较好的单位和部门有下列这些单位：

以下清理情况统计表要求在清理完备用金的时候提报：

附件：2019年备用金清理情况统计表

备用金清理情况汇总表

填报单位：

序号	姓名	所在部门	截至2018年12月末余额	截至2019年2月末余额	余额是否正确	能否清理	2月28日前清理金额	不能清理金额	不能清理原因
1									
2									
3									
4									
5			—	—			—	—	
6			—	—			—	—	
7			—	—			—	—	
8			—	—			—	—	
9			—	—			—	—	
10			—	—			—	—	
11			—	—			—	—	
12			—	—			—	—	
13			—	—			—	—	
14			—	—			—	—	
15			—	—			—	—	
16			—	—			—	—	
17			—	—			—	—	
合　计			—	—			—	—	

总会计师：　　财务部长：　　　　报表：　　　　　　　　联系电话：

光华公司集团财务部

二〇一九年二月二十二日

第 20 章

快速上手账户

管理现金和银行存款是出纳需要熟练掌握的基本技能，前面学习了如何管理现金，现在来学习怎样管理银行存款，本章先来学习怎样办理银行账户的开立和撤销等事宜，怎样有效地管理银行账户。

20.1　必须懂得银行账户管理

要了解如何管理银行账户，先要大概了解什么是银行账户的管理及银行账户管理的规定，以及什么是账户的备案。

20.1.1　账户管理概述

银行存款，大家都知道，是公司存放在银行或其他金融机构的货币资金，如果有外币的话，还要包括外币。企业要按照国家有关规定，独立核算的单位必须在当地银行开设独立的银行账户，并且在银行开设账户以后，除按核定的限额保留库存现金在公司外，超过限额的现金必须及时存入银行；也就是说，不能为了方便而把大量的现金存放在公司内。

按照国家《支付结算办法》的规定，除了在规定的范围内可以用现金直接支付的款项外，别的在经营过程中所发生的收付款业务，都必须通过开立的银行账户，在银行账户办理存款、取款和转账等结算，而不能直接使用现金，同时办理的银行结算业务要遵守中国人民银行《银行账户管理办法》的各项规定。这也就是说，企业应该用银行事先规定的结算方式，将款项从付款单位的账户划出，再转入收款单位的账户。所以，公司不仅要在银行开立账户，还应该在账户内存入足够可供支付的存款。

银行存款账户也有不同的类型，比如基本存款账户，是办理日常结算和现金收付的主要账户。比如员工的工资、福利费、零星的报销等现金的支取，只能通过基本存款账户办理而不能通过别的账户来办理；一个公司只能选择一家银行的一个营业机构开立一个基本存款账户。

一般存款账户，也就是我们平时说的一般户，是企业在基本存款账户以外办理转存的账户，一般户是不能办理现金支取业务的；还有一种常用的账户是临时存款账户，它是公司因为临时经营活动而开立的账户，一般都开在经营活动的当地企业，可以通过临时账户办理转账结算和现金收付等业务；但是临时账户只有一个比较短的有效年限。而专用存款账户是企业因特定用途而特别开立的账户。企业在银行开立好账户后，就可以在开户银行购买银行的票据和结算凭证，如支票、电汇凭证、进账单等，用以办理银行存款的收付款项。并且按规定留存库存现金，把其他所有货币资金都存入相应银行。

20.1.2　账户管理的规定

企业在银行办理支付结算时，应当严格按国家各项管理办法和结算制度执行。中国人民银行 1997 年 9 月 19 日颁布的《支付结算办法》规定：

- 不准签发没有资金保证的票据或支票，借以套取银行信用；
- 不准签发、取得和转让没有真实交易或债权债务的票据，套取资金；
- 不准无理拒绝付款，占用他人资金；
- 不准违反规定开立和使用账户。

其中，关于账户的使用和开立有以下原则和规定：

首先，企业应该以实名开立银行结算账户，并对自己出具的开户以及变更、撤销等申请资料的内容的真实性负责。不能伪造，变造资料开户。

其次，应该在注册所在地开立银行结算账户。比如临时经营活动的需要可以按规定在异地（跨省、市、县）开立银行结算账户；

可以自主选择银行开立银行结算账户，除法律规定的以外，任何单位和个人不得强令我们到指定银行开立银行结算账户；

不得利用银行结算账户进行偷税、逃税、逃避债务、套取现金等一切违法犯罪活动；

应该加强对预留银行签章的管理，如果因为管理漏洞而出现的经济问题由自己承担；

在收到对账单和对账信息后，应及时核对银行存款余额并及时向银行回签对账回单予以确认，及时发现账务问题；

不得出租、出借银行结算账户，不利用银行结算账户套取银行信用或进行洗钱活动；

开立成功的银行结算账户，实行生效日制度，就是说单位银行结算账户在正式开立之日起 3 个工作日内，除资金转入和现金存入外，不能办理付款业务，3 个工作日后方可开始办理付款业务。

20.1.3　账户的备案

企业在开立银行账户以后，根据《中华人民共和国税收征收管理法》的规定，应该在开立基本存款账户和其他存款账户之日起 15 天以内，将其银行账户的账号向主管税务机关以书面报告的形式备案。如果是银行账户发生变化的，如账户名称、账号、账户性质发生了改变，应该在变化之日起 15 天以内，向主管税务机关出具书面报告。除了报送报告表，同时应该报送银行开户许可证的复印件。

如果没有按照规定将开立的全部银行账号向税务机关报告，由税务机关责令限期改正的同时，可以处二千元以下的罚款；如果情节很严重，会被处以二千元以上一万元以下的罚款。

20.2　了解银行账户管理模式

账户管理有不同的模式，一个科学的适合公司自身情况的银行账户体系是资金有效运作的基础。企业应按照核算清晰、集中管理的要求，选择银行所能提供的账户模式。

首先，账户模式的选择要依靠公司自身的业务需求来定。不同规模的企业有着不同的账户管理模式，一般来说，有以下三种账户管理的模式：

- 收支两条线；
- 二级账户联动等模式；
- 财务管理集中模式。

1.　收支两条线的模式

所谓的收支两条线，顾名思义，就是收入和支出在不同的"线"上，就是说收入和支出要分开。收支两条线的管理模式要求我们开立一个或者一个以上的收入专户，一个或者一个以上的支出专户，实行收入和支出账户分开管理的模式。

公司内部设置在"总公司结算中心→子公司"，或在"子公司→下属分支机构或者项目部"之间进行收支两条线管理。收支两条线的模式便于我们进行资金的来源管理和资金的支出用途控制。

2.　二级账户联动的模式

如果公司有很多下属机构比如临时经营的项目部、分公司，那么可以把总公司的账户设置一级账户，而把下属的分公司、分支营业机构设置成二级账户。

为什么要区分一级和二级账户呢？因为一级账户是二级账户的上级，对二级账户起到统驭作用，二级账户就像一级账户的明细账户一样，可以进行自己独立的收付款业务。然而，所有二级账户的资金收、付款业务可以在一级账户中查询到，这种模式便于资金集中和管控，同时也便于不同的账户分开独立的使用资金。特别是一些公司有很多异地的分支机构，更适用于这种模式。

3.　财务管理集中模式

还有第三种模式，财务管理集中模式，它针对的是比较大型的企业，又分为下面两种不同的形式。

（1）分级管理模式：由总公司对下面的分公司直接进行管理、对下面的二级及其子账户进行监控；各子公司下管一级、监控自己所属的子账户。利用高级网上银行系统集中管理和调度子公司二级账户的资金，监控所有账户的资金状况；同时子公司也利用网上银行系统管理、调度和监控其下属分支机构的账户资金状况。

（2）扁平管理模式：即总公司结算中心直接下管和监控下面的二级子账户，子公司财务权全部上收至总公司的资金结算中心。总公司资金结算中心利用网络银行系统直接管理和调度公司内部包括子公司及其下属分支机构账户的资金，直接监控所有账户的资金状况。

以上三种不同的模式各有特点，适合不同的情况，在需要管理下属的分支机构的时候，应该根据自身的实际情况予以选择。

20.3 分清银行账户的种类

下面来具体了解一下银行账户的种类，作为一名出纳人员，清楚地了解公司的银行账户情况及其相关的知识是非常重要的。首先，银行账户可以用不同的分类标准进行分类。

20.3.1 单位银行结算账户

银行账户按照账户性质来分类，可以分为四种，账户性质在开立账户的时候就予以确定并且按照规定开立银行账户后，账户性质会标注在银行印鉴卡上。

1. 基本存款账户

基本存款账户，是一个公司最"基本"的账户，也是开立银行账户时首先开立的账户，无论企业是申报税款，开立一般银行账户，都需要先开立基本存款账户。

企业只能选择一家银行的一个营业机构开立一个基本存款账户，不得同时开立一个以上的基本存款账户。企业的现金支取，如发放员工工资、报销费用等，都只能通过基本存款账户办理。它是企业最重要的账户。

2. 一般存款账户

一般存款账户，是指企业除基本户以外开立的用来办理银行结算业务的其他银行账户，所以这个账户只能办理银行的结算业务，而不能支取现金，但是可以办理现金缴存业务。一般银行账户可以办理多个。

3. 临时存款账户

临时存款账户，是指企业因为临时需要如临时在异地进行的经营活动而开立的银行结算账户。

临时存款账户和基本户一样，可以办理银行结算业务和现金的缴存和支取业务，但是临时存款账户在开立账户的时候有时效限制。根据规定，有设立临时机构、异地临时经营活动、注册验资情况的，可以申请开立临时存款账户。临时存款账户的有效期最长不得超过 2 年。在临时存款账户 2 年到期以后，如果还需要在当地办理银行结算业务，只有重新开立临时存款账户，没有办法到期续开。

4. 专用存款账户

专用存款账户，顾名思义，是指按照规定，对有特定用途的资金进行专项管理和使用而开立的银行结算账户。对下列资金的管理和使用，可以申请开立专用存款账户：

- 基本建设资金、更新改造资金。
- 财政预算外资金。
- 粮、棉、油收购资金。
- 证券交易结算资金、期货交易保证金、信托基金、政策性房地产开发资金。
- 单位银行卡备用金。
- 住房基金、社会保障基金。
- 党、团和工会的组织机构经费。

● 其他需要专项管理和使用的资金。

20.3.2 核准类账户和备案类账户

银行账户按照是否需要中国人民银行的核准来分类，可以分为以下两类：

1. 核准类银行账户

核准类账户，是指经过中国人民银行核准后才可以开立的银行结算账户。核准类账户包括：

● 基本存款账户。
● 临时存款账户（不包括注册验资和增资验资开立时需要开立的账户）。
● 预算单位专用存款账户。
● 其他一些按规定需要核准的专用存款账户。

2. 备案类银行账户

和上面的核准类账户相对，只需要通过普通银行系统向中国人民银行营业管理部备案即可，不需要通过中国人民银行审核。

备案类账户包括：

● 一般存款账户。
● 非预算单位的专用存款账户。
● 个人银行结算账户。

20.4 看清楚开立银行账户的条件

首先，开立银行账户需要有持新版营业执照（含加载统一社会信用代码营业执照、改革过渡期内使用的"一照三号"、"一照一号"营业执照）开立银行账户需要公司的印章，包括公章和法人章。所以企业在领取到营业执照以后，应该先去刻制公司的印章，需要刻制的印章包括，公司公章，财务专用章、法人章、发票专用章和合同专用章。

注意：刻制公司印章不是去刻章公司就可以直接刻制的，刻制公司公章需要带营业执照原件及复印件、法人身份证原件及复印件、经办人身份证原件及复印件、法人授权书去所在地公安局申请办理，得到批准后去公安局指定的刻章公司刻制印章。

印章刻制好后，可以去公司注册办公地点就近的银行，或者选择合适的银行网点询问开立账户事宜。

选择在什么银行开立账户，一定要考虑各种综合因素，包括开立基本账户的银行网点离公司的距离，不同银行的政策和特色，如有没有一些优惠政策，银行的服务水平等。

不是所有的银行营业网点都可以开立公司银行账户，有一些银行的分支机构，营业网点较小，没有对公出纳部门，不具备开立公司银行账户的条件。但是有一些银行营业网点，特别是比如像省分行网点这种大型的营业点，因为在那里开立银行账户的公司很多，以后在办理公司银行业务的时候一般需要等待较长的时间。

20.5 练习开立银行账户的流程

在上面开立银行账户的条件都具备，印章刻制完毕，并选定开户银行以后，可以去选定的银行办理开户手续。首先需要开立基本户，在基本户开立以后再开立一般银行账户。

开立基本户一般需要携带以下资料：

- 营业执照原件和复印件。
- 税务登记证原件和复印件。
- 法人身份证原件和复印件。
- 如果经办人不是法人，需要携带经办人身份证原件、复印件和法人的授权委托书。
- 刻制好的单位公章、财务章、法人章。

注意：如果是社会团体、民办非企业单位、外地常设机构、社区委员会等这些没有营业执照的组织，在开立银行账户的时候应该出具主管部门的批文或者证明。

法人授权委托证明书内容（样本）如图 20-1 所示：

编号：
委托人姓名：________________
委托人权限：________________
日期：____ 年____ 月____

--------------------第--------------号--------------------

法人授权委托证明书

____

授权我单位　　　　同事，现任　　　　职务，为我方授权代理人，其权限为　　　　在代理权限、范围内达成的协议，由我方承担责任，负责履行。

授权单位：　　　　（公章）

法定代表人：　　　　（签章）

二〇　　年　　月　　日

附我方情况：
企业性质：
企业资质：

核准经营（生产）范围：铁路、公路、市政、房屋建筑、水利水电、隧道、桥梁、城市轨道交通、钢结构、土石方、爆破、铺架、土木工程建筑、电力、信号、通信线路安装、电气化、环保水外理、装饰装修、暖通制冷、幕墙施工；锅炉安装（限分公司经营）；对外援助成套项目工程施工；承包境外工程及境内国际招标工程；上述境外工程所需的设备材料出口、对外派遣实施上述境外工程所需的劳务人员；检测实验、工程设计、特种设备安装、维护、保养、改造、租赁；周转材料、机械设备租赁；预拌混凝土、预制构件（含桥梁购建）、建筑材料、钢材销售。

代理期限：20　年　月　日至20　年　月　日

说明：1、委托书不准转让买卖。
2、委托书内容要填写清楚涂改无效。
3、委托签订的合同不能因法人代表和代理人职务等变动而失效。
4、委托书作为经济合同的福建提交对方。

图 20-1　法人授权委托证明

图 20-1 所示的授权委托书是自行填写委托内容，填写好代理期限。然后加盖公司公章，由法定代表人签字和盖法人章，方可生效，我们要在代理期限内尽快办理业务，避免过期作废。如果不知道授权委托书的内容具体怎么书写，可以参见下面的一个授权委托书样本。如图 20-2 所示。

授权委托书

建设银行沙湾支行：

为了工作需要，现授权其伟，身份证号为 510105198605072500，到贵行开立银行账户，户名：光华有限公司，张伟为该账户的代理人。因该账户的开立、使用、撤消而产生的法律责任由我单位承担全部责任。

特此授权。

光华有限公司
二〇一一年一月一日

图 20-2　授权委托书

在准备好上面的资料以后，盖上单位的公章将复印件交给开户银行，开户银行会对我们携带的证件原件和复印件进行核对，然后在开户银行填写账户开立申请表以及银行提供的其他表格，如实填写完后盖上公司的印章，提交给银行。账户申请表，也就是银行结算账户申请书如表 20-1 所示。

表 20-1　银行结算账户申请书（1）

开立单位银行结算账户申请书

存款人名称			电话		
地址			邮编		
存款人类别			组织机构代码		
法定代表人（ ）		姓名		电话	
单位负责人（ ）		证件种类		证件号码	
行业分类					
注册资金			地区代码		
经营范围					
证明文件种类			证明文件编号		
税务登记证编号	国税				
	地税				
关联企业					
账户性质	基本（ ）	一般（ ）	专用（ ）	临时（ ）	
资金性质			有效日期至		

以下为存款人上级法人或主管单位信息：

上级法人或主管单位名称				
基本存款账户开户许可证核准号			组织机构代码	
法定代表人（ ） 单位负责人（ ）	姓名			
	证件种类			
	证件号码			

开立单位银行结算账户申请书由两部分组成，表 20-1 部分是申请开户时填写的部分，下面还有由开户银行填写的部分，表 20-2 是在我们填写完成并交银行审核通过后由开户银行填写，在我们盖上公章和法人章以后，由开户银行和人民银行盖章（需要人民银行核准的账户）。

表 20-2　银行结算账户申请书（2）

以下栏目由开户银行审核后填写：			
开户银行名称		开户银行代码	
账户名称		账号	
基本存款账户开户许可证核准号		开户日期	
本存款申请开立单位银行结算账户，并承诺所提供的开户资料真实、有效		开户银行审核意见　　　　　同意开立存款账户	
单位（公章）　　　　　　法定代表人或负责人（签章）　　　　年 月 日		经办人签章　　　　　银行（业务公章）　　　年 月 日	
人民银行核准意见（非核准类账户除外）　经办人（签章）　　　人民银行（签章）　　年 月 日			

在开立申请书得到核准通过以后，会和开户银行签订一个结算协议，同样需要填写单位全称和账号，以及盖上公章和法人章。

如果是给自己的分支机构，如项目部、营业所等单独开立银行账户，那么除了需要填写开户申请表 20-1 和表 20-2 以外，还需要填写内设机构（部门）名称开立专用存款账户申请书如表 20-3 所示。

表 20-3　内设机构（部门）名称开立专用存款账户申请书

内设机构（部门）名称开立专用存款账户申请书

存款人名称		内设机构（部门）名称	
账户名称			
内设机构（部门）电话			
内设机构（部门）地址			
内设机构（部门）邮编			
内设机构（部门）负责人	姓名		
	证件种类	证件号码	
内设机构（部门）公章　　年 月 日		存款人（公章）　　　年 月 日	

在企业的申请表和提交的资料得到银行的批准以后，银行会和企业签订"＿＿＿＿＿银行人民币支付结算服务协议"，该协议里包括企业使用银行账户中应该遵守的条款，以及企业与银行双方都应该履行的义务。企业只要在确认无误后在银行人员指定的地点签字盖章就可以。支付结算服务协议的封面（以建设银行签订的结算协议为例）如图 20-3 所示。

合同编号：　＿＿＿＿＿＿
客户编号：　＿＿＿＿＿＿

中国建设银行
单位人民币支付结算服务协议

甲方名称： ＿＿＿＿＿＿＿＿＿公司

法定代表人姓名：

营业执照（或法人登记证书等）号码：

组织机构代码证号码：

通信地址：

邮政编码：

联系电话：

传真：

其他信息：

乙方： 中国建设银行股份有限公司＿＿＿＿

负责人姓名：

经办人姓名：

通信地址：

邮政编码：

联系地点：

传真：

其他信息：

图 20-3　人民币支付结算服务协议

除填写上面的开立单位银行结算账户申请书、支付协议以外，申请开户的时候还要填写一些银行要求的申请表：

（1）密码支付器的申请

我们进行银行结算需要支付密码，在开立账户的时候，应该填写申请支付密码器的表格并且盖上公章、财务专用章和法人名章，支付密码业务申请书（以城市商业银行为例）如表 20-4 所示。

表 20-4　支付密码业务申请书

＿＿＿＿＿＿＿市商业银行支付密码业务申请书

申请单位名称					
账号			单位地址		
企业代码		开户许可证号		对应支付密码协议编号	
法定代表人		联系电话		邮编	
经办人姓名		身份证号		支付密码器型号、编号	
单位填写	遵照与贵行签订的支付密码使用协议的规定，我单位就在贵行开的以下账户： 1. 账号＿＿＿＿＿＿＿＿＿＿＿＿＿＿＿＿＿＿＿＿，账户性质：＿＿＿＿＿＿＿＿＿＿ 2. 账号＿＿＿＿＿＿＿＿＿＿＿＿＿＿＿＿＿＿＿＿，账户性质：＿＿＿＿＿＿＿＿＿＿ 3. 账号＿＿＿＿＿＿＿＿＿＿＿＿＿＿＿＿＿＿＿＿，账户性质：＿＿＿＿＿＿＿＿＿＿ 因＿＿＿＿＿＿＿＿＿＿＿＿＿原因，申请办理以下第＿＿＿＿＿＿项业务： 壹．申请使用支付密码作为支付依据办理支付结算业务。 贰．申请对支付密码器进行注册。 叁．申请在支付密码器中增加上述账号。 肆．申请删除支付密码器中上述账号。 伍．申请将支付密码器中旧账号：＿＿＿＿＿＿＿＿＿＿＿＿变更为上述新账号。 陆．申请在上述同一账号下增加支付密码器，支付密码编号为： 柒．申请更换账号密钥。 捌．申请重新指定签名支付密码器，支付密码编号为： 玖．申请支付密码器解锁。				

	壹拾．申请支付密码器停用。 壹拾壹．申请支付密码器重新启用。 壹拾贰．申请支付密码器挂失作废。 壹拾叁．申请停止使用密码器作为支付依据办理支付结算业务。 壹拾肆．申请 开通通兑业务。	
单位法定代表人 或负责人签字：	单位公章 年　月　日	
银行填写	银行处理情况： 会计主管：　　　　　　经办人员：　　　　业务公章 年　月　日	

在填写表格之后，经过银行审核无误后，会与企业签订一个支付密码使用协议，需要我们签名和盖章，然后银行会发给我们密码支付器。

在领取密码支付器的时候需要带上经办人的身份证，并且领取人要与支付密码申请表的申领人一致，并且向开户银行缴纳相应金额用以购买密码支付器。密码支付器是办理银行结算的重要工具，它的使用方法会在后面的相应章节予以讲解。需要注意的是，支付密码器是可以一个密码器支持多个银行账号的，也就是说，在方便管理的情况下，可以只购买一个支付密码器，然后在开立账户时，向该开户银行出具已经持有的支付密码器，在银行输入相应的账户信息以后，就可以同一个支付密码器，多个银行账户使用。当然，如果认为这样不好管理，也可以不同的银行账户使用不同的支付密码器。

（2）签订银行账户扣费协议

企业申请开立账户的时候还需要与开户银行签订银行账户的扣费协议，也就是说同意开户银行从企业的这个账户上扣取相应的账户管理费用、手续费等。银行账户扣费协议也需要企业签字盖章予以确认。

（3）签订银行对账协议

企业还需要与银行签订账户的银行对账协议，因为银行账户为了资金安全和资金监督管理，都会定期对账，与银行签订的对账协议约定对账的频率和方式等，以商业银行的对账协议为例，如表 20-5 所示。

表 20-5　对账服务协议（例表）

_____市商业银行对账服务协议

甲方：　　　　　　　　商业银行_____支行
乙方：　　　　　　　　_____公司
为加强银行账户管理，维护存款人利益，甲乙双方
本着自愿、平等、互利的原则，就定期核对银行账务的有关事宜，依据相关法律、法规达成如下协议，并承诺
遵守本协议中的各项条款。
甲乙双方约定的对账方式与频率。
1．甲乙双方同意选择下列方式之一进行对账（在□画√）：

□纸质对账，　　　　　　即指甲方打印纸质对账单及副本账页给乙方，
　　　　　　　　　　　　由乙方核对后反馈纸质对账回单的对账方式。
□电子对账，　　　　　　即指利用电子邮件，甲方向乙方确定的电子
　　　　　　　　　　　　邮箱发送电子对账单。
□电话银行对账，即指乙方通过家访的客户服务中心自助办理对账业务。

2、甲乙双方共同约定，由甲方根据乙方的账户情况，
确定对账频率和对账单送达方式（留行待取或由银行送达）

选择纸质对账方式，双方遵守下列约定：

选择电子对账方式，双方遵守下列约定：

选择电话银行对账方式，双方遵守下列约定：

为保证对账的真实有效，经乙方确定以下人员为其对账有权人
（并附加盖乙方公章的身份证复印件）

1. 联系人：＿＿＿＿＿＿＿＿   职务：＿＿＿＿   联系电话：＿＿＿＿＿＿
2. 联系人：＿＿＿＿＿＿＿＿   职务：＿＿＿＿   联系电话：＿＿＿＿＿＿

上述信息如有变化，由乙方以授权委托书形式在变更前通知甲方。

错账处理：
乙方对账中发现错账，应及时通知
甲方核实，并作相应调整。

其他事项：   ……

甲方（银行）   乙方（企业）：

甲方机构负责人   乙方法定代表人
或授权代理人：   （负责人）
（盖章）   或授权代理人：
                                           （盖章）

              年   月   日   年   月   日

　　企业在填写完上面的申请表和完成协议的签订，并得到银行的核准以后，要按照银行要求，预留企业的财务印鉴，也就是在银行印鉴卡上盖上企业的财务专用章和法人章。银行印鉴卡（正面）以建设银行为例，如表20-6所示。

表 20-6 银行印鉴卡（正面）

中国建设银行			
单位全称		No.	
单位名称		账号：	
地址：		邮编：	
E-mail:			
联系人		电话：	
印模			
启用日期	年　　　　月　　　　日	注销日期	年　　　　月　　　　日

　　在企业通过银行对外支付或者办理其他业务，购买支票等的时候，都必须有预留的银行印鉴（在上面的印模处），银行会仔细核对，确认其印鉴与预留印鉴相符，然后才办理该业务，

如支付结算业务等。

填写完预留银行印鉴之后，账户即开立成功。开立基本银行账户因为需要经过人民银行的审批核准，所以办理完毕需要一周到两周的时间。

在开立完成银行账户以后，银行会发给企业一个银行开户许可证，这就像账户的身份证一样。银行开户许可证只有基本账户和临时账户才有，一般户没有，银行开户许可证（以基本户为例）如图 20-4 所示。

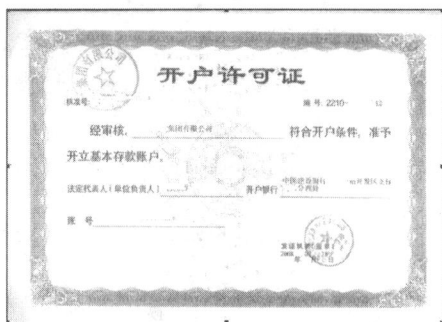

图 20-4　银行开户许可证

从图 20-4 中可以看出，开户许可证上有人民银行的核准号、编号，公司的全称，准予开户的性质，法定代表人的名称，开户银行的名称和银行账户的账号和批准时间。开户许可证是公司非常重要的证件，而且基本户的开户许可证会在开立一般账户和专用账户，以及账户年检中使用，所以一定要指定专人妥善保管。

在银行基本户开立完毕之后才能开立一般户、专用账户和临时账户，开立一般户需要提供的资料和流程与基本户一样，只是需要额外向开户银行提供基本户的开户许可证。如果是开立专用账户，需要提交专用资金的用途证明文件，如开立住房公积金专用账户需要提供单位在当地公积金中心申请缴纳公积金的申请表。但因为备案类银行结算账户不需要人民银行审批，办理起来要快一些。

开立银行临时结算账户的基本流程也和开立基本户一样，只是需要提供临时开立账户的原因和批准文件，如临时成立的项目部（跨地区施工需要在当地开户），需要提供除上述资料以外的项目成立文件如图 20-5 所示。

______有限公司文件

人〔20　〕　号

关于__________工程项目经理部的通知

管内各单位：

为保证集团公司承揽的__________工程__________施工任务的顺利完成，经研究，__________公司__________项目经理部，编制组成人员及有关要求下：

一、编制及组成人员

1、项目经理：_____

2、项目总工：_____

项目经理部其他组成人员另行通知。

二、有关要求

1、项目经理部受公司统一指挥和调度，并对所负责施工的工程项目成本、质量、安全、进度指标负责，按照集团公司项目管理的有关要求，实行工程项目成本控制管理。

2、项目经理部及其组成人员应按照集团公司及建设单位对项目管理的有关要求，建立健全项目管理制度和管理办法，合理分工，密切协作，确保工程项目施工任务的顺利完成。

本通知自公布之日起生效。

二〇〇九年二月二十六日

主题词：机构　项目　设置　通知

__________公司办公室　　2009年02月26日印发

图 20-5　项目成立文件样本

20.6 银行账户的变更、合并、迁移和撤销

随着公司的发展和变化，银行账户也需要有相应的发展和变化，所以经常需要提出变更、合并、迁移或撤销银行账户。尤其是，2015 年 10 月份新推出"三证合一"后，已开立银行账户的企业，换发统一社会信用代码营业执照后，应及时到开户银行变更银行账户信息。

20.6.1 银行账户的变更

银行账户的变更，是指更换银行账户的名称。它分为不同的情况：

一种是在公司的性质不发生变化的情况下，需要变更账户名称或者法人的名称，而不变更账号。这就需要变更印章。需要持新变更的营业执照与印章去开户银行，提出变更申请，说明变更的事由，然后预留新印鉴。

更换印章很多时候是因为公司的法人，或者经理发生了改变，所以需要向银行提交人事变更通知，变更企业在银行账户预留的法人章。人事变更通知（更改法人章）的样式如图 20-6 所示。

图 20-6　人事变更通知

如果公司名字发生了改变，那么企业在银行预留的财务专用章就要发生改变，此时也应该向银行提出变更申请，填写申请变更银行账户印鉴的申请表，然后预留新的财务印鉴，废除旧印鉴。

那么具体怎么更换印鉴呢？其实银行印鉴卡的背面有这个用途，预留更改的新印鉴就是在原来盖有印鉴的银行印鉴卡的背面盖章，同时也要加盖更改前的印鉴章，银行印鉴卡的背面如图 20-7 所示。

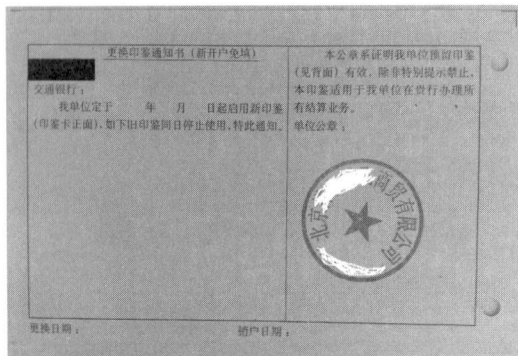

图 20-7　银行印鉴卡（背面）

还有一种银行账户的变更就是在公司的性质发生了变化，如进行了体制改革，所有制发生了变化，个体经营户经过联合变成了合伙经营户等，这就不仅要变更账户名称，还要变更账号，所以不能在原有的银行账户上进行变更，只能先在银行撤销原来开立的账户，然后重新开立新账户。

20.6.2　银行账户的合并

银行账户的合并，是指企业向银行申请合并相同资金来源和相同资金性质的账户，或是两个公司合并后，需要合并各自的银行账户。

合并账户需要下面的流程：

首先依据合并账户的理由，向开户银行出示有关证件和有关证明文件，如新公司成立的文件等。然后与银行核对各自的账户账目，包括存款账户余额与贷款余额。核对无误后，再经过银行撤销被合并的账户，并将被合并的账户余额划转到保留的账户上。这里需要整理被合并账户所剩余的支票等重要空白结算凭证，清点无误后，交回开户银行，如果该开户银行同意继续使用的，可以在更改凭证账号后继续使用。

20.6.3　银行账户的迁移

银行账户的迁移，是指因为公司的地址迁移等原因，向原开户银行提出申请，要求将账号迁往别的地点或者别的银行。账户的迁移也分不同的情况：如果是在同一个城市内迁移，需要向原开户银行提出申请，在开户银行同意后，撤销原开户银行账户，交回原账户的开户许可证；然后再在新的银行开立账户。如果是异地迁户，应该在新的地点先办理新开立账户的手续。新账户开立后，原账户应在一个月内结清，然后注销。

20.6.4　银行账户的撤销

银行账户的撤销，是指因一些原因，向开户银行提出撤销账户的申请。该销户申请经开户银行的审查，并核对其银行存款、贷款账户后，予以办理销户手续。开户银行在 7 日内向当地人民银行申报，并交回销户者的《开户许可证》。

现在，《银行账户管理办法》规定："开户银行对一年（按对月对日计算）未发生收付活动的账户，应通知存款人自发出通知起 30 日内来行办理销户手续，逾期视同自愿销户。"

基本账户的撤销需要提供下列资料：

- 开户许可证。
- 销户申请书。
- 剩余的支票等空白票据。
- 银行预留印鉴卡。
- 法人身份证原件及复印件。
- 经办人身份证原件及复印件，以及法人授权委托书。
- 公司公章。
- 工商局出具的"企业注销通知书"、国税、地税注销通知书原件及复印件。

如果企业不再营业，可以将剩余的银行存款以现金形式取出，若继续营业，可以选择将剩余的银行存款转入别的账户。在销户程序上，基本账户是最后一个撤销的，撤销基本户之前应该先将一般账户和专用账户撤销，将资金转入基本账户，然后再办理最后销户手续。

20.7　银行询证函、银行余额调节表和银行对账单

因为财务制度和规定以及监管资金的需要，企业会在与银行打交道的过程中接触一些银行业务的单据，它们是银行询证函、银行余额调节表和银行对账单，学会这些单据的处理非常重要，下面予以一一介绍。

20.7.1　银行询证函

银行询证函是指企业在被审计事务所审计的时候，以自己的名义向开户银行发出的询证性书面文件，该文件用来验证企业的银行存款与借款、投资人（股东）出资情况以及担保、承诺、信用证、保函等其他事项等是否真实、合法、完整。

银行询证函由出纳送交开户银行，由开户银行核对并盖章后寄出。银行询证函样本如下：

银 行 询 证 函

档案号码：　　　C1026/BJA4061

农业银行　　（银行）：

本公司聘请德勤华永会计师事务所有限公司正在对本公司财务报表进行审计，按照《中国注册会计师审计准则》的要求，应当询证本公司与贵行的存款、借款往来及其他事项。下列数据出自本公司账簿记录，如与贵行记录相符，请在本函下端"信息证明无误"处签章证明；如有不符，请在"信息不符"处列明不符项目。如存在与本公司有关的未列入本函的其他项目，请在"信息不符"处列出这些项目的金额及其他详细资料。有关询证费用可直接从本公司存款账户（银行账号：　　　　　　）中收取。回函请直接寄至德勤华永会计师事务所有限公司北京分所。

回函地址：中国北京市东长安街 1 号东方广场东方经贸城西二办公楼 8 层

邮编：100738　电话：86(10)8520 7788　传真：86(10)8518 1218　联系人：刘娆

于 2015 年 12 月 31 日，本公司银行存款、借款账户余额等列示如下：（见表 20-7 至 20-18 所示）

表 20-7　银行存款

账户名称	银行账号	币种	利率	余额	起止日期（活期/定期/保证金）	是否被抵押或质押或其他限制	备注
光华公司	749001040001756	RMB		227 849.58	活期	否	

除以上所述，本公司并无其他在贵行的存款。

表 20-8　银行借款

银行账号	币种	余额	借款日期	还款日期	利率	其他借款条件	抵（质）押品/担保人	备注

除以上所述，本公司并无其他自贵行的借款。

表 20-9　截至函证日止的一个年度内已注销的账户

账户名称	银行账号	币种	注销账户日

除以上所述，本公司并无其他截至函证日止的一个年度内已注销的账户。

表 20-10　委托存款

账户名称	银行账号	借款方	币种	利率	余额	存款起止日期	备注

除以上所述，本公司并无其他通过贵行办理的委托存款。

表 20-11　委托贷款

账户名称	银行账号	贷款方	币种	利率	余额	贷款起止日期	备注

除以上所述，本公司并无其他通过贵行办理的委托贷款。

表 20-12　担保（如采用抵押或质押方式提供担保的，应在备注中说明抵押或质押物情况。）

被担保人	担保方式	担保金额	担保期限	担保事由	备注

除以上所述，本公司并无其他向贵行提供的担保。

表 20-13　尚未支付之银行承兑汇票

银行承兑汇票号码	票面金额	出票日	到期日

除以上所述，本公司并无其他由贵行承兑而尚未支付的银行承兑汇票。

表 20-14　已贴现而尚未到期之商业汇票

商业汇票号码	付款人名称	承兑人名称	票面金额	票面利率	出票日	到期日	贴现日	贴现率	贴现净额

除以上所述，本公司并无其他向贵行已贴现而尚未到期之商业汇票。

表 20-15 托收的商业汇票

商业汇票号码	承兑人名称	票面金额	出票日	到期日

除以上所述，本公司并无其他由贵行托收的商业汇票。

表 20-16 未完成之已开具而不能撤销信用证

信用证号码	受益人	信用证金额	到期日	未使用金额

除以上所述，本公司并无其他由贵行开具而不能撤销之信用证。

表 20-17 未完成之外汇买卖合约

类别	合约号码	买卖币种	未履行之合约买卖金额	汇率	交收日期
银行卖予公司					
公司卖予银行					

除以上所述，本公司并无其他与贵行未完成之外汇买卖合约。

表 20-18 存放于银行之有价证券或其他产权文件

有价证券或其他产权文件名称	产权文件编号	数量	金额

除以上所述，本公司并无其他存放贵行之有价证券或其他产权文件。

如信托存款、银行提供的担保等，若无除前面所述外的其他事项，则应填写"无"，如图 20-8 所示。

中国建设银行								
明细查询结果								
开户机构	中国建设银行	币种	人民币					
账　　号		利率						
账户名称		账户状态	正常					
交易日期	交易时间	凭证种类	凭证号	发生额/元		余额/元	对方户名 对方账号	摘要
				借方	贷方			
2011-7-1				30,000.00	--	4,240,458.17		转账支取
2011-7-1				10.5	--	4,240,447.67		手续费
2011-7-1				242,558.00	--	3,997,889.67		转账支取
2011-7-1				15.5	--	3,997,874.17		手续费
2011-7-1		支票		3,970,000.00	--	27,874.17		往来款
2011-7-12				2,000.00	--	25,874.17		现金支取
2011-7-12				1	--	25,873.17		手续费
2011-7-13				3,000.00	--	22,873.17		ATM取款
2011-7-18		中国建设银行电子转账凭证		400	--	22,473.17		报销
2011-7-18				4,000.00	--	18,473.17		备用金
2011-7-19		建设银行进账单			1,343,000.00	1,361,473.17		交换存入
2011-7-20		中国建设银行电子转账凭证		88,508.27	--	1,272,964.90		工资款
2011-7-21		中国建设银行电子转账凭证		8,000.00	--	1,264,964.90		报销
2011-7-22		建设银行进账单		--	1,443,085.00	2,708,049.90		交换存入
2011-7-23		中国建设银行电子转账凭证		3,791.00	--	2,704,258.90		报销
2011-7-23		中国建设银行电子转账凭证		400	--	2,703,858.90		报销
2011-7-25		中国建设银行电子转账凭证		615,500.00	--	2,088,358.90		转账支取

图 20-8 其他事项

20.7.2 银行对账单

在每一个月的月初银行会生成一份银行对账单要求企业予以核对，对账单上面有该银行账户上个月的所有变动情况，包括每笔银行业务的发生日期、发生额以及存款余额。企业就可以以此为依据，核对银行日记账是否正确，是否有遗漏或者差错，并且编制银行存款余额调节表。

如果开户银行在月初没有把对账单给企业，应该要求银行打印上个月的对账单，并且盖章。应该把当月的银行对账单放在当月月末的最后一张银行付款凭证后，装订凭证时一起装订成册，也可以按照规定，把当年每个月的银行对账单单独装订成册。

银行对账单（以建设银行为例）如图 20-9 所示。

中国建设银行
明细查询结果

开户机构	中国建设银行	币种		人民币
账　号		利　率		
账户名称		账户状态		正常

交易日期	交易时间	凭证种类	凭证号	发生额/元 借方	贷方	余额/元	对方户名	对方账号	摘要
2011-7-1				30,000.00 --		4,240,458.17			转账支取
2011-7-1				10.5 --		4,240,447.67			手续费
2011-7-1				242,558.00 --		3,997,889.67			转账支取
2011-7-1				15.5 --		3,997,874.17			手续费
2011-7-1		支票		3,970,000.00 --		27,874.17			往来款
2011-7-12				2,000.00 --		25,874.17			现金支取
2011-7-12				1 --		25,873.17			手续费
2011-7-13				3,000.00 --		22,873.17			ATM取款
2011-7-18		中国建设银行电子转账凭证		400 --		22,473.17			报销
2011-7-18				4,000.00 --		18,473.17			备用金
2011-7-19		建设银行进账单		--	1,343,000.00	1,361,473.17			交换存入
2011-7-20		中国建设银行电子转账凭证		88,508.27 --		1,272,964.90			工资款
2011-7-21		中国建设银行电子转账凭证		8,000.00 --		1,264,964.90			报销
2011-7-22		建设银行进账单		--	1,443,085.00	2,708,049.90			交换存入
2011-7-23		中国建设银行电子转账凭证		3,791.00 --		2,704,258.90			报销
2011-7-23		中国建设银行电子转账凭证		400 --		2,703,858.90			报销
2011-7-25		中国建设银行电子转账凭证		615,500.00 --		2,088,358.90			转帐支取

图 20-9　银行对账单

20.7.3 银行存款余额调节表

银行存款余额调节表，是在月末编制的显示实际银行存款余额和实际账目余额差额的调节表。

银行存款余额调节表是在银行对账单余额与企业账面余额的基础上，各自加上对方已收、本单位未收账项数额，减去对方已付、本单位未付账项数额，以调整双方余额使其一致的一种调节方法。银行余额调节表编制步骤为：

（1）按银行存款日记账登记的先后顺序逐笔核与银行对账单核对，对双方都已登记的事项打"√"；

（2）对日记账和对账单中未打"√"项目进行检查，确认是属于记账错误，还是属于未达账项；

（3）对查出的企业记账错误按照一定的错账更正方法进行更正，登记入账，调整银行存款日记账账面余额；对银行记账错误通知银行更正，并调整银行对账单余额；

（4）编制银行存款余额调节表，将属于未达账项的事项计入调节表，计算调节后的余额。

银行存款余额调节表如表 20-19 所示。

表 20-19　银行存款余额调节表

银行名称：

银行账户名称：

银行账户：

年　　月　　日　　　　　　　　　　　　单位：元

项目	金额	项目	金额
银行存款日记账余额		银行对账单余额	
加：银行已收企业未收款		加：企业已收银行未收款	
减：银行已付企业未付款		减：企业已付银行未付款	
调节后存款余额		调节后存款余额	

财务负责人：　　　　　稽核：　　　　　出纳员：

通过核对和调节，"银行存款余额调节表"上的双方余额应该相等，这可以说明企业和银行的记账都没有差错。如果经调节仍不相等，要么是未达账项未全部查出，要么是一方或双方记账出现差错，需要进一步采用对账方法查明原因，加以及时的更正。在核对无误的银行存款余额调节表上应该有账户全称和账号，调节的日期和出纳，稽核和财务负责人的签字以及财务印章。

【实例】光华公司的出纳人员小李在 2019 年 6 月 1 日取得了截至 5 月 31 日公司账户的银行对账单，与自己的银行日记账核对，据此编制 5 月的银行余额调节表。

（1）经小李按顺序打钩核对银行日记账和对账单，现在小李的银行日记账余额为 350 050.00 元，发现 5 月 28 日银行发生的手续费 50 元在银行日记账上漏做，在月末补做后小李的银行日记账余额为 35 万元。

（2）小李发现 5 月 31 日自己开出的支票 10 万元已经确认付款，而银行尚未付款，小李把这笔 10 万元放到银行余额调节表的"企业已付银行未付"。

（3）小李发现5月31日银行自动扣取了5月的社保费用2万元，还未取得银行单据无法登记银行日记账，小李把这笔2万元放到银行余额调节表的"银行已付企业未付"。

（4）小李发现5月30日，银行账户收到一家服装公司划来的存款5万元，没有取得单据，未知该笔款项的性质，小李把这笔5万元放到银行余额调节表的"银行已收企业未收"

（5）小李发现5月20日自己确认的一笔收入30万元，银行尚未收到，把这笔30万元放入银行余额调节表的"企业已收银行未收"。

（6）小李目前的银行日记账余额35万元，加上"银行已收企业未收"5万元，减去"银行已付企业未付"2万元，得到调节后的存款余额38万元。

（7）小李从银行取得的银行对账单上显示，5月月末银行存款为18万元，加上"企业已收银行未收"30万元，减去"企业已付银行未付"10万元，调节过后的存款余额为38万元。

经过以上环节，也就是错账更正以及未达账项的调整以后，调节过后的存款余额数达到一致，都为38万元（如表20-20所示）。

表20-20 银行存款余额调节表（实例20.1）

银 行 名 称：中国建设银行
银行账户名称：光华公司
银 行 账 号：5101005

2019 年 5 月 31 日　　　　　　　　　单位：元

项目	金额	项目	金额
银行存款日记账余额	350 000.00	银行对账单余额	180 000.00
加：银行已收企业未收款	50 000.00	加：企业已收银行未收款	300 000.00
减：银行已付企业未付款	20 000.00	减：企业已付银行未付款	100 000.00
调解后存款余额	380 000.00	调解后存款余额	380 000.00

财务负责人：吴部长　　　　　稽 核：傅会计　　　　　出纳员：小李

第 21 章

快速上手管理银行结算票据

在前面的章节学习了如何管理银行账户，在办理完银行账户的相关手续以后，我们来学习怎么通过银行办理结算，怎么转账汇款。由于在实际业务中后面几种结算方式较少遇到，所以大家对于后面的几种银行结算方法只作为一般性的了解即可。

21.1 熟知银行结算票据的管理

首先我们要知道银行结算票据怎么管理，因为银行票据涉及的金额一般都很大，所以需要重点了解银行票据的风险，加强自身的风险意识，先要掌握怎么规避风险，怎么管控票据。

21.1.1 银行票据的风险

票据作为银行结算中一种重要的支付凭证，在实际中使用十分广泛。由于票据种类多，特别是当我们遇到一些没有接触过的票据时，是缺乏鉴别能力的，所以在票据的使用过程中也存在着许多风险。

票据风险形成的原因有很多，比如对银行票据进行伪造和变造；票据的取得不当，出于恶意或者重大过失取得；票据行为无效或者票据权利存在缺陷；一些人员工作上的经验不足、责任心不够等。

票据的伪造，是指假借他人名义而签发票据的行为，例如，伪造出票人的签名、印章，或利用管理漏洞盗用他人的印章等，都属于票据的伪造行为。若该接受伪造票据的人不能向伪造者追回欠款，这部分损失只好由接受该票据的人自己承担了。

票据的变造，是指未经授权或无权变更票据内容的人，擅自变更票据的行为。票据发生变造以后会影响到当事人的利益，从而引起票据风险。

票据权利存在缺陷的情况是指持票人对票据享有的所有权有缺陷。如果票据的持有人以欺诈、胁迫、暴力或恐吓等手段，或以不合法的支付对价，或在票据的流通转让过程中违反诚信原则，或在相当于欺诈的情况下取得票据。这类票据取得和流通的过程中会损害相关者的利益，从而也产生票据风险。

如果票据的取得是出于恶意或重大过失的情况，就会带来票据的风险。"恶意"取得票据，是指票据取得人明明知道票据转让者并没有处分或交付票据的权利，而仍然接受其票据。如 A 公司从 B 公司偷窃来一张支票转让给 C 公司，C 公司明知 A 公司给予的票据是偷窃得来的，却仍然接受，那么 C 公司就是恶意取得。

重大过失，是指票据受让人虽不是明确地知道，但如果稍加注意和核查，就可知道票据让与人是没有处分权的。如 A 公司在受理 B 方盗窃得来的支票时，明明知道 B 没有这个经济能力，稍加追究取证即可知道这是不法取得，却不闻不问，依然受理，这就是重大过失。

票据欺诈的类型大致有以下几种情况：

第一种是伪造国外银行汇款凭证。这种情况最为普遍，其目的是诱使国内公司发货，制造预付款项等优厚条件以骗取货物。

第二种是伪造大额银行汇票。这种情况是钻"立即结汇"的结算方式的空子，在收款后立即调出资金，而在银行退票追索时，欺诈者已逃之天天。

21.1.2 银行票据结算的管理

为了应对票据的风险，我们一定要做好风险的防范措施，对银行的票据结算加强管理，明确其结算纪律和责任。

1. 银行结算纪律与责任

银行结算纪律与责任的主要内容如下：

- 企业办理银行结算，必须严格遵守银行结算办法的规定。
- 不准出租、出借账户，不准签发空头支票和远期支票；不准套取银行信用。
- 公司办理结算，由于填写结算凭证有误而影响资金使用，或者管理的票据和印章丢失，被他人使用等管理不善造成损失的，由其自行负责。
- 允许背书转让的票据，因不获付款而遭退票时，可以对出票人、背书人和其他债务人行使追索权，票据的各债务人对持票人负连带责任。

如果单位和个人违反银行结算规定和纪律，银行可以根据有关规定予以经济处罚，情节严重的，应停止其使用银行结算，由此造成的后果，由公司自行负责。

但是如果银行办理结算，由于自身工作差错，发生延期等，影响企业的资金使用，应按存（贷）款的利率计付赔偿金；同违反结算制度规定，发生延误、挪用、截留结算资金，影响公司和他行资金使用的，应按结算金额每天 3‰ 计付赔偿金；因错付或被冒领的，应及时查处，如果造成他人的资金损失，应该负责资金赔偿。

2. 票据结算的管理和控制

为了避免发生丢失、被盗等管理漏洞，防止由于管理不善而给自身带来经济上的损失，应该建立健全票据结算的内部控制制度，加强对支票结算的管理和控制，具体措施应该包括：

首先，所有支票的管理都应该由财务部门指定专人负责，对支票妥善保管在专门的地点，严防丢失、被盗。支票和预留银行印鉴、支付密码器也应该由专门保管，并且分别存放，支付密码器的使用密码应该出纳人员保管，严谨泄密。

企业应该有专门的"支票领用表"，有关人员在领用支票时必须填写专门的"支票领用单"，写明领用支票的用途、日期、金额，并且由经办人员签字，并且得到有关领导的批准。

票据应该由指定的出纳员专人签发，出纳员根据经领导批准的"支票领用单"按照规定要求签发，并在支票登记簿上加以登记。一旦发生支票遗失，立即向银行办理挂失并且通知银行和收款单位，协助防范。

一般情况下严禁携带盖好印鉴的空白支票外出，但是如果采购金额事先无法确定，实际情况又需用空白转账支票结算时，在得到单位领导的同意后，出纳员可签发具有下列内容的空白支票：

- 填写好支票日期；
- 填写好收款单位名称；
- 填写好支票用途；
- 填写好限定的金额（在支票的右上角加注"限额××元"字样）。

同时，在签发空白支票时要让领用人填写"空白支票签发登记簿"，实行空白支票领用销号制度，严格控制空白支票的签发。

"空白支票签发登记簿"应包括以下内容：支票的领用日期、支票完整号码、领用人、领用用途、收款单位、限额、批准人、销号日期。领用人领用支票时要在登记簿"领用人"栏签名或盖章；领用人将支票的存根或未使用的支票交回时，应在登记簿"销号"栏销号并注明销号日期。

根据银行结算制度的规定，禁止企业签发空头支票，所以为避免签发空头支票，我们要定期与开户银行核对往来账，了解未达账项情况，准确掌握银行存款余额，避免出现空头支票的情况。

21.1.3　银行结算票据的填写要求

银行结算票据的填写要求是在我们具体填写票据前应该掌握的内容。

首先，应该在票据上写明所要记载的内容，如签发票据时应写明票据的种类、金额、支付命令、支付密码，签发票据的日期以及其他需要明确的内容，如果是承兑汇票应写上"承兑"字样，保证时应写上"保证"或"担保"字样。

然后，签名并盖上在银行预留的财务印鉴，这说明我们对该票据承担责任。按照《票据法》规定，在票据上的签名应当为该当事人的本名，而不能用笔名、艺名等。

接下来，应将填写好并且盖好印章的票据交付给执票人。只有票据被交付给了对方，票据才能发生法律效力。

银行结算凭证的规范填写有以下要求：

（1）为了防止填好的票据被修改，填写票据日期时，使用规范的中文填写。填写金额的大写和小写等都不准更改。

（2）对于大写金额数字一律用正楷或行书书写，小写的阿拉伯数字不得连笔写。

（3）在中文大写金额的前面不能留空白，也就是应该顶格书写，中文大写金额数字前应标明"人民币"字样，票据大写金额数字前未印有"人民币"字样的，在填写时应在大写金额前加填"人民币"字样。

（4）中文大写金额后面应该加"整"字，中文大写金额数字到"元"为止的，在"元"字后面加"整"字；中文大写金额数字到"角"为止的，在"角"之后可不写"整"字；中文大写金额数字有"分"的，"分"后不写"整"字。

（5）阿拉伯小写金额前加"¥"符号。小写的分位和角位为"0"时，一定要写上"0"，不能空着，也不能用画线代替。

（6）填写出票日期的基本规定是：在填写月、日时，月为壹月、贰月、拾月的，日为壹日到玖日、壹拾日、贰拾日、叁拾日的，应在大写汉字前加"零"字。如果为拾壹、拾贰月，日为拾壹至拾玖的，应在其大写的汉字前加"壹"字。例如，11 月 19 日，应写为壹拾壹月壹拾玖日；12 月 30 日，应写为壹拾贰月零叁拾日。

21.2　快速掌握银行结算的种类和方法

在了解了一些基本知识以后，我们下面就来了解一下银行结算有哪些种类，它们的结算方法是什么。

21.2.1　支票

1．支票的概念和种类

支票是由财务人员签发的，委托办理业务的开户银行在见票时无条件的支付支票上确定的金额给收款人或者持票人的票据。

支票结算方式是实际应用中广泛使用的一种结算方式，支票是商务活动中使用最多的一种票据，同一票据交换区域（也就是同城）的各种款项结算，均可以使用支票。

支票由发行银行统一印制，支票上印有"现金"字样的为现金支票，现金支票只能支取现金；支票上印有"转账"字样的为转账支票，转账支票只能用于转账；未印有"现金"或"转账"字样的为普通支票，普通支票可以用于支取现金，也可以用于转账。在普通支票左上角画两条平行线的，为划线支票，划线支票只能用于转账，不得支取现金。

需要注意的是，支票的提示付款期限为自出票日起 10 日内，中国人民银行另有规定的除外。支票的提示付款期限在支票上有说明，如果超过提示付款期限，持票人开户银行不予受理，支票作废。

2．支票的领购

首先应该去企业的开户银行领购支票，领购支票时，必须填写"票据和结算凭证领用单"写明购买的支票种类和张数，并加盖预留银行印鉴，银行一般会从企业的存款中扣去相应的支票购买费用。存款账户结清也就是企业要进行银行账户的合并或者注销时，将剩余的空白支票全部交回银行注销。

在拿到银行递交给我们购买的空白支票时，应该仔细核对支票的张数，支票的起始号码和中间有无断号的情况，以及有无票面的损伤，字迹模糊等。一本支票的编号应该是连续的，如果有问题，当面交还给银行予以更正，以免为自己以后的工作带来不便。

3．支票的签发填制

在签发支票之前，应该认真查明银行存款的账面结余数额，防止签发超过存款余额的空头支票。签发空头支票，银行除退票外，还按票面金额处以 5%但不低于 1 000 元的罚款。

現金支票（空白）如图 21-1 所示。

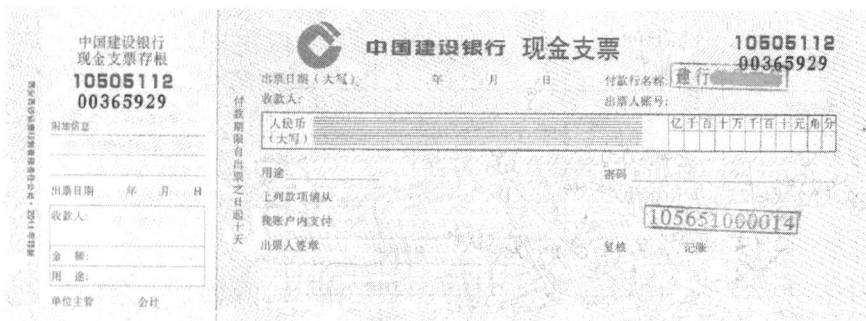

图 21-1　现金支票（空白）

转账支票（空白）如图 21-2 所示。

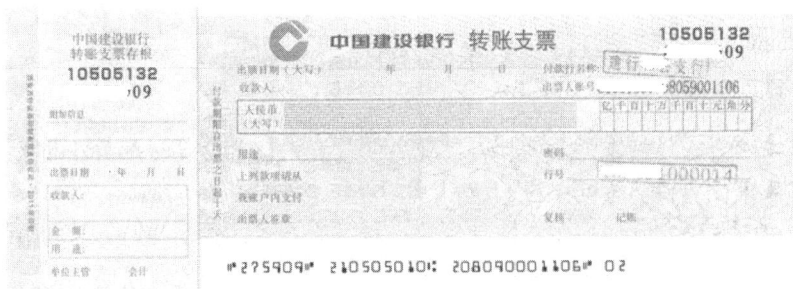

图 21-2　转账支票（空白）

在签发支票时，应使用黑色墨水笔，将支票上的各要素填写齐全，然后在支票上加盖其预留银行印鉴。

一般填写支票的顺序是从左至右，从上到下。先用中文大写填写出票当日的时间，注意只能用中文大写。然后填写收款人的全称，人民币大写金额以及小写金额，大写金额和小写金额要一致，填写的规范前面已经讲过，这里不再重复。接着填写用途，然后用支付密码器计算支付密码并用阿拉伯小写数字填写在密码区。别的要素，如账号、开户银行名称等，银行在发给我们的支票上已经盖好了，所以不用再填写。

接下来填写虚线左边，也就是存根部分。最上面是备注，接下来用阿拉伯小写数字填写出票的日期，收款人名称、金额、用途，下面是财务主管和会计的签字。填写好，盖上预留印鉴后沿虚线把左边的存根联和右边的票据联拆开，存根联作为存根使用，票据联交给持票人，或者我们自己去银行进行结算业务的办理。按照会计基础规范的要求，存根联上也需要盖上财务专用章。

在填制好图 21-2 所示的转账支票以后，还需要填制银行进账单，一并递交开户银行，银行才会予以办理。

填写进账单，需要填写以下内容，包括办理业务当天的日期，这里需要注意的是，如果不是在出票日当日去办理的该笔转账业务，那么这里的日期就会和转账支票上的日期不同。进账单上的日期必须和办理银行结算的日期相同，而不一定和转账支票的出票日日期相同。

232

然后填写出票人和收款人的全称、账号和开户银行，接着填写人民币大写金额和阿拉伯小写金额，要求和转账支票的要求一样，填写完这些就可以和支票一起送交给银行办理了。进账单是多联复写的，如果我们是出票人，那么银行受理业务办理完后，会在进账单的第一页盖上"付讫"章后交回给我们作为该笔业务办理的银行回单。但是别的进账单联和支票不再返回。进账单（以中国建设银行为例）如图21-3～图21-5所示。

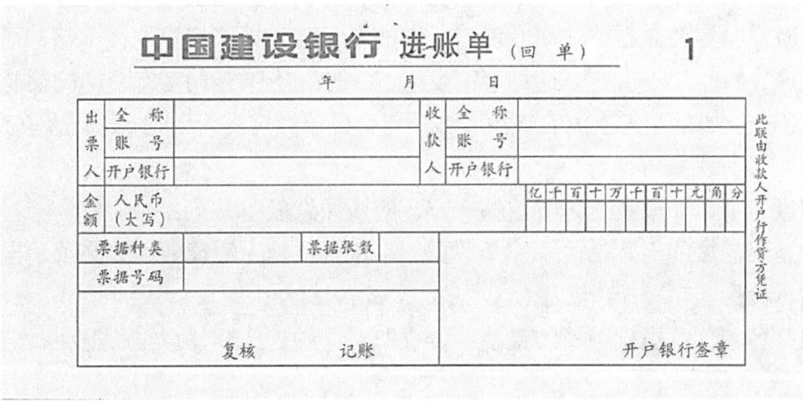

图 21-3　进账单第一联（回单）

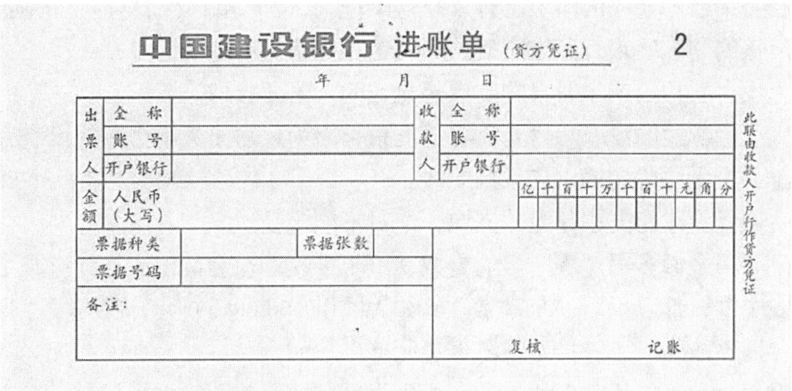

图 21-4　进账单第二联（贷方凭证）

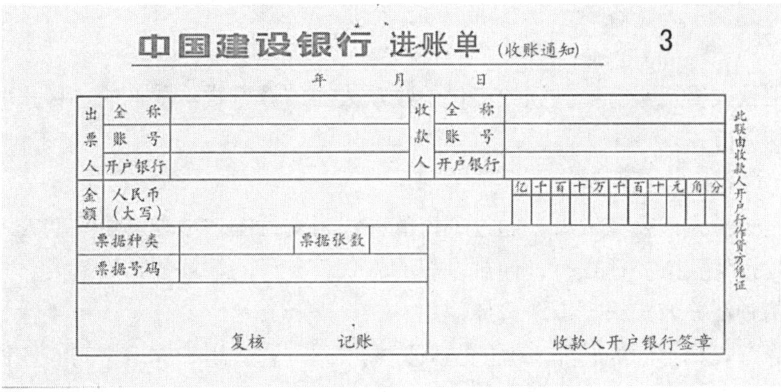

图 21-5　进账单第三联（收账通知）

假设我们给光华公司转账付款，转账业务发生时银行会把第一联（回单）退还我们作为做账的凭证，第二联（贷方凭证）为银行保存，第三联（收款通知）由银行转交给光华公司即收款单位。

无论是写支票，还是进账单，均不能有错别字，不能涂改，如果一个字写错了也只有整张单据重新写，无论是日期写错，还是收款人、付款人、账号，密码写错或者漏掉任何一个字，字迹模糊，或者印章盖得不够清楚或者用圆珠笔填写，这些情况银行都不予受理。

开支票时，一定要先看账户里有没有足够的金额，如果账户里的钱不够，而我们却开出了支票，就成了"开空头支票"。这种事情发生，一方面影响公司在客户中的信誉，另一方面会导致金钱损失。如果账户上没有钱或者钱不够，应该向客户说明情况，以及多久可以付款，千万不要开空头支票。

在实际操作中，如果我们是收票的一方，应该注意以下几点：

● 没有签名盖章的支票是"不完全票据"，这种票据无法律效力。必须请出票人补盖印鉴方可接受。
● 出票签名和盖章模糊不清的支票不要收取，这种支票容易被银行退回，造成公司的损失。
● 支票上的签名能以盖上名章的方式代替，但不能以按指印的方式代替签名。
● 图章颠倒的支票是有效的，可以收受。
● 可以在盖错或者模糊的印鉴上打"?"对印鉴予以涂销，然后再盖上正确清晰的印鉴，如果所盖的印鉴经银行鉴定正确，那么这张支票是有效的。
● 票据上没有填写出票年月日的支票是无效的，不要收取。
● 票据大写金额栏内没有写"元"字的支票，因为只写了数字金额，没有人民币货币单位其金额是无法确定的，该票据无效。
● 大写金额经涂改的支票是无效支票，绝对不能接受。
● 票据上大写金额多写"零"字的支票，不要接受。在金额位数连续有几个零时，无论有多少个零，都应只写一个零字。比如人民币 100 001.00 元，应写成"壹拾万零壹元整"，而不能写成"壹拾万零零零壹元整"。
● 票面金额填写"拾元整"的支票，不可收受。按照前面的书写规范，对有关支票金额的写法有特别的要求，10 元应写为"壹拾元整"。

21.2.2 汇兑

汇兑是汇款人委托银行将其款项支付给收款人的结算方式。我们的各种款项的结算，均可使用汇兑结算方式。

汇兑分为信汇、电汇两种。

● 信汇是指付款人委托银行，通过邮寄的方式将支付的款项划转给收款人。
● 电汇是指付款人委托银行，通过电报的方式将支付的款项划给收款人。

以上这两种汇兑方式根据需要选择使用。

汇兑结算方式和上面的转账支票的结算方式不同，它适用于异地之间的各种款项结算。这种结算方式划拨款项简便、灵活。

目前我们一般采用电汇的方式，下面主要介绍电汇的填制。电汇凭证（以中国建设银行为例）如图 21-6 所示。

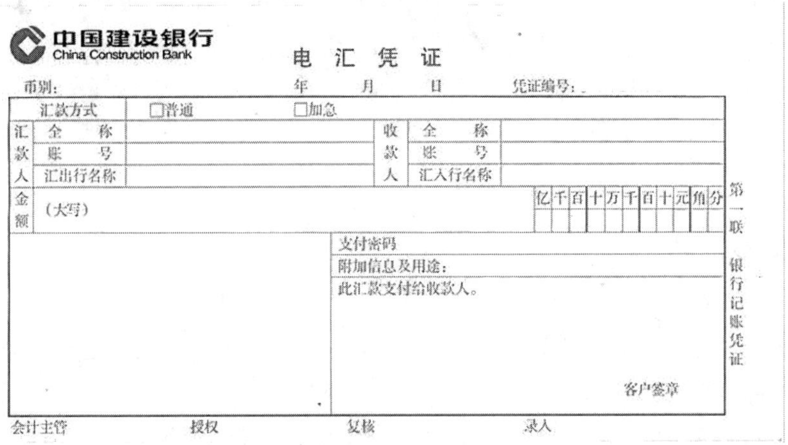
中国建设银行 China Construction Bank

电 汇 凭 证

币别： 年 月 日 凭证编号：

汇款方式	□普通	□加急			
汇款人	全称		收款人	全称	
	账号			账号	
	汇出行名称			汇入行名称	
金额	（大写）				亿 千 百 十 万 千 百 十 元 角 分
			支付密码		
			附加信息及用途：		
			此汇款支付给收款人。 客户签章		

会计主管 授权 复核 录入

第一联 银行记账凭证

图 21-6　电汇凭证（空白）

采用这一结算方式时，首先应该填写出票的日期，注意，这里用阿拉伯小写数字填写就行，汇款方式可以根据实际情况勾选普通还是加急，然后填写汇款人和收款人的全称、银行账号、银行开户行名称、金额的中文大写和阿拉伯小写、支付密码和用途。然后盖上预留财务印鉴，电汇凭证是多联的，我们需要在银行记账凭证那一联上盖章，然后送达开户银行，委托银行将款项汇往收款行，收款行会将收到的金额支付到收款人的银行账户。电汇凭证的日期必须也只能是办理日期的当天，和支票是不同的。

电汇业务需要支付手续费。在银行审核电汇凭证无误后，在回单联盖章，连同业务收费凭证一同交给汇款人。

21.2.3　银行汇票

银行汇票是指汇款人将款项交存当地出票银行，由出票银行签发的，由其在见票时按照实际结算金额无条件支付给收款人或持票人的票据。银行汇票使用灵活、票随人到、兑现性强，适用于先收款后发货或钱货两清的交易。

银行汇票可以用于转账，填明“现金”字样的银行汇票也可以用于支取现金。银行汇票的付款期限为自出票日起 1 个月内。超过提示付款期限不获付款的，持票人须在票据权利时效内向出票银行作出说明，并提供身份证件或单位证明，持银行汇票和解讫通知向出票银行请求付款。

在支付购货款等款项的时候，应向出票银行填写“银行汇票申请书”，其中填明收款人名称、支付金额、申请人、申请日期等事项并签章，签章要与预留银行印鉴相同。银行受理银行汇票申请书，收妥款项后签发银行汇票，然后将银行汇票和解讫通知一并交给汇款人。

21.2.4　银行本票

银行本票是指银行签发的，承诺自己在见票时无条件支付确定的金额给收款人或者持票人的票据。

银行本票由银行签发并保证兑付，而且见票即付，信誉高、支付功能强。银行本票分定额本票和不定额本票。如果是定额本票面值分别为 1 000 元、5 000 元、10 000 元和 50 000元。在票面划去转账字样的，为现金本票。

银行本票的付款期限为自出票日起最长不超过 2 个月，在付款期内银行本票见票即付。超过提示付款期限不获付款的，在票据权利时效内向出票银行作出说明，并提供本人身份证或单位证明，可持银行本票向银行请求付款。其流程和银行汇票相同。

21.2.5　商业汇票

商业汇票是指出票人签发的，委托付款人在指定日期无条件支付确定的金额给收款人或者持票人的票据。商业汇票的付款期限由交易双方商定，但最长不得超过 6 个月。商业汇票的提示付款期限为自汇票到期日起 10 日内。

先要领购商业汇票，在开户银行填写"票据和结算凭证领用单"并加盖预留银行印鉴，存款账户结清时，必须将剩余的空白商业汇票全部交回银行注销。

商业汇票可以由付款人签发并承兑，也可以由收款人签发交由付款人承兑。如果我们是持票人，那么应当在汇票到期日前向付款人提示承兑;见票后定期付款的汇票未按规定期限提示承兑的，持票人丧失对其前手的追索权。付款人应当自收到提示承兑的汇票之日起 3 日内承兑或者拒绝承兑。付款人拒绝承兑的，必须出具拒绝承兑的证明。

商业汇票按承兑人不同分为商业承兑汇票和银行承兑汇票两种，它们有一定的区别：承兑人不同，商业承兑汇票是商业信用，银行承兑汇票是银行信用。目前银行承兑汇票一般由银行签发并承兑，而商业承兑汇票可以不通过银行签发并背书转让，但在信用等级和流通性上低于银行承兑汇票，在银行办理贴现的难度较银行承兑汇票高。

1. 商业承兑汇票

商业承兑汇票是由银行以外的付款人承兑。商业承兑汇票按交易双方约定，由销货企业或购货企业签发，但由购货企业承兑。承兑时，购货企业应在汇票正面记载"承兑"字样和承兑日期并盖章。承兑不得附有条件，否则视为拒绝承兑。在汇票到期的时候，购货企业的开户银行凭票将票款划给销货企业或贴现银行。销货企业应在提示付款期限内通过开户银行委托收款或直接向付款人提示付款。对异地委托收款的，销货企业可匡算邮程，提前通过开户银行委托收款。汇票到期时，如果购货企业的存款不足支付票款，开户银行应将汇票退还销货企业，银行不负责付款，由购销双方自行处理。

2. 银行承兑汇票

银行承兑汇票由银行承兑，由在承兑银行开立存款账户的存款人签发。承兑银行按票面金额向出票人收取万分之五的手续费。

购货企业应于汇票到期前将票款足额交存其开户银行，以备由承兑银行在汇票到期日或到期日后的见票当日支付票款。销货企业应在汇票到期时将汇票连同进账单送交开户银行以便转账收款。承兑银行凭汇票将承兑款项无条件转给销货企业，如果购货企业于汇票到期日未能足额交存票款，承兑银行除凭票向持票人无条件付款外，对出票人尚未支付的汇票金额按照每天万分之五计收罚息。

21.2.6 信用卡

信用卡是指商业银行向个人和企业发行的，向特约企业购物、消费和向银行存取现金，且具有消费信用的卡片。按使用对象分为企业卡和个人卡；按信誉等级分为金卡和普通卡。

企业在银行开立基本账户的，可申领单位卡。单位卡可申领若干张，持卡人资格由申领单位法定代表人或其委托的代理人指定和注销，持卡人不得出租或转借信用卡。单位卡账户的资金一律从基本存款账户转账存入，不得交存现金。

企业信用卡不得用于 10 万元以上的商品交易、劳务供应款项的结算，不得支取现金。

信用卡，所谓的信用，是在规定的限额和期限内允许善意透支，透支额金卡最高不得超过 10 000 元，普通卡最高不得超过 5 000 元。透支期限最长为 60 天。透支的利息按照银行规定按日计算，如果超过规定限额或规定期限，并且经发卡银行催收无效的透支行为为恶意透支，持卡人使用信用卡不得恶意透支。

21.2.7 委托收款

委托收款是收款人委托银行向付款人收取款项的结算方式。企业可凭已承兑商业汇票、债券、存单等付款人债务证明办理收取同城或异地款项。委托收款还适用于收取电费、电话费等付款人众多、分散的公用事业费等有关款项。

委托收款结算款项划回的方式分为邮寄和电报两种。

21.2.8 托收承付

托收承付是一种先有购销合同，根据购销合同，由合同中的收款人发货以后委托银行向异地的付款人收取款项，然后由付款人承认付款的一种结算方式。

使用托收承付结算方式的收款单位和付款单位，必须是国有企业、供销合作社以及经营管理较好、并经开户银行审查同意的城乡集体所有制工业企业。这是我们较少遇到的一种结算方式。

21.2.9 信用证

信用证结算方式是国际结算的一种主要方式。经中国人民银行批准经营结算业务的商业银行总行以及经商业银行总行批准开办信用证业务的分支机构，也可以办理国内商品流通小企业之间商品交易的信用证结算业务。

采用信用证结算方式的，收款方在收到信用证后，即备货装运，签发有关发票账单，连同运输单据和信用证，送交银行，根据退还的信用证等有关凭证编制收款凭证；付款方在接到开证行的通知时，根据付款的有关单据编制付款凭证。

21.3 分清银行结算的种类和办理方法

随着网络的发展，越来越多的银行开始普及网上银行业务，可以说，网上银行带给了我们某种"变革"，下面来看一下什么是网上银行业务以及怎样操作网上银行业务。

21.3.1　便捷的网上银行功能

网上银行业务，是指银行依托互联网推出的新一代的电子银行服务。它非常便捷，能提供非常全面及时的服务，满足企业全方位、多层次的需求，所以网上银行业务已经越来越普及。下面来介绍一下网上银行业务的功能：

（1）强大的账户查询功能。通过网上银行，我们可以在联网的电脑上查询到账户的余额、明细账，等待进行的交易等，这种查询快捷及时。

（2）快捷的转账汇款和缴费支付功能。通过网上银行进行转账汇款和缴纳税费等支付功能，可实现不同银行账户之间的转账汇款；大大节省了去银行排队办理业务和填写银行票据的时间。

（3）便利的代发代扣功能。通过网上银行可以很方便地发放职工的工资和报销款。把核对无误的工资卡号和工资金额输入电脑后，银行可以直接把银行存款发放到员工的工资卡上，省时又省力。

（4）网上对账功能和账户管理功能。通过网上银行可以进行网上的对账和对不同的账户进行管理。

21.3.2　申请开通网银

首先，如果企业还没有开通过网上银行业务，那么要先申请网上银行，提供营业执照、开户许可证，法人的身份证，经办人身份证并且加盖公司公章等银行要求的证件后，到开户行会计柜台填写申请表，签署网银协议即可轻松开通。

为了保证账户资金的安全，在柜台签约以后，银行会发给我们专用的网银盾，也就是我们所说的电子密钥或者证书载体，并且在开通网银的第二天可以开始使用。

如果以前申请过网上银行业务，只是要把新的账户追加开通，带开户资料到相应的开户行会计柜台填写申请表办理追加账户就可以。如果是追加其他法人单位账户（这种情况在企业有分子公司、项目部、营业部等分支机构的时候会发生），就还需要提供该法人的《授权书》。

在上面已经介绍过的网银的多种功能里，企业可以根据自己的实际需要予以开通。但是开通同一个银行账户的不同网银功能，都需要填写相关的申请表，与银行签订协议，而不是只开通网银就可以直接使用。如上面提到的代发代扣功能，开通时填写《中国建设银行单位网上银行代收代付业务申请表》，签署《人民币结算协议》时勾选网银代收代付功能，带开户资料到开户行的会计柜台即可开通。

根据申请的功能不同，中国建设银行的网银业务又分为两种，一种为简版单位网银，另一种为高级版单位网银。它们的区别在于，高级版网银具有简版网银的所有功能，但是简版网银没有高级版网银的转账支付等功能。

简版网银一般用来进行查询业务，所以下面主要介绍可以办理银行支付业务的高级版网银。

申请的单位网银，申请下来的证书有一个有效期，比如中国建设银行网银的网银证书的有效期为五年，从申领的时间算起，也就是说，在使用该证书办理业务五年以后，需要到期换证。换证有以下两种情况：

① 证书到期前一个月以及到期后三个月的时间范围内，可以在登录界面看到证书到期的

提示，直接点击该提示中的"到期换证"链接，转到"到期换证"页面进行证书更换。

②也可以直接登录 www.ccb.com，点击左上角"网上银行服务"进入下一个页面，并在该页面右下方点击"到期换证"进行证书更换。

小贴士：在证书到期三个月后，我们不能再自行更换证书，此时，需要按证书恢复流程申请证书恢复。即需要填写证书恢复的申请表，到银行柜台办理，申请证书的继续使用。

21.3.3　网银业务初始

在第一次使用网上银行业务的时候，要先对我们的电脑进行必要的设置，还要了解相关的基本知识，才能顺利地使用网银。出于安全的考虑，最好使用固定的电脑进行网银操作。

1. 操作员角色

网银系统有不同的操作员角色，其中，网银系统"主管"角色只有一个，而包括副主管在内的操作员可根据实际需要设置多个。各个角色根据主管的权限管理，均可实现查询、统计、打印、文件下载等功能，但在账务性交易，包括转账汇款、代收代付、理财等交易中，根据角色权限的不同，需要处理不同的业务。

- 制单：主要在账务性交易中，担任"出纳"工作，制作账务性交易的单据。
- 复核：主要在账务性交易中，担任"会计"工作，复核制单提交的单据。
- 制单_复核：操作员登录后可选择自己的角色，分别担任制单或复核。但在同一笔交易中不能既制单又复核。
- 副主管：有一部分的主管权限，协助主管进行管理。常用于大型的集团客户。
- 主管：每个网银客户只有1个主管，可管理所有操作员、流程、给副主管分配空卡等，还可以在账务性交易中作为最后一级复核，即最终审批。

从上面可以看出，我们可以根据自身的情况，自己申请网银盾，也就是电子证书或者电子密钥的个数。一般来说，财务主管持有一个密钥，也就是我们所说的"主管"，出纳员（制单员）持有一个密钥，审核人员持有一个密钥，或者出纳员或者审核人员有多少个，都可以统一称呼为操作员，他们都受"主管"的管理。"主管"通过网银盾登录中国建设银行相关页面，可以直接进行"操作员"的管理，比如给不同的操作员授权，增加或者减少权限，修改操作员的密码，冻结操作员的网银盾，更改操作员的名字或者信息，恢复操作员网银盾使用等。企业可以根据自己公司的情况和付款的流程增加密钥的个数，但是主管网银盾和出纳（也就是操作员）网银盾这两个网银盾必不可少。

提示：一些业务和人员较少的公司可以根据需要到银行填写《流程优化申请表》单独申请开通"单一授权"，开通后，制单角色可不经复核，直接提交银行处理，也就是说可以一个财务人员全权处理付款等业务，但是因为这样，该角色有一定的操作风险，一般不推荐使用。

如果需要增加网银盾和增加操作员，填写《中国建设银行网上银行企业客户证书载体申请登记表》送交我们的开户行会计柜台即可申领空卡。次日由主管进行操作员新增，给予相应的授权即可。

2．网银业务初始设置

（1）输入地址：把银行密钥插入电脑的 USB 接口以后，打开 Internet，输入中国建设银行单位银行的网址：

简版单位网银登录地址为 www.ccb.com，打开以后单击页面左上方"网上银行服务"，选择"简版企业银行"。

高级版单位网银登录地址为：https://b2b.ccb.cn。

注意：http 后面还有一个 s，这和我们平时使用的大部分网址 http:// 不同。

（2）安装驱动：在输入中国建设银行的电子银行网址以后，使用网银需要安装什么吗？

目前中国建设银行使用的网银盾属"无驱"类型，也就是无须手动安装，网银盾驱动将自动安装以便我们的使用，但是如果安装失败，也可以按如下步骤手动安装：

手动安装时，使用网银盾配送的光盘，插入电脑光驱后根据提示点击"企业网银"即可安装。同时也可在中国建设银行网站 www.ccb.com 下载安装程序。

（3）进行必要电脑设置：在安装好驱动以后，由于电脑程序各不相同，不同程序间可能兼容性等性能也有差别，所以需要在使用前先对 IE 浏览器进行以下设置。

① 清理临时文件：

因为 IE 浏览器的设置不同，如果没有及时清理临时文件，可能会影响企业登录使用网银，所以需手动清理，具体操作步骤为：在打开 IE 浏览器后，在工具（或选项）菜单下打开"Internet 选项"，在"常规"中间部分单击"删除"按钮即可，如图 21-7 所示。

图 21-7　设置浏览器（清理临时文件）

② 设置安全级别：

在"Internet 选项"下选择"安全"，选择"可信站点"，然后单击添加单位网银的登录地址：https://b2b.ccb.com（以高级版本网银的地址为例），如图 21-8 所示。

另外，还可以单击"自定义级别"，该选项也在"安全"选项中，在弹出的对话框中将 ActiveX 控件改为"启用"或"提示"。这是相当重要的一点。如果在后面发现网银系统无法使用，很有可能和这里的设置有关系，还有，需要关闭弹出窗口阻止程序，以免中国建设银行自动弹出的网页没禁用而无法显示。这也同样在"设置"里可以看到，如图 21-9 所示。

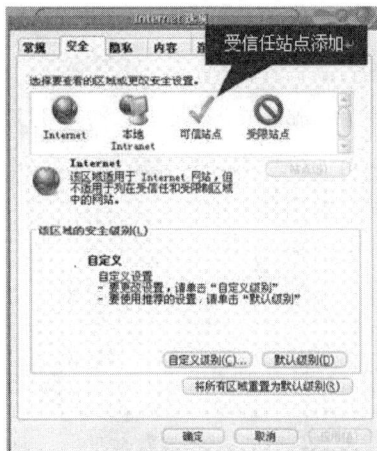

图 21-8　设置浏览器（设置安全级别）

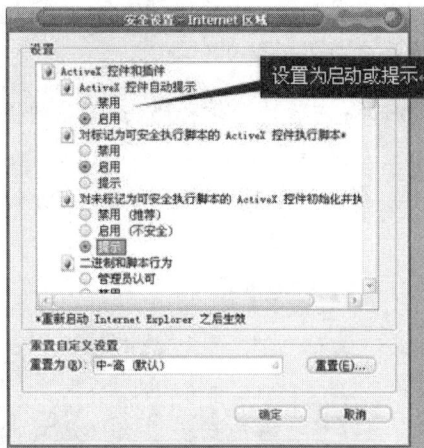

图 21-9　设置浏览器（设置控件）

在按照要求更改电脑的 Internet 设置，把银行的网页加入可信站点，降低安全性，关闭阻止弹出窗口程序后，才能顺畅地使用网银，否则会出现一些网络银行的内容被禁止而无法使用的情况。

3. 网银的登录和密码设置

在前面都设置完毕后，用网银盾登录中国建设银行单位银行网址时会出现如图 21-10 所示的界面。

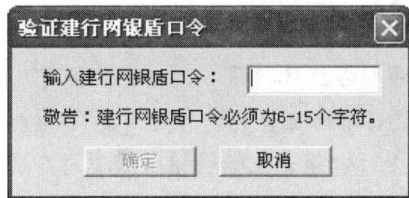

图 21-10　中国建设银行网银盾登录窗口

在弹出的对话框里输入网银盾密码。注意，这里输入的是网银盾密码。

高级版单位网银有以下三种密码，这些密码的初始密码，以及遗忘的处理都各自不同，请大家一定不要混淆：

（1）网银盾密码：是在图 21-10 所示的对话框中输入的密码，首次登录时有一个初始密码，这个密码和网银盾是配套使用的。第一次登录网银盾的时候，银行会自动提示更改初始密码。这个自己设定的密码需要妥善保管，因为在登录和支付的时候，都必须使用，否则等于这个网银盾不能使用，一旦遗忘，申请恢复比较麻烦，需要填写《证书恢复申请表》去银行重新申领新的网银证书。这也是我们平时登录网银需要输入的第一道密码。

（2）登录密码：即在登录页面输入中，除客户号、操作员号之外的内容。界面如图 21-7 所示。其中，主管的初始密码为 999999，其他操作员的初始密码由主管设置。如该密码遗忘，主管需填写《证书恢复申请表》交经办行申请重置，而操作员则只需请主管通过登录到相应界面进行管理和重置。

第21章　快速上手管理银行结算票据

241

（3）交易密码：也称设置密码，是我们在进行设置、交易确认时需要输入的密码。其中，主管的初始密码也是 999999。

提示：主管的登录密码、交易密码重置后，是客户号"#"前 6 位，不足 6 位的是 111111。

为了保证账户的安全，在登录后选择网银界面的"服务中心"→"服务管理"→"修改密码"菜单进行初始密码修改。修改界面如图 21-11 所示。

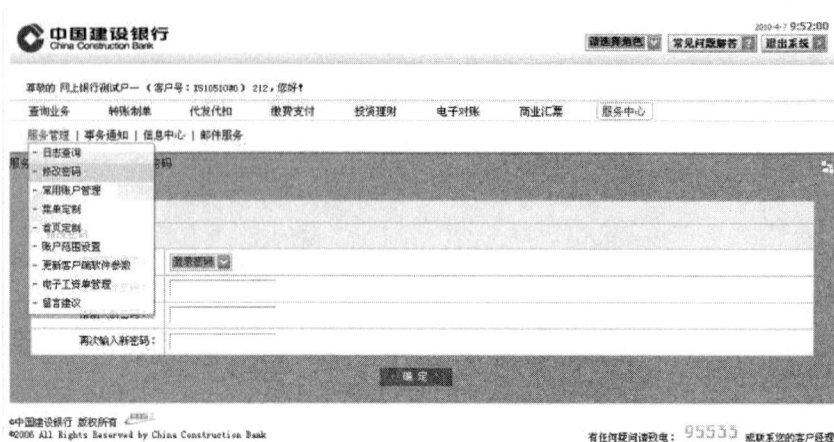

图 21-11　中国建设银行网银修改登录密码

小贴士：网银盾密码，连续输错 10 次会被锁定，此时需要填写《单位网银证书恢复申请表》到开户行会计柜台办理重置。

如果是登录密码、交易密码各连续输错 6 次也会被锁定，登录时提示："操作员已被冻结或注销，不能进行交易。请向主管咨询有关情况"。这时被锁定的网银盾的操作员可以让主管为其解锁。但是，如果是主管输错密码超过 6 次，被锁，那么只能到开户行会计柜台填写《证书恢复申请表》重置，其所需手续与签约相同。

在输入网银盾密码以后会出现网络银行的登录界面如图 21-12 所示。

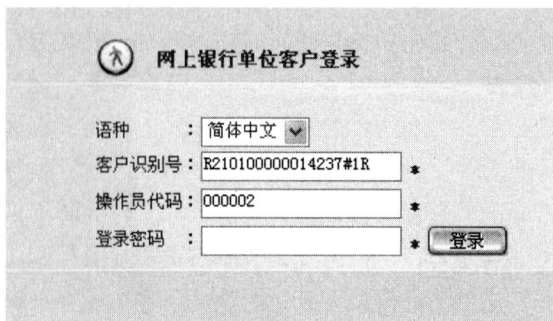

图 21-12　中国建设银行网银登录界面

登录电子银行以后的界面如图 21-13 所示。这样即可进行需要的银行操作，如图 21-13 所示。

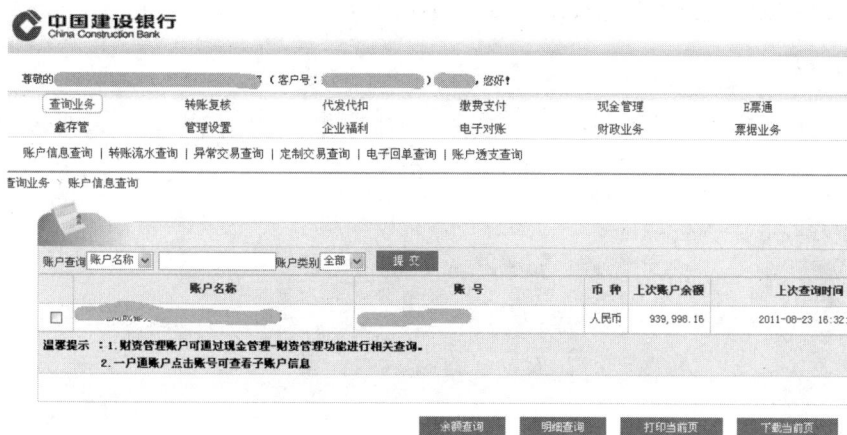

图 21-13 中国建设银行网银操作界面

4. 设置转账流程

我们需要先设置转账流程。设置好转账流程以后，才能进行相应的转账支付业务。只有用主管身份才可以设置流程，而操作员是不能的。针对同一个账户，主管可根据需要设置多个流程，根据流程金额，银行系统将自动选择通过哪个流程处理。

如果同时开通了银行转账业务和代发代扣业务，那么对于转账业务和代发代扣，都需要设置相应的流程。设置流程完毕以后，才能办理支付业务。

这里需要注意的是，大于设置的流程金额的金额，都需要最后由主管审批。

【例】一家公司办理了网上银行业务，其网银账户有制单人员（出纳）A、B 两名，复核人员（会计）C、D 两名，主管（财务部长）一名，分别都有网银盾。主管对该网银账号设置了两个流程，流程金额分别为 100 万元、500 万元。100 万元设置 A 制单，C 复核；500 万元设置 B 制单、D 复核。

以上设置后：如果这家公司的交易金额≤100 万元的交易就由 A 制单，C 复核；

如果这家公司的交易金额>100 万元而≤500 万元的交易由 B 制单、D 复核；

如果这家公司的交易金额>500 万元则由 B 制单、D 复核，再交给主管审批。

5. 网上银行转账操作

在设置好流程以后，接下来就可以按照转账流程进行相应的网上转账操作了。

网银的支付业务分为两大类：

● 公对公转账，也就是公司账户对另外一家公司或者机构账户的支付。

● 公对私转账，也就是公司账户对个人账户进行的转账支付操作，比如公司给员工发工资，从公司的账户直接转账到员工的个人工资卡里。

我们先来看公对公转账，它的支付操作分为以下步骤：

（1）首先让流程里有权限的操作员按照上面的提示登录网银系统，输入密码，然后单击"转账制单"。可以看到制单下面的菜单栏里有"快速制单"、"自由制单"、"实时跨行转账"。

"快速制单"针对的是以前已经支付过的账户，因为已经保存了对方收款账户的账户信息，所以直接选择该账户而不用再次输入收款账户的信息。

如果是第一次制单，应该选择"自由制单"，如果收款单位是中国建设银行的账户，则选择收款单位为中国建设银行单选按钮，如图 21-14 所示。

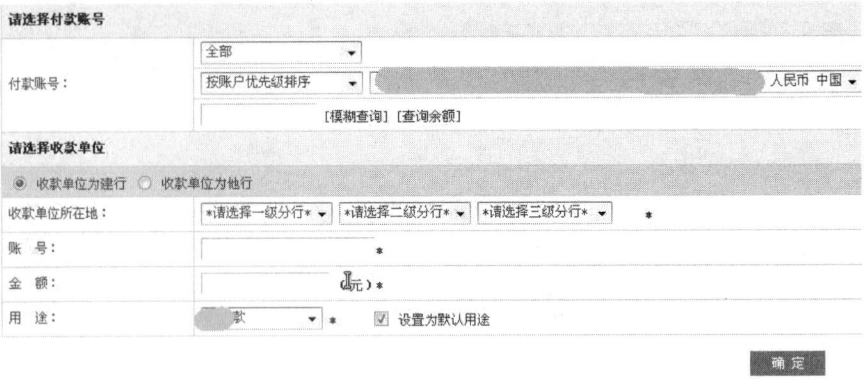

图21-14 中国建设银行网银付款（同行）

从图 21-14 中可以看到，先在这个界面选择付款账号，然后选择输入收款单位的信息。分别输入收款单位开户银行的所在地，银行账号和付款的金额以及用途。因为是同行转账，所以不用输入收款账户的全称。

在输入完毕以后，单击"确定"按钮，网银界面会再次显示收款方和付款账户的信息以及金额，再次核对以后，需要输入操作员的交易密码。单击"确定"按钮，制单成功。

如果收款方账户不是中国建设银行，而是别的银行，那么在制单时选择"收款单位为他行"单选按钮，如图 21-15 所示。

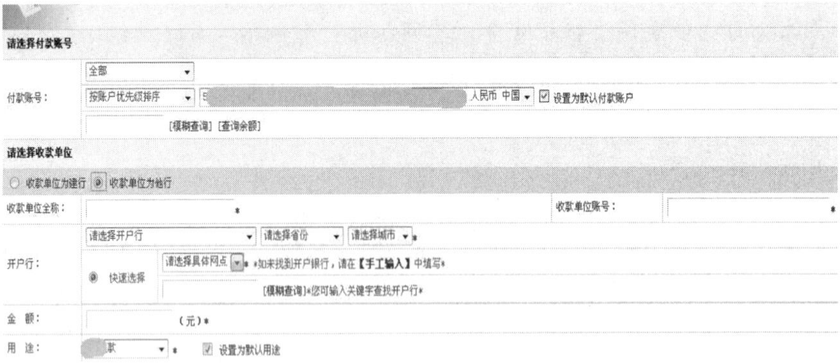

图 21-15 中国建设银行网银付款（他行）

他行转账和同行转账的输入流程一样，只是他行转账需要输入收款单位的账户全称，还有该收款单位开户行的具体名称，如果在快速选择中无法找到该网点，必须手工输入该银行网点的名称。然后和同行付款制单一样单击"确定"按钮。

（2）在制单完毕以后，可以进入下一个流程，审批。

需要相应权限的审批人员（包括复核人员和主管），用网银盾登录网上银行。需要注意的是，在制单完毕以后，只要没有审核，制单人员就可以对已经填制的单子进行删除。（注意：只能对已经有的付款制单进行删除，已经制好的单子，不能更改，如果有错误需要先删除以后再重新制单。）

审批人员在登录以后选择"转账审批"，可以看到制单人员已经制好的单据，里面会显示单据的全部信息，在核对无误以后，单击审批通过，然后输入审核人员的交易密码，单击确认。

审批成功页面如图 21-16 所示。

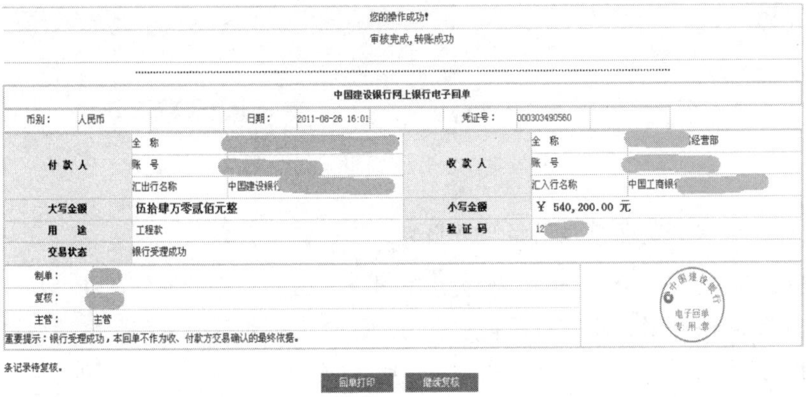

图 21-16 中国建设银行网银付款审批

如果设置的转账流程审批有多个，则需要多个审批人员依次登录网银系统，然后依次审批。这里的依次，是说在制单完成以后，必须上一级的审批人员审批通过以后，下一级的审批人员再审批。如果上一级的审批人员没有通过，那么下一级的审批人员是看不到该笔单据的。

在审批完成以后，会显示银行已经受理，这相当于我们已经将支付的口令和信息提交给了银行，工作到此就算是完成了。但是，银行受理不一定等于支付，因为开户行会根据银行自身的情况予以处理，可能会延后一些才支付出去，如果不是工作日，则会等到下一个工作日才会予以支付。稍后可以在网上查询到支付的结果。

如果不同意支付该笔业务，也就是不通过审批，那么不通过的结果会返回给制单员，进入不了下面的支付流程。

我们接下来看公对私转账，和公对公转账一样，首先需要网银的操作员制单。需要在"代发代扣"菜单中选择"代发"制单（代扣功能用得较少，这里不单独讲述）。

公对私有以下两种常用的制单方式。

● 单笔制单：是指一次支付给一个私人账户的制单方式。这种方式适合于给少量的账户支付的时候使用。它的制单和审核查询都非常的方便。

● 批量制单：是指一次性支付给多个私人账户的制单方式。这种方式适合于给数量较多的私人账户支付的时候使用。它需要将制单信息输入一个表格，然后再将该表格上传，银行系统将根据表格里面的支付金额总数予以显示，并且同时按照每一个明细账户的金额予以支付。

单笔代发业务办理流程如下：

我们需要填写收款人的姓名、账号、开户行名称以及要支付的金额还有用途。

单笔代发制单界面如图 21-17 所示。

付款人：	全 称：	▓▓▓▓▓▓▓▓▓▓▓	收款人：	姓 名：	
	账 号：	▓▓▓▓▓▓▓▓		账 号：	
	开户行：	中国建设银行四川省分行▓▓▓			
金 额：		＊	用 途：	报销	

确 定　　退 回

图 21-17　中国建设银行网银付款代发制单（单笔）

小贴士： 如果高级版单位网银证书损坏、丢失该怎么办？

一般操作员（非主管）损坏、丢失：这时应该由主管登录网银，在"操作员管理"菜单删除已丢失证书的操作员，操作界面如图 21-18 所示，进行相应的空卡删除。删除之后由经办人带开户资料、证书遗失说明、《网银盾申请表》到经办行柜台，重新申领网银盾。证书关联后，由主管登录网银，重新分配操作员以及设置流程。

图 21-18　中国建设银行网银删除证书界面

主管的证书损坏或丢失：这时只有去开户行，申请更换主管证书。

21.4　支票遗失、被盗后如何处理

如果已经签发了支票，无论是普通支票还是现金支票，因为遗失、被盗等而丧失的，应立即向银行申请挂失。那么具体应该怎么做呢？

首先应当出具公函或有关证明，证明已经丢失，同时填写两联挂失申请书，加盖预留银行印鉴，向开户银行申请挂失止付。开户银行在查明该支票确未支付，经收取一定的挂失手续费后受理挂失，在挂失人账户中用红笔注明支票号码及挂失的日期。这样，丢失的支票就没有办法得到银行的付款，可以避免企业的资金损失。

如果丧失的支票在挂失之前已经由付款银行支付票款，由此所造成的一切损失，均由失票人自行负责。

21.5　空头支票是什么

空头支票是指公司签发了支票，但是支票上面的票面金额，超过公司银行存款账户的余额或透支限额，该支票失去效力。

签发空头支票是破坏结算纪律的行为，所以在支票存根的背面，都写着如果签发空头支票，银行可以按规定对签发空头支票的公司按票面金额的一定比例且不低于一定的金额进行处罚。而且对签发空头支票骗取财物，情节恶劣的，依法追究刑事责任。如果签发空头支票骗取财物的行为情节轻微，不构成犯罪，票据法规定要依照国家有关规定给予行政处罚。

第五篇

纳税实操与案例详解

第 22 章

纳税实操与案例讲解

在我国复杂严谨的税收法律法规体系之下，企业纳税方面的业务，既具有极强的实务操作流程，又具有深刻的理论基础。因此，企业有必要先了解一些纳税申报工作中会遇到的概念、理论等方面的知识，这些基础知识会很好地帮助企业深刻的理解纳税工作的内涵，从而提高企业的纳税业务的效率，节约企业的资源，提高企业的价值。

22.1　理解我国的主要税种

我国税法复杂严谨，国土范围广大，因此，由于我国国情的复杂性和处于经济改革进程中的特殊性，我国的税种种类繁多，并且其内涵常常随着经济改革的步伐而不断调整。

22.1.1　流转税类

所谓流转税，就是以商品或者劳务的流转金额作为征税对象的税种大类。在我国目前的税法体系中，属于流转税类的主要有增值税、消费税、营改增前的营业税以及关税。

2016 年 5 月 1 日起，全部营业税纳税人纳入营改增试点范围，由缴纳营业税改为缴纳增值税。2017 年 10 月 30 日，国务院常务会议通过《国务院关于废止〈中华人民共和国营业税暂行条例〉和修改〈中华人民共和国增值税暂行条例〉的决定(草案)》，标志着实施 60 多年的营业税正式退出历史舞台。

商品的流转额，也可以理解为商品、劳务在市场经济流通过程中产生的交易金额。流转额有时全额作为课税对象，比如营业税（营改增前的营业税）就是以当期发生的所有营业额作为课税对象计算应纳税额的；有时部分作为课税对象，比如增值税就是对商品流通过程中，将增值的那一部分作为课税对象来计算应纳税额的。

流转税类作为我国税收体系双主体之一，在财政收入中占有相当大的比例，是我国重要的税收来源。由于流转税类的课税对象是商品或者劳务的流通额，而市场经济的本质，就是商品和劳务的流通。因此，在我国，流转税的税源宽广，征收普遍。在企业的纳税过程中，一旦企业与市场发生交易，产生交易金额，就必须缴纳法律规定其交易业务需要缴纳的流转税。至于企业的经营情况，在流转税的计算过程中是不具有影响力的。

22.1.2　所得税类

所谓所得税，就是指将企业在一段经营时间内所获得的净所得作为征税对象的税种类别。在这里，净所得可以理解为企业的净利润。除此之外，纳税人获得工资、劳务报酬、股息、利息、租金等收入，在我国都需要缴纳所得税。

所得税是世界各国普遍都开征的税种。所得税与流转税不同，由于所得税是在收入分配的终端环节征税，净所得多的多纳税，净所得少的少纳税。因此，所得税可以用来调节社会收入的差距，实现社会财富的二次分配，使税负公平合理。

在我国的税法体系中，所得税类主要是企业所得税和个人所得税。

【例 22-1】顺达宾馆 2019 年取得各类收入 1 200 万元，经过 2019 年度的企业所得税汇算清缴，税务主管认定的可以税前扣除的各种成本费用合计 1 100 万元，顺达宾馆适用的企业所得税税率 25%。请分析顺达宾馆的企业所得税情况。

从本题中可以看出，企业所得税的纳税期间是以年为单位的，因此，顺达宾馆对于 2019 年的企业所得税的计算，是根据其 2019 年全年的经营情况来确定的。根据税务主管机关的核定，2019 年顺达宾馆的各类收入 1 200 万元，各种可以在计算企业所得税时扣除的成本费用为 1 100 万元。

顺达宾馆 2019 年度税前利润=1 200 – 1 100=100（万元）

顺达宾馆 2019 年度的企业所得税=100×25%=25（万元）

22.1.3　资源税类

所谓资源税，就是把通过对特定自然资源的开发和占有中获得的收入作为课税对象的税种类别。这里所说的自然资源，也就是还没有经过人类加工的，直接存在于自然界的天然物品或者空间。不是所有的自然资源的使用和占有都需要缴纳资源税，一般来说，哪些自然资源属于资源税的征收范围，会在资源税的税目中详细的列明。

我国现行的税法体系中，属于资源税类别的主要有资源税、城镇土地使用税、土地增值税和耕地占用税。

22.1.4　财产税类

所谓财产税，就是将纳税人拥有的或者可以支配的财产作为课税对象的税种类别。这里的财产，是指纳税人通过合法的途径，获得或者占有的物质财富，主要是指纳税人拥有的动产和不动产两大类。

在我国的税法体系中，属于财产税类别的主要有房产税、契税和车船税。

22.1.5　行为税类

所谓行为税，是指将纳税人的某些特定的行为作为课税对象的税种大类。在我国，主要的行为税类就是印花税。

22.1.6　附加税费类

所谓附加税费，也就是说这些税费并不是单一征收的，而是附加在某些主要税种征收时一并征收的。在计算附加税费类的应纳税额时，是以应当缴纳的某一主要税种的应纳税额的金额作为税基的。当需要缴纳某一主要税种时，就需要缴纳附加在其之上的附加税费。反之，则不需要。

在我国，主要的附加税费类有城市维护建设税、河道管理费、教育费附加、文化事业建设费等。

22.2　"三证合一"登记制度

在我国，税务登记是非常重要的。企业的设立、变更、注销、停业等事项均需向税务主管机关进行登记备案。2015 年 10 月 1 日起，全国推行"三证合一，一码一证"政策，这意味着营业执照、税务登记证和组织机构代码证，合三为一，而税务登记也因此变得更加简单。

22.2.1　"三证合一"概述

所谓"三证合一"，就是将企业依次申请的工商营业执照、组织机构代码证和税务登记证三证合为一证，提高市场准入效率；"一照一码"则是在此基础上更进一步，通过"一口受理、并联审批、信息共享、结果互认"，实现由一个部门核发加载统一社会信用代码的营业执照。

22.2.2　"三证合一"推行时间

自 2015 年 10 月 1 日起，新设企业、农民专业合作社、外国企业常驻代表机构（以下统称"企业"）全面实行"三证合一、一照一码"登记，由工商行政管理部门核发加载法人和其他组织统一社会信用代码（以下称"统一代码"）的营业执照。过渡期截止到 2020 年 12 月 31 日，工商登记部门对 2015 年 9 月 29 日前取得工商营业执照的企业将于 2020 年 12 月 31 日之前完成换发工作。过渡期内，改革前核发的原税务登记证件继续有效。

22.2.3　"三证合一"推行范围

个体工商户、其他机关（编办、民政、司法等）批准设立的主体暂不纳入"三证合一"、"一照一码"办理范围，仍按照现行有关规定执行。

22.2.4　"三证合一"登记制度改革下的税务登记

税总函[2015]482 号明确，新设立企业、农民专业合作社（以下统称"企业"）领取由工商部门核发加载法人和其他组织统一社会信用代码（以下称"统一代码"）的营业执照后，无需再次进行税务登记，不再领取税务登记证。企业办理涉税事宜时，在完成补充信息采集后，凭加载统一代码的营业执照可代替税务登记证使用，除以上情形外，其他税务登记按照原有法律制度执行。

但是需要注意的是：

一、"无需再次进行税务登记"仅指不领取税务登记证。纳税人领取统一代码营业执照后，还需要到主管税务机关办理相关涉税事项。企业办理涉税事项时，在完成补充信息采集后，凭统一代码营业执照可代替税务登记证使用。

二、企业在工商登记，取得"三证合一、一照一码"证照后，30日内未去税务机关报到，不属于逾期登记。

三、"三证合一"并非取消税务登记，临时税务登记法律地位仍然存在。有五种情形的纳税人，需要申报办理临时税务登记。纳税人无论是否实行"三证合一"，在办理临时税务登记、纳税人税种登记、纳税人账户账号登记、企业财务会计制度及核算软件备案时，仍按原登记程序，由企业在领取营业执照后到税务登记机关办理。根据《税务登记管理办法》国家税务总局令第36号等规定，下列五种情形的纳税人申报办理临时税务登记证及副本：

（一）有独立的生产经营权、在财务上独立核算并定期向发包人或者出租人上交承包费或租金的承包人或承租人。

（二）境外企业在中华人民共和国境内承包建筑、安装、装配、勘探工程和提高劳务的。

（三）从事生产经营的纳税人未办理工商营业执照也未经有关部门批准设立的。

（四）异地非正常户纳税人的法定代表人或经营者申请办理新的税务登记的。

（五）境外注册中资控股居民企业还应提供居民身份认定书、境外注册登记证件。

22.2.5　认识统一代码营业执照

统一代码营业执照有正本和副本之分，正本接近 A3 纸张的大小，如图 22-1 所示；副本大小也与旧版营业执照大小相同，如图 22-2 所示。

图 22-1　统一代码营业执照正本

图 22-2　统一代码营业执照副本

统一代码营业执照的正本和副本具有同等的法律效力，主要是列示了企业的若干重要的信息。统一代码营业执照是企业合法经营的标志，企业应当妥善保管。

22.2.6　分公司与子公司的统一代码营业执照

在实务中，随着企业经营规模的扩大，势必会将经营所在地扩展到经营注册地之外。就会遇到需要设立分公司或者子公司的情形。

分公司不是一个独立的公司，只是作为总公司的分支机构而存在。分公司在法律上，不具有独立的法人资格，也就是说，分公司的行为后果，由其总公司来承担相应的法律责任。但是，分公司设立后具有独立的统一代码营业执照，因此，分公司可以以自己的名义开展民事活动。

子公司则与分公司不同。子公司是母公司以其资产设立的，具有独立法人资格的企业。因此，子公司以其自己的名义开展民事活动，并且独自承担其行为造成的法律责任。

总的来说，分公司不是真正的公司，更像是总公司为了开展业务的需要设立的部门；而子公司则是真正意义上的公司，其在相关法律法规规定下的经营等方面的事宜与其母公司是一样的。

注意：不论企业是设立分公司还是子公司，值得注意的是，都必须去其经营所在地的税务主管机关办理涉税事项。进行税务登记时，应当明确分公司或者子公司的纳税相关事宜。一般来说，子公司作为独立的法人单位，并且其财务核算也是独立的，其纳税事宜也是在公司注册所在地进行的。而分公司则由于情况特殊，需要详细地询问当地主管税务机关相关的事宜，不同的地方规定也是不同的。

22.3 企业换发统一代码营业执照

22.3.1 换发统一代码营业执照的主体范围

2015 年 10 月 1 日前登记的各类企业、农民专业合作社及其分支机构（包含外国企业常驻代表机构），都要换发新码营业执照。个体工商户暂不换新码执照。

22.3.2 换发新码营业执照的途径。

1. 企业如有变更或备案事项的，可以通过办理变更或备案业务，换发"一照一码"的新照。

2. 企业没有变更或备案事项的，可以直接走换照程序，到所属工商行政管理局申请换发新照。

22.3.3 换新照需要资料

1. 企业办理变更或备案业务，除提交规定的变更或备案材料外，还要提交原发营业执照、组织机构代码证和税务登记证原件，由工商部门存档。这样通过变更或备案程序换发为新码执照，无需再填《企业换发"三证合一"新码营业执照申请书》。

2. 企业直接申请换发新码执照的，提交按规定填写好的《企业换发"三证合一"新码营业执照申请书》以及原发营业执照、组织机构代码证和税务登记证原件，提交《指定代表或者共同委托代理人授权委托书》、《联络员信息》表。另外，凡 2014 年 3 月 1 日后登记设立的公司以及 2014 年 3 月 1 日后有变更注册资本、股东的公司，还要提交《股东（发起人）出资情况》表。

需要注意的是：

1. 企业在办理变更或备案及直接申请换发"一照一码"营业执照时，如原证照遗失，申请人应当提交刊登遗失公告的报纸报样。

2. 企业只领取了营业执照，没有办理组织机构代码证和税务登记证的，申请人需提交未办理两证的书面情况说明，并对其真实性负责。

22.3.4 "三证合一"后老企业税号变更

一、一般纳税人变更流程

1. 告知纳税人变更前，应将所有以取得尚未认证的增值税进项发票全部认证。在税号变更后，其取得的发票应为新加载的"统一社会信用代码"，否则无法完成认证，不能抵扣。

2. 在防伪税控系统中，对尚未使用的空白发票做"作废"处理，并做抄报税处理后，前往大厅发票窗口做注销抄报税，完成当前属期的申报纳税后，对防伪税控器具做注销发行操作，并注销防伪税控系统档案信息。

3. 由税务的登记窗口将原税号变更为新加载的"统一社会信用代码"。

4. 发票窗口在防伪税控系统中进行变更税号同步操作，登记新档案信息后做初始化发行操作，并更换发票领购簿后重新配发发票。

5. 告知纳税人，税号变更的后续涉税事项：

（1）及时更换发票专用章，开具发票上载入的税号，必须与发票专用章一致。

（2）及时前往库税银签约银行更新银税三方协议，否则无法完成税款自动划缴。

（3）及时告知网上申报的服务商，由服务商对网上申报系统做相应维护，否则无法进行网上申报。

22.4 税种认定

"三证合一"后，国地税报到也发生了改变。规定在企业未发生应税行为、不用进行纳税申报或领用（代开）发票事项前，可以暂时不办理主管税务所报到事宜；如已报到完毕，也可暂时不核定税种。但是，一旦有业务发生，仍需按流程进行税务报到事项。

22.4.1 不同的业务对应的税种是不一样的

主管税务机关对企业应当缴纳什么税进行认定，这一步骤，就叫作税种认定。税种认定的主要目的，就是让当地的主管税务机关根据企业的经营活动，来规定企业应当缴纳哪些税种的税，适用哪些税目，应当使用哪一个档次的税率等问题，以便纳税人更好地办理纳税事宜。

企业的税种认定是根据企业的经营活动而来的，不同的经营活动，所需要缴纳的税种是不一样的。

因此，在办理企业的税种认定时，必须与企业注册所在地的主管税务机关充分沟通，以便主管税务机关根据企业的经营业务活动，来认定企业应当缴纳什么税种。

22.4.2 核定征收与查账征收

在企业的税种认定中，除了认定主要税种外，还需要认定主要税种的征收方式。在我国，税收的征收方式一般来说有两种，即核定征收与查账征收。

所谓核定征收，就是由主管税务机关根据纳税人的具体情况，在正常的生产经营条件下，对其生产的应税产品核定一个产量或者销售额，然后根据税法规定的税率来计算应当缴纳的税款的征收方式。采用核定征收税款，主要是由于纳税人的财务核算不健全，无法正确核算应纳税所得额而采用的折中办法。在实务中，即使部分企业符合查账征收的条件，其注册地的主管税务机关也可以根据企业的实际情况而选择采用这种办法。

当企业被划入核定征收范围后，其税款的征收方式主要有两种，定额征收和核定应纳税所得率征收。所谓的定额征收，就是直接核定所得税额。而核定应税所得率征收就是按照收入总额或者成本费用等项目的实际发生额，按预先核定的应税所得率计算缴纳。

除了核定征收外，其他纳税人的征收都是采取查账征收的方式进行的。所谓查账征收，就是企业根据自己的财务账簿记录，自己计算应当缴纳的税额并进行缴纳的纳税方式。这种方式要求纳税企业的财务核算制度完整，内控制度健全，才能准确地计算出需要缴纳的税额。

在实务中，企业所得税的征收一般是采用查账征收的方式。在这种方式下，企业的所得税计算基础是企业的利润总额。也就是应当缴纳的所得税=利润总额×所得税税率。当然，这里的利润总额，不是企业的会计利润，而是经过调整之后的税法利润。关于会计利润和税法利润，我们将在本篇的第 25 章进行说明。

而当一个企业的所得税是采用核定征收的方式进行缴纳时，企业应当缴纳的所得税=营业收入×核定征收率。这种方法是直接通过营业收入来确定企业所得税。

22.4.3　办理税种认定的流程

办理税种认定，主要就是要到主管税务机关领取《纳税人税种登记表》填妥后送交税务主管机关。

当地的主管税务机关在收到了纳税企业送交的《纳税人税种登记表》后，就开始对相关资料进行审核。在法定流程中，审核包括税务专管员到企业现场进行查看，了解企业的经营活动的详细情况，了解企业的财务核算情况等信息。之后，就对纳税企业所适用的税种、税目、税率、纳税期限、纳税方法等方面做出认定，并且在《纳税人税种登记表》中予以注明，书面通知纳税人其税种认定结果，至此，就完成了企业的税种认定工作。

注意：在我国，不同税种的征收管理主体是不同的，有的是属于由国税系统进行征收的，有的是属于由地税系统进行征收的。在各地的行政办公体制也不尽相同，有的地方国税与地税是一同办理的，有的地方国税与地税是分别办理的。因此，我们有必要了解主要税种的管理归属。

在我国，税种按照征收管理部门可以分三类，即中央税类、地方税类、中央地方共享税类。

所谓中央税类，就是完全是属于中央进行征收的税类，它由国税系统进行征收管理，主要的中央税类有关税、消费税、进口增值税、车辆购置税等。其中关税由于其特殊性，是由海关来负责征收管理的。

而地方税类，就是属于地方进行征收管理的税类，比如说房产税、契税、车船税等。

最重要的类别是中央地方共享税类别，涵盖了主要的流转税类和所得税类。比如说，增值税就是中央地方共享税类，在增值税的征收额中，75%划归中央政府，25%划归地方政府，管理上，增值税的征收和管理是由国税系统负责的。

由于我国的经济发展迅速，各种税收法律法规调整频繁，因此，以上归类也不尽然正确。所以企业在办理税种认定时，应当根据办理当时的相关法律法规，到相关的主管税务机关进行办理。

22.4.4　问清楚税收优惠政策

在纳税实务中，常常会有各种各样的税收优惠政策可供企业利用。所谓税收优惠政策，就是政府在税负征收方面，通过设定相关的优惠政策，来引导企业向政府的调控目标靠拢，使政府的立法意图和宏观调控目标得以实现。因此，企业在进行税种登记时，应当向其主管税务部门问清楚当地的税收优惠政策。充分地利用税收优惠政策，可以减轻企业的负担，提高企业的价值。

22.5 购买发票

发票是我国税法制度的特色，在我国，主管税务部门认定企业的成本与费用时，关键就是看是否取得了合法的发票。因此，我国企业在纳税申报的过程中，处处离不开发票。

22.5.1 我国的发票管理制度

发票是指一切单位和个人在购销商品、提供劳务或接受劳务、服务以及从事其他经营活动，所提供给对方的收付款的书面证明，是财务收支的法定凭证，是会计核算的原始依据，也是审计机关、税务机关执法检查的重要依据。

拥有合法的发票，是企业相关成本费用发生的法定依据，如果企业发生的相关成本费用，没有取得证明其发生的合法发票，那么这些可以作为企业应纳税所得额抵减金额的成本费用，就没有办法被主管税务机关所认可，这一部分的支出就无法有效抵减企业的所得，就需要缴纳所得税。因此，在企业与企业之间的交易中，接收劳务或者购买货物的一方，通常都需要交易对方开具合法的发票作为入账的凭据。

增值税专用发票由国务院税务主管部门指定的企业印制；其他发票按照国务院税务主管部门的规定，分别由省、自治区、直辖市国家税务局、地方税务局指定的企业印制。发票防伪专用品由国家税务总局指定的企业生产。全国统一发票监制章的式样和发票版面印刷要求，由国家税务总局规定。发票监制章由省、自治区、直辖市 国家税务局、地方税务局制作。发票应当套印全国统一发票监制章，作为税务机关管理发票的法定标志。发票实行不定期换版制度。

税务机关负责发票印制、领购、开具、取得、保管、缴销的管理和监督。

22.5.2 发票的种类和适用的范围

在我国，发票主要有两大类。

第一大类：增值税专用发票

增值税专用发票是增值税一般纳税人所使用的发票。只有增值税专用发票的进项联才可以作为增值税一般纳税人作为增值税进项进行抵扣的合法凭证。而如果要进行合法抵扣，还需要将收到的增值税专用发票的进项联到主管税务机关进行认证才行。可见，增值税专用发票是具有特殊作用的，只有增值税一般纳税人企业才可以购买和开具增值税专用发票。

注意：纳税人有下列行为不得开具增值税专用发票：向消费者个人销售货物或者应税劳务的；销售货物或者应税劳务适用免税规定的；小规模纳税人销售货物或者应税劳务的；销售报关出口的货物；在境外销售应税劳务；将货物用于非应税项目；将货物用于集体福利和个人福利；将货物无偿赠送他人。向小规模纳税人销售应税项目可以不开具专用发票。

第二大类：普通发票

普通发票是相对于增值税专用发票的概念来说的。一般来说，企业所能够开具的除增值税专用发票外的其他发票都是属于普通发票的范畴。普通发票的使用是非常广泛的，特别是增值税一般纳税人也可以申请、购买、开具普通发票。

22.5.3 企业如何管理和购买发票

企业在办理了税种认定后，就可以购买发票，而对于在偶尔才发生业务的地方，可以申请由当地的税务机关代开发票。

企业再次购买发票和首次购买发票的过程差不多。对于以旧换新或者交旧购新方式购买新发票的，则需要将已使用的发票的存根联进行仔细地审查，对于审查中发现的问题，企业应当及时予以纠正，在处理完相关问题后，就可以向税务机关购买新发票了。

企业在发票管理方面，则应当建章立制；设置台账；定期保存，已开具的发票存根联和发票登记簿及账册应当保存 5 年，保存期满经国税机关查验后销毁；增值税专用发票要专人保管；放在保险柜内；设置领、用、存登记簿；取得的发票抵扣联装订成册。

如果纳税人发生丢失、被盗普通发票时，应于当日书面报告主管税务机关，在报刊和电视等传播媒介上公告声明作废，并接受税务机关处罚。丢失、被盗增值税专用发票的，纳税人应在事发当日书面报告国税机关，并在《中国税务报》公开声明作废。北京地区从 2018 年开始，专票丢失的，不再需要登报，直接使用记账联复印件做账即可，大大的方便了纳税人，相信这个政策，后期会逐渐推广到全国，给纳税人提供更快更方便的服务。

22.6 认识纳税申报的流程

在企业的涉税业务中，纳税申报可以说是整个业务工作环节中的重中之重，从企业流转税到企业所得税的认定，都离不开纳税申报环节。

22.6.1 什么是纳税申报

企业有了销售额，就要纳税了。那么我们就需要了解，企业是如何进行纳税的呢。其实企业是通过纳税申报来进行纳税事务的。

所谓纳税申报，就是企业在纳税申报期内，将所属期间的收入资料，向其所属的税务主管机关进行申报，从而确定其所属经营期需要缴纳多少税收，并且将所需要缴纳的税收交给国库的行为。

在这里需要注意的是，在纳税申报过程中，企业不仅是作为纳税人来进行申报，也是以扣缴义务人的身份在进行纳税申报。前者是指企业本身就是纳税人，它所进行的申报，就是对其应该缴纳的税金进行申报。而企业以扣缴义务人的身份进行纳税申报，就是指企业负有代为扣缴的义务。也就是说，当企业以扣缴义务人的身份进行纳税申报时，它所申报需要纳的税金，并不是企业负担的税金，而是其他纳税人应当缴纳的税金，企业只是履行了代为申报的责任而已。

22.6.2 纳税申报的流程与时间节点

在我国，纳税申报是一般企业财务工作流程的重要组成部分。因此，了解纳税申报的流程时，应当与企业财务工作的流程相结合来说明。

通常情况下，企业的财务工作应当于当月的月初，完成上一个月的结账工作。完成了结账工作后，就知道当月应当缴纳多少税收，以及应当申报多少税收了。所以，在完成了结账工作后，就可以进行纳税申报了，纳税申报成功后，企业就需要缴纳税款。缴纳税款的方式将在后文阐述，我们需要了解的是，当企业纳税申报成功，并且及时缴纳了税款后，税款所属月度的纳税申报工作的流程就算走完了，工作任务也就完成了。

在纳税申报工作中，纳税申报的时间节点是很重要的。因为在实际工作中，我国的税收法律法规规定了各税种的申报期限。

一般来说，增值税、消费税等税种的纳税申报，以 1 个月或 1 个季度为一个纳税期间的，应当在纳税期间后 15 日内进行纳税申报；以 1 天、3 天、5 天、10 天和 15 天等不满 1 个月为纳税期间的，应当在纳税期间后 5 日内预缴，并于次月的 15 日内进行纳税申报。

这里需要注意的是，预缴并不等于实缴。预缴只是将预估需要缴纳的税款，预先缴纳进国库，当正式进行纳税申报时，再行结算。在实务中，企业经常会遇到需要预缴增值税的情形，主要是当企业刚刚获得一般纳税人资格的时候。一般来说，由于一般纳税人的税务操作较为烦琐，而且一般纳税人的税务监管较为严格，因此，企业在刚刚获得一般纳税人资格时，会有 6 个月的一般纳税人辅导期。在辅导期内，企业在使用其一般纳税人资格时，会有一些限制。较为典型的，就是增值税发票使用数量的限制。在辅导期内，如果企业在一个申报期限内，旧的增值税专用发票使用完了，需要购买新的增值税专用发票时，就需要根据已经使用完的那本增值税专用发票计算并预缴增值税，只有这样，主管税务机关才允许企业购买新的增值税专用发票。

另外，纳税人进口货物的，应当自海关签发海关进口增值税专用缴款书之日起，15 日内缴纳税款。而在消费税方面，纳税人如果进口应税消费品的，应当自海关签发进口消费税专用缴款书之日其 15 内缴纳税款。

而对于附加税费，也就是符合在主要流转税之上需要一并缴纳的税费，其申报和缴纳，与流转税的申报与缴纳是同步的。

所得税的规定与流转税是不同的。一般来说，企业所得税的纳税人，应当在季度终了后 15 日内申报季度的企业所得税，并根据申报结果预缴税款。并且在年度终了后的 5 个月内，以汇算清缴的方式，向主管税务机关结转所得税的应纳税额，从而完成企业所得税的纳税申报。

一般来说，如果是遇到法定节假日，以上纳税申报的期限根据法定节假日的放假日数相应往后延长。而当企业确实在规定的日期前无法完成申报的，则必须向主管税务机关进行申请，批准后方可延后。

当企业未经主管税务机关批准，而在纳税申报的期限前未能完成申报的，此时应当联系企业的税务专管员询问补申报事宜。

22.6.3　柜台申报与电子申报

在我国，纳税申报的方式主要有两种，柜台申报和网络申报。柜台申报，就是到柜台进行申报。网络申报也就是电子申报。就是在网上，通过企业纳税申报客户端来进行纳税申报，并将税款扣缴的工作自动完成。

在进行柜台申报时，申报完成后，就会拿到税务主管机关受理窗口打印的税单。税单就是纳税的凭证，企业拿到税单后，需要到能够受理企业纳税的银行，携带现金或者支票，根据税单的内容，将税金自行缴纳进国库。而在电子申报中，在主管税务机关的网络申报电子后台登记有能够扣缴税款的企业的账户，电子申报完成后，税款扣缴工作会自动完成。

因此，使用电子申报的方式来进行纳税申报，是非常方便快捷的，能够大大提高纳税申报的工作效率，节约企业的人力资源。

22.6.4　如何办理电子申报

电子申报有诸多好处，但是，要使用电子申报的方式来进行纳税申报，是需要向主管税务机关申请的，没有申请，只能采用柜台申报的方式进行纳税申报。

办理电子申报并不难，只需要携带规定的资料到主管税务机关办理即可。

电子申报企业客户端，是一个软件。软件安装完成后，电脑中就有了电子申报的程序。

第一次使用电子申报客户端时，由于客户端是一个通用软件，因此，需要新建一个用户。这里需要注意的是，一个电子申报客户端，可以同时由许多企业共同使用。具体的使用方法，一般来说，主管税务机关都会为新办电子申报的企业提供培训，只需要认真参加培训，一般都能顺利使用。

22.6.5　什么是申报表

如表 22-1 所示，申报表就是我们通常所说的一般纳税人所使用的增值税申报表。

表 22-1　增值税纳税申报表

增 值 税 纳 税 申 报 表

（适用于增值税一般纳税人）

根据《中华人民共和国增值税暂行条例》第二十二条和第二十三条的规定制定本表。纳税人不论有无销售额，均应按主管税务机关核定的纳税期限按期填报本表，并于次月一日起十日内，向当地税务机关申报。

税款所属时间：自　年　月　日至　年　月　日　　　　填表日期：　年　月　日

纳税人识别号							所属行业：	
纳税人名称	（公章）		法定代表人姓名		注册地址		营业地址	
开户银行及账号			企业登记注册类型				电话号码	

项　目		栏次	一般货物及劳务		即征即退货物及劳务	
			本月数	本年累计	本月数	本年累计
销售额	（一）按适用税率征税货物及劳务销售额	1				
	其中：应税货物销售额	2				

	项目	行次				
销售额	应税劳务销售额	3				
	纳税检查调整的销售额	4				
	（二）按简易征收办法征税货物销售额	5				
	其中：纳税检查调整的销售额	6				
	（三）免、抵、退办法出口货物销售额	7			——	——
	（四）免税货物及劳务销售额	8				
	其中：免税货物销售额	9				
	免税劳务销售额	10				
税款计算	销项税额	11				
	进项税额	12				
	上期留抵税额	13		——		
	进项税额转出	14				
	免抵退货物应退税额	15				
	按适用税率计算的纳税检查应补缴税额	16			——	——
	应抵扣税额合计	17=12+13-14-15+16		——		
	实际抵扣税额	18（如 17<11，则为17，否则为11）				
	应纳税额	19=11-18				
	期末留抵税额	20=17-18				
	简易征收办法计算的应纳税额	21				
	按简易征收办法计算的纳税检查应补缴税额	22			——	——
	应纳税额减征额	23				
	应纳税额合计	24=19+21-23				
税款缴纳	期初未缴税额（多缴为负数）	25				
	实收出口开具专用缴款书退税额	26			——	——
	本期已缴税额	27=28+29+30+31				
	①分次预缴税额	28		——		
	②出口开具专用缴款书预缴税额	29		——		
	③本期缴纳上期应纳税额	30				
	④本期缴纳欠缴税额	31				
	期末未缴税额（多缴为负数）	32=24+25+26-27				
	其中：欠缴税额（≥0）	33=25+26-27				
	本期应补(退)税额	34=24-28-29		——		
	即征即退实际退税额	35	——	——		
	期初未缴查补税额	36			——	——
	本期入库查补税额	37			——	——
	期末未缴查补税额	38=16+22+36-37			——	——

授权声明	如果你已委托代理人申报，请填写下列资料： 为代理一切税务事宜，现授权（地址）　　　　　为本纳税人的代理申报人，任何与本申报表有关的往来文件，都可寄予此人。 授权人签字：	申报人声明	此纳税申报表是根据《中华人民共和国增值税暂行条例》的规定填报的，我相信它是真实的、可靠的、完整的。 声明人签字：

以下由税务机关填写：

收到日期：　　　　　　　　接收人：　　　　　　　　主管税务机关盖章：

申报表，是企业进行纳税申报所使用的表格的总称。根据不同的税种，所使用的申报表也是不一样的。所以，在实际工作中，企业应根据其自身需要纳税的税种来选择使用申报表的。如果是柜台申报，企业需要自行根据应纳税的税种来选择填报申报表，如果是电子申报，一般来说，主管税务机关会事先在后台系统中将企业所需使用的申报表事先进行核定，企业只需要根据系统的提示来填写申报表就可以了。

申报表的选择，是需要根据企业的实际情况来做出的。而我国的税法体系中，在这方面的规定是细致严谨的。而这些申报表的填报，也是必须符合纳税申报的要求的。

注意：在实际工作中，虽然企业可以就纳税申报表的填报咨询其所属的主管税务机关，但是，由于主管税务机关并不会就如何填写纳税申报表来进行统一培训。因此，企业应当聘请有经验的涉税工作人员来处理企业的纳税申报事宜，以免出现不必要的问题，使企业蒙受本可以避免的损失。

22.7　企业税务资料变动需要办理变更税务登记

企业在经营过程中，其在主管税务机关进行税务登记时登记的资料常常会发生变动，此时，我们就需要办理变更税务登记了。

22.7.1　什么情况下需要办理变更税务登记

税务登记时企业需要在主管税务机关进行企业生产经营等相关资料的备案。当企业的生产经营等相关登记资料发生变动时，是需要办理变更税务登记的。以便主管税务机关登记的信息总是企业最新的信息。

22.7.2　办理变更税务登记的流程

一、领取"一照一码"营业执照的企业变更有如下变化

生产经营地、财务负责人、核算方式由企业登记机关在新设时采集，在企业经营过程中，上述信息发生变化的企业，应向主管税务机关申请变更，不再向工商登记部门申请变更。

除上述三项信息外，企业在登记机关新设时采集的信息发生变更，均由企业向工商登记部门申请变更。

对于税务机关在后续管理中采集的其他必要涉税基础信息发生变更的，直接向税务机关申请变更即可。

二、未领取"一照一码"营业执照的企业变更有如下变化

2015 年 9 月 29 日前已登记还未实现"一证一码"的企业申请变更登记、或者申请换发营业执照的，应向工商登记机关申请变更，换发载有统一社会信用代码的营业执照。原税务登记证由企业登记机关收缴、存档。

"财务负责人"、"核算方式"、"经营地址"的变更事项，应直接向税务机关申请变更。

个体工商户及其他机关(编办、民政、司法等)批准设立的未列入"一照一码"登记范围的主体的变更事项，仍按照现有税收业务流程操作，到我局第一税务所申请变更。

第 23 章

增值税、消费税的纳税申报

由于流转税与所得税是我国税负的两个支柱，因此，归属于流转税的增值税、消费税是我国税种中的重中之重，占有我国财政收入相当大的比重。

23.1 增值税概述

增值税是针对货物销售或提供劳务的增值额和货物进口金额为计税依据而征收的一种流转税。因此，凡是出现流转而导致增值的，均属于增值税的纳税对象。

23.1.1 增值税的征收范围

根据《增值税暂行条例》的规定，增值税的征收范围一般包括：

- 销售货物，即有偿转让货物的所有权；
- 进口货物；
- 销售劳务；主要分为提供加工、修理修配劳务；提供应税劳务。
- 销售服务；服务主要包括有交通运输服务、邮政服务、电信服务、建筑服务、金融服务、现代服务、生活服务等。
- 销售无形资产；
- 销售不动产；
- 非经营活动；
- 其他。

对于企业实际经营活动中出现的视同销售行为，也属于增值税的征税范围。比如企业将自产的货物用于集体福利或个人消费、用于分配给股东或投资者、无偿赠送给其他单位或个人等都属于视同销售行为，虽没有对外销售，没有取得销售收入，但仍应按照规定计入增值税征收范围，计算增值税的销项税额。

23.1.2 增值税的纳税义务人

按照《增值税暂行条例》的规定，增值税的纳税义务人是境内所有销售货物或者提供加工、修理修配劳务以及进口货物的单位和个人，都应该依法进行纳税申报、缴纳税款。

"营改增"后在中华人民共和国境内销售服务、无形资产或者不动产的单位和个人，均为增值税纳税人。

23.2　增值税的税率与征收率

按照相关法律规定，我国的增值税采用比例税率，即按照应纳税额的一定比例征收，并且根据一般纳税人和小规模纳税人的不同，分别适用不同的税率和征收率。

23.2.1　一般纳税人的税率

营改增之后，国家为了进一步减轻纳税人的负担，出台了新的税率调整政策。自 1018 年 5 月 1 日起，增值税的税率调整为 16%，10%，6%，0%。其中，销售货物及劳务的税率为 16%，提供有形动产动产租赁服务，税率为 16%。纳税人发生应税行为的，税率为 6%。特殊服务的，税率为 10%。跨境应税行为，税率为 0%。另外，国家为了鼓励出口货物，对出口货物实行零税率政策。具税率如表 23-1 所示。

表 23-1　一般纳税人适用的税率

税率	适用对象
16%	销售或进口货物，适用低税率和零税率除外
	加工、修理修配劳务
	提供有形动产租赁服务
10%	粮食、食用植物油
	自来水、暖气、冷气、热水、煤气、天然气、沼气等
	图书、报纸、杂志
	饲料、化肥、农药、农机和农膜
	农产品、音像制品、电子出版物等
	国务院规定的其他货物
	提供交通运输、邮政、基础电信、建筑、不动产租赁服务，销售不动产，转让土地使用权，
6%	纳税人发生应税行为，除以外规定的
零税率	境内单位和个人发生的跨境应税行为，税率为零。具体范围由财政部和国家税务总局另行规定

提示：适用简易计税方法的一般纳税人，发生的销售不动产（销售其 2016 年 4 月 30 日前自建的不动产）、不动产经营租赁服务（一般纳税人出租其 2016 年 4 月 30 日前取得的不动产）等行为可选择简易计税方法，按照 5%的征收率计算应纳税额；发生的

一般纳税人以清包工方式提供的建筑服务、为甲供工程提供的建筑服务、为建筑工程老项目提供的建筑服务、跨县（市）提供建筑服务等行为可选择简易计税方法，按照3%的征收率计算应纳税额。

23.2.2 小规模纳税人的征收率

增值税小规模纳税人采用简易征收的办法，不采用进项抵销项的计税方式，而是直接采用较为低的征收率直接计税。自2009年1月1日起，小规模纳税人的增值税征收率由过去的6%和4%两档调整为3%一档。

提示："营改增"试点纳税人中的小规模纳税人跨县（市）提供建筑服务，按照3%的征收率计算应纳税额。销售其取得（不含自建）的不动产（不含个体工商户销售购买的住房和其他个人销售不动产）、销售其自建的不动产、销售自行开发的房地产项目、出租其取得的不动产（不含个人出租住房），可以选择适用简易计税方法按照5%的征收率计税。

另外，其他个人出租其取得的不动产（不含住房），应按照5%的征收率计算应纳税额。

23.3 增值税的确定

23.3.1 一般纳税人增值税的确定

增值税采用的是购进抵扣法计算增值税，即首先根据当期销售额和适用的税率计算销项税额，然后对当期采购中已经支付的进项税额进行抵扣，销项与进项的差额便是当期应缴纳的增值税额。用公式表示为：

当期应交增值税额=当期销项税额 – 当期进项税额

　　　　　　　　=当期销售额×适用税率 – 当期进项税额

按照上述公式计算增值税，最重要的是确定销项税额和进项税额。本节中，我们对销项税额与进项税额的确认进行介绍。

1. 销项税额的计算

为了计算销项税额，确定销售额和适用的税率是很关键的。

在计算销售额时，税法对纳税人赋予了足够的自主权，由纳税人按照规定自行计算。不同的销售方式，有不同的销售额计算方式，如表23-2所示。

表 23-2　销售额计算方式

销售方式	销售额的确定方式
一般销售方式	向购买方收取的全部价款
	价外费用：手续费、补贴、奖励费、赔偿金、包装物、装卸费等

销售方式		销售额的确定方式
特殊销售方式	折扣方式销售	按照扣除折扣后的金额作为销售额
	以旧换新销售	按新货物的同期销售价格作为销售额，不得扣除旧货物的收回价格
	以物易物销售	按照发出货物的价格作为销售额
	还本销售方式	货物的销售价格即为销售额，不得扣除还本支出
视同销售方式销售		按照一定的顺序确定销售额

按照《增值税暂行条例》的规定，视同销售方式也属于增值税的征税范围，有的视同销售方式不会以资金的形式反映出来，会导致不存在销售额的现金。因此，税法规定了一定的确定视同销售方式销售额的顺序：

● 按照纳税人近期同类货物的平均售价确定；

● 参照其他纳税人近期同类货物的平均售价确定；

● 按照组成计税价格确定，其公式为：组成计税价格=成本×（1+成本利润率）。

小提示：需要注意的一点是，增值税是价外税，用于计算增值税额的金额不包括增值税本身。而在实际经济活动中，销售方往往会将增值税额与货物售价加总进行定价，此时的销售额是包含增值税的。

因此，为了确定企业的销项税额，需要将含税的销售额换算为不含税的销售额，换算的公式为：

销售额=含税销售额÷（1+适用的税率）

2. 进项税额的计算

纳税人购进货物或取得劳务，如果所取得的增值税发票和完税凭证不符合法律规定，该进项税额不得从销项税额中抵扣。对于可以从销项税额中抵扣的进项税额，税法规定了两种抵扣的方式，如表23-3所示。

表23-3 进项税额抵扣方式

抵扣方式	类型	进项税额确定
凭票抵扣	增值税专用发票	发票上注明的进项税额即为可抵扣金额
	进口增值税专用缴款书	
计算抵扣	购进农业产品	进项税额=买价×扣除率（10%）
	发生的运输费用	进项税额=运输费用金额×扣除率（10%）

在计算进项税额，确定可以抵扣的金额时，需要注意的是，并不是取得增值税专用发票和完税凭证，就可以抵扣进项税额。不得从销项税额中抵扣的进项税额项目有：

● 用于简易计税方法计税项目免征增值税项目、集体福利或个人消费的购进货物或加工修理劳务、服务、无形资产和不动产；其中涉及的固定资产、无形资产、不动产，仅指专用于上述项目的固定资产、无形资产（不包括其他权益性无形资产）、不动产。

● 非正常损失的购进货物及相关的应税劳务和交通运输服务；

● 非正常损失的在产品、产品所耗用的购进货物(不包括固定资产)或应税劳务和交通运输服务；

- 财政部门、税务部门规定的纳税人自用消费品，如摩托车、汽车等；
- 非正常损失的不动产，以及该不动产所耗用的购进货物、设计服务和建筑服务。
- 非正常损失的不动产在建工程所耗用的购进货物、设计服务和建筑服务。纳税人新建、改建、扩建、修缮、装饰不动产，均属于不动产在建工程。
- 购进的旅客运输服务、贷款服务、餐饮服务、居民日常服务和娱乐服务。
- 上述项目所指的货物的运输费用和销售免税货物的运输费用；
- 其他规定的不可以抵扣的进项税额。

23.3.2 小规模纳税人增值税的确定

前面介绍了一般纳税人采用进项抵扣的方式计算增值税，小规模纳税人采用简易征收的方式确定应缴纳的增值税。即直接采用销售额与适用的征收率相乘确定应纳税额。计算公式为：

应纳税额=销售额×征收率

如果小规模纳税人的销售额是包含增值税款的，则需要首先将含税的增值税额换算为不含税的销售额，其换算公式为：

不含税销售额=含增值税的销售额÷（1＋征收率）

【例 23-1】如果光明公司为增值税小规模纳税人，2019 年 11 月销售一批材料，并由税务机关代开增值税专用发票，取得的含增值税收入为 51 500 元，销售自产的产品一批，取得的含税收入为 72 100 元，光明公司 11 月应缴纳的增值税计算方法为：

（1）首先将含税的销售收入，换算为不含税的收入，即

51 500÷（1+3%）=50 000（元）

72 100÷（1+3%）=70 000（元）

（2）光明公司 11 月应缴纳的增值税额为：

（50 000＋70 000）×3%=3 600（元）

23.4 增值税发票很重要

在整个增值税流转过程中，不论是进项税还是销项税，都离不开增值税发票的流转。

23.4.1 什么是增值税专用发票

增值税专用发票是相对于普通发票而言的，只有增值税一般纳税人才能够使用增值税专用发票。它是增值税一般纳税人销售货物或者提供应税劳务开具的发票，是购买方支付增值税额并可按照增值税有关规定据以抵扣增值税进项税额的凭证。增值税发票的样式全国统一，如图 23-1 所示。

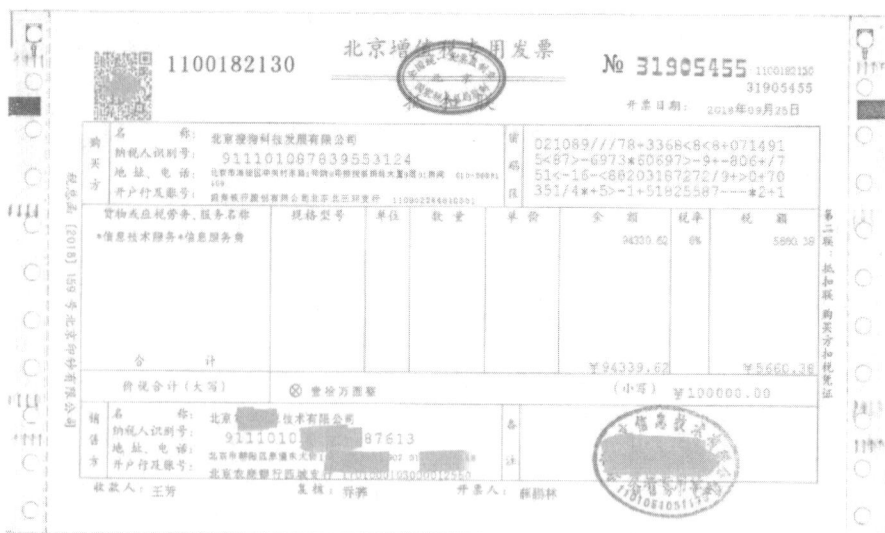

图 23-1　增值税专用发票

23.4.2　如何使用和管理增值税专用发票

增值税专用发票是如此重要，因此，企业应当遵守《增值税专用发票使用规定》的规定，妥善使用和管理增值税专用发票。

- 一般纳税人应通过增值税防伪税控系统使用专用发票。包括领购、开具、缴销、认证纸质专用发票及其相应的数据电文。
- 企业应当按照增值税发票不同联次的使用规定来使用增值税专用发票的不同联次。增值税专用发票由三联构成：发票联、抵扣联和记账联。发票联，作为购买方核算采购成本和增值税进项税额的记账凭证；抵扣联，作为购买方报送主管税务机关认证和留存备查的凭证；记账联，作为销售方核算销售收入和增值税销项税额的记账凭证。
- 专用发票实行最高开票限额管理。最高开票限额，是指单份专用发票开具的销售额合计数不得达到的上限额度。最高开票限额由一般纳税人申请，税务机关依法审批。
- 企业零售的烟、酒、食品、服装、鞋帽（不包括劳保专用部分）、化妆品等消费品不得开具专用发票。企业如果是增值税小规模纳税人（以下简称小规模纳税人）需要开具专用发票的，可向主管税务机关申请代开。销售免税货物不得开具专用发票，法律、法规及国家税务总局另有规定的除外。
- 一般纳税人取得专用发票后，发生销货退回、开票有误等情形但不符合作废条件的，或者因销货部分退回及发生销售折让的，购买方应向主管税务机关填报申请开具红字发票。

23.4.3　关于增值税专用发票认证抵扣的规定

企业取得增值税专用发票后，要想获得可以抵扣的进项税额，必须对获得的增值税专用发票进行认证。具体内容如下：

第一，增值税一般纳税人取得 2017 年 7 月 1 日起，取得自 2017 年 7 月 1 日及以后开具的增值税专用发票，应自开具之日起 360 日内扫描认证或者登陆增值税发票选择确认平台进行确认，并在规定的纳税申报期限内，向主管税务机关申报抵扣进项税额。

说明：这里之所以要规定是 2017 年 1 月 1 日以后的发票，是因为，在这次增值税发票进项税认证日期调整之前，相关进项税发票的认证日期是以 180 天为限的。在最新的调整之后，自 2017 年 1 月 1 日起，就调整为其认证期限为 360 天了。

第二，实行海关进口增值税专用缴款书（以下简称海关缴款书）"先比对后抵扣"管理办法的增值税一般纳税人取得 2017 年 7 月 1 日以后开具的海关缴款书，应在开具之日起 180 日内向主管税务机关报送《海关完税凭证抵扣清单》（包括纸质资料和电子数据），申请稽核比对。

未实行海关缴款书"先比对后抵扣"管理办法的增值税一般纳税人取得 2017 年 7 月 1 日以后开具的海关缴款书，应在开具之日起 360 日后的第一个纳税申报期结束以前，向主管税务机关申报抵扣进项税额。

说明：由于海关增值税也是作为进口企业的进项税抵扣的，但是进口企业取得的，不是相对应的增值税发票，而是海关进口增值税的专用缴款书。因此，根据增值税一般纳税人管理的规范要求，对与缴款书的处理也与普通增值税专用发票一样，只有认证之后，企业才可以将对应的海关增值税作为进项税进行抵扣。

第三，增值税一般纳税人取得 2017 年 7 月 1 日以后开具的增值税专用发票、公路内河货物运输业统一发票、机动车销售统一发票以及海关缴款书，未在规定期限内到税务机关办理认证、申报抵扣或者申请稽核比对的，不得作为合法的增值税扣税凭证，不得计算进项税额抵扣。

说明：这里就是所有的增值税一般纳税人企业需要特别注意的。企业取得的可以用于抵扣一般纳税人增值税的有效、合法的凭证，必须及时在有效期内进行认证，一旦超过有效期，会给企业带来重大的经济损失。

第四，增值税一般纳税人丢失已开具的增值税专用发票，应在本通知第一条规定期限内，根据相关法律法规的规定及时办理补救手续。

增值税一般纳税人丢失海关缴款书，应在本通知第二条规定期限内，凭报关地海关出具的相关已完税证明，向主管税务机关提出抵扣申请。主管税务机关受理申请后，应当进行审核，并将纳税人提供的海关缴款书电子数据纳入稽核系统进行比对。稽核比对无误后，方可允许计算进项税额抵扣。

可见，增值税专用发票不论是企业自身使用和开具的，还是外购取得的，其管理是非常重要的。企业应当建立适当的发票管理和使用的制度，使增值税专用发票的使用得到妥善的管理。

23.5 增值税的纳税申报

23.5.1 一般纳税人增值税的纳税申报

一般纳税人的增值税纳税申报需要使用其特定的申报表。并且由于一般纳税人发票管理的特殊性，在申报过程中必须与其发票管理流程相结合。

1. 申报环节

申报环节就是根据企业的增值税的发生情况，比如说本期的销售额、本期认证的增值税进项税额，本期的销项税额等情况，来填写一般纳税人的增值税申报表。在申报环节，如果是电子申报的，一般纳税人增值税申报表就在电子申报系统中填写，电脑会自动计算出本期需要缴纳的增值税额或者本期结余流转下期的进项税额。如果是纸质的，就需要根据申报表的栏目以及申报表填写说明的规则，仔细填制申报表，并计算出相应的结果。在有的地方，会需要电子申报后再报送纸质报表，有的地方则不需要，因此企业应当咨询其税务主管机关详细的流程。

2. 抄税环节

抄税环节就是企业使用金税盘将企业当期的增值税专用发票的开票情况记录下来的环节。

3. 报税环节

就是将金税盘内的资料报送给税务主管机关，使他们掌握企业的开票情况的环节。

4. 清卡环节

就是将金税盘内的资料报送给税务主管机关后，将金税盘给的资料清除的环节。

这四个环节都很重要，只有一一完成了这 4 个环节，才算完成了一个纳税期间的增值税纳税申报工作。

注意：由于各地的规定各有不同，因此这 4 个环节执行的先后顺序也有所不同，其具体的执行形式也各不相同。

23.5.2　小规模纳税人的纳税申报

小规模纳税人的增值税申报工作相对于一般纳税人而言就简单许多。由于小规模纳税人不能够抵扣进项税，因此小规模纳税人在纳税申报时，没有进项税，只有销项税，而小规模纳税人的销项税就是小规模纳税人需要缴纳的增值税税额。

小规模纳税人是使用 3% 的适用征收率来计算其应当缴纳的增值税的。小规模纳税人的销售额也是不包含其所需要缴纳的增值税的，如果小规模纳税人对外的销售价格是包含了增值税的，其在计算增值税时，应当还原为不含税的销售额。

当小规模纳税人确定了销售额与增值税后，小规模纳税人还需要进行抄报税的动作。小规模纳税人的抄报税，与一般纳税人的抄报税的意义是一样的。都是将本企业当期的开票情况告知税务主管机关。在具体的申报与抄报税的前后顺序上，各地区企业应当根据各地区税务主管机关的有关规定执行。

23.6　企业进出口货物的增值税处理

根据增值税相关法律法规的规定，企业进出口货物也属于增值税的缴纳范围。由于进出口贸易的国际性，其增值税的处理也与国内贸易有所不同。

23.6.1 什么叫作进口货物

进口货物就是企业从我国的境外购买货物，并且通过海关进入到我国的境内。这个过程就叫作进口货物。

注意：进口货物包括国外生产、我国生产出口转内销、国外捐赠给国内等需要将货物通过海关进入我国境内的一切情况。

23.6.2 谁应该缴纳进口货物的增值税

根据我国税法的规定，企业从事进口货物业务，并且企业是进口货物的收货人或者是办理报关手续人，那么企业就应当缴纳进口货物的增值税。

在实际工作中，有的企业虽然从事进口货物的业务，但是他们并非是自己直接报关的，而是通过委托代理人进行的。在这种情况下，一般是由受托代理人代为支付进口货物的增值税，然后再由企业将这笔增值税给予代理人。

23.6.3 进口货物的增值税税率与计算

进口货物适用的增值税税率与内销货物适用的增值税税率是一样。但是在增值税税额的计算上是不一样的。在计算进口货物的增值税时，是使用组成计税价格作为计算的基础的。相关公式如下：

应纳增值税税额=组成计税价格×税率

由于消费税是价内税，为了便于计算，直接给出在进口货物环节需要缴纳消费税时增值税的组成计税价格的使用公式：

实行从价定率计征消费税时，增值税的组成计税价格公式：

组成计税价格=（关税完税价格+关税）/（1－消费税比例税率）

实行复合计税计征消费税时，增值税的组成计税价格公式：

组成计税价格=（关税完税价格+关税+进口数量×消费税定额税率）/（1-消费税比例税率）

【例23-2】好事公司进口一批货物，货物关税完税价格100万元，关税10万元，消费税10万元，其需要缴纳的进口货物的增值税是多少？

那么根据公式，这批货物的组成计税价格就是100+10+10=120万元，如果增值税税率为16%，那么企业进口货物需要缴纳的增值税税额就是120×16%=19.2万元。

注意：并非所有的进口货物在计算其组成计税价格时都需要缴纳消费税，只有在《消费税暂行条例》有规定需要缴纳消费税的进口货物，才需要在计算其组成计税价格时加上消费税的税额。

进口货物在缴纳增值税时，不能够抵扣企业在境外支付的各项税金。但是当企业在国内销售进口货物时，进口货物在进口环节缴纳的增值税就作为可抵扣的进项税额，可在销售产生的销项税中进行抵扣了。

进口货物应当自海关填发税收缴款书之日起15日内向海关缴纳进口增值税。在这里，进口增值税是由海关代收的，缴纳后企业才会获得海关完税凭证。当企业获得了海关完税凭证后，就可以在申报纳税时申报为进项税，进行抵扣了。

注意：我国各地方的税务主管机关，对海关完税凭证的比对认证要求和流程各不相同，因此企业在取得海关完税凭证后，应当就其抵扣问题详细地咨询当地的主管税务机关。

23.6.4　出口货物

出口货物，就是企业将国内的货物，通过海关，销往我国境外的货物。在出口货物的过程中，与增值税有关的，就是出口退（免）税。

所谓出口退（免）税，是指对出口货物退还其在国内生产和流通环节实际缴纳的产品税、增值税、营业税和特别消费税。出口货物退（免）税制度，是我国增值税制度的重要组成部分。

在我国，出口退（免）税，退（免）的是增值税和消费税。出口退（免）税其实有两个含义，一个是退税，一个是免税。所谓退税，就是指国家对企业在出口的前一道环节征收的增值税，也就是企业在前面环节缴纳的进项税，进行退还。所谓免税，就是指国家对企业在出口时免征增值税。

增值税的出口退（免）税，是国家为了鼓励出口，提高国内产品在国际市场竞争力的一个政策。但是，国家不会希望将国内的稀缺资源，独有技术等一国的核心竞争力毫无保留的全部用来出口创汇，因此，在出口退（免）政策上，分为三种情况：

- 出口免税并退税：在货物的出口环节不征收增值税和消费税，并且退还前一道环节缴纳的增值税。一般情况下，增值税应税货物的出口都适用出口免税并退税的政策。
- 出口免税但不退税：在货物的出口环节不征收增值税和消费税，但是不退还前一道环节缴纳的增值税。这种情况适用于国家规定的货物，主要是卷烟、军品等。
- 出口不免税也不退税：照常征收出口环节的增值税和消费税，并且不会退还前一道环节缴纳的增值税。这种情况主要适用于国家不鼓励出口的货物，如计划外的原油等。

23.6.5　出口货物的增值税退（免）税政策

根据《出口货物退（免）税管理办法》中的有关规定，凡有出口经营权的企业出口和代理出口的货物，除另有规定者外，均可准予退还或免征增值税和消费税税额。出口退税货物应当具备以下三个条件：

- 必须是属于增值税、消费税征税范围内的货物。
- 必须是报关离境并结汇的货物。
- 在财务上必须是已作出口处理的货物。

一般情况下，只有同时具备以上三个条件的出口货物才准予退税。否则不予办理退税。除此之外，我国对出口退税货物的范围还作了一些特殊规定，具体包括以下几个方面：

（1）明确规定少数货物即使具备以上条件也不准给予退税。它们是：国家计划外出口的原油、援外出口货物、国家禁止出口的货物（天然牛黄、麝香、铜、铜合金、白金等）。

（2）即使一些企业的货物不具备上述三个条件，但国家特准退还或免征增值税和消费税。具体是指：

- 对外承包工程公司运出境外用于对外承包项目的货物；
- 对外承接修理修配业务的企业，用于对外修理修配的货物；
- 外轮供应公司、远洋运输供应公司销售给外轮、远洋国轮而收取外汇的货物；
- 利用国际金融组织或外国政府贷款采取招标方式由国内企业中标销售的机电产品、建筑材料；
- 企业在国内采购并运往境外作为在国外投资的货物；
- 对境外带料加工装配业务所使用的出境设备、原材料和散件；
- 利用中国政府的援外优惠贷款和合资合作项目基金方式下出口的货物；
- 对外国驻华使（领）馆及其外交代表（领事官员）和非中国公民且不在中国永久居留的行政技术人员在华购买的物品和劳务。

（3）明确规定一些出口货物只能采取免征增值税、消费税方式给予鼓励和支持，不可以退税：

- 来料加工复出口的货物；
- 避孕药品和用具、古旧图书；
- 卷烟（只限于有出口卷烟经营权的企业出口国家计划内卷烟）；
- 军品及军队系统企业出口军需工厂生产或军需部门调拨的物资；
- 国家在税收法规中规定的其他免税货物因已经享受免税照顾，所以出口时不能再办理退税，如农业生产者销售的自产农产品、饲料、农膜等。

注意：出口享受免征增值税待遇的货物，其在生产、流通环节所耗费的原材料以及运输费等，都不可以在内销货物的销售额中进行抵扣，应当计入产品的成本。

（4）出口企业从小规模纳税人购进并持普通发票的货物，不论是内销或出口均不得做扣除或退税。但对下列出口货物考虑其出口量较大及生产、采购上的特殊因素，特准予扣除或退税。这些货物是：抽纱、工艺品、香料油、山货、草柳竹藤制品、鱼网鱼具、松香、五倍子、生漆、鬃尾、山羊板皮、纸制品。

23.6.6 出口退税的计算

目前，我国企业出口商品主要有生产企业自营（委托）出口和通过外贸出口两种方式，相应的，出口退税形成了生产企业自营（委托）出口与外贸出口两种不同的退税计算方式。

生产企业自营（委托）出口的出口退税的计算，主要是采用"免、抵、退"的办法。所谓"免、抵、退"就是在出口销售环节免征增值税，而出口货物所使用的购进货物带来的进项税额不需要扣除计入成本，而是可以在当期用以抵扣企业内销时产生的销项税，而在当月内无法抵消完的部分给予退税。

"免、抵、退"办法中，计算应退税额主要分为三个步骤：

（1）计算当期应纳税额。当期应纳税额=当期内销货物的销项税－（当期进项税额－当期"免、抵、退"不得免征和抵扣税额）－上期留抵税额

注意：当期"免、抵、退"不得免征和抵扣税额=（出口货物离岸价×外汇人民币牌价－免税购进原材料价格）×（出口货物征税率－出口货物退税率）

（2）计算当期的"免、抵、退"税额。当期的"免、抵、退"税额=（出口货物的离岸

价×外汇人民币牌价−免税购进原材料价格）×出口货物退税率

（3）计算出当期的应退税额或者当期的留抵税额。这里要分两种情况。

情况一：如果当期的期末留抵税额不大于当期的"免、抵、退"税额，那么当期的应退税额=当期期末的留抵税额，当期可以用于抵扣内销税额的进项税=当期的"免、抵、退"税额−当期的应退税额

情况二：如果当期的期末留抵税额大于当期的"免、抵、退"税额，那么当期的应退税额=当期的"免、抵、退"税额，当期可以用于抵扣内销税额的进项税就没有了。

外贸企业的出口退税的计算，则是采用"免、退"的办法。其计算较为简单，公式是：

应退税额=购入货物的不含增值税的金额×退税率

23.6.7 出口退税的流程

出口退税主要流程是：出口退税登记，出口退税鉴定，出口退税申报，出口退税审核，出口退税检查和出口退税清算。

1. 进行出口退税登记

当从事经营货物出口的企业经有关部门批准获得出口经营权后，持相关批文及工商营业执照于批准之日起 30 日内向所在地主管出口退（免）税业务的税务主管机关申请办理退税登记。当税务主管机关对企业的申请进行审核无误后，就会要求企业填写《出口退税登记表》，企业在填写完并上交税务主管机关后，税务主管机关在审核后会发给企业《出口退税登记证》。

2. 出口货物退税鉴定

所谓出口退税鉴定，就是税务主管机关对企业的经营管理进行实地考察，对企业的经营业务进行了解，并根据企业的实际情况对其所适用的相关税收法律法规进行鉴定，并且在税务主管机关留下归档，以便税务主管机关更好地管理企业的出口退税业务。

3. 出口货物退(免)税申报

企业在货物报关离境并在财务上做出口销售确认处理后，根据税法相关法律法规的要求，填写《出口货物退（免）税申报表》，向税务机关提出退（免）税申请，而税务主管机关根据企业的申报来审核确定企业是否符合相关的出口退（免）税条件。企业出口货物的，都需要在货物报关出口并在财务上做销售确认处理后按月申报《出口货物退（免）税申报表》。在申报的同时，还要提供办理出口退税的有效凭据：如出口货物销售明细账；购进出口货物的增值税专用发票或普通发票；出口货物消费税专用发票；盖有海关验讫章的《出口货物报关单》和出口收汇单证等。

4. 出口货物退税的审核

主管出口退税业务的税务主管机关接到出口企业退税申请后，对出口企业的出口货物按规定程序逐项进行审核。审核无误的，应当逐级上报到负责出口退税审批的税务主管机关审查批准，并开具《收入退还书》，交当地银行（国库）办理退库手续。主管出口退税的税务机关必须自接到申请之日起一个月内办完有关退（免）税手续。

5. 出口货物退税的检查和清算

出口货物退税的检查是为了防止企业在出口退税上骗取退税款，而由其税务主管机关进行全面退税审核的过程。税务主管机关应当深入企业调查核对有关退税凭证和账物，并根据实际情况来决定对企业的出口退税的业务进行全面检查或抽查。

在年度终了后的 3 个月内，办理出口退税的企业应当进行出口退税的清算。企业应当对上年度出口货物种类、数量、金额、税率、费用扣除率和已退税额等情况进行全面清算，并将清算结果报送税务主管机关进行审核，对于出口退税的税额，多退少补。企业完成出口退税的清算后，税务主管机关将不再受理企业提出的上年度出口退税申请。

23.7 由营改增到营业税退出历史舞台的改革和意义

23.7.1 营业税的大问题

营业税与增值税是我国两大流转税种，涵盖了几乎所有的应税业务。由于营业税没有抵扣制度，因此其本身存在着严重重复征收的问题。

这种严重重复征收的表现是：当企业采购一项营业税应税业务时，这项应税业务的出卖方需要缴纳营业税。然后当企业将这项营业税业务融入企业的经营活动中，并且再次以营业税应税业务的形式销售出去时，又需要缴纳相应的营业税。当再次出售的营业税应税业务在这个流程中再流转一次，其又需要被征收多出一倍的营业税。

营业税的重复征收问题不仅仅是营业税的征收问题，而是关注社会经济发展的大问题。因为营业税的重复征收有两大负面影响。

其一，营业税的重复征收会造成社会分工不足，资源配置效率低下，从而影响社会的经济发展。

其二，营业税的重复征收会造成全社会的税负过重，从而影响经济的健康稳定发展。

23.7.2 "营改增"改革进程

自 2012 年 1 月 1 日起，我国率先在上海开始实施营改增改革试点，将征收营业税的交通运输业和部分现代服务业改为征收增值税；2012 年 9 月 1 日至 12 月 1 日，交通运输业（除铁路运输外）和部分现代服务业营改增试点由上海市分批次扩大至北京市、江苏省、安徽省、福建省（含厦门市）、广东省（含深圳市）、天津市、浙江省（含宁波市）、湖北省等 8 省及直辖市）；2013 年 8 月 1 日起，交通运输业和部分现代服务业营改增试点推向全国，同时将广播影视服务纳入试点范围；2014 年 1 月 1 日起，铁路运输业和邮政业在全国范围实施营改增试点；2014 年 6 月 1 日起，电信业在全国范围实施营改增试点。至此，营改增试点已覆盖 "3＋7" 个行业，即交通运输业、邮政业、电信业 3 个大类行业和研发技术、信息技术、文化创意、物流辅助、有形动产租赁、鉴证咨询、广播影视 7 个现代服务业。2016 年 3 月 5 日，国务院总理李克强在第十二届全国人民代表大会第四次会议上作《政府工作报告》，提出：今年将全面实施营改增，从 5 月 1 日起，将试点范围扩大到建筑业、房地产业、金融业、生活服务业，并将所有企业新增不动产所含增值税纳入抵扣范围，确保所有行业税负只减不增。2016 年 5 月 1 日起，全面推开营改增试点，将建筑业、房地产业、金融业、生活服务业一次性纳入试点范围，将新增不动产所含增值税全部纳入抵扣范围。

23.7.3 改革的方向

营业税改革的基本思想是建立健全有利于科学发展的税收制度，促进经济结构调整，支持现代服务业发展。其基本原则是：

第一，统筹设计、分步实施。正确处理改革、发展、稳定的关系，统筹兼顾经济社会发展要求，结合全面推行改革需要和当前实际，科学设计，稳步推进。

第二，规范税制、合理负担。在保证增值税规范运行的前提下，根据财政承受能力和不同行业发展特点，合理设置税制要素，基本消除重复征税。

第三，全面协调、平稳过渡。妥善处理试点前后增值税与营业税政策的衔接、试点纳税人与非试点纳税人税制的协调，建立健全适应第三产业发展的增值税管理体系，确保改革试点有序运行。

当前，我国营业税改革试点的范围主要是综合考虑服务业发展状况、财政承受能力、征管基础条件等因素，先期选择经济辐射效应明显、改革示范作用较强的地区开展试点。试点的行业主要是试点地区的交通运输业、部分现代服务业等生产性服务业，逐步推广至其他行业。条件成熟时，可选择部分行业在全国范围内进行全行业试点。试点时间是从 2012 年 1 月 1 日开始，并根据情况及时完善方案，择机扩大试点范围。

根据相关法律法规的规定，当前改革试点的主要税制安排如下：

1. 税率

在现行增值税 17% 的标准税率和 13% 的低税率基础上，新增 11% 和 6% 两档低税率。租赁有形动产等适用 17% 税率，交通运输业、建筑业等适用 11% 税率，其他部分现代服务业适用 6% 税率。这里新增的两档税率，指的是增值税税率。

2. 计税方式

交通运输业、建筑业、邮电通信业、现代服务业、文化体育业、销售不动产和转让无形资产，原则上适用增值税一般计税方法。金融保险业和生活性服务业，原则上适用增值税简易计税方法。

3. 计税依据

纳税人计税依据原则上为发生应税交易取得的全部收入。对一些存在大量代收转付或代垫资金的行业，其代收代垫金额可予以合理扣除。这条规定也是为了免除存在大量资金往来的企业的税收负担，符合营业税改革的方向。

4. 服务贸易进出口

服务贸易进口在国内环节征收增值税，出口实行零税率或免税制度。

23.7.4 营业税退出历史舞台

随着 2017 年 10 月 30 日国务院常务会议通过的营业税废止法案,营业税正式的退出了历史舞台。

营业税的退出,标志我国的税收又上升了一个新的台阶。营业税的退出,增值税得以全面推广在全国,也正因此,国家才能更好的为纳税人减轻负担,逐渐的降低增值税税负,逐步完善增值税税法体系,逐步完善我国的税法体系。是我们税法前进的一个重要的里程碑。

23.8 消费税征税范围和纳税义务人

早在公元前 81 年,汉朝便开始对酒进行征税,是消费税的最早雏形,截至目前,全世界有 100 多个国家开征消费税。在我国,新中国成立以后,开始对娱乐、宴席、旅馆等征收消费行为税。1988 年 9 月,国务院又对不合理的消费现象开征筵席税。1989 年 2 月,国务院又开征彩电消费税和小轿车消费税。1993 年国务院颁布施行《消费税暂行条例》,并于 1994 年 1 月 1 日起实施。现在施行的是 2008 年 11 月 5 日国务院第 34 次常务会议修订通过,自 2009 年 1 月 1 日起施行的《消费税暂行条例》。

23.8.1 消费税征税范围

消费税是对消费品和消费行为征收的一种税收项目,其征税范围按照生产的流程和环节,可以分为生产、委托加工、进口和零售四个环节的应税消费品,如表 23-4 所示。

表 23-4 消费税征税范围

环 节	内 容
生产环节	自产应税消费品并对外出售的,应于销售时缴纳消费税
	自产应税消费品,内部使用用于连续生产应税消费品的,不纳税
委托加工环节	委托加工的应税消费品,由受托方在向委托方交货时代收代缴税款
进口环节	该环节的消费税由海关代征
零售环节	销售金银首饰、钻石、钻石首饰等的,在零售环节纳税

之所以按照流程和环节划分消费税的征税范围,主要是因为消费税只在单一环节征税,比如在生产销售环节征税以后,不再在其他流通环节征收。

23.8.2 消费税的纳税义务人

由征税范围可以看出,消费税的纳税义务人分别处于四个不同的流通环节,即凡是在境内生产、委托加工和进口应税消费品的单位和个人,以及在零售环节销售应税消费品的单位和个人等均属于消费税的纳税义务人。

小提示:纳税义务人所指的单位包括企业单位、行政单位、事业单位、军事单位、社会团体等;个人则主要是指个体工商户。

23.8.3　消费税的计税方法

消费税的征收是直接面向应税消费品的，按照征收的依据的不同，可以分为三种计税方法：

● 从价定率征收；

● 从量定额征收；

● 从价定率和从量定额复合征收。

1.　从价定率征收

所谓从价定率征收，是指按照应税消费品的销售额作为纳税依据，以销售额乘以相应的税率作为应缴纳的消费税。从以上定义可以看出，采用从价定率征收消费税时，消费税的多少是以销售额的多少和税率的大小而决定的。越是售价高的应税消费品，其所应缴纳的消费税越多，反之，如果商品的销售价格比较低，其所缴纳的消费税就会比较低。

小提示： 采用从价定率征收消费税的税目主要有化妆品、首饰、小汽车、摩托车、高档手表、游艇、实木地板等。

2.　从量定额征收

所谓从量定额征收，是指按照应税消费品的数量作为纳税依据，以数量乘以单位税额作为应缴纳的消费税额。因此，采用从量定额征收消费税时，消费税额的大小与消费品的价格没有关系，具有一定的稳定性。采用从量定额征收消费税的税目主要有黄酒、啤酒和成品油。

3.　从价定率和从量定额复合征收

复合征收是将以上两种方法结合起来，对同一应税消费品采用两种方法计算税额，以两种方法计算的税额的加总作为该消费品应缴纳的税额。我国《消费税暂行条例》仅对烟和酒采用复合征收法计征消费税。

比如，税法规定白酒采用 20% 加 0.5 元/500 克的复合税率进行征收，光明公司销售白酒 100 千克，价值为 5 000 元，按照复合税率计算，光明公司应缴纳的消费税为：

5 000 × 20% + 0.5 × 100 000/500=1 100（元）

23.9　消费税的税额和税率

消费税征收的主要目的是引导消费趋势，进而促进产业结构的变化和调整，是重要的经济手段之一。消费税并不是面向全部消费品开征，只是选择一部分消费品课征消费税，因此，明确消费税的应税消费品的种类和项目是非常关键的。

23.9.1　应税消费品及税率

消费税的税率分为比例税率和定额税率两种，每种应税消费品以及子项目的税率如表 23-5 所示。

表 23-5　税目以及税率

税目	税率	税目	税率
一、烟		3.航空煤油	0.80元/升
1.卷烟		4.石脑油	1.00元/升
（1）甲类卷烟	56%加0.003元/支	5.溶剂油	1.00元/升
（2）乙类卷烟	36%加0.003元/支	6.润滑油	1.00元/升
2.雪茄烟	36%	7.燃料油	0.80元/升
3.烟丝	30%	七、汽车轮胎	3%
二、酒及酒精		八、摩托车	
1.白酒	20%加0.5元/500克	1.气缸容量在250毫升（含250毫升）以下的	3%
2.黄酒	240元/吨	2.气缸容量在250毫升以上的	10%
3.啤酒		九、小汽车	
（1）甲类啤酒	250元/吨	1.乘用车	
（2）乙类啤酒	220元/吨	（1）气缸容量在1.0升（含1.0升）以下的	1%
4.其他酒	10%	（2）气缸容量在1.0升以上至1.5升（含1.5升）的	3%
5.酒精	5%	（3）气缸容量在1.5升以上至2.0升（含2.0升）的	5%
三、化妆品	30%	（4）气缸容量在2.0升以上至2.5升（含2.5升）的	9%
四、贵重首饰及珠宝玉石		（5）气缸容量在2.5升以上至3.0升（含3.0升）的	12%
1.金银首饰、铂金首饰和钻石及钻石饰品	5%	（6）气缸容量在3.0升以上至4.0升（含4.0升）的	25%
2.其他贵重首饰和珠宝玉石	10%	（7）气缸容量在4.0升以上的	40%
五、鞭炮、焰火	15%	2.中轻型商用客车	5%
六、成品油		十、高尔夫球及球具	10%
1.汽油		十一、高档手表	20%
（1）含铅汽油	1.40元/升	十二、游艇	10%
（2）无铅汽油	1.00元/升	十三、木制一次性筷子	5%
2.柴油	0.80元/升	十四、实木地板	5%

23.9.2　消费税额的确定

明确了消费税的征税范围、计税方法和税率之后，便可以确定应税消费品应缴纳的消费税额。我们已知，消费税是按照商品的流通环节而划定征税范围的，因此，不同环节的消费税的计征有一定的不同。结合消费税的计税依据及税率，可以对税率、适用项目及计税公式，总结出消费税的计算方法，总结如表 23-6 所示

表 23-6　消费税计算公式

计税方式	适用的项目	计税公式
从量定额征收	啤酒、黄酒、成品油	应纳税额=销售数量×定额税率
复合计征征收	卷烟、白酒	应纳税额=销售数量×单位税额+销售额×比例税率
从价定率征收	除以上项目之外的项目	应纳税额=销售额×比例税率

1. 生产销售环节消费税的计算

生产销售环节消费税的计算，分为直接用于对外销售的消费品的计税和自产自用的消费品的计税两种。

（1）对于直接用于对外销售的消费品的计税，只需要按照不同的税项适用的税率参照表 23-6 的规定予以计算即可。

【例 23-3】2019 年 10 月，光明公司生产销售白酒 1 000 吨，全部对外销售，并取得不含税的销售为 5 000 万元，确定该公司 2019 年 10 月份应缴纳的消费税。

白酒的计税方式为从价定率和从量定额复合征收，税率为 20%加 0.5 元/500 克，因此，其应该缴纳的消费税计算公式为：

5 000×20%+1 000×2 000×0.5÷10 000=1 100（万元）

（2）自产自用的消费品的计税，如果将自产的消费品用于连续生产应税消费品，则不需要纳税，这是基于税法不重复征税的原则而制定的。如果将自产的消费品用于连续生产应税消费品之外的其他方面，如用于在建工程、管理部门使用、馈赠、赞助、职工福利等，税法规定，此用途的自产应税消费品应视同销售，需要交纳消费税。计算消费税时，应该按照纳税人生产的同类消费品的销售价格计算纳税，如果没有同类消费品销售价格的，按照组成计税价格计算纳税，其计算公式为：

组成计税价格=（成本+利润）÷（1-比例税率）

应纳税额=组成计税价格×比例税率

采用复合征收法计算消费税的，其组成计税价格的计算公式为：

组成计税价格=（成本+利润+自产自用数量×定额税率）÷（1-比例税率）

应纳税额=组成计税价格×比例税率+自产自用数量×定额税率

【例 23-4】光明公司为生产白酒的企业，2019 年 12 月将自产的白酒 1 000 斤发放给企业的职工作为年度福利，该批白酒没有同类的销售价格，其成本为 5 000 元/1 000 斤，成本利润率为 5%，试确定该笔业务应缴纳的消费税。

将自产的白酒用于员工福利，应视同销售，需要计算缴纳消费税。由于该白酒没有销售价格，需要计算其组成计税价格，白酒采用复合征税办法计算消费税，税率为 20%加 0.5 元/500克，因此其组成计税价格为：

组成计税价格=（成本+利润+自产自用数量×定额税率）÷（1-比例税率）

=（5 000+5 000×5%+1 000×0.5）÷（1-20%）

=5 750÷80%

=7 187.5（元）

其应缴纳的从价定率税额为 7 187.5×20%=1 437.5（元）

应缴纳的从量定额税额为 1 000×0.5=500（元）

因此，该批白酒应缴纳的消费税额=从价定率税额+从量定额税额=1 437.5+500=1 937.5（元）

小提示：生产销售环节计算消费税，在确定组成计税价格时，其"成本"是指应税消费品的实际生产成本；"利润"是按照国家税务总局规定的全国平均成本利润率计算确定的。

平均成本利润率如表 23-7 所示。

表 23-7 平均成本利润率

项目	税率	项目	税率
甲类卷烟	10%	贵重首饰与珠宝玉石	6%
乙类卷烟	5%	汽车轮胎	5%
雪茄烟	5%	摩托车	6%
烟丝	5%	高尔夫球及球具	10%

粮食白酒	10%	高档手表	20%
薯类白酒	5%	游艇	10%
其他酒	5%	木制一次性筷子	5%
酒精	5%	实木地板	5%
化妆品	5%	乘用车	8%
鞭炮、焰火	5%	中轻型商用客车	5%

2. 委托加工环节消费税的计算

委托加工，是指委托方提供原料和主要材料，受托方只收取加工费的合作形式。按照税法规定，委托加工的应税消费品，由受托方在向委托方交货时代收代缴税款。

对于委托加工环节消费税的计算，受托方应按照同类消费品的销售价格为依据，计算缴纳消费税。如果不存在同类销售价格的，应按照组成计税价格计算纳税，其计算公式为：

组成计税价格=（材料成本+加工费）÷（1-比例税率）

采用复合征收法计算消费税的，其组成计税价格的计算公式为：

组成计税价格=（材料成本+加工费+委托加工数量×定额税率）÷（1-比例税率）

【例23-5】光明公司接受委托为胜利公司生产一批高尔夫用具，胜利公司提供的原材料的成本为 50 000 元，光明公司收取的加工费为 6 000 元，已知该类球具不存在市场销售价格，确定该批球具应缴纳的消费税。

高尔夫球具适用的税率为 10%，其组成计税价格为：

组成计税价格=（50 000+6 000）÷（1-10%）=62 222.22（元）

光明公司应该代收代缴的消费税=62 222.22×10%=6 222.22（元）

小提示：委托加工环节计算消费税，按照《消费税暂行条例》的规定，在确定组成计税价格时，"材料成本"是指委托方所提供的材料的实际成本；"加工费"是受托方向委托方收取的全部费用，包括代垫材料的实际成本。

3. 进口环节消费税的计算

进口环节应该缴纳的消费税，由海关代征，由进口人向报关地海关申报纳税。进口应税消费品的，应该根据组成计税价格与适用的税率作为计算消费税的依据。

采用从价定率征收消费税的，计算公式为

组成计税价格=（关税完税价格+关税）÷（1-比例税率）

应缴纳的消费税=组成计税价格×比例税率

采用复合办法征收消费税的，计算公式为

组成计税价格=（关税完税价格+关税+进口数量×定额税率）÷（1-比例税率）

应缴纳的消费税=组成计税价格×比例税率+进口数量×定额税率

【例23-6】2019 年 10 月，光明公司进口一艘游艇，其关税完税价格为 500 万元，关税为 100 万元，游艇适用的比例税率为 10%，确定光明公司应缴纳的消费税。

首先应该计算该艘游艇的组成计税价格=（500+100）÷（1-10%）=666.67（万元）

计算该艘游艇应缴纳的消费税=666.67×10%=66.67（万元）

23.10　消费税的纳税申报

消费税的纳税申报有着其独有规定，我们先来了解其独有的纳税规定。

23.10.1　消费税的纳税规定

消费税应当在纳税义务发生时进行纳税申报。

1. 消费税纳税义务的相关规定

（1）纳税人销售应税消费品的，按不同的销售结算方式有以下 4 种：

- 如果买卖双方采取赊销和分期收款结算方式的，其纳税义务发生日就是书面合同约定的收款日期的当天，书面合同没有约定收款日期或者无书面合同的，为发出应税消费品的当天；
- 如果买卖双方采取预收货款结算方式的，其纳税义务发生日应为发出应税消费品的当天；
- 如果买卖双方采取托收承付和委托银行收款方式的，其纳税义务发生日就是发出应税消费品并办妥托收手续的当天；
- 当买卖双方采取其他结算方式时，其纳税义务的发生日的确定就是收讫销售款或者取得索取销售款凭据的当天。

（2）纳税人自产自用应税消费品的，其纳税义务的发生日就是该应税消费品在自用时被移送的当天。

（3）纳税人委托加工应税消费品的，其纳税义务的发生日就是纳税人以委托人的身份提货的当天。

（4）纳税人进口应税消费品的，其纳税义务的发生日，就是其为进口的应税消费品进行报关进口的当天。

2. 消费税的申报机构规定

- 纳税人销售的应税消费品，以及自产自用的应税消费品，除国务院财政、税务主管部门另有规定外，应当向纳税人机构所在地或者居住地的主管税务机关申报纳税。这条规定是指，一般情况下都是企业的注册地主管税务机关来负责该企业消费税的征收管理，但是也会有其他例外情况。
- 委托加工的应税消费品，除受托方为个人外，由受托方向机构所在地或者居住地的主管税务机关解缴消费税税款。这一条主要是针对委托加工来说的，在委托加工业务中，由于消费税是由受托方代扣代缴的，因此，一般都是由受托方向其主管税务机关进行申报纳税。
- 进口的应税消费品，应当向在应税消费品报关的所在海关进行申报纳税。

3. 消费税的申报和缴纳的时限

- 消费税的纳税期限主要为 1 日、3 日、5 日、10 日、15 日、1 个月或者 1 个季度。纳税人的具体纳税期限，应当由其所属的主管税务机关根据纳税人应纳税额的大小进行核定；如果不能按照固定期限纳税的，可以按次纳税。这里是指消费税纳税义务发生之日起至消费税申报之日。

- 纳税人以 1 个月或者 1 个季度为 1 个纳税期的，自期满之日起 15 日内申报纳税；以 1 日、3 日、5 日、10 日或者 15 日为 1 个纳税期的，自期满之日起 5 日内预缴税款，于次月 1 日起 15 日内申报纳税并结清上月应纳税款。这个日期期限其实是企业进行各种税种的纳税申报的通用期限。
- 纳税人进口应税消费品，应当自海关填发海关进口消费税专用缴款书之日起 15 日内缴纳税款。这里明确指出了海关消费税的纳税义务发生日。

23.10.2 消费税申报表

在进行消费税的纳税申报时，需要使用消费税申报表，根据不同的税目，消费税的纳税申报表是不一样的。

如表 23-8 所示，是用于酒及酒精税目的消费税纳税申报的。

表 23-8 酒及酒精消费税纳税申报表

酒及酒精消费税纳税申报表

税款所属期： 年 月 日至 年 月 日

纳税人识别号：☐☐☐☐☐☐☐☐☐☐☐☐☐☐☐

纳税人名称（公章）：

填表日期： 年 月 日　　　　金额单位：元（列至角分）

项目 应税消费品名称	适用税率		销售数量	销售额	应纳税额
	定额税率	比例税率			
粮食白酒	0.5 元/斤	20%			
薯类白酒	0.5 元/斤	20%			
啤酒	250 元/吨	——			
啤酒	220 元/吨	——			
黄酒	240 元/吨	——			
其他酒	——	10%			
酒精	——	5%			
合计					

本期准予抵减税额：	声明 　　此纳税申报表是根据国家税收法律的规定填报的，我确定它是真实的、可靠的、完整的。
本期减（免）税额：	经办人（签章）：
期初未缴税额：	财务负责人（签章）： 　　联系电话：
本期缴纳前期应纳税额：	（如果你已委托代理人申报，请填写） 授权声明
本期预缴税额：	
本期应补（退）税额：	为代理一切税务事宜，现授权_____
期末未缴税额：	_____（地址）_____为本纳税人的代理申报人，任何与本申报表有关的往来文件，都可寄予此人。 　　授权人签章：

以下由税务机关填写

受理人（签章）：　　　　受理日期： 年 月 日　　　　受理税务机关（章）：

如果没有税目特定的纳税申报表，那么就应当使用通用《消费税纳税申报表》，如表 23-9 所示。

表 23-9　其他应税消费品消费税纳税申报表

其他应税消费品消费税纳税申报表

税款所属期：　　　年　　月　　日至　　　年　　月　　日

纳税人识别号：

纳税人名称：

填表日期：　　　年　　月　　日　　　　　　　　　　　金额单位：元（列至角分）

项目\\应税消费品名称	适用税率	销售数量	销售额	应纳税额
合计	——	——		

本期准予抵减税额：	声明
本期减（免）税额：	此纳税申报表是根据国家税收法律的规定填报的，我确定它是真实的、可靠的、完整的。
期初未缴税额：	经办人（签章）： 财务负责人（签章）： 联系电话：
本期缴纳前期应纳税额：	（如果你已委托代理人申报，请填写）
本期预缴税额：	授权声明
本期应补（退）税额：	为代理一切税务事宜，现授权＿＿＿＿＿＿＿＿
期末未缴税额：	＿＿＿＿＿＿＿＿（地址）为本纳税人的代理申报人，任何与本申报表有关的往来文件，都可寄予此人。授权人签章：

以下由税务机关填写

受理人（签章）：　　　　受理日期：　　年　　月　　日　　受理税务机关（章）：

企业申报消费税时，应当选择适用的消费税纳税申报表进行申报纳税。在填写消费税纳税申报表时，需要注意，除了主表外，还需要填写抵扣计算表、抵扣明细表等其他表格。

23.10.3　消费税的出口退税

由于消费税是单一环节征收的税种，对于生产企业来说，消费税是在其销售时缴纳的。因此，当生产企业直接对外出口时，如果征收消费税，然后再退税就会很麻烦。因此，我国的税收法律法规规定，生产企业直接出口所生产的消费税应税消费品的，其在出口环节免征消费税。

注意：当出口企业直接出口消费税应税消费品被退回时，在进口环节暂时免征消费税，待出口企业将此批退货在国内销售时，再缴纳消费税。

而对于外贸企业出口消费税应税商品的，由于其在从国内购买的应税消费品是包含了生产企业出售时缴纳的消费税的。也就是说，出口企业购买的国内应税消费品都是已税的，因此，根据我国相关法律法规的规定，有出口经营权的外贸企业直接出口或者接受其他外贸企业委托代理出口应税消费品的，出口免征消费税并将已税消费品的消费税退还。

注意：生产企业和一般商贸企业委托外贸企业代理出口的消费税应税消费品，不可以

享受退税政策。

从价定率征收消费税的应税消费品，其退税额计算公式为：

应退的消费税税款=出口货物的工厂不含增值税的销售额×消费税税率

【例 23-7】瑞红企业为一家具有进出口经营权的外贸企业，2018 年 11 月份出口一批高尔夫球具到国外，该批球具购入不含增值税的价格是 100 万元，高尔夫球具的消费税税率为10%，分析瑞红企业的消费税涉税业务。

在本题中，瑞红企业为具有进出口经营权的外贸企业，根据相关法律法规的规定，具有进出口经营权的从生产厂家购买的消费税应税货物出口时可以退还包含在货物中的消费税。

因此，应退的消费税税款=100×10%=10 万元。

从量定额计征消费税的应税消费品，其退税额的计算公式为：

应退的消费税税款=出口的应税消费品的数量×定量税额

【例 23-8】顺达企业为一家具有进出口经营权的外贸企业，2019 年 11 月份出口 1 000吨黄酒到国外，黄酒是属于定量税额征收消费税的应税消费品，其消费税税额为 240 元/吨，分析顺达企业的消费税涉税业务。

本题中的顺达企业的情况与上一题也就是【例 23-11】中的情况一样，因此可以在出口时申请退还出口商品中包含的消费税。

应退的消费税税额=1 000×240=240 000 元。

第 24 章

附加税费与代扣代缴
个人所得税的纳税申报

在主要流转税之外，我国企业在纳税申报业务中，最常遇见的就是附加税费与个人所得税了。因此，了解附加税费与个人所得税的申报才能保证企业纳税申报工作的顺利进行。

24.1 主要的附加税费的计算与申报

附加税费主要有城市维护建设税、教育费附加费、地方教育费附加等地方性的税费。其征收也是依附在主要流转税之上进行的。

24.1.1 城市维护建设税的计算与申报

城市维护建设税，在实务中一般简称为城建税。它开征的目的是为了能够加强城市的维护建设，扩大和稳定城市维护建设资金的来源。由于城建税是一种依附在主要流转税之上而缴纳的税种，因此，城建税的纳税人，就是缴纳消费税、增值税的单位和个人，也就是说，只要是正常经营的企业都是城建税的纳税人。

注意：过去，为了配合我国招商引资，引进外资的经济发展国策，外商企业是不需要缴纳附加税费的。但是随着经济发展，现在在税收问题上，内资外资企业已经一视同仁。外资企业也需要缴纳附加税费。

由于城建税是为了城市建设而开征的税源。因此，很自然的，其征收的税率根据城市发展程度的不同来进行划分。根据规定：纳税人所在地在市区的，税率为 7%；纳税人所在地在县城或镇的，税率为 5%；纳税人所在地不在市区，县城或镇的，税率为 1%。

要计算城建税，除了知道税率之外，我们还必须了解城建税的计税依据。根据税收法律法规的规定，城市维护建设税，以纳税人实际缴纳的消费税、增值税税额为计税依据，分别与消费税、增值税同时缴纳。

注意：**当企业同时要申报缴纳流转税的几个税种时，其附加税费的计算是以几个流转税种的合计缴纳税额作为计税依据的。**也就是说，如果企业同时需要缴纳消费税、增值税，那么其附加税费的计算依据就是所缴纳的消费税、增值税的税额之和。

其公式为：

应当缴纳的城市维护建设税=企业实际申报缴纳的消费税、增值税税额之和×适用税率

【例24-1】顺达公司为增值税纳税人，2019年1月份，其增值税应税销售额为100万元，适用的增值税税率为6%，城市维护建设税7%。该企业需要缴纳多少城市维护建设税？

计算顺达公司需要缴纳的增值税为100×6%=6万元。

该公司需要缴纳的城建税为6×7%=0.42万元。

从这个例子可以看出，之所以顺达公司的城建税需要缴纳0.42万元，是根据该公司需要缴纳的增值税的税额来计算的。因此，我们可以看出，附加税费之所以称为附加税费，就是因为附加税费的缴纳、计算都是依附于流转税之上的。企业如果不需要缴纳流转税，就不需要缴纳附加税费，只有缴纳了流转税，才需要缴纳附加税费。

相关税收法律法规规定，城市维护建设税的征收、管理、纳税环节，奖罚等事项，比照消费税、增值税的有关规定办理。因此，城建税的申报纳税工作，是与流转税的申报纳税工作同步完成的，是作为流转税的附加税而进行缴纳的。

对于若干特殊情况下的城建税的申报纳税，税收法律法规也做了相应的规定：

- 城建税的计税依据以实际缴纳的消费税、增值税的税额作为计税依据，如果上述三种流转税的申报纳税，企业可以享受各种减免政策的，其城建税的申报纳税也一并享受相同的各种减免政策。
- 企业进口商品，需要在进口环节缴纳消费税和增值税，此时不需要缴纳城建税。
- 企业申报出口退税时，所退的消费税和增值税，其所附的城建税不能一并退还。

24.1.2 教育费附加的计算与申报

教育费附加，是1986年为了贯彻落实《中共中央关于教育体制改革的决定》，加快发展地方教育事业，扩大地方教育经费的资金来源而决定开始征收的。长久以来，一直与城建税同时成为附加税费的主要组成种类。

教育费附加的计税依据也是以各单位和个人实际缴纳的增值税、消费税的税额为计征依据，分别与增值税、消费税同时缴纳。企业如果缴纳流转税的，那么就要一并申报缴纳教育费附加。

教育费附加的税率是3%，其计算公式是：

企业应当缴纳的教育费附加=企业所缴纳的消费税、增值税税额之和×3%

教育费附加的计算和纳税申报与城建税是一样的，跟随其所附着的流转税一起进行申报纳税。

【例24-2】好事公司2019年11月份需要申报增值税150万元，请问该公司当月需要缴纳多少教育费附加？

好事公司2019年11月份需要申报缴纳的教育费附加=（150）×3%=4.5万元。

根据我国税收法律法规的相关规定，教育费附加的缴纳征收也有一些特殊规定：

● 企业如果是缴纳农村教育事业费附加的农业企业、乡镇企业，不需要缴纳教育费附加。

● 教育费附加是跟随其所附着的消费税、增值税一并缴纳征收的，并且是以企业实际缴纳的消费税、增值税税额为计算依据的。因此，如果企业由于享受了减免消费税、增值税的政策而导致减少缴纳相关税收税额的，那么其教育费附加也一并跟随减少缴纳。

● 企业从事出口退税业务虽然退还了原先缴纳的消费税和增值税，但是教育费附加不随之一起退还。

24.1.3　教育费附加和地方教育附加的减免规定

主要有如下四条：

● 对海关进口的产品征收的增值税、消费税，不征收教育费附加。

● 对由于减免增值税、消费税而发生退税的，可同时退还已征收的教育费附加。但对出口产品退还增值税、消费税的，不退还已征的教育费附加。

● 对国家重大水利工程建设基金免教育费附加。

● 自 2016 年 2 月 1 日起，按月纳税的月销售额或营业额不超过 10 万元（按季度纳税的季度销售额或营业额不超过 30 万元）的缴纳义务人，免征教育费附加、地方教育费附加。

24.1.4　其他附加税费的计算与申报

由于附加税费是属于地税系统进行征收和管理的，而我国各地区经济发展情况差异大，因此各地的附加税费征收的具体内容有所不同。除了城建税和教育费附加这个全国各地区普遍进行征收的附加税费外，征收较多的附加税费还有河道管理费、地方教育费附加等。

河道管理费，又叫作堤围防护费，其开征的主要目的是为城市河道管理、河道维护、堤围建设、防洪防潮等地区性水利公共事业提供资金的一种行政事业性收费。其计算方式全国各地区不尽相同。有的地区是以附加税费的传统计算方式，也就是依附于消费税、增值税的申报纳税一并进行缴纳。而有的地区则是根据企业销售额直接来进行缴纳。因此，企业如果涉及河道管理费的缴纳的，应当向其税务主管机关进行咨询。

地方教育费附加，与教育费附加是不同的。地方教育费附加是一种地方性的行政事业收费，是作为地方教育资金来源的补充，其款项主要是用于地方教育发展和改革。而教育费附加则主要是投入到义务教育公共服务中去的。因此，地方教育费附加与教育费附加是两个截然不同的附加税费。

2010 年，国家制定了相关的法律法规，规定了地方教育费附加的征收率是 2%。其计算方法和计税依据与传统的附加税费的计算方法和计税依据相同。计税依据是企业所缴纳的消费税、增值税的税额。

【例 24-3】大力公司 2019 年 11 月份，需要申报缴纳增值税 70 万元。经过税务主管机关的税种核定，该公司需要缴纳河道管理费，费率 1%；需要缴纳地方教育费附加，费率 2%。问当月该公司需要缴纳多少河道管理费和教育费附加？

大力公司 2019 年 11 月，需要缴纳河道管理费=（70）×1%=0.7 万元。

大力公司 2019 年 11 月，需要缴纳地方教育费附加=（70）×2%=1.4 万元。

24.2　什么是个人所得税

个人所得税，就是对个人由于各种途径所取得的应税所得作为课税对象而征收的税种。

2018 年 8 月，十三届全国人大常委会第五次会议审议个人所得税法修正案草案，2018 年 8 月 27 日，个人所得税法修正案草案提交十三届全国人大常委会第五次会议二次审议。至此，新个税法案确定于 2019 年 1 月 1 日施行。纳税起征点也成功再上一个台阶，成功的由 3500 变为 5000。从 2018 年 10 月 1 日起，即可施行最新起征点和税率，全国人民都能享受到个税改革带来的减税利好。

虽然个人所得税的征收是针对个人的收入所得来征收的，但是在市场经济环境中，个人所得离不开企业的经营活动，而个人所得税的申报缴纳也多由企业进行代扣代缴。因此，企业纳税业务是不可能不包含有个人所得税的申报纳税的。

24.2.1　个人所得税的纳税人

根据我国《个人所得税法》的规定，在中国境内有住所，或者无住所而在境内居住满一年的个人，从中国境内和境外取得的所得，依照规定缴纳个人所得税。在中国境内无住所又不居住或者无住所而在境内居住不满一年的个人，从中国境内取得的所得，依照规定缴纳个人所得税。

可见，个人所得税的纳税人不局限于具有我国国籍的公民，还包括有各种从我国境内获取个人所得的其他个人。根据国际通行的做法，我国也把个人所得税的纳税人区分为居民纳税人和非居民纳税人来分别对待。居民纳税人所取得的个人所得，不论是来自我国境内还是境外，属于个人所得税应税项目的，都需要缴纳个人所得税。而非居民纳税人，则只需要就其境内的个人所得，属于个人所得税应税项目的，来缴纳个人所得税，境外所得则不需要。

居民纳税人是指在中国境内有住所，或者无住所而一个纳税年度内在中国境内居住满一百八十三天的个人。其从中国境内和境外取得的所得，依照本法规定缴纳个人所得税。

非居民纳税人是指在中国境内无住所又不居住，或者无住所而一个纳税年度内在中国境内居住不满一百八十三天的个人，其从中国境内取得的所得，依照本法规定缴纳个人所得税。

注意，如果纳税人临时离境的，只要一次离境不超过 30 日，累计离境不超过 90 日，都作为境内居住天数计算在境内居住时间内。

24.2.2　个人所得税的税目

根据最新《个人所得税法》的规定，个人如果获得下列收入的，都需要缴纳个人所得税：

- 工资、薪金所得。

主要就是个人受到公司的雇用而收取的报酬。

● 劳务报酬所得。

劳务报酬所得又叫作劳务所得，顾名思义，就是指个人提供劳务而获得报酬。在本税目中所说的劳务，是指由个人独立提供而获得的劳务报酬，如特殊技能独立工作者独立提供的法律、财务、税务、医疗等各种服务。这种劳务报酬不含有工资、薪金的属性，与工资、薪金所得要区分开来。

● 稿酬所得。

获得的应税所得，缴纳个人所得税。

● 特许权使用费所得。

特许权，就是个人所拥有的无形权利，如专利权、商标权、著作权等。将这些无形权利的使用权进行让渡所获得的所得，就是特许权使用费所得。

● 经营所得。包括个体工商户所得和企事业承包经营租赁所得。

个体工商户所得，也就是个体工商户从事各种生产、经营业务而获得的收入。在这里所说的生产、经营业务，是指个体工商户实际进行的生产、经营业务。

● 企事业单位承包经营租赁所得。

这里是指个人对企事业单位进行承包、承租经营所得到的应税所得。一般有两种形式，一种是个人承包、承租企业事业单位的经营业务后，改变企事业单位的性质，由法人企业改变为个体工商户，按照个体工商户的生产、经营所得相关规定进行缴纳个人所得税，对已经改变性质的企事业单位不再征收企业所得税。另外一种是，个人取得了企事业单位的承包、承租经营权后，没有改变企事业单位的性质，仍然保持了企事业单位的法人企业性质。在这种情况下，企事业单位需要就其经营所得缴纳企业所得税。

● 利息、股息、红利所得。

这里是指个人所拥有的债券、债权、股份、股权从而获得的利息、股息和红利所得。

● 财产租赁所得。

● 财产转让所得。

● 偶然所得。如彩票中奖等。

居民个人取得前款第一项至第四项所得(以下称综合所得)，按纳税年度合并计算个人所得税；非居民个人取得前款第一项至第四项所得，按月或者按次分项计算个人所得税。纳税人取得前款第五项至第九项所得，依照本法规定分别计算个人所得税。 目前，我国的个人所得税法实现了部分综合，工资薪金所得、劳务报酬所得、稿酬所得、特许权使用费所得统一纳入综合所得范围，其他项目仍然按照分类税目申报缴纳。随着最新个人所得税法的正式修订，我国的个人税收也由原来的分类制逐渐向综合制迈进，是个税改革史上一个重要的里程碑。

24.2.3 个人所得税的扣缴方式

我国的税收法律法规规定，除了年所得 12 万元及以上的个人、从 2 处以上获得个人所得税应税所得的个人、以居民纳税人身份而获得境外收入的个人、获得的个人所得税没有扣缴义务人的个人，这几类情形需要纳税人自行申报外，其他税目的个人所得税的扣缴方式都是以代扣代缴来进行。所谓代扣代缴，就是由负有扣缴义务的扣缴义务人，从纳税人的所得中，代扣代缴纳税人所需要缴纳的所得税。在我国税法体系中，一般来说，企业就是对个人所得税负有代扣代缴义务的扣缴义务人。因此，在企业申报纳税工作中，是绕不开个人所得税的。

根据我国税法体系的规定，个人所得税以获得个人所得税应税所得的个人作为纳税人，以支付给个人其个人所得的企事业单位和其他个人为扣缴义务人。

【例 24-4】顺达企业员工小明 2019 年 1 月份的工资为 5 500 元，需要缴纳个人所得税 15 元，请分析企业的代扣代缴个人所得税如何操作？

在本题所述的情形中，小明所获得的工资 5 500 元，是其个人所得税应税所得。

因此，根据规定，小明是其个人所得税的纳税人。而顺达企业是支付给小明个人所得税的企业，因此，根据相关的规定，顺达企业就是小明的个人所得税的扣缴义务人，负有代扣代缴小明的个人所得税的义务。因此，在本题所述情形下，小明个人所得为 5 500 元，需要缴纳 15 元个人所得税，此 15 元的个人所得税由顺达企业代扣，因此小明实际所得现金为 5 485 元，顺达企业在代扣了小明 15 元个人所得税后，还需要通过申报纳税，代缴此笔税金。

在本题的逻辑关系中，小明是否为顺达企业员工不作为是否需要代扣代缴的考虑因素。因为根据规定，代扣代缴人是以是否为个人所得的支付人来界定，不涉及其他关系。

24.3 个人所得税的扣缴方式

在个人所得税中，不同的税目所适用的税率不同，有的税目适用分级累进税率，有的税目适用比例税率，因此，个人所得税不同税目的计算方式是不一样的。

24.3.1 综合所得-工资、薪金所得的计算

根据最新的个人所得税法的修订，工资、薪金所得所适用的税率表如表 24-1 所示，目前个人所得税的免征额为 5 000 元。

注意：所谓免征额，就是说在免征额范围内的个人工资、薪金所得，免征个人所得税。也就是，5 000 元的免征额，就是企业个人工资、薪金所得税的起征点。也就是说，只有当个人的工资、薪金所得超过 5 000 元的部分才需要根据个人所得税税率表的规定，分段缴纳个人所得税。

表 24-1 个人所得税税率表

级数	区间	税率	速算扣除数
1	不超过 3 000 元的	3%	0
2	超过 3 000 元至 12 000 元的部分	10%	210
3	超过 12 000 元至 25 000 元的部分	20%	1410
4	超过 25 000 元至 35 000 元的部分	25%	2 660
5	超过 35 000 元至 55 000 元的部分	30%	4 410
6	超过 55 000 元至 80 000 元的部分	35%	7 160
7	超过 80 000 元的部分	45%	15 160

在工资、薪金所得税的计算中，还涉及免征额的概念。所谓免征额，也就是说在工资、薪金的个人所得税应税所得中，有一部分应税所得是免征所得税的。如果个人的工资、薪金所得低于个人所得税的免征额，那么就不需要缴纳个人所得税；如果个人的工资、薪金所得高于个人所得税的免征额，由于免征额的部分是免征个人所得税的，因此，只需就其高于免征额的个人所得来计算缴纳个人所得税。

从表 24-1 中可以看出，个人所得税的税金所使用的是七级累进税率。也就是说，个人所得税的征收是将个人的应税所得，分成七级，分段使用不同的税率来计算个人所得税。

由于免征额的存在，因此，个人所得税处于免征额的一段是不征收个人所得税的，不在七级分段之中。这七级分段，就是对个人所得超过个人所得税的免征额的部分进行分段分税率征收。

根据税率表，个人工资、薪金所得超出免征额 0~3 000 元的一段，是征收 3% 的个人所得税；超出免征额 3 000~12 000 元的部分，是征收 10% 的个人所得税；依此类推一直到第七段，超过 80 000 元的部分征收 45% 的个人所得税。

可见工资、薪金应税所得根据七级累进税率进行计算缴纳个人所得税，相当麻烦，需要将个人的工资、薪金应税所得分段对应各自的适用税率然后再合计才能得出需要缴纳的个人所得税税额。在实务中，不是这样计算的，一般来说都是通过速算扣除数来计算个人工资、薪金所得的个人所得税的。

在使用速算扣除数来计算个人工资、薪金所得的个人所得税时，还是需要考虑免征额的，在计算时，只要将个人的工资、薪金应税所得扣除免征额后的金额，直接根据该金额的适用税率来计算所得税，然后再减掉速算扣除数，就是正确的个人所得税税额了。我们来举例说明：

【例 24-5】李明 2019 年 10 月份，工资为 10 000 元，根据税法规定，该所得属于工资、薪金应税所得，个人所得税的免征额为 5 000 元，不考虑其他扣除项目，请问李明需要缴纳多少个人所得税？

李明的工资为 8 000 元，工资、薪金所得的个人所得税的免征额是 5 000 元，因此适用七级累进税率的工资段是 10 000－5 000=5 000 元。根据工资、薪金所得的税率表，5 000 元需要分成两段来计算，也就是 0~3 000 元一段，3 000~5 000 元一段，因此，其工资、薪金所得的个人所得税计算=3 000×3%+（5 000－3 000）×10% = 290 元。

在本题中，如果使用速算扣除数来计算则要简单很多，查表可得，个人所得税的计算=5 000×10%－210=290 元。

可见，如果使用分段计算，就比较麻烦，有几段，就要分别计算几段，而使用速算扣除数，无论是分几段，都只要根据最高金额所属的适用税率计算然后扣减相应的速算扣除数即可。

24.3.2　综合所得-工资、薪金所得的相关规定

工资、薪金所得还有若干较为重要的规定，企业在个人所得税工资、薪金所得涉税业务中，需要遵循这些规定。

1. 工资、薪金应税所得免征额的规定

从上一个小结，我们知道，在工资、薪金所得的计算中，有着免征额的概念。根据最新修订的《个人所得税法》的规定，一般的免征额为 5 000 元。

2. 工资、薪金应税所得扣除额的规定

在确定工资、薪金所得时，除了免征额不需要缴纳所得税外，税法还规定了其他项目可以在计算个人的工资、薪金应税所得时扣除，如国家规定的各种社会福利性费用、三险一金（养老保险、医疗保险、失业保险、住房公积金）个人负担的部分以及其他的专项扣除。

纳税人如果有两份以上分别获取的工资、薪金所得的，应当汇总合计计算其个人的应税所得。全年一次性发放的奖金的个人工资、薪金应税所得的计算与一般的月度工资、薪金应税所得的计算是不一样的，由于该计算方法各地规定不同，政策调整频繁，因此不做详细介绍。只是说明一般情况，由于全年一次性发放的奖金金额较大，如果按照月度工资、薪金应税所得的计算方式，纳税人的负担是较重的。因此，税务主管部门一般规定，全年一次性发放的奖金的应税所得的计算使用特定的办法，以便平衡纳税人的税负，同时，该方法一年只能适用一次，防止纳税人通过此种方法的重复使用来规避税收。企业在实务中，一般是通过网上申报软件自动计算应纳税额，也可以向其税务主管机关进行计算方法的咨询。

24.3.3 综合所得-工资、薪金所得的申报

个人的工资、薪金所得税是由雇用该人员的企业进行代扣代缴的。在实务中，个人所实际拿到手的工资是税后工资，其需要缴纳的个人所得税，由企业通过企业的申报纳税系统代为扣缴到税务主管机关。

24.3.4 经营所得-个体工商户生产经营所得的计算

经营所得，也就是通过个体工商户其经营的业务来获得盈利作为个人所得税的应税所得。由于个体工商户的个体性质，因此，这种盈利不在企业所得税的征收范围，而是属于个人所得税的征收范围。

个体工商户的生产、经营所得，就是个体工商户在经营过程中获得的收益，扣除支付的各种支出后的余额。为了避免个体工商户规避税收，我国的税收法律法规对各种可以在计算应税所得时扣除的支出进行了详细的规定：

- 个体工商户本人的工资，只能按照每月 5 000 元，每年 60 000 元进行扣除。多发给本人的工资不可以作为扣除项。
- 个体工商户支付给员工的工资，根据实际的支出进行扣除。
- 个体工商户支付的用于员工福利的费用，不能全部扣除，只能扣除支付的工资、薪金总额的 14%。
- 个体工商户为了开展业务的需要，支出的广告费和业务宣传费，不能全部扣除，当年度的扣除额不能超过年度营业额的 15%，如果当年度的实际支出额超过了当年度的营业收入的 15%，那么多余的部分，可以结转到下一个年度继续扣除。

● 个体工商户发生的业务招待费支出，在计算个人所得税应税所得时，根据其实际发生额的 60%进行扣除，不可以全额扣除，且其最高的扣除额不得超过销售收入的千分之五。

● 个体工商户者发生的借款利息等费用,符合相关法律法规的认定标准的,可以全额扣除。

注意：个体工商户是由于其个体属性，因此不在企业所得税的征收范围内，但是个体工商户也有工商户属性，是一个经营实体，因此在计算其个人所得税的应税所得时，非常类似于企业所得税的计算办法。但是，毕竟在我国的税法体系中，个体工商户的生产、经营所得被归入了个人所得税的征收范围，因此，其个体属性更强。因此，如果该个体获得了与其拥有的工商户的生产、经营无关的个人所得，应当根据其所得的所属税目，另外申报缴纳个人所得税。

经营所得适用的税率如表 24-2 所示。

表 24-2 个体工商户的生产经营所得税适用税率表

级数	区间	税率	速算扣除数
1	不超过30 000元的	5%	0
2	超过30 000元至90 000元的部分	10%	1 500
3	超过90 000元至300 000元的部分	20%	10 500
4	超过300 000元至500 000元的部分	30%	40 500
5	超过500 000元的部分	35%	65 500

可以看出个体工商户的生产、经营所得的适用税率是五级累进税率，其计算与工资、薪金所得的七级累进税率的计算方法并无二致，在此不再赘述。由于个体工商户的财务核算一般没有正规企业规范，因此实务中，个体工商户的生产、经营所得的个人所得税，也往往会采用由税务主管机关进行核定征收的办法来缴纳。

由于个体工商户的生产、经营所得没有扣缴义务人，因此应当由个体工商户自行进行申报纳税，并在年度终了后进行个人所得税的汇算清缴。

注意：个人独资企业、合伙企业的个人所得税的计算与个体工商户的生产、经营所得的个人所得税计算的各种规定是一致的。

【例 24-6】小明经营着小明杂货店，属于个体工商户，2019 年度取得个体工商户的生产、经营所得 15 万元。其中当年小明每个月自己发给自己工资 6 000 元，问该年度小明需要缴纳多少个人所得税？

由于小明 2015 年度经营的杂货店生产、经营所得为 15 万元，因此应该以 15 万元作为计算小明需要缴纳的个体工商户的生产经营所得的个人所得税的计算依据。根据题目所述资料，当年度小明发给自己的月工资是 6 000 元，折合全年 72 000 元。根据个人所得税相关法律法规的规定，小明作为个体经营者，在其经营过程中发给自己的工资，在计算个体工商户的生产、经营所得时，只能按照 5 000 元/月，全年 60 000 元进行扣除。

生产、经营所得=150 000+（72 000－60 000）=162 000 元。

小明需要缴纳的个人所得税=162 000×20%－10 500=21 900 元。

24.3.5　经营所得-对企事业单位的承包经营、承租经营所得

对企事业单位的承包经营、承租经营所得的个人所得税进行计算和申报主要是分以下几种不同的情况来做不同的处理。

第一种情况：企事业单位的承包、承租人对所承租、承包的企事业单位的经营成果没有所有权，而仅仅是根据承包、承租合同约定的条款收取报酬的情况。这种情况下，其实对于承包、承租人来说，并没有承担所承包、承租的企事业单位的经营风险，而只是获取固定的酬劳。在这种情况下，承包、承租人所获取的承包、承租收入的性质接近工资、薪金所得。因此，在这种情况下，对企事业单位进行承租、承包经营的承租、承包人的个人所得税的计算，与工资、薪金所得税目的计算方法是一致的，适用税率也是一致的。也就是说，完全视同工资、薪金所得来进行申报纳税。

注意：在实务中，更多出现的情况是，承租、承包人虽然对所承租、承包的企事业单位的经营成果没有所有权，但是根据承租、承包合同的规定，其获取的报酬仍然是和企事业单位的经营成果有一定的挂钩的。在这种情况下，只要该企事业单位的承租、承包人能够从该企事业单位获得固定的报酬的，也是属于第一种情况。

第二种情况：企事业单位的承包、承租人对该企事业单位的生产经营的成果具有所有权的，就要按照对企事业单位的承包、承租经营所得税目进行申报缴纳个人所得税。在这里所说的所有权，是指承包人、承租人在承包期内需要支付给企事业单位的所有人一定的固定费用，不论承包、承租的经营是好是坏，其成果都由承租、承包人承担。

第三种情况：企事业单位的承包、承租人对企事业的工商登记进行实质性变更，所谓实质性变更，就是变更了企事业单位的所有权。在这种情况下，实际上承包、承租人改变其原本作为承包、承租经营的行为性质，并且使所承包、承租的企事业单位变成了个体工商户的性质。因此，在这种情况下，企事业单位的承包、承租人应当根据个体工商户的生产、经营所得的税目进行个人所得税的纳税申报。

可见，在三种看似承包、承租经营的情况下，只有第二种情况是按照个人对企事业单位的承包、承租经营所得税目进行个人所得税的纳税申报的。其个人所得税的计算方式、适用税率和个体工商户的生产、经营所得所适用的五级累进税率是一致的。其适用公式为：

应纳税额=（全年收入总额－成本、费用以及损失）×适用税率-速算扣除数

注意：从公式也可以看出，如果承包、承租人在支付成本、费用以及损失后，所得收益是亏损的，那么就不必缴纳个人所得税。

在申报企事业单位承包、承租所得的个人所得税时，要注意，其纳税期间是以年为单位的。也就是根据一年的承包、承租所得的情况进行申报。在实务中，往往存在企事业单位的承包、承租人在一年中分几次来获得承包、承租收益。在这种情况下，纳税人应该在每一次获得承包、承租收益时先进行个人所得税的预缴，然后在年度终了后再进行对一年个人所得情况的申报，对于已经预缴的部分，其税款按照多退少补的方法来计算 。

注意：这里所说的一年，是指自然年，也就是经过了自然年的结束后，就需要对上一个年度的承包、承租经营所得进行纳税申报，不论上一个年度实际的承包、承租期是多久。

小提示：现个体工商户生产经营所得、对企事业单位的承包经营、承租经营所得已经合并为生产经营所得，相关税率参照表 24-2 即可。

24.3.6 综合所得-劳务报酬所得

根据最新《个人所得税法》的定义，原先单独计入劳务报酬的所得，也合并计入综合所得。尽管如此，劳务报酬仍应与工资薪金所得做区分。这是因为它的定义所决定。劳务报酬所得是指从事各种技艺，提供各项劳务取得的所得。如从事设计、装潢、安装、制图、化验、测试、医疗、法律、会计、咨询、讲学、新闻、广播、翻译、审稿、书画、雕刻、影视、录音、录像、演出、表演、广告、展览、技术服务、介绍服务、经纪服务、代办服务以及其他劳务取得的所得。

劳务报酬与工资、薪金所得在实务中仍然需要做区分，我们在介绍个人所得税的税目时介绍过，应当根据这两个税目所针对个人所得税的应税行为的性质来进行区别。劳务报酬，是个人独立从事各种技艺、服务等活动，具有特定性和临时性为外单位工作的属性。而工资、薪金所得属于非独立个人劳务活动，与为其提供劳务的单位具有人事、雇佣的关系。因此，确定两者的区分的重要标志是看该劳务的提供是否具有长期的或者固定的雇佣关系。如果有长期、固定的雇佣关系，那么就是工资、薪金所得，反之，就是劳务报酬所得。

在实务中，个人的劳务报酬所得的获取形式有两种。一种是按照提供劳务的次数，一次性的支付；另一种是在提供劳务的时间段内，分次连续的支付。根据《个人所得税法》的规定，如果是采用前一种形式的，纳税人应当按次进行个人所得税的申报缴纳，如果是采用后一种形式的，那么不论连续的时间是多久、分次支付的间隔时间是多久，都按照一个月为基准，按月进行个人所得税的纳税申报。

注意：办理学习班的特殊规定：国税函〔1996〕658 号文件第二条规定：个人无须经政府有关部门批准并取得执照举办学习班、培训班的，其取得的办班收入属于"劳务报酬所得"应税项目，应按税法规定计征个人所得税。其中，办班者每次收入按以下方法确定：一次收取学费的，以一期取得的收入为一次；分次收取学费的，以每月取得的收入为一次。这里要注意，如果学习班是经过政府有关部门的批准并取得执照举办的，那么就应当作为个体工商户的生产、经营所得税目进行个人所得税的申报缴纳。

在计算个人所得税的劳务报酬所得的个人所得税时，首先要确定该税目下个人所得税的应纳税所得额。截止 18 年 12 月 31 日之前的税收法律法规的规定，对于个人所得的劳务报酬所得的免征额为：每次收入不超过 4 000 元的，定额减除费用 800 元；每次收入在 4 000 元以上的，定额减除 20% 的费用。在免征额之上的部分，适用三级累计税率进行计算应当缴纳的个人所得税。税率如表 24-3 所示。

表 24-3 劳务报酬适用税率表

级数	区间	税率	速算
1	不超过20 000元的部分	20%	0
2	超过20 000元至50 000元的部分	30%	2 000
3	超过50 000元的部分	40%	7 000

在计算时，首先确定每次的收入是在 4 000 元以上，还是在 4 000 元以下，以便确定适

用的免征额，然后再根据三级累进税率进行计算。

2019 年 1 月 1 日后，劳务报酬所得按照综合所得计算个税，具体可参照表 24-1。与此同时，在计算劳务综合所得时，仍然享受特殊的税收优惠，即在应纳税所得额基础之上，定额减除 20% 的费用。

其他规定：

- 纳税人提供劳务，并且委托主管税务机关代开发票时，应当按照 3% 的税率预缴个人所得税。在法定的申报期进行申报时再一并计算，多退少补。
- 我国《个人所得税法》规定，对纳税人的应纳税额分别采取有支付单位源泉扣缴和纳税人自行申报两种方法。对凡是可以在应税所得的支付环节扣缴个人所得税的，均由扣缴义务人履行代扣代缴义务。

24.3.7 综合所得-稿酬所得

稿酬所得从本质上也是一种劳务报酬所得，但是由于稿酬所得的特殊性，因此在我国个人所得税税目中单独有稿酬所得，与劳务所得并列存在。随着 2018 年 9 月个税法案的通过，稿酬也同劳务报酬一并计入综合所得。尽管如此，稿酬因其特殊性，也需与工资薪金所得、劳务所得等作区分。

在稿酬所得的计算中，最重要的是如何界定一次稿酬所得，我国法律法规规定如下：

- 个人每次以图书，报刊方式出版，发表同一作品（文字作品、书画作品、摄影作品以及其他作品），不论出版单位是预付还是分笔支付稿酬，或者加印该作品后再付稿酬，均应合并其稿酬所得按一次计征个人所得税。在两处或两处以上出版，发表或再版同一作品而取得稿酬所得，则可分别各处取得的所得或再版所得按分次所得计征个人所得税。

注意：必须是以图书、报刊方式出版的同一作品，不论如何获得稿酬，从每一个出版商处出版的，都单独算作一次稿酬所得。

- 个人的同一作品在报刊上连载，应合并其因连载而取得的所有稿酬所得为一次，按税法规定计征个人所得税。在其连载之后又出书取得稿酬所得，或先出书后连载取得稿酬所得，应视同再版稿酬所得分次计征个人所得税。

说明：也就是说连载的稿子要连载完成一并计算稿酬所得，如果该连载完成后再出版，再出版就作为单独的稿酬所得。

- 同一个作品曾经出版过，再一次出版的，也算做另一次稿酬所得。
- 同一个作品在出版或者发表后，由于加印而再次获得的稿酬，只要是在相同的地方加印出版，就合并原来的稿酬一并计算稿酬所得。

在截止 2018 年 12 月 31 日的法律法规下，稿酬所得适用 14% 的比例税率，免征额的规定与劳务所得相同：每次收入不超过 4 000 元的，定额减除费用 800 元；每次收入在 4 000 元以上的，定额减除 20% 的费用。从 2019 年 1 月 1 日起，稿酬也一并计入综合所得纳税，适用税率可参照表 24-1 综合税率税率计算。这里也需要特别提醒大家，稿酬不仅享受同劳务一致的税额定额扣除 20% 的优惠，还因其取得的特殊性，继续享受原先优惠后 70% 的税率，也就是说，稿酬是在应纳税所得额的基础之上，再享受 56% 的优惠计算缴纳个税。

注意：当作者去世后，对取得其遗作稿酬的个人，按稿酬所得征收个人所得税。作者将自己的文字作品手稿原件或复印件公开拍卖取得的所得，应按特许权使用费所得项目征收个人所得税。

24.3.8 综合所得-特许权使用费所得

作为综合所得税中的特许权使用费，它的的计算口径，是以一项特许权的一次使用费作为一次个人所得税的申报纳税口径。如果某一个纳税人拥有多项特许权，并且分别多次收取使用费，则应当按照每一个特许权的每一次收取的使用费来分别进行申报纳税。

在截止2018年12月31日的法律法规下，计算特许权使用费所得的个人所得税免征额时，相关规定与劳务所得是一样的：每次收入不超过4 000元的，定额减除费用800元；每次收入在4 000元以上的，定额减除20%的费用。特许权使用费所得的适用税率是20%的比例税率。从2019年1月1日起，特许权使用费也一并计入综合所得纳税，适用税率可参照表24-1综合税率税率计算。当然，作为特殊的综合所得税明细项，特许权使用费同劳务报酬一致，继续享受20%的定额费用扣除。

【例24-7】 李红拥有一项专利权，于2019年6月特许给顺达公司使用，按月收取特许权使用费，费用为每个月12 000元，请问李红应该如何缴纳个人所得税？

本题中，李红将其拥有的专利权，特许给顺达公司使用，由顺达公司支付特许权使用费。因此，李红的个人所得税应税所得是属于个人所得税税目的特许权使用费所得。应当按照特许权使用费所得的相关规定缴纳个人所得税。本题中，该特许权使用费按月支付，因此应当按月计算李红的个人所得税。根据相关规定，李红的应税收入为每月10 000元，因此在计算个人所得税时，应当按扣除20%的费用后的余额根据表24-1的适用税率缴纳个人所得税。

李红每月应纳税所得额为=12 000×（1－20%）=9 600，适用10%的税率。

（9600-5000）×10%-210=250元。

根据个人所得税应当由支付方代扣代缴的规定，李红所支付的1 600元个人所得税应当由顺达公司在支付特许权使用费时代扣代缴。

税法规定，如果通过中介进行特许权的转让使用的，在业务过程中发生的中介费，只要能提供有效的合法凭证，就能够在计算特许权使用费的应纳税所得额中扣除。特许权的所有人由于专利权被其他人侵权使用而取得的赔偿收入，也是按照"特许权使用费所得"的税目来申报缴纳个人所得税。

24.3.9 财产租赁所得

根据我国法律法规的规定，财产租赁所得的确定，是以1个月为租赁期，按月计算财产租赁所得。纳税义务人在出租财产过程中缴纳的税金和教育费附加，可持完税凭证，在计算其财产租赁的应纳税所得额时予以扣除。纳税义务人出租财产取得财产租赁收入，在计算应纳税所得额时，除可依法减除规定费用和有关税费外，还准予扣除能够提供有效、准确凭证，证明由纳税义务人负担的该出租财产实际开支的修缮费用。允许扣除的修缮费用，以每次800元为限，一次扣除不完的，准予在下一次继续扣除，直至扣完为止。

注意：实务中常常会发生转租的情况，也就是出租人是先承租，后出租。在这种情况下，转租业务的纳税人在确定其个人所得税的应纳税所得额时，可以扣除承租时支付的租金，只对承租和出租间的差额计征个人所得税。这也是符合实际情况的，而在确定转租业务的增值税时，则是按照转租收入全额计征增值税，这里和个人所得税的规定是不一样的。

在确认财产租赁所得的纳税义务人时，应以产权凭证为依据。无产权凭证的，由主管税务机关根据实际情况确定纳税义务人。产权所有人死亡，在未办理产权继承手续期间，该财产出租而有租金收入的，以领取租金的个人为纳税义务人。

财产租赁所得的免征额的规定与劳务所得的免征额的规定是一样的：每次收入不超过4000元的，定额减除费用800元；每次收入在4 000元以上的，定额减除20%的费用。财产租赁所得的适用税率是20%的比例税率，但是当个人以市场价出租房屋时，其适用税率为10%的比例税率。

【例24-8】顺达公司由于复印机维修，遂向李红租赁其个人拥有的复印机一台，为期1个月，根据约定，租金为2 500元。请问李红需要缴纳多少个人所得税？

本题中，李红将其个人拥有的复印机租赁给顺达公司使用而获得租赁收入，根据《个人所得税法》的规定，应当属于个人所得税税目中财产租赁所得，根据财产租赁所得的相关规定缴纳个人所得税。

李红需要缴纳的个人所得税=（2500－800）×20%=340元。

24.3.10 财产转让所得

财产转让所得的应纳税所得额，不是财产转让所获得的全部价款，而是财产转让获得的收入，扣减掉所转让的财产的原值和合理的费用后的余额。这里所说的能够扣减的合理的费用，是指按照相关法律法规的规定，在财产转让时需要支付的各项费用，并且要经过主管税务机关的同意后方可进行扣除。

财产转让所得的适用税率是20%的比例税率。其计算公式为：

财产转让所得的应纳税所得额=（收入总额－财产原值－合理费用）×20%

【例24-9】王先生于2009年购买了50瓶名贵葡萄酒，购买价格50万元。2019年，王先生将其拥有的这50瓶葡萄酒脱手，获得收入150万元。王先生为了保存这50瓶名贵葡萄酒，专门租用了一个酒窖保存，年保管费2万元，10年来共花费保管费20万元，均取得发票。经过税务主管机关确认，该笔保管费可以在计算其财产转让所得时进行扣除。请问王先生就该事项需要缴纳多少个人所得税？

本题中，王先生将自己购买的葡萄酒转卖，属于转让自己的财产，其所得属于个人所得税税目中的财产转让所得。

王先生需要缴纳的个人所得税=（150－50－20）×20%=16万元。

24.3.11 利息、股息、红利所得和偶然所得

利息、股息、红利所得和偶然所得的应纳税所得额为所获得的利息、股息、红利和偶然所得的全部价款，不能扣减相关费用，也没有免征额的规定。目前适用的税率是20%的比例税率。

利息、股息、红利和偶然所得按照次数进行申报纳税，每获得一次利息、股息、红利和偶然所得为一次。

注意：对于我国在上海证券交易所和深圳证券交易所公开上市的上市公司的股息，根据税收法律法规的规定，按照 50% 的比例确定应纳税所得额。

24.4 个人所得税代扣代缴的其他事项

个人所得税除了税目所规定的应税收入外，还有一些其他的个人所得税的规定也是企业需要了解的。

24.4.1 境外所得的情况

个人所得税的纳税人的分类，不是以国籍来分，而是以在我国居住的时间长短分为居民纳税人和非居民纳税人。对于非居民纳税人，只对其在我国境内获得的个人所得税应税所得进行征收个人所得税，而对于居民纳税人，不仅要对其在我国境内获得的个人所得税应税所得征收个人所得税，对于其在境外获得的个人所得税应税所得，也要征收个人所得税。因此，我们必须要考虑居民纳税人在境外所得的情况下的个人所得税申报纳税问题。

由于在国际通行做法中，在一国境内的个人所得都需要向所在国缴纳个人所得税，因此，如果我国对于居民纳税人已经在境外缴纳过别国的个人所得税的应税所得再次全额征收我国的个人所得税，就会造成税款的重复征收。因此，为了避免这种情况，而又保证我国的个人所得税的境外所得的税源，我国税收法律法规做了如下规定：

- 对于居民纳税人已经在国外缴纳的个人所得税税款，在国内计算个人所得税时可以予以扣除，但是其扣除额最多不能超过根据我国的《个人所得税法》计算的个人所得税。这里所说的在国外已经缴纳的个人所得额，是指居民纳税人在国外缴纳的实缴税款。
- 如果居民纳税人的境外所得来源于多个不同的国家，那么在计算扣除额时，应当按照国别分别计算，然后汇总。
- 如果居民纳税人在境外实缴税款，超过了按照我国的个人所得税法计算的税款，那么超过的部分，可以在下一个申报期继续用于抵扣个人所得税。
- 对于境外所缴纳的个人所得税税款，应当由所在国的税务主管机关出具相关的证明。
- 我国居民纳税人的境外所得在我国进行的个人所得税的申报，应当于我国的年度终了后 30 日内进行申报纳税。

24.4.2 如何进行年所得十二万元以上的纳税申报

在我国，个人所得税虽然有自行申报和代扣代缴两种方式，但是主要实行的是代扣代缴税款的征收方式，在年所得 12 万元以上的纳税人的纳税申报规定出台前，法律上没有规定高收入者自行纳税申报的义务。

但是自 2006 年相关规定出台后，目前我国的税收法律法规相关规定，年所得超过 12 万元的个人，不论其所得在平常是否已经进行申报纳税并且相应缴纳了税款，都需要就其收入自行纳税申报。年所得额超过 12 万元的个人，在我国属于高收入人群，是个人所得税的重点纳税人，他们取得的应税所得，如果扣缴义务人没有扣缴税款，或者没有足额的扣缴税款，个人又没有申报义务的话，就难以确定纳税人就其应税所得的总体的申报纳税情况，无法界定应缴未缴税款的法律责任，从而影响到我国个人所得税的征收管理以及税负公平。

在该规定中，需要注意的是，本次所诉年所得 12 万元，是指个人所得税的纳税人，仍然为旧税制下的几大类，包括有"工资、薪金所得""个体工商户的生产、经营所得""对企事业单位的承包经营、承租经营所得""劳务报酬所得""稿酬所得""特许权使用费所得""利息、股息、红利所得""财产租赁所得""财产转让所得""偶然所得"，以及"其他所得"等个人所得税的 11 个税目下的，一年内的所得合计超过 12 万元。

在计算年所得 12 万元时，还需要扣除免税项目和其他税收法律法规规定的可以扣除的项目：

1. 个人所得税法第四条第一项至第九项规定的免税所得

- 省级人民政府、国务院部委、中国人民解放军军以上单位，以及外国组织、国际组织颁发的科学、教育、技术、文化、卫生、体育、环境保护等方面的奖金；
- 国债和国家发行的金融债券利息；
- 按照国家统一规定发给的补贴、津贴，即个人所得税法实施条例第十三条规定的按照国务院规定发放的政府特殊津贴、院士津贴、资深院士津贴以及国务院规定免纳个人所得税的其他补贴、津贴；
- 福利费、抚恤金、救济金；
- 保险赔款；
- 军人的转业费、复员费；
- 按照国家统一规定发给干部、职工的安家费、退职费、退休工资、离休工资、离休生活补助费；
- 依照我国有关法律规定应予免税的各国驻华使馆、领事馆的外交代表、领事官员和其他人员的所得；
- 中国政府参加的国际公约、签订的协议中规定免税的所得。

2. 个人所得税法实施条例第六条规定可以免税的来源于中国境外的所得。

3. 个人所得税法实施条例第二十五条规定的按照国家规定单位为个人缴付和个人缴付的基本养老保险费、基本医疗保险费、失业保险费、住房公积金（简称三费一金）。

在计算出了年所得后，如果大于 12 万元的，那么纳税人就要填写适用于年所得 12 万元以上的个人使用的个人所得税申报表，如表 24-4 所示。

表 24-4 个人所得税纳税申报表

个人所得税纳税申报表

（适用于年所得 12 万元以上的纳税人申报）

所得年份： 年　　　　　　　　　　　填表日期： 年 月 日

金额单位：人民币元（列至角分）

纳税人姓名		国籍(地区)		证照类型		身份证照号码			
任职、受雇单位		任职受雇单位税务代码		任职受雇单位所属行业		职务		职业	
在华天数		境内有效联系地址				境内有效联系地址邮编		联系电话	
此行由取得经营所得的纳税人填写	经营单位纳税人识别号					经营单位纳税人名称			

所得项目	年所得额			应纳所得额	应纳税额	已缴（扣）税额	抵扣税额	减免税额	应补税额	应退税额	备注
	境内	境外	合计								
1. 工资、薪金所得											
2. 个体工商户的生产、经营所得											
3. 对企事业单位的承包经营、承租经营所得											
4. 劳务报酬所得											
5. 稿酬所得											
6. 特许权使用费所得											
7. 利息、股息、红利所得											
8. 财产租赁所得											
9. 财产转让所得											
其中：股票转让所得				—	—	—	—	—	—	—	—
个人房屋转让所得											
10. 偶然所得											
11. 其他所得											
合　计											

税务机关受理人（签字）：　　　　　　　税务机关受理时间： 年 月 日

受理申报税务机关名称（盖章）：

第 25 章

企业所得税的纳税申报

企业所得税是我国与流转税并列的重要税种，在我国的税收中占有十分重要的地位。每一个企业都是企业所得税的纳税人，都要与企业所得税的纳税申报打交道。

25.1　什么是企业所得税

首先，我们必须要了解什么是企业所得税，要了解为什么企业所得税是每一个在我国境内正常经营的企业都需要进行申报纳税的税种。

25.1.1　企业所得税的概念

企业所得税，就是对企业的所得作为课税对象，进行征税的一种税。企业所得税的课税对象是企业的经营所得。这里所说的经营所得，只是企业在生产经营中获得的收益，扣除在生产经营中所支付的各种开支后的余额。也就是说只有当企业在生产经营中获得了净收益的情况下，企业才需要根据企业所得税的相关规定来申报和缴纳企业所得税。

25.1.2　企业所得税的缴纳方式

由于所得税计算的复杂性和特殊性，因此在我国的税收法律法规体系中，企业所得税的申报是以季度为单位，每个季度进行当季度的企业所得税的申报，这个季度的所得税只是一个企业所得税的预缴纳、预申报的过程。根据我国税法的有关规定，真正的企业所得税的申报是在每年的年末结束后到来年的 5 月末之前，对上一个年度的企业所得税进行所得税汇算清缴，以此来确定企业实际需要缴纳的企业所得税情况。

为什么企业所得税的申报需要通过企业所得税的汇算清缴来进行呢？

1. 企业所得税的计算复杂，而流转税计算简单

企业所得税的税率简单，一般来说都是适用 25% 的比例税率，但是其复杂在于企业所得税的应纳税所得额的确定。要确定企业所得税的应纳税所得额其计算是较为复杂的。

2. 企业所得税的影响深远

企业所得税的基础是应纳税所得额，而应纳税所得额如果为正数，就需要缴纳企业所得税；如果应纳税所得额为负数，即企业有亏损，就不需要缴纳企业所得税，这里就是影响深远的地方。因为根据我国的税收法律法规的规定，如果企业有亏损，当通过企业所得税的汇算清缴由企业的税务主管机关进行核定后，这个亏损额是可以在其后的 5 个年度内抵扣应纳税所得额的，也就是说，当年的企业所得税的汇算清缴的结果，可以影响到未来 5 年的企业所得税汇算清缴的结果。

25.2 什么是企业所得税的应纳税所得额

企业所得税的应纳税所得额，就是计算企业所得税的依据。企业所得税的应纳税所得额不是企业的账面利润，而是根据我国税收法律法规的相关规定，对企业的账面利润进行调整后的税收利润。

25.2.1 企业所得税应纳税所得额的计算

要介绍企业所得税的应纳税所得额的概念，就不得不先回顾一下企业的财务报表原理。在我国，任何企业年终都要编制《利润及利润分配表》如表 25-1 所示。

表 25-1 利润及利润分配表

单位：元（保留两位小数）

行次	项 目	上年度全年累计数	年初至本期累计数
1	一、主营业务收入		
2	其中：出口产品（商品）销售收入		
3	进口产品（商品）销售收入		
4	减：折扣与折让		
5	二、主营业务收入净额		
6	减：（一）主营业务成本		
7	其中：出口产品（商品）销售成本		
8	（二）主营业务税金及附加		
9	（三）经营费用		
10	（四）其他		
11	加：（一）递延收益		
12	（二）代购代销收入		
13	（三）其他		
14	三、主营业务利润（亏损以"－"号填列）		
15	加：其他业务利润（亏损以"－"号填列）		
16	减：（一）营业费用		
17	（二）管理费用		
18	（三）财务费用		
19	（四）其他		
20	四、营业利润（亏损以"－"号填列）		
21	加：（一）投资收益（损失以"－"号填列）		
22	（二）期货收益		
23	（三）补贴收入		
24	其中：补贴前亏损的企业补贴收入		

行次	项　　目	上年度全年累计数	年初至本期累计数
25	（四）营业外收入		
26	其中：处置固定资产净收益		
27	非货币性交易收益		
28	出售无形资产收益		
29	罚款净收入		
30	（五）其他		
31	其中：用以前年度含量工资节余弥补利润		
32	减：（一）营业外支出		
33	其中：处置固定资产净损失		
34	债务重组损失		
35	罚款支出		
36	捐赠支出		
37	（二）其他支出		
38	其中：结转的含量工资包干节余		
39	五、利润总额（亏损总额以"－"号填列）		
40	减：所得税		
41	少数股东损益		
42	加：未确认的投资损失（以"＋"号填列）		
43	六、净利润（净亏损以"－"号填列）		
44	加：（一）年初未分配利润		
45	（二）盈余公积补亏		
46	（三）其他调整因素		
47	七、可供分配的利润		
48	减：（一）单项留用的利润		
49	（二）补充流动资本		
50	（三）提取法定盈余公积		
51	（四）提取法定公益金		
52	（五）提取职工奖励及福利基金		
53	（六）提取储备基金		
54	（七）提取企业发展基金		
55	（八）利润归还投资		
56	（九）其他		
57	八、可供投资者分配的利润		
58	减：（一）应付优先股股利		
59	（二）提取任意盈余公积		
60	（三）应付普通股股利（应付利润）		
61	（四）转作资本（股本）的普通股股利		
62	（五）其他		
63	九、未分配利润		
64	其中：　　应由以后年度税前利润弥补的亏损（以"＋"号填列）		

在我国不同的行业所使用的《利润及利润分配表》的具体表式虽然有所不同，但是其基本内容却是大同小异，而内在原理更是全部一致，因此我们就从表25-1来分析一下企业所得税的应纳税所得额。

从结构上来看，所有的《利润及利润分配表》的主要构成要素都是一致的，即：

收入－成本＝营业利润

营业利润－三项费用－其他支出+其他收入＝利润总额

利润总额－所得税＝净利润

净利润 – 利润分配=未分配利润（留存收益）

企业的企业所得税应纳税所得额，是由利润总额调整而来的。从以上《利润及利润表》构成要素来看，也可以明显地看出，利润总额减去所得税后就得到了净利润，因此，所得税的前面一个环节就是确定企业的利润总额。

之所以企业的应纳税所得额是由利润总额调整而来，主要是因为在我国的税收法律法规中，为了保证国家的财政收入，对于企业在经营过程中的收入、费用等项目在计算应纳税所得额时的确认都有具体的规定。而企业的财务报表是根据权责发生制的原理进行编制的，因此，其利润总额的计算目的是为了反映企业实际的经营情况。因此税法利润与会计利润的设置出发点是不一样的。因此，在企业的收入和费用的确认上，税法的规定与会计的规定也不一样。

而应纳税所得额，就是以企业的财务报表上的利润总额为基础，根据税收法律法规的相关规定，对利润总额进行调整而得到的。

这些调整，就是依照税法与会计的认定的不同标准来确定的。

【例 25-1】顺达公司 2019 年度终了，全年折旧采用加速折旧法计提折旧，全年折旧额为 100 万元，而如果采用平均年限法，当年度折旧应为 50 万元，该公司在进行年终所得税汇算清缴时，其税务主管机关核定其折旧方法为平均年限法，假设该公司其他收入费用无须进行所得税调整事项，账载利润总额 2 000 万元，问该公司 2015 年的企业所得税应纳税所得额是多少？

本题中，该公司账载利润总额为 2 000 万元。也就是说该公司从财务角度来说，利润是 2 000 万元，并且在计算这 2 000 万元的利润时，是使用的 100 万元的折旧。而由于该企业进行所得税汇算清缴时，所适用的折旧额由税务主管机关核定为 50 万元，因此在计算其企业所得税的应纳税所得额时，要根据原来的账载利润总额来进行调整。账载净利润是 2 000 万元，如果不算折旧，则账载利润总额为 2 100 万元，再扣除税务主管机关核定的折旧 50 万元，就得到了该企业的应纳税所得额为 2 050 万元。在实务中，常常是根据需要调整的项目的差额直接加减账载利润总额。应纳税所得额=2 000+（100 – 50）=2 050 万元。

在例【25-1】中，如果按照税务主管机关认定的 50 万元折旧来计算，其利润总额就不是 2 000 万元，而是 2 050 万元。因此，在企业所得税的汇算清缴中，是以税务主管机关对企业利润总额的计算口径来计算企业所得税的计税依据的，而不是以企业的会计利润作为企业所得税的计税依据的。所以，企业在进行所得税汇算清缴时，就需要对于自己企业在账面上的收入、费用根据税务主管机关的规定进行调整计算。根据税务方面的收入、费用口径计算出来的利润，就是计算企业所得税的基础，即企业所得税的应纳税所得额。

25.2.2　企业所得税年度纳税申报表

与其他税种的纳税申报一样，企业所得税的纳税申报工作，也是通过企业所得税的纳税申报表来进行的。企业所得税的纳税申报表如表 25-2 所示。

表 25-2　中华人民共和国企业所得税年度纳税申报表（A 类）

中华人民共和国企业所得税年度纳税申报表（A 类）

类别	行次	项目	金额
利润总额计算	1	一、营业收入（填附表一）	
	2	减：营业成本（填附表二）	
	3	营业税金及附加	
	4	销售费用（填附表二）	
	5	管理费用（填附表二）	
	6	财务费用（填附表二）	
	7	资产减值损失	
	8	加：公允价值变动收益	
	9	投资收益	
	10	二、营业利润（1-2-3-4-5-6-7+8+9）	
	11	加：营业外收入（填附表一）	
	12	减：营业外支出（填附表二）	
	13	三、利润总额（10＋11－12）	
应纳税所得额计算	14	加：纳税调整增加额（填附表三）	
	15	减：纳税调整减少额（填附表三）	
	16	其中：不征税收入	
	17	免税收入	
	18	减计收入	
	19	减、免税项目所得	
	20	加计扣除	
	21	抵扣应纳税所得额	
	22	加：境外应税所得弥补境内亏损	
	23	纳税调整后所得（13＋14－15-19-21＋22）	
	24	减：弥补以前年度亏损（填附表四）	
	25	应纳税所得额（23－24）	
应纳税额计算	26	税率（25%）	
	27	应纳所得税额（25×26）	
	28	减：减免所得税额（填附表五）	
	29	减：抵免所得税额（填附表五）	
	30	应纳税额（27－28－29）	
	31	加：境外所得应纳所得税额（填附表六）	
	32	减：境外所得抵免所得税额（填附表六）	
	33	实际应纳所得税额（30＋31－32）	
	34	减:本年累计实际已预缴的所得税额	
	35	其中:汇总纳税的总机构分摊预缴的税额	
	36	汇总纳税的总机构财政调库预缴的税额	
	37	汇总纳税的总机构所属分支机构分摊的预缴税额	
	37-1	其中：本市总机构所属本市分支机构分摊的预缴税额	
	38	合并纳税（母子体制）成员企业就地预缴比例	
	39	合并纳税企业就地预缴的所得税额	
	40	本年应补（退）的所得税额（33－34）	
附列资料	41	以前年度多缴的所得税额在本年抵减额	
	42	以前年度应缴未缴在本年入库所得税额	

表 25-2 就是企业所得税的纳税申报所使用的纳税申报表。从表中可以看出这张表的结构是与《利润及利润分配表》相辅相成的。所不同的是，企业所得税纳税申报表还包含了应纳税额的计算，从企业所得税的纳税申报表也可以看出，这张表的填写也是从确定企业的收入入手，到企业的费用，从而获得企业的账载利润总额，然后在这个账载利润总额的基础上，进行各个项目的企业所得税调整，从而得到企业所得税的应纳税所得额。

在财务工作中，《利润及利润分配表》是根据财务数据中的各个损益类科目的当期发生额来填写的，每一个数字背后都有相应的数据作为支撑。企业所得税申报表也是这样的，这张表中许多项目都是由更为详细的专项明细表来作为数据支撑的。我们将在后文详细的介绍各个项目明细表的填列。

25.3 如何填写企业所得税汇算清缴申报表的附表

现在，我们来看如果通过填写一张一张的分项明细表，来汇总填写出企业所得税纳税申报表，并自动计算出企业年度企业所得税的应纳税所得额和需要缴纳的所得税。

25.3.1 如何填写《收入明细表》

在企业所得税汇算清缴申报表附表中，《收入明细表》有三张，分别是对应一般企业、金融企业和事业单位、社会团体和民办非企业。由于后两种在本书读者范围内的企业是不会涉及的，因此在此不做介绍，只是介绍一般企业的企业所得税申报表附表的填写。《收入明细表》的表式如表 25-3 所示。

表 25-3　收入明细表（附表一）

行次	项　　　　目	金　额
1	一、销售（营业）收入合计（2＋13）	
2	（一）营业收入合计（3＋8）	
3	1.主营业务收入（4＋5＋6＋7）	
4	（1）销售货物	
5	（2）提供劳务	
6	（3）让渡资产使用权	
7	（4）建造合同	
8	2.其他业务收入（9＋10＋11＋12）	
9	（1）材料销售收入	
10	（2）代购代销手续费收入	
11	（3）包装物出租收入	
12	（4）其他	
13	（二）视同销售收入（14＋15＋16）	
14	1.非货币性交易视同销售收入	
15	2.货物、财产、劳务视同销售收入	
16	3.其他视同销售收入	
17	二、营业外收入（18＋19＋20＋21＋22＋23＋24＋25＋26）	
18	1.固定资产盘盈	

行次	项　目	金　额
19	2.处置固定资产净收益	
20	3.非货币性资产交易收益	
21	4.出售无形资产收益	
22	5.罚款净收入	
23	6.债务重组收益	
24	7.政府补助收入	
25	8.捐赠收入	
26	9.其他	

从表中可以看到，企业所得税汇算清缴，将企业的收入分成两类也就是企业的销售收入和营业外收入，这种分类也是根据企业的实际情况以及我国的财税规定来制定的。销售收入，就是企业通过正常或者是常规的生产经营活动而取得的收入；而营业外收入，可以理解为企业通过非常规的生产经营而取得的收入。

对于销售收入，汇算清缴申报表附表又将其分为三个小类，分别是主营业务收入、其他业务收入，以及根据税收规定确认的视同销售收入。

注意：销售收入是计算业务招待费、广告费和业务宣传费支出扣除限额的计算基数。

营业外收入是与销售收入并列的第二大收入类别，主要是纳税人发生的与生产经营无直接关系的各项收入。

主要类别有固定资产盘盈（资产清查中发生的固定资产盘盈）、处置固定资产净收益（处置固定资产而取得的净收益）、非货币性资产交易收益（企业发生的非货币性交易）、出售无形资产收益（处置无形资产而取得净收益的金额）、罚款收入（日常经营管理活动中取得的罚款收入）、债务重组收益（纳税人发生的债务重组行为确认的债务重组利得）、政府补助收入（纳税人从政府无偿取得的货币性资产或非货币性资产的金额，包括补贴收入）、捐赠收入（纳税人接受的来自其他企业、组织或者个人无偿给予的货币性资产、非货币性资产捐赠，确认的收入），如果有营业外收入不属于以上类别，则填写在其他类别中。

注意：在营业收入和营业外收入中，都有非货币性资产交易相关项目，这里所要区分的，如果非货币性资产交易在财务上不做收入，而在税务上做视同销售，那么就属于销售收入这个大类，如果财务上的处理是作为营业外收入，那么就作为营业外收入这个大类。

25.3.2　如何填写《成本费用明细表》

《成本费用明细表》主要是列示了企业的成本费用，如表25-4所示。

表25-4　成本费用明细表（附表二）

行次	项目	金额
1	一、销售（营业）成本合计（2+7+12）	
2	（一）主营业务成本（3+4+5+6）	
3	1.销售货物成本	
4	2.提供劳务成本	
5	3.让渡资产使用权成本	
6	4.建造合同成本	

行次	项目	金额
7	（二）其他业务成本（8+9+10+11）	
8	1.材料销售成本	
9	2.代购代销费用	
10	3.包装物出租成本	
11	4.其他	
12	（三）视同销售成本（13+14+15）	
13	1.非货币性交易视同销售成本	
14	2.货物、财产、劳务视同销售成本	
15	3.其他视同销售成本	
16	二、营业外支出（17+18+……+24）	
17	1.固定资产盘亏	
18	2.处置固定资产净损失	
19	3.出售无形资产损失	
20	4.债务重组损失	
21	5.罚款支出	
22	6.非常损失	
23	7.捐赠支出	
24	8.其他	
25	三、期间费用（26+27+28）	
26	1.销售（营业）费用	
27	2.管理费用	
28	3.财务费用	

与收入明细表一样，成本费用明细表将企业的所有成本分为了三个大类，销售成本、营业外支出和期间费用。

销售成本分为主营业务成本、其他业务成本和按税收规定视同销售确认的成本三个类别。

营业外支出主要是纳税人所发生的与生产经营无直接关系的各项支出，主要包括固定资产盘亏（纳税人在资产清查中发生的固定资产盘亏）、处置固定资产净损失（纳税人因处置固定资产发生的净损失）、出售无形资产损失（纳税人因处置无形资产而发生的净损失）、债务重组损失（纳税人发生的债务重组行为按照国家统一会计制度确认的债务重组损失）、罚款支出（纳税人在日常经营管理活动中发生的罚款支出）、非常损失（纳税人按照国家统一会计制度规定在营业外支出中核算的各项非正常的财产损失）、捐赠支出（纳税人实际发生的货币性资产、非货币性资产捐赠支出），如果还有没有归属于上述各项的营业外支出类别的费用，则归属于其他类别。

期间费用也就是会计核算中发生的管理费用、营业费用和财务费用。

营业费用是指纳税人在销售商品和材料、提供劳务的过程中发生的各种费用合计。

管理费用是指纳税人为组织和管理企业生产经营发生的各项费用的合计。

财务费用是指纳税人为筹集生产经营所需资金等发生的筹资费用。

注意，在填写《成本费用明细表》时，期间费用的填列直接采用财务账面的数字即可，对于期间费用中存在的应纳税所得额的调整，并不是在《成本费用明细表》中来进行的。

25.3.3　如何填写《税收优惠明细表》

《税收优惠明细表》主要是填写纳税人本纳税年度发生的免税收入、减计收入、加计扣除、减免所得、减免税、抵扣的应纳税所得额和抵免税额，如表 25-5 所示。

表 25-5 税收优惠明细表（附表五）

行次	项目	金额
1	一、免税收入（2+3+4+5）	
2	1. 国债利息收入	
3	2. 符合条件的居民企业之间的股息、红利等权益性投资收益	
4	3. 符合条件的非营利组织的收入	
5	4. 其他	
6	二、减计收入（7+8）	
7	1. 企业综合利用资源，生产符合国家产业政策规定的产品所取得的收入	
8	2. 其他	
9	三、加计扣除额合计（10+11+12+13）	
10	1. 开发新技术、新产品、新工艺发生的研究开发费用	
11	2. 安置残疾人员所支付的工资	
12	3. 国家鼓励安置的其他就业人员支付的工资	
13	4. 其他	
14	四、减免所得额合计（15+25+29+30+31+32）	
15	（一）免税所得（16+17+…+24）	
16	1. 蔬菜、谷物、薯类、油料、豆类、棉花、麻类、糖料、水果、坚果的种植	
17	2. 农作物新品种的选育	
18	3. 中药材的种植	
19	4. 林木的培育和种植	
20	5. 牲畜、家禽的饲养	
21	6. 林产品的采集	
22	7. 灌溉、农产品初加工、兽医、农技推广、农机作业和维修等农、林、牧、渔服务业项目	
23	8. 远洋捕捞	
24	9. 其他	
25	（二）减税所得（26+27+28）	
26	1. 花卉、茶以及其他饮料作物和香料作物的种植	
27	2. 海水养殖、内陆养殖	
28	3. 其他	
29	（三）从事国家重点扶持的公共基础设施项目投资经营的所得	
30	（四）从事符合条件的环境保护、节能节水项目的所得	
31	（五）符合条件的技术转让所得	
32	（六）其他	
33	五、减免税合计（34+35+36+37+38）	
34	（一）符合条件的小型微利企业	
35	（二）国家需要重点扶持的高新技术企业	
36	（三）民族自治地方的企业应缴纳的企业所得税中属于地方分享的部分	
37	（四）过渡期税收优惠	
38	（五）其他	
39	六、创业投资企业抵扣的应纳税所得额	
40	七、抵免所得税额合计（41+42+43+44）	
41	（一）企业购置用于环境保护专用设备的投资额抵免的税额	
42	（二）企业购置用于节能节水专用设备的投资额抵免的税额	
43	（三）企业购置用于安全生产专用设备的投资额抵免的税额	

行次	项目	金额
44	（四）其他	
45	企业从业人数（全年平均人数）	
46	资产总额（全年平均数）	
47	所属行业（工业企业　　　其他企业　　　）	

　　这里所说的优惠，是指企业所得税的相关税收优惠，主要优惠的方面有免税收入、减计收入、加计扣除额、减免税的所得，以及税率上的优惠、投资方面的优惠等。下面我们来一一进行介绍。

1. 免税收入

　　免税收入就是根据我国的法律法规的规定，可以免征所得税的收入。主要有国债利息收入（纳税人持有国务院财政部门发行的国债取得的利息收入）、符合条件的居民企业之间的股息、红利等权益性投资收益（居民企业直接投资于其他居民企业所取得的投资收益，不包括连续持有居民企业公开发行并上市流通的股票不足 12 个月取得的投资收益）、符合条件的非营利组织的收入（符合条件的非营利组织的收入，不包括除国务院财政、税务主管部门另有规定外的从事营利性活动所取得的收入）、其他我国税收法律法规规定的免税收入。

2. 减计收入

　　减计收入就是根据我国税收法律法规的规定，在计算应纳税所得额时，可以扣减一定的扣减额后的余额来计算应纳税所得额的收入类型。主要有企业综合利用资源，生产符合国家产业政策规定的产品所取得的收入（纳税人以《资源综合利用企业所得税优惠目录》内的资源作为主要原材料，生产非国家限制和禁止并符合国家和行业相关标准的产品所取得的收入减计 10％部分的数额）、其他我国税收法律法规规定的可以减计应纳税所得额的收入。

3. 加计扣除额

　　加计扣除额，就是在计算应纳税所得额时，可以按照增加一定的金额后的金额来计算应纳税所得额的成本、费用。主要包括开发新技术、新产品、新工艺发生的研究开发费用（纳税人为开发新技术、新产品、新工艺发生的研究开发费用，未形成无形资产计入当期损益的，按研究开发费用的 50％加计扣除的金额）、安置残疾人员所支付的工资（纳税人按照有关规定条件安置残疾人员，支付给残疾职工工资的 100％加计扣除额）、国家鼓励安置的其他就业人员支付的工资（国务院根据税法授权制定的其他就业人员支付工资的加计扣除额），以及其他我国税收法律法规规定的可以加计扣除的成本、费用。

4. 免税所得

　　免税所得就是根据我国税收法律法规的规定，不征收所得税的利益流入，笔者认为其与免税收入的划分并不明显，但是根据本表的规定，还是把免税收入和免税所得的项目进行了详细的区分，并且分别列示。免税所得主要包括蔬菜、谷物、薯类、油料、豆类、棉花、麻类、糖料、水果、坚果的种植的所得；农作物新品种的选育所得；中药材的种植所得；林木的培育和种植所得；牲畜、家禽的饲养所得；林产品的采集所得；灌溉、农产品初加工、兽医、农技推广、农机作业和维修等农、林、牧、渔服务业所得；远洋捕捞所得以及其他我国税收法律法规规定的免税所得。

5. 减税所得

减税所得，就是从事规定的经营项目的所得，在计算企业所得税的应纳税所得额时，可以扣减一定的金额后再作为依据。减税所得主要包括花卉、茶以及其他饮料作物和香料作物的种植所得（减半征收企业所得税）；海水养殖、内陆养殖所得（减半征收企业所得税）；以及其他我国税收法律法规规定的减税所得。

6. 其他减免税优惠

- 从事国家重点扶持的公共基础设施项目投资经营的所得，主要是指纳税人从事《公共基础设施项目企业所得税优惠目录》规定的港口码头、机场、铁路、公路、城市公共交通、电力、水利等项目的投资经营的所得额。不包括企业承包经营、承包建设和内部自建自用该项目的所得。
- 从事符合条件的环境保护、节能节水项目的所得，是指纳税人从事公共污水处理、公共垃圾处理、沼气综合开发利用、节能减排技术改造、海水淡化等项目减征、免征的所得额。
- 符合条件的技术转让所得，是指居民企业技术转让所得免征、减征的部分（技术转让所得不超过 500 万元的部分，免征企业所得税；超过 500 万元的部分，减半征收企业所得税）。
- 创业投资企业采取股权投资方式投资于未上市的中小高新技术企业 2 年以上的，可以按照其投资额的 70%在股权持有满 2 年的当年抵扣该创业投资企业的应纳税所得额；当年不足抵扣的，可以在以后纳税年度结转抵扣。
- 纳税人购置并实际使用《环境保护专用设备企业所得税优惠目录》、《节能节水专用设备企业所得税优惠目录》和《安全生产专用设备企业所得税优惠目录》规定的环境保护、节能节水、安全生产等专用设备的，允许从企业当年的应纳税额中抵免的投资额 10%的部分。当年不足抵免的，可以在以后 5 个纳税年度结转抵免。

7. 税率上的税收优惠

税率上的税收优惠政策，主要是符合规定条件的各种类型的企业，可以按照低于标准税率的优惠税率来计算企业所得税，主要包括符合规定条件的小型微利企业（从事国家非限制和禁止行业并符合规定条件的小型微利企业享受优惠税率减征的企业所得税税额）、国家需要重点扶持的高新技术企业、民族自治地方的企业应缴纳的企业所得税中属于地方分享的部分（纳税人经民族自治地方所在省、自治区、直辖市人民政府批准，减征或者免征民族自治地方的企业缴纳的企业所得税中属于地方分享的企业所得税税额）、过渡期税收优惠（纳税人符合国务院规定以及经国务院批准给予过渡期税收优惠政策）。

2008 年新的《中华人民共和国企业所得税法》规定一般企业所得税的税率为 25%。

符合条件的小型微利企业，减按 20%的税率征收企业所得税。

国家需要重点扶持的高新技术企业，减按 15%的税率征收企业所得税。

注意：减免税附列资料所示的企业从业人数、资产总额、所属行业（工业企业、其他企业）等资料是用于判断是否属于符合条件的小型微利企业所用。

25.3.4 如何填写《广告费和业务宣传费跨年度纳税调整表》

广告费和业务宣传费在计算企业的应纳税所得额时，不能够无条件的全额作为应纳税所得额的扣除额进行扣除，其扣除必须符合相应的规定，因此广告费和业务宣传费单独使用一张附表来进行填报，如表 25-6 所示。

表 25-6　广告费和业务宣传费跨年度纳税调整表（附表八）

行次	项目	金额
1	本年度广告费和业务宣传费支出	
2	其中：不允许扣除的广告费和业务宣传费支出	
3	本年度符合条件的广告费和业务宣传费支出（1－2）	
4	本年计算广告费和业务宣传费扣除限额的销售（营业）收入	
5	税收规定的扣除率	
6	本年广告费和业务宣传费扣除限额（4×5）	
7	本年广告费和业务宣传费支出纳税调整额（3≤6，本行＝2行；3＞6，本行＝1－6）	
8	本年结转以后年度扣除额（3＞6，本行＝3－6；3≤6，本行＝0）	
9	加：以前年度累计结转扣除额	
10	减：本年扣除的以前年度结转额	
11	累计结转以后年度扣除额（8＋9－10）	

根据我国的税收法律法规的规定，广告费和业务宣传费在企业所得税的税前扣除标准分为三个档次：15%、30% 以及不准扣除。分别针对一般企业，生产销售化妆品、医药、饮料的企业以及烟草企业。

一般企业适用 15% 的一档：企业发生的符合条件的广告费和业务宣传费支出，除国务院财政、税务主管部门另有规定外，不超过当年销售（营业）收入 15% 的部分，准予扣除；超过部分，准予在以后纳税年度结转扣除。

生产销售化妆品、医药、饮料的企业适用 30% 一档：对化妆品制造、医药制造和饮料制造（不含酒类制造）企业发生的广告费和业务宣传费支出，不超过当年销售（营业）收入 30% 的部分，准予扣除；超过部分，准予在以后纳税年度结转扣除。

烟草企业这里不做详细介绍，只是指出烟草企业的广告费和业务宣传费支出是不可以在税前扣除的。

注意：广告费支出的确认，必须符合一定的条件：一是广告是通过经工商部门批准的专门机构制作的；二是已实际支付费用，并已取得相应广告业专门发票；三是通过一定的媒体传播。

25.3.5　如何填写《资产折旧、摊销纳税调整明细表》

《资产折旧、摊销纳税调整明细表》主要是用于填写企业的年度资产折旧、摊销的详细情况，并且会填列根据税务主管机关的认定标准对企业的年度资产折旧、摊销的税前调整情况等信息，如表 25-7 所示。

表 25-7 资产折旧、摊销纳税调整明细表（附表九）

行次	资产类别	资产原值		折旧、摊销年限		本期折旧、摊销额		纳税调整额	以前年度纳税调整增加额
		账载金额	计税基础	会计	税收	会计	税收		
		1	2	3	4	5	6	7	8
1	一、固定资产（2+3+4+5+6）								
2	1.房屋建筑物								
3	2.飞机、火车、轮船、机器、机械和其他生产设备								
4	3.与生产经营有关的器具、工具、家具								
5	4.飞机、火车、轮船以外的运输工具								
6	5.电子设备								
7	二、生产性生物资产（8+9）								
8	1.林木类								
9	2.畜类								
10	三、长期待摊费用（11+12+13+14）								
11	1.已足额提取折旧的固定资产的改建支出								
12	2.租入固定资产的改建支出								
13	3.固定资产大修理支出								
14	4.其他长期待摊费用								
15	四、无形资产								
15-1	其中：由研究开发活动形成的无形资产								
16	五、油气勘探投资								
17	六、油气开发投资								
18	合计（1+7+10+15+16+17）								

在我国的税收实务中，一般而言对于企业的资产折旧、费用摊销，税务主管机关认定的折旧、摊销方法都是平均年限法，只有极少数的情况，可以按照加速折旧、加速摊销的方法来进行认定。有时候，这种加速折旧、加速摊销的方法还是一种税收优惠政策。因此，一般来说，如果企业在折旧、摊销的方法选择上，出于经营核算方面的考虑，而没有选用平均年限法，那么在年度的折旧额、摊销额方面，肯定会与税务主管机关允许的折旧、摊销的税前扣除额不相同，因此就需要根据本表的填写结果，来调整企业所得税的应纳税所得额。

25.3.6 如何填写《资产减值准备项目调整明细表》

《资产减值准备项目调整明细表》主要是用来填写企业的资产减值方面的内容，如表 25-8 所示。

表 25-8   资产减值准备项目调整明细表（附表十）

行次	准备金类别	期初余额	本期转回额	本期计提额	期末余额	纳税调整额
		1	2	3	4	5
1	坏（呆）账准备					
2	存货跌价准备					
3	*其中：消耗性生物资产减值准备					
4	*持有至到期投资减值准备					
5	*可供出售金融资产减值					
6	#短期投资跌价准备					
7	长期股权投资减值准备					
8	*投资性房地产减值准备					
9	固定资产减值准备					
10	在建工程（工程物资）减值准备					
11	*生产性生物资产减值准备					
12	无形资产减值准备					
13	商誉减值准备					
14	贷款损失准备					
15	矿区权益减值					
16	其他					
17	合计					

附表中*项目为执行新会计准则企业专用；表中*项目为执行企业会计制度、小企业会计制度的企业专用。

企业在财务上做的资产减值处理，列示于损益表中，归属于当期损益，影响企业当期的利润总额。但是企业的资产减值往往是根据企业的经营情况来进行计提的，而不是依照税务主管机关的口径来进行计提的，因此企业在财务上计提的资产减值准备，往往不能够在计算企业所得税的应纳税所得额时进行税前扣除，而且这种差异是永久存在的。

填列这张表时，只需要根据企业的各个减值项目，根据企业当年度减值的发生情况实际填列即可。期初余额，就是在年初时的企业各项目减值准备；本期转回额，就是当年度减少的企业各项目的减值准备；本期计提额，就是本年度企业各项目增加的减值准备；期末余额，就是当年度年末在企业的财务报表上的各项目的减值准备额。

由于企业的各项目减值准备在企业所得税税前是不能够完全扣除的，因此不能够扣除的部分就要调整增加企业所得税的应纳税所得额，填列在纳税调整额一列中。

25.4   如何填写企业所得税汇算清缴申报表的主表

以上的几张表《收入明细表》、《成本费用明细表》、《税收优惠明细表》、《广告费和业务宣传费跨年度纳税调整表》、《资产折旧、摊销纳税调整明细表》、《资产减值准备项目调整明细表》都是具体地列示了相应项目的明细内容，根据这些内容，就可以填写较为重要的，能够反映企业所得税汇算清缴结果的三张报表《纳税调整项目明细表》、《企业所得税年度纳税申报表》、《所得税弥补亏损明细表》。

25.4.1　如何填写《纳税调整项目明细表》

　　《纳税调整项目明细表》就是根据其中各个项目的钩稽关系，将企业的财务利润总额调整为企业的应纳税所得额的重要步骤，如表 25-9 所示。

表 25-9　纳税调整项目明细表（附表三）

行次	项目	账载金额	税收金额	调增金额	调减金额
		1	2	3	4
1	一、收入类调整项目	*	*		
2	1．视同销售收入（填写附表一）	*	*		*
#3	2．接受捐赠收入	*			*
4	3．不符合税收规定的销售折扣和折让				*
*5	4．未按权责发生制原则确认的收入				
*6	5．按权益法核算长期股权投资对初始投资成本调整确认收益	*	*	*	
7	6．按权益法核算的长期股权投资持有期间的投资损益	*	*		
*8	7．特殊重组				
*9	8．一般重组				
*10	9．公允价值变动净收益（填写附表七）	*	*		
11	10．确认为递延收益的政府补助				
12	11．境外应税所得（填写附表六）	*	*		
13	12．不允许扣除的境外投资损失	*	*		*
14	13．不征税收入（填附表一[3]）	*	*	*	
15	14．免税收入（填附表五）	*	*	*	
16	15．减计收入（填附表五）	*	*	*	
17	16．减、免税项目所得（填附表五）	*	*	*	
18	17．抵扣应纳税所得额（填写附表五）	*	*	*	
19	18．其他				
20	二、扣除类调整项目	*	*		
21	1．视同销售成本（填写附表二）	*	*	*	
22	2．工资薪金支出				
23	3．职工福利费支出				
24	4．职工教育经费支出				
25	5．工会经费支出				
26	6．业务招待费支出				*
27	7．广告费和业务宣传费支出（填写附表八）	*	*		
28	8．捐赠支出				*
29	9．利息支出				
30	10．住房公积金				*
31	11．罚金、罚款和被没收财物的损失		*		*
32	12．税收滞纳金		*		*
33	13．赞助支出		*		
34	14．各类基本社会保障性缴款				
35	15．补充养老保险、补充医疗保险				
36	16．与未实现融资收益相关在当期确认的财务费用				
37	17．与取得收入无关的支出		*		*
38	18．不征税收入用于支出所形成的费用		*		*
39	19．加计扣除（填附表五）	*	*	*	
40	20．其他				
41	三、资产类调整项目	*	*		
42	1．财产损失				
43	2．固定资产折旧（填写附表九）	*	*		
44	3．生产性生物资产折旧（填写附表九）	*	*		

行次	项目	账载金额	税收金额	调增金额	调减金额
		1	2	3	4
45	4. 长期待摊费用的摊销（填写附表九）	*	*		
46	5. 无形资产摊销（填写附表九）	*	*		
47	6. 投资转让、处置所得（填写附表十一）	*	*		
48	7. 油气勘探投资（填写附表九）	*	*		
49	8. 油气开发投资（填写附表九）	*	*		
50	9. 其他	*	*		
51	四、准备金调整项目（填写附表十）	*	*		
52	五、房地产企业预售收入计算的预计利润	*	*		
53	六、特别纳税调整应税所得	*	*		*
54	七、其他	*	*		
55	合　　计	*	*		

注：1. 标有*的行次为执行新会计准则的企业准则填列，标有#的行次为除执行新会计准则以外的企业填列。

2. 没有标准的行次，无论执行何种会计核算办法有差异就填报相应行次，填*号不可填列。

3. 有二级附表的项目只填调增、调减金额，账载金额税收金额不再填写。

《纳税调整明细表》将调整类项目分为了收入类、扣除类、资产类、准备金、房地产企业预售收入计算的预计利润、特别纳税调整应税所得、其他七大项。将各种需要进行纳税调整的子项分门别类进行汇总填报，最后综合所有的调整金额，计算出对于企业的应纳税所得额的总调整金额。在经过税务主管机关的核定后，就可以正式得到企业纳税年度的应纳税所得额，如果企业有盈利的，就一同确认企业纳税年度的所得税税额；如果没有盈利的，则确定企业纳税年度的累计亏损额。

各个小项目都需要填写账载金额、税收金额、调增金额、调减金额四个重要内容。所谓账载金额就是纳税人按照财务会计的有关规定，经过企业的财务核算而得到的在企业的纳税年度发生的金额。而税收金额就是指纳税人按照我国税收法律法规来确定的纳税年度内该项目的发生额可以用于计算企业所得税的应纳税所得额的金额。根据两个口径的金额对比，来确定到底是如何调整企业的企业所得税应纳税所得额。如果是要增加企业的应纳税所得额的，就是调增金额；如果是要减少企业的应纳税所得额的，就是调减金额。

25.4.2　如何填写《企业所得税年度纳税申报表》

企业所得税年度纳税申报表，就是最终确定企业的所得税应纳税所得额和企业所得税税额的申报表。而确定企业所得税的应纳税所得额和企业所得税税额就是企业所得额年度纳税申报的终极目的，因此《企业所得税年度纳税申报表》是整个企业所得税年度汇算清缴的核心所在。其表式我们在前文已经介绍过了，如表25-2所示，在这里不再重复，我们只是要介绍一下企业所得税的年度纳税申报表具体需要注意的要点。

注意：一般来说，企业在申报企业所得税时所使用的表格全称叫作《中华人民共和国企业所得税年度纳税申报表（A 类）》，这个"A 类"标记表示的是这张企业所得税纳税申报表是适用于实行查账征收企业所得税的居民纳税人的，由于一般的企业都是查账征收的居民纳税人，因此对于其他类型的企业所得税纳税申报表不做介绍。

《企业所得税纳税申报表》主要内容近似于《利润及利润分配表》，主要是列示了企业的收入、成本、费用；并得到企业的财务核算上的利润总额，然后根据会计核算上的利润总额以及在计算企业的应纳税所得额时需要进行的调整额而得到计算企业所得税的应纳税所得额。继而列示了企业需要缴纳的所得税税额，以及企业所得税税额的缴纳情况。

《企业所得税纳税申报表》填制要点：

1. 企业基本信息的填制

- 税款所属期间：正常经营的纳税人，税款所属期间是以自然年为界限的，也就是纳税年度的 1 月 1 日至 12 月 31 日。如果纳税人是在纳税年度的年度中间开业经营的，应根据企业营业执照上核发的企业成立之日所在月当月 1 日至同年 12 月 31 日。如果纳税人年度中间发生企业的合并、分立、破产、停业的，其纳税期间为当年 1 月 1 日至实际停业或法院裁定并宣告破产之日所在月的月末；纳税人在纳税年度中间开业并且当年度就发生合并、分立、破产、停业的，其纳税年度应该是营业执照核发的企业成立日所在月当月 1 日至实际停业或法院裁定并宣告破产之日所在月月末。

- 纳税人识别号：一般来说是填写税务机关统一核发的税务登记证上的号码。

- 纳税人名称：也就是企业在税务登记证所载的企业全称。

2. 企业所得税纳税申报信息的填制

《企业所得税年度纳税申报表》的原理，是在企业的会计利润总额的基础上，加减需要调整应纳税所得额的调整额后计算出企业的应纳税所得额。而需要进行应纳税所得额的调整的信息全部都是从《纳税调整明细表》中采集来的。

其中，利润总额是按照国家统一会计制度核算而获得的会计利润总额。利润总额部分的收入、成本、费用明细项目，一般的企业纳税人，通过《收入明细表》和《成本费用明细表》相应栏次填报。应纳税所得额计算既要根据《企业所得税年度纳税申报表》的表间逻辑计算，也要根据《纳税调整明细表》和《税收优惠明细表》的相关内容来进行填制。

25.4.3　如何填写《所得税弥补亏损明细表》

根据我国税收法律法规的规定，企业当年度的应纳税所得额如果是负数的，也就是说税务主管机关确认的企业亏损额，可以在以后的 5 个年度用于递减当年度的应纳税所得额。因此，企业在当年度的应纳税所得额既与过去年度的企业应纳税所得额有联系，又与未来的企业应纳税所得额有关系。为了要整理清楚这种复杂的关系，就需要通过填写《所得税弥补亏损明细表》进行整理。《所得税弥补亏损明细表》如表 25-10 所示。

表 25-10　企业所得税弥补亏损明细表

行次	项目	年度	盈利额或亏损额	合并分立企业转入可弥补亏损额	当年可弥补的所得额	以前年度亏损弥补额					本年度实际弥补的以前年度亏损额	可结转以后年度弥补的亏损额
						前四年度	前三年度	前二年度	前一年度	合计		
		1	2	3	4	5	6	7	8	9	10	11
1	第一年											*
2	第二年					*						
3	第三年					*	*					

4	第四年				*	*	*			
5	第五年				*	*	*	*		
6	本年				*	*	*	*	*	
7	可结转以后年度弥补的亏损额合计									

《所得税弥补亏损明细表》的主要内容就是列示了本纳税年度及本纳税年度前 5 年度发生的税前尚未弥补的亏损额。

企业所得税的汇算清缴是企业重要的涉税业务活动，通过所得税汇算清缴，税务主管机关对企业的经营成果进行认定。如果认定的结果是盈利的，那么企业就需要缴纳企业所得税，如果认定的结果是亏损的，那么当年的亏损额可以在未来的 5 年年度内扣减企业的应纳税所得额。因此，如果企业在当年度税务主管机关认定是盈利的，但是过去留存的亏损额超过了当年度的盈利，也就是说，企业仍然处于累计亏损的状态中，那么企业仍然是属于亏损状态，不需要缴纳企业所得税。且过去的亏损额，如果没有超过 5 年，那么在接下来的年度内仍然可以进行抵扣当年度的应纳税所得额。

25.5　企业所得税汇算清缴的流程

根据法律法规的规定，企业的所得税汇算清缴一般是在纳税年度后的 5 个月内进行的。一般来说由于企业所得税汇算清缴较为复杂，且每年根据国家经济发展情况进行调整以及一些正常的改进，因此税务主管机关在企业所得税汇算清缴之前一般会对涉税企业进行企业所得税汇算清缴的相关培训，并发给相应的纸质报表。

企业在经过培训并取得纸质报表后，根据我们介绍的企业所得税汇算清缴申报表的填写方法进行填写，并得出企业自己计算出来的应纳税所得额和所得税税额。有的地方还会要求企业进行所得额相关审计，以增加企业自行计算的准确率。

企业将初步的应纳税所得额进行申报并结合企业在季度所得税纳税申报时的税款缴纳情况来缴纳税款，同时税务主管机关要对企业的企业所得税纳税申报材料进行审核。

审核完毕后，不论企业在纳税年度的应纳税所得额是亏是盈，都会在企业的税务主管单位留下备案，企业也会明确地知道一年的经营成果通过汇算清缴后税务主管机关认定的应纳税所得额是多少。这样，企业一个纳税年度的纳税工作就与税务主管机关完成了清算，纳税工作就算完成了。

注意：由于企业所得税纳税申报表的附表非常多，所涉及的内容也非常多，许多内容是一般的企业用不到的，且如果全部都要介绍到篇幅也过大。因此，在本书中，我们选择了必然会用到的几张申报表附表进行了介绍。其他未介绍的申报表附表如果企业确实需要填写的，可以根据表格内容参照企业的实际情况填写，也可以就此咨询企业的税务主管机关。此外，对于本篇中列示的企业所得税纳税申报表附表的表式，是通用表示，与各地的企业所得税纳税申报表使用的具体表格可能稍有点不同，但是表格中真正重要的内容，本篇中的表格都列示了。

第 26 章

企业有可能需要缴纳的其他税费

前面各个章节，主要介绍了流转税、所得税等企业在生产经营过程中会遇到的主流税种。这些税种的涉税业务是企业的涉税业务的核心。除了这些税种外，企业在生产经营的过程中，还有其他税种虽然不是企业涉税业务的核心内容，但是也是在企业的生产经营过程中会遇到的，下面——介绍。

26.1　印花税

印花税是一个古老的税种，自荷兰于 1624 年在世界上第一次征收印花税后，没有经过多久，印花税就成为世界各国普遍征收的税种，我国也不例外。为了减轻纳税人的负担，鼓励投资创业，自 2018 年 5 月 1 日起，对万分之五税率贴花的资金账簿减半征收印花税，对按件贴花五元的其他账簿免征印花税。

26.1.1　什么是印花税

根据我国税收法律法规的规定，在我国境内书立、领受法律所规定列举的凭证的单位和个人，都是印花税的纳税人，应当按照规定缴纳印花税。可见，企业在生产经营活动中，就是印花税的纳税人。

在这里，法律所规定列举的需要缴纳印花税的凭证如下：

● 购销、加工承揽、建设工程承包、财产租赁、货物运输、仓储保管、借款、财产保险、技术合同或者具有合同性质的凭证；

● 产权转移书据；

● 营业账簿；

● 权利、许可证照；

● 经财政部确定征税的其他凭证。

但是，如果以上需要缴纳印花税的凭证符合下列条件的，则免征印花税：

● 已缴纳印花税的凭证的副本或者抄本；

● 财产所有人将财产赠给政府、社会福利单位、学校所立的书据；

● 经财政部批准免税的其他凭证。

26.1.2 印花税是如何缴纳的

根据我国税收法律法规的规定，印花税的详细税目、税率和纳税义务人如表 26-1 所示。

表 26-1 印花税税目税率表

税目	范围	税率	纳税义务人	说明
1．购销合同	包括供应、预购、采购、购销结合及协作、调剂、补偿、易货等合同	按购销金额万分之三贴花	立合同人	
2．加工承揽合同	包括加工、定做、修缮、修理、印刷、广告、测绘、测试等合同	按加工或承揽收入万分之五贴花	立合同人	
3．建设工程勘察设计合同	包括勘察、设计合同	按收取费用万分之五贴花	立合同人	
4．建筑安装工程承包合同	包括建筑、安装工程承包合同	按承包金额万分之三贴花	立合同人	
5．财产租赁合同	包括租赁房屋、船舶、飞机、机动车辆、机械、器具、设备等	按租赁金额千分之一贴花。税额不足一元的按一元贴花	立合同人	
6．货物运输合同	包括民用航空、铁路运输、海上运输、内河运输、公路运输和联运合同	按运输费用万分之五贴花	立合同人	单据作为合同使用的，按合同贴花
7．仓储保管合同	包括仓储、保管合同	按仓储保管费用千分之一贴花	立合同人	仓单或栈单作为合同使用的，按合同贴花
8．借款合同	银行及其他金融组织和借款人（不包括银行同业拆借）所签订的借款合同	按借款金额万分之零点五贴花	立合同人	单据作为合同使用的，按合同贴花
9．财产保险合同	包括财产、责任、保证、信用等保险合同	按投保金额万分之零点三贴花	立合同人	单据作为合同使用的，按合同贴花
10．技术合同	包括技术开发、转让、咨询、服务等合同	按所载金额万分之三贴花	立合同人	
11．产权转移书据	包括财产所有权和版权、商标专用权、专利权、专有技术使用权等转移书据	按所载金额万分之五贴花	立据人	
12．营业账簿	生产经营用账册	记载资金的账簿，按固定资产原值与自有流动资金总额万分之五贴花。其他账簿按件贴花五元	立账簿人	
13．权利许可证照	包括政府部门发给的房屋产权证、工商营业执照、商标注册证、专利证、土地使用证	免税	领受人	

印花税的缴纳方式，是企业就上表所示的印花税税额，从税务主管机关购买相应金额的印花税税票，并且将印花税税票粘贴在需要缴纳印花税的凭证、文本上。由于印花税税票是定额的，因此如果企业需要缴纳的印花税非常多，可以向税务主管机关申请，用印花税完税凭证代替印花税税票贴在相关的凭证、文本上。

在印花税的缴纳中，还有如下规定：

● 印花税票应当粘贴在应纳税凭证上，也就是说印花税票是需要粘贴在规定需要缴纳印花税行为的有关凭证上，这些凭证也就是合同、结算单据等。对于已经粘贴的印花税税票，必须由纳税人在每枚税票的骑缝处盖戳注销或者划销。这样已贴用的印花税票就没有办法重复使用了。

- 应纳税凭证应当于书立或者领受时贴花。
- 印花税涉税行为对应的同一凭证，由交易双方或者双方以上当事人签订并各执一份的，应当由各方就所执的一份各自全额贴花。也就是说，对于同一个印花税的涉税事项，其印花税是向交易的各方分别全额收取的。
- 已贴花的凭证，修改后所载金额增加的，其增加部分应当补贴印花税票。

如果企业不按照规定对企业所持的印花税应税票据、合同、凭证等缴纳印花税，其后果主要是：

- 如果企业在需要缴纳印花税的凭证上未贴或者少贴印花税票的，逃避印花税的，税务机关除责令其补贴印花税票外，可处以应补贴印花税票金额 20 倍以下的罚款，因此企业应当安排每隔一段时间检查一下新发生的各项交易事项的印花税缴纳情况，足额购买并粘贴印花税。
- 如果粘贴的印花税没有注销或者划销，税务机关可处以未注销或者画销印花税票金额 10 倍以下的罚款。
- 重复使用印花税票的，税务机关可处以重用印花税票金额 30 倍以下的罚款。
- 伪造印花税票的，由税务机关提请司法机关依法追究刑事责任。

【例 26-1】好事公司需要购买一批市场上紧缺的原材料，经过联系，找到了可靠的供应商，为了确保能够购买该批原材料，好事公司与该供应商签订了供货合同。合同约定，好事公司将向该供应商购买 100 万元的该原材料。请问好事公司需要如何处理印花税业务。

本题中，好事公司与其供应商签订了购货合同，根据我国法律法规的规定，该合同属于印花税的征税范围，需要缴纳印花税。

需要缴纳的印花税税额=1 000 000 × 0.0003=300 元。

好事公司需要购买价值 300 元的印花税税票，按照规定的要求粘贴在合同上。

26.2　资源税

随着环保概念深入人心，经济发展的可持续性越来越被人们重视，资源税在绿色经济中的重要性也越发明显。因此，在 2016 年 5 月 10 日，财政部、国家税务总局联合对外发文《关于全面推进资源税改革的通知》(以下简称《通知》)，通知宣布，自 2016 年 7 月 1 日起，我国全面推进资源税改革，根据通知要求，我国将开展水资源税改革试点工作，并率先在河北试点，采取水资源费改税方式，将地表水和地下水纳入征税范围，实行从量定额计征，对高耗水行业、超计划用水以及在地下水超采地区取用地下水，适当提高税额标准，正常生产生活用水维持原有负担水平不变。资源税相关法律法规进一步修订。

26.2.1　什么是资源税

资源税，就是对在我国境内存在的特定资源的开采、销售行为征收的一种税收。在我国领域及管辖海域开采或者生产应税产品的单位和个人，为资源税的纳税人。根据规定，资源税应税产品是原油、天然气、煤炭、非金属矿原矿、黑色金属矿原矿、有色金属矿原矿以及盐。

26.2.2 资源税是如何缴纳的

资源税的应纳税额，按照最新的法规规定，统一为从价征收。即按照从价定率率计算。各省税率有所区别。下表为浙江省具体的税目税率如表 26-2 所示。

表 26-2　浙江省资源税税目税率表

税　目	征税对象	税　率
铁矿	精矿	2%
金矿	金锭	2%
铜矿	精矿	3%
铅锌矿	精矿	2%
锡矿	精矿	2%
高岭土	原矿	4%
萤石	精矿	3.50%
石灰石	原矿	6%
硫铁矿	精矿	3%
粘土	原矿	每立方米5元
砂石	原矿	每立方米5元
海盐	氯化钠初级产品	1.50%

纳税人开采或者生产不同税目应税产品的，应当分别核算不同税目应税产品的销售额；未分别核算或者不能准确提供不同税目应税产品的销售额的，从高适用税率。

纳税人开采或者生产应税产品，用于连续生产应税产品的，不缴纳资源税；用于其他方面的，视同销售，缴纳资源税。

有下列情形之一的，减征或者免征资源税：

● 开采原油过程中用于加热、修井的原油，免税。

● 资源税的纳税人在开采或者在生产资源税应税产品的过程中，因发生意外事故或者遭受自然灾害等原因而蒙受重大损失的，由省、自治区、直辖市人民政府酌情决定减税或者免税。这个主要是由资源税的涉税业务的自然属性决定的。

● 国务院规定的其他减税、免税项目。

注意： 纳税人的减税、免税项目，应当单独核算销售额；未单独核算或者不能准确提供销售额的，不予减税或者免税。也就是说，如果企业想要享受相关的减免税政策，那么对于减免税政策所对应的减免税项目，必须单独核算，可以明确的确定减免税项目的相关销售额。

纳税人销售应税产品，收讫销售款或者取得索取销售款凭据的当天就是资源税纳税义务的发生时间；而对于自产自用应税产品，纳税义务发生时间为将应收产品移送使用的当天。当企业的资源税纳税义务发生后，应当在当期进行资源税的纳税申报。

26.3　土地增值税

在我国，营改增前将不动产作为商品进行销售的企业不是缴纳商品的增值税，而是缴纳营业税。之所以这样规定，是因为不动产的销售，是需要缴纳另外一种增值税——土地增值税的。

26.3.1 什么是土地增值税

根据我国法律法规的规定，土地增值税，就是对企业出售国有土地使用权、地上的建筑物及其附着物也就是房地产而取得收入，再扣除企业获得国有土地使用权、地上的建筑物及其附着物也就是房地产时支付的成本后的增值部分进行征收的税种。

注意：出售国有土地使用权、地上的建筑物及其附着物并取得收入，是指以出售或者其他方式有偿转让房地产的行为。不包括以继承、赠与方式无偿转让房地产的行为。

对于在计算土地增值税的计税依据时可以扣除的成本，税收法律法规也作了明确的规定：

（1）明确了纳税人为了取得土地使用权所支付的金额，是指纳税人为取得土地使用权所支付的地价款，这个价款是包括了按照国家统一规定交纳的有关费用的。

（2）纳税人开发土地、新建房及建设配套设施的成本，是指纳税人在进行房地产开发项目时实际发生的各项成本，明确规定了其内容包括：土地征用费、拆迁补偿费、前期工程费、建筑安装工程费、基础设施费、公共配套设施费、开发间接费用。

其中对于土地征用费、拆迁补偿费的内容，包括了土地征用费、耕地占用税、劳动力安置费及有关地上、地下附着物拆迁补偿的净支出、安置动迁用房支出等。

前期工程费，包括规划、设计、项目可行性研究和水文、地质、勘察、测绘、"三通一平"等支出。

建筑安装工程费，是特别指出的，包括使用出包方式支付给承包单位的建筑安装工程费，以自营方式发生的建筑安装工程费。

基础设施费，包括开发地块小区内道路、供水、供电、供气、排污、排洪、通信、照明、环卫、绿化等工程发生的支出费用。也就是各种小区建设所必需的基础设施的建设发生的费用。

公共配套设施费，包括不能有偿转让的开发小区内公共配套设施发生的支出。

开发间接费用，是指直接组织、管理开发项目发生的费用，包括工资、职工福利费、折旧费、修理费、办公费、水电费、劳动保护费、周转房摊销等。这些费用虽然是为了房地产开发而发生的，但是不能够直接体现在房地产开发的成本中，这些费用可以同时为若干房地产开发项目服务，因此这些费用是属于房地产开发的间接费用，应当根据相应的分配率在几个房地产开发项目之间进行分配。

（3）开发土地和新建房及配套设施的费用（以下简称房地产开发费用），是指与房地产开发项目有关的销售费用、管理费用、财务费用。

财务费用中的利息支出，主要是指企业借贷资金发生的需要偿还的利息。对于这些利息，规定了凡是能够按转让房地产项目计算分摊并提供金融机构证明的，允许据实扣除，但最高扣除金额不能超过按商业银行同类同期贷款利率计算的金额。其他房地产开发费用，按本（1）、（2）项规定计算的金额之和的 5% 以内计算扣除。

凡不能按转让房地产项目计算分摊利息支出或不能提供金融机构证明的，房地产开发费用按本（1）、（2）项规定计算的金额之和的 10% 以内计算扣除。

财务费用计算扣除的具体比例，由各省、自治区、直辖市人民政府规定。

（4）旧房及建筑物的评估价格，是指由政府批准设立的房地产评估机构评定的重置成本价乘以成新度折扣率后的价格。在转让已使用的房屋及建筑物时，这个评估价格还须经当地税务机关确认。

（5）由于房地产的转让是一种销售行为，我们在营业税一章也明确指出，房地产的销售是营业税的应税行为，因此在转让房地产时缴纳的营业税、城市维护建设税、印花税以及因转让房地产交纳的教育费附加都属于转让房地产有关的税金，可以予以扣除。

注意：对于房地产的收入和扣除的确定，是以最基本的核算项目或者核算对象为单位的。

26.3.2　土地增值税是如何缴纳的

土地增值税的计算，采用的是四级超率累进税率，其税率表如表 26-3 所示。

表 26-3　土地增值税税率表

级次	增值额占扣除项目金额合计之比	税率	速算扣除率
1	增值额未超过扣除项目金额50%的部分	30%	0%
2	增值额超过扣除项目金额50%、未超过扣除项目金额100%的部分	40%	5%
3	增值额超过扣除项目金额100%、未超过扣除项目金额200%的部分	50%	15%
4	增值额超过扣除项目金额200%的部分	60%	35%

该表的计算公式为：

土地增值税税额=增值额×税率－扣除项目金额×速算扣除率

【例 26-2】顺达公司从事房地产开发，在申报纳税时，其项目的增值额为 9 000 万元，扣除项目金额合计为 7 500 万元。问该公司在申报纳税时需要缴纳多少土地增值税？

首先，确定增值额占扣除项目金额合计的比值：9 000/7 500 × 100%=120%，查表得到该企业适用的土地增值税税率为第三档，税率为 50%，速算扣除率为 15%。接着，套用土地增值税的计算公式，9 000 × 50%－7 500 × 15%=3 375 万元。这样就得出结论，顺达公司在申报纳税时需要缴纳 3 375 万元的土地增值税。

企业对于土地增值税的申报流程如下：

到转让的房地产所在地主管税务机关办理纳税申报，其期限是纳税人在转让房地产合同签订之日起的 7 日内，同时还需要向税务主管机关提交房屋及建筑物产权证明、土地使用权证书，土地转让、房产买卖合同，房地产评估报告及其他与转让房地产有关的资料等。有的纳税人因频繁发生房地产转让行为的，可以经过税务机关审核同意后，定期一并进行纳税申报，其具体期限由税务主管机关根据情况确定。最后纳税人只需要按照税务机关核定的税额及规定的期限缴纳土地增值税就行了。

由于土地增值税的税额确定较为复杂，其增值额、扣除项目等金额的确定往往还需要各种第三方评估机构的评估，因此我国的税收法律法规规定，税务主管机关可以预征土地增值税。也就是说纳税人在项目全部竣工结算前转让房地产取得的收入，由于涉及成本确定或其他原因，而无法据以计算土地增值税的，那么就先根据税务主管机关的核定，预缴土地增值税，等到该项目全部竣工、办理结算后再进行土地增值税的清算，实行多退少补。具体办法由各省、自治区、直辖市地方税务局根据当地情况制定。

这里所说的办理结算再进行清算是指根据我国的税收法律法规的规定，凡是进行土地增值税预征的企业，在土地增值税涉税项目全部完工后，都要对该项目进行土地增值税清算。

纳税人符合下列条件之一的，应进行土地增值税的清算。

- 房地产开发项目全部竣工、完成销售的；
- 整体转让未竣工决算房地产开发项目的；
- 直接转让土地使用权的。

对符合以下条件之一的，主管税务机关可要求纳税人进行土地增值税清算。

- 已竣工验收的房地产开发项目，已转让的房地产建筑面积占整个项目可售建筑面积的比例在85%以上，或该比例虽未超过85%，但剩余的可售建筑面积已经出租或自用的；
- 取得销售（预售）许可证满三年仍未销售完毕的；
- 纳税人申请注销税务登记但未办理土地增值税清算手续的；
- 省（自治区、直辖市、计划单列市）税务机关规定的其他情况。

26.4　契税

在企业生产经营的过程中，契税也是常常会遇到的税种。

26.4.1　什么是契税

契税，就是对在我国境内发生的土地使用权和房屋所有权的变动的土地和房屋征收的一种税种。主要的契税应税行为包括，国家所有的土地使用权的出让、土地使用权的转让、房屋的买卖、房屋的赠送、房屋的交换等。

注意：土地使用权的转让，不包括农村集体土地承包经营权的转让。在房屋交换中，如果互相交换的房屋价值是相等的，就不需要缴纳契税；如果互相交换的房屋的价值不相等的，则由支付差价的一方缴纳规定的契税。

根据我国税收法律法规的规定，在我国境内转移土地、房屋权属，承受的单位和个人为契税的纳税人，应当依照规定缴纳契税。

26.4.2　契税是如何缴纳的

契税的计税依据如下：

（1）国有土地使用权出让、土地使用权出售、房屋买卖，为成交价格；

（2）土地使用权赠与、房屋赠与，由征收机关参照土地使用权出售、房屋买卖的市场价格核定；

（3）土地使用权交换、房屋交换，为所交换的土地使用权、房屋的价格的差额。

注意：由于契税的计税依据是相关涉税业务的交易价格，因此交易双方为了达到少缴契税的目的，有充分的动力以较低的价格申报纳税。因此，对于这种情况下，税务主管机关规定，如果交易的成交价格明显低于市场价格并且无正当理由的，或者所交换土地使用权、房屋的价格的差额明显不合理并且无正当理由的，由征收机关参照市场价格核定。

契税的法定税率为 3%~5％。而具体的契税适用税率，由省、自治区、直辖市人民政府在规定的幅度内按照本地区的实际情况确定，并报财政部和国家税务总局备案。

契税的计算公式为：

应纳税额＝计税依据×税率

【例 26-3】顺达公司的股东，以其自有的别墅作价 1 000 万元作为资本金出资。假设顺达公司所在地区的税务主管机关规定当地的契税税率为 5%，请分析顺达公司的契税涉税业务。

本例中，顺达公司的股东以其拥有的别墅作为资本金出资，顺达公司作为房屋的承受人，因此根据契税纳税人的规定，顺达公司就是契税的纳税人。顺达公司应当缴纳的契税＝1 000 × 5%=50 万元。

至于何时需要缴纳契税，也就是确定契税的纳税义务发生时间。我国税收法律法规规定，为纳税人签订土地、房屋权属转移合同的当天，或者纳税人取得其他具有土地、房屋权属转移合同性质凭证的当天。在确定了纳税义务的发生时间后，纳税人应当自纳税义务发生之日起 10 日内，向土地、房屋所在地的契税征收机关办理纳税申报，并在契税征收机关核定的期限内缴纳税款。

26.5 城镇土地使用税

企业在生产经营过程中，需要占用土地的，就需要缴纳城镇土地使用税。

26.5.1 什么是城镇土地使用税

城镇土地使用税，就是以属于城镇土地使用税征收范围的土地作为课税对象，以使用土地的单位和个人为纳税人的税种。属于城镇土地使用税的征收范围的土地是城市、县城、建制镇、工矿区。城市，是指具有行政划分的市，包括市区和市郊；县城，是指人民政府的所在地；建制镇，是指经过政府机关批准设立的，符合建制镇标准的镇的人民政府所在地；工矿区，是指工商业较为发达，人口较多的大型企业所在地，以及政府批准的其他地方。

26.5.2 城镇土地使用税是如何缴纳的

城镇土地使用税以纳税人实际占用的土地面积为计税依据,其每平方米每年的税额如下：

- 大城市 1.5 元至 30 元；
- 中等城市 1.2 元至 24 元；
- 小城市 0.9 元至 18 元；
- 县城、建制镇、工矿区 0.6 元至 12 元。

注意：县城、建制镇、工矿区 0.6 元至 12 元的税额区间，应由当地政府，根据市政建设状况、经济繁荣程度等条件，确定所辖地区的适用税额幅度。当地政府应当根据实际情况，将本地区土地划分为若干等级，在税收法律法规规定的税额幅度内，制定相应的适用税额标准，报上级主管机关批准执行。经省、自治区、直辖市人民政府批准，经济落后地区土地使用税的适用税额标准可以适当降低，但降低额不得超过规定最低税额的 **30%**；经济发达地区土地使用税的适用税额标准可以适当提高，但须报经财政部批准。

城镇土地使用税的纳税义务发生时间为：

- 购买新建商品房，从房屋交付使用之日起的次月开始计征城镇土地使用税。
- 购置非新建商品房的，从完成产权转移之日起的次月开始计征城镇土地使用税。
- 出租、出借房屋的，从出租、出借之日起的次月开始计征城镇土地使用税。
- 房地产企业将其建造的商品房用于自用、出租、出借的，从自用、出租、出借之日起的次月开始计征城镇土地使用税。
- 企业通过出让、转让等方式得到土地使用权的，从取得土地使用权之日起的次月开始计征城镇土地使用税。
- 企业新征用的耕地从批准征用耕地之日起满 1 年开始计征城镇土地使用税。
- 企业新征用的非耕地，从批准征用该土地之日起的次月开始计征城镇土地使用税。
- 企业失去土地使用权的，从失去土地使用权的次月开始不再计征城镇土地使用税。

城镇土地使用税的申报可以按年、或者分期申报，以企业所属的税务主管机关的规定为准。

26.6　耕地占用税

我国人多地少，地形又以山地丘陵为多，因此为了合理利用土地资源，加强土地管理，保护耕地，我国还制定了耕地占用税。

26.6.1　什么是耕地占用税

根据我国税收法律法规的规定，占用耕地建房或者从事非农业建设的单位或者个人，为耕地占用税的纳税人，应当缴纳耕地占用税。可见，耕地占用税是一种行为税，是对占用耕地从事非农业生产的行为而征收的一种税。这里所说的耕地，是指用于种植农作物的土地。

26.6.2　耕地占用税是如何缴纳的

耕地占用税以纳税人实际占用的耕地面积为计税依据，按照规定的适用税额一次性进行征收的。其单位税额如表 26-4 所示。

表 26-4　耕地占用税税率表

占用区域	定额税率（元/平方米）
人均耕地不超过1亩的地区	10~50
人均耕地超过1亩但不超过2亩的地区	8~40
人均耕地超过2亩但不超过3亩的地区	6~30
人均耕地超过3亩的地区	5~25

这里所说的地区，是指以县级行政区域为单位的地区。

耕地占用税的定额税率是一个区间，在法定区间范围内，各地区具体的征收率由当地政府根据当地的实际情况自行决定。对于经济特区、经济技术开发区和经济发达且人均耕地特别少的地区，适用税额可以适当提高，但是提高的部分最高不得超过当地适用税额的 50%。对于占用基本农田的，适用税额应在当地适用税额的基础上提高 50%。

耕地占用税由土地管理部门在通知单位或办理占用耕地手续时，同时通知耕地所在地同级地方税务主管机关。获准占用耕地的单位应当在收到土地管理部门的通知之日起 30 日内缴纳耕地占用税。土地管理部门凭耕地占用税完税凭证或者免税凭证和其他有关文件发放建设用地批准书。

26.7　车船税

企业的生产经营中，购置并使用的车辆、船舶都需要缴纳车船税。

26.7.1　什么是车船税

根据我国税收法律法规的规定，车辆、船舶的所有人或者管理人为车船税的纳税人，应当依照规定缴纳车船税。因此，车船税是对在我国境内拥有车辆、船舶的所有人或者管理人征收的一种税种。

注意：这里说的车辆、船舶是指依法应当在车船管理部门登记的车辆和船舶。

26.7.2　车船税是如何缴纳的

车船税以年度作为纳税期间，纳税人应当按年申报缴纳车船税。车船税的征收范围不包括非机动车船（不包括非机动驳船）、拖拉机、捕捞、养殖渔船。

车船税的税率如表 26-5 所示。

表 26-5　车船税税率表

税目	计税单位	每年税额	备注
载客汽车	每辆	60元至660元	包括电车
载货汽车	按自重每吨	16元至120元	包括半挂牵引车、挂车
三轮汽车、低速货车	按自重每吨	24元至120元	
摩托车	每辆	36元至180元	
船舶	按净吨位每吨	3元至6元	拖船和非机动驳船分别按船舶税额的50%计算

车船税的缴纳，一般来说是在车辆购买保险时，由保险公司代扣代缴，也可以自行申报。上述税目并不详细，在税目之下的子项里，按照具体的车辆型号，分别对应不同的税额。车船税的申报缴纳较为简单，且较为死板，企业不需要自行计算，因此在此不做详细介绍。

第 27 章

纳税筹划是必需的

企业在弄清楚其涉税业务的内容后，就会考虑需要缴纳多少税款？如何可以少交点税？怎么样才能够晚交税？这些，其实都是纳税筹划工作的范围。因此，纳税筹划是企业涉税业务必不可少的内容。

27.1　什么叫作纳税筹划

企业生产、经营的方方面面都需要和税收打交道。因此，我们必须先搞清楚什么叫作纳税筹划，如何通过纳税筹划来规划企业的涉税业务。

27.1.1　纳税筹划的概念

从理论上来讲，纳税筹划，就是企业在税收法律法规的框架下，以合法的纳税行为，根据企业的战略发展计划，选择不同的纳税方案和规划。

可见，纳税筹划首先第一点是必须是合法的纳税行为，其次，纳税筹划必须是贴近企业的战略发展规划的。企业的发展战略是企业整体价值的提升，单纯地减少企业的税负，不一定能够提升企业的整体价值，有时候反而会错失提升企业价值的机会。对于这一点，就要从企业的价值方面来理解。只有先理解企业的价值，才能够继而理解企业的战略规划，才能够理解企业的行为并确定企业的税收筹划。

企业本质是一个创造现金流的组织实体，企业的价值所在，就是企业创造现金流的能力的大小。因此，企业的战略规划，就是提升企业创造现金流的能力。企业要创造现金流的方法，主要有自身内在资源的挖掘——提升企业的营业收入、减少企业的各种开销支出；依靠外部资源——获得各种融资支持、延缓负债的偿还。可见，减少企业的税负，只是属于创造企业现金流的四种方法中的一种，因此通过减少企业的税负来提升企业的价值是很片面的。而对于其他三种方式，往往还需要以增加企业的税负为代价，但是这种代价如果少于企业获得的利益，那么即使增加了企业的税负，也应该作为企业纳税筹划的目标。

税收是企业经济利益的流出。因此，降低税负，减少纳税金额始终是企业纳税筹划的核心内容。只是我们需要强调，纳税筹划是为了通过减少企业的纳税金额，降低企业的税负水平，来增强企业的价值，同时在纳税筹划工作中，还需要结合企业的实际情况，分析企业所处的经营环境，根据企业的战略发展规划，综合的来考虑企业的纳税筹划工作。

注意：在这里，我们是以企业本身的角度来考虑纳税筹划的问题，而不是以各利益相关方的角度来考虑这个问题。因为从广义的定义来说，为了任何一个筹划目标而规划的纳税方案都可以作为纳税筹划工作的一部分。诚然，从企业本身角度来说，纳税筹划的方案确定应该从整体上有利于企业的生产经营。但是，如果考虑各企业的利益相关方的话情况就很复杂了。不同的利益相关方所着眼的各自利益是不同的，在各利益相关方的着眼点上，对于同一个纳税筹划的方案的评价也是不同的。由于利益相关方各自利益的广泛性，因此有利于利益相关方的纳税筹划着眼点就和以企业为主体的纳税筹划着眼点大相径庭了。对于利益相关方来说，内部投资者对企业董事会控制权的利益、外部投资者对自身投资时机的考量、债权人对自身债权风险的担忧，都可以作为纳税筹划的目标。本书以企业纳税工作为切入点，因此不再引申到其他方面，在介绍纳税筹划工作时，还是以企业为主体，以企业生产经营的整体利益为考虑来进行介绍。

27.1.2　纳税筹划不等于逃税

纳税筹划与逃税在某些方面具有相同的特征，因此许多人都认为，纳税筹划就是逃税。其实，它们之间有着根本的不同。

逃税又叫偷税、避税，逃税的目的是逃避税收，也就是逃避企业本应该负担的税收。而逃税采用的手段，往往是不符合法律法规的规定的。一般的逃税手段，往往包括隐瞒企业的收入、虚构企业的成本费用，人为制造不真实的财务数据，以便在纳税申报时骗过税务主管机关，从而可以逃避企业本来应该负担的税负。在这里很明显地看出，逃税的最大特征就是不合法。而这些不合法的手段，都带有欺诈的性质。我们都知道，在民商法中，商业欺诈是一种违法行为，因此，逃税行为本质上是一种不合法的行为，是一种违法行为。而违法行为，付出的代价，往往也是较为沉重的。许多企业通过违法行为逃避的税款，一旦被税务主管机关查实，不但企业本身要面临赔款、关门整顿等惨重代价，相关人员还会被追究刑事责任。

而纳税筹划就与逃税完全不同。首先，纳税筹划与逃税的目标就不完全相同，逃税的目标非常单一，就是逃避企业的税负，减少企业的税金支出，而纳税筹划的目标就多种多样了，当然降低企业的税负是纳税筹划的目标之一，但是降低企业的税负不是纳税筹划的全部。而站在不同的利益相关方的角度来说，纳税筹划的目标是非常多元的，远远要超过降低企业的税负这样一个单一的目标。即使是从降低企业税负这个目标上来说，纳税筹划站在企业的角度，更多的还是要考虑企业的整体利益。而当逃税行为被税务主管机关识破，企业需要付出的代价，远远超过在逃税时一时片刻偷逃的税收，从整体上来说，是不符合企业的整体利益的。

可见，纳税筹划与逃税完全不同，不可武断地认为纳税筹划就是逃税。纳税筹划是基于企业的整体利益，采用合法的手段，规划企业的涉税业务。从降低企业税负的角度来看，逃税是企业逃避缴纳本应该由企业缴纳的税负，而在同样的情况下，纳税筹划就是使这些本应该由企业承担的税负变成不应该由企业承担的税负。而企业不缴纳其不应该承担的税负，是合法而合情合理的。

27.1.3 纳税筹划的好处

今天随着我国经济的发展，社会主义市场经济体制的不断健全，企业间的竞争更为激烈。自觉或者不自觉的，企业都在时时刻刻进行着纳税筹划。之所以企业自觉不自觉地要时时刻刻进行纳税筹划，就是因为纳税筹划可以给企业带来好处，提高企业的整体价值。

1. 减少企业经营中的应税面

企业的纳税支出来源，就是企业的应税业务。减少企业的应税业务，就能够降低企业的纳税支出。但是，单纯地为了减少企业的应税业务金额而减少企业的应税业务是完全错误的。因为税收法律法规所规定的应税业务，就是企业的生产、经营的业务。简单的为了减少企业的应税业务而减少企业的生产、经营的业务，虽然表面上企业的纳税支出减少了，但是企业的生产经营等各方面都会恶化，与企业的整体利益是背道而驰的。

因此，在企业的纳税筹划中所说的减少企业经营中的应税面，是指利用各种税收法律法规的规定，以及适当选用合适的财务核算方法，使原本属于企业应税面的应税业务，变为非应税业务，从而达到在不影响企业的生产、经营发展的前提下，减少企业的纳税支出，提高企业的整体价值的效果。

2. 使企业的生产经营涉税事项尽量适用较低税率

通过纳税筹划使企业适用相对较低的应税税率也是一种纳税筹划的重要思路。

比如说，我国的企业所得税一般税率是 25%，除此之外，还有高新技术企业的适用税率 15% 和小型微利企业的适用税率 20% 两个较低的税率档次。那么，企业在进行纳税筹划时，可以考虑如何设计纳税筹划方案，使企业可以适用较低的税率。比如，目前我国小型微利企业的认定标准是：工业企业，年度应纳税所得额不超过 100 万元，从业人数不超过 100 人，资产总额不超过 3 000 万元；其他企业，年度应纳税所得额不超过 100 万元，从业人数不超过 80 人，资产总额不超过 1 000 万元。企业通过纳税筹划，有意识地控制企业的年应纳税所得额、从业人数和资产总额使其符合小型微利企业的标准，就可以享受 20% 的企业所得税税率，而且，小微企业还享受应纳税所得减半征收的优惠政策，实际上相当于小微企业承担的税率仅为 10%，相比于 25% 的一般企业的企业所得税税率，企业的纳税支出减少了，税负水平降低了，企业的价值也就得到了提升。

3. 降低企业各项应税发生额的计税依据

降低企业各项应税发生额的计税依据，也是一种很好的纳税筹划思路。比较适用于从涉税业务上无法避免，而计税依据的相关法律法规又留有余地的应税业务。

在企业所得税的应纳税所得额的确定中，有许多可以在纳税筹划时善加应用的规定。比如说，根据《企业研究开发费用税前扣除管理办法（试行）》规定，企业的研发费用可以在计算企业所得税的应纳税所得额时按照原发生额的 75% 加计扣除。也就是说，原本税前发生的费用 100 元的，如果是属于研发费用，就可以按照 175 元在计算企业所得税的应纳税所得额时进行扣除。可见，对于企业所得税的纳税筹划方案，可以考虑如何使原本发生的费用归属于研发费用的类别，从而降低企业所得税的应纳税所得额，达到减少企业的纳税支出，提高企业价值的效果。

4. 推迟税款的缴纳

推迟税款的缴纳，主要是根据各个税种的纳税义务的发生时间的确定、纳税期限的规定等方面来入手的。

27.2　增值税的纳税筹划

增值税在我国的财政收入中占有重要的比重，对于增值税的纳税申报，我国的税收法律法规也进行了严谨细致的规定，利用这些规定，可以巧妙地进行企业纳税筹划。

27.2.1　利用纳税人的身份进行纳税筹划

我们知道，增值税纳税人在我国的税收法律法规体系中，分为增值税一般纳税人和增值税小规模纳税人。增值税一般纳税人是拥有可以抵扣进项税权利的，其适用税率一般为 16%，可以开具增值税专用发票；而小规模纳税人不能够抵扣进项税，其适用税率一般为 3%，不可以开具增值税专用发票，只能开具增值税普通发票。

可见，两种不同的增值税纳税人身份下，他们的税负一定是不一样的。我们可以根据此来进行纳税筹划。

1. 增值税纳税人的身份是可以筹划的

我们知道，增值税纳税人的身份界定标准是，纳税人销售货物、劳务、服务、无形资产或者不动产应税行为年应征增值税销售额在 500 万以下的，是属于小规模纳税人。一旦相应的业务规模超过了小规模纳税人的认定范围，根据现行税收法律法规的规定，纳税人身份就会自动变成一般纳税人。除此之外，企业的会计核算是否健全，也是税务主管机关认定增值税纳税人身份的一大因素。如果企业的会计核算是健全的，即使没有达到一般纳税人的销售规模的要求，通过主动申请，也可以获取一般纳税人身份。对纳税人身份进行纳税筹划，首先就要了解增值税纳税人身份的转换是以企业的增值税应税销售额的大小，以及会计核算是否健全来区别的。因此，通过控制这两方面的因素，是可以对企业的纳税人身份进行选择的。

2. 增值税是对企业的销售产品的增值额进行征税

这个增值额，也就是企业的毛利。由于在一般纳税人身份下，企业购进商品的进项税是可以抵扣的，因此，一般纳税人的增值税，就是对在一般纳税人销售时的毛利进行征税，征收的是 16%的增值税。而小规模纳税人身份下，企业购进商品的进项税是不能够抵扣的，而是对不含税销售额按照 3%征收率来征收增值税。可以看出，毛利越高的商品，一般纳税人的税负越重，而毛利越低的商品，小规模纳税人的税负越重。因此，从单纯降低企业税收负担的角度来考虑，企业销售毛利越低的商品选择一般纳税人身份越有利，销售毛利越高的商品选择小规模纳税人越有利。因此我们就需要计算出这个毛利的临界值。

毛利率=（销售收入－销售成本）/销售收入

一般纳税人增值税应纳税额=销售收入×毛利率×16%

小规模纳税人增值税应纳税额=销售收入×3%

所谓毛利临界点，就是毛利率临界点。当毛利率处于这个临界点上时，一般纳税人与小规模纳税人的税负水平是一样的。因此，我们令一般纳税人增值税应纳税额等于小规模纳税人增值税应纳税额：

销售收入×毛利率×16%=销售收入×3%

临界毛利率=3%/16%=18.75%

也就是说，如果企业销售商品的毛利率是18.75%，那么企业不论选择一般纳税人身份还是小规模纳税人身份，其纳税负担是一样的。但是，一旦企业的毛利率高于18.75%，那么作为小规模纳税人的纳税负担是低于一般纳税人的；反之，如果毛利率低于18.75%，企业作为一般纳税人的纳税负担就低于了小规模纳税人。

在实务中，企业单单使用毛利率来判断应当选择小规模纳税人身份还是一般纳税人身份是不够的。因为一般纳税人企业也可能需要从小规模纳税人处采购物资，这样，其取得的销售成本是含有增值税进项税的，这部分增值税进项税是不能够抵扣的。为了简化计算，引入按照所销售商品中可以抵扣的商品的比重来判断企业不同身份下的纳税负担。

销售收入×（1−抵扣进项商品占销售额比重）×16%=销售收入×3%

抵扣进项商品占销售额比重临界值=81.25%

也就是说，当抵扣进项商品占销售额比重等于81.25%时，不论是企业选择一般纳税人身份还是小规模纳税人身份，其纳税负担是一样的。而当抵扣进项商品占销售额比重高于81.25%时，企业选择一般纳税人的身份其纳税负担小于选择小规模纳税人身份；当抵扣进项商品占销售额比重低于81.25%时，其选择小规模纳税人身份的纳税负担小于选择一般纳税人身份。

【例27-1】顺达公司年销售额100万元，销售成本70万元，其中可抵扣进项商品为60万元，顺达公司符合一般纳税人申请条件，请分析顺达公司的增值税纳税人身份的纳税筹划。

本题中，顺达公司的年销售额100万元，销售成本70万元，毛利率为30%，但是，由于其销售成本中，可抵扣进项商品只有60万元，因此，可以采用可抵扣进项商品占销售额比重来界定选择何种纳税人身份更有利。根据题意，抵扣进项商品占销售额比重为60/100=60%，低于抵扣进项商品占销售额比重临界值81.25%，因此，顺达公司选择成为小规模纳税人身份的负担小于选择成为一般纳税人。从纳税负担角度来说，顺达公司应当选择小规模纳税人身份。

3. 从企业生产经营的发展来考虑

因为我们知道，一般纳税人除了能够抵扣进项税外，在销售商品时，还可以开具增值税专用发票。由于小规模纳税人不能够开具增值税专用发票，只能开具增值税普通发票。因此，小规模纳税人的业务发展、推广将会受到这个原因的影响。因为同样的一般纳税人企业，肯定是倾向于从一般纳税人那里购买货物，以便于抵扣进项税。如果企业是处于零售业，其销售的商品是作为产业链的终端环节，直接销售给最终消费者。根据我国增值税相关法律法规的规定，企业将商品销售给个人的，不可以开具增值税专用发票。

27.2.2　利用特殊的销售形式进行纳税筹划

所谓特殊的销售形式，也就是非常规性的经营业务。由于我国税法对于这些业务有过专门的规定，因此企业在处理这些业务时，不同的处理方法会导致不同的企业纳税负担。因此，有必要对这些较为特殊的销售情况进行介绍。

1. 纳税人销售自己使用过的固定资产

根据我国法律法规的规定，纳税人销售自己使用过的固定资产，需要遵守几个规定：

- 纳税人销售自己使用过的属于货物类的固定资产，除了摩托车、游艇和消费税应税汽车外，如果是属于企业固定资产目录，并且按照固定资产的管理进行核算管理，其销售的价格不超过这些货物的原值的，那么就可以在销售时免征增值税。
- 除此之外销售的固定资产按照4%的增值税税率减半征收增值税，且不可以抵扣进项税额。
- 企业出售自己使用过的摩托车、游艇和机动车，不论是不是在企业的固定资产目录或者是不是按照固定资产的管理进行管理，只要其销售价格不超过原值就免征增值税，超过原值的，按照4%减半征收增值税。

注意：由于企业出售的自用旧固定资产，如果在出售时的价格不超过原值就免征增值税，当出售时的价格超过原值时，就需要缴纳增值税。因此，很可能出现，企业出售旧的自用固定资产的价格较高超过了原值，由于需要缴纳增值税，其获得经济利益反而小于以较低不超过原值的价格出售的情形。这个时候，就需要进行纳税筹划，来确定最佳方案了。

【例 27-2】顺达酒店准备重新装修，需要出售原自用的电视机一批。该批电视机属于顺达酒店的固定资产，一直归属于固定资产进行管理。该批电视机原值100万元，已提折旧50万元。通过询价，现在有永达公司出价99万元和光明公司出价100.5万元购买，均为含税价，请问顺达酒店应当将这批电视机卖给哪一家企业？（不考虑附加税费）

为了解决本题中的问题，我们需要对将电视机出售给永达公司和光明公司的经济利益分别进行测算，以便加以比较。

销售给永达公司：永达公司出价99万元，低于该批电视机的原值，因此根据我国税法的规定，不需要缴纳增值税。顺达酒店获得的经济收益=99－（100-50）=49万元。

销售给光明公司：光明公司出价100.5万元，高于该批电视机的原值，根据我国税法的规定，需要按照4%的增值税税率减半征收增值税。顺达酒店获得的经济利益=100.5－（100－50）－[100.5/（1+4%）×4%/2]=48.57万元。

对比结果：虽然销售给永达公司的销售价格低于销售给光明公司的销售价格，但是由于政策上的特别规定，因此较低的售价带来的净收益反而高于较高的售价的方案。本题中，顺达酒店应该选择将该批电视机出售给出价较低的永达公司。

2. 折扣销售的发票处理纳税筹划

这里说的销售折扣，就是企业将货物出售时给予购货方的折扣，我国税收法律法规规定，只有当企业将折扣额与销售额开具在同一张发票中时，折扣额才起作用，被税务主管机关所认可，企业才可以根据企业折扣后的销售价格来计算应当缴纳的增值税。

27.3 所得税的纳税筹划

由于流转税的税收法律法规规定较为死板，计算也较为简单，其纳税筹划的空间并不大。但是所得税不一样，所得税的相关法律法规较多，计税依据也较为复杂，因此所得税的纳税筹划空间也较大。

27.3.1 利用所得税税率进行纳税筹划

在我国的所得税体系中，所得税的基本税率为 25%。但是，根据企业的实际情况，另外又有两档，分别是适用于高新技术企业的 15%税率和适用于小型微利企业的 20%减半征收的优惠税率。

显而易见，如果能够通过纳税筹划，将企业从适用于一般档次的 25%税率变成适用于另外两个较低档次的 15%和 20%的减半征收（此减半征收优惠政策时间为 2017 年 1 月 1 日到 2019 年 12 月 31 日），就能够在企业所得税的应纳税所得额相同的情况下，通过适用较低的税率从而达到减少企业纳税负担的效果。

【例 27-3】顺达宾馆拥有资产 800 万元，员工 60 人，2018 年企业所得税应纳税所得额 70 万元。为了增加企业的效益，顺达宾馆准备将其拥有一个楼层中的空地进行装修，改造成咖啡厅经营餐饮业务。根据测算，咖啡厅改造完成后，酒店的收入会增加，在原有的基础上，资产增加 250 万元，员工增加 25 人，企业所得税的应纳所得额预计增加 40 万元。请分析顺达宾馆的改造纳税筹划。

本题中，顺达宾馆原有资产 800 万元，员工 60 人，2018 年企业所得税应纳税所得额 70 万元，根据相关法律法规的规定，企业的各项条件均符合小型微利企业的认定标准。在进行咖啡厅改造后，预计企业的资产增加到 1 050 万元，员工人数增加到 85 人，企业所得税的应纳税所得额增加到 110 万元。均超过了小型微利企业的认定标准，因此如何使企业在改造了咖啡厅后依然符合小型微利企业的认定标准就是纳税筹划的目标。

根据实际情况，顺达宾馆可以成立一家全资子公司，将改造后的咖啡厅业务交由全资子公司经营，这样就可以达到纳税筹划的目标。

纳税筹划方案：顺达宾馆出资 300 万元设立全资子公司顺利咖啡馆，注册资金 300 万元，将 250 万元用于咖啡厅的改造，50 万元作为流动资金。顺利咖啡馆总资产 300 万元，员工 25 人，年企业所得税应纳税所得额预计为 40 万元。母公司顺达宾馆通过现金出资，现金减少 300 万元，长期投资增加 300 万元，资产总额不发生变化。这样顺达宾馆依然符合小型微利企业的认定标准，而全资子公司顺利咖啡馆也符合小型微利企业认定标准，均按照小型微利企业的适用所得税税率 20%缴纳企业所得税。

经过纳税筹划后的顺达宾馆需要缴纳企业所得税=70 × 50% × 20%=7 万元，顺利咖啡馆需要缴纳所得税=40 × 50% × 20%=4 万元，两者合计需要缴纳企业所得税 11 万元。

不经过纳税筹划，顺达宾馆需要缴纳企业所得税=100 × 25%=25 万元。

可见，通过纳税筹划，使顺达宾馆的企业所得税纳税支出减少了 14 万元。

27.3.2 存货核算中存在的纳税筹划

在我国的会计核算体系中，存货的核算原则是以历史成本作为计价基础，其核算方法则有先进先出法、后进先出发、移动平均法、单独计价法等若干种。由于存货的出库，在会计核算中，其对应科目往往是企业的营业成本，因此，存货计价方法的选择直接影响到企业所得税的应纳税所得额的计算。很自然，存货核算也是企业所得税纳税筹划的一部分。

【例27-4】顺达公司是外商投资企业，适用25%的企业所得税税率，根据相关法律法规的规定，顺达公司取得了企业所得税两免三减半的所得税优惠政策。（两免三减半的所得税优惠政策，就是在开业的前2年免征所得税，其后3年减半征收所得税）2018年是顺达公司开办的第二年，公司年初没有库存，年内分3批购买了生产用的贵金属。按照时间顺序，以500万元购买了100公斤，700万元购买了100公斤，1 200万元购买了100公斤，顺达公司2018年出售的商品耗用该种贵金属150公斤。请问顺达公司应当在存货核算中使用先进先出法，还是后进先出法。

在本题中，由于顺达公司在2018年是享受两免三减半政策的第二年，因此，本年度的企业所得税是免税的。而下一个年度的企业所得税就要按照应纳税额减半征收了。因此，顺达公司的纳税筹划，应当在本年度尽可能地增加企业所得税的应纳税所得额，减少会增加以后年度企业所得税应纳税所得额的影响因素。

因此，顺达公司在存货核算上的纳税筹划，就应该是使用先进先出法。

使用先进先出法，年度销售成本=250+350=600万元，下一个年度销售成本=1 200+350=1 550万元。

使用后进先出法，年度销售成本=1 550万元，下一个年度的销售成本=600万元。

由于本年度的企业所得税是免税的，因此，本年度企业所得税=0，第二年，是按照减半征收。因此第二年，使用先进先出法比后进先出法要少缴纳（1 550 - 600）× 25% × 50%=118.75万元的企业所得税。可见，使用先进先出法比使用后进先出法，在今明两年内，企业可以少缴纳118.75万元的企业所得税。

27.3.3 根据收入限额扣除类费用的纳税筹划

我国企业所得税相关法律法规对于企业在税前开支的广告费、宣传费和业务招待费，在计算企业所得税应纳税所得额的扣除额时，做了限额规定。

1. 广告费与业务宣传费

对于广告费、宣传费的规定是其在作为税前支出时，只有不超过当年销售收入的15%的部分可以在计算当年度的企业所得税应纳税所得额时扣除，余下不能够扣除的部分，可以留存结转到以后年度继续按照相同的规则进行扣除。

也就是说，企业在计算当年度的企业所得税的应纳税所得额时，其可以列支并进行扣除的广告宣传费不能够超过当年度的销售收入的15%。虽然税法规定了，当年度不足抵扣的部分可以结转到以后年度进行扣除，但是如果企业每一年度的广告宣传费的支出都超过企业营业收入的15%，那么，理论上，超出的部分永远都没有机会在以后年度的企业所得税应纳税所得额的计算中进行扣除。

2. 业务招待费

企业的业务招待费，我国税收法律法规规定，其在当年度的企业所得税的应纳税所得额的计算中，按照实际发生额的60%扣除，最高不能超过当年度营业收入的千分之五。

广告宣传费与业务招待费，都是按照企业的营业收入的一定的比例进行扣除的，受到企业营业收入的限制。因此，如何充分的、更多的在企业计算企业所得税的应纳税所得额时扣除企业发生的广告宣传费和业务招待费，就是这类企业发生的费用的纳税筹划的目标。

要达到纳税筹划的目标，就要从广告宣传费与业务招待费等根据营业收入的一定比例进行税前扣除的这一特性入手。根据这个特性，我们知道，广告宣传费与业务招待费在企业所得税应纳税所得额的计算中充分扣除的限制就是企业的营业收入。因此，如何通过纳税筹划增加企业的营业收入就是要达成广告宣传费与业务招待费纳税筹划目标的关键。

【例 27-5】顺达建材公司主要从事门窗的生产和销售，该公司通过预算，预计 2019 年该公司将获得营业收入 1 200 万元，发生广告宣传费 250 万元，业务招待费 30 万元，请针对 2019 年的预算案，分析 2019 年针对广告宣传费和业务招待费的纳税筹划方案。（企业所得税税率 25%）

可扣除的广告宣传费=1 200×15%=180 万元。

可扣除的业务招待费为业务招待费发生额的60%，最高不超过营业收入的千分之五。30×60%=18 万元；1 200×0.005=6 万元。可扣除的业务招待费=6 万元。

多负担的企业所得税=94×25%=23.5 万元。

在本题中，顺达公司预计 2019 年营业收入可以达到 1 200 万元，因此，在计算其企业所得税应纳税所得额时，最高可以扣除营业收入 1200 万元的 15%，也就是 180 万元。业务招待费按照实际发生额的 60%，最高不能超过营业收入的千分之五，因此，顺达公司预计在 2019 年在计算企业所得税应纳税所得额时可以扣除 6 万元。也就是说，如果不进行纳税筹划，按照常规做法，企业将有 94 万元费用，无法在计算企业所得税应纳税所得额时扣除，等于多负担企业所得税23.5万元。

如果我们要能够在计算企业所得税的应纳税所得额时，充分地扣除广告宣传费和业务招待费，那么就需要想办法增加企业的营业收入。因此，顺达建材公司可以将销售部门独立出来，设立一个独立的子公司，专门负责销售，而生产部分还是留在母公司里。顺达建材公司可以建立顺达销售公司，专门销售顺达建材公司生产的建筑材料，由于预计 2019 年收入是 1 200 万元，因此顺达建材公司，可以以 1 100 万元的价格将该批建材销售给顺达销售公司，然后顺达销售公司再以 1 200 万元的价格对外出售。同时，将广告宣传费和业务招待费的预计发生额，平均分摊在顺达建材公司和顺达销售公司。

经过这样的纳税筹划方案的安排，顺达建材公司 2019 年度取得营业收入 1 100 万元，发生广告宣传费 125 万元，业务招待费 15 万元，根据企业所得税法的规定，其广告宣传费可以在计算企业所得税应纳税所得额时全额扣除，业务招待费在计算企业所得税应纳税所得额时可以扣除 5.5 万元。顺达销售公司取得营业收入 1 200 万元，其发生的广告宣传费可以全额扣除，发生的业务招待费可以扣除 6 万元。也就是说，通过将顺达建材公司的销售部门独立出来，成立销售公司的办法，可以在计算企业所得税应纳税所得额时，扣除所有发生的广告宣传费和 11.5 万元业务招待费，只有 18.5 万元的业务招待费不能够进行税前扣除，也就是多负担企业所得税 4.625 万元。

比较经过纳税筹划后的方案和纳税筹划前的方案，顺达建材公司企业所得税的纳税额可以实际减少纳税负担 18.875 万元。由于增值税是价外税，因此本题不考虑增值税因素。

27.3.4　母公司与子公司之间的费用分摊纳税筹划

母公司与子公司之间可以通过安排经营往来，提高企业集团整体的销售额，从而达到整体上在计算企业所得税应纳税所得额时增加可扣除的限额累计费用的目的。其实，由于母公司和子公司之间拥有控制权的关系，因此对于其他费用，也可以采用类似的思路进行纳税筹划。

在实际工作中，常常会有这样的情形，即母公司下属多个子公司，母公司为子公司提供多种业务支持服务，由子公司开拓市场，经营业务，而母公司本身则不经营业务。在这种情况下，母公司由于没有收入，而费用较大，亏损严重，其成本费用与收入无法配比。而子公司由于很多支持性的业务由母公司进行，本身成本、费用较低，因此盈利可观，企业所得税的税收负担较重。可以看出，这样的组织结构和纳税安排，使母公司的费用无法抵扣集团整体的企业所得税应纳税所得额，因此从企业整体上来看税负较重，也不利于根据收入限额扣除类费用的充分扣除。因此，对于这样的母子公司体系，应当对其费用分摊进行筹划，使母公司向子公司收取提供各种业务支持的费用作为母公司的收入，而子公司将支付给母公司的费用款作为自己的费用入账，在计算企业所得税应纳税所得额时予以扣除。

【例 27-6】顺达集团由母公司顺达管理公司和子公司顺达建材公司与子公司顺达销售公司组成。在业务分工中，顺达管理公司作为母公司，向其子公司顺达建材公司和顺达销售公司提供经营管理、人员培训、拓展支持、人事安排、财务核算等服务，其子公司顺达建材公司负责生产建材产品，子公司顺达销售公司负责销售由顺达建材公司负责生产的建材产品。其子公司顺达建材公司和顺达销售公司均独立核算，预计 2019 年，顺达建材公司销售收入 1 200 万元，费用支出 300 万元，企业所得税应纳税所得额 900 万元；顺达销售公司销售收入 1 500 万元，费用支出 500 万元，企业所得税应纳税所得额 1 000 万元。母公司顺达管理公司费用支出 1 000 万元，没有收入。请分析顺达集团的纳税筹划方案。（三家公司均适用企业所得税税率 25%，只考虑当年度情况，不考虑其他所得税应纳税所得额调整情况，营业税税率 5%，不考虑营业税对企业所得税应纳税所得额的影响）

本题中，如果不进行纳税筹划，那么顺达集团三家公司的 2019 年的企业所得税应纳税所得额预计为：顺达管理公司-1 000 万元；顺达建材公司 900 万元；顺达销售公司 1 000 万元。三家公司的所得税税额预计为：顺达管理公司没有；顺达建材公司 225 万元；顺达销售公司 250 万元。顺达集团需要交纳企业所得税和计 475 万元。

纳税筹划方案：由于顺达管理公司的费用支出，主要是为了对其两家子公司的业务进行支持，因此，顺达管理公司可以按照一定的标准，向其两家子公司收取一定的管理费。根据顺达管理公司提供的管理服务市场价格标准，可以向顺达建材公司收取 600 万元管理费，向顺达销售公司收取 600 万元管理费，而顺达建材公司和顺达销售公司将支付的这 600 万元管理费用作为费用计入企业的费用支出总额。这样对于顺达集团来说，预计 2019 年企业所得税应纳税所得额情况如下：顺达管理公司等于 200 万元，顺达建材公司等于 300 万元，顺达销售公司等于 400 万元，其应纳所得税税额分别为 50 万元、75 万元、100 万元，也就是顺达集团经过纳税筹划后，集团层面上总共缴纳企业所得税税额 225 万元，而顺达管理公司获得的 1 200 万元收入需要交纳 60 万元的营业税，因此与未经过那是筹划而缴纳的 475 万元相比，减少了企业的纳税支出 190 万元。

注意：由于母公司与子公司之间的交易是属于关联交易，因此其交易额是受到集团控制的。在我国的税收法律法规中规定，如果关联企业之间的交易没有按照独立企业之间的交易方式来进行，税务主管机关可以不予承认，予以调整。因此，由于这种企业纳税筹划方案的核心是将集团内各公司的费用在集团层面进行合理的分摊，不存在显失公平的情况。因此，各关联公司之间的交易，应当按照独立公司之间发生交易的情形进行交易，根据市场价格、签订交易合同等。

27.3.5 及时注意企业的亏损弥补情况

我们知道，企业在纳税年度发生的亏损，经过所得税汇算清缴被税务主管机关认可后，可以在以后的 5 个年度内抵扣当年度的企业所得税应纳税所得额，但是如果超过了 5 个年度，亏损额仍然没有被用来抵扣当年的企业所得税应纳税所得额的，那么这笔亏损额就不能够继续用于在以后的年度内抵扣当年度的企业所得税应纳税所得额。

由于 5 年的时间较长，企业很容易由于人事变动、业务变动、企业扩张等原因忽略了对企业亏损弥补的关注，从而使可以用来抵扣当年度企业所得税应纳税所得额的亏损额白白地浪费。因此，对于亏损弥补的纳税筹划，是指在亏损额产生后，充分利用 5 年的时间来抵扣年度内的应纳税所得额或者在无法弥补时，将亏损额的产生年度向后推迟。

【例 27-7】顺达建材公司主要从事建筑材料的生产、销售。该公司成立于 2015 年，成立的前 4 年一直处于亏损状态，2019 年预计将会盈利。其过去的生产业绩和 2018 年的盈利预测如下：

2015 年：亏损 50 万元

2016 年：亏损 60 万元

2017 年：亏损 40 万元

2018 年：亏损 20 万元

2019 年：盈利 2 万元

2020 年：盈利 20 万元

在 2020 年年末，2021 年年初有一笔可以盈利 28 万元的生意，请规划顺达建材公司的纳税筹划。

在本题中，顺达建材公司是 2015 年成立的，并且在 2015 年当年发生 50 万元亏损。根据所得税税法的规定，该笔亏损额可以在以后 5 个年度内抵扣当年度的企业应纳税所得额。由于 2015 年的其后 3 年，2016 年到 2018 年均亏损，没有年度企业所得税的应纳税所得额，因此 2015 年的亏损额没有进行抵扣。2019 年顺达建材公司发生盈利 2 万元，2015 年的亏损额可以进行抵扣，抵扣后还有 48 万元可以留待扣除。由于 2020 年是 2015 年的亏损额可以进行扣除当年度应纳税所得额的最后一年，如果当年度不能用于抵扣当年度的企业所得税应纳税所得额，那么在以后年度这笔亏损额就不能够再用于抵扣当年度的应纳税所得额了。因此，在本题中，2020 年预计盈利 20 万元，而 2015 年还余下的亏损额为 48 万元，抵扣了当年度的应纳税所得额 20 万元后，还有 28 万元就不能够在以后年度作为应纳税所得额的抵扣额使用了。因此，在 2020 年年末与 2021 年年初的一笔盈利 28 万元的生意，从纳税筹划的角度，在法律许可的情况下，可以在 2020 年年末入账，作为企业 2020 年的盈利额，这样就正好抵扣完企业 2015 年度留下的亏损额 28 万元，节省了企业所得税 7 万元。

27.4　其他纳税筹划

在企业的生产经营活动中，除了以上我们介绍的企业的直接涉税业务可以进行纳税筹划外，其实其他很多的企业生产经营活动，都或多或少地对企业的涉税业务有影响。因此，企业的纳税筹划，不仅仅是对企业的涉税业务进行纳税筹划，在企业的其他生产经营方面也有着纳税筹划的空间。

1.　在企业设立时就要考虑纳税因素

企业设立时要考虑的纳税因素，主要包含两个方面的内容。

一是企业今后将进入的行业，将开展的业务，在我国的税收法律法规体系中是否有相关的规定。比如，我国税收法律法规规定，企业从事农、林、渔、牧的，其农、林、渔、牧业务的所得可以减征、免征企业所得税。又如，我国税收法律法规规定，创业投资企业采用股权投资方式，投资于未上市的中小型高新技术企业 2 年以上的，可以按照投资额的 70% 在股权持有满 2 年的当年度，从该企业的企业所得税应纳税所得额的计算中扣除，如果当年度扣除后还有投资额的，可以在以后年度继续扣除。这些都是我国税收法律法规中，对于特殊行业、特殊业务的特别规定。了解了这些法律法规，如果企业将要进入的行业、开展的业务符合这些税收法律法规的要求的，就可以根据这些法律法规进行筹划。

二是企业的注册地因素，由于我国区域经济的差异，因此不同的区域的税收政策待遇是不同的。比如，我国税收法律法规规定，在深圳、珠海、汕头、厦门、海南经济特区和上海浦东新区新设立的需要国家重点扶持的高新技术企业，自取得第一笔生产经营收入开始，头两年免征所得税，第三年至第五年的所得税，按照 12.5% 的所得税税率征收。可见，如果企业是属于上述法律法规所定义的企业的，在其注册设立时，就需要考虑到税收因素，如果注册设立在上述区域，就比注册设立在其他区域可以享受更多的企业所得税纳税优惠政策，减少企业的纳税负担。

2.　在建立下属机构时要考虑纳税因素

所谓建立下属机构，就是企业设立自己的分公司或者子公司。分公司与子公司的纳税是不一样的。在我国的税收法律法规中，分公司由于不是独立核算的，其纳税是与母公司一并申报缴纳的，而子公司是独立核算的，因此其纳税申报是独立进行的。

3.　企业闲置资金的使用也需要考虑到税收因素

企业的方方面面的业务几乎都是涉税业务，比如，企业的闲置资金可以用来购买国债以及存在银行，虽然两种闲置资金的使用方式年利率都为 3%，但是国债的利息是免利息税的，同时企业所获得的国债利息在计算企业当年度的企业所得税应纳税所得额时是可以不计入企业的收入所得的，而如果存在银行里，银行在结算利息时会代扣代缴需要缴纳的利息税，同时，企业所获得银行存款利息收入，在计算企业所得税应纳税所得额时是需要作为收入缴纳企业所得税的。

第六篇

会计电算化篇

第 28 章

会计电算化——高效财务办公

"会计电算化"是通过财务软件实现电脑记账的"官方"术语。下面以目前最为流行的财务软件之一用友 T3 为蓝本，为一个小企业建立一套基础的电子账目。

28.1　用友 T3 快速入门

用友 T3 是一款适用于中小型企业的集成财务管理软件，具体操作流程如下。

（1）安装产品：根据购买产品分别安装应用服务器、数据库服务器、客户端。

（2）配置应用服务器与数据库服务器的连接。

（3）建立新账套：在正式应用前，建立相应的账套，以适用于不同的企业个体。

（4）启用产品：启用要使用的产品。

（5）设置用户及权限：设置操作员，并针对每个用户或角色指定操作权限。

（6）设置基础数据：设置相应产品需要的基础档案，包括分类体系、基础信息等。

（7）设置单据格式、单据编号。

（8）进行系统选项的设置。

（9）录入期初数据：录入期初余额，对期初余额进行对账、审核。

（10）日常业务处理。

（11）进行月末结账。

（12）建立下一年度账。

（13）结转上年：将上年末数据结转为本年期初数据。然后重复（10）~（13）操作。

28.2　一分钟掌握财务软件的系统管理

首次进入系统管理模块，以系统管理员的身份注册登录。新建账套、增加账套主管必须由系统管理员操作。用友 T3 默认的系统管理员情况如下。

- 操作员名称：admin
- 密码：为空

系统管理员的名称不能修改，但密码可以更改。在正式使用用友 T3 系统进行账务处理时，建议更改系统管理员登录密码以防非授权人员进入，但在练习阶段建议大家保持为空较好。

28.2.1 启动系统管理

启动系统管理的方法如下：

（1）依次打开"开始"→"所有程序"→"用友 ERP-T3"→"系统服务"菜单（一般安装好之后会有快捷方式在桌面，在桌面上找到图标双击进入即可）。

（2）双击"系统管理"快捷方式，进入"系统管理"窗口，如图 28-1 所示。

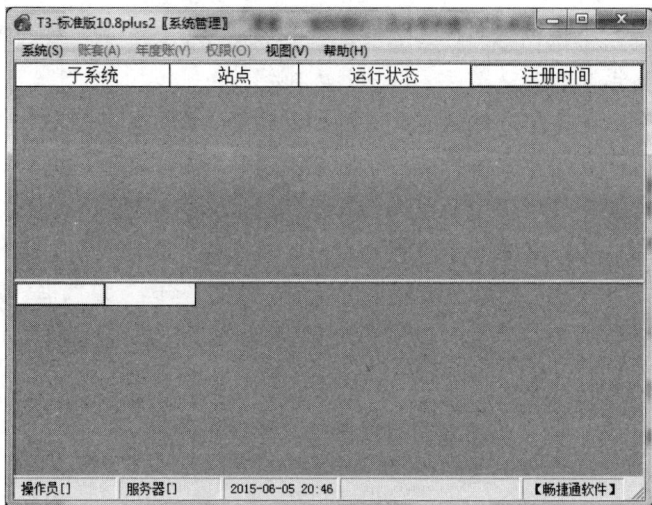

图 28-1 "系统管理"窗口

（3）打开"系统"菜单，选择"初始化数据库"命令。

（4）依次输入数据库名称和口令。这两部分内容是在安装 SQL Server 数据库时设置的。一般情况下，数据库取系统默认值即可，如果没有设置口令即为空。

（5）单击"确认"按钮。

（6）首次登录时，保持默认"账套"选项即可，并保证"语言区域"为"简体中文"。

（7）初次使用，只需单击"是"按钮继续即可。最后，系统进入初始化数据库过程，这一过程比较慢，需要一定的时间，需耐心等待。

（8）数据库升级结束后，将会直接进入"登录"对话框。单击"取消"按钮，完成初始化数据库的操作。有关系统登录，随后再进行系统的学习。

28.2.2 以系统管理员身份注册

系统管理员是用友 T3 系统中权限最高的操作员。默认情况下，系统管理员的名称为 admin，登录密码为空。

（1）双击桌面"系统管理"快捷方式进入系统管理界面。

（2）打开"系统"菜单，选择"注册"命令，弹出"注册【控制台】"对话框，如图28-2所示。

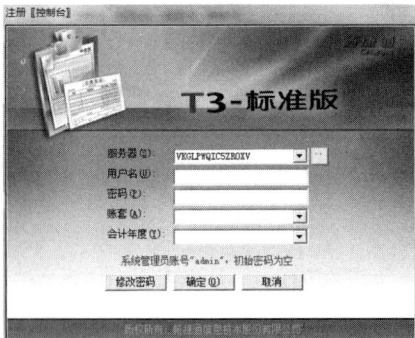

图 28-2 "注册【控制台】"对话框

（3）在"服务器"下拉列表中选择需要连接的数据库。这个数据库在前面初始化时已连接过，一般情况下，取系统默认的结果即可，无须修改。

（4）在"用户名"文本框中输入系统管理员的账号"admin"。默认情况下显示的就是该名称，一般无须修改。如果不是，则需要手动输入。

（5）在"密码"文本框中输入登录密码。默认情况下，系统管理员的登录密码为空，也就是说不用输入任何内容。如果需要设置新密码，可选中"改密码"复选框 ☑ 改密码 。

（6）单击"确定"按钮，如果在前述（5）中选中"改密码"复选框，则会弹出"设置操作员密码"对话框，如图28-3所示。这里主要是为了练习账套，建议不要设置密码，所以单击"取消"按钮退出即可。

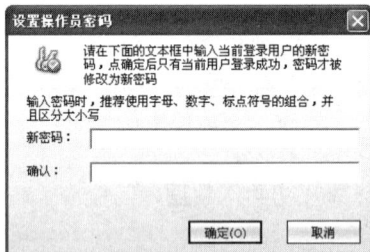

图 28-3 "设置操作员密码"对话框

（7）系统退出注册【控制台】对话框，返回"系统管理"界面，窗口上部显示成功注册的信息，如图28-4所示。

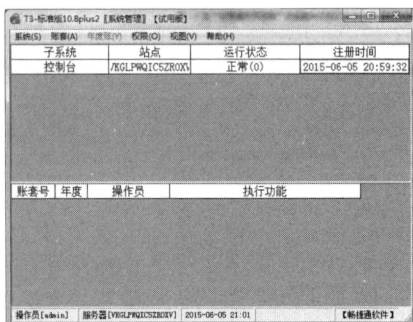

图 28-4 "系统管理"窗口上部显示系统管理员已注册的信息

28.2.3 退出登录

如果需要取消当前系统管理员的登录状态，只需打开"系统"菜单，从中选择"注销"命令即可，此时并不会退出系统管理状态。

28.2.4 退出系统管理

如果需要退出系统管理窗口，只需打开"系统"菜单，选择"退出"命令，即可退出系统管理。

28.3 快速上手财务电算化

创建账套是项重要且必要的工作，任何一个企业在初次使用 T3 进行财务处理时，都需要首先为该企业建立一个新账套。

28.3.1 创建新账套

下面来为一个小企业创建一个账套。该企业的具体信息如表 28-1 所示。

表 28-1 云海商贸账套信息

企业名称：	北京云海商贸有限责任公司
企业简称：	云海商贸
成立时间：	2014 年 2 月
主营业务：	电子产品的批发和零售，
会计启用期：	2015 年 1 月
记账本位币：	人民币
外币业务：	无
企业类型：	商业企业
行业性质：	纯内资有限责任公司，注册资本 30 万元人民币，小规模纳税人
会计核算依据：	新会计准则
需要进行下列核算：	业务简单，只使用总账进行会计处理，不设任何辅助核算，仅通过设置明细科目处理业务

新建账套的具体操作步骤如下：

（1）按照前面的方法进入系统。

（2）通过"系统"菜单下的"注册"命令，以系统管理员 admin 的身份登录系统。此时，"账套"菜单项就会由灰变黑显示。

（3）打开"账套"菜单，选择"建立"命令，弹出"创建账套"——账套信息对话框。

（4）依次输入账套的基本信息，输入完成后如图 28-5 所示。

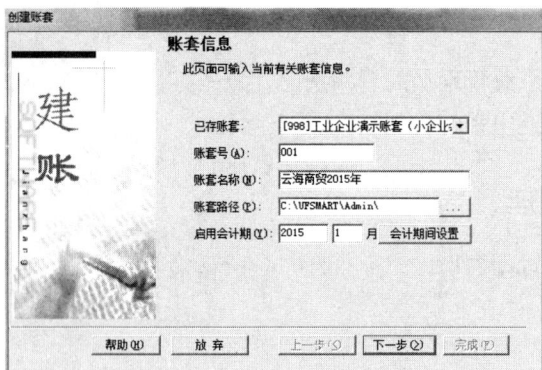

图 28-5 "创建账套"——账套信息对话框

（5）设置完成后，单击"下一步"按钮，进入图 28-6 所示的"创建账套"——单位信息对话框。

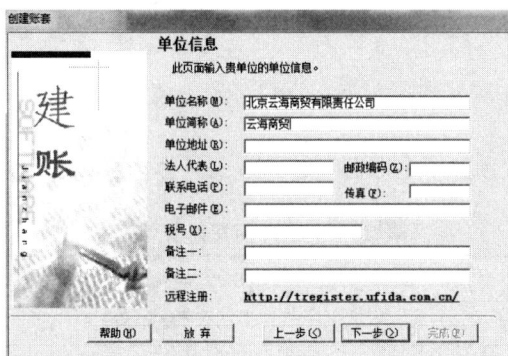

图 28-6 "创建账套"——单位信息对话框

（6）依次输入有关建账单位的各类信息。其中"单位名称"是必须输入的内容，其他内容可不输入。这里，在第一行输入单位名称"北京云海商贸有限责任公司"；在第二行输入单位简称"云海商贸"。

（7）输入完毕后，单击"下一步"按钮，进入"创建账套"——核算类型对话框。

（8）在该对话框进行下列设置，设置结果如图 28-7 所示。

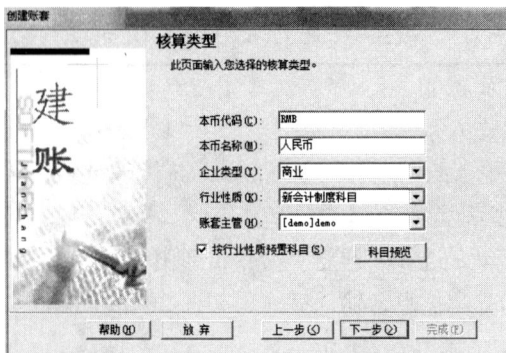

图 28-7 "创建账套"——核算类型对话框

- 在"企业类型"下拉列表中选择"商业"选项；
- 在"行业性质"下拉列表中选择"新会计制度科目"选项；
- 保证"按行业性质预置科目"复选框已被选中。
- 因为还没有设置操作员，所以"账套主管"先不用指定，可先使用默认选项。
- 其他选项均取系统默认值，无须修改。

（9）设置完毕后，单击"下一步"按钮，进入图28-8所示的"创建账套"——基础信息对话框。

（10）因为这个账套很简单，不进行任何辅助核算，所以这些设置选与不选都对今后的账务处理没有影响，所以无须任何操作直接单击"下一步"按钮，弹出图28-9所示的提示对话框。

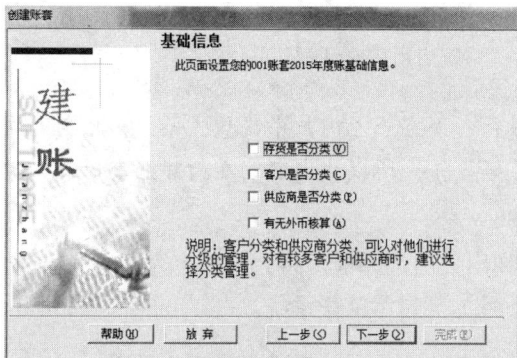

图 28-8 "创建账套"——基础信息对话框

图 28-9 "创建账套"提示对话框

（11）单击"是"按钮，系统开始创建账套，这一过程可能时间比较长，大家需要耐心等待。

（12）屏幕上弹出图28-10所示的"分类编码方案"对话框。无须做任何修改，直接单击"取消"按钮，弹出图28-11所示的"数据精度定义"对话框。

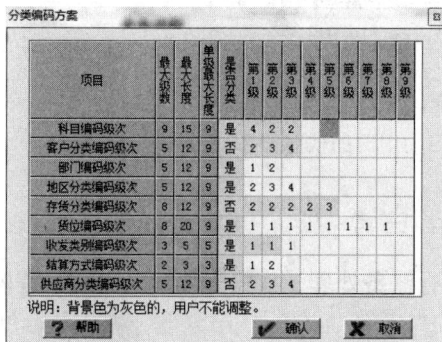

图 28-10 "分类编码方案"对话框

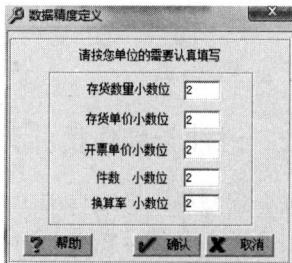

图 28-11 "数据精度定义"对话框

（13）不做任何修改直接采用系统默认值，单击"确认"按钮，稍候，弹出一个提示系统是否启用的对话框。

（14）单击"是"按钮，进入"系统启用"窗口，如图 28-12 所示。

图 28-12　"系统启用"对话框

提示：系统启用也可以不在这里进行，而在企业门户中设置。不过，任何一个账套都必须要启用总账系统才可以进行后续操作。所以我们建议在新建账套时就同时启用总账系统。

（15）选中"总账"前面的复选框，弹出日历选择框，将月份指定为"一月"，将日期指定为"1"日，这样就设置为从 2015 年 1 月 1 日启用总账系统。

提示：这一日期不能早于创建账套时在"启用会计期"中设定的日期。

（16）单击"是"按钮，总账被启用，同时日历框消失。启用状态如图 28-13 所示。

（17）单击"系统启用"对话框上部的"退出"按钮，同时完成创建账套的工作。

图 28-13　总账系统已被启动用时的信息显示

28.3.2　添加新操作员并为新账套指定账套主管

账套建好了，必须有相应的操作人员才能进行账务处理，如账套主管、出纳、审核人员等，这些人员都被统称为"用户"，又称"操作员"。

下面来添加一位新的操作员，为新建的账套做准备。该操作员的基本信息如下：

编号：0011

姓名：周海娟

登录密码（口令）：123

所属角色：账套主管

添加操作员的具体操作步骤如下：

（1）双击桌面"系统管理"图标，重新进入系统管理界面。

（2）通过"系统"菜单下的"注册"命令，以系统管理员 admin 的身份登录系统。此时，"权限"菜单项就会由灰变黑显示。

（3）打开"权限"菜单，选择"操作员"命令，进入图 28-14 所示的"操作员管理"窗口。

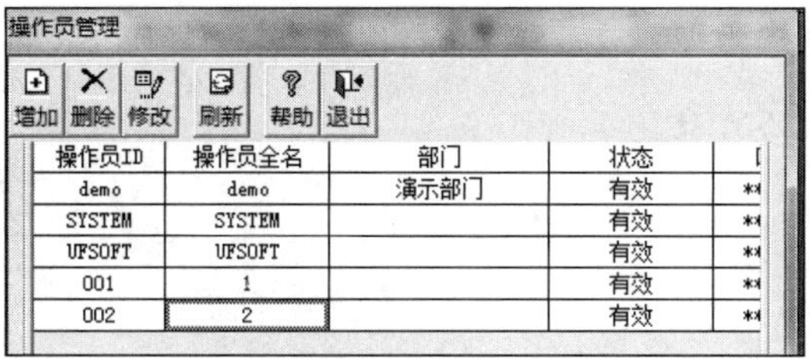

图 28-14 "操作员管理"窗口

（4）单击"增加"按钮，弹出"增加操作员"对话框。按下列提示依次输入操作员信息，结果如图 28-15 所示：

- 在"编号"文本框中输入：0011。操作员编号由自己决定，没有什么固定的编码规则，但不能重复使用。记住自己的操作员编号，以备登录总账时使用。
- 在"姓名"文本框中输入：周海娟。
- 在"认证方式"下拉列表中选择"用户+口令（传统）"方式。
- 分别在"口令"和"确认口令"框中输入密码：123。一定要记住自己的口令，否则无法登录总账。
- 按需要输入其他内容，也可以为空。

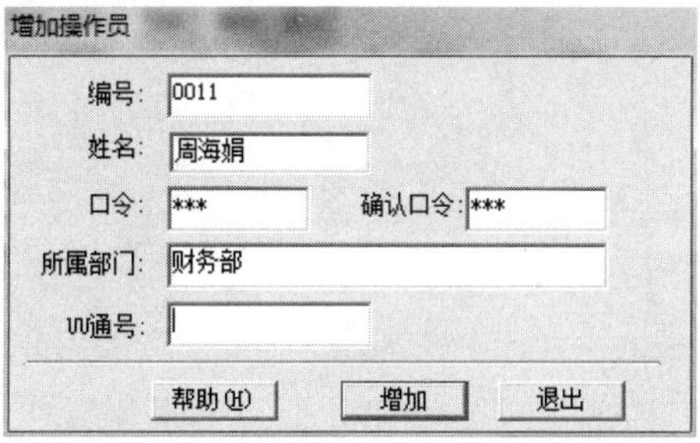

图 28-15 "增加操作员"对话框

（5）单击"增加"按钮，新的操作员增加成功。此时可以接着在"增加操作员"对话框中增加其他操作员。在这里，目前只增加一个操作员，单击"退出"按钮即可。

（6）打开"权限"菜单，选择"权限"命令，弹出"操作员权限"窗口。

（7）接着选中账套名称左侧的"账套主管"复选框，将会弹出一个提示对话框。

（8）单击"是"按钮，周海娟即被指定为 001 账套的账套主管。

提示："账套主管"这一角色将会拥有管理一个账套的全部功能权限，在练习过程中以"账套主管"的身份登录，有利于顺利学习所有的功能。另外，在新增操作员时就将其设定为账套主管，该操作员将会作为所有账套的账套主管，对所有账套具有全部操作权限。

（9）新增加的操作员将显示在"用户管理"窗口的操作员列表中。单击"退出"按钮，关闭"用户管理"窗口即可。

为以后方便讲解，现在，我们来增加第二个操作员，并将其指定为前面新建的 001 账套的账套主管。该操作员的基本信息如下：

编号：0012

姓名：张和平

认证方式：用户+口令（传统）

口令：456

其他：为空或系统默认

所属角色：无

此处与增加周海娟操作员步骤相同，不再详述，读者可参考以上步骤进行练习。

第 29 章

学会在总账中进行基础账务处理

本章开始进入用友 T3 的核心模块——总账系统的学习。为了满足大量的规模不大、业务简单的小型企业的账务处理需求，在这里只学习最基本、最常用的、必不可少的总账功能，其中包括：

- 总账的基础初始化设置，一个账套只需进行一次，后期可根据需要部分调整。
- 对凭证进行管理：录入、修改、删除、审核、打印凭证，这是财务处理的基础。
- 出纳管理：生成并查询银行日记账和现金日记账、进行银行对账。
- 记账、对账和结账：其中包括期末损益自动结转的设置和生成。
- 对账簿进行管理：账簿的生成、查询、打印。

以上功能都是在上一章创建好的 001 账套中实现的，有关具体的业务数据，将会在录入凭证时——给出。

29.1 账务处理前必要的基础设置

总账系统的初始化设置其中包括很多项目，但并不是每个人、每套账都会用到所有的项目。不过，下列的基础设置是创建每个新账套后都必须进行的，也是必须掌握的。

- 设置总账运行的基本业务参数：如是否需要出纳签字。
- 设置会计科目：对会计科目进行增删修改。
- 设置会计凭证的类别。
- 录入期初余额：对于非新建企业，必须录入期初余额。

29.1.1 企业应用平台概述

企业应用平台是一个集成的工作环境。在早一些的版本中，则被称为"企业门户"。

为使企业能够存储企业内部和外部的各种信息，让各方使用者能够从单一的渠道访问其所需的个性化信息，用友 T3 为我们提供了"企业应用平台"这一集成界面。通过企业应用平台，可以访问用友 T3 下已启用的所有系统模块，定义自己的业务工作，并设计自己的工作流程。

这个平台方便了企业信息的及时沟通，资源的有效利用。

启动企业应用平台

下面，以上一章增加的操作员 0011 周海娟的名义登录新创建的 001 账套。

（1）双击桌面用友 T3 图标，进入"登录"对话框，如图 29-1 所示。

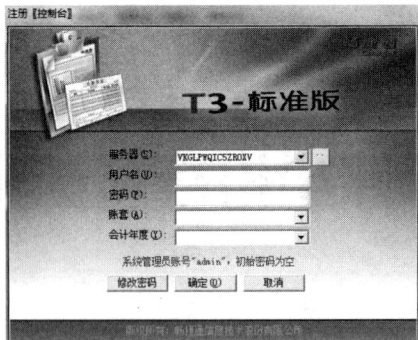

图 29-1 "登录"对话框

（2）在"操作员"文本框中直接输入操作员编号：0011，或者姓名：周海娟。

（3）在"密码"文本框中输入口令：123。为了保密，密码不会显示出来。

（4）单击"账套"右侧的下拉箭头，在列表中选择 001 号账套。

（5）设置操作日期：默认情况下，操作日期显示系统当前日期，可以修改。由于创建账套和启用总账的日期均为 2010 年 1 月，为了操作方便，将日期改为 2010 年 1 月 31 日。

（6）单击"确定"按钮，进入图 29-2 所示的"企业应用平台"窗口。

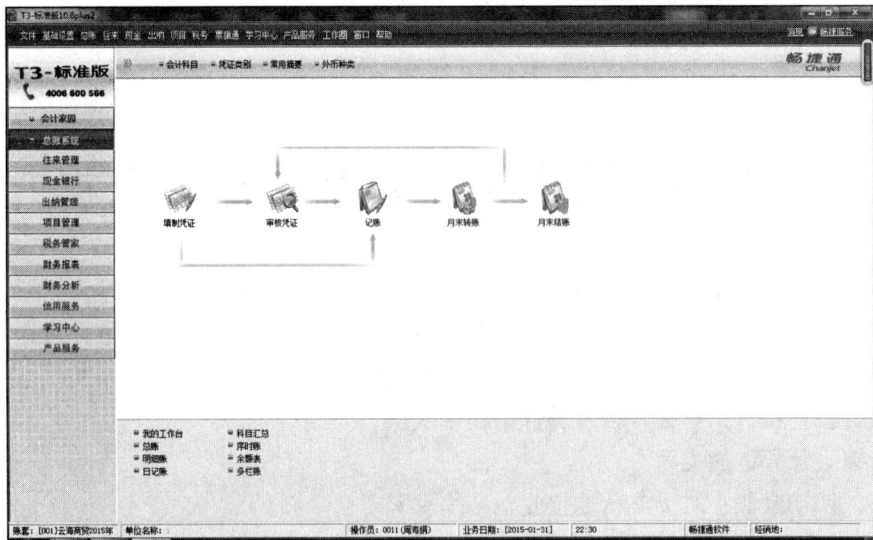

图 29-2 "企业应用平台"窗口

29.1.2 凭证须由出纳签字——设置总账业务参数

有些条件需要在进行账务处理之前就设置，这样在账务处理过程中才能发挥作用。

在这里，要指定与现金和银行存款有关的凭证必须经由出纳签字后才能记账。

具体的操作步骤如下：

（1）如前所述，启动企业应用平台，以 0011 号操作员的身份登录 001 账套。

（2）单击左上方"总账"选项卡。

（3）从上方的功能列表中双击选择"总账"，打开图 29-3 所示的"选项"对话框。

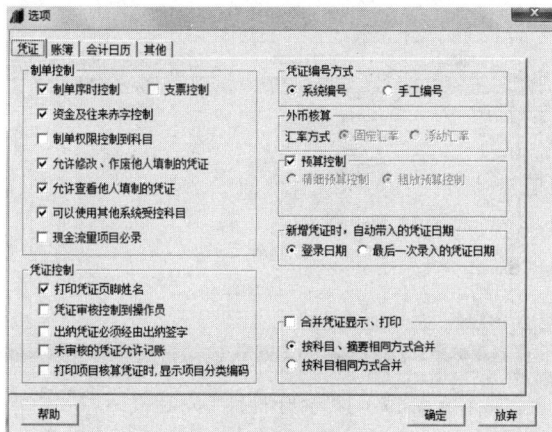

图 29-3 "选项"对话框

（4）在该对话框中可以进行各项基础参数的设置，大家不妨浏览一下每个选项卡中都提供了哪些参数，但是不必对其进行修改。

（5）单击"权限"选项卡，进入相应的设置窗口（图略）。

（6）单击右下方的"编辑"按钮，进入可修改状态（图略）。

（7）选中其中的"出纳凭证必须经由出纳签字"复选框。

（8）单击"确定"按钮，完成设置的同时退出对话框。

> 提示："选项"对话框中包含许多重要的系统参数设置，随着学习的深入，你会发觉很多功能要想实现，必须先要在这里进行设置。所以建议大家认真浏览该对话框中的每个选项卡，了解其中包含了哪些内容，这样以后用到时心中就会有印象。

29.1.3 设置会计科目

每一个新建账套第一次使用时，或多或少都要对会计科目进行增删修改；在录入凭证的过程中，也可能随时需要增加一些新的明细科目；每个新年度建账时，也许需要对上年度所使用的会计科目进行适当调整。

下面来为前述已创建完成的账套 001 设置会计科目。

1. 进入"会计科目"设置对话框

（1）首先启动企业应用平台，并以 0011 号操作员的身份登录 001 账套，登录日期设置为 2015-01-31。

（2）单击左上角的"基础设置"选项卡。

（3）从上方的功能列表中依次单击"财务"→"会计科目"，打开图 29-4 所示的"会计科目"对话框。

图 29-4　"会计科目"对话框

　　由于在创建账套时已经设置了按"新会计制度科目"预置，所以系统自动提供了 160 个基本一级会计科目以供选用。对于这些会计科目，可以根据自己的需要进行增删修改等操作。

　　会计科目可以按资产、负债、所有者权益等类别分类列示。通过单击会计科目列表上方的类别选项卡中的不同按钮，可以选择显示不同的类别。例如：单击"负债"按钮，列表中即可显示所有负债类的会计科目。

　　2. 设置会计科目的基本原则

　　尽管从理论上讲，系统允许对会计科目随意进行增加、删除和修改操作，但从实务的角度出发，仍需要遵循一些基本原则：

- 会计科目编码：由系统指定为 4-2-2 格式，表示一级科目编码 4 位，二级和三级明细科目编码分别为 2 位，每个科目必须有对应的科目编码，而且是唯一的。为了以后自动编制会计报表的需要，建议大家、特别是初学者不要随便改变系统预置的科目编码，否则可能无法生成正确的会计报表。

- 一级会计科目：一级科目名称一般是由企业会计准则、国家统一的会计制度规定好的。建议大家不要过多修改一级会计科目名称，并且尽量不要增加新的一级会计科目。新增一级会计科目，可能会导致无法正确自动生成会计报表。也不要随便删除一级科目，即使你不打算使用它。

- 二、三级明细科目：除了一般纳税人"应交税费（新准则）/应交税金（原制度）"下的明细科目由于税务法规的要求一般情况下是固定的以外，其他科目明细完全由自己确定，因而可以任意进行增删修改，没有什么限制，也不会影响报表的编制。

- 增设明细的限制：会计科目一经使用，就不能再增设下级科目，只能增加同级科目。例如：已经制作了一张提现的记账凭证，用到了"现金"和"银行存款"两个科目。如果这之前没有在"银行存款"下设置不同账号的明细科目，那么就无法再设置分账号明细了。

3. 增加会计科目

一般情况下，一级科目是无须增加的，但是明细科目的增加却是不可避免的。下面打算增加的科目是：

- 为"管理费用"增加一个二级明细"工资"。
- 为"应收账款"增加下级明细"东方三星公司"。
- 按照提供的列表增加其他明细科目。

具体操作步骤如下：

（1）如前所述，通过"基础设置"选项卡下的"财务"→"会计科目"，进入"会计科目"窗口。

（2）单击"损益"按钮，窗口中显示所有损益类会计科目。这一步并不是必须的，只是为了方便查看科目编码和增加明细科目的效果。

（3）可以看到"管理费用"的科目编码为5502，记住这个编码。单击窗口上方工具栏中的"增加"按钮，弹出图29-5所示的"会计科目_新增"对话框。

（4）在"科目编码"文本框中输入明细科目的编码"550201"，其中5502表示上级科目为5502的管理费用，01则表示明细科目的序号。

（5）在"科目中文名称"文本框中输入"工资"。编码和名称必须输入，其他项可以为空。

（6）其他所有选项均保持默认设置。

（7）单击"确定"按钮，新增明细科目"工资"就会以缩进方式显示在"管理费用"下方。

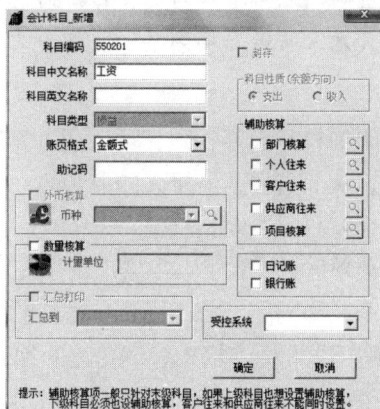

图29-5　"会计科目-新增"对话框

（8）此时"会计科目-新增"对话框并未关闭，单击右下角的"增加"按钮，可继续为"应收账款"增加下级科目：在"科目编码"文本框中输入"113101"（1131为"应收账款"的预置编码），在"科目名称"文本框中输入"东方三星公司"，单击"确定"按钮完成添加。

提示：现在你明白了吗？要想添加下级科目，必须要知道其所属上级科目的编码，这个编码可以在"会计科目"对话框的科目列表中查找。如果需要在"管理费用——工资"下再增加下级科目"管理人员"，就需要输入编码"55020151"，当然代表本级科目的最后两位编号可以从任意数字开始，如55020111，不过一般情况下我们建议从01开始比较符合正常思维。

（9）按照表29-1中所列依次为账套001新增所有明细科目。

表29-1　需要增加的下级科目编码及名称

科目编码	已有一级科目	新增二级明细科目	科目编码	已有一级科目	新增二级明细科目
1131	应收账款		5502	管理费用	
113101		东方三星公司	550201		工资
1133	其他应收款		550202		折旧费
113301		销售部小李	550203		差旅费
1151	预付账款		550204		通讯费
115101		海天商贸公司	550205		交通费
1301	待摊费用		550206		业务招待费
130101		房租	550207		办公费
130102		会计服务费	550208		印花税
1501	固定资产		550220		其他
150101		办公家具	5503	财务费用	
150102		电子设备	550301		利息收入
2176	其他应交款		550302		利息支出
217601		教育费附加	550303		手续费
2181	其他应付款		550304		汇兑损益
218101		王老板	550310		其他

（10）全部添加完毕后，单击"退出"按钮，退出"新增会计科目"对话框。

（11）单击"退出"按钮，关闭"会计科目"对话框。

小技巧：可以看到，我们在"管理费用"的最后设置了"其他"明细，并且将其与前一项的编码之间预留了空间，以备增加新的科目，而"其他费用"下则可以放置那些金额小、不经常发生、又无法明确归属到某一明细中的业务内容。

4. 复制会计科目

管理费用和营业费用下的明细科目大都相同，可以通过复制的方式将已添加好的管理费用明细批量增加到营业费用下，从而省去一一录入的麻烦。

（1）按照之前步骤打开"会计科目"对话框。

（2）打开上方的"编辑"菜单。

（3）选择"成批复制"命令，弹出图29-6所示的"成批复制"对话框

（4）在第一行"将科目编码"文本框中输入管理费用的编码"5502"。在第二行"科目编码"文本框中输入营业费用的编码"5501"，表示将前者下的明细科目复制到后者下使用。

（5）单击"确认"按钮，稍候复制完成，结果如图29-7所示。

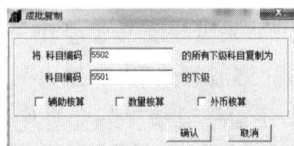

图29-6　"成批复制"对话框　图29-7　将"管理费用"下的明细科目复制到"营业费用"下

5. 删除会计科目

不使用的会计科目可以删除，包括一级科目，如果没有十足把握，不要删除系统默认提供的一级科目。在这里，要删除两部分多余科目：

- 前面复制的"营业费用"明细科目中，"办公费"和"印花税"是多余的，需要删除。
- "应交税金——应金增值税"下的三级明细科目。因为账套 001 云海商贸公司是个小规模商业企业，增值税的核算无须分明细。

提示：一个会计科目一旦被使用，例如科目已录入期初余额或已在录入凭证时引用过，则不能删除。另外，非末级会计科目不能删除，也就是说，如果想要删除某级科目，就需要将该科目的下级科目全部删除。

删除会计科目的具体操作步骤如下：

（1）在"会计科目"对话框中，单击类别选项卡中的"损益"按钮，列表中显示所有损益类科目。

（2）选中打算删除的营业费用下的明细科目"550107 办公费"。

（3）单击工具栏中的"删除"按钮，单击"确定"按钮，完成删除操作。

（4）同样的方法删除科目"550108 印花税"。

（5）单击类别选项卡中的"负债"按钮，列表中显示出所有负债类科目。

（6）按照前述方法，将"应交税金——应金增值税"下的 9 个明细科目"21710101 进项税额"至"21710109 转出多交增值税"全部删除。

6. 修改会计科目

会计科目的名称、属性可以被修改。会计科目名称可以随时修改，即使已被使用过。但科目的属性则不一定，有一些在使用后也可以修改，如设为"日记账"，而另一些则不能，如科目性质（余额方向）。以下要进行的操作是。

- 改科目名称：将"其他应付款"下的明细"王老板"改为"王一丁"。
- 改属性：将"现金"科目设为"日记账"，将"银行存款"科目指定为"日记账"和"银行账"。只有经过这项设置，才可以查询现金日记账和银行存款日记账。这项设置也可以在以后进行，不会影响凭证的录入和科目的使用。

修改会计科目的具体操作步骤如下：

（1）进入"会计科目"对话框，首先在科目列表中选择要修改的科目"218101 王老板"。

（2）单击工具栏中的"修改"按钮，弹出"会计科目_修改"对话框。

（3）单击右下角的"修改"按钮，进入修改状态。

（4）将"科目名称"改为"王一丁"，单击"确定"按钮，修改完成。

（5）翻到首个科目"现金"，单击"修改"按钮，进入修改状态，选中"日记账"复选框，如图 29-8 所示，单击"确定"按钮，修改完成。

（6）接着翻到下一个科目"1002 银行存款"。

（7）单击"修改"按钮，同时选中"日记账"和"银行账"两个复选框（图略）。

（8）单击"确定"按钮，修改完成，再单击"返回"按钮，退出"会计科目-修改"对话框（图略）。

（9）至此，完成了会计科目的设置，单击"会计科目"对话框工具栏中的"退出"按钮，关闭相应窗口。

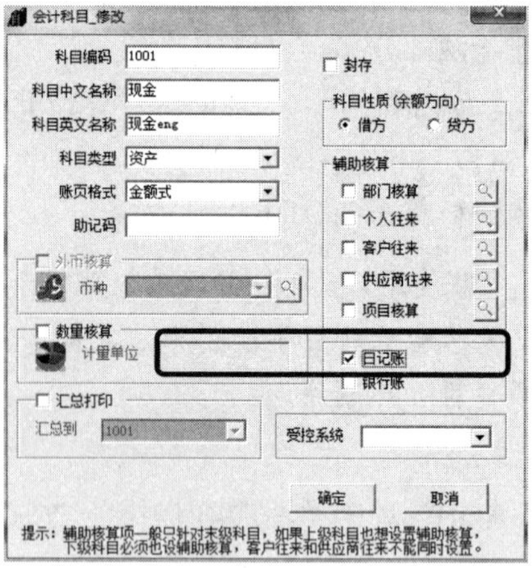

图 29-8　将"现金"科目设置为"日记账"

29.1.4　设置凭证类别

在录入凭证之前，必须要先指定凭证类别，否则无法进行制单。一般情况下，由于一个中小企业的财务人员少、分工不详细，所以没有必要使用"收付转"等复杂类型的凭证，只需选用统一的记账凭证即可。

设置凭证类别的方法如下：

（1）在"基础设置"选项卡，依次单击"财务"→"凭证类别"，打开图 29-9 所示的"凭证类别预置"对话框。

（2）保证"记账凭证"选项处于选中状态，否则就选择它。

（3）单击"确定"按钮，弹出图 29-10 所示的"凭证类别"对话框。

（4）无须进行任何操作，单击工具栏中的"退出"按钮，即可完成设置。

图 29-9　"凭证类别预置"对话框

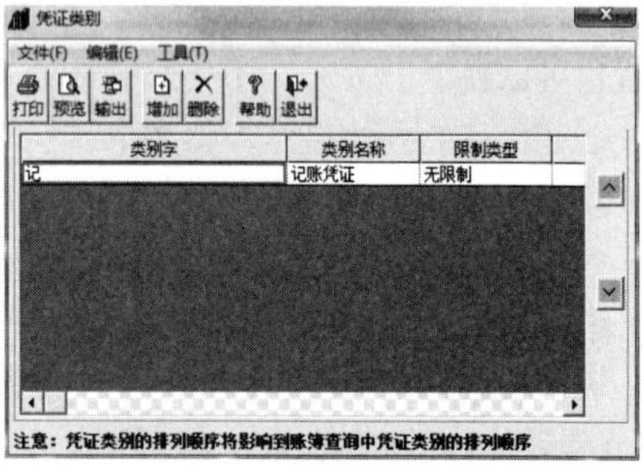

图 29-10　"凭证类别"对话框

29.1.5　录入期初余额

如果不是新建企业，也不是从企业成立的第一个月就开始启用账套，那么总会有部分的资产、负债、所有者权益科目存在余额，这样就会涉及期初余额的录入。如果期初余额录入不正确，那么就无法结账，也不能正确生成报表。

账套 001 云海商贸公司于 2014 年 2 月成立，2015 年 1 月开始使用用友 T3 软件建账。其 2015 年年初余额（2014 年年末余额）如表 29-2 所示。因为账套 001 的启用期为 1 月 1 日，所以它的期初余额就是年初余额。

表 29-2　账套 001 的期初余额表

北京云海商贸有限公司 2015 年年初余额表（1 月 1 日）

科目名称		方向	年初余额	科目名称		方向	年初余额
一级科目	二级明细科目			一级科目	二级明细科目		
现金		借	2,489.30	应付账款		贷	157,801.46
银行存款		借	14,748.01	预收账款		贷	17,550.00
应收账款	东方三星公司	借	160,000.00	应交税金		贷	1,276.38
其他应收款	销售部小李	借	3,899.90		应交增值税	贷	1,192.88
预付账款	海天商贸公司	借	37,250.00		应交城建税	贷	83.5
库存商品		借	29,744.06	其他应交款	教育费附加	贷	35.79
低值易耗品		借	2,470.00	其他应付款	王一丁	贷	30,000.00
待摊费用		借	31,200.00	负债小计			206,663.63
	房租	借	30,000.00				
	会计服务费	借	1,200.00				
固定资产		借	134,763.00	实收资本		贷	300,000.00
	办公家具	借	110,000.00	利润分配	未分配利润	借	117,060.90
	电子设备	借	24,763.00	权益小计			182,939.10
累计折旧		贷	26,961.54				
资产小计			389,602.73	负债和权益合计			389,602.73

注：待摊费用中含有
1. 上年 12 月份预付的本年 1-6 月半年房租 30,000.00 元
2. 上年 12 月份预付的本年 1-3 月 3 个月会计服务费 1,200.00 元

提示：期初余额和年初余额是有区别的。每个会计年度的年初余额只有一个，那就是本年度 1 月 1 日的余额（也就是上年度 12 月 31 号的年末余额）。而期初余额与会计期间相联系，一年中会有多个。如 1 月份的期初余额即是年初余额，而 2 月份的期初余额则为 1 月份的期末余额。如果建账及启用账套的日期在年中，比如 3 月份，那么 3 月份的期初余额 = 年初余额 + 1 - 2 月增加额 - 1 - 2 减少额。

1. 录入期初余额

下面，来按照表 29-2 中所示的数据录入账套 001 的期初余额。

注意：其中的合计额由系统自动生成，无须录入。

（1）首先保证登录的是 001 号账套。

（2）在总账选项卡下依次单击"设置"→"期初余额"，弹出图 29-11 所示的"期初余额录入"对话框。

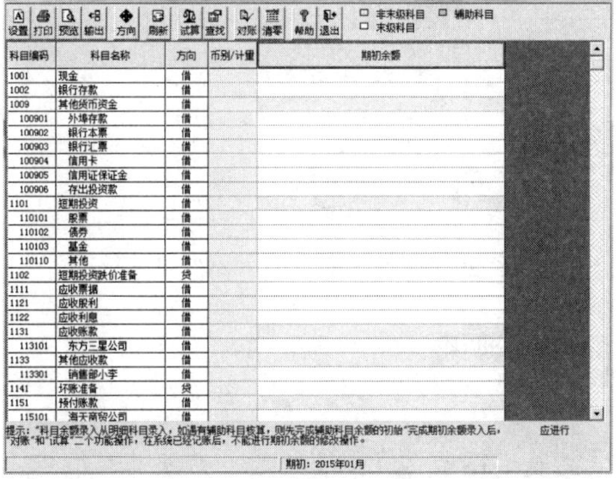

图 29-11　"期初余额录入"对话框

提示：如果账套启用时间不是1月份，那么这个窗口的显示有所不同，会增加年初余额、借方发生额、贷方发生额三列。此时，只需要分别输入期初余额、借贷方发生额，系统将会自动计算出年初余额。年初余额是为了生成报表时取数。

（3）在"现金"行后的"期初余额"栏中单击或双击，输入 2 489.30，按回车键表示输入结束。

（4）在"应收账款"的下级科目"东方三星公司"行后的"期初余额"栏中输入 160 000.00，回车确认，系统自动计算其上级科目"应收账款"的余额。

提示：对于有下级明细的科目，不可能直接加入其余额，而是需要依次录入其下级科目的余额，系统将会自动合计出该科目的余额。

（5）向下拖动右侧的滚动条，找到"利润分配"这个科目。在其下级科目"未分配利润"行后的"期初余额"栏中输入：－117 060.90。这是因为该科目的余额方向与表29-2中的实际余额方向不一致。

提示：在用友T3中，下级科目的余额方向必须和其所属上级科目一致。正常情况下，"本年利润"和"利润分配"两个科目作为权益类科目，余额应该在贷方。但是，企业经营亏损可能会导致利润额为负数，这时，在录入期初余额就需要注意科目的余额方向。如果某个科目的实际余额与系统规定的余额方向不一致，则应录入负数来表示。

（6）按照表29-2中所列，依次录入其他科目的期初余额。

2. 调整余额方向

一级科目的余额方向由系统根据所选用的会计制度的规定设置，而新增下级科目的余额方向与其上级科目相同，所以一般情况下，科目的余额方向不用。但是，万一有个不小心将余额方向搞错了，就需要调整余额方向了。

调整余额方向的途径有以下两条。

第一，在设置或修改会计科目时，在"科目性质（余额方向）"处进行指定。

第二，在录入期初余额时，方法如下：

（1）在"期初余额录入"窗口中，选择需要调整余额方向的科目所在行。

（2）单击工具栏中的"方向"按钮，弹出图29-12所示的"调整余额方向"对话框。

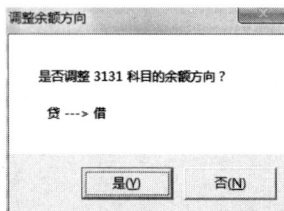

图29-12 "调整余额方向"对话框

（3）单击"是"按钮，完成调整。

3. 修改期初余额

当发现录入的期初余额发生错误，就需要修改，方法非常简单：

双击要修改的数字进入修改状态，重新输入正确的数字即可。

4. 试算平衡与对账

期初余额录入完毕之后，必须进行试算和对账两项操作，以保证期初余额录入的正确性。

- 进行试算平衡：目的是检查借贷方金额是否相等，期初试算平衡结果应该符合会计等式：资产=负债+所有者权益。单击工具栏中的"试算"按钮，系统开始进入试算平衡，图 29-13 所示结果表明期初余额录入有误。

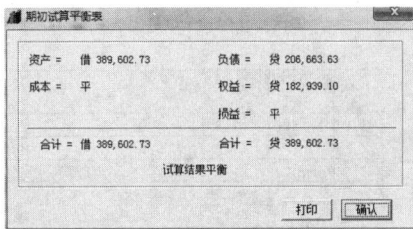

单击"确认"按钮退出，然后仔细检查所录入的余额数据，发现少录了"低值易耗品"余额 2 470，重新录入后，再次进行试算平衡，结果如图 29-14 所示，表示期初余额已平衡。

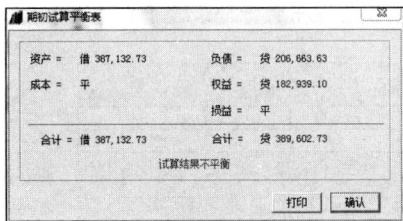

图 29-13 表明期初余额录入有误

图 29-14 可以进行以后的工作

- 进行对账：对账的目的是为了核对总账和明细账余额是否相符。如果不符，也不能认同期初余额录入正确。

（1）单击工具栏中的"对账"按钮。

（2）单击"开始"按钮，系统开始对账。当设置了辅助核算时，对账操作尤其重要。关于辅助核算，将会在后面学到。对账完毕，结果如图 29-15 所示的"期初对账"对话框，表示所有核对均正确。

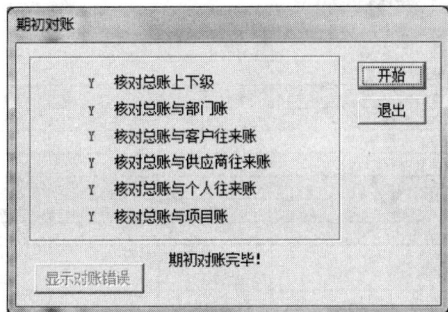

图 29-15 "期初对账"对话框

（3）单击"退出"按钮退出对话框即可。

（4）所有关于期初余额工作都已完成，单击工具栏中的"退出"按钮，关闭"期初余额录入"对话框。

提示：只有期初试算平衡、对账全部正确后，才表示期初余额录入正确，可以放心地进行后续的账务处理了。如果期初余额试算不平衡，虽然可以填制凭证，但系统不允许进行当月的期末记账、结账工作，下个月的工作也就无法开始。

29.2 填制凭证

到现在为止，那些必须的基础设置工作都已经结束，终于可以开始日常工作。本节，就来为 001 账套录入 1 月份的凭证，这才是项经常性的、最主要的日常工作。

本节所用到的资料：根据云海商贸公司 2015 年 1 月份发生的业务，给出了表 29-3 所示的相关会计分录。

表 29-3　001 号账套 2015 年 1 月份发生业务会计分录表

业务序号	业务日期	摘要	一级科目	明细科目	借方金额	贷方金额	后附单据
001	1月5日	上缴12月份增值税	应交税金	应交增值税	1 192.88		1
		上缴12月份增值税	银行存款			1 192.88	
002	1月5日	上缴12月份城建税	应交税金	应交城建税	83.50		1
		上缴12月份教育费附加	其他应交款	教育费附加	35.79		
		上缴12月城建税及附加	银行存款			119.29	
003	1月10日	应收天地科技公司货款	应收账款	天地科技公司	29 900.00		1
		销售显示器、打印机等共10套	主营业务收入			29 029.13	
		销售商品计提增值税	应交税金	应交增值税		870.87	
004	1月12日	销售优盘冲前期预收账款	预收账款		1 700.00		2
		销售优盘确认收入	主营业务收入			1 650.49	
		销售优盘计提增值税	应交税金	应交增值税		49.51	
005	1月18日	收到天地科技公司货款冲应收	银行存款		29 900.00		1
		收到天地科技公司货款冲应收	应收账款	天地科技公司		29 900.00	
006	1月18日	公司购买办公家具	固定资产	办公家具	5 500.00		3
		公司购买办公家具	银行存款			5 500.00	
007	1月25日	购买网卡一批	库存商品		3 682.00		1
		购买网卡一批冲预付款	预付账款	海天商贸公司		3 682.00	
008	1月25日	购买印花税	管理费用	印花税	20.00		1
		购买印花税	现金			20.00	
009	1月25日	公司支付程控电话费	管理费用	通讯费	354.00		1
		公司支付程控电话费	银行存款			354.00	
010	1月25日	提现	现金		20 000.00		1
		提现	银行存款			20 000.00	
011	1月25日	销售部报销请客饭费	营业费用	业务招待费	2 700.00		7
		销售部报销请客饭费	现金			2 700.00	
012	1月31日	王总报销差旅费	管理费用	差旅费	3 450.00		20
		王总报销差旅费	现金			3 450.00	
013	1月31日	财务报销市内打车费	管理费用	交通费	123.00		10
		财务报销市内打车费	现金			123.00	
014	1月31日	计提1月份折旧	管理费用	折旧费	2 500.00		1
		计提1月份折旧	营业费用	折旧费	1 056.25		
		计提1月份折旧	累计折旧			3 556.25	
015	1月31日	计提管理人员工资	管理费用	工资	45 000.00		1
		计提销售人员工资	营业费用	工资	9 000.00		
		计提1月份员工工资	应付工资			54 000.00	
016	1月31日	收回东方三星公司所欠货款	银行存款		160 000.00		1
		收回东方三星公司所欠货款	应收账款	东方三星公司		160 000.00	
017	1月31日	发放1月份员工工资	应付工资		54 000.00		2
		银行发放员工工资	银行存款			45 364.00	
		员工负担社保	其他应付款	个人负担社保		5 670.00	
		计提个人所得税	应交税金	个人所得税		2 966.00	
018	1月31日	结转本月销售成本	主营业务成本		18 960.00		1
		结转本月销售成本	库存商品			18 960.00	
019	1月31日	摊销本月房租及会计服务费	管理费用	办公费	5 400.00		1
		摊销本月房租	待摊费用	房租		5 000.00	
		摊销会计服务费	待摊费用	会计服务费		400.00	
020	1月31日	计提本月城建税及附加	主营业务税金及附加		92.04		1
		计提城建税	应交税金	应交城建税		64.43	
		计提教育费附加	其他应交款	教育费附加		27.61	

下面根据这些会计分录表通过用友 T3 的总账系统生成记账凭证。

29.2.1 录入凭证

录入凭证，也称为制单，是最基础、最重要的工作。如果凭证录放错了，那么账簿、报表就都不会正确。

1. 录入简单凭证

下面，来录入表 29-3 中所列的第一笔业务，具体操作步骤如下：

（1）以操作员 0011 身份登录账套 001，登录日期 2015-01-31。

（2）在总账选项下，依次单击"凭证"→"填制凭证"，弹出"填制凭证"窗口。

（3）单击工具栏中的"增加"按钮，进入凭证录入状态。

（4）左上角的凭证编号默认情况下由系统自动生成，不用理会。

（5）输入制单日期，默认情况下自动取当前登录日期为记账凭证填制的日期。

（6）在"附单据数"后单击，输入"1"。

（7）在"摘要栏"的第一行中单击，输入摘要内容"上缴 12 月份增值税"，按回车键，光标跳转到"科目名称"栏中。

（8）输入正确的会计科目，有以下 3 种方法可供选择。

- 直接输入名称：直接输入"应交税金/应交增值税"，上下级科目之间用西文的斜杠"/"分隔。
- 直接输入编码：直接输入科目编码"217101"，前提是正确记忆会计科目编码，这样可以加快录入速度。
- 参照选择：当光标位于科目名称输入框中时，单击右下角的参照按钮，弹出图 29-16 所示的"科目参照"对话框，选择所需的会计科目后，单击"确定"按钮即可。

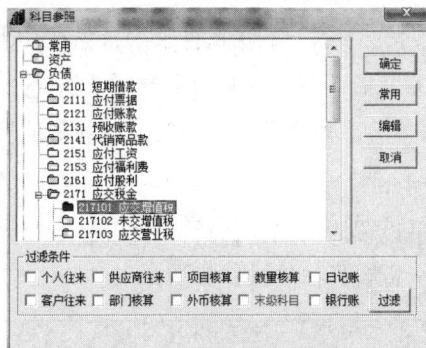

图 29-16 "科目参照"对话框

（9）科目输入完毕后，按回车键，光标跳至"借方金额"中，输入金额"1 192.88"。

（10）按回车，摘要自动延续第一行内容，继续回车，输入科目"银行存款"或编码"1002"，弹出图 29-17 所示的"辅助项"对话框。

图 29-17 "辅助项"对话框

提示：之所以会出现这个提示框，是因为在设置会计科目时将"银行存款"指定为"银行账"所导致的结果。因为还没有启用票据管理，因此这里可以先不管它，忽略该设置不会影响凭证的录入。

（11）单击"取消"按钮忽略该项设置，按回车键或者在"贷方金额"栏中单击，使得光标定位在"贷方金额"栏的红线左边。

（12）按等号键"="，金额自动取自借方以保持平衡。当然你也可以直接输入金额 1 192.88。

至此，第一张凭证已录入完毕，如图 29-18 所示。仔细观察一下，左上角会自动显示凭证号，右下角的"制单"人员自动显示为当前登录的操作员。

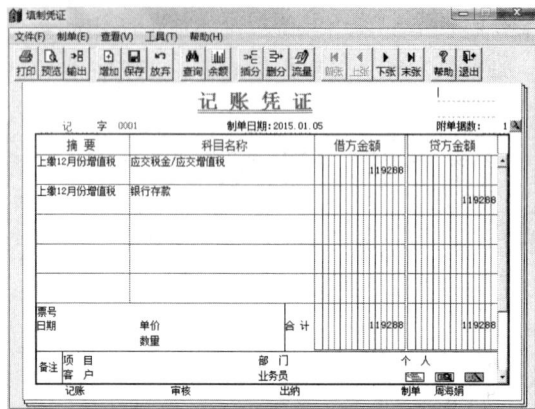

图 29-18　录入完成的 0001 号凭证

（13）单击工具栏中的"增加"按钮，在保存当前凭证同时进入到下一张的录入界面。

提示：如果本次录入已告一段落，不打算再录入新凭证，则建议在退出之前先单击"保存"按钮，保存当前凭证，以免最后一张凭证丢失。

（14）请按照上述方法，参照下列分录，录入第二笔业务的凭证。

2. 在录入凭证时增加明细科目

随着新业务的发展，原来设置的明细会计科目可能就不够用了。我们可以边录入凭证边加上新明细科目即可。下面来看看具体的操作步骤如下。

业务序号	业务日期	摘　要	一级科目	明细科目	借方金额	贷方金额	后附单据
003	1月10日	应收天地科技公司货款	应收账款	天地科技公司	29 900.00		1
		销售显示器、打印机等共10套	主营业务收入			29 029.13	
		销售商品计提增值税	应交税金	应交增值税		870.87	

（1）录入第二笔业务之后，单击"增加"按钮，进入下一张凭证录入界面。

（2）依次选择日期、输入单据张数和第一行摘要后，在"科目名称"栏中输入"应收账款"。

（3）单击右下角的参照按钮，进入"科目参照"对话框。

（4）单击右侧的"编辑"按钮，进入"会计科目"对话框。

（5）在"1131 应收账款"下增加新科目"113102 天地科技公司"之后，退出"会计科目"对话框，返回"科目参照"对话框。

（6）在左侧的科目列表中依次单击"资产"→"应收账款"，打开相应明细，可看到新增的科目，如图 29-19 所示。

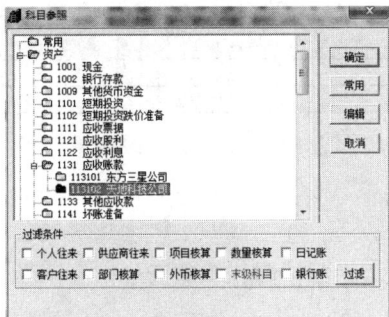

图 29-19　在录入凭证过程中新增会计科目成功

（7）选中新增科目 113102 天地科技公司，单击"确定"按钮，返回凭证录入窗口，新科目出现在当前凭证的"科目名称"栏中。

（8）继续输入该笔业务其余的金额和内容后，单击"增加"按钮，进入下一张录入界面。

（9）按照表 29-3 中所列，继续录入第 4 笔～第 9 笔业务所对应的记账凭证。

（10）录入完毕后，单击工具栏中的"退出"按钮，退出凭证录入状态。

3. 设置常用摘要

其实在日常账务处理过程中，每个企业各个月份的许多日常业务都是重复性的，如提现、交税、发工资等，这就意味着相同或类似业务的摘要是可以相同的，所以我们不妨将常用的摘要提前做好，等到录入凭证时直接调用，从而省去输入摘要的麻烦。

● 定义常用摘要

定义常用摘要的具体操作步骤如下：

（1）在"基总账"选项卡下，依次单击"凭证"→"常用摘要"，进入"常用摘要"窗口。

（2）单击工具栏中的"增加"按钮，摘要列表中增加一行。

（3）在"摘要编码"列中输入自定义的编码"001"。这个编码没有任何限制，可以自行设置，但最好容易记住，因为以后可以通过输入编码来调用常用摘要。

（4）在"摘要内容"栏中输入对业务的具体描述"提取现金"。

（5）如果该摘要有固定的对应科目的话，在"相关科目"栏中输入或选择该科目，如果没有则可不做设置。此处，输入会计科目"现金"或者其编码 1001。

（6）单击工具栏中的"增加"按钮，可以添加下一项摘要。

按照表 29-4 中所列内容增加以下常用摘要：

表 29-4　部分常用摘要列表

摘要编码	摘要内容	相关科目
002	计提增值税	217101（应交税金/应交增值税）
003	计提营业税金及附加	5402（主营业务税金及附加）
004	计提教育费附加	217601（其他应交款/教育费附加）
005	员工报销请客饭费	

（7）增加完毕后，单击工具栏中的"退出"按钮，关闭常用凭证窗口。

● 调用常用摘要

下面通过填制表 29-3 中第 10 项业务相关的记账凭证，来学习如何调用常用摘要。

业务序号	业务日期	摘　要	一级科目	明细科目	借方金额	贷方金额	后附单据
010	1月25日	提取现金	现金		20 000.00		1
		提取现金	银行存款			20 000.00	

（1）进入"填制凭证"窗口，窗口中显示上次录入的最后一张凭证。

（2）单击工具栏中的"增加"按钮，进入新凭证录入界面。

（3）依次输入日期、单据数后，在"摘要"栏中直接输入常用摘要的编码 001，前提是你能记住它，否则在"摘要"栏中单击鼠标，然后单击右下角的参照按钮 ，弹出图 29-20 所示的"参照"窗口。

提示：窗口中的列表显示所有我们前面已定义好的摘要。此时，你也可以通过"增加"按钮来添加新的常用摘要。

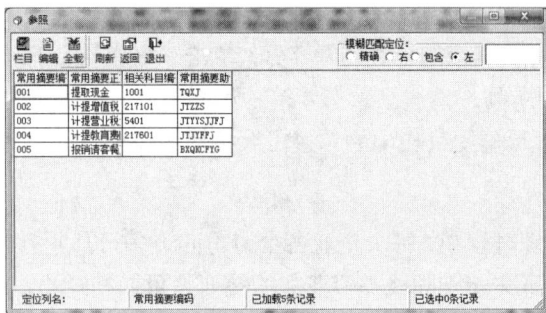

图 29-20　"参照"窗口

（4）单击打算调用的摘要"001 提取现金"所在行。

（5）双击此行，返回到凭证录入窗口，选定的摘要已显示在摘要栏中，可以对摘要进一步修改。

（6）按回车键，在常用摘要中设置的相关科目 1001（现金）会自动显示在科目栏中，此处也可以修改科目。

（7）继续输入其他内容完成该张凭证的输入。

（8）按照表 29-3 中所列，继续录入第 11 笔～第 13 笔业务所对应的记账凭证。

（9）录入完毕后，先保存最后一张凭证，再单击工具栏中的"退出"按钮，退出凭证录入状态。

4. 设置常用凭证

在一个企业里，会计业务都有其规范性，因而在日常填制凭证的过程中，经常会有许多凭证完全相同或者部分相同，比如每月计提折旧、发放工资等。如果将这些常用的凭证存储起来，在填制会计凭证时可以随时直接调用，必将大大提高业务处理的效率。

● 定义常用凭证

一般情况下，每个企业都会有一定数量的固定资产，每月都要计提折旧，下面为账套 001 定义一张计提折旧的常用凭证，该凭证所依据的分录是：

借：管理费用——折旧费

　　营业费用——折旧费

　　贷：累计折旧

由于固定资产会发生变动，折旧金额可能每月都不相同，所以我们在定义常用凭证时不输入固定的金额。具体的操作步骤如下：

（1）双击"总账"→"凭证"→"常用凭证"，弹出"常用凭证"窗口。

（2）单击工具栏中的"增加"按钮，窗口中新增一个空行。

（3）依次输入相关信息。

● 编码：编码是调用常用凭证的依据，每张常用凭证必须有一个唯一的编码，格式可以自由设置。在"编码"框中输入"001"。

● 说明：可以对该凭证的使用范围进行一些说明，内容自定，也可以为空。双击进入修改状态，输入"该凭证用于每月计提折旧费用"。

● 凭证类别：必须选择。双击"凭证类别"栏，单击右侧的下拉箭头，选择"记账凭证" 记 记账凭证 ▼ 。

● 附单据数：可以为空，此处输入"1"，这是因为计提折旧的依据只有一张自制的折旧表。

（4）单击工具栏中的"详细"按钮，弹出凭证分录定义窗口。

（5）在该凭证分录定义窗口中单击"增加"按钮，窗口中增加一个空行，摘要栏自动显示前页说明中输入的内容。

（6）输入分录的第一行内容：将"摘要"栏内容改为"计提本月份折旧"；在"科目编码"栏中输入"管理费用/折旧费"的编码"550202"；其他选项为空。

（7）再次单击"增加"按钮，在新增的空行中输入分录的第二行内容：摘要不变，科目编码为"550102"（营业费用/折旧费）。

（8）再次单击"增加"按钮，在新增的空行中输入分录的第三行内容：摘要不变，科目编码为"1502"（累计折旧）。输入结果如图29-21所示。

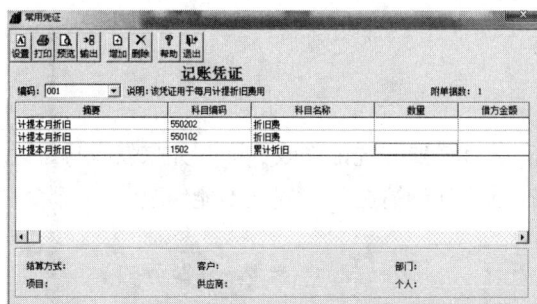

图29-21　成功定义分录后的结果（部分窗口）

（9）单击凭证分录定义窗口中的"退出"按钮。

（10）接着单击"常用凭证"窗口中的"退出"按钮，结束常用凭证的定义过程。

● 调用常用凭证

下面通过调用常用凭证来生成表29-3中所列的第14笔计提折旧的业务。

业务序号	业务日期	摘　要	一级科目	明细科目	借方金额	贷方金额	后附单据
014	1月31日	计提1月份折旧	管理费用	折旧费	2 500.00		1
		计提1月份折旧	营业费用	折旧费	1 056.25		
		计提1月份折旧	累计折旧			3 556.25	

（1）进入"填制凭证"窗口，窗口中显示上次录入的最后一张凭证。

（2）打开"制单"菜单，选择"调用常用凭证"命令，弹出"调用常用凭证"对话框，如图 29-22 所示。

（3）可以在"常用凭证代号"下方的文本框中直接输入常用凭证编码"001"；也可以单击右侧的参照按钮 ，进入"常用凭证"窗口。窗口中列出了已定义好的常用凭证。单击 001 号所在的第一行，最后单击工具栏中的"选入"按钮，将会自动生成第 14 张凭证，如图 29-23 所示。

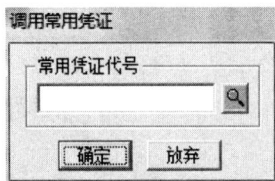

图 29-22　"调用常用凭证"对话框　　图 29-23　通过调用常用凭证来生成一张新凭证

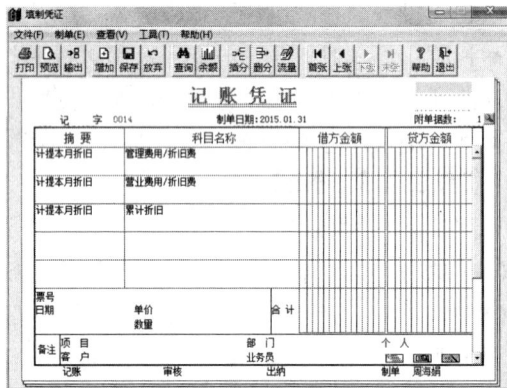

（4）将摘要中的"本月份"改为"1 月份"，输入借贷方金额，即可完成该张凭证的填制。

（5）单击工具栏中的"增加"按钮，继续根据表 29-3 所列的业务第 15 项～第 20 项填制余下的记账凭证。

（6）全部完成后，保存最后一张凭证，然后单击工具栏中的"退出"按钮，退出凭证录入状态。

29.2.2　修改凭证

在用友 T3 中，其实没有单独的凭证修改界面。如果发现凭证录入有误，需要返回到凭证录入状态进行修改。在下述几种情况下，凭证不能修改：

● 出纳已签字。

● 凭证已审核。

● 凭证已记账。

遇到这类情况时，必须先依次取消记账、审核和签字，然后才能对凭证进行修改。

修改凭证的具体方法如下。

（1）进入"填制凭证"窗口，窗口中显示最后一张凭证。

（2）查找要修改的凭证，有两种方法。

● 方法一：单击工具栏中的翻页按钮，可以一张张查看凭证，直到找到所需的那一张。

● 方法二：单击工具栏中的"查询凭证"按钮，弹出"凭证查询"对话框，输入要查找的凭证条件，例如，要找 1 月 9 号的凭证，只需要先选中"月份"单选框，在后边的"月份"下拉框中选择 2015.01，最后在"凭证号"文本框中输入 9，结果如图 29-24 所示。条件设置完毕后，单击"确定"按钮，即可显示指定的凭证。

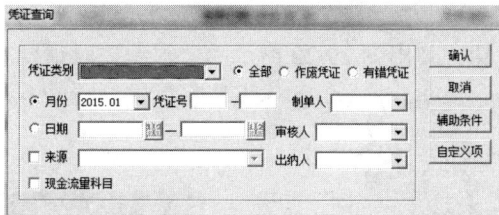

图 29-24 "凭证查询"对话框

（3）直接在凭证上修改信息，如改变摘要、改变金额等，与录入凭证方法相同。其中：

● 删除某一行分录：选中该行，单击工具栏中的"删除分录"按钮，即可删除选中行。

● 插入一行分录：单击某一行分录作为基准，然后单击工具栏中的"插入分录"按钮，在选中行之前将插入新行。

（4）修改完毕，单击工具栏中的"保存"按钮，对修改结果进行保存。如果不想保存修改，则可单击"放弃"按钮。

（5）最后，单击"退出"按钮，关闭"填制凭证"窗口。

29.2.3 删除凭证

删除凭证与修改凭证一样，只有在没有记账、没有审核、没有出纳签字的情况下才可以进行。

删除凭证的具体方法如下：

（1）进入"填制凭证"窗口，窗口中显示最后一张凭证。

（2）查找要修改的凭证，方法见前述修改凭证中的介绍。

（3）打开"制单"菜单，选择"作废/恢复"命令，当前所选凭证的左上角将会标记红色的"作废"字样，如图 29-25 所示。此时，该凭证并未被真正删除，再次选择"制单"→"作废/恢复"命令，可重新恢复该凭证。

（4）再次打开"制单"菜单，选择"整理凭证"命令，弹出图 29-26 所示的"凭证期间选择"对话框。

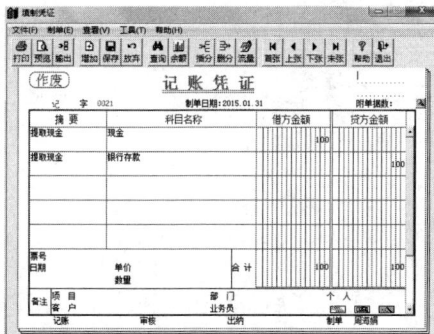

图 29-25 标记当前凭证被作废

图 29-26 "凭证期间选择"对话框

（5）在"请选择凭证期间"下拉框中选择要删除凭证所属的月份。

（6）单击"确定"按钮，弹出图 29-27 所示的"作废凭证表"对话框。

（7）在要最终删除的凭证后边的"删除？"栏中双击，当其中出现字母"Y"字 时，表示确认删除该凭证。

（8）单击"确定"按钮，弹出图 29-28 所示的"提示"对话框。

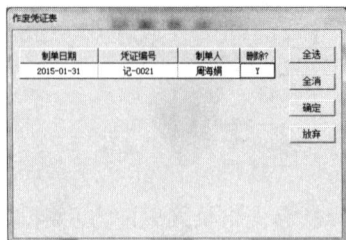

图 29-27 "作废凭证表"对话框

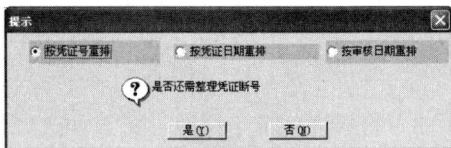

图 29-28 "提示"对话框

（9）单击"是"按钮，系统在删除指定凭证的同时，重新按顺序整理凭证号。如果所删除的凭证号不是最后一张，整理凭证断号是非常有必要的。

（10）处理结束后，别忘了退出"填制凭证"窗口。

29.2.4　查询凭证

在前面已经讲到，在"填制凭证"窗口就可以查询凭证。下面的查询凭证方法是我们经常用到的，因为它没有条件限制。

（1）双击"总账"→"凭证"→"查询凭证"，打开"凭证查询"对话框，可以看到这与我们在修改凭证时进入的窗口完全相同。

（2）输入查询条件，单击右侧的"辅助条件"按钮，将展开对话框，如图 29-29 所示，可以在其中设置更复杂的查询条件。

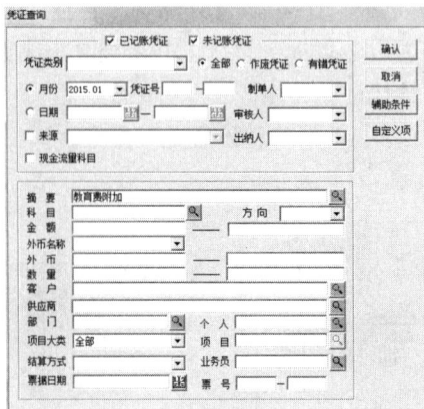

图 29-29　展开的"凭证查询"对话框，可以设置更多的查询条件

（3）例如，将"摘要"设置为"教育费附加"，设置完毕后，单击"确定"按钮，将会弹出图 29-30 所示的凭证查询结果，列表中显示所有摘要中包含有"教育费附加"字样的凭证。

图 29-30 凭证查询结果窗口

（4）单击右下角的"确定"按钮，或者双击某行凭证，将会进入记账凭证窗口，该窗口与"填制凭证"窗口基本相同。

（5）在未审核、未记账状态下，也可以在此处修改凭证：单击工具栏中的"修改"按钮，进入修改状态，按照需要修改凭证内容后保存即可。

（6）单击"退出"按钮，退出记账凭证窗口。

（7）单击"取消"按钮，退出凭证查询状态。

29.2.5 打印凭证

打印凭证，是每个月结账后必须要进行的工作。一般情况下，我们会等到所有凭证都审核、记账之后才会打印凭证进行装订。打印凭证的具体步骤如下：

（1）在总账选项下，依次单击"凭证"→"凭证打印"，弹出图 29-31 所示"凭证打印"对话框。

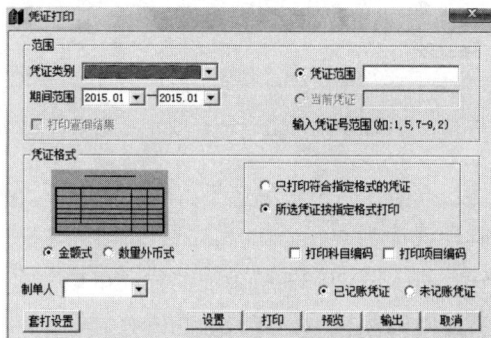

图 29-31 "凭证打印"对话框

（2）在"期间范围"中选择要打印凭证所属的月份，默认为当前登录的月份。

（3）在"凭证范围"中指定要打印的凭证号，如不指定，将会打印选定月份的所有凭证。

（4）设置完毕后，单击"打印"按钮，开始打印。

29.3 审核凭证与取消审核

在用友 T3 的账务处理过程中，审核凭证是非常重要、也是必需的一步。前面所填制的凭证，必须经过审核，才可以记账、结账，才能真正地完成本月的工作。

凭证审核人员要具备以下条件：

● 有审核权限。由于账套主管拥有一个账套的全部权限，所以当然也有审核权限。关于权限的进一步设置将在第二部分详细讲解，在这里为了练习方便，我们仅设账套主管。

● 审核人与制单人（也就是填制凭证的操作员）不能是同一个人。

29.3.1 审核凭证

下面，对前述已录入 2015 年 1 月份的记账凭证进行审核，以备记账。

首先，要以另一操作员重新登录账套 001。前面用了 0011 号"周海娟"的身份登录系统填制好的凭证，下面就以 0012 号"张和平"的身份登录系统进行审核（登录密码为 456）。

（1）启动企业应用平台，进入登录对话框。

（2）依次输入操作员编码 0012（或者"张和平"）、密码 456、选择账套 001、操作日期设定为 2015-01-31，单击"确定"按钮，重新登录企业应用平台，可以看到窗口下方的状态栏中已经显示当前的操作员为"张和平"。

（3）在总账选项下依次单击"凭证"→"审核凭证"，弹出图 29-32 所示的"凭证审核"之一——设定查询条件对话框。

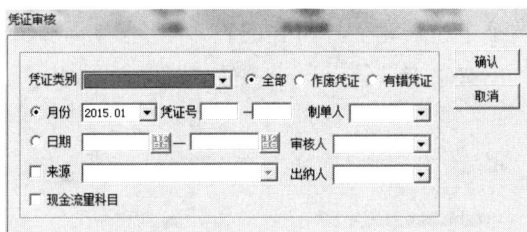

图 29-32 "凭证审核"之一——设定查询条件对话框

（4）设置凭证选择条件：选中"月份"单选框，从右侧的下拉列表中选择"2015.01"凭证作为本次审核的对象，其他选项为空。

（5）单击"确认"按钮，进入图 29-33 所示的"凭证审核"之二——所选凭证列表对话框。窗口中默认情况下按凭证号顺序显示出 1 月份的所有凭证。

图 29-33 "凭证审核"之二——所选凭证列表对话框

（6）审核单张凭证：在列表中双击要审核的第一张凭证（或者单击右下角的"确定"按钮），进入"凭证审核"之三——凭证审核窗口，单击工具栏中的"审核"按钮，当前凭证被

审核，系统自动跳至下张凭证。单击工具栏中的"上张凭证"按钮，返回第一张凭证，如图
29-34 所示，可以看到凭证下方的审核栏中已签上了审核人的姓名。单击"下张"按钮，可
以对后面的凭证一张张进行审核。

（7）凭证标错：在审核过程中，如果发现凭证有错误，可以单击工具栏中的"标错"按
钮，当前凭证的左上角出现错误标记 有错 时弹出图 29-35 所示的"填写凭证错误原因"对
话框。在该对话框中输入凭证错误原因后，单击"确定"按钮。当制单人员改错后，再次单
击"标错"按钮，即可取消错误标记。

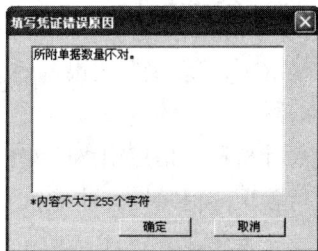

图 29-34　在审核窗口中对凭证进行审核，之后显示审核签字　图 29-35　"填写凭证错误原因"对话框

提示：已审核的凭证不能标错。在审核状态下，不允许修改、删除凭证。如果发现凭
证有误，要退出审核状态，返回"填制凭证"窗口进行修改。

（8）成批审核凭证：一张张审核很费时，我们可以同时审核一批凭证。选择"审核"菜
单下的"成批审核凭证"命令，系统开始自动审核所有选定的、未经审核的凭证。

（9）单击"退出"按钮，返回凭证审核窗口。这时，除已标错的凭证外，所有指定凭证
均已被审核。

（10）单击"退出"按钮，返回凭证列表窗口。

（11）单击右下角的"取消"按钮，退出审核凭证状态。

29.3.2　取消审核

经审核的凭证不可以再进行修改。如果在记账、结账前又发现了错误必须进行修改，就
需要先取消审核。取消审核遵循"谁审核谁取消"的原则，其他人没有取消审核的权利。

取消审核的具体步骤如下：

（1）首先确保是以审核人的身份登录的，否则请重新注册登录企业应用平台。

（2）双击"总账"→"凭证"→"审核凭证"，进入"凭证审核"的设置查询条件对话框。

（3）选择需要取消审核的凭证所在的"月份"，也可以根据实际情况设置其他条件。

（4）单击"确定"按钮，进入凭证审核的所选凭证列表对话框。

（5）从凭证列表中双击打算取消审核的凭证，进入审核窗口。

（6）单击工具栏中的"取消"按钮，即可取消对该张凭证的审核。如果选择"审核"菜
单下的"成批取消审核"命令，则可一次性取消选定所有凭证的审核。

（7）依次单击"退出"按钮和"取消"按钮，退出取消审核状态。

29.4　出纳签字

由于在基础设置中设定了"出纳凭证必须经由出纳签字"，所以对于这套账来说，在进行记账前，凡是与现金收支有关的出纳凭证必须进行出纳签字。

本节，要学习的主要内容有：

- 指定现金和银行科目。
- 对与现金和银行存款有关的凭证进行出纳签字控制。

29.4.1　指定会计科目

一般情况下，"现金"、"银行存款"、"其他货币资金"三个科目是与现金相关的科目，也是出纳专管科目。

指定会计科目是指定出纳的专管科目。只有指定科目后，才能执行出纳签字，从而实现现金、银行管理的保密性，才能查看现金、银行存款日记账。

提示：在指定会计科目之前，应该先将"现金"和"银行存款"两个科目设置为"日记账"，关于如何设置这在前面的设置会计科目时已经讲过了，否则，在指定会计科目时系统也会自动设置"日记账"。

下面将001账套的"现金"和"银行存款"两个会计科目指定为出纳专管科目。

（1）在"基础设置"选项卡下，依次单击"财务"→"会计科目"，打开"会计科目"对话框。

（2）从"编辑"菜单中选择"指定科目"命令，弹出"指定科目"对话框。

（3）从左侧的科目类型列表中选中"现金总账科目"单选框。

（4）在中间的"待选科目"列表中选择"1001 现金"。

（5）单击向右箭头按钮 ＞ ，"1001 现金"科目出现在右侧的"已选科目"列表中，结果如图29-36所示。

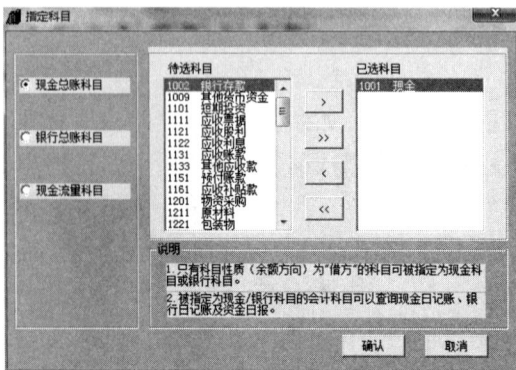

图 29-36　在"指定科目"对话框中指定现金科目

（6）接着指定银行科目：从左侧的科目类型列表中选中"银行科目"单选框。

（7）在中间的"待选科目"列表中选择"1002 银行存款"。

（8）单击向右箭头按钮 ＞ ，"1002 银行存款"科目出现在右侧的"已选科目"列表中。

（9）设置完成后，单击"确定"按钮，退出"指定科目"对话框。

（10）单击工具栏中"退出"按钮，关闭"会计科目"对话框。

提示：被指定为"现金科目"、"银行科目"的会计科目不能删除；如果想删除，必须先取消指定。

29.4.2 执行出纳签字

出纳科目设置完毕后，就可以进行出纳签字了。下面就以 0012 张和平的身份进行出纳签字。因为张和平也是账套主管，拥有出纳签字的权限。

（1）如果现金没有处在企业应用平台环境中，那么以 0012 张和平为操作员登录账套 001，日期为 2015-01-31，保证已正确设置会计科目。

（2）在总账选项下，依次单击"凭证"→"出纳签字"，弹出图 29-37 所示的"出纳签字"——设置查询条件对话框。

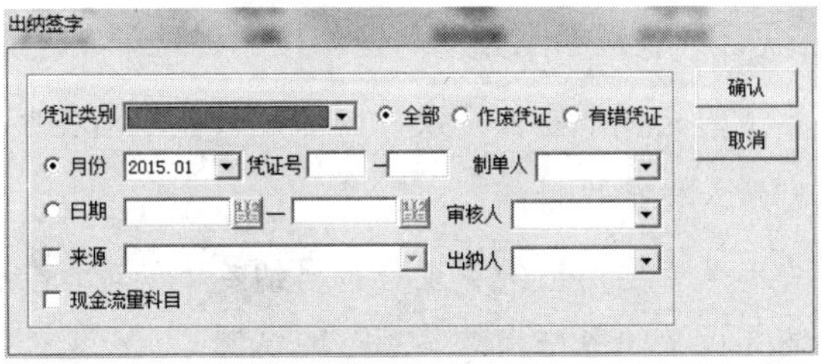

图 29-37 "出纳签字"——设置查询条件对话框

（3）设置需要签字凭证的选择条件：选中"月份"单选框，从右侧的下拉列表中选择"2015.01"，设置对 1 月份的凭证进行出纳签字。

（4）单击"确认"按钮，进入图 29-38 所示的"出纳签字"——凭证列表对话框。

图 29-38 "出纳签字"——凭证列表对话框

（5）单击右下角的"确定"按钮，进入凭证签字窗口，其中显示的是第一张凭证。

（6）单击工具栏中的"签字"按钮，凭证下方"出纳"栏处就会显示当前操作员姓名，表示这张凭证出纳员已签字。若想取消签字，单击"取消"按钮即可。

（7）从"出纳"菜单中选择"成批出纳签字"命令，可以对剩下的凭证一次性全部完成签字，签字结果提示信息框如图 29-39 所示。

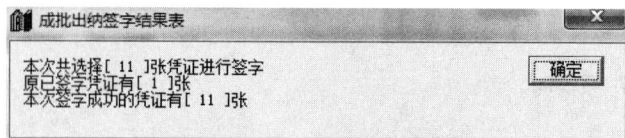

图 29-39　成批出纳签字结果提示框

提示： 从"出纳"菜单中选择"成批取消签字"命令，可以对选定的凭证成批取消签字。

（8）单击"确定"按钮，退出对话框。

（9）所有凭证均完成签字后，单击"退出"按钮，退出凭证签字窗口。

（10）接着单击签字凭证列表框右下角的"退出按钮，结束出纳签字过程。

提示： 已经出纳签字的凭证不能被修改、删除，只能取消签字后才能进行删改操作。取消签字只能由出纳人自己进行。

可根据实际需要决定是否要对出纳凭证进行出纳签字管理，若不需要此功能，可在"选项"中取消"出纳凭证必须经由出纳签字"的设置。

29.5　记账

所谓记账，就是登录账簿的过程，通常也叫登账或过账。在传统的手工记账中，记账、特别登记各科目明细账是一件非常烦琐、也是极易出错的工作，然而在会计电算化条件下，这却变成了一件十分简单易行的事情。只要正确完成了以下工作，系统就会自动准确地完成记账工作：

- 保证所有凭证均已正确录入。
- 保证所有凭证均已审核。
- 如果已设置需要出纳签字，则保证所有与出纳相关的凭证均已签字。
- 建账后首个月份记账时，要保证期初余额录入已试算平衡。
- 如果不是首个月记账，要保证上个月末已经结过账。

前 4 项前面已经学过，相信大家不会陌生的。至于最后一项结账，马上就会学到了。在这里并不会影响我们首次记账。

在用友 T3 中，凡是有记账权限的操作员均可以记账，也可与制单人或者审核人、签字出纳是同一人。因为账套主管拥有所有权限，所以也可以记账。

在账套 001 中，操作员是这样规定的，0011 号周海娟负责制单，0012 号张和平负责审核、出纳签字，以及记账和结账工作。下面，我们将已审核并签字的 1 月份凭证记账。

（1）启动企业应用平台，以"0012号张和平"的身份登录001账套，登录时间为2015-01-31。
（2）在总账选项下，依次单击"凭证"→"记账"，弹出图29-40所示的"记账"对话框。

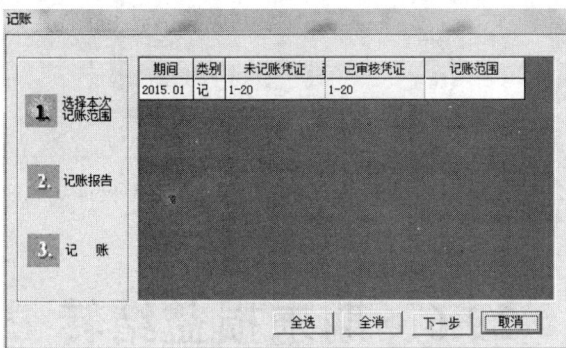

图29-40　"记账"对话框

（3）选择记账范围：保证左上角的"2015.01月份凭证"单选框 ⊙ 2010.01月份凭证 被选中，单击左下角的"全选"按钮，期间为"2015.01"记录的"记账范围"内显示的 1-20 ，表示1月份1-20号凭证全部被选中。

（4）单击"记账"按钮，弹出图29-41所示的"期初试算平衡表"对话框，系统自动检查初期余额是否平衡，如果不平衡则不能记账。

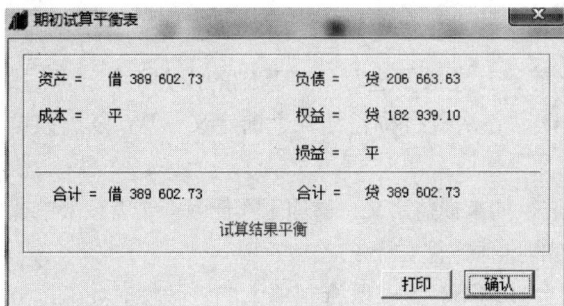

图29-41　"期初试算平衡表"对话框

提示：只有在建账后第一次记账时，才会提示期初余额是否平衡这一问题。若期初余额试算不平衡，系统将不允许记账。需要返回到设置期初余额窗口中调整期初余额直到平衡。首次记账成功后，以后每月再记账时，这一对话框就不会再出现了。

（5）当试算结果平衡后，单击"确认"按钮，系统开始自动记账。
（6）记账结束后，将会弹出一个提示对话框，如图29-42所示。
（7）单击"确定"按钮，退出提示框。
（8）接着单击"记账"对话框右下角的"退出"按钮，完成记账工作。

图 29-42　系统自动开始记账，并在结束时弹出提示对话框

29.6　期末损益结转

我们还没有进行期末损益结转呢。没有损益结转，就不能正确编制会计报表、利润表等。那么，是不是需要先手动计算好所有的损益类科目发生额，然后填制一张结转的记账凭证呢？当然可以，不过，这样一来就太麻烦了，一点儿也没有体现出电脑记账的优势。

其实，用友 T3 可以自动进行损益结转，并生成相应的记账凭证，只要你的凭证没有录入错误，结转结果就会百分百的准确。

29.6.1　期末损益定义

在进行损益结转之前，首先需要进行一些基础的设置工作。不过，这项工作并不是经常性的，一般只需要在建账后首次进行损益结转之前定义一次，以后只要损益类科目没有增加，就无须再定义。

下面，为账套 001 进行期末损益定义，这项工作任何一个有权限的操作员都可以进行。

进行期末损益定义的具体方法如下：

（1）在企业应用平台环境下，为了保持制单人的一致性，我们以 0011 号周海娟的身份登录账套 001，日期仍为 2015-01-31。

（2）在总账选项下，依次单击"期末"→"转账定义"→"期间损益"，弹出如图 29-43 所示的"期间损益结转设置"对话框。

（3）在对话框右上角的"本年利润科目"文本框中直接输入"本年利润"的科目编号"3131"，或者单击右侧的参照按钮 …，从图 29-44 所示的"科目参照"对话框中选择"权益"类下的"3131 本年利润"后退出窗口。

图 29-43　"期间损益结转设置"对话框

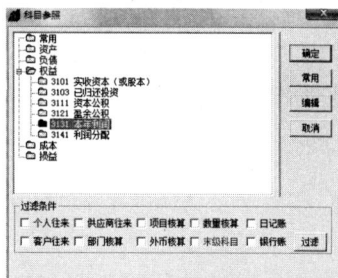

图 29-44　"科目参照"对话框

（4）指定好"本年利润科目"后，单击"确定"按钮，完成设置。

提示：如果在以后月份里增加了新的损益类科目，例如，在"营业费用"下新增了明细"广告费"，那么在损益结转前必须要重新进行损益定义工作，指定新增的科目"营业费用——广告费"也结转到"3131 本年利润"之中。

29.6.2 进行期末损益结转

期末损益定义完成后，就可以进行期末损益结转了，这是一项每月都要进行的工作。在进行损益结转之前，要保证下列工作已完成：

● 新增的损益类科目已重新定义结转。

● 结转之前所有的日常凭证都已记账。

下面，以操作员 0011 号周海娟的身份来对账套 001 的 1 月份凭证进行损益结转操作。

（1）在企业应用平台环境下，为了保持制单人的一致性，我们要保证以 0011 号周海娟和身份登录账套 001，日期仍为 2015-01-31。

（2）在总账选项下，依次单击"期末"→"转账生成"，弹出"转账生成"对话框。

（3）从左侧的结转方式中选中"期间损益结转"单选框 • 期间损益结转，右侧列表中显示所有已定义好结转方向的损益类科目，如图 29-45 所示。

图 29-45 "转账生成"对话框中的"期间损益结转"窗口

（4）从左上角的"结转月份"下拉框中选择要结转的月份"2015.01"。

（5）从"类型"下拉框中选择"收入"，窗口中列表将显示所有的收入类科目。

提示：如果选择的"类型"为全部，将只会生成一张结转凭证，如果是亏损则将总额结至"本年利润"的借方，盈利则结至贷方。在这里，把收入结至本年利润贷方、支出结至借方，就会分别生成两张结转凭证，其结果会更加符合结转的要求。

（6）单击右上方的"全选"按钮，将列表中的收入类科目全部选中。

（7）单击右下角的"确定"按钮，将自动进行收入类科目的损益结转，生成图 29-46 所示的记账凭证。

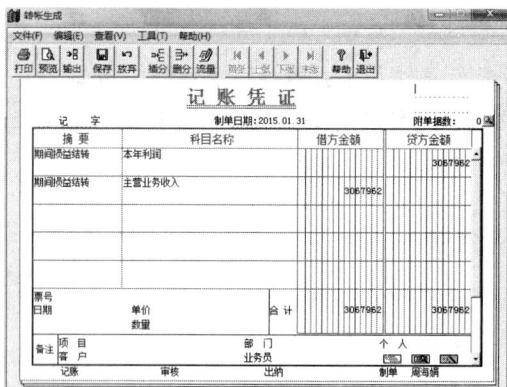

图 29-46　进行收入类损益结转生成的记账凭证

（8）单击工具栏中的"保存"按钮，凭证左上角显示"已生成"字样。保存新生成的凭证这步工作很重要，必不可少。

（9）单击工具栏中的"退出"按钮，关闭记账凭证窗口，同时返回"转账生成"对话框。

（10）再次从"类型"下拉列表中选择"支出"，窗口列表中将显示所有的成本费用类科目。

（11）依次单击"全选"按钮和"确定"按钮，弹出如图 29-47 所示的提示对话框。

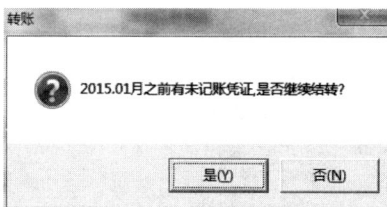

图 29-47　提示仍存在未记账凭证的对话框

（12）这是因为述生成的收入类结转凭证还未记账导致的。单击"是"按钮继续结转，将生成支出类结转的记账凭证。

（13）将该账凭证进行保存后，退出记账凭证窗口。

（14）单击"转账生成"对话框右下角的"取消"按钮，结束损益结转过程。

29.6.3　结转凭证的处理

对于新生成的结转凭证，需要和其他手动录入的凭证一样进行审核，并进行记账处理，才算是大功告成。

（1）首先以操作员 0012 张和平的身份重新登录账套 001。因为审核人与制单人不能是同一人。

（2）在总账选项卡下，依次单击"凭证"→"审核凭证"，对新生成的两张凭证进行审核。

提示：因为损益结转生成的凭证与银行存款和现金出纳科目无关，所以无须进行出纳签字。

（3）双击"财务会计"→"总账"→"凭证"→"记账"，对这两张凭证进行记账操作。
到此为止，001 账套 1 月份的基础账务处理都已完成，可以结账啦！

29.7 月末对账与结账

在传统的手工记账过程中，对账和结账是与记账一样的，同样是非常重要而且十分麻烦
的一件事，特别是对分工细致、明细科目多的企业而言更是如此。如果对账结果不正确，就
必须从头检查到底是哪个环节出了问题，否则就无法进行下一步的工作；如果结账结果不正
确，那么就无法生成正确的报表、下个月的工作也连带不正确。

在会计电算化之后，对账和结账都变得十分简单，甚至可以不单独做对账工作。这是因
为，在录入凭证、记账过程中系统已经自动进行了各种钩稽关系的平衡，并且在真正结账时，
系统也会先自动进行对账和试算平衡。

不过，在用友 T3 中，每个月月末结账则是必须进行的操作，否则下个月就不允许记账了。

29.7.1 期末对账

记账后结账前，可以进行一下期末对账和试算平衡，以检验记账的正确性，以备结账。
对账的具体操作步骤如下：

（1）在企业应用平台环境的总账选项下，依次单击"期末"→"对账"，弹出图 29-48 所
示的"对账"对话框。

（2）在需要对账的月份"2015.01"右侧所对应的"是否对账"栏中双击，当其中出现"Y"
标记 [Y] 时，单击工具栏中的"对账"按钮，系统自动开始对账。对账结束后，在"对账
结果"栏中显示对账结果 [正确]。

（3）单击工具栏中的"试算"按钮，系统自动检查所选月份的借贷方发生是否平衡，试
算结果如图 29-49 所示。

（4）单击"确定"按钮，退出试算平衡表对话框。

（5）单击"退出"按钮，结束对账过程。

图 29-48 "对账"对话框

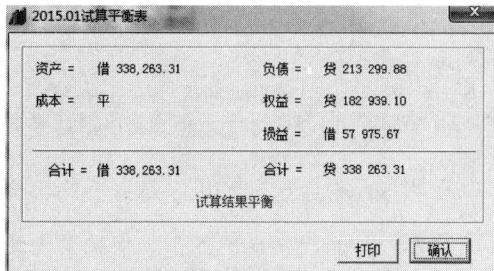

图 29-49 某月份的试算平衡表

29.7.2　期末结账

结账只能每月进行一次。已结账月份不能再填制凭证。

记账对账后，就可以进行某一会计期间的最后一项工作——结账。只有经过本期结账，才能进行下期记账结账。如果某个月末没有结账，那么下个月虽然仍可以录入凭证，但却不允许记账。

下面我们用 0012 张和平的身份登录并执行结账操作。结账的具体操作步骤如下：

（1）首先保证所有凭证均已记账，包括系统自动生成的损益结转凭证，并且本月对账正确。

（2）在"总账"选项卡下，依次单击"期末"→"结账"，弹出图 29-50 所示的"结账"向导之一——开始结账对话框。

（3）选择要结账的月份"2015.01"，单击"下一步"按钮，进入图 29-51 所示的"结账"向导之二——核对账簿对话框。

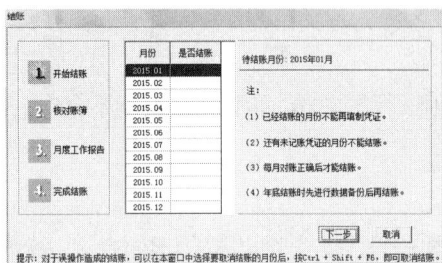

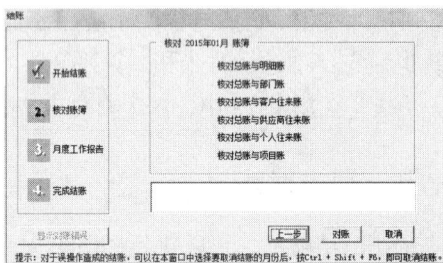

图 29-50　"结账"向导之一——开始结账对话框　　图 29-51　"结账"向导之二——核对账簿对话框

（4）单击右下角的"对账"按钮，系统开始自动对账。

（5）对账结束后，单击"下一步"按钮，弹出图 29-52 所示的"结账"向导之三——月度工作报告对话框。如果结转有问题、试算不平衡，都会在该报告中显示出来。

（6）单击"下一步"按钮，弹出图 29-53 所示的"结账"向导之四——完成结账对话框，提示是否所有工作都已符合结账的要求了。

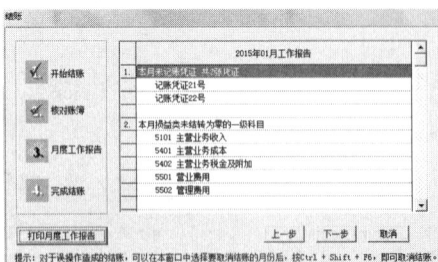

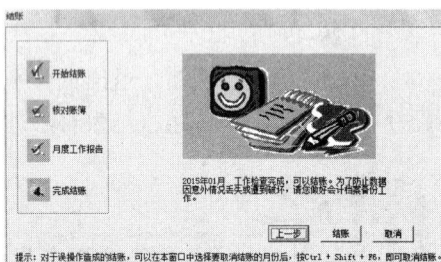

图 29-52　"结账"向导之三——月度工作报告对话框　　图 29-53　"结账"向导之四——完成结账对话框

（7）当提示框中出现"可以结账"的字样后，单击"结账"按钮，结账完毕。

提示：如果提示框中显示工作检查未通过，则不可以进行结账。必须将所有错误修正及未完工作完成之后才能结账。

29.8 反记反结操作

账务处理过程出现错误、遗漏总是在所难免的。在传统的手工记账过程中，如果已经结账，通常就只能在下个月进行冲销或补记处理了。但在会计电算化处理过程中，可以随时取消记账和结账，然后直接对原凭证进行修改。这一过程通常被叫做"反记反结"操作。

在用友 T3 中，如果想要对某个已结账的月份里的凭证进行修改，必须按顺序进行下列操作：

1. 取消结账→2. 取消记账→3. 取消出纳签字→4. 取消审核→5. 对凭证进行修改→6. 重新签字、审核、记账、结账。

其中，第 2 和第 4 步顺序可以互换，哪个先做都可以。

29.8.1 取消结账

下面对前述已完成结账的 1 月份账目执行取消结账操作：

（1）首先保证当前是以执行记账的操作员 0012 张和平身份登录企业应用平台。在"总账"选项卡下，依次单击"期末"→"结账"，进入"结账"向导之一——开始结账对话框。

（2）选择要取消结账的月份 2015.01 Y 。

（3）按【Ctrl+Shift+F6】组合键（同时按下 Ctrl、Shift、F6 三个按键），弹出图 29-54 所示的"确认口令"对话框。

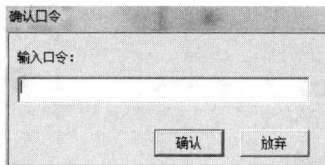

图 29-54 "确认口令"对话框

（4）输入执行结账并登录的操作员 0012 张和平的登录密码（456），单击"确认"按钮，记账即被取消。

（5）单击"取消"按钮，退出结账向导对话框。

29.8.2 取消记账

自己记账自己取消，别人没有这个权限，即使他是账套主管。所以在决定取消记账前，首先要以记账操作员的身份重新登录。在这里，需要保证当前是以 0012 号 张和平进行登录的。

（1）如果已经结账，那么需要先行取消当月的结账。

（2）在"总账"选项卡下，依次单击"期末"→"对账"，弹出"对账"窗口。

（3）选择要取消记账的月份"2015.01"，然后同时按下键盘上的 Ctrl 和 H 两个键（通常以 Ctrl+H 来表示同时按下）。稍等片刻，屏幕上出现图 29-55 所示的提示对话框。

（4）单击"确定"按钮，退出提示框，接着单击"退出"按钮，关闭"对账"窗口。

（5）在"总账"选项下，依次单击"凭证"→"恢复记账前状态"，弹出"恢复记账前状态"对话框，如图 29-56 所示。

图 29-55 提示恢复记账功能已激活的对话框

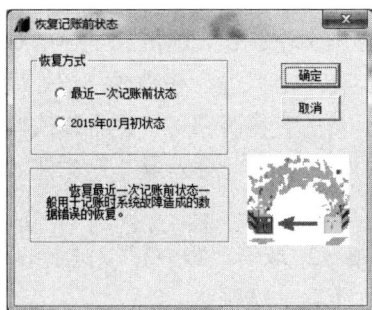

图 29-56 "恢复记账前状态"对话框

（6）选择恢复记账的范围：选中"2015 年 01 月初状态"单选按钮，然后单击右上方的"确定"按钮，弹出图 29-57 所示的"输入"对话框。

系统规定，谁记的账谁才有资格取消记账。这里要求输入的是进行记账的操作员的登录密码。

（7）在"请输入主管口令"下的文本框中输入 0012 号张和平的登录密码 456。

（8）单击"确认"按钮，系统开始逐步取消记账、恢复记账前状态。恢复结束后，弹出图 29-58 所示的"提示信息"对话框。

图 29-57 "输入"对话框

图 29-58 "提示信息"对话框

（9）单击"确定"按钮，结束取消记账过程。

取消记账后，即可接着取消凭证审核和出纳签字。

第 30 章

学会查询账簿、编制财务报表

通过财务软件记账后，账簿的查询变得十分简单。只要输入相应的条件，就可以方便地找到任何一个科目的发生情况。

本章要用到的资料是：上一章中完成的账套 001 北京云海商贸有限公司的 1 月份账目。

30.1 查询科目账

在电脑账中，科目汇总表可以由财务软件自动生成。另外，系统还提供生成本月各科目的发生额和余额表（简称余额表）功能，余额表比科目汇总表的作用更强，完全可以替代科目汇总表附在记账凭证的前面。

30.1.1 科目汇总表和余额表

1. 科目汇总表

下面来生成账套 001 一月份的科目汇总表：

（1）以操作员 0011 周海娟的身份登录企业应用平台（只要是账套主管，就拥有查询账目的权限），登录日期可以是 2015 年 1 月份以后的任何一个月，如 2015.03.31。

（2）在"总账"选项卡下，依次单击"凭证"→"科目汇总"，弹出"科目汇总"对话框，如图 30-1 所示。

（3）在"月份"下拉框中选择要汇总的月份：2015.01。

（4）在"凭证类别"下拉框中选择全部，并保证选中"已记账凭证"单选按钮。

（5）"科目汇总级次"设置为"1级-1级"，表示仅对一级科目进行汇总。

（6）单击右下角的"汇总"按钮，1 月份所有已记账科目的汇总表显示在窗口中，如图 30-2 所示。

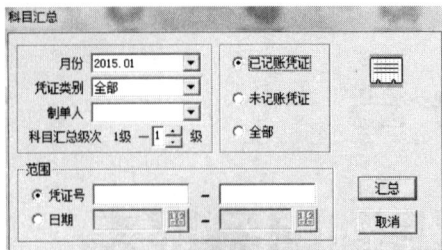

图 30-1 "科目汇总"对话框

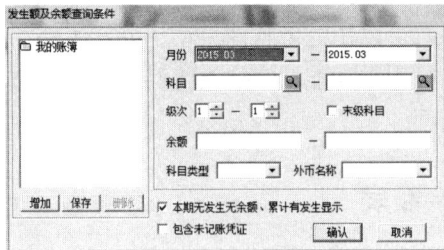

图 30-2 2015 年 1 月份的科目汇总表

（7）单击工具栏中的"打印"按钮，可以将调整后的科目汇总表打印在纸上。在打印前，你也可以先通过"打印预览"按钮查看一下打印效果。

（8）单击"科目汇总表"右上角的"关闭"按钮 ，如果已经调整了列宽，将会弹出一个提示对话框。单击"是"按钮，保存刚才调整好的格式，同时关闭科目汇总表。

2. 发生额和余额表

下面，接着生成账套 001 一月份所有科目的发生额和余额表。

（1）接着上述操作过程，在总账选项下，依次单击"账簿查询"→"余额表"，弹出图 30-3 所示的"发生额及余额查询条件"对话框。

图 30-3 "发生额及余额查询条件"对话框

（2）在该对话框中按下列提示设置查询条件如下。

月份：设置为"2015.01—2015.01"，也就是说只查询 1 月份的发生额和余额情况。

级次：设置为"1-3"，也就是从第 1 级科目到第 3 级科目分级汇总显示。

凭证：选中"包含未记账凭证"复选框，保证所有未记账凭证的金额也能汇总在内。

其他：其他选项取系统默认设置。

提示：当本期还未记账，或者还有部分凭证未记账时，选中"包含未记账凭证"复选框，可以保证查询结果的准确性。

（3）单击"确认"按钮，窗口中列示出所有科目的发生额和余额表。

（4）单击工具栏中的"累计"按钮，将在"本期发生"列表后显示当年度 1 月份至本月份的"累计发生"额。结果如图 30-4 所示。

图 30-4　2015 年 1 月份的发生额及余额表

（5）单击"发生额及余额表"右上角的"关闭"按钮，关闭余额表。

30.1.2　总账

下面，来查询账套 001 的总账，同时联查应收账款的明细账。

（1）接着上述操作过程，依次单击"账簿查询"→"总账"，弹出图 30-5 所示的"总账查询条件"对话框。

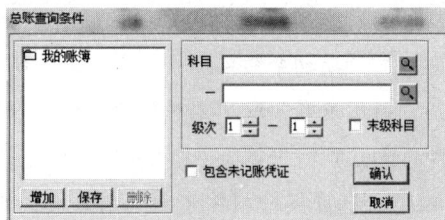

图 30-5　"总账查询条件"对话框

（2）设置查询条件：保持"科目"为空，表示要查询所有科目的总账；级次设为"1－1"，表示只查询一级科目；选中"包含未记账凭证"复选框，在没有记账前进行账簿查询时建议勾选该选项。

（3）单击"确定"按钮，进入总账查询窗口，窗口中首先显示第一个科目"现金"的总账查询结果。

（4）单击窗口左上方"科目"右侧的下拉箭头，从打开的科目下拉列表中选择要查询的科目"应收账款"，窗口中即显示所选科目的总账，如图 30-6 所示。

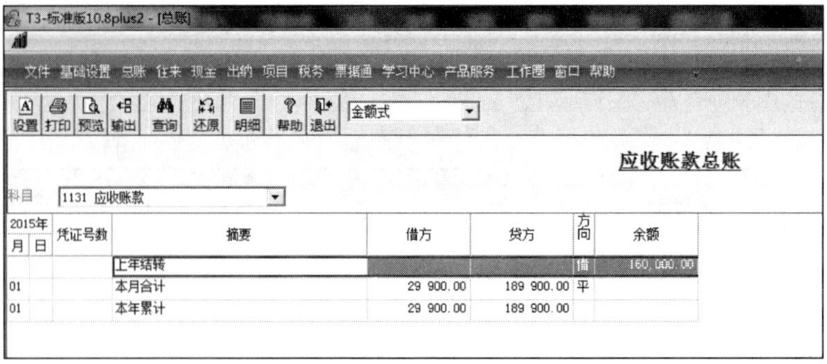

图 30-6　选择显示不同的科目总账

（5）进行明细联查：首先单击选择"本月合计"行，然后再单击工具栏中的"明细"按钮，窗口中即可显示当前科目的当前月份明细账，如图 30-7 所示。

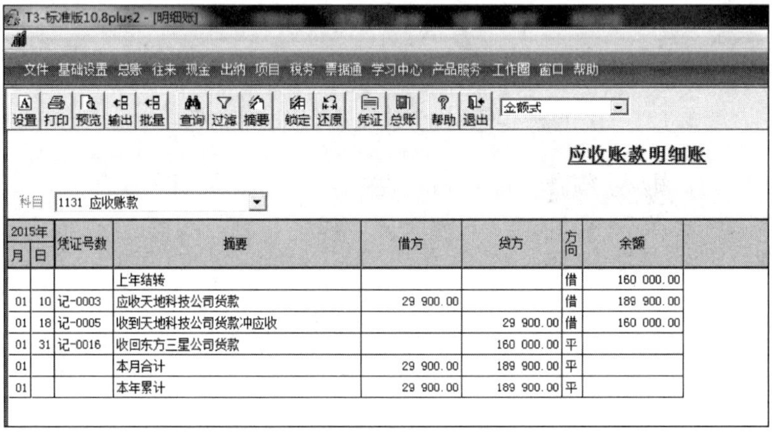

图 30-7　在总账中联查相应科目的明细账

特别提示： 当位于第一行的"期初余额"或"上年结转"所在行为当前行时，不能联查明细账。所以要先选择"期初余额"或"上年结转"行之外的其他行，如"本月合计"行，才能进入联查明细状态，否则单击工具栏中的"明细"按钮将会没有任何反应。

（6）从"科目"下拉列表中可选择其他科目查看其总账。

（7）单击明细账或总账列表右上角的"关闭"按钮 ，依次关闭相应窗口。

30.1.3　三栏明细账

一般情况下，大部分科目都以三栏形式反映明细账。在用友 T3 中，系统提供三种明细账的查询格式：普通明细账、按科目排序明细账、月份综合明细账。其中格式如下。

● 普通明细账：按科目查询，按发生日期排序的明细账。

● 按科目排序明细账：按非末级科目查询，按其有发生的末级科目排序的明细账。

● 月份综合明细账：按非末级科目查询，包含非末级科目总账数据及末级科目明细数据的综合明细账，可以使我们对各级科目的数据关系一目了然。

下面，分别来实现下述查询结果：

1. 查询 1 月份"应交税金"科目的普通明细账。

2. 查询 1 月份"应收账款"科目的综合明细账。

（1）接着上述操作过程，依次单击"总账"→"账簿查询"→"明细账"，弹出"明细账查询条件"对话框。

（2）按下列所述设置查询条件，结果如图 30-8 所示：

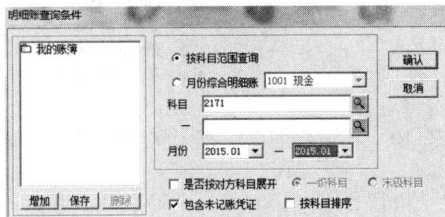

图 30-8 "明细账查询条件"对话框

保证"按科目范围查询"单选按钮被选中。

- 在"科目"起止范围栏中输入科目名称或编码"应交税金"-"应交税金"（该科目编码为 2171）。

提示：如果科目为空，则表示按科目编码顺序查询所有科目明细账。

在"月份"起止栏中输入"2015.01"-"2015.01"，表示查询 1 月份明细情况。

- 选中"包含未记账凭证"复选框。

提示：如果选中"按科目排序"复选框，则将在查询结果中按有发生额的末级科目显示科目排序明细账。

（3）条件设置完毕后，单击右上角的"确认"按钮，窗口中显示图 30-9 所示的结果。

（4）联查凭证：单击某条记录，如"记-0017"号凭证所在的行，或者是选择该行后单击工具栏中的"凭证"按钮，即可查看相关的记账凭证。

（5）再次单击"我的账簿"下的"明细账"选项，重新进入"明细账查询条件"对话框。

图 30-9 "应交税金"的普通明细账

（6）设置查询条件：选中"月份综合明细账"单选框；在其右侧的下拉列表中选择科目"1131 应收账款"，如图 30-10 所示；"月份"设置为 2015.01—2015.01。

提示：保持"科目"为空，表示将要查询"应收账款"下所有的末级明细的发生情况。

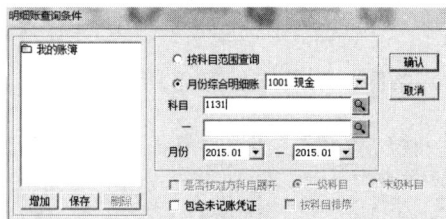

图 30-10　设置查询"应收账款"的综合明细账

（7）单击"确认"按钮，窗口中显示图 30-11 所示的查询结果。可以看到，列表上方显示的是"应收账款"的总账数据，而下方则依次显示其下级科目的明细数据。

图 30-11　"应收账款"的月份综合明细账

（8）依次关闭各个明细账查询结果窗口，结束查询。

提示：按科目范围查询明细账时，不能查询在科目设置中指定为现金和银行科目的"现金"和"银行存款"明细账，但可以通过月份综合明细账查询，并且可以到"出纳管理"中通过现金日记账与银行日记账查询该科目的明细数据。

30.2　查询日记账

按照现金管理要求，现金和银行存款必须单独设置日记账，做到日清月结，进行严格管理。为了适应这一管理要求，尽管通过明细账查询已可获得所需的信息，用友 T3 仍然提供了生成日记账的功能。

下面，就来查看一下账套 001 一月份的现金日记账。

（1）启动企业应用平台，以操作员 0011 号周海娟的身份登录账套 001。

（2）在"现金"选项卡下，依次单击"现金管理"→"日记账"→"现金日记账"，弹出图 30-12 所示的"现金日记账查询条件"对话框。

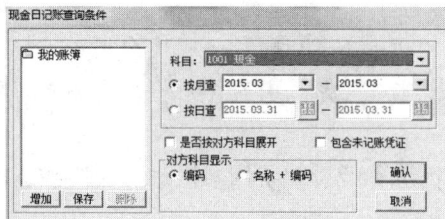

图 30-12 "现金日记账查询条件"对话框

（3）"按月查"将可查询某个月内的现金发生明细；"按日查"则可查看某一日或几日内的现金明细。在这里，单击"按月查"单选按钮，并在其右边的日期下拉框中选择"2015.03－2015.03"，表示只查询 3 月份的现金日记账。

（4）选中右下角的"包含未记账凭证"复选框。

（5）其他选项保持默认不变，单击"确认"按钮，窗口中显示日记账的查询结果，如图 30-13 所示。

（6）单击工具栏中的"凭证"按钮，可以联查当前行所对应的记账凭证；单击"总账"按钮则可联查三栏式现金总账。

（7）单击现金日记账右上方的"关闭"按钮，关闭查询结果窗口。

提示：日记账与三栏明细账不同的是，在日记账中按日汇总发生额及余额情况，以符合"日清月结"的要求。

图 30-13 现金日记账查询结果

查询银行日记账与现金日记账的方法基本相同，在此不做详细介绍。

30.3 查询多栏账

对于损益类科目，特别是管理费用、营业费用（销售费用）和财务费用这"三费"，通常要求以多栏账的形式进行记录。

下面对多栏账进行查询如下：

（1）接前述操作过程，依次单击"总账"→"我的账簿"→"多栏账"，弹出"多栏账"窗口，单击增加按钮，依次增加"三费"，并在增加栏目里输入对应的科目编码。已定义好的多栏账列表如图 30-14 所示。

（2）单击要查询的多栏账名称"管理费用多栏账"，或者单击工具栏中的"查询"按钮，弹出图 30-15 所示的"多栏账查询"对话框。

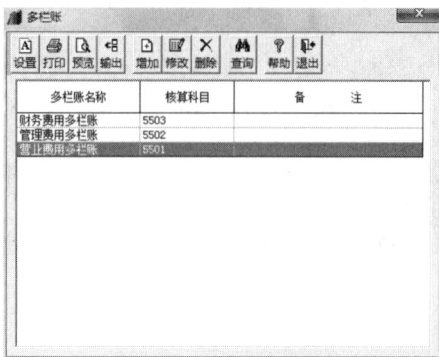

图 30-14　已定义好的多栏账列表

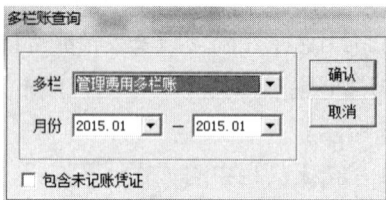

图 30-15　"多栏账查询"对话框

（3）在"多栏"下拉框中选择要查询的多栏账，在"月份"中选择 2015.01 – 2015.01。

（4）选中"包含未记账凭证"复选框。

（5）单击"确认"按钮，窗口中显示多栏账查询结果，如图 30-16 所示。

图 30-16　"管理费用多栏账"查询结果

（6）单击工具栏中的"凭证"按钮，可联查相关记账凭证。

（7）关闭多栏账窗口，结束查询过程。

30.4　调用报表模板自动生成报表

用友 T3 提供生成报表的模板，模板中的资产负债表和利润表中各项目已按正确的公式与总账中的各科目数据进行连接。利用报表模板正确生成报表的前提如下：

- UFO 报表系统与总账系统所依据的会计制度一致。
- 在总账中，没有增加新的一级会计科目，并且没有随意改动一级会计科目的科目编码。
  因为用友 T3 的 UFO 报表公式使用了科目编码。

下面，来为账套 001 生成一月份的资产负债表。需要提醒大家的是，当初创建账套 001 时所使用的会计科目是按新企业会计制度预置的，在生成报表时也要一致。

1. 资产负债表

（1）首先在页面左边找到财务报表选项卡，单击进入财务报表页面。

（2）从"文件"菜单中选择"新建"命令，打开新建模板对话框。

（3）选择"新会计制度行业"，并选择"资产负债表"，最后如图 30-17 所示。

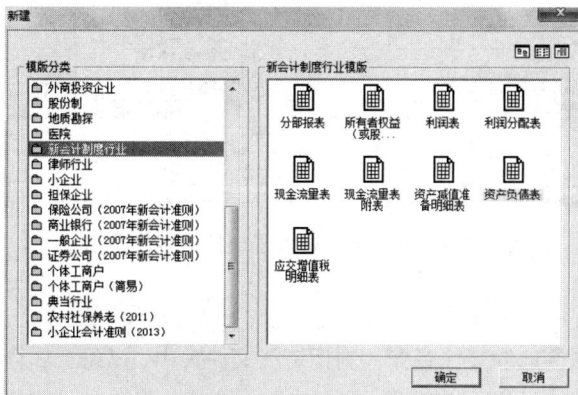

图 30-17 新建模板对话框

（4）单击"确定"按钮，窗口中显示"格式"状态下的资产负债表。

（5）单击窗口左下角的显示红色"格式"两字的按钮，切换到"数据"状态，之后窗口中显示空白的资产负债表，此时窗口左下角显示为红色的"数据"二字。

（6）打开"数据"菜单，光标指向"关键字"，选择"录入"命令，弹出图 30-18 所示的"录入关键字"对话框。

（7）在年、月、日框中依次输入要生成报表的数据截止期：2015 年 1 月 31 日。

提示：资产负债表是时点报表，需要指定当月的最后一天为报表数据截止日期。

（8）单击"确认"按钮，弹出图 30-19 所示的提示对话框。

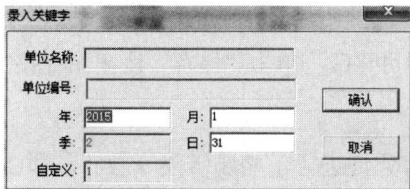

图 30-18 "录入关键字"对话框

图 30-19 提示是否重算工作表对话框

（9）单击"是"按钮，系统开始自动从总账中取数并计算生成报表，稍等片刻，窗口中即会生成最终的有数据的资产负债表，如图 30-20 所示。

图 30-20　系统自动录入了数据的资产负债表

2. 保存报表

报表生成后需要以合适的文件名保存到指定的文件夹中，以备日后查看、修改和重新调用。

（1）接前述操作步骤，从"文件"菜单中选择"保存"命令，弹出图 30-21 所示的"另存为"对话框。

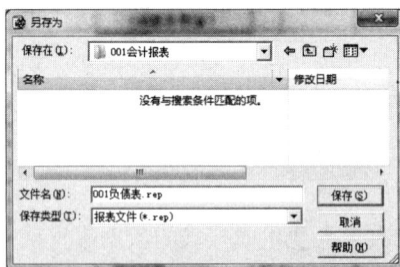

图 30-21　"另存为"对话框

（2）在"保存在"下拉框中选择一个文件夹，或者新建一个文件夹。

（3）在"文件名"文本框中输入一个合适的文件名，如"001 负债表.rep"。

（4）"*.rep"是用友 T3 的专用报表文件类型，不可修改。单击"保存"按钮保存该文件。

3. 修改报表

如果生成报表所依赖的总账数据发生了变化，对凭证进行了增删修改等操作，那么报表数据势必要发生变化，但是 UFO 报表系统本身不会因总账的变化而自动发生变化，这是需要我们对其发出变动的"指令"。

修改报表数据的方法很简单：打开要修改的报表，切换到"数据"状态下，再次通过"数据"→"关键字"→"录入"这一菜单命令重新调取总账已发生改变月份的数据即可。

30.5　追加表单生成多张报表

在用友 T3 中，可以将多张报表存放在一个文件中，具体的生成方法如下：

（1）启动 UFO 报表系统，打开前述保存的资产负债表文件"001 负债表.rep"。

（2）保证处于"数据"状态下。

（3）打开"编辑"菜单，从"追加"子菜单中选择"表页"命令，弹出"追加表页"对话框，如图 30-22 所示。

图 30-22　"追加表页"对话框

（4）在"追加表页"对话框中输入要增加的表页数。一般情况下，一年 12 张表，目前已有一张表，再追加 11 张即可。在这里，输入"3"，表示增加 3 张表格。

（5）单击"确认"按钮，窗口下方的页标签处即会显示所增加的表页标签，如图 30-23 所示。其中第 1 页显示并保存到前面生成的 1 月份负债表。

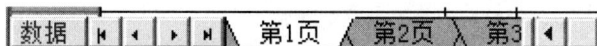

图 30-23　新增表页后的页标签

（6）如果需要生成 2 月份的负债表，只需单击页标签"第 2 页" ，切换到第 2 张表格窗口，按照前述生成报表的方法生成 2 月份的报表，只需注意在录入关键字时日期要改为"2015 年 2 月 28 日"。

（7）如此，每月总账处理完成后，只需到同一文件中生成不同月份的报表即可。

第 31 章

学会现金银行管理

在日常的账务处理过程中，对于任何一个企业来说，现金和银行存款等货币资金永远都是企业财务控制的重中之重。本章中来学习如何在用友 T3 中实现对货币资金的进一步核算与控制。

31.1　启用外币核算

通常情况下，设于中国境内的中小企业以人民币为本位币进行账务处理，如果发生外币业务，就会涉及汇率、外币折算为本位币的问题。

现在来新建一个账套 002，需要边使用边录入一些相关数据。

账套号：	002
企业名称：	天地实业科技（北京）有限公司
机构代码：	717774920
企业简称：	天地实业
单位地址：	北京市海淀区中关村路 68 号紫金大厦 5011 室
法定代表人：	曾小军
邮政编码：	100086
联系电话：	88888888
传　真：	8888888
电子邮箱：	tiandi@hotmail.com
税务登记号：	110108717774920
主营业务：	电子产品的批发和零售，技术咨询服务，软件开发和转让
会计启用期：	2015 年 1 月
记账本位币：	人民币
外币业务：	美元（实收资本）
企业类型：	工业或商业均可
行业性质：	外商投资有限责任公司，实行新企业会计准则
需要进行下列核算：	往来核算（包括客户、供应商、个人）、项目核算（包括现金流量项目、软件开发项目）、存货核算、工资核算、固定资产核算

新建账套大家可以参考前面章节完成，下面具体介绍涉及外币业务的实操演练。

账套 002 天地实业公司为外商投资企业，其实收资本为美元；使用业务发生的当日汇率作为记账汇率。2015 年 1 月 5 日，天地实业公司收到外商增资 75 万美元，下面来实现这笔业务的记录。

如果一个单位有外币核算,那么必须要在系统管理中创建账套时就指定有外币核算功能。如果在创建账套时没有选定,那么需要通过修改账套功能进行指定。这在前面已做了详细介绍,现在不再重复说明。

31.1.1　设置外币类型和汇率方式

外币有多种,有外币核算,会产生汇率的问题。选用不同的外币汇率方式,将会影响到汇兑损益的结转。

1.设置外币类型

(1)新增编号为 0021 号的操作员吉燕,并设置其为账套主管。设置好之后,以吉燕身份登录企业应用平台。

(2)依次单击"基础设置"→"财务"→"外币种类",弹出图 31-1 所示的"外币设置"对话框。

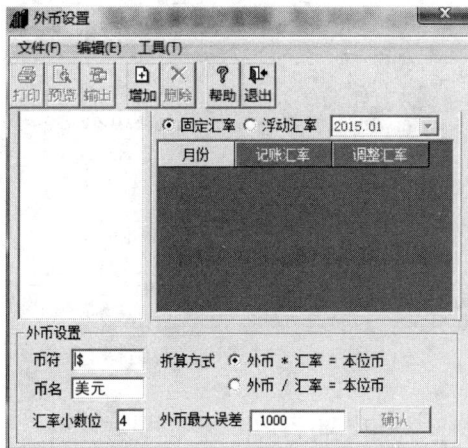

图 31-1　"外币设置"对话框

(3)单击"增加"按钮,然后在右侧的外币信息栏内依次进行以下设置:

● 在"币符"后输入美元符号$;
● 在"币名"输入"美元";
● 将"汇率小数位"改为 4;
● 将"最大误差"改为 1000;
● "折算方式"保持选择上面一项"外币*汇率=本位币" 外币 * 汇率 = 本位币。

提示: 在记账时,当出现"外币*汇率=本位币>最大折算误差"的情况时,系统就会给予提示。系统默认最大折算误差为 0.00001,也就是说只要不相等时就将提示,如果希望在制单时不出现最大折算误差提示,就可以在这里把最大折算误差设为一个比较大的数值,如 1 000 即可。

(4)单击"确认"按钮,新增币种"美元"就会显示在左侧的列表中。

(5)选中"浮动汇率"单选按钮,随后在日期"2015.01.05"后的"记账汇率"栏处输入该日的汇率:6.8686(注:汇率可以通过国家外汇管理局网站进行查询)。

提示： 在用友 T3 中，"固定汇率"是指使用月初或年初汇率作为记账汇率，在填制每月的凭证前，要预先在此录入该月的记账汇率，否则在填制该月外币凭证时，将会出现汇率为零的错误；而"浮动汇率"则是指使用变动汇率、亦即业务发生当日的即时汇率作为记账汇率，在填制某天的凭证前，应预先在此录入当天的记账汇率。

（6）设置完毕后，单击"退出"按钮即可。

2. 指定汇率方式

在前述的外币设置中，我们仅仅录入了汇率，但最后记账时究竟是使用固定汇率还是浮动汇率，还需要进一步的设置：

（1）"总账"→"设置"→"选项"，弹出"选项"对话框。

（2）单击"其他"选项卡，如图31-2所示。

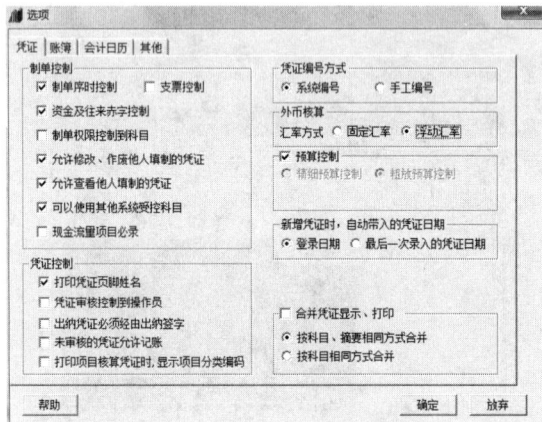

图 31-2 "选项"对话框

（3）然后选中"外币核算"栏中的"浮动汇率"单选按钮。

（4）最后单击"确定"按钮，退出对话框完成设置。

31.1.2 指定外币核算科目

既然有外币业务，那么一定存在相关的会计科目用于进行外币核算。下面，将账套 002 的"银行存款"科目指定为外币核算科目。首先要为"银行存款"增加两个下级科目："100201 人民币基本户"和"100202 资本金美元户"。

（1）接前述操作步骤，在"基础设置"选项卡下，依次单击"财务"→"会计科目"，进入"会计科目"属性设置对话框。

（2）将科目"1002 银行存款"修改为"银行账"、"日记账"；并选择"编辑"菜单下的"指定科目"命令将其设置为"银行总账科目"。这些属性将会被其下级科目所继承。

（3）增加下级科目"100201 人民币基本户"，属性不做修改。

（4）再增加下级科目"100202 资本金美元户"，选中"外币核算"复选框，并将"币种"设置为"美元 \$"，设置结果如图31-3所示。

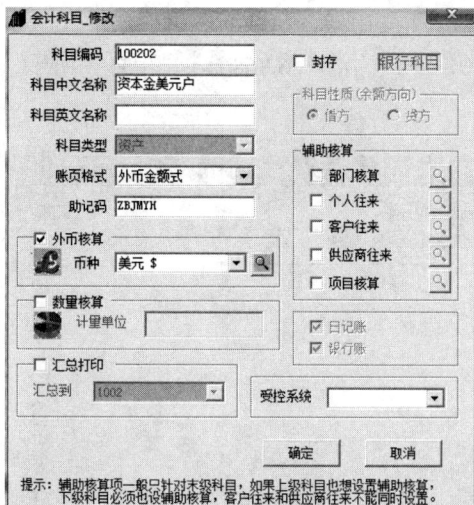

图 31-3　在增加会计科目时，将其设为"外币核算"

（5）确定后，关闭对话框并退出"会计科目"对话框即可。

31.1.3　录入外币凭证

1月5日收到资本金75万美元，1月12日，结汇20万美元，下面来录入这两笔业务的凭证。

（1）接前述操作步骤，首先通过"基础设置"选项卡→"财务"→"凭证类别"，设置凭证类别为"记账凭证"。

（2）在总账选项下，依次单击"凭证"→"填制凭证"，弹出"填制凭证"窗口。

（3）单击"增加"按钮，依次输入制单日期、附单据数、摘要等信息。

（4）在"科目名称"栏中输入编码"100202"，或者选择科目"银行存款/资本金美元户"，按回车键后，在"外币"栏中输入外币金额"750 000"（结算方式可先不设置），结果如图 31-4 所示。

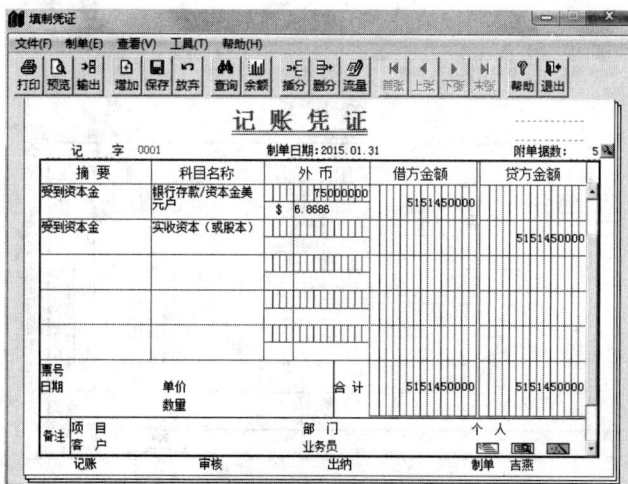

图 31-4　在填制记账凭证时，输入外币核算科目的金额

（5）单击汇率栏右侧的参照按钮，弹出"参照"对话框。

（6）找到并选择 2015.01.05 日的汇率 6.8686，如图 31-5 所示，双击汇率，所选汇率出现在汇率栏中。

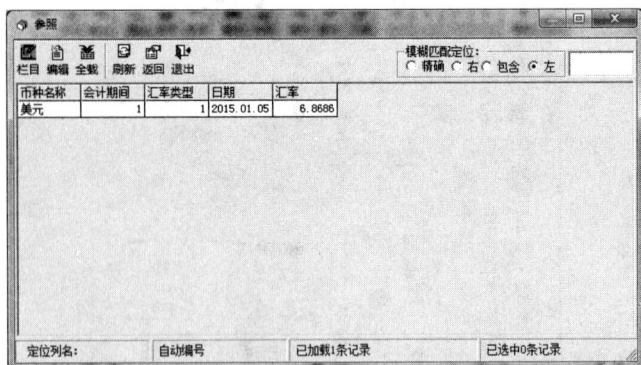

图 31-5 在"汇率参照"对话框中选择当日汇率

（7）按回车键后，系统自动计算出人民币金额并显示在"借方金额"栏内。

（8）接着输入分录的贷方"实收资本"信息，最后的结果可参照前面的图 31-4 中所示。

（9）单击"增加"按钮，再增加一张新凭证。依次输入制单日期、附单据数、摘要等信息。

（10）在第一行的"科目名称"处输入编码"100201"，在"借方金额"处输入人民币金额 1 373 560。

（11）在第二行的"科目名称"处输入编码"100202"，按回车键后，在"外币"栏中输入结汇金额美元 20 万（结算方式可先不设置）。

（12）单击汇率栏右侧的参照按钮，弹出"参照"对话框，在日期 2015.01.12 后的记账汇率栏中输入 6.8678，单击"确定"按钮。

（13）光标移到"贷方金额"栏，按等号键"="显示金额。填制完成的凭证如图 31-6 所示。

（14）保存凭证后，退出填制凭证窗口即可。

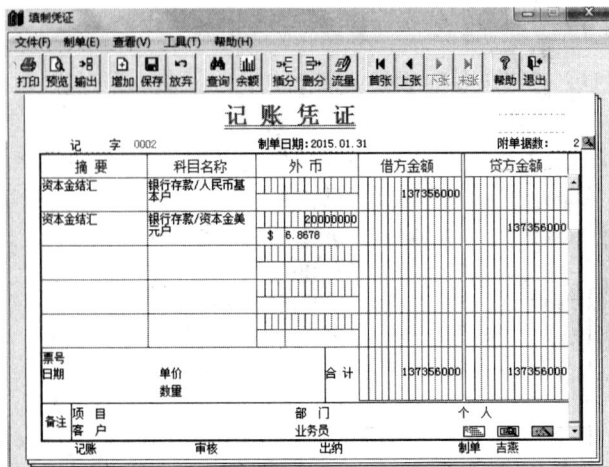

图 31-6 输入完成的有关结汇的记账凭证

31.1.4 查询外币银行账

通过账簿查询，可以查看外币发生额及余额情况如下：

（1）接前述操作步骤，依次单击"现金"→"现金管理"→"日记账"→"银行日记账"，弹出"银行日记账查询条件"对话框。

（2）在"科目"下拉框中选择"100202 资本金美元户"，指定"按月查"，并选择"包含未记账凭证"复选框，设置结果如图 31-7 所示。

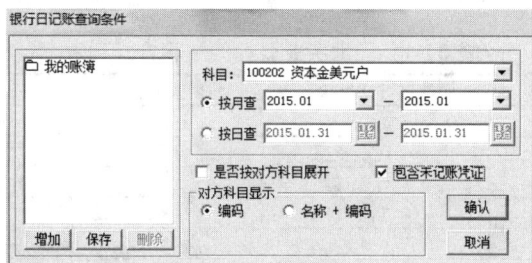

图 31-7 "银行日记账查询条件"对话框

（3）单击"确认"按钮，窗口中显示普通金额式银行日记账。

（4）从右上角的显示模式下拉框中选择"外币金额式"，即可显示外币的发生额及余额情况，如图 31-8 所示。

图 31-8 从右上角选择"外币金额式"模式浏览日记账

（5）查询完毕，关闭银行日记账窗口即可。

31.2 掌握票据核算管理技巧

为了更好地管理票据、提高银行对账的效率，用友 T3 提供比较完整的票据管理功能。想在用友 T3 中实现票据管理，需要按顺序进行下列操作：

- 设置好结算方式；
- 需要启用支票控制功能；
- 使用支票登录簿进行票据管理。

前两步通常是一次性的工作，只需要在创建账套并启用总账后进行一次设置即可。最后一步则是日常性的工作，每月录入凭证时可对支票随时进行登记及注销。

31.2.1 设置结算方式

该功能用来建立和管理用户在经营活动中所涉及的结算方式，它与实际的财务结算方式一致，如现金结算、支票结算等。

下面，为账套 002 天地实业公司设置结算方式，具体信息如表 31-1 中所列。

表 31-1　天地实业公司的结算方式列表

结算方式编码	结算方式名称	是否票据管理	对应票据类型
1	支票	是	-
101	现金支票	是	现金支票
102	转账支票	是	转账支票
2	转账	否	-
201	电汇	否	-
202	网银	否	-
3	其他	否	-

（1）启动企业应用平台，以操作员 0031 吉燕的身份登录账套 002，登录日期 2015-01-31。

（2）在"基础设置"选项卡下，依次单击"收付结算"→"结算方式"，弹出如图 31-9 所示的"结算方式"窗口。

图 31-9　"结算方式"窗口

（3）单击工具栏中的"增加"按钮，进入编辑状态。

（4）设置结算方式"1 支票"：在"结算方式编码"文本框中输入"1"；在"结算方式名称"文本框中输入"支票"；选中"是否票据管理"复选框；单击"保存"按钮（图略）。

（5）继续增加结算方式"101 现金支票"：重复步骤 3 和 4，注意需从"对应票据类型"下拉列表中选择"现金支票"。

（6）按照表 31-1 中所列增加其他结算方式，结果如图 31-10 所示。

（7）所有结算方式增加完毕后，单击"退出"按钮即可。

提示：如果在"结算方式"设置中确定要进行票据管理方式，而且在后面要讲的"选项"设置中指定了"支票控制"，那么在填写凭证时遇到银行科目，就必须要输入结算方式、票号以及发生日期。

图 31-10　定义好结算方式的窗口，左侧列表中显示所有定义的结算方式

31.2.2　指定支票控制

如果想要在录入凭证时实现支票控制功能，除了要在前述的结算方式中对相应的支票结算方式指定进行票据管理外，还需要进行下列设置：

（1）依次单击"总账"→"设置"→"选项"，弹出"选项"对话框。

（2）在"凭证"选项卡下，单击"编辑"按钮，进入修改状态。

（3）选中"支票控制"复选框。

（4）单击"确定"按钮，完成设置并退出对话框。

31.2.3　支票登记簿

在手工记账时，出纳员通常会建立支票领用登记簿，用来登记支票领用情况，为了满足出纳人员的这一需要，用友 T3 提供了"支票登记簿"功能，以供其详细登记支票领用人、领用日期、支票用途、是否报销等情况。

在用友 T3 中可以通过两种途径登记支票信息：直接在支票登记簿中记录、在填制凭证时记录。

1．直接在支票登记簿中登记

资料：1 月 5 日，销售人员宋明佳借走人民币基本户的转账支票一张，票号 155，预借金额 3 000 元。下面，将这张支票登记在案：

（1）依次单击"现金"→"票据管理"→"支票登记簿"，弹出如图 31-11 所示的"银行科目选择"对话框。

提示：只有在"会计科目"中设置为"银行账"的科目才能使用支票登记簿。在账套 002 中我们已将"银行存款"科目（包括其下级科目）设置为"银行账"。

（2）从"科目"下拉列表中选择支票所属账号"人民币基本户(100201)"，单击"确定"按钮，弹出"支票登记簿"窗口。

（3）单击工具栏中的"增加"按钮，"支票登记簿"窗口中增加一个空白行。

（4）依照图 31-12 中所示的提示输入相关支票信息，其中"领用日期"和"支票号"两项为必填信息，其他内容则可填可不填。

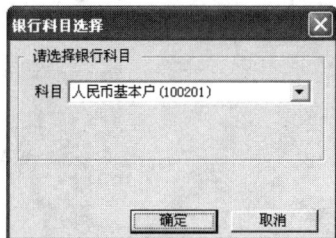

图 31-11 "银行科目选择"对话框

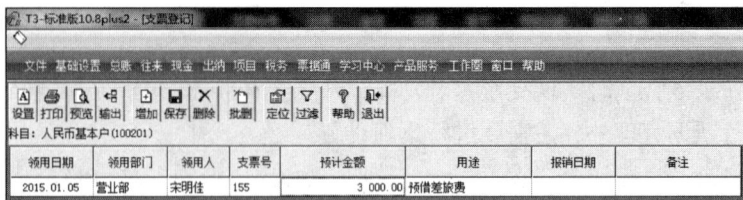

图 31-12 输入支票的相关信息，其中"领用日期"和"支票号"不能为空

（5）单击"保存"按钮，保存所录入的支票信息。

（6）单击"支票登记簿"窗口右上角的"关闭"按钮，即可退出支票登记簿。

（7）1 月 31 日，经办人持发票到财务部门报销，金额 3 000 元，参照下列分录填制报销凭证，按照提示输入结算方式"转账支票"、票号 155、日期 2015.01.31，系统出现提示对话框，如图 31-13 所示。

借：营业费用/差旅费　　　3 000　　　（提示：需要增加明细科目"550102 差旅费"）

贷：银行存款/人民币基本户　3 000

提示：报销日期不能早于领用日期；已报销的支票信息可以删除。

（8）单击"是"按钮，系统自动在支票登记簿中与该票号所对应的行内登记报销日期及实际金额，同进该支票变为已报销。保存并退出填制凭证窗口。

不妨重新进入支票登记簿，查看一下报销结果。

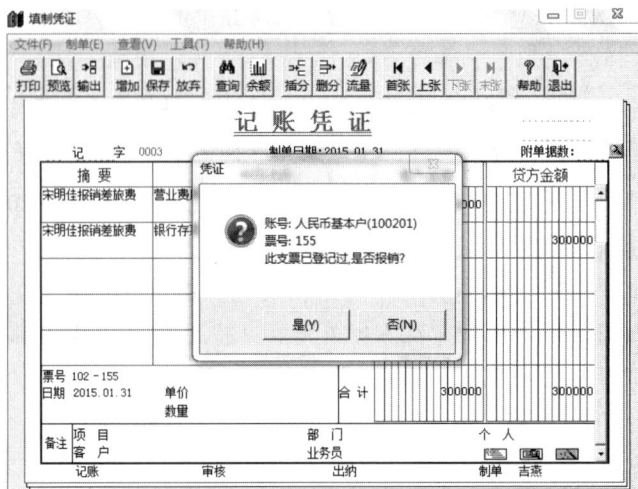

图 31-13 录入相关报销凭证时，系统提示是否在支票登记簿中记录报销信息

2. 填制凭证时登记支票信息

资料：1月8日，财务部小邢开出现金支票一张并从基本户提取现金 10 000 元，作为备用金，现金支票号码为 XJ001。下面来填写这张凭证，同时登记相应的现金支票：

（1）依次单击"总账"→"凭证"→"填制凭证"，打开"填制凭证"窗口。

（2）单击"增加"按钮，依照下列分录填制凭证：

借：库存现金 　　　　　10 000

　　贷：银行存款/人民币基本户 　　10 000

（3）当输入科目 100201"银行存款/人民币基本户"后，按回车键，弹出如图 31-14 所示的"辅助项"对话框。

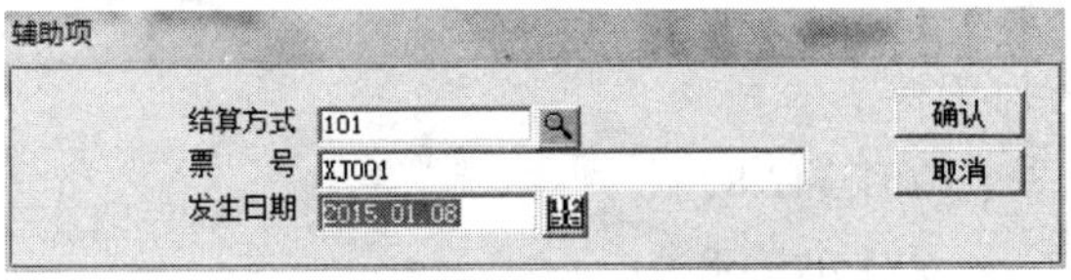

图 31-14　"辅助项"对话框

（4）选择"结算方式"为"101 现金支票"，输入票号 XJ001，将"发生日期"改为 2015-01-08，最后单击"确认"按钮。

（5）继续输入"贷方金额"10 000 后，按回车键，弹出如图 31-15 所示的提示对话框。

（6）单击"是"按钮，接着弹出如图 31-16 所示的"票号登记"对话框，要求输入支票领用信息。

（7）将"领用日期"改为 2015.01.08。注意：这一日期不能早于报销凭证时的"发生日期"。其他内容视具体情况自行填写即可。

（8）单击"确定"按钮，凭证填制完成的同时，支票信息（包括领用及使用报销）也会自动进行登记。

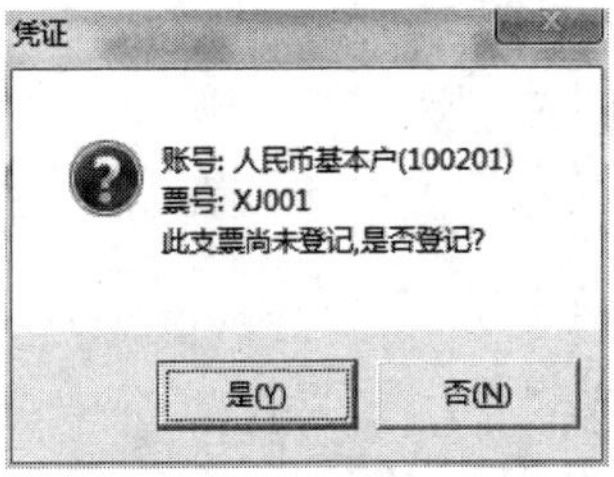

图 31-15　提示是否登记支票的对话框

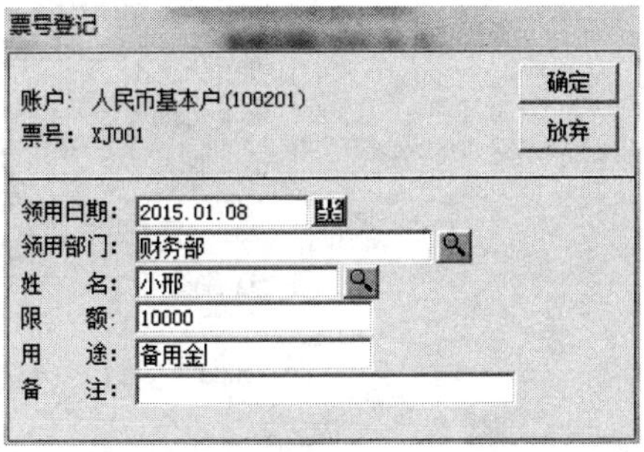

图 31-16　"票号登记"对话框

31.3　实战银行对账

通常在每月月末，财务人员都需要进行银行对账工作，将企业的银行日记账和从银行获取的银行对账单进行比对，对未达账项进行调节，以检查银行账记录的正确性并编制余额调节表。

在用友 T3 中，同样提供银行对账功能，以帮助我们进行银行账目的核对工作并自动生成银行余额调节表。下面就对此进行详细介绍。

31.3.1 银行对账期初数据录入

为了保证银行对账的正确性，在第一次使用银行对账功能进行对账之前，要先行录入期初银行日记账未达项和期初银行对账单未达项，在开始使用银行对账功能之后一般不再进行这项工作。

账套 002 天地实业公司银行账的启用日期为 2015 年 1 月 1 日，银行账户有两个，其中100202 资本金美元户余额为 0，无未达账项，无须进行期初数据的录入。另一账户截止 2014年 12 月 31 日的具体情况如下。

银行账户：100201 人民币基本户

企业银行日记账余额： 251 342.89 元

银行对账单余额： 271 899.68 元

有未达账项一项： 企业已付银行未付 20 556.79 元，为 12 月 31 日企业已开出支票并记账、而银行尚未划款的预付房租及水电费。

下面将 100201 人民币基本户的期初数据录入系统：

（1）以操作员 0031 吉燕的身份登录账套 002，登录日期 2015-01-31。

（2）依次单击"现金"→"设置"→"银行期初录入"命令，打开"银行科目选择"对话框。

（3）从"科目"下拉列表中选择"100201 人民币基本户"，单击"确定"按钮，进入如图 31-17 所示的"银行对账期初"对话框。

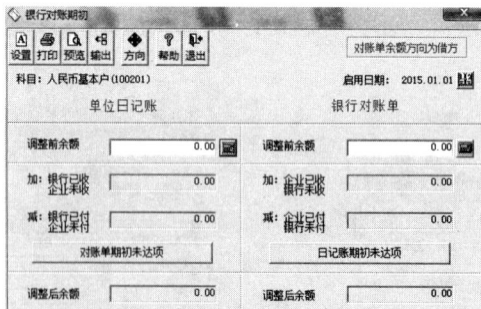

图 31-17 "银行对账期初"对话框

（4）确定右上角的"启用日期"为 2015.01.01。

（5）在左侧单位日记账的"调整前余额"文本框中输入"251 342.89"，在右侧银行对账单的"调整前余额"框中输入"271 899.68"（图略）。

（6）单击"日记账期初未达项"按钮，进入"企业方期初"窗口。

（7）单击"增加"按钮，在新增的空白行中依次选择或输入：凭证日期"2014.12.31"，结算方式"102 转账支票"，票号"ZZ001"，贷方金额"20 556.79"。

（8）单击"保存"按钮对录入的信息进行保存后，单击"退出"按钮，未达账金额自动显示在相应文本框中。

（9）检查一下调整后余额是否已相等，之后单击"退出"按钮，结束期初数据录入。

31.3.2 录入银行对账单

为了正确对账，需要先将银行对账单信息录入到系统中。假设到了月末从银行取回的对单账如表 31-2 所示。

表 31-2　账套 002 天地实业公司的 1 月份银行对账单

日　期	结算方式	票　号	借方金额（入账）	贷方金额（支出）	注释
2015.01.04	102	ZZ001		20 556.79	支付房租及物业费
2015.01.08	101	XJ001		10 000.00	提现
2015.01.12			1 373 560.00		结汇
2015.01.20	102	155		3 000.00	支付差旅费
2015.01.31	201		65 000.00		收回保证金

下面，来输入这张银行对账单中的数据：

（1）接前述操作步骤依次单击"现金"→"银行账"→"银行对账单"命令，打开"银行科目选择"对话框。

（2）选择科目"100201 人民币基本户"，设置日期为 2015.01 月，单击"确定"按钮，进入如图 31-18 所示的"银行对账单"窗口。

（3）单击"增加"按钮，按照表 31-2 所列信息依次输入对账单数据，输入结果如图 31-18 所示。

（4）所有记录都录入完毕后，单击"保存"按钮，然后关闭"银行对话账单"窗口。

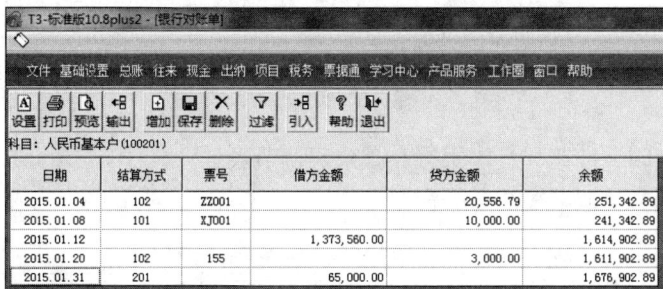

图 31-18　"银行对账单"窗口

31.3.3 实现银行对账

月末，已把所有业务凭证录入，并已输入银行对账单数据之后，就可以进行银行对账了。

1. 自动对账

提示：在对账前，要完成对当月凭证的录入、审核以及记账工作，否则企业日记账数据提取不出来就无法进行对账。

（1）接前述操作步骤，依次单击"现金"→"银行管理"→"银行对账"命令，打开"银行科目选择"对话框。

（2）选择科目"100201 人民币基本户"，月份起始日期取默认值为空、截止日期设置为2015.01 月，保证"显示已达账"复选框被选中，单击"确定"按钮，进入"银行对账"窗口。

（3）单击"对账"按钮，设置截止日期为"2015.01.31"，对账条件取系统默认系统值。

（4）单击"确定"按钮，系统自动进行对账，并显示对账结果，其中核对正确的记录在双方的"两清"栏中均被打上两清标记▢。

2. 手工对账

查看前述对账结果，可以看到其中的结汇业务因为记录日期相差超过 12 天而未能通过自动对账，这时可以直接进行手工调整：

（1）在自动对账窗口，分别双击日记账和对账单窗口中的结汇业务"两清"栏，打上两清标记即可。

（2）单击"检查"按钮，弹出如图 31-19 所示的"对账平衡检查"对话框，显示结果平衡，单击"确定"按钮退出对话框。

（3）对账完毕，即可关闭"银行对账"窗口。

31.3.4 查看并输出余额调节表

进行正确的对账之后，用友 T3 即可自动生成银行存款余额调节表，查看并打印余额调节表的方法如下：

（1）接前述操作步骤，依次单击"现金"→"银行管理"→"余额调节表查询"命令，打开"银行存款余额调节表"查询窗口，窗口中显示所有银行科目的账面余额及调整余额。

（2）双击查看余额调节表的科目"人民币基本户(100201)"所在行，弹出该银行账户的"银行存款余额调节表"对话框，如图 31-20 所示。

（3）单击"详细"按钮，可在随后打开的窗口中进一步查看详细的、更加符合习惯的调节表格式。

（4）单击"打印"按钮，打印银行存款余额调节表。

（5）依次关闭有关调节表的各个窗口。

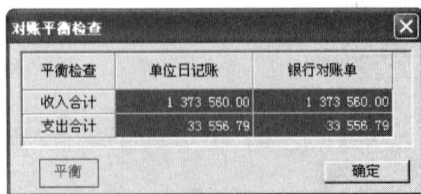

图 31-19 "对账平衡检查"对话框

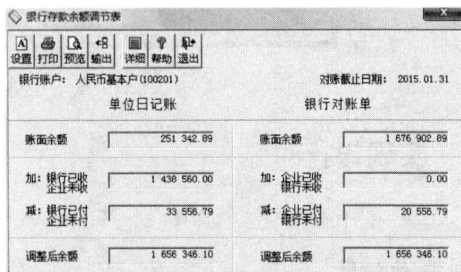

图 31-20 "银行存款余额调节表"对话框

第 32 章

学会各项辅助核算

为了提高公司财务核算的系统性、方便性，在不启用更多系统模块的前提下，用友 T3 为总账系统提供了必要的辅助核算功能，本章将分章节对各辅助功能进行详细介绍。

本章要用到的资料：前面创建的账套 002，其相关的辅助核算档案将在各节中给出。

32.1　部门核算

每个企业不论规模大小，多多少少都会划分出一些部门以便管理，如行政部门、财务部门、营业部门、研发部门等。为了明确每个部门的费用支出，需要用到部门核算。

32.1.1　建立部门档案

账套 002 天地实业公司的部门分类如表 32-1 中所列。下面，来为其建立部门档案。

表 32-1　部门档案表

部门编码	部门名称	部门属性	成立日期
1	管理部门	企业管理	
101	行政人事部	行政人事管理	
102	财务部	财务管理	
2	市场部门	市场营销	
201	营业部	专售软硬件	2015-01-01
202	采购部	采购商品	
3	研发部门	软件研发	
301	开发部	开发软件	
302	技术部	技术支持	

（1）启动企业应用平台，以操作员 0031 吉燕的身份登录账套 002，登录日期 2015-01-31。

（2）在"基础设置"选项卡下，依次单击"机构设置"→"部门档案"命令，打开"部门档案"窗口。

（3）单击工具栏中的"增加"按钮，进入编辑状态。

（4）输入第一个部门信息：在"部门编码"文本框中输入"1"；在"部门名称"文本框中输入"管理部门"；将"成立日期"设置为"2015-01-01"。这三项内容必须输入，其他信息可选填，结果如图 32-1 所示。

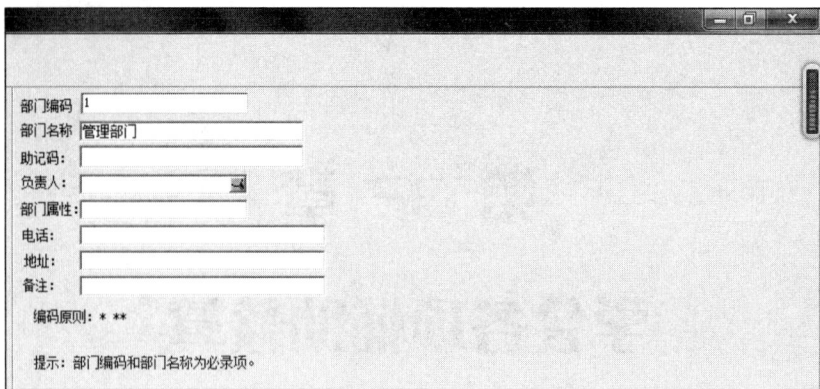

图 32-1　在"部门档案"窗口中输入部门信息，建立部门档案

（5）单击"保存"按钮，所建部门显示在左侧的列表中。

（6）重复（3）~（5），参照表 32-1 中所列信息建立其他部门档案。

（7）所有部门档案建立完毕后，单击"退出"按钮即可。

32.1.2　指定部门核算科目

哪些会计科目需要进行部门辅助核算，需要在会计科目属性中指定。

下面，将账套 002 的"应付职工薪酬"及下级科目指定为部门核算。

（1）接前述操作步骤，在"基础设置"选项卡下，依次单击"财务"→"会计科目"命令，打开"会计科目"对话框。

（2）在负债类科目中找到"应付职工薪酬"，双击该科目，打开修改会计科目对话框。

（3）单击"修改"按钮，进入编辑状态。

（4）在右侧的"辅助核算"区域中选中"部门核算"复选框。

（5）单击"确定"按钮完成修改，单击"返回"按钮退出。

（6）为"应付职工薪酬"增加下列明细科目，并同时指定这些科目进行"部门核算"：

科目编码科目名称

215101	工资
215102	福利费
215103	基本社会保险
215104	职工教育经费

（7）设置完毕后，单击"退出"按钮，关闭"会计科目"对话框。

32.1.3　录入部门核算期初余额

设置为部门核算的会计科目在录入期初余额时有特殊的方法和途径。

账套 002"应付职工薪酬"的明细科目中只有"215104 职工教育经费"有期初余额 3 767.72 元。下面，来录入这个带有部门核算的期初余额。

（1）接前述操作步骤，在"总账"选项卡下，依次单击"设置"→"期初余额"命令，打开"期初余额录入"窗口。

（2）在科目"应付职工薪酬/职工教育经费"所对应的期初余额栏中双击，进入"辅助期初余额"录入窗口。

（3）单击"增行"按钮，按前述提示依次输入部门编号及余额金额，也可以通过参照按钮选择部门。输入结果如图 32-2 所示。

部门　　期初余额（2015.01.01）

102 财务部　　　767.72

301 开发部　　　3 000

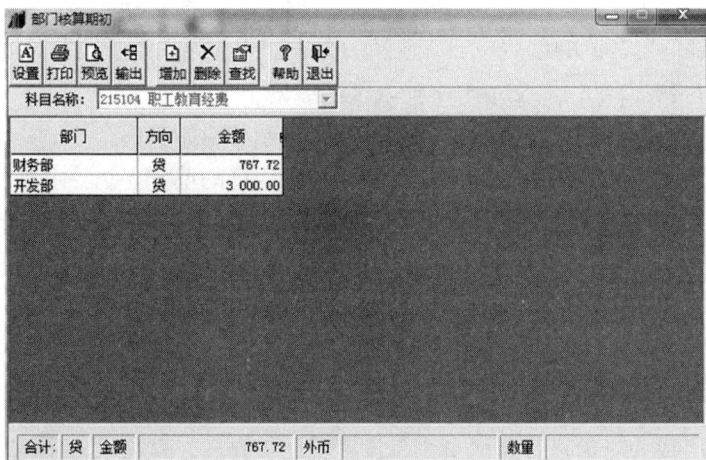

图 32-2　在"辅助期初余额"窗口按部门录入期初余额

（4）单击"退出"按钮关闭"辅助期初余额"录入窗口，所录入的合计金额即显示在"职工教育经费"的余额栏中。

（5）单击"退出"按钮，退出"期初余额录入"窗口。

32.1.4　录入部门核算凭证

1 月份，天地实业公司发生了几笔与部门核算相关的业务，其会计分录如表 32-2 中所示。

表 32-2　与部门核算相关的业务分录

摘要	一级科目	明细科目	借方金额	贷方金额	后附单据
支付财务部培训费	应付职工薪酬	职工教育经费	160		2
	库存现金			160	
计提营业部奖金	营业费用	工资	5 000		1
	应付职工薪酬	工资		5 000	
计提财务部奖金	管理费用	工资	2 000		1
	应付职工薪酬	工资		2 000	

下面来录入这几笔业务的相关凭证如下：

（1）接前述操作步骤，在"总账"选项卡下，依次单击"凭证"→"填制凭证"命令，打开"填制凭证"窗口。

（2）增加一张凭证，录入表 32-2 中的第一笔业务，当输入科目"215104 应付职工薪酬/职工教育经费"后按回车键，将会弹出如图 32-3 所示的"辅助项"对话框。

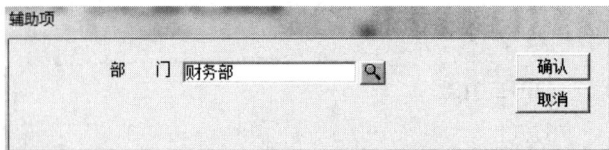

图 32-3　"辅助项"对话框

（3）单击"部门"右侧的参照按钮，在随后弹出的"部门基本参照"对话框中选择"102 财务部"，或者直接在"部门"文本框中输入部门编码 102。

（4）单击"确认"按钮，记账凭证的下方就会显示相应的部门。

（5）继续输入该业务分录的其他信息，完成该张凭证的填制。

（6）继续增加表 32-2 中所列的另外两张凭证。注意：需要增加新科目 550101 工资（营业费用下）和 550201 工资（管理费用下），第二笔归入 201 营业部，第三笔归入 102 财务部。

（7）凭证增加完毕，退出"填制凭证"对话框。

32.1.5　查询部门核算账簿

以前都是以科目为对象进行账簿查询，设置辅助核算后，就可以方便地以部门为单位进行账簿查询了。

下面来查询一下账套 002 财务部门的本月明细账：

（1）接前述操作步骤，在"总账"选项卡下，依次单击"辅助查询"→"部门明细账"命令，弹出"部门明细账条件"对话框。

（2）按照下列提示设置查询条件，设置结果可参见图 32-4 所示。

● 在"部门"文本框中直接输入部门编码"102"，或者通过参照按钮选择"102 财务部"。

● 设置查询月份为 2015.01-2015.01

● 选中"包含未记账凭证"复选框

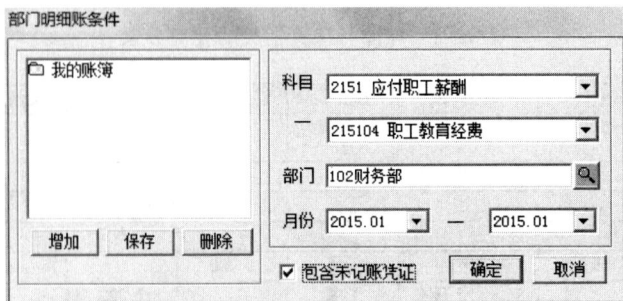

图 32-4　"部门明细账条件"对话框

（3）单击"确定"按钮，即可生成部门明细账，明细账窗口中按部门列示各个科目的发生额及余额情况。

（4）查询完毕，关闭部门明细账窗口即可。

重要提示：后面的个人往来、客商往来核算的设置和使用方法与部门核算的过程大致相同，因此在随后的讲解中我们会把操作步骤做一些简化，必要时大家可参考本节中对部门核算的相关讲解。

32.2 实战个人往来核算

如果企业对暂收、暂付性的往来款项按人员对象进行核算，则需要设置人员档案。必须先设置好部门档案才能在相应部门下设置人员档案信息。

32.2.1 设置人员档案

账套 002 的人员信息如表 32-3 中所示。下面来为其建立人员档案。

表 32-3 人员档案列表

人员编码	人员姓名	行政部门	业务或费用部门
101	周海娟	101 行政人事部	
102	Jack	101 行政人事部	
103	小邢	102 财务部	
104	吉燕	102 财务部	
201	曾小军	201 营业部	与所属"政部门"相同
202	宋明佳	201 营业部	
203	孙华健	202 采购部	
204	王雪华	202 采购部	
301	白岩松	301 开发部	
302	周明月	301 开发部	
303	李周彤	302 技术部	

（1）启动企业应用平台，以操作员 0031 吉燕的身份登录账套 002，登录日期 2015-01-31。

（2）在"基础设置"选项卡下，依次单击"机构设置"→"职员档案"命令，进入"职员档案"窗口如图 32-5 所示。

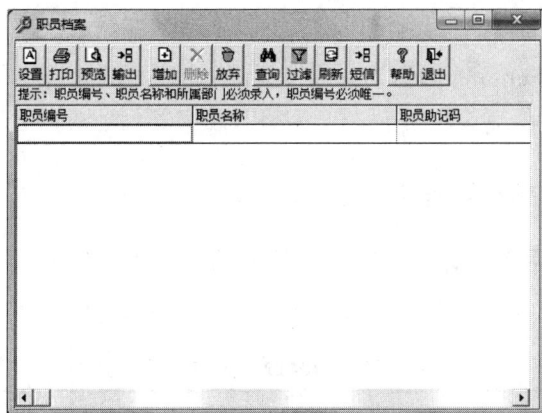

图 32-5 "人员档案"窗口

（3）依次输入第一个人员的相关信息：

- “人员编码”　　　101；
- “人员名称”　　　周海娟；
- 所属“行政部门”　101（行政人事部）。

（4）信息填写完毕后，单击“保存”按钮。参照表 32-3 所列人员信息，继续输入其他人员档案。

（5）所有人员档案建立完毕后，单击“退出”按钮，关闭“人员档案”对话框。建立完成的“人员列表”如图 32-6 所示。

（6）单击“退出”按钮，退出“职员档案”窗口。

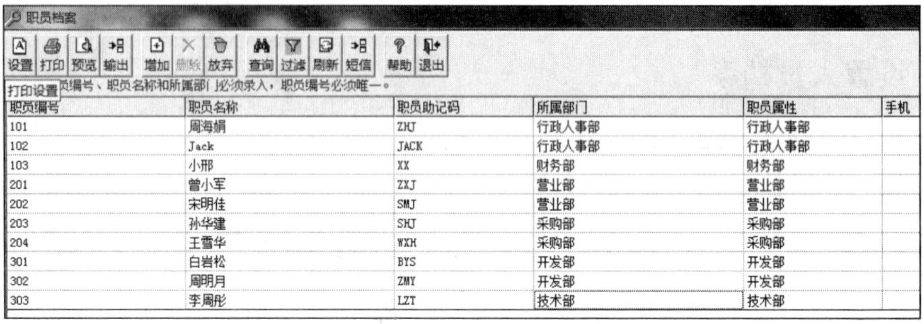
职员档案
设置 打印 预览 输出 增加 删除 放弃 查询 过滤 刷新 短信 帮助 退出
打印设置
职员编号 职员名称 职员助记码 所属部门 职员属性 手机
101 周海娟 ZHJ 行政人事部 行政人事部
102 Jack JACK 行政人事部 行政人事部
103 小邢 XX 财务部 财务部
201 曾小军 ZXJ 营业部 营业部
202 宋明佳 SMJ 营业部 营业部
203 孙华建 SHJ 采购部 采购部
204 王雪华 WXH 采购部 采购部
301 白岩松 BYS 开发部 开发部
302 周明月 ZMY 开发部 开发部
303 李周彤 LZT 技术部 技术部

图 32-6　“职工档案”窗口中显示建立好的人员档案

32.2.2　指定个人往来核算科目

哪些会计科目需要进行个人往来辅助核算，需要在会计科目属性中指定。通常情况下，“其他应收款”和“其他应付款”需要进行个人往来核算。

下面，将账套 002 的“其他应收款”指定为个人往来核算科目。

（1）接前述操作步骤，在“基础设置”选项卡下，依次单击“财务”→“会计科目”命令，打开“会计科目”对话框。

（2）在资产类科目中找到“其他应收款”，双击该科目，打开修改会计科目对话框。

（3）单击“修改”按钮，进入编辑状态。

（4）在右侧的“辅助核算”区域中选中“个人往来”复选框。

（5）单击“确定”按钮完成修改，单击“返回”按钮退出。

（6）设置完毕后，单击“退出”按钮，关闭“会计科目”对话框。

32.2.3　录入个人往来期初余额

设置为个人往来核算的会计科目在录入期初余额时有特殊的方法和途径。

账套 002 的“其他应收款”科目期初余额合计为 188 396.78 元，分布情况如表 32-4 所示。

表 32-4　其他应收款个人往来明细列表

部　门	借款个人	金　额	款项性质说明
行政人事部	周海娟	110 000.00	个人借款
营业部	宋明佳	3 396.78	预借差旅费
开发部	白岩松	75 000.00	投标保证金
其他应收款期初余额合计		188 396.78	

下面以个人往来核算方式录入"其他应收款"科目的期初余额。

（1）接前述操作步骤，在"总账"选项卡下，依次单击"设置"→"期初余额"命令，打开"期初余额录入"窗口。

（2）在科目"其他应收款"所在行的期初余额栏中双击，进入"辅助期初余额"录入窗口。

（3）单击"增行"按钮，按前述表 32-4 所列依次输入部门、个人及余额金额，也可以通过参照按钮选择部门和个人，输入结果如图 32-7 所示。

提示：期初余额中日期默认为启动日期的前一天，填入期初的日期不能迟于制单日期。

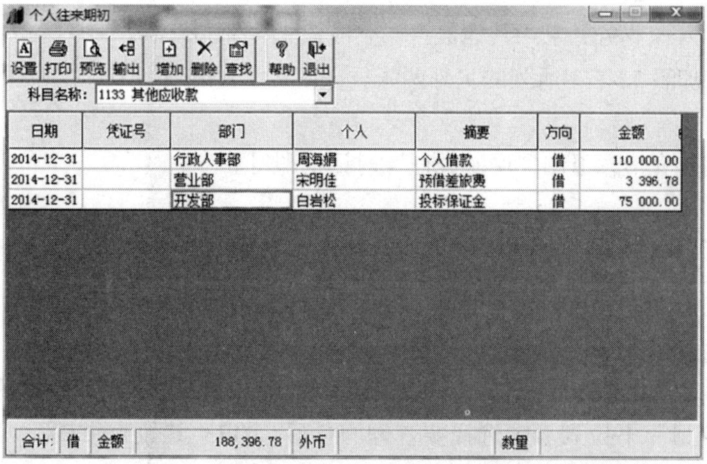

图 32-7 在"辅助期初余额"窗口按个人录入期初余额

（4）单击"退出"按钮关闭"辅助期初余额"录入窗口，所录入的合计金额即显示在"其他应收款"的余额栏中。

（5）单击"退出"按钮，退出"期初余额录入"窗口。

32.2.4 录入个人往来核算凭证

1 月份，天地实业公司发生了几笔与个人往来核算相关的业务，其会计分录如表 32-5 中所示。

表 32-5 与个人往来核算相关的业务分录

摘要	一级科目	明细科目	借方金额	贷方金额	后附单据
白岩松退回保证金	银行存款	人民币基本户	65 000		2
	其他应收款			65 000	
宋明佳报销差旅费	营业费用	差旅费	3 396.78		1
	其他应收款			3 396.78	
计提财务部奖金	管理费用	工资	2 000		1
	应付职工薪酬	工资		2 000	

下面来录入这几笔业务的相关记账凭证：

（1）接前述操作步骤，在"总账"选项卡下，依次单击""凭证"→"填制凭证"命令，打开"填制凭证"窗口。

（2）增加一张凭证，录入表 32-5 中的第一笔业务，当输入科目"1133 其他应收款"后按回车键，将会弹出如图 32-8 所示的"辅助项"对话框。

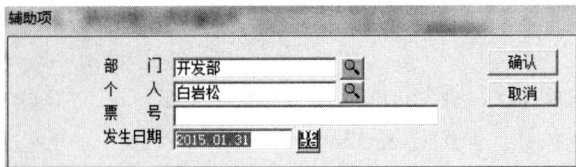

图 32-8 "辅助项"对话框

（3）依次设置"部门"为开发部、"个人"为白岩松，单击"确认"按钮。

（4）继续输入该业务分录的其他信息，完成该张凭证的填制。

（5）继续增加表 32-5 中所列的另外两张凭证。其中，第二笔归入 201 营业部，第三笔归入 102 财务部。

（6）凭证增加完毕，退出"填制凭证"对话框即可。

32.2.5 查询个人往来核算账簿

下面来查询一下账套 002 的"其他应收款"个人科目明细账：

（1）接前述操作步骤，在"总账"选项卡下，依次单击"辅助查询"→"个人往来明细账"→"个人科目明细账"命令，弹出"个人往来_科目明细账"查询条件设置对话框。

（2）在"科目"下拉列表中选择要查询的科目"1133 其他应收款"；查询月份设置为 2015.01；最后选中"包含未记账凭证"复选框。

（3）单击"确定"按钮，即可生成个人科目明细账，明细账窗口中按个人名称列示当前科目的发生额及余额情况，如图 32-9 所示。

图 32-9 个人科目明细账查询结果

（4）查询完毕，关闭个人科目明细账窗口即可。

32.3 实战客商往来核算

一个正常经营的企业，一定会因为销售产品或商品、提供服务而与服务对象——客户发生往来、产生销售收款业务；也会因为购买材料或商品、接受服务与供应商发生往来、产生采购付款业务。为了更好地管理与采购销售相关的客户和供应商资料及相关款项收付情况，用友 T3 提供了客户和供应商往来核算功能。

32.3.1 客户往来核算

客户往来核算，主要用来管理因销售商品（产品）、提供服务而与客户产生的应收、预收款项，与企业的收入紧密相关。

下面为账套 002 建立客户档案、实现客户往来核算管理。

1. 客户分类

如果在创建账套时，选用了系统默认的客户分类选项，那么在进行客户管理时，必须要对客户进行分类，然后才能建立客户档案。

表 32-6 中列出了账套 002 的客户分类情况，下面来为其建立这个分类体系。

表 32-6 客户分类列表

分类编码	分类名称
01	事业单位
01001	院校
01002	机关
02	企业单位
02001	工商企业
02002	金融证券
03	其他

（1）启动企业应用平台，以操作员 0031 吉燕的身份登录账套 002，登录日期 2015-01-31。

（2）在"基础设置"选项卡下，依次单击"往来单位"→"客户分类"命令，打开"客户分类"窗口。

（3）单击工具栏中的"增加"按钮，进入编辑状态。

（4）输入第一个分类信息：在"分类编码"文本框中输入"01"；在"分类名称"文本框中输入"事业单位"。

（5）单击"保存"按钮，所建分类显示在左侧的分类列表中。

（6）重复（3）~ 5.，参照表 32-6 所列内容建立其他客户分类，先建一级分类、再建二级分类，默认情况下，一级分类编码两位，二级分类编码三位。

（7）所有客户分类建立完毕后，其结果如图 32-10 所示。单击工具栏中的"退出"按钮，关闭"客户分类"窗口。

图 32-10 "客户分类"窗口

2. 设置客户档案

建立客户分类之后，就可以建立客户档案，把客户的具体信息输入计算机。表 32-7 中列出了账套 002 的部分客户，下面来为其建立该档案。

表 32-7 客户档案列表

客户编码	客户名称	客户简称	所属分类	币种	发展日期
001	上海戏剧学院	上戏	01001	人民币	2015-01-01
002	北京木偶剧院	木偶剧院	01001	人民币	2015-01-01
003	北京民族音像有限公司	民族音像	02001	人民币	2015-01-01
004	中国民生银行	民生银行	02002	人民币	2015-01-01

（1）接前述操作步骤，在"基础设置"选项卡下，依次单击"往来单位→客户档案"命令，打开"客户档案"窗口。

（2）点击增加按钮，按表 32-7 中所列的第一行内容依次输入 001 号客户基本信息。

（3）单击"其他"标签，将"发展日期"设置为 2015-01-01，其他内容可以不填写。

（4）信息填写完毕后，单击"保存"按钮。

（5）参照表 32-7 中所列客户信息，继续输入其他客户档案。

（6）所有客户档案建立完毕后，单击"退出"按钮，关闭"增加客户档案"对话框。建立完成的"客户档案"窗口如图 32-11 所示。

（7）单击左侧的客户分类，右侧即可显示该分类下的所有客户名称。单击"退出"按钮，退出"客户档案"窗口。

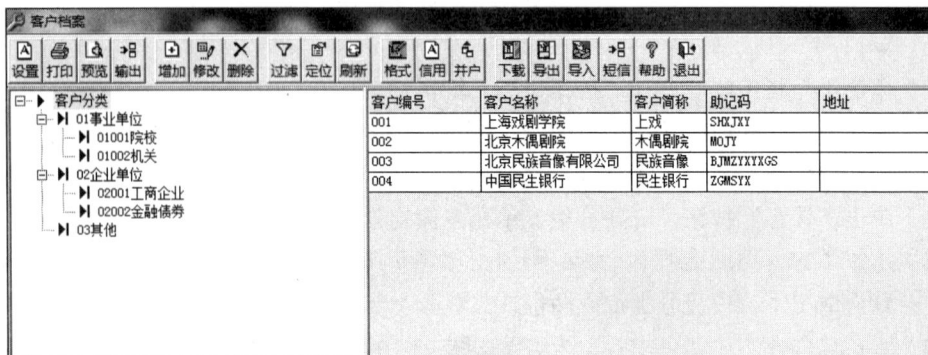

图 32-11 "客户档案"窗口

3. 实现客户往来辅助核算

通常情况下，一个账套中的"应收账款"、"预收账款"等科目被指定为客户往来核算科目。

下面将账套002中的科目"应收款账"指定为客户往来科目，并进行相应的核算。

● 第一步、指定辅助核算科目

在"基础设置"选项卡下，依次单击"财务"→"会计科目"命令，打开"会计科目"对话框，进入修改会计科目对话框，对"应收账款"属性进行修改：选中"客户往来"复选框。

特别提示：在设置"应收账款"的辅助核算为"客户往来"后，注意要将修改对话框右下角的"受控系统"则其他系统改选为空白。

● 第二步、录入往来期初余额

（1）在"总账"选项卡下，依次单击"总账"→"设置"→"期初余额"命令，打开"期初余额录入"窗口。

（2）双击"应收账款"科目的期初余额栏，进入"辅助期初余额"录入窗口。

（3）按照表32-8中所列信息录入期初余额，其中的"业务员"项可以为空。

表32-8　客户期初余额表

客　户	金　额
001 上海戏剧学院	2 809.00
002 北京木偶剧院	2 000.00
003 北京民族音像有限公司	1 220.00
004 中国民生银行	2 500.00
合计金额	8 529.00

● 第三步、录入辅助核算凭证

在"总账"选项卡下，依次单击"凭证"→"填制凭证"命令，打开"填制凭证"窗口；根据下表32-9中所列业务分录填制记账凭证。

表32-9　有关客户往来的业务分录

摘　要	一级科目	明细科目	借方金额	贷方金额	后附单据
收回北京木偶剧院货款	银行存款	人民币基本户	2 000.00		1
	应收账款			2 000.00	
应收上海戏剧学院服务费	应收账款		6 000.00		1
	主营业务收入	服务收入		6 000.00	

● 第四步、往来账簿查询及管理

在"往来"选项卡下，依次单击→"账簿"→"客户往来明细账"，展开下级菜单，选择想要查询的账表，设置好查询条件即可。

32.3.2　供应商往来核算

供应商往来核算，主要用来管理因采购商品及材料、接受服务而与供应方产生的应付、预付款项，与企业的成本紧密相关。

供应商往来核算的设置与实现客户往来管理非常相似。下面通过为账套002建立供应商档案、实现供应商往来核算管理，简要介绍如何在用友T3中进行供应商往来核算。

1. 供应商分类

如果在创建账套时，选用了系统默认的供应商分类选项，那么在进行供应商管理时，必须要先对供应商进行分类，然后才能建立供应商档案。

建立供应商分类的方法如下：

（1）启动企业应用平台，以操作员 0031 吉燕的身份登录账套 002；

（2）在"基础设置"选项卡下，依次单击"往来单位"→"供应商分类"命令，打开"供应商分类"窗口；

（3）单击"增加"按钮，按照下表 32-10 中所列出的供应商分类情况，增加供应商，建立供应商分类体系。增加完毕后，"供应商分类"窗口应如图 32-12 所示。

表 32-10　供应商分类列表

分类编码	分类名称
01	整机供应商
02	配件供应商
03	软件供应商
04	其他

图 32-12　"供应商分类"窗口

2．设置供应商档案

建立供应商分类之后，就可以建立供应商档案了。建立供应商档案的方法如下：

（1）在"基础设置"选项卡下，依次单击"往来单位"→"供应商档案"命令，打开"供应商档案"窗口。

（2）单击"增加"按钮，打开"增加供应商档案"对话框。

（3）按照下表 32-11 中所列的供应商信息（部分），依次输入"基本"信息和"其他"标签下的发展日期，建立供应商档案。

创建完毕的"供应商档案"窗口如图 32-13 所示。

表 32-11　供应商档案列表

供应商编码	供应商名称	供应商简称	所属分类	币种	发展日期
001	北京环夏玉龙有限公司	环夏玉龙	01	人民币	2015-01-31
002	北京佳源创业有限公司	佳源创业	02	人民币	2015-01-31
003	上海通泰科技发展公司	通泰	02	人民币	2015-01-31

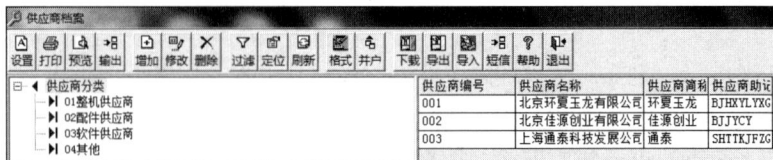

图 32-13　"供应商档案"窗口

3．指定辅助核算科目

通常情况下，一个账套中的"应付账款"、"预付账款"等科目会被指定为供应商往来核算科目。

下面将账套 002 中的负债类科目"应付款账"指定为客户往来科目，方法如下：

（1）在"基础设置"选项卡下，依次单击"财务"→"会计科目"命令，打开"会计科目"对话框。

（2）进入修改会计科目对话框，修改"应付账款"属性，选中"供应商往来"复选框。

（3）退出"会计科目"对话框。

4．录入往来期初余额

在"总账"选项卡下，依次单击→"设置"→"期初余额"命令，打开"期初余额录入"窗口；双击"应付账款"科目的期初余额栏，进入"辅助期初余额"录入窗口；按照表 32-12 中所列信息录入期初余额。其中的"业务员"项可以为空。

表 32-12　供应商期初余额表

供应商名称	金　额
001　北京环夏玉龙有限公司	16 5970.00
002　北京佳源创业有限公司	90 900.00
003　上海通泰科技发展公司	12 162.57
合计金额	269 032.57

5．录入辅助核算凭证

在"总账"选项卡下，依次单击"凭证"→"填制凭证"命令，打开"填制凭证"窗口；根据下面所列业务分录填制记账凭证，注意在录入"应付账款"时选择正确的供应商。

1 月 31 日，通过人民币基本户电汇支付"003 上海通泰科技发展公司"应付未付软件采购款 12 162.57 元。

借：应付账款（供应商为南京宏发软件公司）　12 162.57

　　贷：银行存款/人民币基本户　　　　　　　　　　12 162.57

6．往来账簿查询

在"往来"选项卡下，依次单击"账簿"→"供应商往来明细账"，展开下级菜单，选择想要查询的账表，设置好查询条件即可。

32.4　实战项目核算

企业在经营过程中经常会承接不同类型的项目，相应地在财务核算过程中就需要对多种类型的项目进行核算和管理，例如在建工程、对外投资、技术改造项目、项目成本管理、合同等。为了满足这类需求，用友 T3 在总账系统中提供了项目核算管理的功能。

账套 002 天地实业公司的主营业务之一是进行软件研发，包括自行研发产品和接受委托开发专门软件。该业务需要进行项目管理。

下面为账套 002 的软件研发业务设置项目档案并实现项目辅助核算及管理。

32.4.1　指定项目辅助核算科目

在设置项目目录、建立项目档案之前，首先要指定哪些会计科目属于项目核算科目，这点与其他辅助核算如部门核算是有差别的。

首先，为账套 002 增加与项目核算有关新的成本类会计科目。

（1）启动企业应用平台，以操作员 0031 吉燕的身份登录账套 002，登录日期 2015-01-31。

（2）在"基础设置"选项卡下，依次单击"财务"→"会计科目"命令，打开"会计科目"对话框。

（3）首先单击"成本"标签，进入成本类科目窗口，接着单击"增加"按钮，打开"新增会计科目"对话框。

（4）按照下表 32-13 中所列信息增加会计科目，不要忘记将它们的辅助核算都设置为"项目核算"。

表 32-13　需要新增的会计科目

科目编码	科目名称	科目类型	余额方向	辅助核算
4108	研发成本	成本	借方	项目核算
410801	直接人工	成本	借方	项目核算
410802	直接费用	成本	借方	项目核算
410803	折旧费用	成本	借方	项目核算
410804	其他	成本	借方	项目核算

（5）增加完毕后，分别退出"新增会计科目"对话框和"会计科目"对话框。

32.4.2　建立项目档案

使用项目核算与管理的首要步骤是建立项目档案，项目档案设置包括：增加或修改项目大类，定义项目核算科目、项目分类、项目栏目结构，并进行项目目录的维护。

1. 定义项目大类

在进行项目核算之前，要先将具有相同特性的一类项目定义成一个项目大类，一个项目大类下可以核算多个项目。

定义项目大类的具体操作方法如下：

（1）接前述操作步骤，在"基础设置"选项卡下，依次单击"财务"→"项目目录"命令，打开如图 32-14 所示的"项目档案"对话框。

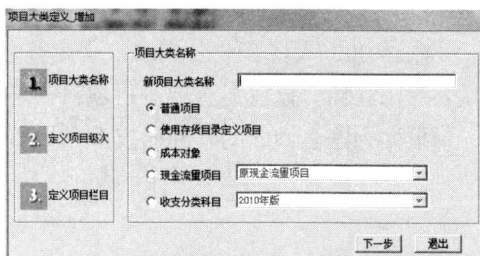

（2）单击工具栏中的"增加"按钮，弹出如图 32-15 所示的"项目大类定义_增加"对话框。

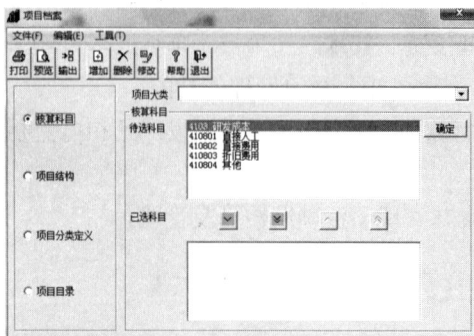

图 32-14　"项目档案"对话框　　　　图 32-15　"项目大类定义_增加"对话框

（3）在"新项目大类名称"文本框中输入要定义的项目大类名称"软件研发"，单击"下一步"按钮。

> **提示：** 项目大类的名称是该类项目的总称，而不是会计科目名称。如：在建工程按具体工程项目核算，其项目大类名称应为"工程项目"而不是"在建工程"。

（4）在随后弹出的对话框中无须进行任何修改，均采用系统默认设置，只需单击"下一步"按钮，最后单击"完成"按钮，返回"项目档案"对话框。

不要关闭"项目档案"对话框，以便接着进行后面的设置。

2. 指定核算科目

这一步用来将那些已被设置为项目核算的会计科目与某一特定项目大类关联起来，以便填制凭证时正确选用。

（1）接前述操作步骤，首先单击"核算科目"标签，然后从"项目档案"右上角的"项目大类"下拉列表中选择新建的大类"软件研发"。

（2）从上方的"待选科目"列表中选择要参加核算的会计科目"4108 研发成本"，单击中间的 > 按钮，所选科目被添加到右边"已选科目"列表中。

（3）单击 » 按钮，将其余科目410801、410802、410803 和 410804 全部选中。

> **提示：** 一个项目大类可指定多个科目，一个科目只能指定一个项目大类。

（4）单击"确定"按钮，完成科目指定。

不要关闭"项目档案"对话框，以便接着进行后面的设置。

3. 定义项目分类

项目大类下面可以再进行进一步的细分。账套 002 的"软件研发"业务就可进一步划分为"自行开发产品"和"受托开发项目"两个细类。

（1）接前述操作步骤，单击"项目分类定义"标签，进入项目分类定义窗口。

（2）单击右下方的"增加"按钮，进入编辑状态。

（3）在"分类编码"文本框中输入"1"；在"分类名称"文本框中输入"自行开发产品"；然后单击"确定"按钮。

（4）重复（3），增加细类"2 受托开发项目"。定义完成的项目分类窗口如图 32-16 所示。

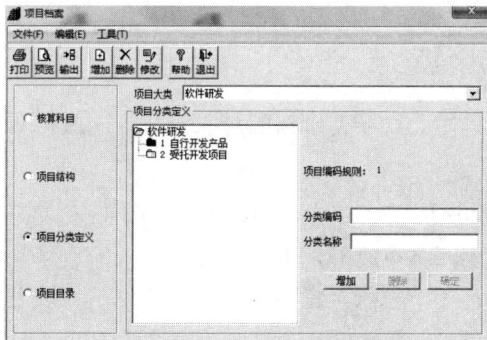

图 32-16 在"项目分类定义"标签下定义项目分类

不要关闭"项目档案"对话框，以便接着进行后面的设置。

4. 定义项目目录

直到这时，我们才开始定义真正的项目名称，从而生成项目目录。

账套 002 目前正在进行并需要核算的软件开发项目如表 32-14 中所列。

表 32-14　正在进行的项目列表

项目编号	项目名称	所属分类码
101	债券投资分析系统	1
201	农行资金管理平台	2

（1）接前述操作步骤，首先单击"项目目录"标签。

（2）接着单击右下角的"维护"按钮，进入"项目目录维护"窗口。

（3）单击"增加"按钮，窗口中增加一个空行。

（4）按照表 32-14 中所列信息，在各栏次中依次输入项目信息，增加两个项目，设置结果如图 32-17 所示。

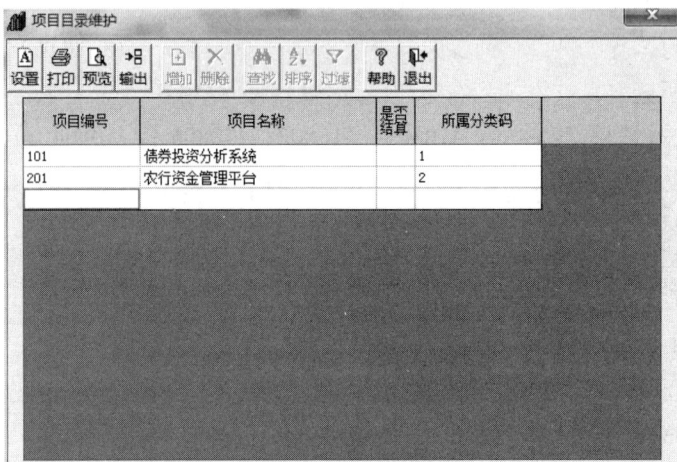

图 32-17　在"项目目录维护"对话框中增加项目

（5）单击工具栏中的"退出"按钮，关闭"项目目录维护"对话框。新添加的项目即会显示在项目目录窗口中。

（6）项目档案建立完毕，单击"退出"按钮，退出"项目档案"对话框。

32.4.3　录入项目期初余额

被指定为项目核算的科目，其期初余额的录入方法与一般科目不同，但与其他辅助核算如客户往来科目相类似。

账套 002 的项目 2015 年 1 月才开始，因此无年初余额。尽管如此，我们还是要介绍一下录入项目核算科目期初余额的基本步骤如下：

（1）接前述操作步骤，在"总账"选项卡下，依次单击"设置"→"期初余额"命令，打开"期初余额录入"窗口；

（2）双击已指定为项目核算科目（如"研发成本/直接人工"）的期初余额栏，进入"辅助期初余额"录入窗口；

（3）单击"增行"按钮，选择所属"项目"，并输入期初余额"金额"。

（4）录入结束后，退出期初余额窗口即可。

32.4.4 录入项目核算凭证

凡是被指定为项目核算的会计科目，在填写记账凭证时，需要选择所属项目以实现项目核算目标。填制凭证的具体过程与其他辅助核算如部门核算相类似。

账套 002 一月份发生的与项目"201 农行资金管理平台"相关的业务及分录如表 32-15 所示。下面，来录入这两笔分录。

表 32-15　与项目相关的业务及分录

业务内容	分录	所属部门
业务1： 农行项目人员报销差旅费 3 000	借：研发成本/直接费用　　3 000 　贷：库存现金　　　　　　3 000	
业务2：（先计提后发放） 农行项目发奖金2 000（网银支付）	借：研发成本/直接人工　　2 000 　贷：应付职工薪酬/工资　　2 000 借：应付职工薪酬/工资　　2 000 　贷：银行存款/人民币基本户　2 000	开发部

（1）接前述操作步骤，在"总账"选项卡下，依次单击"凭证"→"填制凭证"命令，打开"填制凭证"窗口。

（2）增加一张新凭证，根据表 32-15 中所列信息录入第一笔业务，当输入科目"研发成本/直接费用"并按回车键后，弹出如图 32-18 所示的"辅助项"对话框。

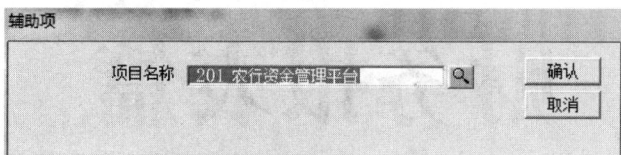

图 32-18　"辅助项"对话框

（3）单击右侧的参照按钮，选择项目"201 农行资金管理平台"，单击"确认"按钮。

（4）继续录入该业务的其他信息和另一笔同样属于农行项目的业务。

注意：在录入"应付职工薪酬/工资"科目时需要指定所属部门"301 开发部"。

（5）录入完毕，退出"填制凭证"窗口即可。

第七篇

财务报表篇

第 33 章

从企业的角度看财务报表

财务报表是财务工作的最终成果，是填制记账凭证、登记账簿、对账、结账等程序的最终结果，采用货币进行计量，可以全面、系统地反映企业的整体财务状况、经营成果和现金流量状况。财务会计报告由会计报表、会计报表附注和财务情况说明书三部分组成。会计报表是财务会计报告的主干部分。

33.1 学会阅读企业的财务报表体系

企业浓缩了帕乔利密码的财务报表如图 33-1 所示，其中利润表会有自己的一些附表，以全面反映利润的情况，在这里进行分析时，并不将这些主表的附表单独列示。

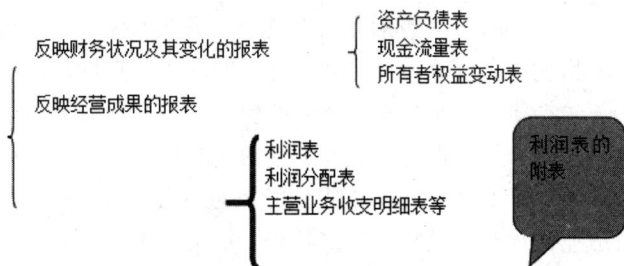

反映财务状况及其变化的报表 ──┬── 资产负债表
　　　　　　　　　　　　　　　├── 现金流量表
　　　　　　　　　　　　　　　└── 所有者权益变动表

反映经营成果的报表 ──┬── 利润表
　　　　　　　　　　　├── 利润分配表
　　　　　　　　　　　└── 主营业务收支明细表等

利润表的附表

图 33-1　财务报表体系

33.2 了解管理者如何解读财务报表

财务报表上的数字只是结果，而管理活动才是企业创造价值的原因。管理者在分析财务报表时，不能只看数字，而是要能看到数字背后的管理活动，并分析这些活动的指向，能给企业的变动带来什么样的方向。

管理人员通常想在财务报表上找到问题的答案，其实并不是这样，财务报表更重要的是帮助管理者提出问题，为什么会有这么样的数字，进而理清管理问题的核心，它是提供"问题"的起点，而不是终点。

如何正确地解读并运用财务报表，从而使企业可持续发展，这从根本上考验着企业管理者的智慧与勇气。

管理者能否从过去的历史数据预测未来的财务绩效，是一件困难的事。财务报表是企业经营及竞争的财务历史，历史常是未来的先行指标，它发出微弱的信号，预言未来的吉凶。但企业过去的财务绩效与未来的财务绩效，又不见得有稳定的关系，同一组财务数字，还可能引发完全相反的解读。

管理者在阅读财务报表时，目光不能只局限在自己公司的绩效上，而是要同时检视自己公司与大环境的关系，另外还要观察本企业与竞争对手的相互竞争关系，企业必须与外在环境互动，与时俱进。

因此，阅读财务报表不仅需要有整体观念，而且必须了解该公司的营运模式，不能以单一财务数字或财务比率妄下结论。因营业活动及产业特性不同，企业的财务结构也会有很大的差异。

一般来说，观察一个公司财务结构是否健全，可由下列几个方向着手：

● 和过去营业情况正常的财务结构相比，负债比率是否有明显恶化的现象；
● 和同业相比，负债比率是否明显偏高；
● 观察现金流量表，在现有的财务结构下所造成的还本及利息支付负担，公司能否产生足够的现金流量作为应对。

企业出于特殊目的，借此设置秘密准备，漫无边际任意使用或歪曲使用谨慎原则，违反会计核算客观性，使财务报告失真。此外，谨慎性原则的使用缺乏一个刚性的标准。

分析方法及指标自身的局限。财务指标缺乏统一一般性的标准，工业发达国家如美国、日本的一些政府和金融机构，定期分布各行业财务方面的统计指标，甚至同行企业的工会与个别公司的信用部门，也搜集产业平均财务比率的资料。然而目前某些报刊提供的部分行业财务数据往往行业划分较粗，抽样误差较大，缺乏一定的代表性，使会计报表使用者无所适从。现行财务分析指标常常是重"量"而忽视"质"，会计报表较难揭示翔实的资料，因而使会计报表使用者较难取得诸如存货结构、资产结构、批量大小、季节性生产变化等信息。

33.3 轻松理解企业的财务状况

卡伦·伯曼曾说过，大多数高级管理人员，是在升迁过程中学到了财务技能。如果不知道财务人员在说什么，管理一个企业将是非常困难的。什么是管理？管理就是看报表，想要了解企业的价值，就必须看这个企业的财务报表。

33.3.1 企业经营的目标

传统经济学认为，企业是（自利）配置资源的场所，企业经营的目的是获取利润。但是新制度经济学认为：企业是社会的企业；企业经营的目的是企业价值最大化。信息经济学认为：企业是企业家（代理人）的企业；股东是弱势群体；进行公司治理，完善代理人激励与约束机制；股东价值最大化、代理人价值（有条件）最大化。

通过上面内容，可以看到不同的理论对企业经营的目标有不同的认识，即便是不同与企业有关系的人，其目标也是不同，比如股东和企业家，如表 33-1 所示。

表 33-1 企业家与股东的目标

差异	股东	企业家	结果
目标差异	股东价值最大化	企业家价值最大化	企业腐败职位消费
信息差异	对企业情况不了解	非常熟悉企业情况	内部人控制
责任差异	承担全部损失	承担部分损失	股东为弱势群体

33.3.2 财务与会计的区别

财务是使"资本增值"的"决策活动"。在企业能让资本增值的方式很多，到底采用哪种方式，不仅要权衡"收益和风险"，还要考虑资本的时间价值。权衡就是一种决策行为（活动），无论你采取何种方式经营，必须符合"增值"。

会计是提供"财务信息"的"管理活动"，通俗地讲，会计的作用就是使企业的活动"可视化"，即通过会计，让企业的各种经营活动，变成数字、图表，让人一看就懂。在这个可视会的过程中，出现了会计工作的细分，即会计也有不同的职能，只有融汇，才能看到自己想要的东西，单一的几张报表是达不到企业活动可视的，如图 33-2 所示。

财务与财务会计有几个明显的不同。

1. 会计与财务的研究主线不同：财务会计学科的主线是"信息流" 即将经营活动的数据进行采集、分类、加工形成财务信息（会计报表），财务研究的主线"现金流"，即研究企业现在和未来企业这台"现金制造机 "制造现金的能力。

2. 面对的时间不同：财务会计面对的是过去，财务面对的是未来，未来有许多"未知"所以要"决策"。

3. 功能不同：财务的功能，预测、决策、预算、控制、分析。财务会计的功能， 记账、算账、报账。

4. 结果不同：财务会计的结果具有"唯一性"。财务管理的结果具有"多样性"，要求我们在多个方案中做最优选择。

5. 目标不同：财务会计目标真实、准确、完整、及时。财务管理的目标是"企业价值最大化"。

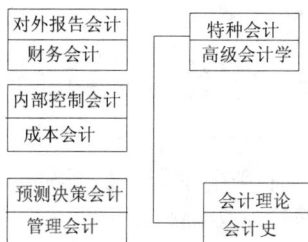

图 33-2 会计的分类

会计是通过什么让企业生产管理活动可视化的呢，答案是资金，因为没有资金的流动，就不会形成企业的管理活动，如图 33-3 所示。

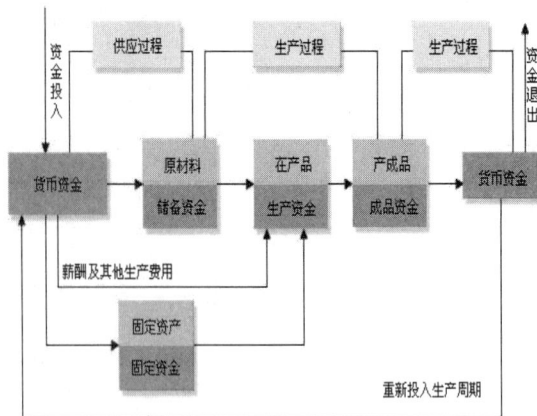

图 33-3　会计透过资金是企业生产管理活动可视化

33.3.3　大企业对财务的定位

管理者如何看待财务这个职位，国内外成功的大企业的做法或许能给人们一些启示。一般来说，他们要求财务经理成为数字、人员和流程的领导者。海尔首席执行官张瑞敏对财务的定位是"海尔财务要彻底成为规划未来的管理会计"。强生企业的愿景报告定义为"促进正确的业务决策"，引导财务人员参与业务单元。通用电气的愿景报告定义为"促进正确的业务决策"，引导财务人员参与业务单元。Olin 公司：财务人员被业务人员代替。福特：建立联合小组，从产品决策开始就将财务人员引入其中。

无一例外，他们将帕乔利密码放到了非常重要的地位。稻盛和夫认为："财务与会计学，和京瓷独创的'阿米巴'经营管理模式一起，渗透到企业内部，成为京瓷快速成长的原动力之一。"随着全球化时代的到来，现代企业面临的市场环境和内部情境复杂多变。"企业经营者必须正确把握自己企业实际的经营状况，在此基础上做出正确的经营判断。而要做到这一点，前提就是要精通会计原则以及财务管理的方法。"显然，财务与会计是"现代经营的中枢"。稻盛强调，如果将企业比作天空中飞行的飞机，那么财务与会计不仅仅是告诉飞行员已经飞了多远、多久，更重要的是告诉飞行员现在面临的状况：高度、速度、姿势、方向、天气、油耗等。这一比喻，直指财务与会计数据滞后影响经营的命门。所以，对财务与会计一窍不通的稻盛和夫都说："不懂财务与会计怎能经营企业。"

33.4　从财务的视角看企业如何经营

企业的经营无疑是复杂的，但有四个问题是最主要的，钱从哪里来，资金怎样用，效益如何来，利益怎么分，这四个问题，伴随着企业经营的全过程，也是每一个企业家和管理者无时无刻面临的问题所在。

企业对财务管理的重视程度是关键因素-即是否建立以财务管理为核心的企业管理体系。

33.4.1　财务运转的循环过程

从财务的视角来看，企业通过股东投入资产，经过经营过程创造利润，在利润形成时产生现金流，使得企业实现真正的增值，回报股东，如图 33-4 所示。

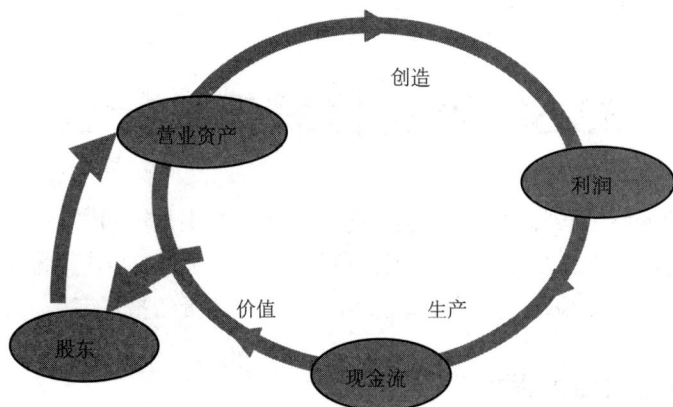

图 33-4　财务视角的企业经营图

33.4.2　财务的外部因素

企业的高级管理者，特别是决策者，也不能一味地只看财务本身，而要关注财务外部的因素，这些因素在很大程度上影响着财务，主要有以下几个方面：

1. 关注经营的复杂程度。很多企业刚进入市场是一个简单的企业架构，尤其是很多民营企业，先生打市场，太太管资金。随着企业迅速壮大，经营和管理的复杂性也大幅增加。竞争使企业的利润越来越低，经营复杂性的上升，导致经营管理成本大幅上升。一方面是市场利润下降，另一方面是内部成本上升，如果不能有效地进行财务管理，在这双重因素夹击下，必将出现经营困难，甚至夭折。

2. 政府对企业经营有重大影响。从财务角度感受最深的是"货币政策"、"税收"。从经营角度"资源的分配"和"政策法规"。在我国，政府掌控着市场最优质的资源，政府在很大程度上影响着企业的利润，因此要充分利用政府给予的优惠政策，最大化的获取合理的利益。

3. 供应商。在市场竞争条件下，供应商的身份也是多变的，即有卖方供应商、买方供应商；强势供应商、弱势供应商；交易性供应商、伙伴型供应商。总体来看，交易性供应商直接成本较低（价格低），但间接成本高，如服务、后期维修等成本相对较高。伙伴型供应商直接成本看起来高，但后期服务、配合等间接成本较低。

4. 代理人（员工与管理层）。财务理论基础是"代理理论"，员工是企业最大的成本源，万人企业，每名员工省 100 元，就是 100 万元。

5. 投资人。代理人是做生意，关注利润是投资人做的价值，关注持续的现金流。投资人把企业当做产品来做（并不关注做什么产品，怎么做）把企业做大了，在资本市场把持有的股票卖掉赚钱资本市场价值高低，并不完全是利润多少决定，而是有企业是否健康，是否有持续盈利能力决定的。

6. 债权人。贷款债权人最关心的是债权的安全，包括贷款到期收回和利息的偿付。因此，他们需要了解企业的获利能力和现金流量，以及有无其他需要到期偿还的贷款。

商业债权人最关心的是企业准时偿还贷款的能力，因此，他们需要了解企业的短期偿债能力包括流动比率、速动比率、现金比率。

33.5 财务报表都有什么

我们常说企业的财务会计报告，其实上与财务报表并不是一回事，财务报告包括财务报表及其附注和其他应当在财务会计报告中披露的相关信息和资料。其他信息和资料包括管理当局的分析与讨论、预测报告、物价变动影响报告、社会责任报告等。

33.5.1 财务报表的四大指标

财务报告的核心部分是财务报表，财务报表是对企业财务状况、经营成果和现金流量的结构性表述。它是企业的语言，无声处又不断的表达着企业的相关信息，包括四张报表，看到它们基本看到了企业的发展情况，它们是：

1. 资产负债表
2. 利润表
3. 现金流量表
4. 所有者权益变动表

虽然财务报表有四张，但是企业的活动只有一种，企业每天的经营活动，绝不会是一些活动只属于资产负债表，另一些活动只属于利润表，而是一种活动的不同报表反映，因此财务报表之间也有着内在的关系，如图 33-5 所示。

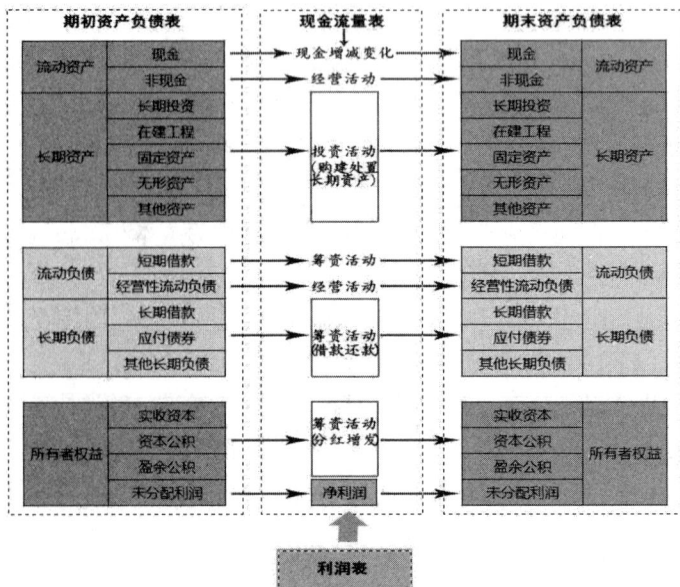

图 33-5 财务报表关系

33.5.2 财务报表仪表盘的分类

企业作为重要的社会元素，承担着创造价值和分配价值的功能，社会上众多的人员就业是依靠企业来完成的。在全球经济一体化和竞争的市场机制下，企业运营越来越复杂，企业的服务对象也越来越多，因此，财务报表也需要按不同的目的进行不同的分类，如图 33-6 所示。

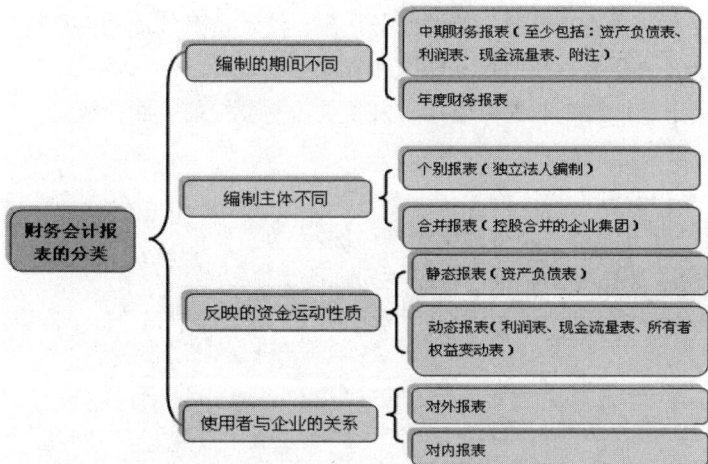

图 33-6　财务报表仪表盘的分类

33.5.3 企业利益相关者的不同关注点

同样是一个企业，但与其产生交集的人群其目的却不一样，甚至可以说是存在着矛盾，这是非常正常的，比如员工总希望工资能高一点，老板则希望成本能低一点。那么他们都关注哪些呢？下面就归纳一下企业的利益相关者对企业及其对财务状况的不同关注点（如表 33-2 所示）。

表 33-2　企业利益相关者的不同关注点

企业利益相关者	关注点
企业业主或股东	关注投资的回报率
企业的贷款提供者	关注长期盈利能力和偿债能力
商品和劳务供应商	关注企业的盈利状况和资本结构
企业的管理人员	关注营运能力、偿债能力、盈利能力及发展能力等全部信息
顾客	关注产品的质量和价格
企业雇员	关注企业的现金流，支付能力
政府管理部门	关注企业的社会责任
竞争对手	关注市场份额

从表 33-2 的分析中，可以得出以下结论：

财务信息使用者所要求的信息大部分都是面向未来的，不仅看重经济效益，也看重企业的长远发展。

1. 不同的信息使用者各有其不同的目的，因此，即使对待同一对象，他们所要求得到的信息也是不同的，比如员工，看重的是自己的工资，投资人看重的是能分多少红利。

2. 不同的信息使用者所需的信息的深度和广度不同，比如员工和老板，其对待企业财务报表的态度显然不同。

企业财务报表中并不包括使用者需要的所有信息，很多信息，需要分析才可以得到。

1. 债权人

关心：企业是否具有偿还债务的能力。

（1）短期债权人主要关心企业当前的财务状况，流动资产的流动性和周转率。

（2）长期债权人主要关心长期收益能力和资本结构。

主要决策：决定是否给企业提供信用，以及是否需要提前收回债权。

财务报表分析解决的问题：

① 公司为什么需要额外筹集资金；

② 公司还本付息所需资金的可能来源是什么；

③ 公司对于以前的短期和长期借款是否按期偿还；

④ 公司将来在哪些方面还需要借款。

2. 投资人

关心：企业是否具有获利的能力。

主要决策：是为了在竞争性的投资机会中做出选择。

财务报表分析解决的问题：

（1）公司当前和长期的收益水平高低，以及公司收益是否容易受重大变动的影响；

（2）目前的财务状况如何，公司资本结构决定的风险和报酬如何；

（3）与其他竞争者相比，公司处于何种地位。

3. 经理人员

关心：公司的财务状况、盈利和持续发展的能力。

分析报表的主要目的：是改善报表。通过财务报表分析，发现有价值的线索，设法改善业绩。

4. 政府机构和其他人士

政府机构也是公司财务报表的使用人，包括税务部门、国有企业的管理部门、证券管理机构、会计监管机构和社会保障部门等。他们使用财务报表是为了履行自己的监督管理职责。

其他进行财务分析的人士还有企业职工和工会、审计师和财务分析师等。

【例 33-1】2011 年 1 月，总经理向董事长请示购买一台设备，该设备购入后，2015 年 2 月，因业务调整，出售该设备，那么企业三年内是否盈利？作为董事长评价这次决策，肯定要看投资回报。

购置固定资产价值 10 万元，预计使用年限 10 年，残值为 0，直线折旧，每年计提折旧 1 万元。

- 第一年企业实现利润 2 万元。
- 第二年利润 2 万元。
- 第三年实现利润 1 万元。
- 第四年变卖设备计 1 万元。

请问企业在经营期内，共赚了多少？

分析：

第一年利润 2 万元，折旧 1 万元，折旧前利润为 3 万元。同理，第二年折旧前利润也为 3 万元，第三年折旧前利润为 2 万元。三年折旧前利润共为 8 万元。

第四年变卖设备 1 万元，所为这台设备购入后，得到的收益共为 9 万元，而购入时花了 10 万元。

综上所述，企业在此经营期间亏损了 1 万元。

33.6　读懂财务报表的规范

通常来讲，财务分析并没有固定格式，而是企业根据不同的需要，进行独立的分析，但是，不管是财务报表的编制还是财务报表的分析，都不是一蹴而就的，它们都是有一定的原则和规范才能完成。

财务报表分析的原则是指各类报表使用人在进行财务分析时应遵循的一般规范。财务报表分析的原则可以概括为：目的明确原则；实事求是原则；全面分析原则 ；系统分析原则；动态分析原则；定量分析与定性分析结合原则；成本效益原则。

33.6.1　财务报表制度

财务报表是企业的语言，必须按照公认的标准进行编制，为企业提供准确无误的数据，供企业相关者使用。

1. 制约企业报表编制的基本会计假设

会计基本假设是企业会计确认、计量和报告的前提，是对会计核算所处时间、空间环境等所作的合理设定。主要有四种假设：会计主体假设；持续经营假设；会计分期假设；货币计量假设。

2. 制约企业报表编制的一般会计原则

它是建立在会计目标、会计假设及会计概念等会计基础理论之上具体确认和计量会计事项所应当依据的概念和规则，是对财务会计核算的基本要求作出规定客观性原则。包括八大原则：相关性原则；明晰性原则；可比性原则；实质重于形式原则；重要性原则；谨慎原则；及时性原则；权责发生制原则。

3. 制约企业报表编制的相关法规体系

主要包括：《中华人民共和国会计法》（简称《会计法》）；企业会计准则；基本会计准则；具体会计准则；会计准则应用指南和解释公告。

财务人员应当知晓上述法规，不然处理的业务就没有依据和标准，业务就是自己想当然处理了，另外，企业管理人员也要懂点法规常识，要不然会违法指示。

33.6.2　财务报表分析的标准

既然是分析，其分析的结果就要有一个评价标准，如果没有，分析也就没有意义。

财务报表分析的标准，目前通用的有：经验标准，历史标准，行业标准，预算标准。

1. 经验标准：依据大量且长期的实践经验而形成标准的财务比率值。

优点：相对稳定。

不足：不能适用于所有企业；经验标准也会变化。

2. 历史标准：本企业过去某一时期该指标的实际值。

优点：比较可靠和客观；本期与历史标准具有较强的可比性。

不足：比较保守；适用范围较窄。

3. 行业标准：可以是行业财务状况的平均水平，也可以是同一行业中某一比较先进企业的业绩水平。

优点：说明企业在行业中的地位和水平；可以判断自身的发展趋势。

不足：由于内部差异、地域差异等影响，不一定具有可比性；行业标准偏离企业本源。

4. 预算标准：是指实行预算管理的企业所制定的预算指标。

优点：符合战略及目标管理要求

缺点：制定预算时考虑外部因素不全，预算标准不可靠；预算带主观意识，结论不真实。

33.6.3 财务报表分析的方法

虽然财务分析各不相同，但基本的分析方法还是一致的。财务分析常用的方法主要有三种：比率分析法、趋势分析法、因素分析法。

1. 比率分析法按用以计算比率的项目不同，可分成结构比率、效率比率、相关比率。

2. 趋势分析法，分析引起变化的主要原因、变动性质，并预测企业未来的发展方向。主要有三种方式：财务报表数据绝对额的比较；重要财务指标的比较；财务报表项目构成的比较。

3. 因素分析法，又称为连环替代法，是将一项综合性指标分解为各项构成因素，顺序用各项因素的实际数替换基数，分析各项因素影响程度的一种方法。

【例 33-2】大连杰妮高科技有限公司 2015 年的负债为 2 000 万元，总资产净额为 4 000 万元，用比率分析法，分析其举债经营比率为 50%，即每 100 元资产中，有 50 元是经举债取得的。

【例 33-3】大连杰妮高科技有限公司利润表中反映 2013 年的净利润为 5 000 万元，2014 年的净利润为 8 500 万元，2015 年的净利润为 12 500 万元。

通过绝对值分析：2014 年较 2013 年相比，净利润增长了 8 500-5 000=3 500（万元）；2015 年较 2014 年相比，净利润增长了 12 500-8 500=4 000（万元），说明 2015 年的效益增长好于2014 年。

而通过相对值比率分析：2014 年较 2013 年相比净利润增长率为：3 500÷5 000×100%=70%；2015 年较 2014 年相比净利润增长率为：4 000÷8 500×100%=47%。则说明 2015 年的效益增长明显不及 2014 年。

分析可以得出，2015 年企业的净利润增长速度放缓。

33.6.4 财务报表分析的作用

由于一些原因，企业的管理者往往关注经营，比如常会问签订了多少合同，完成了多少产值，却很少去看财务分析，使得财务人员，除了记账外，没有提供更重要的价值。

财务分析到底有什么用呢，以下主要从四个方面阐述。

1. 能合理评价企业经营者的经营业绩：通过财务分析，可以直接得出企业的经营成果，反映企业的业绩。

2. 是企业经营者实现理财目标的重要手段。财务部门是企业的核心部门，但也是一个矛盾的部门。现实中财务部门与采购、营销、信贷、生产部门的常会产生冲突，这正是因为财务分析起到了作用。

3. 能为报表使用者做出决策提供有效依据。企业管理中，决策一定要依据数字来决定。

4. 能为国家行政部门制定宏观政策提供依据。只有将国民经济进行了分析，才是最好的决策依据。

财务报表分析是每个财务工作人员必须了解的技能，但在实际工作中，很多人都不知道从何入手，我们总结，财务分析的一般步骤有以下7步：

1. 明确分析目的
2. 设计分析程序
3. 收集有关信息
4. 将整体分为各个部分
5. 研究各个部分的特殊本质
6. 研究各个部分之间的联系
7. 得出分析结论

【例33-4】大连秋实机械有限公司每日按二班安排生产A产品，每月产量2万件，A产品单位毛利率20%。已接受长春日化有限公司2万件订单，但突然接到一家德国外资企业要求订购1万件A产品，按照企业每日三班作业可以完成2家公司共3万件产品的订单，但德方要求企业降价30%，请问该企业是否接受此订单？资料如表33-3所示。

表33-3　A产品财务指标表

产品	销售单价	单位成本	单位变动成本	单位固定成本	单位产品毛利	单位毛利率
A	100	80	50	30	20	20%

分析：

接受订单降价后，销售单价变为70元，单位固定成本变为20元。2万件原价销售获利为60万元，1万件降价销售获利为0元。

不接受订单销售获利为40万元，因此，该企业应当接受订单。

结论：

不通过财务分析，就不知道经营决策是否正确。

33.7　理清资产负债表的平衡

说到资产负债表，就会想到资产、负债、权益之间的平衡关系，用公式表示的基本结构及其相互关系为：资产=负债+所有者权益，这是资产负债表的核心所在。

33.7.1　资产负债表借贷平衡原理

企业中的借和贷，是在公平市场的监管下，形成一种互利关系，另外，企业中的记账方式也是采用借和贷，是一种记账的方法。

借贷平衡原理，就是对于一笔经济业务，必须同时在相互联系账户的借方和贷方登记，并且借方登记的数额等于贷方登记的数额。

我国会计准则规定，资产负债表的格式一律采用账户式结构。

前面已经说过了，资产负债表成立的基本原理是"有借必有贷，借贷必相等"，"资产 = 负债+所有者权益"。记住这句话，就知道了资产负债表的平衡原理。

33.7.2　资产负债表的顺序

资产负债表，左边是资产、右边上部是负债，右边下部是权益，左右环视，就会看到平衡数字，那么，资产中为什么货币资金在最前面，为什么不把无形资产放到最前面呢？

资产的流动非流动密码：

表中资产的顺序，是按资产变现能力的强弱来排序的，我们知道，企业如果这个月没有购入固定资产，固定资产就不会发生改变，但是企业的货币资金正常都会发生改变。资产按照流动性，分为流动资产和非流动资产。

1. 流动资产

流动资产是指企业可以在一年内或者超过一年的一个营业周期内变现或者运用的资产。包括：货币资金、短期投资、应收账款、应收票据、预付账款、其他应收款及存货等。

2. 非流动资产

非流动资产是指一年以上或者超过一年的一个营业周期以上变现或耗用的资产。包括：长期投资、固定资产、无形资产和其他资产等。

负债的先还后还密码：

负债和资产的排序规则又不同了，而是按偿还时间长短不同来排序，即把马上还的排前面，可以延缓一点还的排后面，先急后缓。据此，负债分为流动负债和非流动负债。

3. 流动负债

流动负债是指企业在一年内或者超过一年的一个营业周期内需要偿还的债务总和。包括：短期借款、应付票据、应付账款、预收账款、其他应付款、应付职工薪酬、应付福利费、应付税费、应付股利、一年内到期的长期借款等。

4. 非流动负债是指偿还期限在一年以上或超过一年的一个营业周期以上的债务。包括：长期借款、应付债券、长期应付款等。

权益的不同来源密码：

权益的排序也是有讲究的，它是按形成来源不同而排列的，可分为实收资本（股本）、资本公积、和留存收益三类。其排列原则是：永久性越强的，越排在前面。

留存收益主要包括：法定盈余公积、法定公益金、任意盈余公积和未分配利润。

33.8　看懂利润表的利润

投资企业，最关键的还是有没有利润。收入即是利润的源头，所以在看利润时，一定要往远处看看。

利润表依据收入来源的不同，将其分成以下五大类：

- 主营业务收入
- 其他业务收入
- 投资收益
- 补贴收入
- 营业外收入

相比于企业的收入，利润表中，企业的成本和费用主要有六大类，它们分别是：

1. 主营业务成本：显然他与主营业务收入相对应，企业为取得主营业务而产生的成本，即归为主营业务成本，它也是企业的主要成本。

2. 其他业务成本：与其他业务收入相对应

3. 营业费用：通常是指销售部门的支出，由于企业的销售部门人员常要走动外出，是企业支出的主要部分，所以是企业费用的控制重点。

4. 管理费用：这部分钱主要是管理人员花费的。企业的管理是产生效益的重要因素之一，没有好的管理，就不会有好的企业。管理费用的控制，主要是管好有决策权的管理者。

5. 财务费用：财务费用的高低，直接与企业对外融资的多少相关，融资越多，利息越多，财务费用也就越高。

6. 营业外支出。一般是企业运营之外的事，比如被罚款。

接下来就是利润表的核心了，利润表主要还是看利润。

利润表中的利润，是一步一步对应收入与成本费用之差算出来的，总的来讲，利润项目是一个递减的过程，最后的净利润才是企业真正属于自己的利润。

利润项目主要有以下五类：

- 主营业务利润
- 其他业务利润
- 营业利润
- 利润总额
- 净利润

主营业务利润是企业全部利润中最为重要的部分，是影响企业整体经营成果的主要因素，企业要良性发展，必须有主营业务利润作为支柱。

【例33-5】大连杰妮高科技有限公司每日按二班安排生产A产品，每月产量2万件，销售量2万件相关资料如表33-4所示。

表 33-4　A 产品财务指标表

产品	销售单价	单位成本	单位变动成本	单位固定成本	单位产品毛利	单位毛利率
A	100	80	50	30	20	20%

2015 年 9 月，一竞争对手将这款同类产品销售单价降到 65 元，针对这一问题，总经理向财务提出决策方案，以回复董事会提出的以下问题：

（1）是否放弃这款产品？

（2）如果不放弃，公司该怎么办？

分析：

利润 =（销售单价 - 单位变动成本）× 销量 - 固定成本

假设这款产品利润为零时，公司的售价为 80 元，即这款产品的最低售价为 80 元，在目前成本情况下，应当放弃。

如果不放弃，则需把单位成本降低到 65 元以下，或者在固定成本不变的情况下，大幅度提高产销量。

33.9　看懂现金流量表

过去，企业是不编制现金流量表的，即便到了现在，很多企业管理者也不怎么看现金流量表，那么为什么要看企业的现金流量呢，它的作用主要有以下四点：

- 能弥补资产负债表信息量的不足。比如货币资金，从资产负债表中，并不能看出货币资金的变化集中在哪些方面，但是现金流量表则清楚地显示出它的变化。
- 便于从现金流量的角度对企业进行考核。比如销售收入，结合现金流量表，则可以更好的考核销售经理的业绩。
- 便于了解企业筹措现金、生成现金的能力。
- 便于确认企业是否有效地利用已有现金。

33.9.1　现金流量表中的经营、投资、筹资

在现金流量表中，为了更好地区别现金来源和现金支出，将现金分为了以下三大类：

- 经营活动产生的现金流量。
- 投资活动产生的现金流量。
- 筹资活动产生的现金流量。

通过将企业现金流量分为经营活动、投资活动、筹资活动，有利于报表使用人有区别地分析企业的现金来源和现金支出。下面简要地说明要点。

经营活动产生的现金流量，是指生产经营活动中所发生的现金收入与支出之差。也就是销售商品、提供劳务收到的现金与购进商品、接受劳务付出的现金进行配比。

揭示企业是否保持持续经营所需的现金。一个经营良好的公司，正常情况下，经营活动现金净流量应该为正值。

也有可能，在经营活动现金净流量为负值的情况下，企业总的现金净流量仍为正值。这说明企业是通过投资收益、出售资产、大量举债、吸收股东投资等方式来维持周转的。

通过单独了解经营活动产生的现金流量，有助于分析企业的收现能力，从而全面评价其经营活动的成效。

投资活动产生的现金流量，是指投资活动中现金流入和流出的差额。包括：非现金等价物的短期投资、长期投资的购买和处置、固定资产的购建和处置、无形资产的购置和处置。

投资活动产生的现金流入有以下 5 方面：

- 收回投资收到的现金
- 取得投资收益收到的现金
- 处置固定资产、无形资产和其他长期资产收到的现金
- 处置子公司及其他营业单位收到的现金净额
- 收到其他与投资活动有关的现金

投资活动产生的现金流出则有以下 4 方面：

- .购建固定资产、无形资产和其他长期资产支付的现金
- .投资支付的现金
- .取得子公司及其他营业单位支付的现金净额
- .支付其他与投资活动有关的现金

筹资活动产生的现金流量，是指企业在筹资活动过程中发生的现金流入和流出的差额。包括如下项目：

- 吸收投资所收到的现金
- 借款所收到的现金
- 收到其他与筹资活动有关的现金
- 偿还债务所支付的现金
- 分配股利、利润或偿付利息所支付的现金
- 支付其他与筹资活动有关的现金

33.9.2　现金流量表与其他报表的分析

企业的任何一张报表，都不会全面反映出企业的财务状况，通过现金流量表与其他报表的比较分析，能够比较全面的反应本企业的财务状况。

1. 现金流量表与资产负债表比较分析

资产负债表是反映企业期末资产和负债状况的报表，通过对现金流量表有关数据与资产负债表有关数据的比较，比如将资产负债表中的货币资金与现金流量表中的经营活动收到的现金相比较等，可以更为客观地评价企业的偿债能力、盈利能力和支付能力。

2. 现金流量表与利润表比较分析

利润表是反映企业一定期间经营成果的重要报表。利润表运用了权债发生制原则、费用配比原则、划分资本性支出和费用性支出原则等。

由于收入与费用是按其归属来确认的，不管是否实际收到或付出了现金，以此计算的利润常常使一个企业的盈利水平与其真实的财务状况存在偏差。

为真实地了解企业财务状况，需要将现金流量表所提供的现金流量信息，特别是经营活动现金净流量信息与利润表的利润结合起来分析。

【例33-6】大连宏大面包专卖店是一家新开业的面包销售公司，1月1日开张，开业初有1万元的现金存在银行，预计前三个月的销售收入分别是2万元、3万元、4.5万元，成本是销售收入的60%，每个月的营业费用是1万元。对于这份计划，店长还觉得不错，前三个月的销售收入显示出良好的增长趋势。但当会计把三个月简化的预测利润表如表33-5所示给他时，他觉得不太好，净利润很少。

表33-5　大连宏大空调专卖店第一季度利润表

项目	1月	2月	3月
销售收入	20 000	30 000	45 000
产品成本	12 000	18 000	27 000
毛利润	8 000	12 000	18 000
营业费用	10 000	10 000	10 000
净利润	−2 000	2 000	8 000

为了促销，店长想了个方案：

1. 大连宏发面包店与供货商签订了30天的付款账期，即30天后支付面粉和其他原料款。

2. 大连宏发面包店与零售面包专卖店签订了60天的账期，即60天后零售店支付货款。

第一季度过后，销售收入果然如预期所示，但是钱却没有了，这是怎么回事呢？店长不思其解。

分析：

第一季度的现金收支表如表33-6所示。

表33-6　现金收支表

项目	1月份	2月份	3月份
现金结存	10 000	0	−22 000
现金收入	0	0	20 000（销售款）
现金支出	10 000（营业费用）	12 000（原材料款） 10 000（营业费用）	18 000（原材料款） 10 000（营业费用）
现金结存	0	−22 000	−30 000
应收账款	20 000	30 000	45 000

结论：

利润带来的资源并不一定具有确定可支配性，现金流量表能带来利润表所不能反映的资金流量问题。

33.10　看懂所有者权益变动表

所有者权益是变动的，于是就产生了所有者权益变动表，它是反映企业内构成所有者权益的各组成部分在一定期间内增减变动情况的会计报表。该表包括如下内容：

- 本期净利润
- 本期直接计入所有者权益的得利和损失项目及其总额
- 会计政策变更和前期差错更正的累积影响金额
- 所有者投入资本和股份支付计入所有者权益的金额
- 利润分配项目
- 所有者权益内部结转

所有者权益变动表的主要作用体现在：

- 体现企业综合收益的理念
- 有利于报表使用者全面地了解企业所有者权益项目的变化情况
- 简化了财务报表资料

33.11　看懂报表附注

报表附注，归纳起来大体包含五部分的内容如下：

- 公司的基本情况
- 公司所采用的主要会计处理方法、会计处理方法变更情况、变更原因以及对财务状况和经营成果的影响
- 控股子公司及合营企业的基本情况
- 会计报表主要项目注释
- 其他事项说明

另外，财务报表在信息披露上存在着局限性：

- 财务报表仅仅是数字列示，不能反映某些重要的资产类项目的质量水平；
- 财务报表上反映的信息都是历史的、过去的、已经发生的经济业务事项，而对于会影响企业发展的未来事项未提及；
- 财务报表反映的信息具有高度浓缩性，删略了许多分析财务报表所必需的重要项目的细节。

但是财务报表附注却可以有效地弥补上述不足，这也是它的优点所在：

- 拓展了企业财务信息的内容；
- 突破了提供企业信息必须用货币计量的局限性：通过文字，对财务信息进行定性的描述。
- 作为财务报表的补充，更好地诠释"企业财务报告是为其使用者提供有助于经济决策信息"的本质，增强了会计信息的可理解性。
- 能提高会计信息的可比性。

当然，财务报表附注也有它的局限性：

- 附注信息披露不充分
- 附注内容滞后
- 附注存在虚假信息
- 附注内容中缺少相关部门的监督和评价

第 34 章

通过实例来解读资产负债表

资产负债表，提供的是企业在某一特定时期所拥有的全部资产、负债和所有者权益（自有资本）的存量及其结构的状况表。

34.1 实例 1：××电器的资产负债表

如果要了解企业的健康状况，就要看资产负债表，如表 34-1 所示，为××电器 2015 年 12 月 31 日的资产负债表。

表 34-1 ××电器 2015 年 12 月 31 日的资产负债表

日期/项目	2015/12/31	2014/12/31
资 产		
流动资产		
货币资金	19 351,838	21 960 978
交易性金融产	—	7 378
应收票据	2 505	6 874
应收账款	1 104 611	347 024
预付款项	2 741 405	947 924
应收利息	31 385	32 376
应收股利	—	—
其他应收款	975 737	110 975
存货	9 474 449	6 326 995
其他流动资产	793 656	455 740
流动资产合计	34 475 586	30 196 264
非流动资产		
长期应收款	130 768	88 450
长期股权投资	792 896	597 374
投资性房地产	387 134	339 958

日期/项目	2015/12/31	2014/12/31
固定资产	3 914 317	2 895 971
在建工程	2 061 752	408 528
无形资产	1 309 337	764 874
开发支出	22 125	58 513
商誉	616	—
长期待摊费用	529 531	237 942
递延所得税资产	283 320	251 958
非流动资产合计	9 431 796	5 643 568
资产总计	43 907 382	35 839 832
流动负债		
短期借款	317 789	—
应付票据	14 277 320	13 999 191
应付账款	6 839 024	5 003 117
预收款项	393 820	276 792
应付职工薪酬	201 295	139 530
应交税费	525 75	301 542
应付股利	9 397	—
其他应付款	1 539 020	666 391
一年内到期的非流动负债	112 178	97 128
其他流动负债	318 755	235 148
流动负债合计	24 534 348	20 718 839
非流动负债		
递延所得税负债	34 395	6 739
其他非流动负债	493 248	189 271
非流动负债合计	527 643	196 010
负债合计	25 061 991	20 914 849
股东权益		
股本	6 996 212	4 664 141
资本公积	655 288	2 975 652
盈余公积	746 529	517 465
未分配利润	9 932 866	6 383 317
外币报表折算差额	7 294	-229
归属于母公司股东权益合计	18 338 189	14 540 346
少数股东权益	507 202	384 637
股东权益合计	18 845 391	14 924 983
负债及股东权益总计	43 907 382	35 839 832

34.2 解读资产负债表中的"铁三角"

在资产负债表中，资产、负债、所有者权益三者之间是恒等式：资产=负债+所有者权益，他们之间有一方数据发生改变，就会影响到其他，有着内在的稳定性。

34.2.1 资产负债表结构及财务管理内容

从表34-1可以看到，资产负债表的内容较为复杂，为了更好理解，我们把它按照资产、负债、股东权益进行大类归集，资产负债表的简易结构如表34-2所示。

表 34-2　资产负债表的简易结构

资　产	负债及所有者权益
流动资产	流动负债
长期投资	长期负债
固定资产	负债合计
在建工程	实收资本／股本
无形资产和其他资产	未分配利润

上表中的铁三角等式分解：

- 资产角分解：流动资产+长期投资+固定资产+在建工程+无形资产和其他资产=资产
- 负债角分解：流动负债+长期负债=负债
- 权益角分解：实收资本+未分配利润=股东权益

资产=负债+股东权益

企业的财务部门，除了记账之外，最重要的职责在于进行财务管理，在资产负债表中反映的会计事项，其管理的核心不同，所要解决的财务管理内容也不相同，如表34-3所示。

表 34-3　财务管理的内容

资　产	财务管理	核心
现金	现金流管理	
短期投资	证券价值管理	
应收帐款	收款质量与客户信用政策管理	资产管理的核心是通过资产的优化配置提高资产的营运效率
存货	存货数量与周转效率管理	
长期投资	企业对外投资及证券投资	
固定资产	资本性投资管理	
负债及所有者权益	财务管理（融资）	核心
短期借款	银行信用	
应付账款	商业信用	
长期负债	负债融资（资本结构）	融资结构与所投资的各类资产之间的现金流规划
实收资本／股本	权益融资（资本结构）	
未分配利润	股利分配（留存收益）	

34.2.2　资产负债表的资产项目解读

资产负债表的"铁三角"资产、负债、所有者权益，每个角又都有其各自的分支，只有了解这些分支，才能更好地分析这个大的铁三角。三角关系中，资产是其他两方之和，可以看出资产的重要性和复杂性，因此解读的重点也在于资产角。

1. 触摸铁三角的资产角

表 34-2 中将资产分为以下五大类：流动资产、长期投资、固定资产、无形资产、其他资产，现在展开阅读资产的主要内容如下。

- 资产：资产是过去的交易、事项形成并由企业拥有或控制的资源，该资源预期会给企业带来经济利益。
- 资产具体项目分支分析：即要对各资产项目进行分析，以理解各资产项目及其变化趋势，预测企业未来的财务状况，首先要对资产的质量进行分析。
- 资产质量分析：是指分析资产账面价值与"实际价值"之间的差异。

资产的账面价值有可能高于资产的实际价值，也有可能低于资产的实际价值。一般来讲，企业的设备等实物，由于变旧损耗等原因，实际价值会低于资面价值。但是像企业的无形资产及长期投资，如果这些年企业经营好，在市场上口碑好，投资的企业也不错，都可能会使实际价值大于账面价值。

资产的每一个科目都存在着具体问题：比如交易性金融资产和股票或债券的价格常发生变动，应收账款存在着一些不确定因素如法律纠纷，预付账款是不能变现的价值，存货可能存在价值贬损与实物损失等问题，以前的待摊费用也没有变现价值，可能只是一种财务手段。另外，在建工程利息资本化问题，无形资产的资本化/费用化，固定资产的折旧，技术更新都会对其价值有影响，因此，资产不是一成不变，账面上的金额不能判断谁好谁坏，这就涉及以下资产质量的问题。

资产按质量分类：变现质量、被利用质量、与其他资产组合增值的质量

（1）预期按账面价值实现的资产：货币资金——不贬不增。现金是锁在保险柜里的资产。正常来讲，保险柜中的现金不会多，这是因为根据国家的现金管理制度，企业里常用的结算方式是支票、电汇等。

银行存款是写在"存折"上的资产，是企业存在银行里的钱。企业的"存折"不同于个人的银行存折，通过对账单的形式反映。

（2）预期按低于账面价值的金额实现的资产——贬值资产包括：部分债权，部分存货，对外投资，纯摊营销处理性的资产。具体如下：

① 短期债权。应收账款。一般除发票外再无其他有力证据，因此对合同、发票、一个都不能少。因为还有可能发生坏账，且坏账准备可能不足（需关注具体债务人的偿债能力）。

应收票据。和应收账款一样，但比应收账款又更安全一些。因为企业拿到的应收票据，到期就可以收到这笔钱，特别是银行承兑汇票，拿到钱只是时间问题。

② 部分交易性金融投资。因为股价可能下跌，即使是按公允价值列示，分析时价格也有可能已下降（需关注企业持有的股票及其股价走势）。

③ 部分存货。因为存货可能贬值，且存货跌价准备未必计提充分（计提过程的主观性）。存货。指的是公司里的库存，在生产型企业，为了满足产品制造的需要，要提前购买一些必

要的原材料，存放在仓库，同时还会有正在加工的零部件，以及加工完成后，尚未卖出去的产品，这些都是企业的存货。

④ 部分固定资产。固定资产。个人的房产、汽车，设备等，企业的固定资产是企业的硬件。

固定资产折旧。任何东西都会有变旧、变老的过程，企业资产也是这样，当使用到一定程度，就不得报废处理，基于此，企业就应当提前做好准备，需要提前提取固定资产折旧费。固定资产的改良。固定资产在使用中，会发现仍然存在一些功能上的不足，这时，企业就可以对它进行改良，这个改良可以由企业自己完成，也可以和原生产厂商共同来完成。

固定资产的处置。固定资产的处置，需要进行全面分析。另外还要关注企业折旧政策。

⑤ 部分无形资产。无形资产，不具有实物形态，但又确实存在，一般很难用多少钱来衡量，只有在特定情况下才能计算其价值。无形资产可能是专利权，也可以是商誉，即通常所说的品牌力量。

（3）预期按高于账面价值的金额实现的资产——增值资产：大部分存货，经营性资产，部分对外投资，表中无价值的表外资源。包括：

① 大部分存货。因为存货按"历史成本"揭示，而多会"正常"出售。

② 部分对外投资。尤其是在"成本法"下。

③ 部分固定资产。尤其是不动产。

④ "账/表"外资产，如已提足折旧但企业仍在使用的固定资产、已销账的低值易耗品、研究开发成果/投入、广告投入、人力资源。

2. 货币资金解读

货币资金是企业得以持续经营下去的重要保障。货币资金的分析，重在分析其构成与运用。

（1）构成：必须是不受限制的手持现金和存款、其他货币资金，亦即必须是能够不受妨碍地用于偿付流动性债务的现金和存款，如果企业不能自主决定动用，就不能算是货币资金。

短期借款的补偿性存款，一般也列为流动资产，但它实际上减少了企业（借款人）可用于偿还债务的现金量，因此，分析时可以考虑予以剔除。

（2）具体分析如下：

① 货币资金规模的分析：

企业的货币资金是否合理，取决于三方面：一是企业的资产规模和业务量；二是筹资能力；三是运用货币资金能力；

如果企业筹资能力强，货币资金规模可能会小一点。另外行业特点不同，需要的现金量也会不同，一般来说，商业企业会多一点，因为进货要动用较大的资金量。

② 货币资金变动分析

货币资金变动受以下三因素的影响：

● 销售规模的变动。销售规模扩大，货币资金也会增加；

● 信用政策的变动。信用政策严格，会使现营销增加，从而使货币资金增加；

● 为支出大笔现金做准备。如要还款、派发股利、采购大宗商品等。

③ 货币资金的持有量是否合理。货币资金分析要根据该企业的资产规模、业务量的大小、

筹资能力、货币的运用能力和行业特点进行分析。企业货币资金少固然有支付能力不足的缺点，但也不是手里的钱越多越好，货币持有量过多，表明企业资产使用效率低，会降低企业盈利能力；反之，货币持有量过少，不能满足经营需要。

④ 货币资金周转速度分析

货币资金周转率=每期实际收到的销售款/期初货币资金持有量

这个比率越高，说明收款速度越快。

⑤ 货币资金管理分析时还要注意：付款过程的内部控制；收款过程的内部控制；小金库问题：造成国家税款流失（违法行为）；有无遵守国家关于现金管理的有关规定。

3. 交易性金融资产

交易性金融资产指以交易为目的所持有的债券投资、股票投资、基金投资等。相当于有价证券或短期投资，虽然不如现金那么直观，但也要严格管理。

交易性金融资产分析时注意：慎防通过长期性投资与交易性金融资产互转操纵利润，当分析者发现同样的证券被年复一年地列为有价证券而不是长期性投资，或者投资收益的构成中出现异常情况时，出于谨慎的考虑，分析者可以将其改列为长期性投资（交易性金融资产的收益不确定，波动大，长期性投资收益比较稳定，笔数少）。

4. 应收账款

应收账款等短期债权，也是企业需要加强管理的内容。企业做生意，必要的赊销是存在的，也会有些企业内外发生的往来借款，产生商业债权与非商业债权：

商业债权通常表现为应收票据与应收账款，它是因商品赊销而形成的债权；而非商业债权，是因其他原因而形成的债权，比如员工借的差旅费其他应收款等。

商业债权规模的决定因素主要有两点，一是行业惯例；二是企业特定时期的营销策略。

注意：对存货周转的影响。

债权的质量也有高有低，债权的质量分析技术如下：

① 账龄分析——分析客户所欠账款时间的长短及发生坏账的可能性。当公司的应收账款事实上超过一年或一个营业周期，但按行业惯例仍将其列为流动资产时，分析者应对此类应收账款予以特别的关注——如果竞争企业没有此类应收账款，就会面临不可比，故应予以剔除。

② 债务人构成分析——分析债务人的区域构成（经济发展好、法律健全的地区，收回债权的可能性高）、债权人与债务人的关联关系（非关联关系的债务求偿性强，易收回）、债务人的稳定程度（越稳定越能收回）。

③ 分析应收账款时，还要注意客户的集中程度，要分析这些客户的信用、偿还能力。

④ 坏账准备的分析要分析计提的范围、方法、提取比例及前后年度的变更。

⑤ 要比较应收账款和营业收入的关系。当应收账款增长率大幅度高于营业收入增长率时，应特别注意应收账款的收现性；应注意是否有虚增资产和利润之嫌，尤其应关注来自于关联方交易的应收账款的增长。

⑥ 要观察其他应收款中是否存在非法拆借资金、抽逃资本金、担保代偿款和挂账费用等，尤其应关注与关联方发生的其他应收款。

应收账款等可能的不良债权，其处理与报表披露主要有坏账的估计；报表的披露要注意企业利用应收账款虚构收入以粉饰报表。

【例34-1】2015年主营规模和资产收益率等指标在深沪所有商业类上市公司里均排序第一的郑百文公司，2013～2015年三年的应收账款大幅增加，企业主营业务收入也出现高速增长。在郑百文的全部资产中，一直是流动资产比重最大，流动资产中应收账款又是最大，这里面的秘密都来源于造假。它变亏为盈的常用招数是，让厂家以"欠商品返利款未付"形式向郑百文打欠条，少则几百万，多则上千万，然后据此以应收账款的名目做成盈利入账，把亏损做成盈利。同时为了以后的债务纠纷，郑百文还必须与厂家签订一个补充协议，明确指出所打欠条只是"朋友帮忙"，供郑百文做账用，不作为还款依据，不具有法律效力。但郑百文应收账款周转率却出现下滑，尤其2015年不正常的大幅降低。这就让人怀疑它的高额利润是否可靠。

5. 存货分析

存货主要存在于生产企业或商品流通企业，对存货质量分析主要关注的方面如下：

（1）存货真实性分析

存货数量的确定要通过盘存，确定账实是否相符；是否完好无损。

（2）存货计价分析

存货计价的影响：

① 对企业损益的计算有直接影响；比如期末存货计价高，意味着计入已售产品成本的存货成本低，当期收益可能提高。反之，当期收益可能下降。

② 对资产负债表上的流动资产、所有者权益有影响；比如计入成本的存货计价不同、利润不同、最后计入所有者权益的税后利润不同。

③ 对缴纳所得税有影响。结转销售成本的存货计价不同，应税利润也会不同。

存货价值量的确定，如果存在明显贬值存货，处理时采取成本与可变现净值孰低原则，存货成本高于其可变现净值的，要计提存货跌价准备。

明显贬值的存货特点：时效性强；技术进步快，更新换代快；受偶发性因素影响等。

（3）存货构成的项目分析

存货项目一般包括库存材料、在产品、产成品等，构成的因素要看它们的库存水平及市场前景，为了减少产品积压，造成产品生产时，待售产品应少一点。

（4）存货跌价准备分析

要分析前后各期存货跌价准备确定标准有无变化。

（5）存货增减变动分析

一般情况下，存货结构应保持相对稳定，要注意异常变动，特别是产成品的大量增加，往往意味着产品的积压。

（6）存货规模分析

存货过多，影响资产的流动性、偿债能力、资金周转，增加资金占用和储存成本；存货过少影响企业正常的生产经营。所以最好按经济批量确定规模。

（7）存货质量分析

注意存货的实际质量，有无恶化的迹象。

（8）存货会计政策的分析

一是分析存货准备计提是否准确，二是分析存货的盘存制度对确认存货的数量和价值的影响。

【例 34-2】大连佳士特有限公司 2015 年的年报显示，由于发出存货的计价方法由原来的加权平均法改为先进先出法，公司的销售毛利由 2014 年的 18%上升为 2015 年的 20%。由于销售毛利率的变化，使得公司 2015 年的主营业务利润增加 3 000 万元。

6. 长期投资的解读

（1）短期投资与长期投资基本差异

短期投资的目的是货币增值，无控制目的；数量变化快；用闲置不用的货币投资；投资收益为货币；

长期投资的目的很多是为了实施控制战略，数量相对变化少，可动用非货币资源，投资收益为投资的质量。

（2）对长期投资质量的认识。

长期投资种类有以下两种：

① 股权投资【控制性（50%以上，对子公司投资）；与其他合营者一起实施共同控制的投资（对合营企业投资）；重大影响（20%~50%，对联营投资）；不具有控制、共同控制或非重大影响，活跃市场上没有报价且公允价值不能可靠计量（20%以下）四类】；其中第一和第四类用成本法、第二和第三类用权益法。

② 债权投资，如持有至到期日的投资；

（3）长期投资的质量分析

① 高质量的短期投资（交易性金融资产）应该表现为短期投资的直接增值。

② 高质量的长期投资，表现为三方面：

● 投资的结构与方向体现或增强企业的核心竞争力，并与企业的战略发展相符。

● 投资收益的确认导致适当的现金流入量；

● 外部投资环境有利于企业的整体发展。

分析时主要内容包括：投资构成与方向；投资所消耗的资源；长期债权投资的账龄分析。

注意：

高风险资产区域：本金安全回收；

获取稳定收益能力，投资收益很差可能引起货币状况恶化。

（4）长期投资的收益分析——投资收益与质量（现金或股权）——可看出长期投资的质量

投资收益的产生渠道如下：

● 股利；

● 债权投资利息；

● 现有投资转让收益；

长期投资收益要分析以下三方面内容：

① 被投资单位的生产经营业绩和利润分配政策；

② 分析投资收益是否被正确反映；

③ 防止投资收益反映不实，逃避所得税；

（5）长期投资质量的报表披露

三张报表的投资信息；投资规模与投资收益；股权投资减值准备——注意有无人为调节现象。

7. 固定资产解读

企业的房屋、车辆、设备、办公家具等构成了企业的固定资产，固定资产在一定质量上决定着企业的产品质量，企业的高质量固定资产，应表现为：

其生产能力与存货的市场份额所需要的生产能力相匹配。周转速度适当，利用充分，闲置率不高。

（1）固定资产的分布与利用是否合理；

可以分析固定资产结构（计算某类固定资产价值在全部固定资产总额中的比重）、固定资产变动情况、固定资产新旧程度。

（2）固定资产的取得方式（如以投资方式取得的，要注意它的定价）；

（3）固定资产的规模——与生产规模是否一致；

（4）固定资产与低值易耗品的区别；

（5）固定资产与技术装备水平——反映固定资产的质量；

（6）固定资产的折旧问题（预计使用年限和预计净残值确定的合理性、折旧方法的合理性、前后的一致性），有无通过折旧方法的变更来修饰利润；

（7）固定资产、在建工程的减值准备计提是否合理，有无修饰现象

（8）在建工程利息的资本化问题；

例如上市公司渝钛白 1997 年将钛白粉工程项目建设期间的借款，以及应付债券利息 8 064 万元资本化为在建工程成本，实际上，该工程已于 1995 年下半年开始试产，1996 年已经生产出合格的产品了。所以，按正常的会计核算，应将这 8 064 万元的利息计入 1997 年度的损益。

（9）固定资产的清理问题（有无不合理的清理）——如上市公司将不良固定资产卖给母公司；

（10）固定资产投资问题。

34.2.3 资产负债表的负债项目解读

负债，是指过去的交易或事项形成的现时的义务，履行该义务预期会导致经济利益流出企业。

负债分为两大类：流动负债和长期负债。负债是因为企业经营不仅要销售商品，同时也会购进物品，企业也会欠款，从而形成企业负债。企业的负债大多数是短期融通资金，包括应付账款、应付票据、短期借款。

企业的负债质量如何呢，以下分别进行详细的解读。

1. 流动负债质量

特点：利率低、期限短、金额小、到期必须偿还。分析时应注意它们的到期日，对现金流量的要求与影响。

（1）短期借款——分析其规模与流动资产规模（特别是与存货）是否相适应，与当期收益是否相适应，即产出有无大于投入，有无杠杆利益；

（2）应付票据——是刚性债务，到期一定要偿付。应付账款和应付票据，往往是买了别人的材料等形成的，而短期借款，是向银行等金融机构借款形成的，一般来说，借款就得还支付利息。

（3）应付账款——分析时注意：应付账款一般不应高于存货，注意有无不正常增加或付

款期不正常延长，出现这种情况，是企业支付能力恶化、资产质量恶化、利润质量恶化的表现。对此，应结合行业、企业经营生产规模、企业经营生命周期及企业的信用政策来分析。

（4）预收账款——分析时注意它的质量，是否真实，因为有些企业会将实际的当期收入做成预收账款，以减少当期利润，逃避税收（流转税、所得税）；一般来说预收账款是一种良性债务，企业的预收账款越多，表明该企业的产品结构和销路好，也意味着企业具有较好的未来盈利能力和偿债能力。

例如，辽宁有色金属制造有限公司是一家老牌的有色金属制造商，2015年上半年该公司的股价与前同期相比下降了50%，利润下降幅度更是达到了83%。为了尽快营造"成功转折"的形象，辽宁有色采用了预收账款的收入确认法，具体包括以下几种：提早购买折扣、优惠的付款条件、提价保证、泊货安排、开票持有销售、额外退货权和分销商计划等。

（5）应付职工薪酬——分析时注意有否用应付工资来调节利润；应付工资及福利。

（6）案例：辽宁有色金属制造有限公司年报应付工资为7.43亿元，辽宁有色金属制造有限公司提取应付工资之多超出常理。解释说应付工资实际上是将来可能会给职工但现在还没给的，金属制造有限公司是公司"即将发生的费用"。按其解释，所说的"应付工资"属于"预提工资"，而不是"应付工资"，应该是公司的资产而决不是负债。

由于医药费上涨、职工结构老化等原因，企业的应付福利费常常出现红字，成为资产，但实际上这种债权不易收回，实质上是企业的一项潜亏，同时因这项红字还冲减了负债，无形中掩盖了债务危机和偿债能力的真实性。

（7）应付股利——注意股票股利实质上是股东权益结构的变动，不涉及现实负债，资产负债表上反映的应付股利是指应付的现金股利。注意它对企业现金流量的要求。

（8）应交税费——税金对于企业来说是个比较头痛的事，因为税费是对国家和社会承担的义务，具有较强的约束力，是必须缴纳的一种义务，企业要做的就是真正的筹划节税，而不是要冒险偷税。

注意：应交税金与利润表中的营业收入配比。（不包括增值税），分析有无逃漏税款。

（9）其他应付款——该项目的数额不应过大，期限不应过长，否则可能隐含着企业间的非法资金拆借、转移营业收入等违规挂账。

2. 长期负债的质量分析

长期负债。虽然举债经营可以给企业带来一定的好处，但一定要和偿债能力相结合，一旦超出了企业的还债能力，往往会导致企业破产。

（1）长期借款——本、息、及汇兑损益。

一般长期借款应当小于固定资产、无形资产之和的数额，否则，企业有转移资金用途之嫌，如将长期借款用于炒股或期货交易；

（2）应付债券——尚未偿还的债券本息(加或减溢价或折价的未摊销部分)。

发行债券的企业是信用较好的企业；也应与固定资产、无形资产的规模适应；

（3）长期应付款——应付融资租赁款和具有融资性质的延期付款购买资产（如采用补偿贸易引进国外设备）。

因它们都与固定资产有关，分析时注意附注中的有关说明。

分析时还应注意：

1. 由负债比例看企业财务风险。公司营运状况不佳时，短期负债、长期负债及负债比率不宜过高。此外，可以长期资金（长期负债与净资产之和）对长期资产（固定资产、无形资产、长期投资）的比率检测长期资产的取得是否全部来源于长期资金。若比率小于 1，则表示公司部分长期资产以短期资金支付，财务风险加大。

2. 长期负债与利息费用分析。如果利息费用相对于长期借款呈现大幅下降，应注意公司是否不正确地将利息费用资本化，降低利息费用以增加利润。

经验谈：

或有负债是指可能发生的债务，比如说未决诉讼，虽然现在法院还没有判决，但基本上判断企业会败诉，将来会有这笔支出，还有产品质量保修费，在销售时已合同约定，出现质量问题企业要免费维修，同样，根据企业的经验，这种情况是难免的，也会出现或有负债。

预计负债——企业确认对外提供担保、未决诉讼、产品质量保证、重组义务、亏损性合同等预计负债。

注意或有负债可能给企业带来的财务风险。

或有事项相关义务确认为预计负债应当同时满足的条件如下：

① 该义务是企业承担的现时义务。企业没有其他现实的选择，只能履行该义务，如法律要求企业必须履行、有关各方合理预期企业应当履行等。

② 履行该义务很可能导致经济利益流出企业，通常是指履行与或有事项相关的现时义务时，导致经济利益流出企业的可能性超过 50%。

③ 该义务的金额能够可靠地计量。

34.2.4 资产负债表的所有者权益项目解读

所有者权益，是企业所有者对企业净资产的要求权，计算公式为：净资产=资产-负债，所有者权益主要细分为四类：股本（实收资本）；资本公积；盈余公积；未分配利润。

所有者权益质量，总体上分析时要进行总量和结构判断。

● 总量判断：可从这个企业的资产中有多少是有股东的资金构成的，如果这个比率很小，说明企业濒于破产；

● 结构判断：实收资本和资本公积大多来源于外部的资本投入，盈余公积和未分配利润来源于内部的资本增值，即留存收益。

前两者的增长，说明了企业外延式扩张能力，而后两者的增长说明了企业经营者的保值增值能力，代表了内涵式的扩大再生产能力。所有者权益的构成，反映了老板权益的支点，不同的所有者权益，有着不同的权益内容。以下分别进行解读。

1. 实收资本

实收资本是投资人投入企业的原始股本，也是企业成立的源泉，只有投资了企业的实收资本，才会成为企业的股东。

实收资本主要分析资本金有无抽逃现象，及期末实收资本又无增加，如有增加，意味着股东对企业发展前途的信心较强。

2. 资本公积

资本公积一方面是投资者出资额超出其在注册资本或股本中所占的份额以及直接计入所

有者权益的得利和损失。另一方面可能是企业在经营过程中由于接受捐赠、股本溢价以及法定财产重估增值等原因所形成。它与企业收益无关而是与资本相关的款项。

3. 资本公积

核算内容包括：资本（或股本）溢价；接受捐赠；股权投资准备；拨款转入；外币资本折算差额；补充流动资本；无偿调入（出）固定资产；债务重组收益；关联交易差价；股权投资差额的贷差即初始投资成本小于应享有被投资方所有者权益份额的差额；认购权证（或认沽权证）存续期满，应付权证的余额（指股权分置流通权的余额冲减至零后的余额）等。资本公积分析时应分析资本公积数量的变化及变化的原因，有无原因要调整资产负债率而进行虚假资产评估的现象。

按照会计制度的规定和谨慎原则，企业的潜亏应当依照法定程序，通过利润表予以体现。然而，许多企业，特别是国有企业，往往在股份制改组、对外投资、租赁、抵押时，通过资产评估，将坏账、滞销和毁损存货、长期投资损失、固定资产损失以及递延资产等潜亏确认为评估减值，冲抵"资本公积"，从而达到粉饰会计报表，虚增利润的目的。

例如，一家国有企业于 2012 年改组为上市公司时，2013 年、2014 年和 2015 年报告的净利利润分别为 2 850 万元、3 375 万元和 4 312 万元。审计发现：

（1）2013 年、2014 年和 2015 年应收款项中，账龄超过 3 年以上，无望收回的款项计 7 563 万元；（2）过期变质的存货，其损失约 3 000 万元；（3）递延资产中含逾期未摊销的待转销汇兑损失为 1 150 万元。若考虑这些因素，则该企业过去三年并没有连续盈利，根本不符合上市条件。为此，该企业以股份制改组所进行的资产评估为"契机"，将这些潜亏全部作为资产评估减值，与固定资产和土地使用权的评估增值 18 680 万元相冲抵，使其过去三年仍然体现高额利润，从而达到顺利上市的目的。

4. 盈余公积、未分配利润

企业的经营结果必须要保留一部分，防范未知的风险。盈余公积及未分配利润的多少也可从一个侧面反映企业内部融资的实力。

所有者权益质量分析的其他内容如下：

- 可赎回优先股——通常应作为负债考虑，因其更接近负债的属性。
- 少数股权——反映被合并但未 100% 控制的子公司少数股东的所有权。它既非负债，也非权益。若数额不大，可不做分析。若金额较大，则可做两次分析：先将其作负债处理，再将其作股东权益处理。我国规定，将其在合并的资产负债表中所有者权益类之前，单列一类，以总额反映。
- 贷款协议——附注中披露，非负债，但对公司有利（融资保证）。

34.3 分析资产负债表的稳定性

资产、负债、所有者权益不仅是等式上的三角关系，在本质上也是实实在在的三角形的三个顶点，存在着一定范围内的平衡关系，否则，企业的发展就不是健康的，企业就会失衡散架。

34.3.1　流动资产的影响因素

企业的资产按其流动性（变现速度）分为流动资产和非流动资产两类。非流动资产的主要内容是企业的固定资产，它反映企业的生产规模。在一定时期内，企业的固定资产一般变动不大，尤其是设备，特别是大型设备，不可能时时更新。所以，在进行资产结构分析时，通常假设固定资产规模不发生重大变化。

基于上述假设，资产角的主力部队是企业的流动资产。它在总资产中所占的比例大小通常受以下因素影响：

1. 企业的经营性质

企业的经营性质对资产结构有着极其重要的影响。不同经营性质的企业，其资产结构有着明显的区别。如：生产企业较之流通企业需要更多的固定资产，在生产企业的资产结构中，固定资产占总资产的比重要远远大于流通企业。同样，生产企业中以机器设备作为主要加工手段的企业较之以手工作为主要加工手段的企业需要更多的固定资产；流通领域中批发企业较之零售企业需要更多的固定资产。另外，不同生产企业其生产经营周期的长短，也会影响资产结构。

2. 企业的经营特点

企业的经营特点对资产结构也有重要影响。

有的企业是大批量稳定型生产企业，有的企业属于小批量波动型生产企业，还有的企业生产具有季节性。

通常情况下，大批量稳定型生产企业流动资产占总资产的比例具有相对稳定性，流动资产内部各项目之间也具有相对稳定的比例关系。

而小批量波动型生产企业流动资产占用，特别是流动资产内部各项目的比例关系具有较大的波动性。

就一般生产企业而言，生产初期，原材料存货占用比例较大，而在产品和产成品存货占用比例较小；随着生产过程的不断进行，原材料存货占用减少，在产品存货占用随之增加；生产完工后产品随之发出，相应货币资金和应收账款占用比例会逐步增加。

3. 企业经营状况

企业经营状况对资产结构也会产生一定影响。通常表现为：

企业经营状况好、销售顺畅时，货币资金比重会相对提高，应收账款和存货比重会相对下降；

相反，当企业经营不景气、销售不畅时，货币资金比重会相对减少，应收账款和存货资产比重会呈上升趋势。

同时，当企业经营状况好、销售上升时，相应的生产规模必然扩大，从而使得企业固定资产所占用比例也会增大。

通常情况下，企业经营状况好，资金周转速度加快，流动资产占用比例会相对下降。这是因为，企业固定资产占用是与其生产规模和销售规模相联系的，而流动资产占用则受应收账款和存货的周转速度影响。

4. 企业的风险偏好

企业的风险偏好对资产结构也将产生影响。

通常情况下，同一企业在其经营规模稳定时，与固定资产相配合的流动资产有一定的比例,但在同行业中，各企业在配置自身流动资产时与行业平均流动资产比例有一定差异，这种差异的形成在于企业管理者对风险的态度。

偏好高风险的企业流动资产的比重相对较小，企业使用的资金相对较少，因此资金报酬率相对较高；反之亦然。

从企业自身流动资产需要量看，如果企业的流动资产除正常生产经营需要外保持正常的保险储备，企业的风险与报酬处于一般水平；

如果企业的流动资产中保险储备高于正常水平，则说明企业管理者更偏好回避风险；

如果企业的流动资产中保险储备低于正常水平，则说明企业的管理者更偏好高收益高风险。

5. 企业的市场环境

上述各因素对企业的影响都是由企业自身的性质和特点决定的，是一种企业内部的、微观的影响因素。与此同时，企业外部的、宏观的因素也会对企业生产经营活动产生巨大的影响。

当宏观的经济环境处于低潮时，市场萎缩、企业销售锐减、生产也不断下降，企业原材料、产品存货都会减少，较低的产成品存货足以维持较低的销售量，存货资产比重降低；同时，销售的下降也会产生较少的应收账款。企业生产和销售的降低，会使企业生产经营支出减少，加之对应收账款的清理，会使企业产生较大的货币资金；如果宏观经济萎缩时间延长，企业也会取消或推迟新增固定资产计划，从而减少货币资金支出，使得货币资金比重逐渐上升。

当宏观经济环境变好或处于繁荣时期，企业销售与日俱增、生产不断扩大，企业积存的货币资金不断耗尽，存货资产逐渐增加；销售的增长，应收账款也会不断增加，新的固定资产投资也会加大，从而使得企业资产结构中货币资金比重下降，应收账款、存货、固定资产比重上升。

34.3.2 资产结构的稳定性

资产角的稳定性分析首先要进行资产的结构分析。资产是企业的经济资源，企业的资源要能最大限度地发挥其功能，就必须有一个合理的配置，而资源配置的合理与否,主要是通过资产负债表的各类资产占总资产的比重以及各类资产之间的比例关系即资产结构分析来反映的。

所谓的资产的结构，是指企业的流动资产、长期资产、固定资产、无形资产等占资产总额的比重。企业合理的资产结构，是有效经营和不断提高盈利能力的基础，是应对财务风险的基本保证。资产结构的分析可以让我们大略掌握该企业的资产分布状况，以及企业的经营特点、行业特点、转型容易度和技术开发换代能力；前面已经讲过，资产的主力部队是流动资产，也是最有战斗力的部队，这是因为同其他资产相比，它的机动性最强。

1. 流动资产比率

流动资产比率是指流动资产占总资产的比重。计算公式为：

流动资产比率=流动资产合计/资产总额×100%

相对非流动资产而言，流动资产具有变现时间短、周转速度快的特点。

流动资产比率越高，说明企业流动资产在总资产中所占的比重越大，企业资产的流动性和变现能力越强，企业的偿债能力越强，企业承担风险的能力也越强。

但是，从获利能力的角度看，过高的流动资产比率并非好事，企业为了增加收益，必须加速流动资产周转，而加速流动资产周转，一方面取决于销售的扩大，另一方面则取决于流动资产占用的降低。因此，流动资产比重的增加，其周转速度会减慢，占用成本会增加，从而降低其收益能力。可见，确定适宜的流动资产比率实质上就是在资产的流动性和获利性之间的权衡问题。

流动资产比率越高，说明企业生产经营活动越重要，其发展势头越旺盛；也说明企业当期投入生产经营活动的现金，要比其他时期、其他企业投入得多；此时，企业的经营管理就显得格外重要。

对流动资产比率合理性的分析，一方面应结合企业的经营性质、经营状况及其他经营特征而定；另一方面应与同行业的平均水平或同行业先进水平进行比较，必要时还应进行趋势分析。进行趋势分析时，如果能结合销售的变动状况，了解流动资产比率的增长是否超过销售的增长，就能更好地说明流动资产比率的变动情况。

对流动资产比率这一指标的分析，一般要同行业横向对比看，同企业纵向对比看。不同的行业，该指标有不同的合理区间，纺织、化工、冶金、航空、啤酒、建材、重型机械等行业，该指标一般在30%~60%之间，而商业批发、房地产则有可能高达90%以上。由于对同行业进行对比研究相对要复杂，工作量要大得多，因此，我们一般多重视同企业的历年间（至少是连续两年，期初、期末）的纵向对比分析。

反过来说，如果一家企业的流动资产比率低于合理区间，并逐年不断减少，一般来说，其业务处于萎缩之中，生产经营亮起了红灯，需及时找出原因并谋求相当对策，以求尽快脱离险境。

2. 现金资产比率

- 现金资产比率是指现金类资产占总资产的比重。计算公式为：
- 现金资产比率=现金类资产/流动资产总额×100%
- 现金是企业直接用于偿还债务、购买材料和应付日常经营支出所必须拥有的资金。其拥有量过多或过少对企业都是不利的。现金是不能产生利润的，因而，过多的占有现金，容易造成经营上的浪费，导致现金的闲置，影响企业的获利能力；现金的不足，又会影响日常支付，造成财务上的困难。因此，企业应视具体情况确定一个合理的现金储备。

对现金资产比率的分析，主要是分析现金拥有量是否合理。这就需要通过对现金数量最佳水平的计算，使之与企业现金实际占用水平比较，才能分析其合理性。分析时还应考虑企业现金回笼速度的快慢。

3. 应收账款比率

- 应收账款比率是指应收账款在流动资产中所占的比重。计算公式为：
- 应收账款比率=应收账款/流动资产合计×100%
- 应收账款是市场信用的必然产物，与市场条件和企业的经营政策直接有关。应收账款在流动资产中比重的大小，关系着企业流动资产的周转速度，进而影响企业的短期偿债能力。比重过高，会使企业现金短缺，坏账损失增加，资产使用效率下降。

对应收账款比率的分析，主要是分析应收账款在流动资产中的比重是否合理。这就需要通过对应收账款数量最佳水平的计算，并与企业应收账款实际占用水平比较，分析其合理性。

分析时还应同市场条件、企业经营政策和存货资产比率分析相结合。

4. 存货资产比率

- 存货资产比率是指存货在流动资产中所占的比重。计算公式为：
- 存货资产比率=存货/流动资产合计×100%
- 存货是流动资产中流动性较差、变现能力较弱的资产，在一般企业资产中占有相当比重。存货资产在流动资产中比重的大小，也直接关系着企业流动资产的周转速度，进而影响企业的短期偿债能力。同一企业存货比重的大小，与市场条件和企业的经营状况有直接联系。比重过大，会导致资金的大量闲置和沉淀，影响资产的使用效率。

存货资产比率的分析，也主要是分析其在流动资产中的比重是否合理。同样需要通过对存货数量最佳水平的计算，并与企业存货实际占用水平比较，分析其合理性。分析时还应同市场条件、企业经营策略和应收账款比率分析相结合。

5. 非流动资产比率

- 非流动资产比率是指非流动资产占总资产的比重。计算公式为：
- 非流动资产比率=非流动资产/资产总额×100%
- 非流动资产比率高，说明企业资产的流动性差、偿债能力低，但获利能力较强。具体怎样合适要看企业所处的行业、经营规模等因素。

6. 固定资产比率

- 固定资产比率是指固定资产占总资产的比重。计算公式为：
- 固定资产比率=固定资产合计/资产总额×100%

相对流动资产而言，固定资产具有以下特征：①投入资金多，回收时间长，能够在生产经营过程中长期发挥作用；②变现能力差，风险大；③对企业的经济效益和财务状况影响巨大；④反映企业的生产技术水平和工艺水平；⑤使用效率的高低取决于流动资产的周转情况。

企业合理地使用固定资产，提高固定资产使用效率，可以在不增加投资的情况下提高生产能力，用现有的固定资产生产更多更好的产品，节约资金消耗，降低产品成本。

但是，企业固定资产的数量和质量，与企业的经济实力、生产经营规模和技术水平有关。为了满足市场对企业产品的要求，提高企业的市场竞争力，企业必须不断更新固定资产，增加必要的固定资产投资，以便用先进的技术装备企业，为提高产品质量和劳动生产率创造条件。

适当提高固定资产比率，寻求规模经济，有利于企业总成本的降低，从而提高总资产的获利能力。

因此，进行固定资产比率分析，既考虑由于固定资产的流动性和变现能力较差，过高的固定资产比重会影响企业的支付能力，加大企业的经营风险和财务风险，又要结合企业的生产经营实际，把固定资产使用效率同流动资产的周转情况结合起来。

7. 流动资产与固定资产比率

- 流动资产与固定资产比率是指流动资产与固定资产之间的比例关系。计算公式为：
- 流动资产与固定资产比率=流动资产合计/固定资产合计×100%
- 流动资产与固定资产比率是企业资产的最基本构成。能否恰当安排固定资产与流动资产的合理比例，特别是在保证规模经营的条件下，尽量缩小流动资产比重，提高流动资产周转速度，是使企业总资产发挥最佳经济效应的关键。

就同一行业而言，固定资产与流动资产比率的大小，与企业的经营性质、经营规模有关；同一行业同一规模，固定资产与流动资产比率的大小，与企业经营者的风险态度有关。

8. 对外投资比率

- 对外投资比率是指对外投资占总资产的比重。计算公式为：
- 对外投资比率=对外投资额/资产总额×100%
- 对外投资是现代企业资本经营的重要形式，对外投资比率的高低，反映出企业进行资本经营的水平。企业的资产需要有一个适当的组合，进行对外投资，使资产内外分布合理，使企业资产保持适当的组合，有利于企业降低资产风险。

同时，商品经营与资本经营并举，也是现代企业经营发展的新趋势。对资本经营的重视，将导致资产中的对外投资的比重上升。

反过来，借助这个指标也可以观察企业资本经营的水平和效果。特别是集团化的大企业一般都是以资本经营为纽带组建的，如若企业的对外投资少，则集团化和大型化的进程和规模通常也是有限的。

9. 无形资产比率

- 无形资产比率是指无形资产占总资产的比重。计算公式为：
- 无形资产比率=无形资产/资产总额×100%

随着科技进步和经济发展尤其是知识经济时代的到来，硬资源在企业生存和发展中的作用和相对价值在不断下降，而包括无形资产在内的软资源的作用和相对价值在不断上升，无形资产比重在不断提高。

借助无形资产比重指标，可以观察企业知识化和高新技术化的程度，也可以分析企业可持续发展的潜力以及综合竞争能力的强弱。

目前，西方国家许多企业的无形资产比例已高达 50%~60%，特别是高新技术企业。善于培育和合理配置无形资源已成为当今实力企业进行竞争的战备手段。借助无形资产比重指标，可以观察企业知识化和高新技术化的程度，也可以分析企业可持续发展的潜力以及综合竞争能力的强弱。

【例 34-3】××电器 2015 年资产结构稳定性分析指标计算如表 34-4 所示。

表 34-4　　××电器 2015 年资产结构稳定性分析指标计算

指标	计算方法	数值
流动资产比率	流动资产比率=流动资产合计/资产总额×100%	79%
现金资产比率	现金资产比率=现金类资产/流动资产总额×100%	56%
应收账款比率	应收账款比率=应收账款/流动资产合计×100%	3%
存货资产比率	存货资产比率=存货/流动资产合计×100%	27%
固定资产比率	固定资产比率=固定资产合计/资产总额×100%	9%
流动资产与固定资产比率	流动资产与固定资产比率=流动资产合计/固定资产合计×100%	881%
无形资产比率	无形资产比率=无形资产/资产总额×100%	3%
非流动资产比率	非流动资产比率=非流动资产/资产总额×100%	21%

分析：

从静态方面分析，流动资产变现能力强，其资产风险较小；而非流动资产变现能力较差，其资产风险较大。所以，流动资产比重较大的企业资产的流动性强而风险小；非流动资产比重较小时，企业资产弹性较差，不利于企业灵活调度资金，风险较大。××电器2015年度的流动资产比重高达79%，但其非流动资产所占的比重仅为21%，说明公司的资产流动性较强，资产风险较小。

34.3.3 资产规模变化分析及结构决策

资产负债表也不能一味地求稳而维稳，如果没有方向性的变化和增长，稳定也是不可能的。判断企业的资产规模的变化，常用的方法是水平分析法。

通过采用水平分析法，将资产负债表的资产实际数与选定的标准进行比较，编制出资产负债表水平分析表，在此基础上进行分析评价。

1. 资产规模的水平分析，即编制资产结构及增减变动表。

资产水平分析除了要计算某项目本年与上年分别占总资产的比重外，还应计算出该项目变动对总资产的影响程度。计算公式为：

某项目变动对总资产的影响=某项目变动额/基期总资产×100%

2. 资产规模变动情况的分析评价，即从投资或资产角度进行分析评价。

投资或资产角度的分析评价主要从以下几方面进行：

（1）分析总资产规模的变动状况以及各类、各项资产的变动状况，揭示出资产变动的主要方面，从总体上了解企业经过一定时期经营后资产的变动情况。

（2）发现变动幅度较大或对总资产变动影响较大的重点类别和重点项目。

（3）要注意分析资产变动的合理性与效率性。

（4）注意考察资产规模变动与所有者权益总额变动的适应程度，进而评价企业财务结构的稳定性和安全性。

（5）注意分析会计政策变动的影响。

【例34-4】××电器2015年资产规模水平分析如表34-5所示。

表34-5 ××电器2015年资产规模水平分析

单位：千元

日期/项目	2015/12/31	2014/12/31	变动情况	
资产			变动额	变动率（%）
流动资产				
货币资金	19 351 838	21 960 978	−2 609 140	−12%
交易性金融产	—	7 378		
应收票据	2 505	6 874	−4 369	−64%
应收账款	1 104 611	347 024	757 587	218%
预付款项	2 741 405	947 924	1 793 481	189%
应收利息	31 385	32 376	−991	−3%
应收股利	—	—		
其他应收款	975 737	110 975	864 762	779%
存货	9 474 449	6 326 995	3 147 454	50%
其他流动资产	793 656	455 740	337 916	74%

日期/项目	2015/12/31	2014/12/31	变动情况	
流动资产合计	34 475 586	30 196 264	4 279 322	14%
非流动资产			0	
长期应收款	130 768	88 450	42 318	48%
长期股权投资	792 896	597 374	195 522	33%
投资性房地产	387 134	339 958	47 176	14%
固定资产	3 914 317	2 895 971	1 018 346	35%
在建工程	2 061 752	408 528	1 653 224	405%
无形资产	1 309 337	764 874	544 463	71%
开发支出	22 125	58 513	−36 388	−62%
商誉	616	—		
长期待摊费用	529 531	237 942	291 589	123%
递延所得税资产	283 320	251 958	31 362	12%
非流动资产合计	9 431 796	5 643 568	3 788 228	**67%**
资产总计	43 907 382	35 839 832	8 067 550	23%

3. 资产规模变动原因的分析评价

资产规模的变动原因很多，但常见的形态有如下四种，当然，实际中并不是单一的形态，而是组合型。为了更好理解，用实例的方式逐一介绍。

（1）负债变动型

负债变动型是指在其他权益项目不变时，由于负债变动引起资产发生变动。其典型形式如表34-6所示。

表 34-6　负债变动型　　　　　　　　　　　　　　　单位：万元

资产	期初	期末	负债及股东权益	期初	期末
流动资产小计			负债	500	700
固定资产小计			股本	300	300
			盈余公积	100	100
			未分配利润	100	100
总计	1 000	1 200	总计	1 000	1 200

（2）追加投资变动型

追加投资变动型是指在其他权益项目不变时，由于投资人追加投资或收回投资引起资产发生变动，如表34-7所示。

表 34-7　追加投资变动型　　　　　　　　　　　　　单位：万元

资产	期初	期末	负债及股东权益	期初	期末
流动资产小计			负债	500	500
固定资产小计			股本	300	500
			盈余公积	100	100
			未分配利润	100	100
总计	1 000	1 200	总计	1 000	1 200

（3）经营变动型

经营变动型是指在其他权益项目不变时，由于企业经营原因引起资产发生变动，如表34-8所示。

表 34-8　经营变动型　　　　　　　　　　　　　　单位：万元

资产	期初	期末	负债及股东权益	期初	期末
流动资产小计			负债	500	500
固定资产小计			股本	300	300
			盈余公积	100	300
			未分配利润	100	100
总计	1 000	1 200	总计	1 000	1 200

（4）股利分配变动型

股利分配变动型是指在其他权益项目不变时，由于股利分配原因引起资产发生变动，如表 34-9 所示。单位万元。

表 34-9　股利分配变动型　　　　　　　　　　　　单位：万元

资产	期初	期末	负债及股东权益	期初	期末
流动资产小计			负债	500	500
固定资产小计			股本	300	300
			盈余公积	100	100
			未分配利润	100	300
总计	1 000	1 200	总计	1 000	1 200

企业在进行资产结构决策时，往往关注资产的流动性问题，特别是流动资产占总资产的比重。根据这个比重的大小，可以将企业的资产结构分为三种类型，企业可以根据自身的需要决定选用哪一种资产结构。

1. 保守型资产结构，是指流动资产占总资产的比重偏大。在这种资产结构下，企业资产流动性较好，从而降低了企业的风险，但因为收益水平较高的非流动资产比重较小，企业的盈利水平同时也降低。因此，企业的风险和收益水平都较低。

2. 风险型资产结构，是指流动资产占总资产的比重偏小。在这种资产结构下，企业资产流动性和变现能力较弱，从而提高了企业的风险，但因为收益水平较高的非流动资产比重较大，企业的盈利水平同时也提高。因此，企业的风险和收益水平都较高。

3. 中庸型资产结构，是指介于保守型和风险型之间的资产结构。

34.3.4　负债角和所有者权益角

负债在企业经营过程中是免不了的事，如果利用得好，不仅不是企业的负担，而且还可以给企业带来收益。

轻重缓急，负债结构怎么样

负债结构指各项负债占总负债的比重。反映债务的性质、偿债期的长短和财务风险、融资能力等。

1. 流动负债构成比重=流动负债/负债总额

反映企业对短期负债的依赖程度。这个比率大，偿债的压力就会较大，但成本较低，有利于提高获利能力。债权人要考虑收回本金的风险，要看债务人的资金周转速度和资产的流动性。

2. 非流动负债构成比重=非流动负债/负债总额

该指标高，对债务人来说成本高、风险低、偿还期偿还债的压力相对小一些。也反映的筹集长期资金的能力。

除了这两个指标外，常常还有下面几个指标反映负债结构。

3. 自有资金负债率=负债总额/所有者权益

自有资金负债率，也称为企业投资安全系数，用来衡量投资者对负债偿还的保障程度。

自有资金负债率越大，债权人得到的保障就越小，银行及原料供应商就会持谨慎态度，甚至中止信贷或停止原料供应，并加紧催促企业还款。

自有资金负债率越小，债权人得到的保障就越大，股东及企业外的第三方对公司的信心就越足，并愿意甚至主动要求借款给企业。

当然，如果自有资金负债率过小，说明企业过于保守，没有充分利用好自有资金，挖掘潜力还很大。

自有资金负债率的最佳值为 100%，即负债总额=所有者权益。

此外，对这一指标的分析，也要同行业间横向比，同企业不同报告期末纵向比，另外，还要结合公司其他情况来综合分析。

例如，大连顺通机电有限公司 2014 年年末自有资金负债率为 21%，2015 年年末因短期借款增加 2 亿元，负债总额亦相应增加，自有资金负债率达到 57%。从表面上看，公司的自有资金利用率在提高，但亦仍未能充分发挥其潜力。再结合公司其他年报信息看，发现该公司发行上市后募集的资金尚未被完全利用起来，其闲下来的资金多用于购买国债；现金流量表上显示，"债券性投资支付的现金"为 2.5 亿元，而"借款收到的现金"为 2.8 亿元，这说明该企业不但没有用心搞好生产经营，充分发挥其自有资金的潜力，反而在玩资本游戏。其负债结构不但没有优化，反而因借款和投资国债，加大了企业的风险。

4. 负债经营率=长期负债/所有者权益

负债经营率，一般用来衡量企业的独立性和稳定性。企业在发展的过程中，通过长期负债，如银行贷款、发行债券、借款等，来筹集固定资产和长期投资所需的资金，是一条较好的途径。但是，如果长期负债过大，利息支出很高，一旦企业陷入经营困境，如货款收不回、流动资金不足等情况，长期负债就会变成企业的包袱。为了避免投资这样的企业，在我们分析时，需关注企业的利润，甚至是生产经营活动的现金流量净额，当其不足以支付当期利息，甚或已经相当紧张时，就需要格外留神了。从理论上说，负债经营率一般在 1/4~1/3 之间较为合适。比率过高，说明企业的独立性差，比率低，说明企业的资金来源较稳定，经营独立性强。

而负债结构的分析则让我们了解了企业发展所需资金的来源情况，以及企业资金利用潜力和企业的安全性、独立性及稳定性。

5. 分析负债结构应考虑的因素如下：

（1）经济环境

（2）筹资政策

（3）财务风险

（4）债务偿还期

负债成本分析

负债成本=各种负债的不同成本会影响负债结构，企业一般希望负债的成本低一点。

【例 34-5】××电器 2015 年负债及所有者权益结构分析如表 34-10 所示。

表 34-10 ××电器 2015 年负债及所有者权益结构分析表

指标	计算方法	数值
流动负债构成比重	流动负债/负债总额	98%
非流动负债构成比重	非流动负债/负债总额	2%
自有资金负债率	负债总额/所有者权益	133%
负债经营率	长期负债/所有者权益	3%

分析：

从静态方面分析。就一般意义而言，流动负债的筹资成本是很低的，但它对公司的提出很高的要求，容易引发财务风险，导致公司破产；而非流动负债的期限一般较长，其实际的筹资成本较高，对公司的偿债能力要求较弱。所以，流动资产比重较大的企业资产的流动性强而风险小。 2015 年××电器流动负债占 98%，说明公司的负债主要是流动负债，容易引起财务风险。

34.4　从股东的角度另眼看资产负债表

作为企业的股东，应该如何看资产负债表？除了前面分析的资产和负债各项指标外，还应当分析资本结构，让资本结构与企业的财务战略相符合。这是因为企业的资本结构及其质量决定了企业发展的根本方向。

34.4.1　资本结构的含义与类型

1. 资本结构的含义

资本结构有广义和狭义之分。广义的资本结构是企业全部资本的构成及其比例关系；狭义的资本结构是指长期资本的构成及其比例关系。

企业的资本结构是由企业采用各种筹资方式筹资而形成的。各种筹资方式的不同组合类型决定着企业的资本结构及其变化。通常情况下，企业都采用债务筹资和权益筹资的组合。因此，资本结构问题，实质上就是债务资本比率问题，也就是债务资本在整个资本中占多大比例。

2. 资本结构的类型

不同企业或同一企业的不同时期，其资本结构是不同的，具体来说有以下三种类型：

谨慎型（保守型）资本结构是指企业的资金来源主要由权益资本和长期负债构成，亦即企业的长期资产和部分流动资产全部由主权资本和长期负债提供，流动负债只是满足于部分临时性流动资产占用所需资金。这种资本结构下，企业融资风险相对较小，而融资成本较高，因此收益水平也就不高。

风险型资产结构指流动资产占总资产的比重偏小。在这种资产结构下，企业资产流动性和变现能力较弱，从而提高了企业的风险，但因为收益水平较高的非流动资产比重较大，企业的盈利水平同时也提高。因此，企业的风险和收益水平都较高。

适中型资本结构是介于上述两种资本结构之间的一种形式。是指企业的资金来源主要根据资金使用的用途来确定，用于长期资产和非速动流动资产的资金由主权资本和长期负债来提供，而临时性流动资产所需资金由流动负债来满足。这种资本结构下，企业的融资风险、融资成本和收益水平都是处于中等水平。

.不同企业或同一企业的不同时期，由于对风险和收益的态度不同，故可以采取不同的融资结构，期望获得较高收益的企业，可以采取风险型的资本结构；期望获得较低而稳定收益的企业，可以采取谨慎型的资本结构；期望获得平均收益的企业，采取适中型的资本结构。

34.4.2 债务资本与自有资本有什么区别

企业的资本结构直接揭示了企业不同资金来源的构成状况。企业之所以通过负债融资获取生产经营活动所需资金，从而产生资本结构的不同状况，这是因为以下几点：

1. 负债融资与权益资本融资的资金性质不同

通常情况下，负债融资的成本相对较低，可以随借随还，能满足企业临时的、短期资金周转的需要，但负债需要按时偿还，会给企业造成偿债压力。而所有者权益资本融资方式成本虽相对较高，但不存在偿还，可供企业永久或持续使用。两者的性质不同，如果既采取负债融资也采取权益资本融资，可以取长补短，从而形成企业最有优势的资本结构。

2. 保持适度的负债是调剂资金余缺及提高所有者投资报酬率的前提

企业的生产经营活动直接受市场环境波动的影响，为保证企业生产经营活动资金需要，一方面要求所有者投入部分稳定、可供持续使用的资金，另一方面则要根据资金实际需要，采取负债方式借入部分资金来加以补充。负债融资具有方便与灵活性，当资金量过剩时，可偿还负债以减少资金，当资金量不足时，又可借入资金。同时，负债也可起到财务杠杆效应，从而提高所有者投资的报酬率。

3. 负债和所有者权益两者构成比重不同也直接决定着企业的资产结构

通常情况下，企业流动负债提供的资金是与流动资产中临时性占用部分相适应的，而流动资产中稳定而长久占用部分所需资金是由长期资金提供的，所有者权益提供的资金一般是满足于企业长期及固定资产投资的需要。因此，不同的资本结构对企业资产结构起着重大的影响。通过负债这一灵活的融资方式，来改变企业的资本结构类型，优化企业资产结构，是现代企业的通常做法。

34.4.3 什么原因会影响到企业的资本结构

企业的资金实力雄厚与否，一般应视资本结构而定。若资本结构健全合理，则资金实力充实，财力基础稳定，易于抵抗外界冲击和回避经营及财务风险，显示出强劲的长期偿债能力。因此，任何企业都在寻求最佳的资本结构，但最佳资本结构是相对不同条件而言的，现实中根本没有绝对的最佳资本结构。资本结构受许多因素制约和影响。

1. 企业的经营风险

企业的经营风险对筹资方式有很大的影响，经营风险大的企业，采用吸收投资的方式筹资比较理想。想办法让人投资，而不是借款。这是因为这种方式不用定期支付利息，不用按时偿还本金，便于采用较为稳固的财务基础来抵消部分经营风险。因此，经营风险大的企业，负债比例一般都比较小。

2. 企业的财务状况和经营状况

企业的财务状况和经营状况对筹资方式有决定性的影响。一般而言，获利能力越大、财务状况越好、变现能力越强的企业，就越有能力负担财务上的风险，而财务风险背后带来的将是成倍的财务杠杆利益。因此，随着企业变现能力和获利能力的增强，举债筹资就越有吸引力。

3. 销售的稳定性

销售是否稳定对企业的资本结构也有重要影响。如果一个企业的销售和盈余很稳定且呈增长趋势，则可较多地利用债务筹集资金；如果销售和盈余有周期性或波动性比较激烈，则负担固定债务费用将冒很大的风险，举债不能太多如果生意不好，势必会还不起债，影响企业的销售。

4. 税收政策

按照税法规定，企业债务的利息可以抵税，而股票的股利不能抵税。一般而言，企业所得税税率越高，借款举债的好处越大。由此可见，税收政策实际上对企业债权资本的安排产生一种刺激作用。

5. 企业所有者和管理人员的态度

企业所有者对企业控制权的态度，可能影响企业资本结构。如果企业的所有者不愿使企业的控制权旁落，则可能不愿增发新股票，而尽量采用债务筹资，这种情况在效益好的企业更会如此。

管理人员对待风险的态度，也是影响资本结构的一个因素。

34.4.4 用指标如何分析资本结构

资本结构好不好，要计算其相关指标。

1. 负债资本比率

负债资本比率是指负债总额对资本总额的比例关系。即债权人所提供资金占企业总资金的比重。计算公式为：

- 负债资本比率=负债资本/总资本×100%
- 负债资本比率从偿债能力角度，亦称资产负债率。该比率的高低，反映出企业负债经营的程度。一般而言，负债资本比率越低，则企业的资金实力越强，债权保障程度越高。
- 因此，对债权人而言，希望负债比率越低越好，这是因为负债比率越低，债权人收回债务的可能性越大；但对于投资者而言，则希望负债比率越高越好，这是因为一则可扩大企业的盈利能力，二则可以利用较少的投资控制整个企业。
- 然而，实际工作中衡量负债比率的大小，还受其他各种因素的影响，例如企业盈利的稳定性、营业额的增长率、行业的竞争程度、资产结构、企业规模、负债期限等。因此，负债资本比率分析必须结合这些因素进行综合评价和分析。

2. 权益资本比率

- 权益资本比率是指所有者权益总额与资本总额的比率，亦称自有资本比率。计算公式为：
- 权益资本比率=权益资本/资本总额×100%
- 企业的资本是由负债资本的权益资本构成的。因此，负债资本比率与权益资本比率是此消彼长的关系。该指标的分析与负债比率的分析是反向的。
- 权益资本比率的倒数，称作权益乘数。即企业的资产总额是所有者权益的多少倍。该乘数越大，说明投资者投入一定量的资本在生产经营中所运营的资产越多。

3. 负债权益比率

- 负债权益比率是指负债资本与权益资本的比例关系，亦称产权比率。计算公式为：
- 负债权益比率=负债资本/权益资本×100%

负债资本比率的大小，能体现企业负债的规模以及企业资本结构的组成。为进一步了解企业对负债的保证程度，企业还需计算负债权益比率。对债权人而言，负债权益比率越低，表示企业长期偿债能力越强，长期财务状况越好。但对投资者而言，都不希望看到企业因负债压力太大而导致周转不灵。

- 究竟该比率应维持如何的比例才能合适？正常的标准是小于100%，也就是负债总额必须小于股东权益总额。如果该比率大于100%，则表示企业借入资金多于股东的投资，一旦企业破产清算，债权人的损失会很大。
- 在计算该指标时，有时也强调应该用企业的有形净资产来进行比较。即股东权益扣除无形资产和递延资产价值后的余额，亦称有形净值债务率。因为，无形资产的价值不容易客观确定，而递延资产本身就是费用的资本化，它们大多没有清算价值，一旦企业破产，也就一文不值。所以用扣除无形资产后的有形净资产计算，更能反映企业对负债的保障程度。

4. 流动负债对总负债的比率

- 流动负债对总负债的比率是指企业短期负债在负债总额中所占的比重。这一指标可以反映企业依靠银行或短期债权人融资的程度。计算公式为：
- 流动负债对总负债比率=流动负债合计/负债总额×100%

如果这个比率越大，则表明企业依靠银行或短期债权人融资的程度越高，企业所承担的财务风险越大，对企业偿债能力要求越强。反之，则表明企业利用银行或短期债权人融资的程度越低，企业所承担的财务风险越小，对企业偿债能力要求越弱。企业对该指标进行分析时，通常需结合流动比率、速动比率等指标进行综合分析评价。

5. 附加资本对实收资本比率

- 附加资本是指企业权益资本总额扣除实收资本（资本金）后的余额，即表示企业用所有者实际投资所带来的资本积累。附加资本对实收资本比率是指附加资本对实收资本（资本金）的比例关系。该指标不仅反映了企业投资者投入资本的利用效果，而且能具体反映企业自有资本的构成情况。计算公式为：
- 附加资本对资本金比率=附加资本/实收资本×100%

如果企业每期的经营效果很好，且利润很少流向企业外部的话，那么，该比率一定会呈现不断提高的趋势，企业的附加资本额也会不断增长。该比率越高，说明附加资本越多。

- 就债权人而言，附加资本越多，就能相对减少利润的外流，从而增加偿还债务的可能性。
- 就企业本身而言，附加资本越多，即使某一期利润减少，仍能保持适当的分红率。
- 因此，积累附加资本，提高附加资本对资本金的比率，是企业稳定和充实资金来源的主要基础。

【例34-6】××电器2015年资本结构指标如表34-11所示。

表34-11　××电器2015年资本结构指标表

指标	计算方法	数值
负债资本比率(资产负债率)	负债资本比率=负债资本/总资本×100%	57%
权益资本比率	权益资本比率=权益资本/资本总额×100%	43%
负债权益比率	负债权益比率=负债资本/权益资本×100%	133%
流动负债构成比重	流动负债对总负债比率=流动负债合计/负债总额×100%	98%

分析：

××电器的负债资本比率高于权益资本比率，且流动负债达98%，说明财务风险较高。

注意：

1. 从整体上讲，流动性大的资产，其风险相对较小，收益相对较低；反之，流动性小的资产，其风险相对较大，收益相对较高。

2. 资产结构的质量分析。质量较高的资产，相比之下其流动性较强。

所谓资产的质量，是指市场的适销程度，它可以分为畅销资产（商品）、平销资产（商品）、滞销资产（商品）、停销资产（商品）。其中滞销是指供过于求但仍有销路的资产（商品），停销则意味着资产（商品）完全被市场淘汰。可以看出，资产质量主要是对存货质量而言的。

3. 负债结构，主要是反映流动负债与负债总额、长期负债与负债总额之间的比例关系。

① 分析流动负债与总负债比率，可以反映一个企业依赖短期债权人的程度。

② 流动负债与总负债比率越高，说明企业对短期资金的依赖性越强，当然，企业偿债的流动性压力也越大。企业要保证及时清偿债务，只有加快周转。

③ 流动负债与总负债比率越低，说明企业对短期资金的依赖程度越小，企业面临的偿债压力也就越小。因此，就维持融资结构安全性而言，流动负债(尤其是短期借款)与总负债比率低一些好。

④ 对这个比率的分析，短期债权人与企业的所有者（股东）所持观点不同。前者认为越低越安全；后者认为越高则盈利越多（因大多短期负债是无息或低息负债）。

⑤ 流动负债与总负债的比率应确定一个合理的水平。其衡量标志是在企业不发生偿债风险的前提下，尽可能多地利用短期负债融资，因为短期负债的融资成本通常低于长期负债。同时，还应考虑资产的周转速度和流动性（如银行和工商企业可以不同）。

4. 长期负债与总负债比率

① 和流动负债与总负债的比率是一种互为消长的关系，两者之和应等于100%。

② 在不考虑其他条件的情况下，长期负债与总负债的比率越高，企业短期面临的偿债压力越小；反之，则相反。

5. 所有者权益构成比重越大，企业财务状况越稳定，如果实收资本增加，可能意味着投资者对企业前景有较强的信心，留存收益增加，说明企业盈利较好，分配较少，企业进行了内源性的融资。

- 留存收益是企业经营活动创造的一种融资增值，它包括企业的盈余公积和未分配利润。

- 留存收益比率=（盈余公积+未分配利润）÷所有者权益×100％

- 留存收益是一种无实际融资成本的资金来源，它们无须像实收资本或股本那样，分配企业的利润，而且，筹措它们既不用付出费用，也不花费时间，还可以自由支配。在所有者权益中，留存收益的比重越大越好，这无论对于债权人还是所有者，都意味着资本对负债的保证作用越可靠，债务也越安全。

34.5　从资产负债表看企业的竞争力

如何从资产负债表中看企业的竞争力呢？我们以××电器为例，用前面分析过的数据，试着用财务报表提出管理问题，并检视一些基本的财务比率，分析企业可能面对竞争力的挑战。

34.5.1　从××电器最重要的资产及负债看企业的竞争力

若以单项会计科目来看，2015 年××电器流动资产中除货币资金外，金额最大的是存货9 474 449 千元，流动负债中金额最大的是应付票据 14 277 320 千元。

这种现象反映了零售业以赊账方式进货后销售、赚取差价的商业模式，也显示出××电器如果无法有效地销售存货、取得现金，那么庞大的流动负债将是个沉重的压力；另外，庞大的存货数量也会造成相当大的存货跌价风险。

针对上述情况，如何管理这些风险，是管理阶层与投资人分析××电器资产负债表的重点。

需要引起注意的是，财务报表数字的汇总性很高，但它不能直接提供管理者提出问题的答案，而只能协助管理者及投资人发现问题、深入研究。

资产负债表的任何一个会计数字背后、都有一系列复杂的管理问题；一些常见的财务比率，往往表现了更深刻的竞争力含义，这也说明了财务分析的重要性，不分析的数字，往往只是表面现象而非实质的。

34.5.2　从××电器的资产流动性看企业的竞争力

衡量企业是否有足够的能力支付短期负债，经常使用的指标是"流动比率"。前面已经分析过，流动比率＝流动资产÷流动负债。

流动比率显示企业利用流动资产偿付流动负债的能力，是一个实用性非常强的比率，该比率越高，表示流动负债受偿的可能性越高,短期债权人越有保障。

通常公认的标准是流动比率不小于 1，也是财务分析人员对企业风险进行判断的底线。此外，由于营运资金是流动资产减去流动负债，流动比率不小于 1，相当于要求营运资本为正数。如果小于1，表示现在马上还钱。

××电器2012—2015年，分析计算的流动比率如表34-12所示。

表34-12　××电器2012—2015年分析计算的流动比率

	2015年	2014年	2013年	2012年
××电器	1.41	1.46	1.28	1.34

从表34-12可以看出，四年来，××电器流动比率变化不大，2014年到2015年，还在1.40以上，说明××电器流动资产足以偿付流动负债，没有资金周转失灵的危险。

如果××电器的流动比率小于1呢？我们以沃尔玛为例来说明这个问题。

沃尔玛制定的规则是当消费者刷信用卡购买商品2~3天后，信用卡公司就必须支付沃尔玛现金。但是对于它的供货商，沃尔玛却维持一般商业交易最快30天付款的传统，这就产生了快收、慢付款的资金周转策略，从而形成了营运资金。

在这一策略下，由于现金来源充裕且管理得当，沃尔玛不必保留大量现金，并且能在快速增长下，有效地控制了应收账款与存货的增加速度。正是沃尔玛流动资产的增长远较流动负债慢，才会造成流动比率恶化的假象。这种方法，对其他企业也有很好的借鉴意义。

过去更为传统的财务报表分析，认为稳健的企业的偿债能力，企业的流动比率至少在1.5以上。然而从竞争力的角度着想，能以小于1的流动比率（营运资金为负数）来经营，显示了沃尔玛强大的管理能力。

第 35 章

通过实例来解读利润表

企业永远是在商言商。谈到投资，最关心的就是利润有多少，如果没有利润，企业就经营不下去。

35.1 实例：××电器的利润表

利润表是反映企业在一定会计期间经营成果的财务报表，这个会计期间可能是年度季度或者月份。

利润报告的信息对了解企业经营状况起着举足轻重的作用，是人们关注报表的重点之一。下面表 35-1 所示，为××电器 2015 年的利润表。

表 35-1　××电器 2015 年的利润表

单位：千元

项　目	2015 年度
一、营业收入	75 504 739
减：营业成本	-62 040 712
营业税金及附加	-268 129
销售费用	-6 809 109
管理费用	-1 250 311
财务费用-净额	360 769
资产减值损失	-75 924
加：投资收益	10 625
其中：对联营企业的投资收益	4 967
二、营业利润	5 431 948
加：营业外收入	72 465
减：营业外支出	-102 369
其中：非流动资产处置损失	-4 882
三、利润总额	5 402 044
减：所得税费用	-1 296 536

项　目	2015 年度
四、净利润	4 105 508
归属于母公司股东的净利润	4 011 820
少数股东损益	93 688
五、每股收益	
基本每股收益（人民币元）	0.57
稀释每股收益（人民币元）	0.57
六、其他综合收益	7 523
七、综合收益总额	4 113 031
归属于母公司股东的综合收益总额	4 019 343
归属于少数股东的综合收益总额	93 688

35.2　分析利润表

利润表直观地表达了一个计算过程，该过程从销售收入开始，到净利润，告诉投资者在这期间，收入、成本、费用、税费等的具体金额，使得利润直观明了。

35.2.1　利润表与资产负债表的异同

利润表与资产负债表两者的区别如表 35-2 所示。

表 35-2　利润表与资产负债表两者的区别

具体项目	利润表	资产负债表
报表性质	动态报表	静态报表
反映金额	累计数	余额数
报表内容	经营成果	财务状况
编报基础	利润＝收入－费用	资产＝负债＋所有者权益

两者存在着内在的必然联系主要体现在两个方面：第一，资产负债表反映企业的经济实力，表中的资源是利润表中所有经营活动开展的基础。第二，利润表反映企业的盈利水平，表中的经营成果是资产负债表中所列示资源使用效益的综合，如图 35-1 所示。

图 35-1　资产负债表和利润表的联系

企业在运营中，上述过程循环往复以致无穷，最终决定了企业资产的保值增值和企业的发展壮大。

35.2.2 理解利润表的内涵

利润表中最关键的数据是净利润这一指标，因为对于企业来说，收入多不一定创造的利润就多，因为还有成本费用的支出。增加收入是开源，控制成本是节流，只有两方面做得好，企业才会有更好的盈利。

1. 利润表结构

从净利润开始，逆向看它的计算过程，如表 35-3 所示。

- 净利润=利润总额 – 所得税
- 利润总额=营业利润+营业外收支净额
- 营业利润=主营业务利润 – 管理费用 – 销售费用 – 财务费用 – 资产减值损失+投资收益
- 其中：主营业务利润=营业收入 – 营业成本 – 营业税金及附加

表 35-3 利润表简易结构解读

项　目	备注
一、营业收入	净利润主要来源于三个方面：
减：营业成本	1. 营业利润
营业税金及附加	2. 投资收益
销售费用	3. 营业外收支净额
管理费用	
财务费用-净额	
资产减值损失	
加：投资收益	
其中：对联营企业的投资收益	
二、营业利润	
加：营业外收入	
减：营业外支出	
其中：非流动资产处置损失	
三、利润总额	
减：所得税费用	
四、净利润	
归属于母公司股东的净利润	
少数股东损益	
五、每股收益	
基本每股收益（人民币元）	
稀释每股收益（人民币元）	
六、其他综合收益	
七、综合收益总额	
归属于母公司股东的综合收益总额	
归属于少数股东的综合收益总额	

2. 利润表中能看出什么门道

总的来说，利润表反映公司的获利情况，例如××电器，2015 年公司的营业收入 75 504 739 千元，约为 755 亿元，相对来讲，收入额还是较大的，但再看公司净利润，4 105 508 千元，为 41 亿元，净利润率约为 5%。

通常来讲，利润表中可以直观的看出以下几方面的信息。

- 反映公司利润的构成：企业净利润的三个来源，即营业利润、投资收益、营业外收支净额。不同的利润来源及其各自在利润总额中所占比重，往往能反映出企业不同的经营业绩和经营风险。

- 反映税金交纳情况：具体指营业税金及附加和所得税，企业每年要面对各种社会报表，企业为社会贡献了多少，从利润表就可以看到相关内容。
- 反映公司未来发展趋势：我们把企业最近几个年度的利润表做对比，比较收入的增长（降低）会看出企业目前的成长性，从而预测企业的发展趋势。
- 表达公司在一定期间的经营成果。收入多少，通过经营成本，来看企业的经营能力。
- 反映净利润：净利润大于零，说明企业赚了，净利润小于零，无疑是赔了。
- 反映成本费用：这里的成本主要是营业成本，费用主要是管理费用和销售费用，这也是成本控制的重点。
- 反映毛利：只有产品产生足够的毛利，才能支撑管理费用和销售费用的开销，如果毛利太小，公司就会亏损。

3. 利润表反映的财务管理内容

从财务管理的角度来讲，利润表及利润分配表反映的财务管理内容可以用如表 35-4 和表 35-5 所示。

表 35-4　管理会计角度的利润表

项　目	财务管理
销售收入	销售规模及市场风险
减：变动成本	
固定成本（付现部分）	经营杠杆
固定成本（非付现部分）	
息税前利润	经营风险
减：费用化利息	财务杠杆
税前利润	
投资收益	资本运营
减：所得税	税务规划
税后利润	股东收益和风险

表 35-5　管理会计角度的利润分配表

项　目	财务管理
一、净利润加年初未分配利润	剩余索取权
加：盈余公积转入	弥补亏损
二、可供分配的利润	
减：分配利润／股利	股利政策
转增权益	企业积累
三、未分配利润	期末剩余索取权

35.2.3　收入和利润两个指标

企业的收入是经济利益的总流入，它在企业日常活动中形成会导致所有者权益增加，但与所有者投入资本无关。比如说投资成立两个企业，前一个投资 1 亿元成立，后一个投资 1 000 万元成立，后者如果产品市场好，一年的收入可能会是 10 亿元，前者如果产品销路不好，一年的收入也可能只有 100 万元。

收入的确认是指收入入账的时间。收入的确认应解决两个问题：一是定时；二是计量。定时是指收入在什么时候记入账册，比如商品销售（或长期工程）是在售前、售中，还是在售后确认收入；计量则指以什么金额登记，是按总额法，还是按净额法，劳务收入按完工百分比法，还是按完成合同法。

企业经营的范围不同，常见的有三种：商品销售，比如汽车制造公司等；提供劳务，比如提供工程质量检测服务的公司；让渡资产，比如企业把闲置不用的固定资产、无形资产对外出租而收取租金。

对收入进行分析与管理时应关注以下两个方面。

一是分析营业收入及其现金含量的走向：一个公司失败的原因很多，业务的盈利能力持续弱化是其中很重要的一条，而销售收入现金含量揭示企业销售状况。营业收入的现金含量是用销售收现率来衡量的。销售收现率＝销售商品、提供劳务收到的现金／营业收入。该比率反映了企业的收入质量，一般来说，该比率越高收入质量越高。当比值小于1时，说明本期的收入有一部分没有收到现金；当比值大于1时，说明本期的收入不仅全部收到了现金，而且还收回了以前期间的应收款项或预收款项增加。营业收入与销售收现率两个指标联袂走高，通常意味着企业的销售环境和内部管理都处于非常良好的状况。如果这两个指标同时走低，则企业的经营管理肯定存在问题。

【例 35-1】 大连杰妮科技发展有限公司和大连普非利科技有限公司都是我国从事电子政务软件开发的公司，但两家企业在市场竞争中却出现不同景观（如表35-6和表35-7所示）。

两家企业同是大连市确定的重点企业、同是大连市名牌、同是地处高新技术产业园区，杰妮科技的崛起和普非利科技的滑坡引起了我们对企业盈利能力的思考。

表35-6 大连普非利科技有限公司 2013—2015 年度利润表主要数据

（单位：元）

项目	2013 年	2014 年	2015 年
一、主营业务收入	501 641 281	455 777 720	294 841 684
减：主营业务成本	422 938 276	422 656 054	284 005 854
主营业税金及附加	1 400 978	1 414 603	315 536
二、主营业务利润	77 302 027	31 707 063	10 520 294
加：其他业务利润	7 572 029	740 003	724 000
减：营业费用	12 248 384	20 759 814	18 110 732
管理费用	8 070 159	14 043 831	29 090 401
财务费用	5 486 138	−7 113 691	−359 040
三、营业利润	59 069 375	4 757 112	−35 597 799
加：投资收益	310	—	—
补贴收入	5 100 000	15 146 616	—
营业外收入	291 145	12 171 885	25 385
减：营业外支出	340 654	48 341	358 915
四、利润总额	64 120 176	32 027 272	−35 931 329
减：所得税	22 119 563	7 946 616	—
五、净利润	42 000 613	24 080 655	−35 931 329

表 35-7 大连杰妮科技发展有限公司 2013—2015 年度利润表主要数据

(单位：元)

项目	2013 年	2014 年	2015 年
一、主营业务收入	2 015 620 424	2 400 830 373	3 107 212 247
减：主营业务成本	1 800 807 756	2 024 865 336	2 647 854 477
主营业税金及附加	675 496	3 868 373	5 031 100
二、主营业务利润	214 137 172	372 096 664	454 326 670
加：其他业务利润	137 588	1 569 016	8 269 677
减：营业费用	88 047 927	150 564 950	222 687 624
管理费用	29 380 278	56 357 121	41 143 614
财务费用	7 650 630	-9 569 270	-2 122 455
三、营业利润	89 195 925	176 312 879	200 887 564
加：投资收益	14 706 037	11 009 498	22 789 528
补贴收入	2 656 907	12 491 373	—
营业外收入	7 831 882	4 776 356	15 754 967
减：营业外支出	2 097 056	1 598 495	3 143 995
四、利润总额	112 293 695	202 991 611	236 288 064
减：所得税	16 062 390	40 775 185	33 049 441
少数股东收益	29 094 128	39 678 222	44 880 674
五、净利润	67 137 177	122 538 204	158 357 949

收入变动和利润贡献分析：

大连杰妮科技发展有限公司在发展中紧紧围绕主业做文章，依靠高新技术提高产品质量，积极扩大主业生产规模，利用价格优势和规模优势，实现了经济效益的连年增长。公司开发的"子杰"系列电子政务软件在行业的名牌产品，约占全国同类产品市场份额的30%。正是杰妮科技公司强劲的主营业务盈利能力给企业效益的持续增长奠定了良好基础。

但大连普非利科技有限公司自2014年年底募股上市后由于管理混乱，对主营业务之外的领域投资过度，结果将主营业务拖垮。该公司2012年以来主营业务收入，尤其是主营业务利润出现大幅下滑，2014年实现净利润2 408万元（见上表），但扣除了非经营性损益后的净利润为负2 056万元，这里的非经营性损益由三部分构成：一是补贴收入1 515万元，包括软件开发补贴基金720万元和所得税返还795万元；二是发行新股募集资金冻结的利息收入1 217万元，列入营业外收入；三是资金占用费1 732万元。失去了主营业务的普非利公司在2015年陷入严重亏损，其实这个结果在2014年就可以预知。

【例35-2】大连杰妮科技发展有限公司随着中国软件行业的迅速崛起，公司的销售形势持续向好。我们用"销售商品、提供劳务收到现金/主营业务收入"这个主营收入现金含量指标对其的销售进行分析（如表35-8所示），发现该指标自2013年起逐年走高。因此，分析可以大致得出结论，该企业销售收入回笼现金情况良好，并且还不断收回前期的应收账款，营业收入的质量越来越高。通常情况下，营业收入与营业收入现金含量两个指标联袂走高的经济含义是企业的销售环境和内部管理都处于非常良好的状况。这样的公司，在2013年的证券市场上成为资金追捧的对象就不奇怪了。

表 35-8　大连杰妮科技发展有限公司 2013—2015 年主营业务收入现金含量表

	2013年	2014年	2015年
主营业务收入现金含量	0.86	1.081	1.287
主营业务收入	2 015 620 424	2 400 830 373	3 107 212 247

二是分析毛利率的大小及其走向：毛利率＝（营业收入－营业成本）／营业收入。良好的财务状况要求企业的毛利率在同行业中处于平均水平以上，且不断上升。如果企业的毛利率下降，则意味着企业所生产的同类产品在市场上竞争加剧，销售环境恶化；如果企业的毛利率显著低于同行业的平均水平，则意味着企业的生产经营状况明显比同行业其他企业要差。

【例 35-3】大连普非利科技有限公司和大连杰妮科技发展有限公司 2013—2015 年毛利率如表 35-9 和表 35-10 所示。

表 35-9　大连杰妮科技发展有限公司三年毛利率表

	2013年	2014年	2015年
主营业务收入	2 015 620 424	2 400 830 373	3 107 212 247
主营业务成本	1 800 807 756	2 024 865 336	2 647 854 477
毛利	214 812 668	375 965 037	459 357 770
毛利率	10.66%	15.66%	14.78%

表 35-10　大连普非利科技有限公司三年毛利率表

	2013年	2014年	2015年
主营业务收入	501 641 281	455 777 720	294 841 684
主营业务成本	422 938 276	422 656 054	284 005 854
毛利	78 703 005	33 121 666	10 835 830
毛利率	15.69%	7.27%	3.68%

毛利率分析：

大连普非利科技有限公司失败的原因可能会很多，但从上表可以看出，其业务的盈利能力持续弱化是其中很重要的一条。

35.3　分析企业的发展能力

我们说企业的发展能力，通常是指企业未来生产经营活动的发展趋势和发展潜能，也可以称之为增长能力。

从情形看，企业的发展能力主要是通过自身的生产经营活动，不断扩大积累而形成的，主要依托于不断增长的销售收入、不断增加的资金投入和不断创造的利润等。

从结果看，一个发展能力强的企业，应该是资产规模不断增加，股东财富持续增长。企业的固定资产良好、银行存款增加，利于企业的良性发展。

35.3.1 不同利益相关者视角下的企业发展能力

对于股东、潜在的投资者、经营者或者债权人而言，发展能力分析的目的主要体现在以下四方面：

1. 对于股东而言，可以通过发展能力分析衡量企业创造股东价值的程度，从而为采取下一步战略行动提供依据。

2. 对于潜在的投资者而言，可以通过发展能力分析评价企业的成长性，从而选择合适的目标企业做出正确的投资决策。

3. 对于经营者而言，可以通过发展能力分析发现影响企业未来发展的关键因素，从而采取正确的经营策略和财务策略促进企业可持续增长。

4.对于债权人而言，可以通过发展能力分析判断企业未来盈利能力，从而做出正确的信贷决策。

35.3.2 发展能力的单项与整体分析

企业的发展能力分析要结合资产负债表进行，为方便阅读起见，在这里一并进行分析。

1. **企业单项发展能力分析**

（1）股东权益增长率计算与分析

股东权益增长率=本年所有者权益增长额/年初所有者权益×100%

分析这一比率的意义在于可以反映所有投资者的保值增值情况，这一点在国有企业的考核指标中，更为明显。

一般情况下，股东权益增长率大于 0，表明所有者权益增加，企业增值能力较强。但是，在实际分析时应考虑企业利润分配情况及通货膨胀因素对其的影响；期末所有者权益的增加是投资人再投资所致，还是净利润形成的。

股东权益增长率越高，表明企业本期股东权益增加得越多；反之，股东权益增长率越低，表明企业本年度股东权益增加得越少。企业资本保全性越强，应付风险、持续发展的能力越大。

经验谈：

从公式中可以看出股东权益增长率是受三个因素驱动：

① 净资产收益率反映了企业运用股东投入资本创造收益的能力。

② 股东净投资率反映了企业利用股东新投资的程度。

③ 净损益占股东权益比率则反映了直接计入股东权益的利得和损失在股东权益中所占的份额。

这三个比率的高低都反映了对股东权益增长的影响程度。将企业不同时期的股东权益增长率加以比较。

【例 35-4】××电器 2015 年年末及 2014 年年末的所有者权益如表 35-11 所示。

表 35-11　××电器 2015 年年末及 2014 年年末所有者权益

单位：千元

年份	2015 年 12 月 31 日	2014 年 12 月 31 日
股东权益合计	18 845 391	14 924 983

分析:

股东权益增长率=本年所有者权益增长额/年初所有者权益×100%

=（18 845 391－14 924 983）/14 924 983×100%

=26.27%

股东权益增长率大于 0，表明所有者权益增加，企业增值能力较强。

（2）营业收入增长率计算与分析

营业收入增长率=本年营业增长额/上年营业收入总额×100%

这个指标越大，说明销售情况越好。

需要注意的是，销售的增长需要与利润增长匹配起来。如果销售增长了 100％，但是利润增长了 10％，那就说明企业的销售质量还不够高。

营业收入增长率反映了企业本期营业收入的相对变化,主要用于评价企业短期经营状况、市场占有能力和企业销售业务的拓展能力。

营业收入增长比率越大，说明销售增长速度越快，市场前景越好，企业近期盈利能力越强。

该比率若小于零，表明本企业销售萎缩，市场份额削弱，或是产品不适销对路，或售后服务欠佳，或已被竞争产品替代。只有不断地创新，开发新产品，提升服务质量，才能立足市场，为企业带来高收入和高利润。

但是，营业收入增长率仅仅反映近期销售（营业）收入的实际变动，无法确定未来变动趋势。

因此，在进行营业收入增长率分析时应结合企业历年的销售营业水平、企业市场占有情况、行业未来发展及其他影响企业发展的潜在因素进行前瞻性预测。同时，在分析过程中应确定比较的标准，分别与同类企业和同行业平均水平进行比较。

另外，营业收入增长率直接将本年营业收入增长额与上年实际比较，会受到基数的影响。由于一些偶然性因素的存在，如自然灾害、生产事故等，可能导致上年或本年营业收入异常，造成营业收入增长率偏高或偏低，这样，如果上年营业收入特别小，即使本年营业收入出现较小的增长，也会出现较大的差额，使营业增长率不能反映正常的变动，不利于进行比较。

比如，某企业上年销售收入为 20 万元，而本年销售收入为 100 万元，则营业收入增长率为(100-20)/20=400％，显然，这一差异出现异常，不能认为企业具有很强的发展能力。

需要说明的是，如果上期营业收入为负值，则计算公式的分母也应取其绝对值。

该公式反映的是企业某期整体销售增长情况。

【例 35-5】××电器和××电器主营收入五年同比增长率比较如表 35-12 所示。

表 35-12　××电器和××电器主营收入五年同比增长率比较表

项目	主营收入同比增长率(%)				
	2010/12/31	2009/12/31	2008/12/31	2007/12/31	2006/12/31
××电器	19.32	-7.02	8.03	71.77	37.7
××电器	29.51	16.84	24.27	61.08	56.42

分析:

××电器 2007 年增长率较高，但自 2008 年后，××电器的增长率远高于××电器。从上表可以看出两家公司的主营业务增长率都有较大的波动，其中，××电器的主营业务增长率在 2009 年还出现了负增长，这显然是受到金融危机的影响。××电器在 2009 年超过了×

×电器成为中国家电零售业的巨无霸，然而，在过去三年它的主营业务增长率还超过了国美，保持着高速增长，在未来几年，××电器将很可能拉开它与竞争对手××电器之间的差距。

在利用收入增长率来分析企业在销售方面的发展能力时，应该注意以下几个方面：

要判断企业在销售方面是否具有良好的成长性，必须分析销售增长是否具有效益性。

要全面、正确地分析和判断一个企业营业收入的增长趋势和增长水平，必须将一个企业不同时期的收入增长率加以比较和分析。

可以利用某种产品收入增长率指标，来观察企业产品的结构情况，进而也可以分析企业的成长性。

（3）营业利润增长率计算与分析

营业利润增长率=（本期营业利润－上期营业利润）÷上期营业利润×100%

该指标如果高于销售增长率，说明企业处于成长期，盈利能力在提高；反之，该指标如果低于销售增长率，则说明成本、费用提高快于销售的增长，发展潜力值得怀疑。

【例35-6】××电器2014—2015年营业利润如表35-13所示。

表35-13 2014年—2015年营业利润增长率表

年份	2015年	2014年	增长率（%）
营业利润	5 431 948	3 875 032	11.53

分析：

营业利润增长率11.53%低于指标低于销售增长率29.51%，说明成本、费用提高快于销售的增长，应当注意成本费用的控制管理。

（4）净利润增长率计算与分析

净利润增长率=（本期净利润总额-上期净利润总额）÷上期净利润总额×100%

该指标越高，说明企业的收益增长越快，对股东越有利。

需要说明的是，如果上期净利润为负值，则计算公式的分母应取其绝对值。该公式反映的是企业净利润增长情况。

利润增长率分析时，要全面认识企业净利润的发展能力，还需要结合企业的营业利润增长情况共同分析。

【例35-7】××电器2014—2015年净利润增长率如表35-14所示。

表35-14 ××电器2014—2015年净利润增长率表

分析：

年份	2015年	2014年	增长率（%）
净利润	4 105 508	2 988 495	37.38

2015年，在营业利润增长11.53%的情况下，企业净利润增长37.38%，净利润增长较快，原因是所得税增长较低的原因。

注意：

为了更正确地反映企业净利润和营业利润的成长趋势，应将企业连续多期的净利润增长率和营业利润增长率指标进行对比分析，这样可以排除个别时期偶然性或特殊性因素的影响，从而更加全面真实地揭示企业净利润和营业利润的增长情况。

（5）总资产增长率计算与分析

- 总资产增长率=本年总资产增长额/年初资产总额×100%
- 其中：本年总资产增长额=年末资产总额－年初资产总额
- 总资产增长率越高，表明企业一定时期内资产经营规模扩张的速度越快。但在分析时，需要关注资产规模扩张的质和量的关系，以及企业的后续发展能力，避免盲目扩张。

【例35-8】××电器和××电器2011—2015年总资产增长率如表35-15所示。

表35-15　××电器与××电器2011—2015年总资产增长率表

项目	总资产增长率(%)				
	2015/12/31	2014/12/31	2013/12/31	2012/12/31	2011/12/31
××电器	22.51%	65.78%	33.20%	83.82%	105%
××电器	1.25%	30.07%	-7.85%	40.90%	126%

分析：

在经营效益和资产周转率不变的情况下，一个企业的新增利润，主要来源于新增的总资产，因此，一个企业增长能力首要的表现在规模的扩张上。从上表可以看出过去五年中××电器和××电器的总资产增长率都大幅下降。说明两家公司的发展速度都在放缓，总的来说，××电器的增长率还是要高于××电器的。

2. 企业的整体发展能力分析

企业的经营是团队成果，个人能力很重要，但最后的合力更为重要，因此务必要进行整体分析。企业的整体发展能力分析具体的思路如下：

- 分别计算股东权益增长率、营业利润增长率、营业收入增长率、总资产和净利润增长率等指标的实际值。
- 分别将上述增长率指标实际值与以前不同时期增长率数值、同行业平均水平进行比较，分析企业在股东权益、利润、营业收入和资产等方面的发展能力。
- 比较股东权益增长率、利润增长率、营业增长率和总资产增长率等指标之间的关系，判断不同方面增长的效益性以及它们之间的协调性。
- 根据以上分析结果，运用一定的分析标准，判断企业的整体发展能力。一般而言，只有一个企业的股东权益增长率、总资产增长率、营业收入增长率、利润增长率保持同步增长，且不低于行业平均水平，才可以判断这个企业是否具有良好的发展能力。

选择四个指标，形成最基本的框架如图35-2所示。

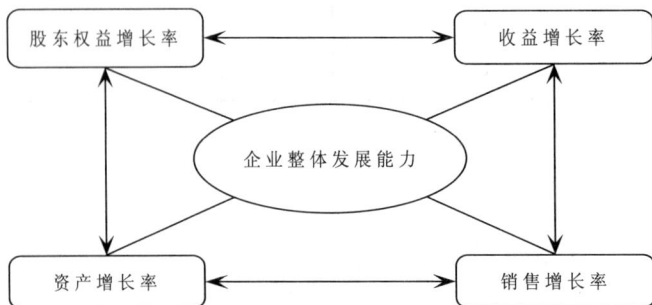

图35-2　企业整体发展能力分析框架

【例35-9】××电器2014—2015年企业整体发展能力分析框架应用。如表35-16所示。

表35-16 ××电器2014—2015年企业整体发展能力分析框架应用表

指标	股东权益增长率	营业收入增长率	净利润增长率	总资产增长率
数值	26.27%	29.51%	37.38%	22.51%

分析：

2014年和2015年相比，主要指标都在20%以上，说明企业的发展能力良好。

经验谈

应用企业整体发展能力分析框架分析企业整体发展能力时应该注意以下几方面：

（1）对股东权益增长的分析。股东权益的增长一方面来源于净利润，净利润又主要来自于营业利润，营业利润又主要取决于销售收入，并且销售收入的增长在资产使用效率保持一定的前提下要依赖于资产投入的增加；股东权益的增长另一方面来源于股东的净投资，而净投资取决于本期股东投资资本的增加和本期对股东股利的发放。

（2）对收益增长的分析。收益的增长主要表现为净利润的增长，而对于一个持续增长的企业而言，其净利润的增长应该主要来源于营业利润；而营业利润的增长又应该主要来自于营业收入的增加。

（3）对销售增长的分析。销售增长是企业营业收入的主要来源，也是企业价值增长的源泉。一个企业只有不断开拓市场，保持稳定的市场份额，才能不断扩大营业收入，增加股东权益；同时为企业进一步扩大市场、开发新产品和进行技术改造提供资金来源，最终促进企业的进一步发展。

（4）对资产增长的分析。企业资产是取得销售收入的保障，要实现销售收入的增长，在资产利用效率一定的条件下就需要扩大资产规模。要扩大资产规模，一方面可以通过负债融资实现，另一方面可以依赖股东权益的增长，即净利润和净投资的增长。

总之，在运用这一框架时需要注意这四种类型增长率之间的相互关系，否则无法对企业的整体发展能力做出正确的判断。

35.4 企业的盈利能力分析

投资人成立企业，其目的是能够持续的盈利，而企业要生存下去，盈利是必须具备的条件之一。

利润表的分析与管理的目标之一就是看企业是否具有一定的盈利能力。企业具有一定的盈利能力是指企业在会计政策保持一贯性的条件下，在绝对额上，企业具有大于零的营业利润、利润总额、净利润，且金额不断增长；在获利能力比率上，其销售利润率、销售净利率、总资产报酬率、净资产收益率、每股收益等指标在同行业中处于平均水平以上。

对于不同的人员来说，分析企业的盈利能力，作用不同。

● 企业经理人员：利用盈利能力的有关指标反映和衡量企业经营业绩；另外通过盈利能力分析发现经营管理中存在的问题。

● 债权人：盈利能力的强弱直接影响企业的偿债能力，决定是否提供贷款。

● 股东（投资人）：盈利能力影响获取股息；盈利能力影响股票价格提升。

盈利能力分析有关指标的计算公式为：

销售利润率＝利润总额／营业收入×100%；

销售净利率＝净利润／营业收入×100%；

总资产报酬率＝息税前利润／全部资产平均余额×100%；

净资产收益率＝净利润／净资产平均余额×100%；

每股收益＝（净利润－优先股股利）／发行在外的普通股股数

利润表的分析与管理的目标之一就是看企业的利润结构是否基本合理，这种合理性表现在以下几个方面：

（1）企业的营业利润、利润总额的结构基本合理。所谓营业利润、利润总额的结构基本合理，是指企业的利润总额主要是由营业利润带来的，而不是由营业外收入带来的。

（2）企业的利润结构与资产结构相适应。在企业的息税前利润的构成中，投资收益与"息税前利润减去投资收益以后剩余的其他利润"（以下简称"其他利润"）之间的数量结构和企业资产总额中的对外投资与"资产总额减去对外投资以后剩余的其他资产"（以下简称"其他资产"）之间的数量结构相匹配。我们的基本思路是：企业的资产总额带来了息税前利润，其中，对外投资带来了投资收益，其他资产带来了其他利润。因此，利润结构应该与资产结构相适应。

35.4.1　总资产报酬率分析

总资产报酬率是资产经营盈利能力分析的指标，反映企业运营资产所产生的利润的能力。

【例 35-10】××电器 2014—2015 年盈利能力分析即分析企业总资产的经营能力，通常用百分比来计算，即计算投入每百元资产，能够产生多少的收入。

分析计算过程如表 35-17 所示。

表 35-17　总资产报酬率分析计算表

单位：千元

项目	2015年	2014年
营业收入	75 504 739	58 300 149
利润总额	5 402 044	3 926 367
利息支出	360769	172924
息税前利润	5 431 948	3 875 032
平均总资产	39 873 607	28729179.5
总资产周转率	189.36%	202.93%
销售息税前利润率	5.439%	5.125%
总资产报酬率	10.30%	10.40%

根据公式，总资产报酬率＝总资产周转率×销售息税前利润率，因素分析如下：

总资产报酬率的变化幅度：10.3%-10.4%＝-0.1%

第一次因素替代：189.36%×5.125%＝9.705%

9.705%-10.4%=-0.695%

第二次替代： 189.36%×5.439%=10.3%

10.3%-9.705%=0.595%

分析结论：

2015 年总资产周转率的下降使得整个资产报酬率下降了-0.695%。而销售税前利润率的上升使得这个资产报酬率上了 0.595%

与××电器比较，近四年总资产报酬率变化比较如表 35-18 和图 35-3 所示。

表 35-18 2012—2015 年××电器与××电器总资产报酬率变化比较表

项目	总资产报酬率(%)			
	2015/12/31	2014/12/31	2013/12/31	2012/12/31
国美	5.42	3.94	3.81	3.78
苏宁	10.40	10.30	7.29	5.12

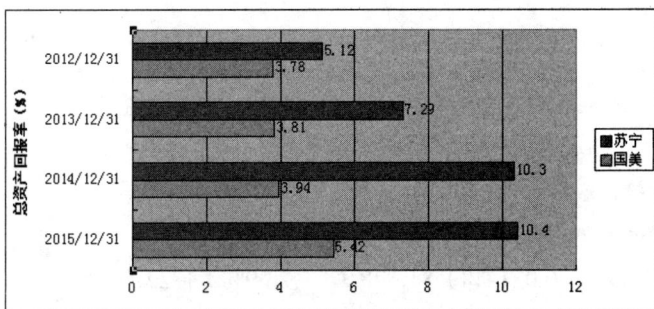

图 35-3 总资产报酬率比较图

从上图可看出××电器的总资产收益率一直高于××电器，且从比较期来看处于增长趋势很明显，表明××电器的盈利能力显著地强于××电器。

35.4.2 净资产收益率分析

净资产收益率表示的是资本经营盈利能力的内涵，分析企业所有者通过投入资本经营所取得的利润的能力。

2014—2015 年××电器的基本财务情况整理如表 35-19 所示。

表 35-19 2014—2015 年××电器基本财务情况整理表

项目	2015 年	2014 年
平均总资产	39 873 607	28 729 179.5
平均净资产	16 439 257.5	12 018 651.5
负债合计	25061991	20914849
负债与净资产之比	1.52	1.74
负债利息率	-1.348%	0.0314%
利息支出	-360769	-172924
利润总额	5 402 044	3 926 367

项目	2015 年	2014 年
息税前利润	5 431 948	3 875 032
净利润	4 011 820	2 889 956
所得税率	25.73%	23.9%
总资产报酬率	10.3%	10.4%
净资产收益率	23.45%	24.05%

注意：根据××电器利润表 2015 年的财务费用是负的，表现为财务费用的净收入，因此计算所得的负债利息率是负的。

而根据公式：净资产收益率=[总资产报酬率+（总资产报酬率－负债利息率）×负债/净资产]×(1－所得税率)，进行因素分析如下。

总的净资产收益利率的变动：23.45%－24.05%=-0.6%。也就是××电器公司 2015 年的净资产收益率比 2014 年下降了 0.6%。

连环因素替代法：

第一次替代总资产：

$$[10.3\%+（10.3\%－0.0314\%）×1.74×(1－23.9\%)]=23.897\%$$

总资产报酬率的影响：

$$=23.897\%－24.05\%=-0.153\%$$

第二次替代负债与净资产的比：

$$[10.3\%+（10.3\%－0.0314\%）×1.52×（1－23.9\%）]=22.178\%$$

负债与净资产的比的影响：

$$=22.178\%－23.897\%=-1.719\%$$

第三次替代所得税率：

$$[10.3\%+（10.3－0.0314\%）×1.52×（1－25.73\%）]=21.892\%$$

所得税率的影响：

$$=21.893\%－22.178\%=-0.2857\%$$

第四次替代负债利息率：

$$[10.3\%+（10.3\%+1.348\%）×1.52×（1－25.73\%）]=23.45\%$$

负债利息率的影响：

$$23.45\%－21.897\%=1.553\%$$

从上面可以看出负债与净资产的比率变化对净资产报酬率产生了最大的负面影响，使其下降了 1.719%，表明过去一年××电器的负债比重下降较大，同时，负债的利息率对净资产收益率有最大的正面影响，使其上升了 1.553%。

同时期，××电器与××电器的净资产收益率比较如表 35-20 及图 35-4 所示。

表 35-20　　××电器与××电器的净资产收益率比较表

项目	净资产收益率（%）			
	2015/12/31	2014/12/31	2013/12/31	2012/12/31
××电器	13.31	11.94	12.25	10.94
××电器	23.45	24.05	19.51	13

会计岗位实操大全（会计＋出纳＋纳税＋电算化＋财报编制与解读）

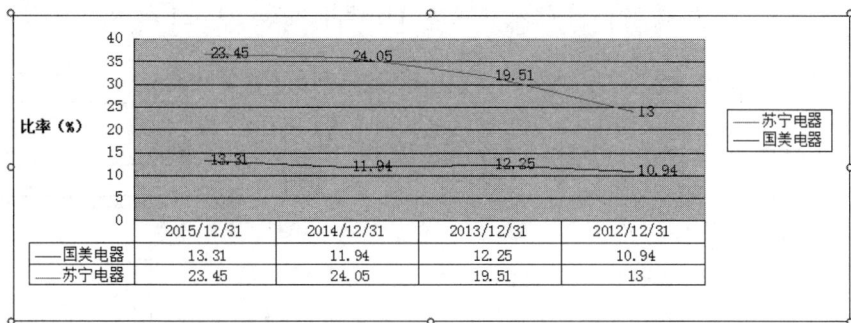

比率（%）	2015/12/31	2014/12/31	2013/12/31	2012/12/31
国美电器	13.31	11.94	12.25	10.94
苏宁电器	23.45	24.05	19.51	13

图 35-4　××电器与××电器净资产收益率比较图

净资产收益率这个指标的意义在于对普通股股东而言，它可以是决策的依据，把该指标于投资者自己的要求收益率相比，可以用来决策是否继续投资该公司。对于公司管理层而言可以用这个数据与企业的贷款利息作对比，如果比贷款利率高，那么说明企业可以很好地利用财务杠杆为股东创造更多的利益。

从图 35-4 中，可以发现××电器在过去几年中净资产收益率波动并不是很大，而××电器的净资产收益利率却逐年上升且高于××电器。

经验谈

影响资本经营盈利能力的因素有以下四方面：

1. 总资产报酬率
2. 负债利息率
3. 资本结构或负债与所有者权益之比
4. 所得税率

35.4.3　产品经营盈利能力分析

产品经营是相对资产经营和资本经营而言的。产品经营盈利能力不考虑企业的筹资或投资问题，只研究利润与收入或成本之间的比率关系。

在大多数企业中，产品经营才是最基本的经营活动。产品有盈利能力，企业才会有盈利。商品经营盈利能力内涵与指标主要包括以下两大方面。

1. 收入利润率指标

- 营业收入利润率：营业利润与营业收入之间的比率。
- 营业收入毛利率：营业收入与营业成本的差额与营业收入之间的比率。
- 总收入利润率：利润总额与企业总收入之间的比率，企业总收入包括营业收入、投资净收益和营业外收入。
- 销售净利率：净利润与营业收入之间的比率。
- 销售息税前利润率：息税前利润额与企业营业收入之间的比率，息税前利润指利润总额与利息支出之和。

【例 35-11】××电器 2015 年收入利润率指标计算。如表 35-21 所示。

表 35-21　××电器 2015 年收入利润率指标计算

指标	营业收入利润表	营业收入毛利率	总收入利润率	销售净利率	销售息税前利润率
比率	7.19%	17.83%	7.15%	5.44%	6.68%

2. 成本利润率指标

● 营业成本利润率：营业利润与营业成本之间的比率。

● 营业成本费用利润率：营业利润与营业成本费用总额的比率，其中，营业成本费用总额包括营业成本、营业税费以及期间费用，期间费用包括销售费用、管理费用、财务费用等。

● 全部成本费用利润率：可分为全部成本费用总利润率和全部成本费用净利润率，其中全部成本费用包括营业成本费用总额、资产减值损失和营业外支出。

【例 35-12】××电器 2014—2015 年成本利润率指标。如表 35-22 所示。

表 35-22　××电器 2014—2015 成本利润率指标

项目	2015年	2014年	差异
营业成本利润率	-3.65%	-5.59%	1.94%
营业费用利润率	-3.08%	-4.62%	1.54%
全部成本费用总利润率	1.12%	-1.42%	2.55%
全部成本费用净利润率	0.46%	-1.68%	2.14%

35.4.4　市盈率分析

虽然这些年来，投资股市赔多赚少，但是炒股的仍大有人在，企业上市的热情有增无减。往事悠长，不过既然股市在全世界存在与发展了这么长的时间，它的积极作用一定存在，相信随着我国金融市场的不断完善，股市会越来越客观。

投资股市，必须研究企业的市盈率。市盈率反映出每股股价与每股收益之间的关系，这个指标用来反映同行业之间的某一企业的股票是否高估或者低估。反映一家公司的业绩是否被看好，如表 35-23 所示。

表 35-23　2012—2015××电器与××电器市盈率表

项目	市盈率（倍）			
	2015/12/31	2014/12/31	2013/12/31	2012/12/31
××电器	18.93	22	31.35	5.4
××电器	28.47	32.47	27.32	61.81

从表 35-23 可以看出，××电器的市盈率虽然总体趋势是在下降，但是，要高于××电器，其中的主要原因大致是：××电器是在香港上市，香港股票市场比较成熟，股票定价比较合理，而××电器是在深圳交易所上市，投机泡沫显然比香港市场严重。另外，最主要的原因还是××电器的增长比较迅速，潜力比××电器大，因此市价比××电器要高些。

35.4.5 每股收益分析

每股收益 =（净利润/总股本）× 100%

该指标是衡量上市公司盈利能力的重要财务指标，它反映公司整体的盈利水平。每股收益反映了投资者对每元净利润所支付的价格，用来估计股票的投资报酬和风险。分析时主要判断市盈率越高，表明市场对公司未来越看好。

重要提示：国际标准为 25 倍左右。

每股收益分析的作用如下：

● 估计股价；

● 估计股票投资风险。

分析时要注意的事项如下：

● 不能用于不同行业比较；

● 息税前利润（EPS）很小或亏损时，市盈率高不说明问题；

● 受净利影响，限制了公司间的比较；

● 需结合其他因素的影响进行判断。

每股收益又分为基本每股收益和稀释每股收益。

1. 基本每股收益

基本每股收益=（净利润－优先股股利）÷流通在外普通股加权平均股数

普通股加权平均股数=年初股数+新增股数×新增股数的流通月数÷12

注意：

（1）之所以扣除优先股股利，是因为它从税后利润中支付；

（2）"流通在外"的含义是：要扣除库藏股；

（3）分母之所以要取加权平均值，是因为，分子（利润）是"全年"实现的；

（4）同时，分母（流通在外的股份数）则在年内可能有变化——如：因形成库藏股而减少，因新股发行而增加。

【例 35-13】大连杰妮科技发展有限公司 2015 年实现净收益为 100 000 千元，优先股股利为 10 000 千元，该年年初流通在外的普通股有 10 000 股，并分别于 7 月 1 日和 10 月 1 日新增发行普通股 2 000 股和 3 000 股，那么，该公司当年流通在外的普通股的加权平均数即为：

10 000 股 × 6 个月/12 个月 +（10 000+2 000）× 3 个月/12 个月 +（12 000+3 000）× 3 个月/12 个月 = 11 750（股）

那么，普通股每股收益为：

（100 000 － 10 000）/ 11 750 = 7.66

如果公司在经营过程中发生股票分割或分发股票股利，就会导致流通在外普通股股数的增加；这时，就必须对以往所有可比的每股收益数字进行追溯调整。

【例 35-14】续上例，假设 2015 年 12 月 31 日发生 2：1 的股票分割，那么，分母（流通在外普通股股数）就比原先增加 1 倍，即变成 23 500 股（=11 750 × 2）（调整计算以前年度每股收益时，分母也应该为 23 500 股）。那么，该年的 EPS 即为：3.83 元[=（100 000- 10 000）/ 23 500]。

注意：

在一些企业，资本结构可能要更"复杂"些，即在普通股和一般优先股之外，还包括：可转换债券、可转换优先股、股票选购权（通常给予员工的按预定价格购买公司普通股的选择权）、认股权证（通常给予债券购买者的按预定价格购买公司普通股的选择权）等。

以上这些证券都可能增加流通在外普通股股数，因而都是潜在普通股（目前可以算是"准普通股"），因为这些证券的发行条款允许其持有者成为普通股股东。

因此，这些证券的存在就意味着导致普通股 EPS 的稀释。当这种潜在的稀释作用相当显著时，就有必要调整计算每股收益。

2. 稀释每股收益

稀释每股收益是以基本每股收益为基础，假设企业所有发行在外的稀释性潜在普通股均已转换为普通股，从而分别调整归属于普通股股东的当期净利润以及发行在外普通股的加权平均数计算而得的每股收益。

稀释每股收益=调整后归普通股股东的当期利润÷（计算基本每股收益时普通股加权平均数+假定稀释性潜在普通股转换为已发行普通股股数的加权平均数）

（1）稀释性潜在普通股

潜在普通股是指赋予其持有者在报告期间或以后期间享有取得普通股权利的一种金融工具或其他合同。目前，我国企业发行的潜在普通股主要有可转换公司债券、认股权证、股份期权等。

稀释性潜在普通股，是指假设当期转换为普通股会减少每股收益的潜在普通股。对于亏损企业而言，稀释性潜在普通股是指假设当期转换为普通股会增加每股亏损金额的潜在普通股。计算稀释每股收益时只考虑稀释性潜在普通股的影响，而不考虑不具有稀释性的潜在普通股。

（2）分子的调整

计算稀释每股收益时，应当根据下列事项对归属于普通股股东的当期净利润进行调整：

① 当期已确认为费用的稀释性潜在普通股的利息；

② 稀释性潜在普通股转换时将产生的收益或费用。上述调整应当考虑相关的所得税影响。对于包含负债和权益成分的金融工具，仅需调整属于金融负债部分的相关利息、得利或损失。

（3）分母的调整

计算稀释每股收益时，当期发行在外普通股的加权平均数应当为计算基本每股收益时普通股的加权平均数与假定稀释性潜在普通股转换为已发行普通股而增加的普通股股数的加权平均数之和。

假设稀释性潜在普通股转换为已发行普通股而增加的普通股股数、应当根据潜在普通股的条件确定。当存在不只是一种转换基础时，应当假设会采取从潜在普通股持有者角度看最有利的转换率或执行价格。

假设稀释性潜在普通股转换为已发行普通股而增加的普通股股数应当按照其发行在外时间进行加权平均。

以前期间发行的稀释性潜在普通股，应当假设在当期期初转换为普通股；

- 当期发行的稀释性潜在普通股，应当假设在发行日转换普通股；
- 当期被注销或终止的稀释性潜在普通股，应当假设在发行日转换普通股；
- 当期被注销或终止的稀释性潜在普通股，应当按照当期发行在外的时间加权平均计入稀释每股收益；
- 当期被转换或行权的稀释性潜在普通股，应当从当期期初至转换日（或行权日）计入稀释每股收益中，从转换日（或行权日）起所转换的普通股则计入基本每股收益中。

经验谈

计算分析上市公司的盈利能力的指标还有每股净资产、市净率、股利支付率。

① 每股净资产

每股净资产=期末净资产总额÷期末普通股股数

- 该指标越高，表明公司的发展潜力越强，往往股价也越高。
- 注意资产的实际价值。因分子中的净资产是按账面价值计算的，与实际价值之间可能有差距，而股市中股价的变化更看重实际价值。由于它反映每股所代表的净资产。该比率若低于 1，表明每股净资产已跌破面值，将被特别处理（ST）。

② 市净率

市净率=每股市价÷每股净资产

该指标用于衡量市场公司资产质量的评价，比值越大，说明企业的资产质量越好，有发展潜力。3 倍以上表明有比较好的资产质量。

③ 股利支付率

股利支付率= 每股股利/每股收益，反映投资者从每股的全部盈余中分到手的现金股利为多少。

35.5 利润表的水平及垂直分析

企业的利润表每年的项目都一样，有些数字今年和去年还差不多，但是今年和上年比，应当有所提高，否则，企业就有可能走下坡路。

35.5.1 利润表水平分析

利润表水平分析，就是要看今年和去年相比，各项数据变化如何，并且分析变化是否有利。利润表水平分析的目的主要是通过对利润表的水平分析，从利润的形成角度，反映利润额的变动情况，提示企业在利润形成过程中的管理业绩及存在的问题。

利润表水平分析表采用增减变动额和增减变动百分比两种形式，如××电器 2014—2015 年利润表水平分析，如表 35-24 所示。

表 35-24 ××电器 2014—2015 年利润表水平分析表

单位：千元

项　目	2015 年度	2014 年度	变动额	变动百分比%
一、营业收入	75 504 739	58 300 149	17 204 590	29.51%
减：营业成本	−62 040 712	−48 185 789	−13 854 923	28.75%

项　目	2015 年度	2014 年度	变动额	变动百分比%
营业税金及附加	-268 129	-271 516	3 387	-1.25%
销售费用	-6 809 109	-5 192 356	-1 616 753	31.14%
管理费用	-1 250 311	-912 093	-338 218	37.08%
财务费用-净额	360 769	172 924	187 845	108.63%
资产减值损失	-75 924	-32 335	-43 589	134.80%
加：投资收益	10 625	-3 952	14 577	-368.85%
其中：对联营企业的投资收益	4 967	-3 952	8 919	-225.68%
二、营业利润	5 431 948	3 875 032	1 556 916	40.18%
加：营业外收入	72 465	111 578	-39 113	-35.05%
减：营业外支出	-102 369	-60 243	-42 126	69.93%
其中：非流动资产处置损失	-4 882	-881	-4 001	454.14%
三、利润总额	5 402 044	3 926 367	1 475 677	37.58%
减：所得税费用	-1 296 536	-937 872	-358 664	38.24%
四、净利润	4 105 508	2 988 495	1 117 013	37.38%
归属于母公司股东的净利润	4 011 820	2 889 956	1 121 864	38.82%
少数股东损益	93 688	98 539	-4 851	-4.92%
五、每股收益			0	
基本每股收益	人民币 0.57 元	人民币 0.43 元		
稀释每股收益	人民币 0.57 元	人民币 0.43 元		0.00%
六、其他综合收益	7 523	-229	7 752	-3385.15%
七、综合收益总额	4 113 031	2 988 266	1 124 765	37.64%
归属于母公司股东的综合收益总额	4 019 343	2 889 727	1 129 616	39.09%
归属于少数股东的综合收益总额	93 688	98 539	-4 851	-4.92%

根据表 35-24，我们进行利润形成过程的主要项目分析如下：

（1）营业利润分析

××电器 2015 年度营业收入 75 504 739 千元，2009 年度为 58 300 149 千元，增加了 17 204 590 千元，增长 29.51%，增长近 3 成，不管是绝对值还是相对值，都有较大的变动。

从成本费用来看，2010 年度营业总成本为 62 040 712 千元，2009 年度为 8 185 789，增加了 13 854 923 千元，增长了 28%，虽然营业成本的增长低于营业收入的增长，但这并不能说明公司的成本控制比较好，因为另外的管理费用和销售费用的涨幅来看，管理费用 2010 年度上升了 37.08%，销售费用 2010 年上涨了 31.14%，两项数值都超过主营业务收入的涨幅。

结论：××电器的管理费用和销售费用的管理控制还需要进一步提高。

（2）利润总额分析

××电器 2010 年利润总额为 5 402 044 千元，2009 年度为 3 926 367 千元，增加 1 475 677 千元，增长 37.57%，在利润总额中，营业利润的增长是主因，另外营业外收支也是重要的因素。

（3）净利润分析

××电器 2015 年度实现净利润 4 011 820 千元，2009 年度为 2 988 495 千元，同比增加了 1 121 864 千元，增长 38.82%，实现了较快的增长。

说明：

利润表水平分析的内容包括：

净利润评价，即反映企业所有者最终取得的财务成果，通过水平分析，找出净利润增长或下降的原因。

利润总额评价，即反映企业全部财务成果，通过水平分析，找出企业利润总额增减变动的关键原因。

营业利润评价，即反映企业自身生产经营业务的财务成果，通过水平分析，找出营业利润增减变动原因。

35.5.2 利润表垂直分析

利润表垂直分析的目的是通过计算各种因素或各种财务成果在销售收入中所占的比重，分析说明财务成果的结构及其增减变动的合理程度。

利润表垂直分析表编制，在实际工作中，常以营业收入为共同项目，用各项目金额分别除以营业收入金额，计算出各自的百分比。即将当期的有关会计资料和上述水平分析中所得的数据，与本企业过去时期的同类数据资料进行对比，以分析企业各项业务、绩效的成长及发展趋势。

注意：

企业通过垂直分析，可以了解企业在经营过程中，各项目与营业收入的比重关系，从而在侧面上看出企业的财务管理成果，看到其发展进步的程度和速度。但是，它不能直观地显示某一项目在不同年度的变动情况，必须把上述的水平分析与垂直分析结合起来，才能充分发挥财务分析的积极作用。

企业进行利润垂直分析，要从各项财务成果结构变化的原因入手，一般情况下，先从主营业务利润结构变化、营业利润和利润总额结构的变化来分析。此外还要分析管理费用、财务费用、补贴收入等因素的变化对营业利润、利润总额和净利润结构各自变动带来的影响。

××电器利润表垂直分析如表 35-25 所示。

表 35-25 ××电器利润表垂直分析表

单位：千元

项　目	2015 年度	2014 年度	2015年度	2014年度
一、营业收入	75 504 739	58 300 149	100.00%	100.00%
减：营业成本	-62 040 712	-48 185 789	-82.17%	-82.65%
营业税金及附加	-268 129	-271 516	-0.36%	-0.47%
销售费用	-6 809 109	-5 192 356	-9.02%	-8.91%
管理费用	-1 250 311	-912 093	-1.66%	-1.56%
财务费用-净额	360 769	172 924	0.48%	0.30%
资产减值损失	-75 924	-32 335	-0.10%	-0.06%
加：投资收益	10 625	-3 952	0.01%	-0.01%
其中：对联营企业的投资收益	4 967	-3 952	0.01%	-0.01%
二、营业利润	5 431 948	3 875 032	7.19%	6.65%
加：营业外收入	72 465	111 578	0.10%	0.19%
减：营业外支出	-102 369	-60 243	-0.14%	-0.10%

项　目	2015 年度	2014 年度	2015年度	2014年度
其中：非流动资产处置损失	-4 882	-881	-0.01%	0.00%
三、利润总额	5 402 044	3 926 367	7.15%	6.73%
减：所得税费用	-1 296 536	-937 872	-1.72%	-1.61%
四、净利润	4 105 508	2 988 495	5.44%	5.13%
归属于母公司股东的净利润	4 011 820	2 889 956	5.31%	4.96%
少数股东损益	93 688	98 539	0.12%	0.17%
五、每股收益			0.00%	0.00%
基本每股收益	人民币 0.57 元	人民币 0.43 元		
稀释每股收益	人民币 0.57 元	人民币 0.43 元		
六、其他综合收益	7 523	-229	0.01%	0.00%
七、综合收益总额	4 113 031	2 988 266	5.45%	5.13%
归属于母公司股东的综合收益总额	4 019 343	2 889 727	5.32%	4.96%
归属于少数股东的综合收益总额	93 688	98 539	0.12%	0.17%

分析：

从表 35-25 可以看出，××电器 2015 年度的营业利润为 5 431 948 千元，占营业收入 75 504 739 千元的比重为 7.19%，而这一指标 2009 年为 6.65%，增长了 0.54%。

利润总额 2015 年为 5 402 044 千元，占营业收入 75 504 739 千元的 7.15%，比 2014 年的 6.13%，增长了 1.02%；

而 2015 年度归属母公司的净利润的比重为 5.31%，比 2009 年 4.96%，上升 0.35%。

从上面营业利润、利润总额、以用归属母公司的净利润指标来看，在企业利润的构成情况上，2015 年盈利能力比 2009 年度都有所增长。

三个利润的比例分别为 0.54%、1.02%、0.35%，变化都不太大，经过对××电器分析，还是主营业务利润形成了它大多数的收入和利润，这是正常的现象。

35.5.3　利润表主要项目分析

利润表在进行常规的水平分析和垂直分析外，还要进行主要的项目的变化分析，这样才能更好地发现问题所在。

　　1. 归属于母公司的利润变化分析

××电器近 5 年归属母公司的利润变化如表 35-26 所示。

表 35-26　××电器近 5 年归属母公司的利润变化情况

单位：千元

项目\年度	2015.12.31	2014.12.31	2013.12.31	2012.12.31	2011.12.31
归属母公司的利润	4 011 820	2 889 956	2 170 189	1 465 426	720 300

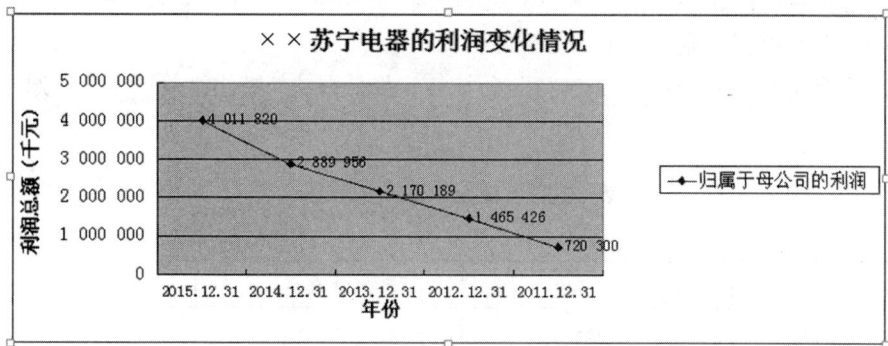

图 35-5　××电器归属母公司利润变化折线图

分析：

从图 35-5 可以看出，××电器的利润额增长速度接近一条斜线，且斜率较大，说明利润是比较快，企业利润实现了较高的增长。

2. 其他损益类结构及变动原因分析

其他损益虽然一般不会对企业的利润产生很大的影响，比如税费，也不是企业能够决定的，但是特殊情况下，会存在着较大的变数，有时候企业为了调整利润，在减值损失、营业外收入或营业外支出方面做手脚，××电器其他损益类结构成及变动原因分析如表 35-27 所示。

表 35-27　××电器其他损益类构成及变动情况原因表

（单位：千元）

项目	2015 年度	2014 年度	同比增减	增减幅度（%）
营业税金及附加	268 129	271 516	-3 387	-1.25%
资产减值损失	75 924	32 335	43 589	134.80%
投资收益	10 625	-3 952	14 577	368.85%
营业外收入	72 465	111 578	-39 113	-35.05%
营业外支出	102 369	60 243	42 126	69.93%
所得税费用	1 296 536	937 872	358 664	38.24%

分析：

从表 35-27 分析来看，营业税金额及附加降低 1.25%，变化较小，而资产减值损失增长了 134.80%、投资收益增长 368.85%、营业外收入降低 35.05%，营业外支出增长 69.93%，所得税费用增长 38.24%，都有较大幅度的增减变化，需要再进行分析。

（1）资产减值损失：2015 年度，公司销售收入实现了较高的增长，同时应收账款也上升，应收账款坏账准备计提增加。另外随着销售规模不断扩大，数码产品、IT 产品、通讯产品销售占比有所提升，公司在进一步推进定制包销、OEM 等产品的销售中，由于库存量的增加，相应计提的存货跌价准备也有了较快增加。

（2）投资收益：2015 年××电器公司行使用了新股预约权，为此支付了认购款项，但该款小于该新股预约权的公允价值，产生的差额计入了投资收益。另外根据附表数据进行分析，公司投资的日本 LAOX 公司，2015 年经营状况较好，确认了较高的投资收益。

（3）所得税费用：2015年，××电器利润总额与2014年相比，有较高的增长，所得税费用是定率计提，利润总额大，相应的所得税费用上升。

（4）营业外收入：2015年与2014年进行比较，降低很快，特进行单项分析，如表35-28所示。

表35-28 营业外收入变动表

单位：千元

项目	2015 年度	2014 年度	增长幅度
非流动资产处置损失	1 165	478	143.72%
其中：固定资产处置利得	1 165	478	143.72%
政府补助	41 982	71 155	-41.00%
取得长期股权投资利得		10 049	
其他	29 318	29 896	-1.93%
合计	72 465	111 578	-35.05%

分析：

一般来说，政府补助或扶持是营业外收入的重要来源之一，2014年，××电器收到了较多的政府相关部门给予的补贴收入及扶持基金，但到了2015年，该项收入有所减少，带来营业外收入同比降低，这也是合乎情理的，因为政府补助或扶持，只能享受有限的几次，不可能长期得到这项费用。

（5）营业外支出：营业外支出是非常规性支出，对此进行与营业外收入的同样分析，2015年与2014年相比，其变化如表35-29所示。

表35-29 营业外支出变动表

单位：千元

项目	2015 年度	2014 年度	增长幅度
非流动资产处置损失	4 882	881	454.14%
其中：固定资产处置损失	4 882	881	454.14%
对外捐赠	41 683	14 724	183.10%
罚款支出	13 249	8 628	53.56%
其他	42 555	36 010	18.18%
合计	102 369	60 243	69.93%

从表35-29来看，对外捐赠是比较主要的，这也是目前企业社会责任的体现，2015年与2014年相比，增加了26 959千元。增长了183.1%，主要用在了玉树地震的捐助和其他慈善活动上，说明××电器非常注重通过社会责任担当来提升企业品牌。

3. 管理费用和销售费用情况总体分析

企业的净利润影响因素除了收入和产品成本外，管理费用和销售费用是不可忽视的，相对来讲，管理费用和销售费用更容易跑冒滴漏，更容易养闲人。

××电器2014—2015年管理费用分析比较，如表35-30所示。

表 35-30　××电器 2014—2015 年管理费用分析比较表　（单位：千元）

项　目	2015 年		2014 年		变动情况
	金额	与营业收入比	金额	与营业收入比	
运杂费	388 804	0.52%	295 644	0.52%	-
广告促销费	1 146 622	1.54%	798 696	1.40%	0.14%
租赁费	2 610 233	3.52%	2 092 760	3.67%	-0.15%
人员费用	2 213 233	2.98%	1 603 758	2.81%	0.17%
水电费	463 832	0.62%	360 399	0.63%	-0.01%
装潢费	281 884	0.38%	261 886	0.46%	-0.08%
其他费用	954 812	1.29%	691 306	1.21%	0.08%
小计	8 059 420	10.85%	6 104 449	10.70%	0.15%

分析：

2015 年××电器公司在国内开店速度加快，特别时大力拓展了三、四级市场网络，使得公司运营管理、物流配送、人员储备等方面的投入大为增加；

2015 年是××电器创立二十五周年，借此机会，公司在品牌宣传、广告促销等方面进行了大量投入；不过由于公司已具备了较为完善的管理体制，依托前期建立的内控管理和信息平台，在"总部共享资源、区域灵活经营"的组织和运营模式下，2015 年公司的管理费用仍保持在相对合理的水平上，与 2014 年相比，上升 0.15 个百分点，变化不大。

以下对管理费用中的主要费用变动进行分析：

（1）广告促销费

2014 年，金融危机下的宏观环境有较多的不确定性因素，因此××电器在广告促销投入方面加强了控制，策略较为保守。但到了 2015 年，消费市场表现出了活跃的一面，广告投入产生效应较为明显。为此，公司围绕创建二十周年这一时机，实施了系列品牌宣传计划。

另外公司在整合媒介资源方面，集中力量加大了与央视、五大卫视及网络媒体的宣传投放。在上述各种措施的影响下，广告促销费与 2014 年相比，增长了 0.14 个百分点，保持在合理水平。

（2）租赁费用

虽然随着业务的拓展，公司在全国店面数量增加，不过由于管理的规范化，公司对商品规划能力的提升，在连锁店商品组、SKU 数量有效增加的过程中，各店产品进一步丰富，店面坪效与经营质量稳步提升，2015 年，公司整体销售情况比较良好，店面销售收入与 2014 年相比有较快增长。在销售的推动下，租金费用支出与主营业务收入的比例，比较 2014 年同期反而降低了 0.15%，这也说明了销售是一切的开始，没有销售的增长，发展就非常困难。

（3）人员费用

2015 年，公司实施了薪酬激励措施，一方面是对公司利润积累向员工回馈，另一方面是用激励调动下一步员工的积极性，分别于年初和半年度进行了两次较大范围的加薪工作，使得薪酬费用比 2014 年提升较快。

另外，在推进公司三、四级市场的发展以及自营销售等工作中，聘请了较为有相关经验的员工，2014 年公司还加强了人员储备，因而使人员费用率比 2014 年增长了 0.17%。

××电器2014—2015年销售费用分析分细，如表35-31及图35-6所示。

表 35-31　××电器 2014—2015 年销售费用分析明细表

单位：千元

项目\年度	2015年	2014年	变动幅度	增长百分比
租赁费	2 559 254	2 052 050	507 204	24.72%
工资、奖金、津贴和补贴	1 294 258	847 081	447 177	52.79%
广告费	952 678	693 737	258 941	37.33%
电费	384 850	327 736	57 114	17.43%
运输费	348 205	285 700	62 505	21.88%
门店装修费摊销	237 511	207 598	29 913	14.41%
社会保险费	201 865	147 460	54 405	36.89%
市场推广费	158 397	106 826	51 571	48.28%
固定资产折旧费	97 080	85 934	11 146	12.97%
店面物料费	75 954	54 830	21 124	38.53%
无形资产摊销	59 560	61 390	−1 830	−2.98%
住房公积金	34 732	25 576	9 156	35.80%
差旅费	24 363	16 643	7 720	46.39%
职工福利费	16 757	14 268	2 489	17.44%
保险费	12 848	2 494	10 354	415.16%
业务招待费	6 223	5 546	677	12.21%
工会经费	2 700	2 189	511	23.34%
税费	1 485	1 196	289	24.16%
教育经费	447	231	216	93.51%
其他	339 942	253 871	86 071	33.90%
合计	6 809 109	5 192 356	1 616 753	31.14%

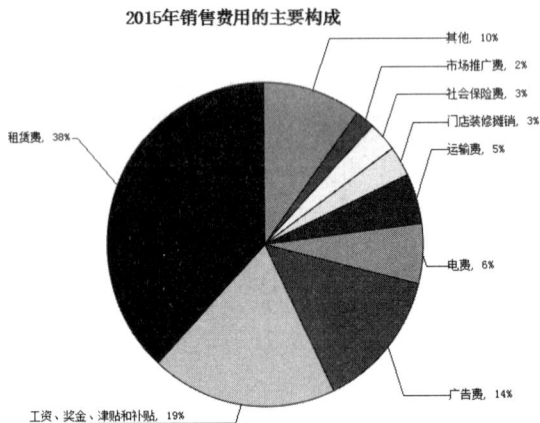

图 35-6　销售费用结构比例图

分析：

2015 年，××电器销售费用占营业收入的比例为 9.02%，考虑到公司营业收入的基数大，这个比例是很高的了，因此销售费用的管理已是企业管理的重要部分。

从图 35-6 来看，销售费用中租赁费用比例最高，为 38%，工资、奖金和补贴比例第二，为 19%。从增长率和绝对值来看工资、奖金和补贴的增幅为 52.79%，这个比率高于销售费用的 31.14% 的整体涨幅，表明××电器的人力成本在销售费用方面增长过快，应当引起重视。

35.5.4 利润表附表的产品和市场分析

企业的产品往往不是单一的，销售市场也不会仅限于一个地方。面对企业种类繁多的产品和征战在各地的市场，企业必须弄清楚各个产品的盈利能力、各个地方销售的比重，以及是什么原因造成了这种差异。

1. 寻找产品线

××电器销售产品是多种多样的，总结来看，产品构成如表 35-32 所示。

表 35-32 ××电器主营业务产品分布表

单位：千元

产品类别	2015年主营业务收入	2015年主营业务成本	2015年主营业务毛利率	主营业务收入比上年同期增减（%）	主营业务成本比上年同期增减（%）	主营业务毛利率比上年同期增减（%）
彩电、音像、碟机	19 713 007	15 950 653	19.09%	19.14%	17.65%	1.03%
冰箱、洗衣机	12 937 736	10 201 114	21.15%	25.35%	20.79%	2.98%
数码及 IT 产品	12 364 458	11 460 497	7.31%	56.17%	53.90%	1.37%
空调器产品	9 698 574	7 932 245	18.21%	26.97%	26.09%	0.57%
小家电产品	9 528 368	7 546 425	20.80%	19.67%	17.19%	1.68%
通讯产品	8 898 849	8 007 147	10.02%	47.62%	43.53%	2.56%
安装维修业务	854 589	586 434	31.38%	63.06%	86.76%	-8.70 %
其他产品	231 876	231 302	0.25%	132.28%	640.81%	-68.47%
合计	74 227 457	61 915 817	16.59%	30.14%	28.71%	0.93%

分析：

2015 年××电器主营业务或结构及盈利能力变化的说明。

（1）整体情况

2015 年，××电器公司的多元化策略初现成效，销售收入和毛利率都得到了较高的增长。

（2）分类分析

● 数码及 IT 产品：以数码相机为代表的数码产品，随着单反相机的进一步普及，以及人们消费水平的提高，高端产品销售势头比较好，在高端产品的带动下，均价提升，总的来看，数码产品的销售同比增长较快，产品毛利率也随之提升。

笔记本电脑市场目前也处于快速增长时期，新技术的推动下使 IT 产品结构多样化，特别是新的一体机、平板电脑均有了较快增长，毛利率水平也持续提升。

- 通讯产品：3G 与智能手机的普及，给通讯市场带来了新的增长动力，在与三大运营商达成全国范围内的战略合作关系后，一定程度上整合了供应商、运营商、零售商三方面资源，从财务数据来看，效果显著。2015 年通讯产品的销售、毛利率同比实现了较快增长。

- 彩电产品：2015 年来，由于数码产品功能的丰富，使彩电产品的价格有所下降，表现在销售收入增长放缓。但由于 LED 产品比重的提升，以及日后 3D、网络电视技术的成熟，彩电产品更新换代的大趋势还将同往常一样；同时国内城镇化进程的加快，将迎来又一次发展机会。在成本方面，由于零供关系的不断优化，差异化包销比重提升，在××电器独家承销先锋彩电的背景下，毛利率水平保持稳中有升，达到了 1.03%。

- 冰箱、洗衣机产品：冰洗产品市场相对平稳，这时由于大多数家庭不太愿意更新冰洗产品，但由于产品升级、毛利率提高，以及"家电下乡"、"以旧换新"政策的促销，2015 年冰洗产品销售稳步增长。在采用了与彩电产品同样的策略后，冰洗产品的毛利率也持续提升，增长率接近 3%，表现得非常好。

- 空调产品：2015 年，"以旧换新"、"能效补贴"政策发挥的作用比较大，××电器公司在 2015 年向二、三线市场的渠道下沉也表现得比较得力，结合"家电下乡"的推动，有效分享了该类市场，同时消费市场空调保有量的增加，使得 2015 年空调产品销售继续保持稳定增长，毛利率水平也持续稳定。

- 小家电产品：这类产品种类众多，很大程度上丰富了人的生活，带来了不小的方便，随着人民生活品质的提升，这类需求也还会增加。

- 维修服务业：成为中国全国性家电连锁新的利润增长点，由于目前家电维修从过去的小店转变到了生产或销售的售后服务，使得利润率达到 31%，这在电器业务中是非常罕见的。

总结：

哪些产品是××电器的畅销商品呢，如表 35-33 及图 35-7 所示。

表 35-33 占公司主营业务收入或主营业务利润 10%以上的主要产品

项目	主营业务收入	主营业务成本	毛利	占收入比率	占利润比率
彩电、音像、碟机	19 713 007	15 950 653	3 762 354	26.56%	30.56%
冰箱、洗衣机	12 937 736	10 201 114	2 736 622	17.43%	22.23%
数码及 IT 产品	12 364 458	11 460 497	903 961	16.66%	7.34%
空调器产品	9 698 574	7 932 245	1 766 329	13.07%	14.35%
小家电产品	9 528 368	7 546 425	1 981 943	12.84%	16.10%
通讯产品	8 898 849	8 007 147	891 702	11.99%	7.24%

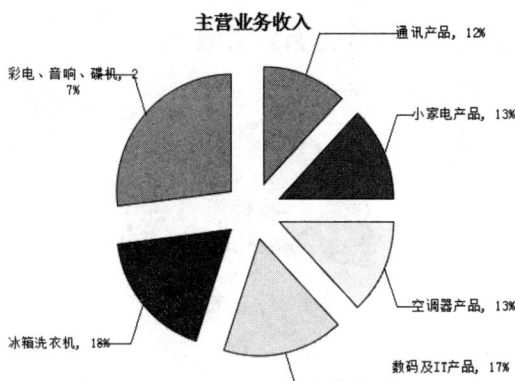

图 35-7 ××电器的畅销商品

结合销售收入和销售利润，××电器的畅销品如下：

① 彩电、音像、碟机

② 冰箱、洗衣机

③ 数码及 IT 产品

④ 空调、小家电产品

⑤ 通信产品

2. 寻找市场区域

相对于产品的销售表现，由于国内地区经济情况的差异，不同地区的消费能力存在着较大的差异，××电器主营业务收入的地域分布如表 35-34 所示。

表 35-34 ××电器主营业务收入的地域分布情况表

地区	2015 年主营业务收入	主营业务收入比上年同期增长率（％）
华东一区	17 442 207	31.97%
华东二区	13 581 781	24.09%
华北地区	11 707 477	23.31%
华南地区	11 349 500	35.58%
西南地区	7 513 241	29.28%
东北地区	4 298 562	26.49%
华中地区	4 245 513	31.63%
西北地区	3 252 174	26.33%
香港地区（注）	837 002	-
合计	74 227 457	30.14%

注意：××电器公司在 2015 年 2 月开始全面拓展香港地区的业务，故香港地区销售收入为 11 个月的数据。

更为直观找到市场区域，我们绘制如图 35-8 所示。

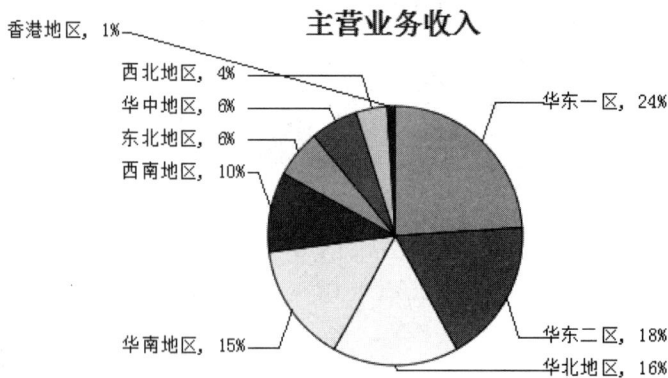

图 35-8　××电器市场分布图

由图 35-8 可以看出，2015 年××电器的收入主要来源于东部沿海发达地区，仅华东 42%和华南 15%两个地方的收入就占了主营业务收入的 57%，再加上华北地区的 16%，达到了 73%，显然是××电器销售地区的重中之重。

由于这些地区的主营业务收入增长也较为迅速，××电器自然不能放松本地区的销售，但是这里也是竞争最为激烈的地方，因为××电器在这里的实力不容小视。

那么其他地区呢，××电器应当反其道而行之，把目前发展比较落后的中西部地区培养成下一个黄金区域，因为中西部地区根据国家统计年鉴，中国限额以上家电批发零售贸易企业城乡市场份额，县以及县以下市场所占市场份额大约为 35%，虽然目前与城市市场相比有较大差距，但如果以 2015 年全中国 1 000 亿美元的市场总量来预估，农村家电市场总量还是非常可观的，应当提早布局。

第 36 章

通过实例来解读现金流量表

企业的经营活动是个循环的过程，在这个过程中，其纽带就是资金，企业的生存，时时刻刻都离不开资金。接下来要说的就是现金流量。

36.1 实例：××电器现金流量表

企业现金流量表，是用财务术语表示企业的现金流信息，可以看出在一特定时期内，企业有关现金及现金等价物的流入和流出。这个特定时期，可以是一月、也可以是一年等。

现金流量表编制的理论依据非常简单：现金流入－现金流出=现金净流量。

通俗地讲，现金流量表中所说的现金=库存现金+银行存款+其他货币资金+现金等价物。为了进行更好的说明，以××电器来进行说明。

××电器 2015 年和 2014 年的现金流量表，结构如表 36-1 所示。

表 36-1　××电器现金流量表 单位：千元（数据来源：年报）

项 目	2015 年度	2014 年度
一、经营活动产生的现金流量		
销售商品、提供劳务收到的现金	86 811 064	66 475 716
收到的税费返还	1 164	2 152
收到其他与经营活动有关的现金	1 859 413	706 951
经营活动现金流入小计	88 671 641	67 184 819
购买商品、接受劳务支付的现金	-72 265 161	-52 855 065
支付给职工以及为职工支付的现金	-2 369 111	-1 702 300
支付的各项税费	-3 256 178	-3 107 429
支付其他与经营活动有关的现金	-6 899 855	-3 965 083
经营活动现金流出小计	-84 790 305	-61 629 877
经营活动产生的现金流量净额	3 881 336	5 554 942
二、投资活动产生的现金流量		
取得投资收益所收到的现金	—	—
处置固定资产收回的现金净额	2 695	2 772
投资活动现金流入小计	2 695	2 772
购建固定资产、无形资产和其他长期资产支付的现金	-4 679 732	-1 195 375
处置固定资产支付的现金净额	—	—
投资支付的现金	-983 835	-704 475

项　目	2015 年度	2014 年度
投资活动现金流出小计	−5 663 567	−1 899 850
投资活动产生的现金流量净额	−5 660 872	−1 897 078
三、筹资活动产生的现金流量		
吸收投资收到的现金	41 226	3 020 951
其中：子公司吸收少数股东投资收到的现金	41 226	20 951
取得借款收到的现金	412 883	—
筹资活动现金流入小计	454 109	3 020 951
偿还债务支付的现金	−95 094	−156 000
分配股利、利润或偿付利息支付的现金	−235 565	−91 296
筹资活动现金流出小计	−330 659	−247 296
筹资活动产生的现金流量净额	123 450	2 773 655
四、汇率变动对现金及现金等价物的影响	7 523	−229
五、现金及现金等价物净(减少)/增加额	−1 648 563	6 431 290
加：年初现金及现金等价物余额	13 325 028	6 893 738
六、年末现金及现金等价物余额	11 676 465	13 325 028

注意：

1. 什么是现金流量 ？

准则：指现金和现金等价物的流入和流出。

举例讲解：以个人的钱包为参照点，5 月 10 日领取工资 8 500 元，放入钱包，就是现金流入，在回家的路上，给车加油 500 元，把钱从钱包里掏出来，就是现金流出。

2. 现金流量净额

举例讲解：如上例，10 日的现金流量净额=8 500 元－500 元，为 8 000 元。

3. 现金流量的构成

现金净流量 ＝ 经营活动的现金净流量 ＋ 投资活动的现金净流量 ＋ 筹资活动的现金净流量

将××电器的现金流量表进行梳理，可以归纳成如表 36-2 所示的现金流量表反映的财务管理内容。

表 36-2　现金流量表反映的财务管理内容

项　目	财务管理
一、经营现金净流量	1. 经营活动产生的现金流量 营业现金及其盈余产生能力：可用于支持经营性流动资产的规模、偿还债务本息和支持长期投资的内源融资
二、投资现金净流量	2. 投资活动产生的现金流量 投资于实物资产、权益性及债权性证券和这类投资的本金与收益的回收。如为负值意味着需要内外源融资
三、筹资现金净流量	3. 筹资活动产生的现金流量 外源融资能力：吸收投资、发行股票，分配利润、支付股利、偿付债务本息、返还股本或投资。
四、汇率对现金的影响	
五、现金净增加额	

36.2 理清现金流量表的三项指标

大连杰妮高科技有限公司是国内领先的电子政务应用与服务提供商，企业的利润较高。但有一天，企业财务部门负责人说目前公司资金紧张，几乎无可供支配的现金。常经理觉得不可思议，公司的项目，利润最低的，毛利也在30%以上，而且营业额2015年达到了4 500万元，便责问其财务部门负责人：你们把利润弄到哪里去了？

财务负责人部长王子杰给常经理解释现金净流量、收入、和利润的关系，虽然理论上收入越高，利润会越多，现金净流量也会更充足。但事实上收入、利润、现金净流量并非完全的正相关，有时还会相反，公司上述三项指标近五年数据如表36-3所示，绘成变化图如图36-1所示。

表36-3 大连杰妮高科技公司近五年收入、净利润、现金流流入表

年份	2011年	2012年	2013年	2014年	2015年
收入	2 900.00	3 200.00	3 500.00	4 100.00	4 500.00
净利润	1 015.00	1 120.00	1 225.00	1 435.00	1 575.00
现金净流入	1 000.00	800.00	1 500.00	750.00	600.00

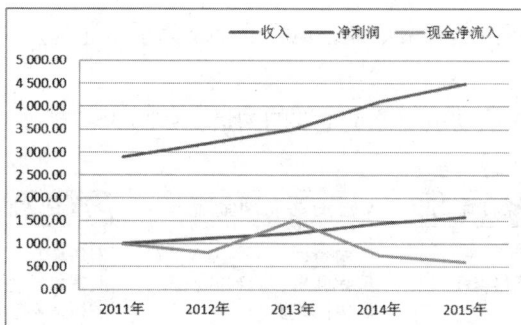

图36-1 收入、利润与现金净流入变化图示

面对这一问题，常经理陷入了了思考，利润与有现金之间是什么关系呢？她也记起一次财务培训中，说过企业资金不抵债不一定会破产清算，但企业如果没有现金流量，就一定会破产清算。看来企业不仅仅要关心收入，还要关心现金净流入情况。

常经理看到公司近五年来呈稳定上升发展趋势，并聘请了精通财务管理的专家王子杰来担任财务总监，加强了对公司的内部控制，成本费用管理都较好，每月的利润表她都觉得较满意，因此，她对2013年、2014年、2015年净现金流量与收入和利润负相关的表现有些不解。

王子杰对此疑问分析说，2012年主要是公司赊销金额较大，虽然收入为3 200万元，但其中有1 200万元是赊销进行的，也就是2012年这部分收入并没有收到现金；2014年主要是因为公司购置了3辆轿车、装修了视频会议室、购买了50台笔记本电脑，投资比较大；2015年主要是为股东发放了400万元的股利支出。

经验谈：

赊销、投资、折旧都会引起收入、利润、净现金流三者之间的关系，通常来讲，赊销和投资支出会使企业的现金净流量减少，而折旧，会使企业的利润减少，但不会影响现金净流量。

在××电器的现金流量表中已经看出，企业的现金流量分为三大类，每一类都有流入和流出。如图 36-2 所示。

图 36-2　企业现金流量图示

现金流是企业现金汇集的动态反映，现金流入、现金流出、现金净流量——现金持三者循环不息，企业才具有生命力。

如果把图 36-2 内容进行细化，就会形成另一种直观的表达图，企业所有的现金收入，都会纳入其中。

在现金流量中，三者虽然有所不同，但目的都是为了企业的发展而存在的，是相互依存的关系。

显然在企业中，经营活动现金流是主要的力量。如图 36-3 所示。

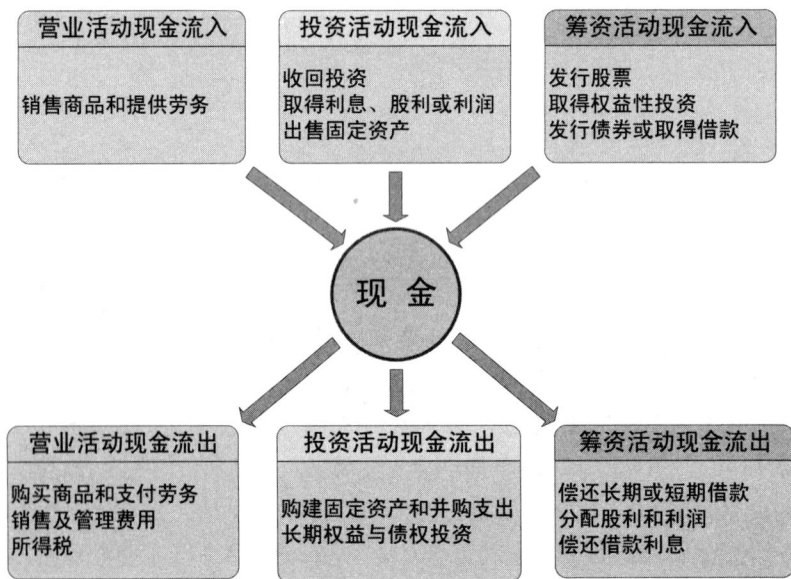

图 36-3　企业现金流量的平面图示

××电器的表 36-1 的数字，把它进行整理，如表 36-4 所示。

表 36-4　××电器的现金流量表

单位：千元

项目	贡献内容	2015年	2014年
经营活动	经营活动现金流入小计	88 671 641	67 184 819
	经营活动现金流出小计	−84 790 305	−61 629 877
	经营活动产生的现金流量净额	3 881 336	5 554 942
投资活动	投资活动现金流入小计	2 695	2 772
	投资活动现金流出小计	−5 663 567	−1 899 850
	投资活动产生的现金流量净额	−5 660 872	−1 897 078
筹资活动	筹资活动现金流入小计	454 109	3 020 951
	筹资活动现金流出小计	−330 659	−247 296
	筹资活动产生的现金流量净额	123 450	2 773 655

从表 36-4 中可以看出，经营活动产生的理金流量净额是最主要的，投资活动主要是支出，筹资活动也有相当大的现金流入。

36.3　管窥现金流量表的门道

如何看待企业现金流量的作用？如何看待企业现金流量的"正"与"负"的问题？通过现金流量表，能看出企业的什么门道？

36.3.1　现金流量表分析的目的

企业进行现金流量分析，其目的主要也有三个方面，如图 36-4 所示。

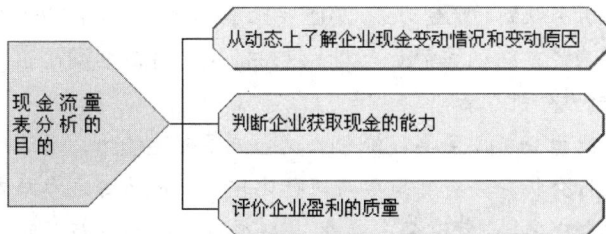

图 36-4　现金流量表分析的目的

分别解读：

1. 从动态上了解企业现金变动情况和变动原因。资产负债表中货币资金项目反映了企业一定时期现金变动的结果，是静态上的现金存量，企业从哪里取得现金，又将现金用于哪些方面，只有通过现金流量表的分析，才能从动态上说明现金的变动情况，并揭示现金变动的原因。

2. 判断企业获取现金的能力。现金余款是企业现金流动的结果，并不表明现金流量的大小，通过对现金流量表进行现金流量分析，能够对企业产生现金的能力做出判断。

3. 评价企业盈利的质量。利润是按权债发生制计算的，用于反映当期的财务成果，利润不代表真正实现的收益，账面上的利润满足不了企业的资金需要，因此，盈利企业仍然有可能发生财务危机，高质量的盈利必须有相应的现金流入做保证，这就是为什么人们更重视现金流量的原因之一。

【例 36-1】××电器公司部分资料如表 36-5 和表 36-6 所示。

表 36-5　××电器 2015 年及 2014 年现金流量表

单位：千元

项　目	2015 年度	2014 年度
一、经营活动产生的现金流量		
销售商品、提供劳务收到的现金	86 811 064	66 475 716
收到的税费返还	1 164	2 152
收到其他与经营活动有关的现金	1 859 413	706 951
经营活动现金流入小计	88 671 641	67 184 819
购买商品、接受劳务支付的现金	−72 265 161	−52 855 065
支付给职工以及为职工支付的现金	−2 369 111	−1 702 300
支付的各项税费	−3 256 178	−3 107 429
支付其他与经营活动有关的现金	−6 899 855	−3 965 083
经营活动现金流出小计	−84 790 305	−61 629 877
经营活动产生的现金流量净额	3 881 336	5 554 942

表 36-6　××电器 2015 年部分财务数据

资产总计	43 907 382	营业收入	75 504 739	净利润	4 105 508

问题：

（1）分析经营活动现金变动情况

解答：采用现金流量表水平分析（比较分析），根据连续数期的现金流量表，比较各期有关项目的金额，计算增减的比率，以揭示当期现金流量变化趋势。重点是同一企业，同一指标连续数期相比。分析时要注意增长速度较快者和比重较大的项目。

以销售商品、提供劳务收到的现金为例，2015 年比 2014 年增加 21 486 822 千元，增长 31.98%。

结论：××电器的经营活动现金流入大于现金流出，经营活动正常。

（2）获取现金能力分析

解答：获取现金能力分析，主要评价营业现金流量创造能力，通过经营现金净流量与某种投入的资源对比进行分析。分析结果要与同行比较，才能更好地参与市场竞争。

指标一：销售现金比率=经营现金净流量 ÷销售收入，该指标反映每元销售得到的净现金，越大越好。

2015 年，××电器销售现金比率为：5.14%。

指标二：全部资产现金回收率=经营现金净流量 ÷ 全部资产，该指标反映企业资产产生现金的能力。

2015 年，××电器全部资产现金回收率为：8.84%。

结论：××电器获取现金能力中，资产现金回收率大于销售现金比率，同时可以看出，企业销售每 100 元，收到现金仅约为 5 元较低。

（3）分析企业收益的质量

解答：分析企业收益的质量，可用指标盈余现金保障倍数，盈余现金保障倍数=经营现金净流量÷净利润。

2015 年，××电器盈余现金保障倍数为：94.54%。

结论：××电器的收益质量较好。

36.3.2 现金流量表分析的内容

现金流量表分析的内容，主要集中在四个方面，如图 36-5 所示。

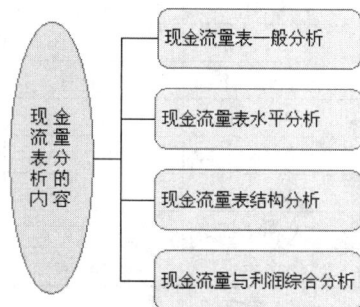

图 36-5 现金流量表分析的内容

分别解读：

1. 现金流量表一般分析。现金流量一般分析是直接以现金流量表为依据，分析各主要项目变动对经营活动现金流量、投资活动现金流量和筹资活动现金流量的影响，以说明企业现金流入量和现金流出量的规模及特点。

现金流量表一般分析目的是根据现金流量表的数据，对企业现金流量整体情况进行分析与评价。主要评价以下四方面的内容：

- 企业现金净流量总评价；
- 经营活动现金净流量评价；
- 投资活动现金净流量评价；
- 筹资活动现金净流量评价；

【例 36-2】××电器 2015 年度企业现金净流量为-1 648 563 千元，经营活动现金净流量 3 881 336 千元；投资活动现金净流量-5 660 872 千元；筹资活动现金净流量 123 450 千元。

分析评价：

企业现金净流量为负数，说明企业整体经营现金流入小于流出，应当引起重视，否则会造成企业资金困难。

经营活动产生的现金流量大于零，××电器经营活动本年度在补偿现金消耗性成本后仍有剩余，说明经营活动产生的现金流量已经处于良好的运转状态，对企业的发展作出了贡献。

投资活动现金净流量为负数，考虑到××电器仍处于发展期，投资活动符合企业的长期规划和短期计划，这种状态正常，表明了××电器经营活动发展和企业扩张的内在需要。

筹资活动现金净流量大于零，表明××电器在投资和扩张方面有更多的机会，属于正常。

2. 现金流量表水平分析。现金流量水平分析主要是通过对比不同时期的各项现金流量变动情况，揭示企业当期现金流量水平及其变动情况，反映企业现金流量管理的水平与特点。

【例 36-3】××电器 2014—2015 年度现金流量表水平分析表，其中经营活动产生的现金流量分析如表 36-7 所示。

表 36-7　××电器 2014—2015 年经营活动现金流量表水平分析

单位：千元

项　目	2015 年度	2014 年度	变动幅度	变动率
一、经营活动产生的现金流量				
销售商品、提供劳务收到的现金	86 811 064	66 475 716	20 335 348	30.59%
收到的税费返还	1 164	2 152	-988	-45.91%
收到其他与经营活动有关的现金	1 859 413	706 951	1 152 462	163.02%
经营活动现金流入小计	88 671 641	67 184 819	21 486 822	31.98%
购买商品、接受劳务支付的现金	-72 265 161	-52 855 065	-19 410 096	36.72%
支付给职工以及为职工支付的现金	-2 369 111	-1 702 300	-666 811	39.17%
支付的各项税费	-3 256 178	-3 107 429	-148 749	4.79%
支付其他与经营活动有关的现金	-6 899 855	-3 965 083	-2 934 772	74.02%
经营活动现金流出小计	-84 790 305	-61 629 877	-23 160 428	37.58%
经营活动产生的现金流量净额	3 881 336	5 554 942	-1 673 606	-30.13%

评价：2015 年及 2014 年相比，销售商品、提供劳务收到的现金增加 20 335 348 千元，增长 30.59%；但是由于购买商品、接受劳务支付的现金增加 19 410 096 千元，增长 36.72%，支付的其他与经营活动有关的现金增加 2 934 772 千元，增长 74.02%，以及员工薪酬的增加，使得经营活动产生的现金流量净额减少 1 673 606 千元，减少 30.13%。

3. 现金流量表结构分析。现金流量结构分析是通过计算企业各项现金流入量占现金总流入量的比重，以及各项现金流出量占现金总流出量的比重，揭示企业经营活动、投资活动和筹资活动的特点及对现金净流量的影响方向和程度。

【例 36-4】××电器 2014—2015 年，现金流量表结构分析如表 36-8 所示。

表 36-8　××电器 2014—2015 年现金流量表结构分析

单位：千元

项　目	2015 年度	2014 年度	同比增减（%）
一、经营活动产生的现金流量净额	3 881 336	5 554 942	-30.13%
经营活动现金流入量	88 671 641	67 184 819	31.98%
经营活动现金流出量	84 790 305	61 629 877	37.58%
二、投资活动产生的现金流量净额	-5 660 872	-1 897 078	-198.40%
投资活动现金流入量	2 695	2 772	-2.78%
投资活动现金流出量	5 663 567	1 899 850	198.11%
三、筹资活动产生的现金流量净额	123 450	2 773 655	-95.55%
筹资活动现金流入量	454 109	3 020 951	-84.97%
筹资活动现金流出量	330 659	247 296	33.71%
四、现金及现金等价物净增加额	-1 648 563	6 431 290	-125.63%
现金流入总计	89 135 968	70 208 542	26.96%
现金流出总计	90 784 531	63 777 023	42.35%

2015 年度简要评价：

第一，现金流入结构分析

××电器 2015 年度现金流入总量为 89 135 968 千元，其中经营活动现金流入量、投资活动现金流入量、筹资活动现金流入量所占的比重分别为 99.49%、0.001%、0.509%。可见企业的现金流入量主要有经营活动产生，这是比较合理的。经营活动的现金流入量中的销售商品、提供劳务收到的现金，投资活动的现金流入量中的处置固定资产、无形资产和其他长期资产收回的现金，筹资活动的现金流入量中取得借款收到的现金分别占各类现金流量的绝大部分比重。

第二，现金流出结构分析

××电器2015年度现金流出总量为90 784 531千元，其中经营活动现金流出量、投资活动现金流出量、筹资活动现金流出量所占的比重分别为93.4%、6.24%、0.36%。可见企业的现金流出量主要有经营活动产生，这是比较合理的；其次为筹资活动产生的现金流出量。经营活动的现金流出量中的购买商品、接受劳务支付的现金，投资活动的现金流入量中的购买固定资产、无形资产和其他长期资产支出的现金，筹资活动的现金流入量中偿还债务支付的现金分别占各类现金流量的绝大部分比重。

4. 现金流量与利润综合分析。现金流量与利润综合分析通过对现金流量与净利润的对比分析，一方面揭示现金净流量与利润的区别，另一方面揭示二者的关系。通过二者关系可反映企业的盈利质量和财务状况。

【例36-5】××电器2015年度净利润为4 105 508千元，现金及现金等价物净增加额为−1 648 563千元，二者不一致，且现金净流量远远小于净利润，主要原因之一是投资活动现金流出为5 663 567千元。

36.3.3 对现金流量的质量进行分析评价

下面以××电器2015年的数据为例对现金流量表进行详细说明，如表36-9所示。

表 36-9　××电器 2015 年现金流量表（部分）

项目	贡献内容	2015年	评价标准
经营活动	经营活动现金流入小计	88 671 641	
	经营活动现金流出小计	−84 790 305	
	经营活动产生的现金流量净额	3 881 336	大于零
投资活动	投资活动现金流入小计	2 695	
	投资活动现金流出小计	−5 663 567	
	投资活动产生的现金流量净额	−5 660 872	小于零
筹资活动	筹资活动现金流入小计	454 109	
	筹资活动现金流出小计	−330 659	
	筹资活动产生的现金流量净额	123 450	大于零

总体原则：企业现金流量的状态体现了企业发展战略的要求

1. 对经营活动的评价

经营活动产生的现金流量是企业全部现金流量中最重要的组成部分，它反映了企业通过自身的经营活动创造现金的能力。

经营活动产生的现金流量净额为3 881 336千元，大于零。表示经营活动现金流入大于经营活动现金流出，并在补偿当期的非现金消耗性成本（如各种摊销、折旧等）后仍有剩余，即企业利润也大于零。

判断结论：

企业经营活动产生的现金流量已经处于良好的运转状态，将会对企业投资发展作出贡献。

说明：

（1）如果经营活动产生的现金流量净额小于零，则有两种可能：

● 企业处于初期，这种状态是正常。

● 企业在正常生产经营期间出现这种状态，一般意味着经营过程的现金流转存在问题，经营中"入不敷出"。

（2）如果经营活动产生的现金流量净额等于零。

意味着经营过程中的现金"收支平衡"，但从长期看，则不可维持"简单再生产"。

（3）如果经营活动产生的现金流量净额大于零但不足以补偿当期的非现金消耗性成本，即按财务核算，这时在利润上可能是亏损的。

这与经营活动产生的现金流量净额等于零只有量的差别，但没有质的差别。

（4）如果经营活动产生的现金流量大于零并恰能补偿当期的非现金消耗性成本。

说明企业能在现金流转上维持"简单再生产"，但不能为企业扩大投资等发展提供货币支持。

2. 对投资活动的评价

投资活动产生的现金净流量为：-566 087 千元，小于零。

判断结论：

在企业的投资活动符合企业的长期规划和短期计划的条件下，这种状态是正常，表明了企业经营活动发展和企业扩张的内在需要。

说明：

如果投资活动产生的现金流量大于等于零，则要对企业投资活动的现金流量原因进行具体分析。有两种可能：

● 投资回收规模大于投资支出规模——判断结论为正常。

● 经营活动或筹资活动方面急需资金不得不变现长期资产——判断结论为不正常。

对投资活动现金流量的分析应侧重于长期债权与股权投资、固定资产、无形资产和其他长期资产等交易而产生的现金流入与流出。投资活动净流量减少也有可能是企业正处于成长期，要建造营业用房或需要添置设备所致。此时，如果经营活动现金流量为正数，则可弥补因投资需要的现金，反之则向外融资。

3. 对筹资活动的评价

筹资活动产生的现金净流量为 123 450 千元，大于零。

判断结论：有两种可能。

● 企业的起步阶段，或企业在投资和扩张方面有更多的机会——正常。

● 企业投资活动和经营活动的现金流出失控——不正常。

说明：

如果筹资活动产生的现金流量小于零，则有两种可能。

● 企业经营活动与投资活动在现金流量方面运转较好——正常。

● 企业在投资和扩张方面没有更多的机会——不正常。

对筹资活动现金流量的分析应侧重于发行股票、债券、长期借款产生的现金流入和偿还债务本金与利息、分配股利与利润产生的现金流出。要注意的是有的企业为保持良好的股利记录，用募股流入的现金作为股利分配给股东，使筹资活动产生现金流入的同时又产生相应的流出。筹资活动现金净流量增加或减少，在某种程度上可以反映企业的筹资能力。

4. 整体的评价

如表 36-10 所示的现金及现金等价物净(减少）增加额。

表 36-10　现金及现金等价物净(减少）增加额

整体	2010年	评价标准
现金及现金等价物净(减少)/增加额	-1 648 563	小于零

从现金及现金等价物净增加额的增减趋势，可以分析被投资单位未来短时间内潜藏的风险因素。

2015 年，××电器现金及现金等价物净增加额为-1,648,563 千元，小于零。

评价结论：

因为经营活动净流量大于零，这部分为负数是由投资活动引起的，这种情况属正常；但假设是由于筹资活动偿还债务和利息引起的，只要营销情况正常，将来及时筹集到流动资金，企业还是能维持的，但不能长久维持。

注意：

现金及现金等价物净增加额为小于零的两种情形。

① 经营正常、投资和筹资亦无大的起伏波动，企业仅靠期初现金余额维持财务活动，即出现经营活动、投资活动和筹资活动现金流量都为负数，这时需要详细分析该企业现金流入和现金流出的具体内容。

② 现金净流量总额出现负增长，总体上不是好现象，至少会影响企业的短期偿债能力。

当现金及现金等价物净增加额为正数时有以下几种可能性：

① 经营活动现金流入绝对大于现金流出，并有较大额度积累，完全可以对外投资或归还到期债务。被投资单位财务状况良好，投资风险较小。

② 经营活动正常，对外投资得到高额回报，暂时不需要外部资金，为减少资金占用，归还银行借款，偿付债券本息，这也表明该企业有足够的经营能力和获利能力。如果是投资者想要投资于这家企业，则是对其投资的最佳时机。

③ 经营持续稳定，投资项目成效明显但未到投资回收高峰，企业信誉良好，外部资金亦不时流入，证明该企业成熟而平稳地持续经营，没什么大的投资风险。

④ 经营每况愈下，不得不尽力收回对外投资，或者要处置一些固定资产、无形资产等，同时大额度筹集维持生产所需的资金，说明被投资单位将面临必然的财务风险。如果通过外部筹集资金获得的，未来可能需要支付大额的利息或股利等筹资费用。

经验谈：对于一个健康的正在成长的公司，经营活动净现金流量应是正数，投资活动净现金流量是负数，筹资活动净现金流量是正负相间。

正常企业现金流量的状况是经营活动中取得的现金流入足以用于经营活动中所需的现金支出，并有一定的现金净流入量用于偿还债务或用于投资；当企业扩张或改变经营战略而需要长期投资时，一般需要筹集长期资金，包括发行股票或筹集长期借款（目前我国国有企业一般寻求长期借款）；如果长期投资有效，就会在将来产生现金流入，企业将不会面临还债困境。

36.4 如何评价现金净流量为负数

如何正确评价现金净流量为负数，这个要应具体分析，企业在不同的时期，经营、投资、筹资现金净流量为负值时，其含义不同。

举个例子，某企业现金净现金减少 100 万元，是否意味着偿债能力很差?反之，现金净流量增加 100 万元，是否应认为其获利能力与偿债能力好呢?这种情况还需作具体分析。

如果对一家成长型的、极具发展潜力的企业来说，为培育新的利润增长点，扩大投资规模，需要耗用资金，现金净流量很可能是负数。而如果对一个经营连续亏损、已纳入清算或有停业计划的企业来说，通过变卖资产很可能使现金流量表描述的现金是增加的。从这个例子可以看出，现金净流量增加 100 万元的企业，未必比一个现金净流量减少 100 万元的好。

需要提醒的是，一个合格的管理者及其他信息使用者，在分析现金流量表时应该结合企业的发展前景、市场份额等综合因素，并联系资产负债表和利润表相关项目的增减变动，来分析企业投资活动与筹资活动对现金净流量的影响。

总的来说，不同阶段的现金净流量变化的规律如表 36-11 所示，这个表格可以看成企业成长期与财务管理的结合之处。

表 36-11 不同阶段现金净流量变化规律

阶　　段	初创与成长	成　熟	衰　退
经营净流量	初创期＜0 成长期＞0	＞0	＜0
投资净流量	＜0	＜0 或＞0	＞0
筹资净流量	＞0	＜0 或＞0	＜0
净流量合计	＞0	＞0	＜0
净利润	＜0	＞0	＜0

36.5 垂直分析现金流量表结构

现金流量结构分析包括流入结构、流出结构和流入流出比例分析，下面以××电器 2015 年年报（报表数据从略）为例加以说明。

现金流量表分析的首要任务是分析各项活动谁占主导，如××电器公司的现金流量垂直分析如表 36-12 所示。

表 36-12 现金流量垂直分析表

单位：千元

项　目	2015 年度	流入结构	流出结构	内部结构
一、经营活动产生的现金流量				
销售商品、提供劳务收到的现金	86 811 064			97.90%
收到的税费返还	1 164			0.06%
收到其他与经营活动有关的现金	1 859 413			2.10%
经营活动现金流入小计	88 671 641	99.49%		100.00%

项　目	2015 年度	流入结构	流出结构	内部结构
购买商品、接受劳务支付的现金	-72 265 161			85.23%
支付给职工以及为职工支付的现金	-2 369 111			2.79%
支付的各项税费	-3 256 178			3.84%
支付其他与经营活动有关的现金	-6 899 855			8.14%
经营活动现金流出小计	-84 790 305		93.40%	100.00%
经营活动产生的现金流量净额	3 881 336			
二、投资活动产生的现金流量				
取得投资收益所收到的现金	—			
处置固定资产收回的现金净额	2 695			100.00%
投资活动现金流入小计	2 695	0.00%		100.00%
购建固定资产、无形资产和其他长期资产支付的现金	-4 679 732			82.63%
处置固定资产支付的现金净额	—			
投资支付的现金	-983 835			17.37%
投资活动现金流出小计	-5 663 567		6.24%	100.00%
投资活动产生的现金流量净额	-5 660 872			
三、筹资活动产生的现金流量				
吸收投资收到的现金	41 226			9.08%
其中：子公司吸收少数股东投资收到的现金	41 226			9.08%
取得借款收到的现金	412 883			90.92%
筹资活动现金流入小计	454 109	0.51%		
偿还债务支付的现金	-95 094			28.76%
分配股利、利润或偿付利息支付的现金	-235 565			71.24%
筹资活动现金流出小计	-330 659		0.36%	100.00%
现金流入总额	89 128 445	100%		
现金流出总额	-90 784 531		100%	
筹资活动产生的现金流量净额	123 450			
四、汇率变动对现金及现金等价物的影响	7 523			
五、现金及现金等价物净（减少）/增加额	-1 648 563			
加：年初现金及现金等价物余额	13 325 028			
六、年末现金及现金等价物余额	11 676 465			

在上述表格中，可以得出以下分析结论：

第一，现金流入结构分析

××电器 2015 年度现金流入总量为 89 128 445 千元，其中经营活动现金流入量、投资活动现金流入量、筹资活动现金流入量所占的比重分别为 99.49%、0.001%、0.509%。可见企业的现金流入量主要有经营活动产生，这是比较合理的。经营活动的现金流入量中的销售商品、提供劳务收到的现金，投资活动的现金流入量中的处置固定资产、无形资产和其他长期资产收回的现金，筹资活动的现金流入量中取得借款收到的现金分别占各类现金流量的绝大部分比重。

第二，现金流出结构分析

××电器 2015 年度现金流出总量为 90 784 531 千元，其中经营活动现金流出量、投资活动现金流出量、筹资活动现金流出量所占的比重分别为 93.4%、6.24%、0.36%。可见企业的现金流出量主要有经营活动产生，这是比较合理的；经营活动的现金流出量中的购买商品、接受劳务支付的现金，投资活动的现金流入量中的购买固定资产、无形资产和其他长期资产支出的现金，筹资活动的现金流入量中偿还债务支付的现金分别占各类现金流量的绝大部分比重。

现金流量表的各项内容如何解读？其含义又是什么呢？下面进行较为详细的分析。

36.5.1　经营现金流量表主要项目内涵分析

（1）销售商品、提供劳务收到的现金

销售商品、提供劳务收到的现金=当期销售商品、提供劳务收到的现金+当期收到前期的应收账款和应收票据+当期预收的账款－当期销售退回而支付的现金+当期收回前期核算的坏账损失。

特点：

● 是企业现金流入的主要来源，数额大、所占比重大。

● 较高销售收现率表明企业产品定位正确，适销对路。

对于绝大多数企业而言，企业有其主营业务，也是企业参与市场竞争的核心所在。这就决定了这部分收入是企业最大的现金流入主要来源，如果这部分出现了问题，企业一般是遇到了市场份额问题。

【例 36-6】××电器 2015 年度现金流入总量为 89 128 445 千元，其中销售商品、提供劳务收到的现金为 86 811 064 千元，占 97.04%。

关注重点：销售商品、提供劳务收到的现金要与利润表营业收入对比。

如果：

该数字大于营业收入——说明企业收回了以前应收账款；

该数字小于营业收入——说明企业有赊销或虚列收入。

（2）收到的税费返还

包括增值税、消费税、营业税、所得税、教育费附加等税费的返还。

特点：数额不大，对经营活动现金流入量影响不大。

对于企业来说，税收是国家强制征收的，返还的税收，是国家为了鼓励特殊产业的发展。

（3）收到其他与经营活动有关的现金。

该内容包括经营性租赁收到的租金和出租包装物收到的租金收入、罚款收入、流动资产损失中由个人赔偿的现金收入。

特点：具有不稳定性，数额不应过多。

对于企业来说，显然本部分现金流入不是企业的主营业务。

（4）购买商品、接受劳务支付的现金

购买商品、接受劳务支付的现金=当期购买商品、接受劳务支付的现金+当期支付前期的应付账款和应付票据+当期预付的账款－当期购货退回而收到的现金。

特点：

● 是现金流出主要方向，数额大、所占比重大。

● 通过计算企业购买商品付现率，可了解企业资金紧张程度或企业的商业信用情况。

如果企业购买材料都用现金支付，说明企业现金较为充足，反之，如果企业经常赊购，则说明资金较为紧张。

关注重点：购买商品、接受劳务支付的现金要与利润表营业成本对比。

（5）支付给职工以及为职工支付的现金。

特点：是现金流出主要方向，金额波动不大。

（6）支付的各种税费。

特点：随着企业销售规模的变化而变动。

（7）支付其他与经营活动有关的现金。

特点：具有不稳定性，数额不应过多。由于不是企业的主营业务，发生没有规律，也不会是重点内容。

36.5.2 投资活动现金流量主要项目内涵分析

企业不光有日常的产品经营，还得进行投资。投资活动的现金流入分析：

（1）收回投资所收到的现金

＝（短期投资期初数－短期投资期末数）＋（长期股权投资期初数－长期股权投资期末数）＋（长期债权投资期初数－长期债权投资期末数）。

该公式中，如期初数小于期末数，则在投资所支付的现金项目中核算。

反映报告期内出售、转让或到期收回除现金等价物以外的权益工具、债务工具和合营中权益等投资收到的现金。

收回债务工具实现的投资收益、处置子公司及其他营业单位收到的现金净额不包括在本项目内。

注意：

权益性投资按实收金额反映，债权性投资：仅反映本金，利息单独反映。例如：某股票成本为 20 万元，如卖 18 万元，则该项目为 18 万元；如卖 26 万元，则该项目为 26 万元。

特点：不能绝对地追求此项目较大数额。数额较大，则意味着企业缩小投资，可能是因为企业规避风险、投资战略改变或资金紧张等原因。

（2）取得投资收益收到的现金

＝利润表投资收益－（应收利息期末数－应收利息期初数）－（应收股利期末数－应收股利期初数）

反映企业因股权投资而取得的现金股利、因债券投资取得的利息，以及从子公司、联营公司和合营公司分回利润收到的现金。

注意：取得的股票股利不包括在本项目内。

特点：通过此项目可以分析了解投资回报率的高低。

（3）处置固定资产、无形资产和其他长期资产收回的现金净额。

＝"固定资产清理"的贷方余额－（无形资产期末数－无形资产期初数）－（其他长期资产期末数－其他长期资产期初数）

反映企业在报告期内处置固定资产、无形资产及其他长期资产时因取得价款收入、保险赔偿收入等收到的现金扣除与之相关的现金支出后的净额。由于自然灾害所造成的固定资产等长期资产损失而收到的保险赔款收入，也在本项目中反映。

特点:此项目金额应不大。如果数额较大,则意味着企业调整产业、产品结构或企业已陷入深度的债务危机之中。

注意：如净额为负数，则不在本项目内反映（应在流出项反映）。

（4）处置子公司及其他营业单位收到的现金净额

反映企业处置子公司及其他营业单位取得的现金，减去相关处置费用及子公司及其他营业单位持有的现金和现金等价物后的净额。

特点:此项目表明企业缩减规模程度。

（5）收到的其他与投资活动有关的现金

反映企业除上述各项目外，收到的其他与投资活动有关的现金流入。如收回融资租赁设备本金、已宣告发放的股利、到期未收取的利息，如价值较大，应单列项目反映。

投资活动的现金流出内容分析：

（1）购建固定资产、无形资产和其他长期资产所支付的现金:=（在建工程期末数－在建工程期初数）（剔除利息）+（固定资产期末数－固定资产期初数）+（无形资产期末数－无形资产期初数）+（其他长期资产期末数－其他长期资产期初数）

上述公式中，如期末数小于期初数，则在处置固定资产、无形资产和其他长期资产所收回的现金净额项目中核算。

● 购固定资产：含价款、运杂费及增值税等。

● 在建工程：包括工程款 、工人工资等。

● 无形资产：购入与自创实际发生的现金支出。

● 特点:此项目表明企业扩大再生产能力的强弱，金额大，说明企业投资力度大，因此可了解企业未来的经营方向和经营战略的变化。

注意：不包括融资租入固定资产所支付的租金，因融资租入所支付的租金属筹资活动的现金流出。

（2）投资所支付的现金

包括现金等价物以外的权益性投资和债权性投资所支付的现金（价款、佣金和手续费）。含可供出售的金融资产（如短期股票投资、短期债券投资）、长期股权投资、长期债权投资、合营中的权益投资。

特点:此项目表明企业实施股权及债权投资能力强弱 。

（3）取得子公司及其他一个营业单位支付的现金净额

反映企业购买子公司及其他营业单位出价中以现金支付部分，减去子公司及其他营业单位持有的现金及现金等价物后的净额。

特点:此项目表明企业扩大规模程度。

【例36-7】企业购买子公司，出价200万元，全部以银行存款转账支付，该子公司有20万元的现金及银行存款，没有现金等价物。要求计算"取得子公司及其他营业单位支付的现金净额"项目。

现金净额=200-20=180（万元）

（4）支付其他与投资活动有关的现金

购买股票或债券时，实际支付的价款中包含已宣告但尚未领取的现金股利或已到付息期但尚未领取的债券利息，如投资未按期到位罚款。

当企业扩大规模或开发新的利润增长点时，需要大量的现金投入，投资活动产生的现金流入量补偿不了流出量，投资活动现金净流量为负数，但如果企业投资有效，将会在未来产生现金净流入用于偿还债务，创造收益,企业不会有偿债困难。因此，分析投资活动现金流量，应结合企业目前的投资项目进行，不能简单地以现金净流入还是净流出来论优劣。

36.5.3 筹资活动现金流量主要项目内涵分析

企业发展离不开资金的支持，因此筹资活动也很重要。

（1）吸收投资收到的现金

包括以发行股票、债券等方式实际收到的款项净额（发行收入减去支付的佣金等发行费用后的净额）

不管是溢价还是面值发行，均为扣发行费后的净额。

特点：此项目表明企业通过资本市场筹资能力强弱。

（2）取得借款收到的现金

这些钱是企业向银行等金融机构借的，包括短期借款、长期借款。

特点:此项目表明企业通过银行筹集资金能力的强弱。

如果企业能得到借款，说明企业的还款能力经评估还比较强。

（3）偿还债务支付的现金

主要是归还金融企业借款本金，偿付企业到期债券本金。

注意：均不包括利息。

特点:此项目有助于分析企业资金周转是否已经进入良性循环状态。

（4）分配股利、利润和偿付利息支付的现金

包括本期付本期或前期的股利与利润，包括支付的借款利息、债券利息（可能在建工程或财务费用科目中核算）。

特点：可以反映企业现金的充裕程度。

这个内容是股东或者银行等比较关注的，一个是希望投资有多的分红，一个是希望贷款按时归还。

（5）收到或支付其他与筹资活动有关的现金

特点：数额一般较小,如果数额较大,应注意分析其合理性。

如接受捐赠的现金、如投资人未按期缴纳股权的罚款现金收入 。

注意：支付其他与筹资活动有关的现金，主要分为三部分。

第一部分为融资租赁所支付的现金，包括支付的当期应付租金和前期应付未付而于本期支付的租金。

第二部分为减少注册资本所支付的现金(收购本公司股票,退还联营单位的联营投资等)。

第三部分为其他，如捐赠现金支出。

36.6　看穿现金流量表与其他几张表之间的关系

企业的经营是一个整体活动，不同的财务报表只是反映的财务管理内容不同，或者是编制的阶段不同，但是它们之间都存在着内在的钩稽关系。

36.6.1　四表的关系及验证实例

其中资产负债表、利润表及现金流量表三大表之间的关系如图 36-6 所示。

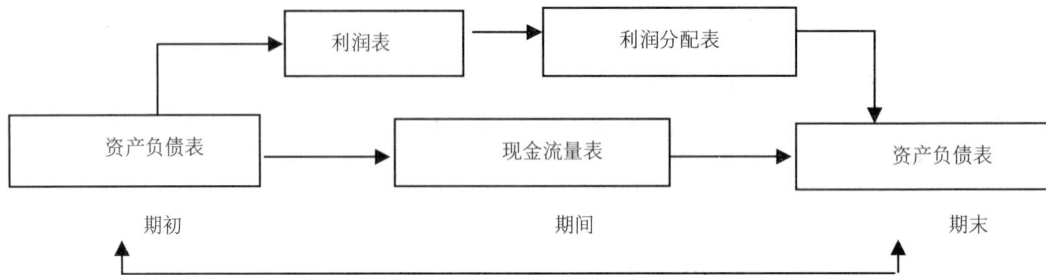

图 36-6　资产负债表、利润表及现金流量表三大表关系图

资产负债表是一个静态表，反映一个时点企业的经营结果，比如 2014 年 12 月 31 日的资产负债表，可以说是 2014 年期末数，也可以说是 2015 年期初数，这中间企业经历一年的经营期，通过 2015 年的利润表核算与利润分配表计算，最后又形成 2015 年 12 月 31 日的资产负债表，而要实现企业的经营过程，就得发生现金的流入与流出，投入原材料，收到销售产品回款，这是企业血液的流动过程。

如果将三大表的主要内容进行列示，也就是说具体对应到主要的内容上，三大表之间的关系又可以用如图 36-7 所示。

财务报表之间的钩稽关系在实际应用上，并不是会完全相等，只有在掌握了理论上的相等和实际上的不相等的分析方法后，才能更好地解读财务报表。

我们用钩稽关系验证一下××电器 2015 年相关报表之间的数据，如表 36-13 所示。发现资产负债表中的货币资金与现金流量表年末现金及现金等价物余额不相等？按照我们三大表的逻辑结构，现金流量表的期末现金一定要等于资产负债表的现金科目。但是不仅是××电器，还发现其他一些上市公司的披露报表并不是相等，这是为什么呢？

我们知道现金流量表中现金及现金等价物指的是可以随时用于支付的现金及可以快速变现的金融产品（如短期债券等）。资产负债表中货币资金指的是所有货币形态的资金。但是可能的两者情况并不相同，如资产负债表中货币资金里的定期存款就不一定能随时可以用于支付，除非企业和银行有约定。另外，货币资金显然不包括可以快速变现的金融产品。

所以，期末资产负债表中货币资金和现金流量表中期末现金及现金等价物余额一般是不相等的，除非这个企业所有的货币资金可以随时用于支付并且企业没有可以快速变现的现金等价物。

综上所述，问题的关键还是在于"货币资金"和"现金及现金等价物"的定义不同，也可能还有其他深层次的原因，如果想进一步深究，就要读相关的其他披露事项。

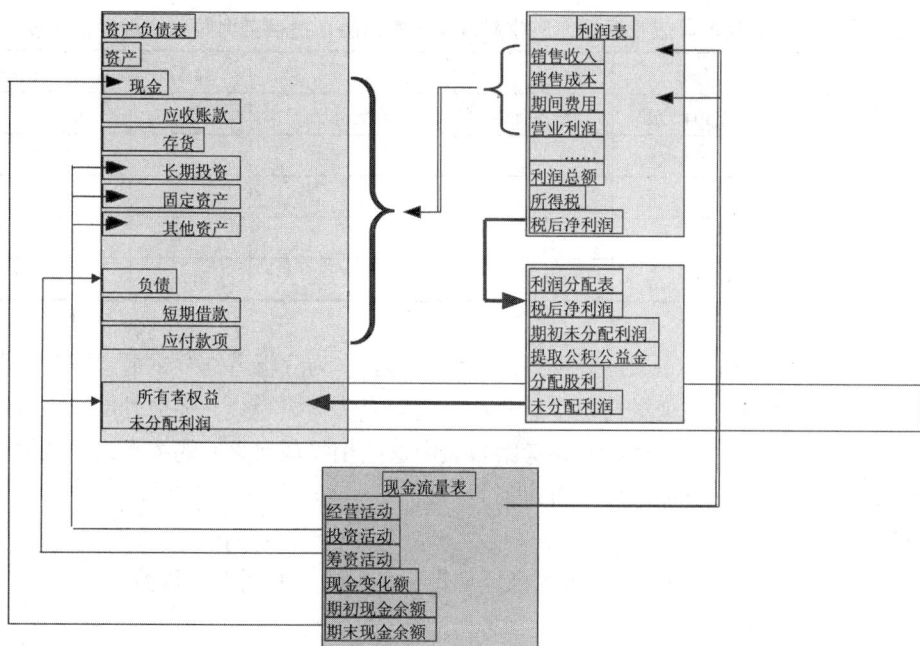

图 36-7　三大表之间的主要内容钩稽关系

表 36-13　××电器货币资金与现金及现金等价物比较表

资产负债表	金额	现金流量表	金额	相符或不相符
货币资金	19 351 838	年末现金及现金等价物余额	11 676 465	不相符

每一张财务报表都有其局限性，资产负债表无法说明一个企业的资产、负债和所有者权益为什么发生变化；利润表没有提供经营活动、投资活动、筹资活动引起的现金流入和现金流出的信息，而现金流量表能在一定程度上弥补资产负债表和利润表的不足，如图 36-8 所示。

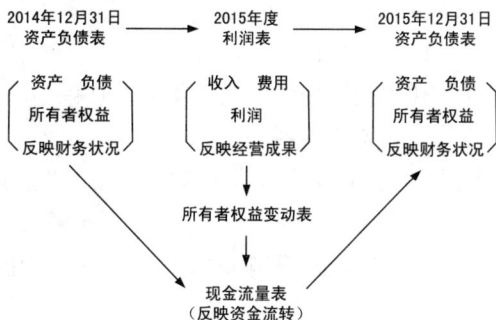

图 36-8　资产负债表、利润表、所有者权益变动表及现金流量表四大表关系图

我们再来验证利润表中的"销售收入"、现金流量表中的"销售商品、提供劳务收到的现金"、资产负债表中的"应收账款"等项目之间存在钩稽关系。

简单估算公式是：营业收入－应收账款=销售商品、提供劳务收到的现金，当然，还要考虑应交税费中的有关税金的变动数，如表 36-14 所示；利润表中的"主营业务成本"、现金流量表中的"购买商品、接受劳务支付的现金"、资产负债表中的"应付账款"等项目之间存在类似的钩稽关系。

523

表 36-14　销售收入、应收票据、应收账款及销售商品、提供劳力收到的现金比较表

利润表	金额	现金流量表	金额	相符或不相符
（1）销售收入	75 504 739	销售商品、提供劳务收到的现金	86 811 064	
资产负债表				
（2）应收票据	2 505			
（3）应收账款	1 104 611			
（1）－（2）－（3）	74 397 623		86 811 064	不相符

经验谈

财务报表之间的钩稽关系数据并不是十分明显的。作为分析者需要掌握在何种情况下这些项目之间会构成等式，在何种情况下这些项目之间无法构成等式，在何种情况下这些项目之间的钩稽关系会被破坏。分析者应该考察报表中这些相关项目之间的关系，并从报表及报表附注中发现相关证据，进而形成分析对象的判断。

说明：

1．现金流量表主附表的钩稽关系（指标和指标之间的关系叫作钩稽关系）

□主表内部的钩稽关系：

经营活动产生的现金净额=经营活动现金流入、流出之差；

投资活动产生的现金净额=投资活动现金流入、流出之差；

筹资活动产生的现金净额=筹资活动现金流入、流出之差；

现金及现金等价物净增加额=经营、投资、筹资现金净额之和+汇率变动对现金的影响。

□主表与补充资料的钩稽关系：

两表中的经营活动产生的现金净额相等；

两表中的现金及现金等价物净增加额相等；

正表中的"收到的增值税销项税和退回的增值税"－"支付的增值税款"

=补充资料中的"增值税增加净额（减少）"。

2．现金流量表与利润表的钩稽关系：

补充资料中的"净利润"和"投资损失（减收益）"项目=利润表中的同名项目。

3．现金流量表与资产负债表的钩稽关系：

□补充资料中的"递延税款贷项（减借项）"=负债表中的"递延税款贷项－借项年末年初之差"。

□在现金流量表编制基础不包括现金等价物的情况下负债表中的货币资金年末年初之差=正表、补充中的最末一行。

□在没有发生坏账转销和已转销的坏账又收回的情况下负债表中的坏账准备年末年初之差=补充资料中的"计提的坏账准备和转销的坏账"。

□在没发生固定资产处置、以固定资产投资情况下补充资料中的"固定资产折旧"=负债表中的"累计折旧年末年初之差"。

□在没有购入、处置和投资无形资产情况下补充资料中的"无形资产摊销"=负债表中的"无形资产年末年初之差"。

□在没有用存货偿还非经营性负债、对外投资、交换其他资产的情况下补充资料中的"存货的减少（减增加）"=负债表中的"存货年末年初之差"。

36.6.2 经营现金净流量与净利润关系分析

经营现金净流量可以说是现金流量的长江主干道，是重中之重。通过经营现金净流量与净利润关系分析，了解企业在本期实现的利润有多少现金流量作保证。具体可用公式表示如下：

经营活动的现金净流量=本期净利润+不减少现金的经营性费用+减少现金的非经营业性损失（-收益）+非现金流动资产减少（-非现金流动资产增加）+流动负债增加（-流动负债减少），如图36-9所示。

同时，通过连续几期的经营现金净流量与净利润的趋势分析,可以动态地观察企业经营现金净流量状况及其变化,全面评价企业实现净利润的质量,特别要关注现金流量长期脱离利润的情况。

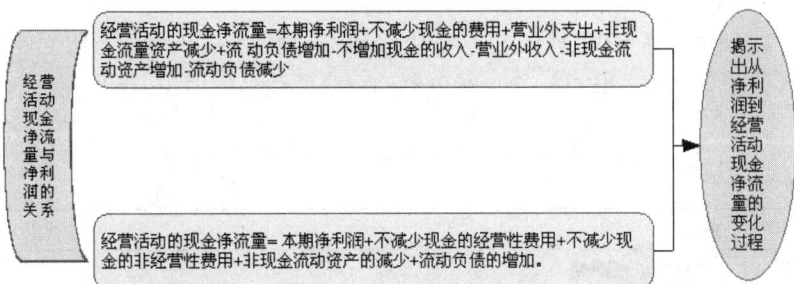

图 36-9　经营活动现金净流量与净利润的关系

再来总结一下，经营活动现金净流量与净利润对应分析，如图36-10所示。

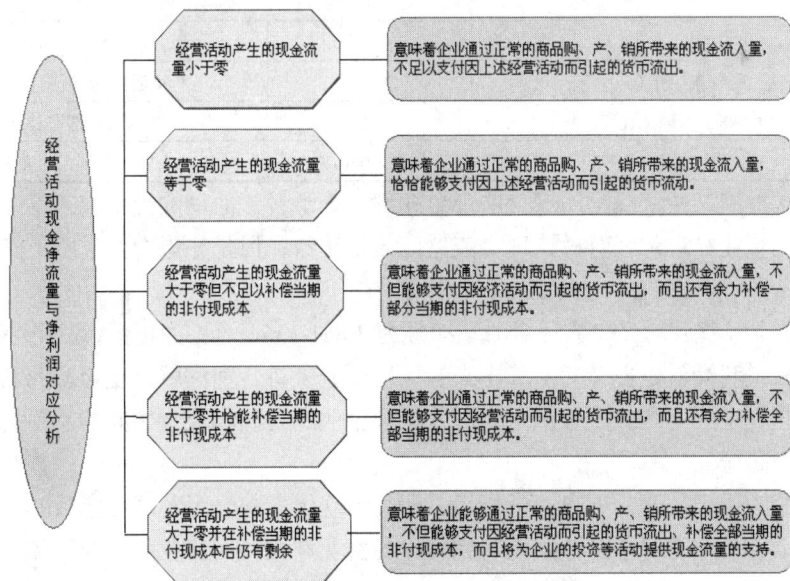

图 36-10　经营活动现金流量与净利润对应分析

36.7　透视现金流量表背后的秘密

现金流量表首先要进行总额观察，即进行现金流量表的综合分析。观察经营、投资、筹资的现金流量净额，了解企业的经营状况和财务风险，对企业现金流量的质量作出客观、准确的评价。

36.7.1　评估经营活动

评估企业的经营活动，要看以下三个方面：
- 经营活动产生的现金流量应该是正数。
- 现金流量最大化是企业充满活力的具体表现。
- 付给职工的现金比率是否适度。

付给职工的现金比率=用于职工的各项现金支出÷销售商品出售劳务收回的现金

下面以××电器为例，评估一下××电器的经营活动，如表36-15所示。

表 36-15　××电器经营活动评估表

单位：千元

项目	金额	判断结论
经营活动产生的现金流量净额	3 881 336	
营业利润	5 431 948	
支付给职工以及为职工支付的现金	2 369 111	
销售商品、提供劳务收到的现金	86 811 064	
营业收入	75 504 739	
指标：		
1．经营现金指数	71.45%	接近1，盈利质量比较好
2．付给职工的现金比率	2.72%	职工待遇有待提高
3．销售回款率	114.97%	收回了前期的大量应收款

前面多次提到，经营活动所产生的现金净额，等于经营活动的现金流入量减经营活动的现金流出量。企业在正常经营时，现金流量应该是正数；但是如果企业过度扩张，现金流量就也可能是负数。

表36-15中经营活动产生的现金流量净额为3 881 336千元，为正数，说明企业正常经营。

对企业来说利润就是现金利润算出来的，对企业来讲，利润就是现金，而利润和现金之间确实会存在一定的差距。现金流量表可以检验企业的利润和现金之间的差距，可以检验企业利润质量的高低。

对于利润的透视，通常要算一个指标，即经营现金指数。经营现金指数的基本计算方法是用经营活动所产生的现金净额除以利润表中的营业利润。而营业利润的计算方法，就是营业收入减营业费用，等于营业利润。

如果营业收入都伴随现金的增加，假设利润表中的营业收入就是经营活动所产生的现金流入量，如果企业的营业费用必须用现金支付，则营业费用就是经营活动所产生现金的流出量，那么营业利润其实就变成了经营活动所产生的现金净额。如果这个关系成立，那么经营现金指数应该是1。

所以，如果一个企业的经营现金指数很接近 1，那么这个企业的盈利质量是比较高的；如果经营现金指数低于 1，说明企业的盈利质量低，企业有一部分的现金被其他的单位占用，而没有收回来。

表 36-15 中经营现金系数约为 0.71，大于 0.5，说明企业的盈利质量还算可以。

企业应保持适度的销售收现率。在任何一个企业，销售和收款都应该有一个适度的比率，这个比率就是销售收现率。计算公式为：

销售收现率=销售收到的现金/销售净收入×100%

企业销售环节管理的好，销售收现率呈上升趋势，企业销售环节管理不好，销售收现率呈下降趋势。一个企业的销售收现率到底是朝着一个好的方向发展，还是朝着差的方向发展，可以通过计算这个企业的销售收现率来了解。

假设利润就是现金，企业发生亏损时，销售收现率这个指标的计算就比较困难，此时就只能考虑企业销售过程的收现率是朝好的方向发展，还是朝差的方向发展，应该更多的关注企业经营的过程，而不是结果。

上表中××电器 2015 年销售回款大于 1，说明收到了前期的欠款。

现金流量最大化是企业充满活力的具体表现。

阅读现金流量表更应该关注经营活动的流入量和流出量。如果企业有相当大的流入量和流出量，说明企业在持续经营，业务活动在正常开展。企业现金流量的最大化，是企业充满活力的具体表现。

经营活动所产生的现金流量中，给职工支付的现金，也是一个非常重要的指标。这个指标可以透视企业的经营环境，可以透视企业的业务做得如何。如果一个企业给职工支付的现金呈逐年下降趋势，不仅说明企业业务在萎缩，企业要压缩规模，要裁减职工，还说明这个企业不能留住人。

表 36-15 中××电器的付给职工的现金比率小于 3%，这个比例应该说是较低的。

36.7.2 评估投资活动

评估投资活动，首先要关注投资的目的、方向和规模。投资活动包括对内投资和对外投资，投资的目的、方向和规模不同，对企业带来的影响也不一样。如果一个企业只是为了扩大业务规模，则投资方向主要在固定资产、无形资产上，现金流量表中反映的是企业购置固定资产、无形资产和其他长期资产所支付的现金；如果一个企业在对外扩张，那么企业就可能在股权上进行投资；如果一个企业想赚钱，但又不想承担太大的风险，那么它可能会在债权上进行投资。

其次要检查投资活动是否符合公司发展战略。任何一个公司都应该有自己的发展战略和长远目标，例如企业的 5 年规划，公司年度计划和预算等。公司发展战略决定了本年度的资金投放，投资活动应该符合公司发展战略。投资活动不能用数字的正负去评论，因为当一个企业需要投资的时候，就需要花钱，此时的流出量就会大于流入量。但在投资的回报季节，流入量就会大于流出量。因此投资活动的正负并不重要，关键的是企业的投资符不符合公司的战略发展方向，符不符合公司的年度经营计划和年度预算。

最后要评估投资风险。虽然投资符合企业的发展战略，符合企业发展方向，但还要注意评估企业投资的风险。不同的投资方向，企业所承担的投资风险是不一样的。企业买固定资产的对内投资与买股票的对外投资，两者的风险就不一样，固定资产的风险明显小于买股票的风险。企业对内投资当中，买固定资产的风险明显低于买无形资产的风险。

【例 36-8】在××电器公司的现金流量表中有一个很关键的数字，即在公司的投资活动所产生的现金流出量中，购建固定资产、无形资产和其他长期资产支付的现金是 4 679 732 千元，约为 47 亿元，投资支付的现金 983 835 千元，约为 10 亿元，但是投资活动现金流入小计 2 695 千元，只有 270 万元，说明××电器处于扩大业务规模时期。

经验谈：

【例 36-8】中，投资支付的 47 亿元中，固定资产、无形资购建费只有 7 亿元，其他长期投资却是 40 亿元。因为不重要的投资项目才统称为其他长期投资。可是这笔不重要的其他长期投资却占了 40 亿元。根据 2+2 法则，2+2 虽然多数时候等于 4，但有时等于 3，有时等于 5。这 40 亿元很可能仅仅是表面上的资产，而不是真实的资产，转眼之间它可能变成零。所以对这样的数字给予充分的关注，即对投资活动多关注。

36.7.3 评估筹资活动

评估筹资活动，首先要关注筹资方式。

读现金流量表时，要关注企业的筹资方式。企业的资金主要来自两个途经：借款和投资者入资。企业的借款包括向银行取得短期借款或长期借款以及向社会上发行债券等方式，借款是现金的流入，还本付息是现金的流出。投资者入资是现金的流入，投资者依法撤资是现金的流出。

当投资者把资金注入到企业后，通过企业的经营活动赚了钱，此时也会增加企业的现金流入，这也是企业的一个筹资方式。

这里也要说明，对于筹资活动所产生的现金流量，不能以正负来加以判断。因为当企业需要钱的时候，就得借款或需要投资者入资，这时现金的流入量就会大于流出量，当企业还本付息时现金的流出量就会大于流入量。

其次要评估筹资风险。对企业是靠负债增加的现金，还是靠投资者入资增加的现金，应该给予充分的关注。因为不同的筹资方式，给企业带来的风险是不一样的。如果企业是靠负债来增加现金，负债水平就会上升，资产负债率就会上升，这个企业的风险就会加大。如果企业的资金主要是投资者注入的，那么企业的负债水平会下降，企业的安全系数会增强，而股东的风险会增加。

最后评估筹资量与企业发展规模是否相适应。企业现金剩余过多是非常缺乏效率的表现，一个企业所拥有的现金应该和一个企业的发展规模相适应。一个企业现金剩余过多，实际上是把钱存在银行，企业获得的仅仅是银行的利息，而投资人入资的目的是为了获得比银行利息高得多的利润，如果在企业的投资无利可图，投资者会毫不犹豫地撤资。

【例 36-9】××电器 2015 年现金流量表中筹资活动产生的现金流量如表 36-16 所示。从中可以看出，取得借款是最主要的筹资活动，约为 4 亿元，占筹资活动现金流入的 89%；而分配股利及支付利息也是筹资活动现金流入的主要内容，约为 2 亿元，占筹资活动现金流出的 73%。

表 36-16　××电器筹资活动现金流量表

项目内容	金额	比重
筹资活动产生的现金流量		
吸收投资收到的现金	41 226	
其中：子公司吸收少数股东投资收到的现金	41 226	
取得借款收到的现金	412 883	89%
筹资活动现金流入小计	454 109	
偿还债务支付的现金	-95 094	
分配股利、利润或偿付利息支付的现金	-235 565	73%
筹资活动现金流出小计	-330 659	
筹资活动产生的现金流量净额	123 450	

36.7.4　现金流量表的"五看"

透视现金流量表，可以归纳为以下五看。

- 一看企业有没有"钱"
- 二看企业有多少"钱"
- 三看钱从哪儿来，到哪里去

上述三看的过程采用结构分析方法：先总体观察，再具体项目浏览。

现金流量结构的具体分析：

1. 现金收入结构分析

【例 36-10】××电器 2010 年的现金流量表，首先进行公司总额观察：

经营性收入占 99.49%；投资性收入可以忽略不计；筹资性收入占 0.51%

其次再具体项目浏览：

经营活动现金流入分析如表 36-17 所示。

表 36-17　××电器 2010 年经营活动现金流入分析

销售商品、提供劳务收到的现金	86 811 064	97.90%
收到的税费返还	1 164	
收到其他与经营活动有关的现金	1 859 413	2.10%

投资活动现金流入分析如表 36-18 所示。

表 36-18　××电器 2010 年投资活动现金流入分析

处置固定资产收回的现金净额	2 695	100%

筹资活动现金流入分析如表 36-19 所示。

表 36-19　××电器筹资活动现金流入分析

吸收投资收到的现金	41 226	9.08%
其中：子公司吸收少数股东投资收到的现金	41 226	
取得借款收到的现金	412 883	90.92%

2. 现金支出结构分析

××电器 2015 年现金流量表现金流入分析,同样首先进行总额观察,如下表 36-20 所示。

表 36-20　现金流入总额观察

经营活动现金流出小计	-84 790 305	93.40%
投资活动现金流出小计	-5 663 567	6.24%
筹资活动现金流出小计	-330 659	0.36%

其次再进行具体项目浏览。

经营活动现金流出分析,如表 36-21 所示。

表 36-21　经营活动现金流出分析

购买商品、接受劳务支付的现金	-72 265 161	85.23%
支付给职工以及为职工支付的现金	-2 369 111	2.79%
支付的各项税费	-3 256 178	3.84%
支付其他与经营活动有关的现金	-6 899 855	8.14%

投资活动现金流出分析,如表 36-22 所示。

表 36-22　投资活动现金流出分析

购建固定资产、无形资产和其他长期资产支付的现金	-4 679 732	82.63%
处置固定资产支付的现金净额	-	
投资支付的现金	-983 835	17.37%

筹资活动现金流出分析,如表 36-23 所示。

表 36-23　筹资活动现金流出分析

偿还债务支付的现金	-95 094	28.76%
分配股利、利润或偿付利息支付的现金	-235 565	71.24%

3. 现金流入流出结构分析

××电器公司 2015 年,现金流入与流出分析,如表 36-24 所示。

表 36-24　现金流入与流出分析

现金项目	现金流入	现金流出	流入流出比
经营活动	88 671 641	-84 790 305	1.05
投资活动	2 695	-5 663 567	
筹资活动	454 109	-330 659	1.37

总结：经营活动现金流量应为正数,××电器也为正数,正常。

投资活动现金流量应为负数,××电器也为负数,正常。

筹资活动现金流量应为正负相间,2015 年正常。

● 四看企业利润质量高不高

企业利润质量高不高,要进行现金流量的主要比率分析。

1. 经营活动现金净流量至关重要

经营现金指数=经营活动产生的现金净额÷营业利润

此指标接近 1 时，企业的盈利质量是比较高的。

销售收现率=（销售商品提供劳务收到的现金÷主营业务收入）×100%

此指标应为 100%；

低于 95%，说明销售工作不正常；

低于 90%，说明可能存在比较严重的虚盈实亏。

现金购销比率=(购买商品接受劳务支付的现金÷销售商品出售劳务收到的现金）×100%

此指标应接近于商品销售成本率。

2. 偿债能力比率

现金到期债务比率=经营现金净流量÷本期到期的债务，该指标应为正指标。

销售现金比率=经营活动现金净流入÷销售额

现金比率=现金余额÷流动负债

此指标一般在 0.5~1 之间

经营净现金比率（短期债务）=经营活动的净现金流量÷流动负债，该指标应为正指标。

经营净现金比率（全部债务）=经营活动的净现金流量÷总负债，该指标应为正指标。

3. 支付能力比率

每股经营活动净现金流量=经营活动净现金流量÷总股本

此指标越大，企业支付股利和资本支出的能力越强。

支付现金股利的经营净现金流量=经营活动净现金流量÷现金股利

此指标越大，企业支付现金股利的能力越强。

● 五看现金流量表与其他报表结合的全面分析

36.7.5 现金流量表水平分析

现金流量表水平分析，是指根据连续数期的现金流量表，比较各期有关项目的金额，计算增减的比率，以揭示当期现金流量变化趋势的一种分析方法。注意分析的是同一企业，同一指标连续数期相比。分析时要注意增长速度较快者和比重较大的项目。

××电器 2014—2015 年现金流量水平分析表如表 36-25 所示。

表 36-25　××电器 2014—2015 年现金流量水平分析表

单位：千元

项　目	2015 年度	2014 年度	变动幅度	变动率
一、经营活动产生的现金流量				
销售商品、提供劳务收到的现金	86 811 064	66 475 716	20 335 348	30.59%
收到的税费返还	1 164	2 152	-988	-45.91%
收到其他与经营活动有关的现金	1 859 413	706 951	1 152 462	163.02%
经营活动现金流入小计	88 671 641	67 184 819	21 486 822	31.98%
购买商品、接受劳务支付的现金	-72 265 161	-52 855 065	-19 410 096	36.72%
支付给职工以及为职工支付的现金	-2 369 111	-1 702 300	-666 811	39.17%
支付的各项税费	-3 256 178	-3 107 429	-148 749	4.79%
支付其他与经营活动有关的现金	-6 899 855	-3 965 083	-2 934 772	74.02%

项　目	2015 年度	2014 年度	变动幅度	变动率
经营活动现金流出小计	-84 790 305	-61 629 877	-23 160 428	37.58%
经营活动产生的现金流量净额	3 881 336	5 554 942	-1 673 606	-30.13%
二、投资活动产生的现金流量			0	
取得投资收益所收到的现金	—	—		
处置固定资产收回的现金净额	2 695	2 772	-77	-2.78%
投资活动现金流入小计	2 695	2 772	-77	-2.78%
购建固定资产、无形资产和其他长期资产支付的现金	-4 679 732	-1 195 375	-3 484 357	291.49%
处置固定资产支付的现金净额	—	—		
投资支付的现金	-983 835	-704 475	-279 360	39.66%
投资活动现金流出小计	-5 663 567	-1 899 850	-3 763 717	198.11%
投资活动产生的现金流量净额	-5 660 872	-1 897 078	-3 763 794	198.40%
三、筹资活动产生的现金流量			0	
吸收投资收到的现金	41 226	3 020 951	-2 979 725	-98.64%
其中：子公司吸收少数股东投资收到的现金	41 226	20 951	20 275	96.77%
取得借款收到的现金	412 883	—	412 883	
筹资活动现金流入小计	454 109	3 020 951	-2 566 842	-84.97%
偿还债务支付的现金	-95 094	-156 000	60 906	-39.04%
分配股利、利润或偿付利息支付的现金	-235 565	-91 296	-144 269	158.02%
筹资活动现金流出小计	-330 659	-247 296	-83 363	33.71%
筹资活动产生的现金流量净额	123 450	2 773 655	-2 650 205	-95.55%
四、汇率变动对现金及现金等价物的影响	7 523	-229	7 752	-3 385.15%
五、现金及现金等价物净(减少)/增加额	-1 648 563	6 431 290	-8 079 853	-125.63%
加：年初现金及现金等价物余额	13 325 028	6 893 738	6 431 290	93.29%
六、年末现金及现金等价物余额	11 676 465	13 325 028	-1 648 563	-12.37%

分析如下：

××电器 2015 年度的现金流量净额比 2014 年度减少了 10 648 563 元，下降幅度为 12.37%。经营活动、投资活动、筹资活动产生的净现金流量与 2014 年度相比，其变动额分别为 1 673 606 千元、3 763 794 千元、2 650 205 千元。

经营活动净现金流量比上年减少了 1 673 606 千元，降幅为 30.13 %。经营活动现金流入量与现金流出量分别比 2014 年度上升 31.98%和 37.58%。经营活动现金流入量的增加主要是因为销售商品和劳务收入增加了 20 335 348 千元，增幅最大，同时收到的其他与经营活动有关的现金比 2014 年增加了 1 152 462 千元，同比上升了 163.02%，涨幅很大，但经营活动现金流入量的整体涨幅确没有流出的大幅度大；经营活动活动现金流出量增加的原因主要是由于购买商品、支付劳务支付的现金也比 2014 年度增加了 19 410 096 千元，增幅为 36.72%，同时支付其他与经营活动有关的现金增加了 2 934 772 千元，增长比例 74.02%，由此导致了经营现金流净流入量减少。

投资活动净现金流量比上年减少 3 763 794 千元，降幅 198.40%。投资活动现金流入比上年减少了 77 千元，降幅 2.78%，这主要是处置固定资产、收回的现金净额比例减少 2.78%；投资活动现金流出比上年增长 3 763 717%，增长比例为 198.11%，这主要是因为企业购置固定资产、无形资产和其他长期资产支付的现金比上年增长了 3 484 357 千元，增长比例为 291.49%。

筹资活动净现金流量比上年增长了 2 650 205 千元，下降幅度比例为 95.55%。这主要是因为企业 2015 年度比上年吸收投资的现金流入少了 2 979 725 千元所致。

经验谈：

现金流如何成为"现金牛"

（1）回款是利润的第一来源，要加强以下三方面的管理。

● 推行内部应收账款坏账准备制度。

● 回款和采购支出挂钩。

● 对应收账款作详细分析。

（2）强化库存管理实现资金价值最大化。

（3）产品销售采取先款后货。

第 37 章

其他财务报表资料也很重要

相关附表是反映企业财务状况、经营成果和现金流量的补充报表，主要包括利润分配表以及国家统一的会计制度规定的其他附表。在现行的会计系统中，除了三大报表外，还有其他的财务报告和附表。这些报告或者作为三大主表的附表，或者作为报表之外的额外说明文件，都会对企业的管理者及投资人等有所帮助。

三大报表之外的财务报告，包括如下：

- 利润分配表；
- 财务状况变动表；
- 财务报表的附表；
- 财务报表附注；
- 财务状况说明书等。

37.1　认识财务报表的附表

财务报表，一般是指会计三大报表如下：

- 资产负债表；
- 利润表；
- 现金流量表。

财务报表的附表，就是指上述三大报表的附表。这些附表是对主表中重要数据的明细说明。其中，资产负债表的附表，包括如下：

- 资产减值准备明细表；
- 股东权益增减变动表；
- 应交增值税明细表。

而利润表的附表，则包括如下：

- 利润分配表；
- 分部报表；
- 利润表附注。

将所有附表整理在一起，如表 37-1 所示。

表 37-1　财务报表的附表

主表	附表
资产负债表	资产减值准备明细表
	股东权益增减变动表
	应交增值税明细表
利润	利润分配表
	分部报表
	利润表附注

37.1.1　所有者权益变动表

所有者权益变动表，反映企业年末所有者权益（或股东权益）增减的变动情况。所有者权益（或股东权益）变动表各项目应根据以下科目的发生额分别填列：

- 股本；
- 资本公积；
- 盈余公积；
- 利润分配——未分配利润等。

相关的法律法规对其需要列示的内容进行了设置。所有者权益变动表至少应当单独列示反映以下信息的项目：

- 净利润；
- 直接计入所有者权益的得利和损失项目及其总额；
- 会计政策变更和差错更正的累积影响金额；
- 所有者投入资本和向所有者分配利润等；
- 按照规定提取的盈余公积；
- 实收资本（或股本）、资本公积、盈余公积、未分配利润的期初和期末余额及其调节情况。

37.1.2　应交增值税明细表

应交增值税明细表，反映企业应交增值税的形成过程及其缴纳情况的报表。通过应交增值税明细表，可以了解如下：

- 企业期初未抵扣的数额；
- 当期发生的销项税额；
- 当期抵扣情况和未缴增值税数额；
- 为税务机关检查企业纳税情况提供依据。

应交增值税明细表中，应交增值税各项目的填列除了年初未抵扣数额项目，反映企业年初尚未抵扣的增值税外，其余项目均根据应交税金——应交增值税明细科目各对应专栏的记录填列。

37.1.3 资产减值明细表

资产减值明细表，反映企业对各项资产的减值准备变动情况的报表。

每到年底结账时，企业都会对各项资产进行财产清查，然后根据谨慎性原则的要求，为各项资产预估可能会发生的损失，并以此为据，做出资产的减值准备。

由于在资产负债表中，资产均以其账面价值列示，即已经扣除了减值部分。为了全面反映企业各项资产的减值情况，要求企业编制资产减值准备明细表。

资产减值准备明细表的各项目应根据以下账户的记录分析填列：

- 坏账准备；
- 存货跌价准备；
- 可供出售金融资产减值准备；
- 持有至到期投资减值准备；
- 长期股权投资减值准备；
- 固定资产减值准备；
- 工程物资减值准备；
- 在建工程减值准备；
- 生产性生物资产减值准备；
- 油气资产减值准备、
- 无形资产减值准备、
- 商誉减值准备
- 其他不属于以上各项资产减值准备等

37.1.4 利润分配表

利润分配表，主要对企业的净利润的分配过程进行详细的展示。其内容通过利润分配表，能够达到以下目的：

- 清楚地看到企业利润分配的数量及结构变动，
- 揭示法律法规方面的变动对利润分配的影响。
- 常见的利润分配表样式，如图 37-1 所示。

利润分配表

会企02表 附表1

编制单位：　　　　　　2015/12/31　　　　　　单位：元

项目	行次	本年实际	上年实际
一、净利润	1		
加：年初未分配利润	2		
其他转入	3		
二、可供分配的利润	4		
减：提取法定盈余公积	5		
提取法定公益金	6		
提取职工奖励及福利基金	7		
提取储备基金	8		
提取企业发展基金	9		
利润归还投资	10		
三、可供投资者分配的利润	11		
减：应付优先股股利	12		
提取任意盈余公积	13		
应付普通股股利	14		
转作资本（或股本）的普通股股利	15		
四、未分配利润	16		

图 37-1　常见的利润分配表样式

37.1.5　利润表分部报表

利润表的第二个附表，就是分部报表。分部报表，是将各个利润相关因素，按企业的分部数据填列。这样，可以对各个分部的收入、成本、利润等方面的情况进一步的深入了解。同时，通过对分部报表的分析，能够清楚地了解企业在不同行业、不同地区的经营状况和经营成果，为企业优化产业结构，进行战略调整指明方向。常见的分部报表样式，如图 37-2 所示。

分部报表（地区分部）

会企02表 附表2

编制单位：　　　　2015年度　　　　单位：元

单位	一、营业收入			二、销售成本			三、期间费用合计	四、营业利润合计	五、资产总额	六、负债总额
	合计	其中		合计	其中					
		对外营业收入	分部间营业收入		对外销售成本	分部间销售成本				
第一地区	本年									
	上年									
第二地区	本年									
	上年									
第三地区	本年									
	上年									
第四地区	本年									
	上年									
第五地区	本年									
	上年									
第六地区	本年									
	上年									
第七地区	本年									
	上年									
第八地区	本年									
	上年									
第九地区	本年									
	上年									
第十地区	本年									
	上年									
抵销	本年									
	上年									
未分配项目	本年									
	上年									
合计	本年									
	上年									

备注：
1、纳入分部报表的各个分部最多为10个，如果超过，应将相应的部分予以合并反映
2、各部门名称在文字材料中说明

图 37-2　常见的分部报表样式

37.1.6　利润表附注

利润表附注，主要对利润表及附表中的重要项目进行辅助说明，这种说明，主要是说明重大的变动情况。通过利润表附注，可以了解相关重要项目的变动情况，还能够深入揭示利润形成及分配变动的主观原因与客观原因。利润表的附注并没有规定格式，一般就是将相关情况或数据说明列示出来即可。

37.2　看懂利润分配表

利润分配表，是反映企业利润分配去向的会计报表。企业的利润可以从利润表中直接提取，利润表中的净利润，会在利润分配表中执行以下操作：

- 弥补上年亏损（如果无亏损，则直接将未分配利润纳入可分配利润）；
- 提取盈余公积金；
- 提取任意公积金及基金等；
- 支付股利。

37.2.1　初识利润分配表

● 利润分配表，其反映企业在一定会计期间对实现净利润及以前年度未分配利润的分配或者亏损弥补的报表。

● 利润分配表，是利润表的附表，是年度会计报表系列中最主要的会计报表附表之一。利润分配表的相关数据，可以说明企业净利润的分配去向。

利润分配表，在进行编制时，应当按照利润分配各个项目分类分项列示。

37.2.2　利润分配表的分配顺序

根据我国公司法的有关规定，企业的利润在进行分配时，应按法律规定的前后顺序，依次进行分配。利润分配应按以下顺序进行：

1. 计算可供分配的利润。

可供分配的利润，是指目前企业可以进行分配的利润，包括如下：

● 本年净利润（或亏损），此数据也可直接从利润表中提取；

● 年初未分配利润。

上述两项利润的合计数，就是企业当前可以进行分配的利润数额。其计算公式为：

可供分配的利润=年初未分配利润+本年净利润

说明：如果上述两项利润的合计数小于 0，则说明企业仍然亏损中，所以不能进行利润分配。如果可供分配的利润为正数（本年累计盈利），则进行后续分配。

2. 计提法定盈余公积金。

如果可供分配的利润，其计算结果为正数，那么就按该数额计提法定盈余公积金。法定盈余公积金，是我家法律规定必须提取的公积金，其以可供分配的利润为基数，提取税后利润的 10%。

说明：盈余公积金已达到注册资本 50%时不再提取。

法定盈余公积金的主要用途如下：

● 弥补亏损；

● 扩大生产经营；

● 转增资本（或股本）；

● 派送新股。

3. 计提任意盈余公积金。

在计提完法定盈余公积金的可分配利润余额基础上，计提任意盈余公积金。

任意盈余公积金，是根据公司章程及股东会的决议，从公司盈余中提取的公积金。一般用于弥补亏损、扩大生产经营、转增资本或派送新股等。我国的《公司法》第 177 条第 3 款规定："公司从税后利润中提取法定公积金后，经股东会决议，可以提取任意公积金。"

任意公积金的"任意"就在于，其是否提取，提取比例并不由国家法律强制规定，而是由股东会根据公司发展的需要和盈余情况决定。

4. 向股东（投资者）支付股利（分配利润）。

以上，就是利润分配表中，利润分配的顺序。

当然，企业的利润分配并不只有上述的几项内容，在进行实际利润分配时，尤其在提取完法定盈余公积金后，还会提取一些以下基金等：

- 提取职工福利及奖励基金；
- 提供储备基金；
- 提供企业发展基金；
- 利润转作投资；
- 补充流动资本；

37.2.3 利润分配表的内容

利润分配表，就是表明企业利润分配情况的会计报表。通过利润分配表可以了解到以下信息：

- 企业实现净利润的分配情况或亏损的弥补情况；
- 利润分配的构成；
- 年末未分配利润的数据。

因此，利润分配表的内容包括了相应的一系列与利润分配相关的项目，这些项目分成以下四步：

- 净利润
- 可供分配的利润
- 可供投资者分配的利润
- 未分配利润

37.2.4 利润分配表的格式

利润分配表，与利润表的格式类似，由表头部分与主表部分组成。表头部分，包括利润分配表的标题，编制单位、编制日期及货币单位等信息；主表部分，则根据利润分配的顺序，分四步进行计算和分配。利润分配表的标准格式，如图37-3所示。

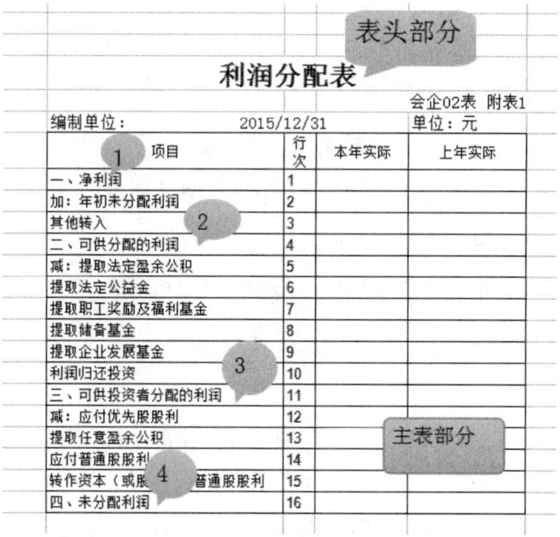

图37-3 利润分配表的标准格式

说明：图37-3中标有序号的位置，就是利润表中分步计算的四个步骤。

37.2.5 利润分配表的相关项目

利润分配表的样式制作完成后，就要完成表内数据的填列。在进行利润分配表的数据填列时，需要对每个利润分配表的项目有所了解。利润分配相关项目的有以下：

（1）"净利润"项目。

"净利润"项目，是指企业当年利润表中的税后利润，反映企业当年实现的净利润。本项目的数字应与"利润表""本年累计数"栏的"净利润"项目一致。

说明：如果净利润小于 0，则为净亏损，以"－"号填列。

"净利润"项目在利润分配表中的位置，如图 37-4 所示。

利润分配表

会企02表 附表1

编制单位：	2015/12/31		单位：元	
项目	行次	本年实际	上年实际
一、净利润	1		
加：年初未分配利润	2		
其他转入	3		
二、可供分配的利润	4		
减：提取法定盈余公积	5		
提取法定公益金	6		
提取职工奖励及福利基金	7		
提取储备基金	8		
提取企业发展基金	9		
利润归还投资	10		
三、可供投资者分配的利润	11		
减：应付优先股股利	12		
提取任意盈余公积	13		
应付普通股股利	14		
转作资本（或股本）的普通股股利	15		
四、未分配利润	16		

图 37-4　净利润项目

（2）"年初未分配利润"项目。

"年初未分配利润"项目，反映企业上年的未分配利润，如果为未弥补的亏损，以"－"号填列。

（3）"其他转入"项目，反映企业按规定用盈余公积弥补亏损等转入的数额。

（4）"提取法定盈余公积"项目。

"提取法定盈余公积"项目，反映企业根据法律规定必须提取的法定盈余公积金的相关情况。

说明：法定盈余公积金，一般是在可供分配的利润基础上，提取 10%。其计算公式为：

法定盈余公积金=可供分配的利润×10%

（5）"提取职工奖励及福利基金"项目，反映企业提取的职工奖励及福利基金。

（6）"提取储备基金"项目和"提取企业发展基金"项目，反映企业提取的储备基金和企业发展基金。

（7）"利润归还投资"项目，反映某些企业，以利润归还投资的情况。

（8）"应付优先股股利"项目，反映企业应分配给优先股股东的现金股利。

（9）"提取任意盈余公积"项目，反映企业提取的任意盈余公积金。

（10）"应付普通股股利"项目，反映企业应分配给普通股股东的现金股利和分配给投资者的利润。

（11）“转作股本的普通股股利”项目，反映企业分配给普通股股东的股票股利，以及企业以利润转增的资本。

（12）“未分配利润”项目，反映企业年末尚未分配的利润。如果为未弥补的亏损以“－”号填列。

37.3　掌握财务状况变动表

财务状况变动表是企业出具的一份动态报表，反映了公司资源的所有流入和流出活动，其主要包括内容以下：

- 展示企业一定会计期间内各种资产、负债和所有者权益增减变化的原因；
- 分析资金取得的来源和运用的方向；
- 说明企业财务情况变动。

37.3.1　初识财务状况变动表

财务状况变动表,是公司每年向其股东或证券管理委员会呈交的三种主要财务报表之一。企业一般在年度资产负债表出表后制作财务状况变动表，其内容主要是说明本年度资产负债表与上年度资产负债表之间的相关变化和财务变动。

作为向股东汇报的报告，财务变动表反映了企业资源的所有流入及流出活动，这些流入或流出的活动，不仅由公司内部的经营活动造成，也可能由公司外部的融资与投资活动所引起。财务状况变动表的目的是，报告本会计年度里所有流进公司的资金来源以及这些资金被运用的具体情况。

常见的财务状况变动表的样式，如图37-5所示。

财务状况变动表

编表单位：　　200*年度　　单位：元

项　目	行次	金　额
营运资本来源		
经营活动产生的营运资本：		
本年利润		
调节项目		
折旧费用		
无形资产摊销		
递延所得税贷项增加		
债券折价摊销		
出售固定资产损失		
长期股权投资损失		
出售无形资产利益		
营运资本的其他来源：		
举借长期借款		
出售无形资产		
出售固定资产		
不涉及营运资本的其他来源：		
发行股本交换固定资产		
营运资本来源　合计：		
营动资本用途：		
营运资本的其他用途：		
赎回债券本金		
购置固定资产		
发放现金股利		
不涉及营运资本的其他用途：		
购置固定资产以发行股本换取		
营运资本用途　合计：		
本期营动资本增加数		
期初营运资本余额		
期末营运资本余额		

图37-5　常见的财务状况变动表的样式

37.3.2 财务状况变动表的作用

财务状况变动表，是较重要的财务报表之一，其重要作用体现在以下三个方面：

第一，能够反映企业在经过一段时期的经营活动后，财务状况变动的全貌。

财务状况变动表，能说明当期的经营活动是怎样影响企业资金流动性的。以下问题，都能够在财务状况变动表中找到答案：

- 说明：以下问题仅指在报告期内，企业营运资金来源项目。
- 哪些是由于取得利润而产生的；
- 哪些是依靠债权人的贷款，
- 哪些是由于股东增加了投资或企业发行了债券；
- 企业营运资金用在哪些方面；
- 企业取得了利润为什么财务状况拮据，资金仍然不足等等。

第二，能揭示资金变化的内在原因和重要财务事项。

财务状况变动表，可以反映一些重要财务事项和资金变化的内在原因，弥补在资产负债表和利润表上未能充分展现的不足。

例如，固定资产期末余额 10 万元，比期初余额 7 万元增加了，但不能说明这种变化的内在原因，很多可本期增加了 7 万元的设备，而同时又有 4 万元的设备报废。这就需要财务状况变动表来说明。

第三，能成为沟通资产负债表和损益表的桥梁。

财务状况变动表，能够很好地反映企业的资金流动情况，并对资产、负债和所有者权益各项目增减变动及其原因做出说明。

而资产负债表只能说明资产、负债、所有者权益变化的结果，而利润表则只能说明所有者权益变动的原因，不能涉及其他变动的原因。

第四，能成为管理者分析内部管理优劣的信息来源。

在企业内部管理上，利用财务状况变动表的资金分析，可以确定企业各部门理财上的得失和效率，能恰当地对各部门做出评价，评价其在筹措长期和短期资金及安排营运资金方面的财务管理能力。

37.4 看懂财务报表附注

财务报表附注，是对在资产负债表、利润表、现金流量表和所有者权益变动表等报表中列示项目的文字描述或明细资料，以及对未能在这些报表中列示项目的说明等。财务报表附注，一般与其他说明性文字资料，集合在财务报告中。其主要以文档的形式，说明财务报表中的未尽事宜等。常用的财务报表附注样式，如图 37-6 所示。

中国××××公司

____________公司

会计报表附注

一、基本情况

简要说明公司的所有者及构成，性质或类型、注册资本、法定代表人、经营范围、注册地址，生产、经营管理概况等。

二、不符合会计核算前提的说明

会计核算前提包括会计主体、持续经营、分期核算和货币计量，如果会计报表不符合这些前提中的任何一个，都应该加以说明。

三、主要会计政策和会计估计的说明

1、会计期间

公司的会计年度为公历每年1月1日起至12月31日止。

2、记账本位币

公司以人民币为记账本位币。

3、会计制度

公司执行的会计制度。

4、记账基础和计价原则

记账基础是否按权责发生制原则，资产的计价是否遵循历史成本原则。

图 37-6 常用的财务报表附注样式

37.4.1 财务报表附注的重要性

财务报表附注，由于其对财务报表的说明作用，使财务报表附注具有一定的重要性。主要体现在以下几个方面：

第一，提高会计信息的相关性和可靠性。

由于财务会计本身的局限，相关性和可靠性很多时候都是不可兼得。

财务报表附注，却可以有效地使会计信息达到既具相关性，又真实可靠。

第二，增强不同行业和行业内部不同企业之间信息的可比性。

由于经济数据在进行会计处理时，为了核算的需要，可能会降低某些数据的对比性，也可能会影响企业前后各期会计信息的一贯性。

财务报表附注，可以通过披露企业的会计政策和会计估计的变更等情况，向投资者传递相关信息，使投资者能够“看透”会计方法的实质，而不被会计方法所误导。

第三，与财务报表主表的不可分割性。

财务报表主表与财务报表附注的关系，是不可分割的。主表收纳了各种重要的经济数据，附注为主表的未尽之处做好恰当的补充，二者缺一不可。

37.4.2 全面认识报表附注披露内容

《企业财务报告条例》中，对财务报表附注的披露内容有着明确的规定。附注一般应当按照以下顺序披露：

（一）财务报表的编制基础。

（二）遵循企业会计准则的声明。

（三）重要会计政策的说明，包括财务报表项目的计量基础和会计政策的确定依据等。

（四）重要会计估计的说明，包括下一个会计期间内很可能导致资产、负债账面价值重大调整的会计估计的确定依据等。

（五）会计政策和会计估计变更以及差错更正的说明。

（六）对已在资产负债表、利润表、现金流量表和所有者权益变动表中列示的重要项目的进一步说明，包括终止经营税后利润的金额及其构成情况等。

（七）或有和承诺事项、资产负债表日后非调整事项、关联方关系及其交易等需要说明的事项。

《企业财务报告条例》，还对何时披露股利发放的消息做出规定：企业应当在附注中披露在资产负债表日后、财务报告批准报出日前提议或宣布发放的股利总额和每股股利金额（或向投资者分配的利润总额）。

37.4.3　说明重要会计政策

重要的会计政策具体说来包括以下事项：

- 合并原则；
- 外币折算方法；
- 收入确认的原则；
- 所得税的处理方法；
- 存货的计价方法；
- 长期投资的核算方法；
- 坏账损失的核算方法；
- 借款费用的处理方法；
- 其他会计政策。

37.4.4　说明会计估计事项

需要进行会计估计的主要包括以下事项：

- 坏账是否会发生以及坏账的数额；
- 存货的毁损和过时损失；
- 固定资产的使用年限和净残值大小；
- 无形资产的受益期；
- 长期待摊费用的摊销期；
- 收入能否实现以及实现的金额；
- 或有损失和或有收益的发生以及发生的数额。

37.4.5　说明会计变更或会计估计

重要会计政策和会计估计变更的说明，主要包括以下事项：

- 重要会计政策变更的内容和理由；
- 重要会计政策变更的影响数；
- 累积影响数不能合理确定的理由；

- 会计变更的内容和理由；
- 会计变更的影响数；
- 会计变更影响数不能合理确定的理由；
- 重大会计差错的内容；
- 重大会计差错的更正金额。

37.4.6　披露或有事项

或者事项的披露，主要是指对或有负债的类型及其影响的披露包括以下事项：

- 已贴现商业承兑汇票形成的或有负债；
- 未决诉讼、仲裁形成的或有负债；
- 为其他单位提供债务担保形成的或有负债；
- 其他或有负债（不包括极小可能导致经济利益流出企业的或有负债）；
- 或有负债预计产生的财务影响（如无法预计，应说明理由）；
- 或有负债获得补偿的可能性。

如果或有资产很可能会给企业带来经济效益时，则应说明其形成的原因及其产生的财务影响。

37.4.7　说明非调整事项

财务报表附注，应该说明以下非调整事项对企业财务状况或经营成果的影响：

- 股票和债券的发行；
- 对一个企业的巨额投资；
- 自然灾害导致的资产损失；
- 外汇汇率发生较大变动等。

如果无法做出估计，也应说明其原因。

37.4.8　披露关联方关系及其交易

财务报表附注，在披露关联方关系及其交易时，应区分不同的情况，区别对待。

第一，在存在控制关系的情况下，关联方如为企业，不论双方有无交易，都应说明如下事项：

- 企业经济性质或类型、名称、法定代表人、注册地、注册资本及其变化；
- 企业的主营业务；
- 所持股份或权益及其变化。

第二，在企业与关联方发生交易的情况下，企业应说明关联方关系的性质、交易类型及其交易要素，这些要素包括以下事项：

- 交易的金额或相应比例；
- 未结算项目的金额或相应比例；
- 定价政策（包括没有金额或只有象征性金额的交易）。

第三，关联方交易应分别关联方及交易类型予以说明，类型相同的关联方交易，在不影响会计报表使用者正确理解的情况下，可以合并说明。

第四，对于关联方交易价格的确定，如果高于或低于一般的交易价格的，应说明其价格的公允性。

37.4.9　说明会计报表中的重要项目

会计报表重要项目的说明，通常包括以下事项：

- 应收款项（不包括应收票据）及计提坏账准备的方法；
- 存货的核算方法；
- 投资的核算方法；
- 固定资产的计价和折旧方法；
- 无形资产的计价和摊销方法；
- 长期待摊费用的摊销方法。

37.4.10　报表附注披露的其他信息

财务报表附注披露的信息，还有其他一些包括以下事项：

- 基本会计环境假设的更改；
- 重要资产转让及出售的说明；
- 企业合并、分立的说明；
- 企业的收入；
- 有助于理解和分析会计报表需要说明的其他事项。

37.5　财务情况说明书的内容

财务情况说明书，是一种总结性的书面档，是对企业年度、半年度生产经营情况、财务状况与经营成果的总结。

与财务报表不同的是，财务情况说明书则对财务相关情况的总结性论断，而财务报表则是将客观存在的数据整理成规定的格式展示出来。

财务情况说明书是财务会计报告的重要组成部分，其对保证会计资料质量具有重要作用。同时，财务情况说明书，也为企业内、外部对企业的经营业绩和生产经营状况的了解、观察、衡量、考核、评价等提供了重要依据。财务情况说明书的格式，可以单独成册，配上封面，也可以与其他报表一起集合成财务报告。单独成册带有封面的财务情况说明书，其格式如图 37-7 所示。

```
财务情况说明书
×××××××公司
××××年×月财务情况说明书
一、企业生产经营的基本情况
（一）（1）主要业务范围是：××××××××××××××
（2）公司成立时间为××××年×月。
（3）公司从业为员为××××人，以××人员为主体，设有××××部、××××部、××××
部、××××车间。其中大部分为××××人员。
（二）本年度生产经营情况：
本年度的主营业务收入是××××收入，以××××业务为主。在××××方面开展工作，
预计能完成营业额××××万元，利润××××万元。
（三）对企业业务有影响的知识产权的有关情况：
××××××××××××××××××××××××
（四）开发、在建工程项目的预期进度及工程竣工决算情况。
××××××××××××××××××××××××××
（五）经营中出现的问题与困难
××××××××××××××××××××××××
或：目前公司经营情况平稳正常。无需要披露的其他业务情况- 1 -

与事项。
二、利润实现、分配及企业亏损情况
（一）营业收入分析
1、按产品类型分析
主营业务收入，我公司本年累计销售收入××××万元，有××××收入，上年同期
实现销售收入××××万元。同期变动数××××万元。上年主营业务成本××××万元。
公司本年累计发生主营业务成本××××万元。
2、按产品销售结构分析
（二）成本费用分析
1、总成本分析
公司本月主营业务成本是××××成本。
```

图 37-7 财务情况说明书的格式

说明：从图 37-7 中可能看到，财务情况说明书主要以文字说明为主，基本以简单明了的短句，说明相应的财务状况。

财务情况说明书，实际上就是用最简单明了的语言，把公司相关的财务情况进行文字说明。按照《企业财务会计报告条例》和国家统一的会计制度规定，在财务情况说明书中，必须对以下的情况进行细部的说明。

（1）说明企业生产经营的基本情况。对企业生产经营的基本情况的说明，包括以下内容：

● 企业的主营业务范围及经营情况；

● 按销售额排列公司在本行业的地位；

● 主要商品占销售市场的百分比；

● 公司员工数量和专业素质及培养提高的目标；

● 经营中出现的问题与困难以及解决方案；

● 公司经营环境情况，如采购环境、生产环境和销售环境的变化；

● 新年度的业务发展计划，如生产经营的总目标及措施、配套资金的筹措计划、新产品的开发计划等。

（2）说明利润实现和分配情况。

虽然利润的分配和实现情况，在利润表和利润分配表中都有相应的数据，但是并不是每个人都能看明白，所以可以将本年度企业盈利情况和利润分配情况，做一个简要说明。

（3）说明资金增减和周转情况。

对企业的资金增减情况及周转状况进行详细说明，包括以下内容：

● 本年度内公司各项资产负债、所有者权益、利润构成等项目的增减情况及其原因；

● 存货、应收账款、流动资产、总资产等资产的周转率等。

（4）对企业财务状况、经营成果和现金流量有重大影响的其他事项进行说明。

第 38 章

透过财务报表分析企业的风险

在企业内部，管理风险指因管理和控制不善带来的可能损失。风险度量的关键目标是量化风险、期望收益、业绩这三者，然后让内部控制确保信息完整性和风险管理系统的高效运转。

38.1　为什么要进行财务分析的预警管理

企业财务预警管理就是要根据企业经营和财务目标，分析资金流动运行规律，并对企业的资金使用效果进行分析评价，及时发出警报，采取相应措施，建立免疫机制，不断提高企业抵抗财务风险的能力，使企业的财务管理活动始终处于安全、可靠的运行状态，从而实现企业价值最大化的财务目标。

我国企业预警管理的必要性主要有以下四个方面：

1. 随着国际经济一体化步伐的加快，与日俱增的市场竞争要求企业必须树立和加强危机意识。

2. 企业内部管理系统风险因素增多，客观上要求企业建立各种监控体系，变事后管理为事前管理。

3. 信息量的扩大和知识更新速度的加快，要求企业必须在最短时间内做出决策和反应，建立预警管理体系可提升企业的反应能力。

4. 传统企业管理理论在研究方法和应用实务中有缺失。

分析财务失败的原因，如下表 38-1 所示。

表 38-1　企业财务失败原因表

项目	内部	外部
投入资本	自有资本少	主业外机会投资
固定资产	过度扩充，使用效率低	短期资金长期使用
资金计划	需求预测失误	营运资金紧张
存货	材料浪费、库存量大、管理不善	付款延误
人工费	劳动生产率低	支出刚性强
管理费用	居高不下	
销售	信用管理差、依赖性强	杀价部分
账款	余额增加，管理粗放，催收无力	坏账，社会信用差

企业财务预警管理的目标和功能如图 38-1 所示。

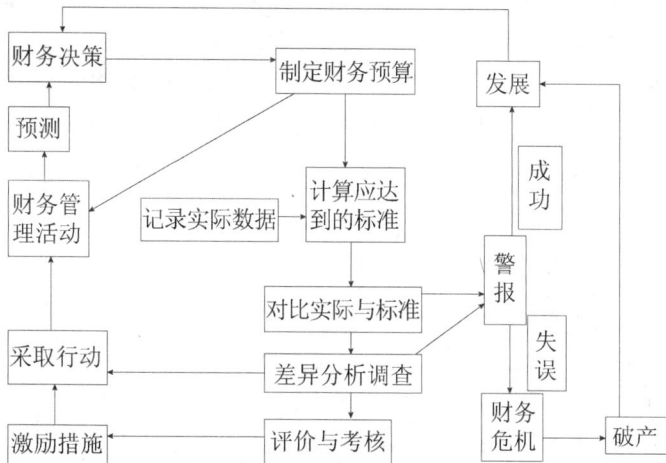

图 38-1 企业财务预警管理的目标和功能

【例 38-1】大连方正地产有限公司 2012 年计划在 2015 年 10 月赴香港上市，预期集资 23 亿～31 亿港元，实际到了 1 月又根据当时房地产市场情况把集资额降为 8.3 亿～11.3 亿港元。由于全球经济低迷的影响，认购并不踊跃，公司决定中止上市。

但是，大连方正地产为了上市所背的债务也使其陷入了财务困境。2013 年 8 月，方正以 7.9 亿元公开拍卖拿下中原地区一地级市 35 万平方米一、二期项目土地，成为"中原地王"，大大超出了其预期的 2.46 亿元，加上各种费用，共付出近 10 亿元。另外 2014 年 1 月，大连方正地产有限公司与香港苏格兰皇家银行签订关于一期二期土地使用权收购融资的贷款协议，本金为 6.48 亿港元，年利息 13%。

2014 年 12 月 18 日，大连方正地产有限公司与高盛旗下创投基金（GSSIA）签署可转换债券协议，向创投基金发行 2 500 万美元可赎回可转换债券，利率为 7%。

在这份协议中双方约定，若大连方正地产有限公司没有在债券的年期内进行首次公开发售，创投基金可要求其按预定的价格购买所持全部可赎回可转换债券。另外，若大连方正地产有限公司未能在年期内偿还本金，该项可转债的利息便按每年 28% 计算。

大连方正地产有限公司在中止上市后，面临两个选择，一是出售现成物业，二是放弃中原项目。

最后，在 2015 年 7 月，大连方正地产有限公司还是以 6.4 亿元放弃了中原项目，只有物业的产权得以保留。用 6.4 亿元还清了香港苏格兰皇家银行的债务，而高盛创投基金的债务则通过贱卖公司设备以及向国内银行贷款还清了。

经过这次事件后，大连方正地产有限公司元气大伤，再无力发展，企业陷入困境。

分析：大连方正地产有限公司就是只看到了上市后带来的现金流，而没有对失败做出足够的风险对策。

38.2　企业财务预警管理的内容

企业财务预警主要内容有以下几个方面：企业财务管理环境预警；企业营销活动财务预警；企业生产活动财务预警；企业采购供应活动财务预警；工程项目和固定资产财务预警。如图 38-2 所示。

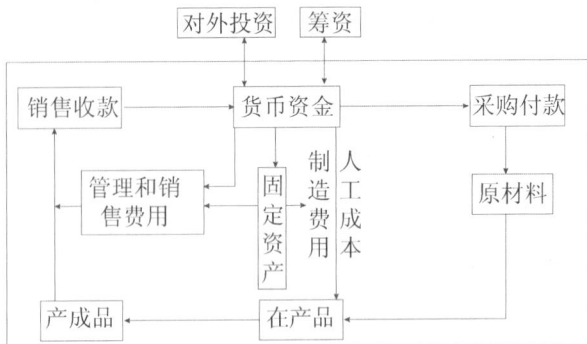

图 38-2　财务预警管理的内容

【例 38-2】大连天际传媒有限公司一次 VC 投资失败分析。

2015 年 8 月 19 日，东京证券交易所在结束了一天的交易之后，发表声明，让名义上设在百慕大群岛的大连天际传媒有限公司最晚在 9 月 20 日退市。原因是该公司总裁挪用了公司资金。

依靠 VC 资本的力量，2014 年 4 月大连天际传媒有限公司登陆东京交易所的"中国传媒第一股"。然而仅仅上市一年有余，就黯然退市。

大连天际传媒有限公司的投资人为此付出了巨大的代价。股价已经从去年 7 月中旬最高点的 2 055 日元跌到仅剩 5 日元，这一价格不足投资人入股时的 1/3。

更重要的是投资人失去了退出平台。VC 投资作为该公司的第二大股东，仍持有其 9.19% 的股份，仅在今年 5 月卖出了所持有的 1.34% 的股份；而包括日本最大的广告公司电通、NTT 移动通讯公司在内的其他十家股东都没有股权转让的历史记录。

退市背后的危机，就是大连天际传媒有限公司的创始人、CEO 在未经董事会的批准之下，擅自将其全资子公司天津宽视网络技术有限公司在中国银行的 1.069 亿元人民币定期存款，为第三方企业长春海豚科技发展公司的债务做担保。

分析：大连天际传媒有限公司创造人对自己的决策过于乐观，而没有看到对外投资或者融资背后的财务风险。

38.3　系统打造企业的财务预警体系

建立财务预警体系是一个复杂的系统工程，预警体系是否切合企业实际情况直接关系到运行效果。在建立过程中，可采用流程分析法、现场观察法、比较分析法、调查法、专家咨询法、模拟分析法等。可采用单变模式思路和综合模式思路。如流动比率、资产负债率、存货库存量的预警为单变模式，如 Z 值计算为综合模式思路。

建立预警体系可以将企业资金运行过程分为多个子系统，如营销财务子系统、生产财务子系统等。如图 38-3 所示财务预警体系。

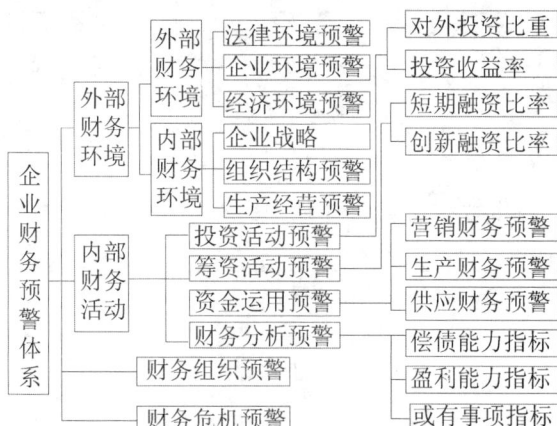

图 38-3　财务预警体系

38.3.1　企业财务环境预警

企业财务环境预警分为外部财务环境预警和企业内部财务环境预警，如图 38-4 及图 38-5 所示。

序号	外部因素	主要内容
1	宏观指标	经济增长速度，主要指标为年 GDP 增长率 消费信心指数；这对消费品生产企业尤其重要
2	会计税收政策	会计法规、会计准则、会计制度、税收法规的重大调整
3	金融政策	利率调整 借贷政策
4	竞争对手变化	营销政策和促销行为 竞争对手的兼并收购、合资合作行为 竞争对手的重大融资行为等
5	其他因素	消费习惯的变化 地方政策的支持 可替代产品的出现

图 38-4　企业外部环境预警

序号	内部因素	主要内容
1	企业经营战略重大调整	增长速度（销售收入指标和利润指标） 投资战略 筹融资战略 企业品牌战略 人力资源战略 市场营销战略 其他战略
2	供应体系的重大调整	实行招投标制度的范围和力度 第三方物流的使用 供应商的重大变更
3	销售体系的重大调整	销售政策的制定 销售网络的建立 销售人员的激励措施 重大促销政策的实施

4	考核体系的重大调整	考核方法和思路的重大变化
5	企业信息化水平的重大变化	实施 ERP 的范围 企业内外部网络建设
6	企业重大的资本运营行为	兼并收购 资产重组 债务重组 合资、合作 股价制改组 境内或境外上市
7	企业高级管理人员的调整和组织机构调整	——
8	用工制度和人力资源政策的重大变化	——

图 38-5　企业内部环境预警

【例 38-3】德隆集团的案例分析

德隆，曾被视为中国民营企业的一块丰碑。在过去的 18 年内，德隆从新疆一个小型私人企业开始，逐步变成中国最大的私有企业之一。德隆集团最兴旺时拥有 6 000 亿元资产，而这家企业破产后，也成了中国有史以来首家、也是最大一家倒闭的民营金融集团。

德隆集团成立于 1986 年，它的发展主要分为三个阶段：第一阶段 1986—1996 年，德隆集团从电脑打字名片制作复印服务开始，涉足为大学生、中学生提供课外辅导教材、翠竹牌添加剂贸易、自行车锁制造、油田贸易等领域，经历了千辛万苦，积累了丰富的经验和教训，培养商业的远见和洞察力，完成了原始积累；第二阶段 1997—2001 年，德隆集团开始全面进入实业，主要是从资本市场融资后，长线投资实业，"长融长投"。这一个阶段战略定位准确，方法恰当，通过对行业进行研究，确定目标企业，然后通过兼并收购等手段进行产业整合，拓宽业务的规模和范围，最后获取国际终端市场，提升企业整体价值；第三阶段是 2001 年以后，自从德隆集团控股的公司全面进入金融机构来获取资金继续支撑整合并改造传统产业，当德隆集团开始投入巨资并购企业后，产业整合并没有产生足够的现金流，而是把高速扩张形成的庞大资产建立在高负债的沙滩上，正是由于长期直接融资受阻，而转向短期间接融资，并且追求所谓的规范化和国际接轨，管理成本和财务费用骤升，使得整个系统的资金链吃紧，最终产生危机。

分析：

德隆集团失败的原因之一，是没有意识到企业宏观环境的复杂多变，在 2001 年后，面对中国资本市场和外部环境的变化，德隆集团没有进行经营管理理念和战略管理的调整，而是坚守德隆集团的"理想主义和战略定位"，由德隆控股的公司全面进入金融机构，以获取资金继续支撑整合并改造传统产业。为实现长期投资传统茶叶的盈利，不得不实施"短融长投"，引发资金短缺，最终使得整个系统的资金链吃紧，危机出现。

38.3.2　企业筹资活动财务预警分析

企业的发展离不开筹资活动，但筹资的动机可能不一样，有时是为了扩大规模，也有时是为了渡过难关。筹资是一种很复杂的决策，如果决策错误，带给企业的将是一场灾难。筹资的分类如图 38-6 所示。

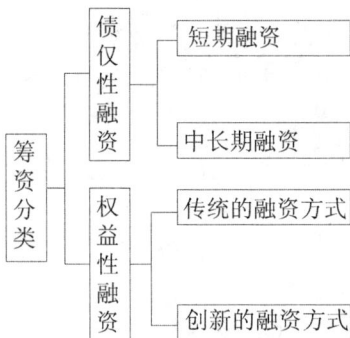

图 38-6　筹资的分类

1. 短期借款预警

短期借款是企业比较常见的筹资方式，因为期限较短，比较容易筹到钱，短期借款风险较小，但也存在下列风险：

● 利率风险。如利率快速升高或国家实施金融政策紧缩，企业的筹资成本会急剧上升。

● 违约风险。如到期不能归还，会危及企业的信誉，甚至产生连锁反应。

● 短期资金长期使用风险。短期资金用于新建项目或技术改造，会导致资金不能在短期内收回，形成风险。

● 资金短缺风险。

【例38-4】大连杰妮高科技发展有限公司2015年8月25日向银行借款300万元，这时还有150万元借款没有还清，总经理了解到公司已借款累计450万元，银行要求保证金为100万元，这时公司的负债余额为500万元，要求财务就此行为做出分析。

财务主管提供了以下短期借款预警指标及对策，预警指标如图38-7所示。

序号	预警指标	指标取值
1	短期借款增长率	本期贷款增加额/上期贷款余额
2	短期借款比例	短期借款金额/负债余额
3	短期借款展期率	贷款展期数额/到期贷款额
4	贷款保证金比例	保证金数额/短期借款数额

图 38-7　短期借款预警指标

分别计算数据，如下表38-2所示。

表 38-2　分析计算数据表

序号	预警指标	数值
1	短期借款增长率	2
2	短期借款比例	90%
3	短期借款展期率	0
4	贷款保证金比例	23%

财务分析认为目前短期借款比重过大，如下一步资金仍紧张，提出以下对策：

（1）内部集资

（2）发行短期融资券

2. 票据融资预警

票据融资的风险如下：

法律风险。严格控制套取银行信用和银行垫付资金。

逾期风险（违约风险）。是指票据融资到期后，企业不能按时履约付款，企业增加财务费用支出的可能性。

票据融资预警指标及其使用如图 38-8 所示。

序号	预警指标	指标取值
1	票据融资增长率	本期票据融资增加额/上期票据融资余额
2	票据融资比例	票据融资金额/负债总额
3	票据融资逾期率	逾期数额/到期票据额
4	票据融资保证金比例	保证金数额/票据融资数额

图 38-8　票据融资预警指标

3. 商业信用融资预警

企业给别人销售商品常会遇到赊销的问题，相反，企业采购材料也可以采用赊购的方式，来减轻付款的一时压力，通常来说，赊购方式就是常见的商业信用融资。企业信用好，别人就愿意赊销给你，如果不好，就只好被别人要求一手交钱，一手交货了。此外，为了收到现金，企业在销售时往往会给一定的价格优惠。商业信用融资预警指标及其使用如图 38-9 所示。

序号	预警指标	指标取值
1	赊销价格比	赊销价格/现款销售价格
2	供应商诉讼家数和金额	供应商诉讼家数和金额
3	应收应付配合率	应收账款/应付账款

图 38-9　商业信用融资预警指标

4. 中长期借款预警

企业除了短期的筹资外，还有一些是中长期借款，一般在 1 年以上，5 年左右的多一些。借的时间越长，利率也就会越高。这主要是因为时间长，还不上的风险就会越大，企业的中长期借款主要存在以下风险：

● 利率风险

● 投资风险

● 违约风险

● 长期资金短期使用风险

● 资金短缺风险

中长期借款预警指标及其使用如图 38-10 所示。

序号	预警指标	指标取值
1	中长期借款增长	本期贷款增加额/上期贷款余额
2	中长期借款比例	中长期借款余额/负债余额
3	中长期借款展期率	贷款展期数额/贷款到期额
4	中长期借款用途适合率	中长期占用资金/中长期借款

图 38-10　中长期借款预警指标

【例 38-5】大连杰妮高科技发展有限公司 2018 年 8 月，需要购进一套价值 1 000 万元的设备，但是公司目前资金紧张，总经理要求财务提出融资建议。

分析对策

由于银行贷款利率较高，可考虑如下融资：

（1）国内外大型成套设备的融资租赁。

（2）项目融资。

（3）资产证券化融资。

5. 权益性融资预警分析

对于企业来说，成本最代的是权益融资，有利润就分红，没有就先放着，不存在必须付利息的压力。权益融资包括外部和内部两种，如图 38-11 所示。内部权益融资：包括降低成本、降低三项费用、加强存货和应收账款管理、增加销售量和优化产品结构、盘活内部闲置资产等，内部融资主要以各种公积金、净利润增加的形式表现出来。

外部权益融资：包括国有股权转让、借"壳"上市融资、与外商合作、引入战略投资者等。

权益融资可能存在问题如下：

● 不提或少提折旧。

● 税后利润积累少。权益融资要求税后的利润进行分配，也就是常说的分红。

● 资产大量长期闲置，没有通过出租、变卖、对外投资等资本运营方式进行充分利用。

序号	融资渠道/方式	资金来源性质
1	内部资金来源	中长期资金
1-1	折旧	中长期资金
1-2	资产减值准备：坏账准备、投资减值跌价准备等	中长期资金
1-3	税后留存收益	中长期资金
1-3-1	降低成本	中长期资金
1-3-2	降低三项费用	中长期资金
1-3-3	加强存货和应收账款管理	中长期资金
1-3-4	增加销售量和优化产品结构	中长期资金
2	内部资本动作	—
2-1	内部资产重组：拍卖、租赁、变卖	中长期资金
2-2	现有子公司重组	中长期资金
2-3	债务重组	
2-4	以闲置资产对外投资、合作	

图 38-11 权益融资预警方式

6. 财务费用管理预警

财务费用一般来说比较少，但是对于融资规模大的企业来说，就必须引起足够的重视。财务费用管理预警分析如图 38-12 所示。

序号	预警指标	指标取值
1	财务费用增长率	本期财务费用增加额/上期财务费用
2	息税前利润	息税前利润
3	财务费用和销售收入比	本期财务费用/本期销售收入
4	利息支付率	实际支付利息/应付利息
5	利息保险倍数	息税前利润/利息

图 38-12 财务管理预警分析

38.3.3 企业对外投资活动财务预警分析

企业对外投资是获取收益的一种重要方式，通过投资，也可以达到企业发展壮大的目标，但是这也是一件存在风险的事，不管是进行短期投资还是长期投资，都必须进行预警分析。

短期投资：将多余资金投入金融证券市场，满足流动性和盈利性等的需要，是货币资金的一种临时存放形式。因此将其纳入货币资金的财务预警体系，本章所阐述的是长期对外投资的财务预警。

长期投资：具有金额大、期限长、风险大的特点。根据长期投资的性质，可分为证券投资和实业投资两类。

企业对外投资财务管理存在的主要问题有以下几个方面：

1. 市场调查不充分，信息不真实。

2. 在没有资金保证的情况下，匆匆上马。

3. 过分相信资本的预期收益，忽视其风险，造成投资损失。

4. 内部控制不严密，投资款支付风险大。

5. 在项目经营和管理期间，缺乏可靠性和真实性的项目运营信息，缺乏合理的监控体系和指标计算。

6. 没有定期对投资效果进行评价。

7. 投资项目运营后，没有和投资前的论证指标进行分析，忽视预期和实际之间的差距，不利于改善以后的投资活动。

8. 发现和发生投资风险时，不能果断决策，造成损失进一步扩大。

对外投资的财务预警指标如图 38-13 所示。

预警指标	合理波动区间	实际值获取	备注
调查认证投资内部收益率差异率	（调查认证 IRR-可研报告 IRR）可研报告 IRR 根据项目风险和企业	聘请专家认证、专业咨询	用于判断可研报告的可靠性
发现投资项目虚假信息和重大失误	一般为 0，根据现象性质	收集信息	用于认证
发现合作方抽逃资金或异常行动	一般为 0，根据现象性质	跟踪调查	用于投资初期
证券投资跌价率	根据企业承受能力设定止损点	证券现行收盘价	用于证券投资
投资收益率	根据市场情况，项目风险设定区间	净利润/投资额，采用报表数据	用于实业投资经营
投资收益率变化率	（本期-上期）/上期设定合理区间	直接取得	用于投资管理
剩余收益	根据企业内部部门收益和项目风险、同行业资料确定	根据报表数据等	用于实业投资经营

图 38-13　对外投资的财务预警指标

企业对外投资财务预警的一般对策如下：

1. 了解跟踪国家政策和宏观经济形势，加强市场调查和分析，预测变动，提前应变。

2. 重视项目可行性研究，聘请专家和专业咨询机构进行咨询和论证，提高决策质量。

3. 加强内部管理和制度控制，合理授权，集体决策。

4. 慎重对待对外投资，坚持风险和收益对等的原则。

5. 提高企业全员的风险意识。

6. 建立投资项目决策监督考核机制。

7. 搞好与当地政府或部门的关系和合作，加强对投资项目的维护和管理。

8. 采取组合投资，联合投资，组成战略联盟，实行风险分摊、风险回避、风险控制、风险转移等方法。

【例 38-6】买入套期保值

大连佳禾农业管理有限公司 3 月份计划两个月后购进 100 吨大豆，当时的现货价为每吨 0.22 万元，5 月份期货价为每吨 0.23 万元。公司担心价格上涨，于是买入 100 吨大豆期货。到了 5 月份，现货价果然上涨至每吨 0.24 万元，而期货价为每吨 0.25 万元。公司于是买入现货，每吨亏损 0.02 万元；同时卖出期货，每吨盈利 0.02 万元。

分析：两个市场的盈亏相抵，有效地锁定了成本。

【例 38-7】卖出套期保值

5 月份海南飞达橡胶有限公司与橡胶轮胎厂签订 8 月份销售 100 吨天然橡胶的合同，价格按市价计算，8 月份期货价为每吨 1.25 万元。飞达橡胶有限公司担心价格下跌，于是卖出 100 吨天然橡胶期货。8 月份时，现货价跌至每吨 1.1 万元。该公司卖出现货，每吨亏损 0.1 万元；又按每吨 1.15 万元价格买进 100 吨的期货，每吨盈利 0.1 万元。

分析：两个市场的盈亏相抵，有效地防止了天然橡胶价格下跌的风险。

38.3.4　企业货币资金管理预警分析

企业最重要的资产是货币资金，因为货币资金是企业运转的传送带。因此货币资金的管理是最重要的，对于货币资金本身的管理，主要是收入、支出、盘点、对账和内部控制等方面的日常管理。

在企业中，资金计划与货币资金管理存在以下常见的问题：

1. 没有资金计划或形同虚设。

2. 计划执行不力，人为干扰多。

3. 收入不稳定，预测准确性差。

4. 支出计划性较差，协调难度大。

5. 筹资方式少、渠道窄、人为因素影响大。

6. 投资方式少。

7. 账户管理不规范，自我保护意识差。

针对上述问题，相应的企业货币资金财务预警指标体系如图 38-14 所示。

预警指标	标准值或合理波动区间	实际值获取	备注
收入变化率	根据经验或比较分析法	差异/计划额	建议 20%
支出变化率	根据经验或比较分析法	差异/计划额	同上
筹资变化率	同上	同上	同上
不可预见支出额	根据经验确定金额或比例	大额支出申请	
N1	根据经验、成本分析模式、随机方法确定	根据资金统计表	
N2	同上	同上	
N3	同上	根据统计表和有关人员估计	
盘点对账差异率（额）	根据经验确定	盘点对账时计算	
内控失效次数	根据内控要求，如透支等	发现次数	

大额现金安全	根据经验或条件确定	调查落实	
不明款项	发生次数或金额	发现时	
账户安全性	被封	发现苗头	提前反应

图 38-14　货币资金财务预警指标体系分析

- N1：为会计中的现金、银行存款（含定期存款）和其他可随时自由支配的资金。
- N2：为在 N1 的基础上，加上企业正常情况下可在两天之内转变为可随时用于支付的资产如股票、国库券等以及银行承兑汇票。
- N3：为在 N2 的基础上，加上企业可随时在银行透支或在两天内筹资到位的资金，如协议最高透支额、剩余可随时使用的授信额度等。

【例 38-8】大连杰妮高科技发展有限公司总经理认识到了货币资金管理的重要性，要求财务主管提供一份预警的对策，以引起高管们的重视。

财务主管组织财务部人员，经过分析，上报的企业货币资金财务预警的对策如图 38-15 所示。

预期项目	一般对策
收入预测不准	优化客户关系管理，提高销售工作深度，把握市场脉搏
支出变化大	优化资源配置，搞好项目管理，加强内部信息沟通
筹资变化	加强资金计划，建立与银行等融资机构的长期合作关系，保持一到两家的非常关系，以备不测
大额支出	加强计划管理，建立保险资金储备
N1	保持一定的保险储备
N2	保持与银行的友好合作和默契，加强公关，保持与融资机构主要负责人的关系和沟通
N3	拓展融资渠道，创新融资方式，居安思危
大额现金	优化改善结算方式，加强安全设施
内控失效	交易开分、定期轮岗或强行息岗，加强审计监督，严肃处理
账户被封	关注诉讼事件、或有事项进展，加强内部沟通，建立与银行的友好合作和默契，及时沟通，建立隐蔽账户等

图 38-15　大连杰妮高科技有限公司货币资金预警体系定性分析

38.3.5　企业财务报表分析预警总结

在前面几章中，分别进行了财务报表的相关分析，事实上，分析的过程本身就是一种预警。企业中的分析，不是为了分析而分析，是为了管理的需要而进行的分析。

下面就上述问题，先进行定性的分析。

1. 资产结构、负债结构分析预警

企业的资产结构存在着一定的稳定结构，其中任意一部分过大，都会带来问题，企业资产结构预警指标表如图 38-16 所示。

预期指标	标准和合理区间	备注
流动资产与总资产比率	利用结构分析法、趋势法、比较分析法等确定	
存货占流动资产比率	同上	
应收账款占流动资产比率	根据销售政策、行业特点，采用趋势分析、结构分析法	
固定资产与总资产比率	根据行业特点和固定资产管理要求	
对外投资与权益比率	结合投资管理，根据企业发展战略确定	低于 50%
长期适合比率	固定资产 ÷（自有资本 + 固定负债）	小于 1

图 38-16　企业资产结构预警指标表

企业对负债比较敏感，不过企业有负债是正常的，像税金、工资之类的，还常常是预提后，下月需要支付的。负债的风险主要是借款，我们认为负债筹资结构主要预警指标和合理波动区间确定如图 38-17 所示。

预警指标	合理波动区间
短期负债与总负债比率	根据企业经营特点和发展阶段，按照趋势分析、对比分析等
应付账款周转率	销售收入应付账款，比较分析、趋势分析等
临时负债与总负债比率	对负债进行再分类，按照趋势分析和筹资政策、资金成本确定
单笔（家）负债与总负债比率	应分散风险，合理分配借款笔数和到期时间
银行借款占总负债比率	不宜过高
内部职工借款逾期率	逾期意味着风险

图 38-17　负债筹资结构主要预警指标和合理波动区间确定

2. 偿债能力、营运能力、盈利能力和发展能力预警。

财务分析时，经常会谈到偿债能力、营运能力、盈利能力和发展能力分析，那么这种分析的预警指标是什么，企业管理者如何来判断指标是好还是坏呢，分别总结如图 38-18～图 38-21 所示。

预警指标	合理区间
流动比率	一般为 2，根据企业特点，采用趋势分析法
速运比率	一般为 1 根据企业特点，结合资产结构，采用趋势分析法
临时资产/临时负债	一般为 1，对资产、负债进行再分类
N1、N2、N3 与流动负债比率	根据企业特点，采取经验取值法、专家调查法等确定
资产负债率	根据行业特点，采用比较分析法、趋势分析法、专家调查法等确定区间
已获利息指数	EBIT/T 比较分析法、趋势分析法，以最近几年的最低指标为依据确定，接近 1 或小于 1 预警
财务杠杆 DFL	EBIT/（EBIT-I）根据趋势分析，结合资本成本和经营情况
长期债务与营运资金比率	一般应小于 1
信誉评级下降	发生时预警

图 38-18　企业偿债能力预警指标

预警指标	合理区间
原材料周转率变化	趋势分析法，提高生产效率和降低存货
在产品周转率变化	同上
存货周转率变化	同上
应收账款周转率变化	结合销售政策和信用政策

图 38-19　营运能力分析预警

预警指标分类	主要指标	合理波动区间
正向预警指标	售毛利率、资产净利率、净资产收益率等	指标越大越有利，该类指标大幅度下降或接近 0 时应当预警。
负向指标	销售成本率、销售管理费用率、销售财务费用率、销售费用与收入比率、销售税金比率等。	越小越好，主要有当该类指标大幅度提高、达到或接近企业最大承受能力时，应当预警。

图 38-20　盈利能力分析预警

预警指标	合理波动区间
销售收入增长率	根据趋势分析，低于正常增长率或超常增长
固定资产增长率	应与销售增长、生产能力增长匹配

固定资产增长与销售收入增长率	应小于 1，基本平稳
利润增长/收入增长	应大于 1，基本平稳
利润增长/资产增长	同上
净资产增长率	大幅度下降
非商业信用负债增长率	大幅度增长，或大幅度超出资产增长率
实际增长率可持续增长率	1 左右，相差悬殊预警

图 38-21　发展能力预警指标分析

3. 现金流量分析预警。

现金流量分析预警在企业非常重要，但也很容易被忽视。因为企业觉得，钱是挣来的，不是分析来的，钱存在银行，有什么可分析的呢，其实这些观点都是相当错误的。

现金流量的分析预警概括的讲，主要有以下几方面：

● 现金流量结构预警：经营活动现金流入比重；经营活动现金流入流出比。
● 现金流量流动性预警：现金流量适当率；现金流动负债比；现金到期债务比；现金债务总额比；现金利息支付保障倍数。
● 现金流量收益质量预警：净收益营运指数；现金营运指数。
● 现金流量总量分析预警。

4. 或有事项预警

【例 38-9】2019 年 8 月，大连丰华工程基础有限公司，接到法院传票，说 2015 年经其公司处理过的一栋办公楼基础出现了质量问题，对方要求索赔 300 万，公司总经理非常不解，因为该工程承包费也仅有 50 万元。于是聘请了律师应诉，经过 2 个月的调查取证，律师认为公司很可能需承担赔偿金 280 万元，公司领导想不通，打算不予理睬。但律师告诉其这样的想法不对，还得根据法律来处理这件事。

那么如果到了 2019 年末，法院还没有判决，财务对这件事该如何处理呢。

分析：

该事件就是一件或有事项。

注意：

或有负债包括以下内容：

● 已贴现商业承兑汇票形成的或有负债；
● 未决诉讼、仲裁形成的或有负债；
● 为其他单位提供债务担保形成的或有负债；
● 其他或有负债（不包括极小可能导致经济利益流出企业的或有负债）。

或有事项虽然不常发生，也不确定，但是风险也是经常存在的，根据其不对的特点，预警指标体系如图 38-22～图 38-24 所示。

序号	管理的问题	预警指标	对策
1	没有专门的管理部门	是否有台帐	设立专门对外担保管理部门
2	被担保人资信变化，没有及时跟踪	被担保人的资信大幅度下降	由专门部门收集，跟踪被担保人资信信息
3	无原则对外担保	对外担保数增加额	资格审核；签订互保协议，被担保人资信和与被担保人的关系总量控制
4	被第三方追索		积极应诉和追索

图 38-22　对外担保预警分析指标

序号	管理的问题	预警指标	对策
1	事故反馈不及时	是否有快速反应机制	建立快速反应机制
2	对媒体管理不善	对公司不利的报道	加强公共关系
3	质量索赔事故统计不真实	质量索赔事故数量、频率和被索赔金额	及时报送有关统计报表
4	没有内部责任追究制度	是否有内部责任追究制度	建立有效的内部责任追究制度

图 38-23 质量索赔预警分析指标

序号	问题	预警指标	对策
1	信息反馈不及时，没建立快速反应机制	是否建立快速反应机制、专门的部门	设立专门的诉讼管理部门或岗位，建立快速反应机制
2	对媒体管理不善	公关费用开支比例	增加公关部门的开支

图 38-24 未决诉讼预警分析指标

38.3.6 企业财务组织预警

企业财务组织的规范健全，是财务组织管理预警的重要内容，财务组织氛围好，有法律和道德的底线，财务管理的风险就会小。

财务组织预警体系分析如图 38-25 所示。

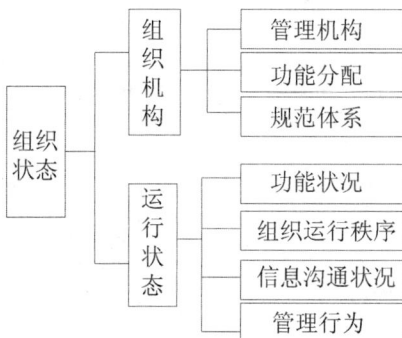

图 38-25 财务组织预警体系分析

财务组织管理主要关注点及常见问题，有以下几点：

1. 财务组织的管理结构。常见的问题是部门之间职权划分不清造成的责任互推；管理层次过多造成的信息传递不通畅；组织成员的年龄结构、知识结构不合理影响了组织功能的发挥。

2. 外部信息的处理能力。常见的问题是个人信息的垄断。

3. 组织文化。常见问题是部门和团队工作模式不能形成。

4. 非正式组织。在一个管理组织中一般会存在着非正式组织，如果不对非正式组织加以正确引导，小利益团体会侵蚀着正式组织的正常运转。

财务组织管理预警指标如图 38-26 所示。

分类	指标	警情预报
管理结构	管理人员比率	根据行业平均水平或通行的标准并结合本企业的特点制定不同警情的警戒线
	专业人员比率	同上
功能分配	管理功能完备率	结合本企业的发展战略和组织战略制定不同警情的警戒线
管理规范	管理制度完备率	根据本行业和本企业的实际情况制定不同警情的警戒线
	规章制度合理率	同上

信息沟通	信息实时共享率	以管理信息化的规范化要求为标准，确定不同警情的警戒线
管理行为	管理行为差错率	以管理行为规范化的要求确定不同警情的警戒线

图 38-26　财务组织管理预警指标

【例 38-10】大连和丰地产集团有限公司有员工 5 200 名，财务人员 16 名，财务总监分析提出的财务组织预警应对为以下措施：

1. 规范组织结构，构造合理的组织框架和管理模式；

2. 构造独立的利益主体和部门，以部门或团队为主体的业务运作代替以个人为主体的业务运作，避免管理个人信息的垄断，降低管理风险；

3. 化解小利益团体，形成自我管理单元；

4. 在业务单位、部门之间的相互关联基础上，构造新型业务的运行和组织管理模式；

5. 以利益主体之间的相互链状控制代替总经理分别与各主体之间的点状控制；

6. 以规范的制度制约管理行为，代替主观随意决策；

7. 建立财务环境预警机制，提高企业对财务管理外部环境变化的适应能力和应变能力；

8. 建立健全企业财务风险机制，积极预测和化解企业财务的风险；

9. 提高财务管理人员的风险意识；

10. 理顺企业内部财务关系，做到责、权、利相统一。

读者意见反馈表

亲爱的读者：

感谢您对中国铁道出版社有限公司的支持，您的建议是我们不断改进工作的信息来源，您的需求是我们不断开拓创新的基础。为了更好地服务读者，出版更多的精品图书，希望您能在百忙之中抽出时间填写这份意见反馈表发给我们。随书纸制表格请在填好后剪下寄到：北京市西城区右安门西街8号中国铁道出版社有限公司大众出版中心 王佩 收（邮编：100054）。或者采用 传真（010-63549458）方式发送。此外，读者也可以直接通过电子邮件把意见反馈给我们，E-mail地址是：1958793918@qq.com。我们将选出意见中肯的热心读者，赠送本社的其他图书作为奖励。同时，我们将充分考虑您的意见和建议，并尽可能地给您满意的答复。谢谢！

- -

所购书名：_____

个人资料：

姓名：_____ 性别：_____ 年龄：_____ 文化程度：_____

职业：_____ 电话：_____ E-mail：_____

通信地址：_____ 邮编：_____

- -

您是如何得知本书的：

□书店宣传 □网络宣传 □展会促销 □出版社图书目录 □老师指定 □杂志、报纸等的介绍 □别人推荐
□其他（请指明）_____

您从何处得到本书的：

□书店 □邮购 □商场、超市等卖场 □图书销售的网站 □培训学校 □其他

影响您购买本书的因素（可多选）：

□内容实用 □价格合理 □装帧设计精美 □带多媒体教学光盘 □优惠促销 □书评广告 □出版社知名度
□作者名气 □工作、生活和学习的需要 □其他

您对本书封面设计的满意程度：

□很满意 □比较满意 □一般 □不满意 □改进建议

您对本书的总体满意程度：

从文字的角度 □很满意 □比较满意 □一般 □不满意
从技术的角度 □很满意 □比较满意 □一般 □不满意

您希望书中图的比例是多少：

□少量的图片辅以大量的文字 □图文比例相当 □大量的图片辅以少量的文字

您希望本书的定价是多少：

本书最令您满意的是：

1.
2.

您在使用本书时遇到哪些困难：

1.
2.

您希望本书在哪些方面进行改进：

1.
2.

您需要购买哪些方面的图书？对我社现有图书有什么好的建议？

您更喜欢阅读哪些类型和层次的经管书籍（可多选）？

□入门类 □精通类 □综合类 □问答类 □图解类 □查询手册类 □实例教程类

您在学习计算机的过程中有什么困难？

您的其他要求：